TOUTES LES PLANTES DU JARDIN

AVEC LA COLLABORATION DE
LA ROYAL HORTICULTURAL SOCIETY

TOUTES LES PLANTES DU JARDIN

IAN SPENCE

LONDRES, NEW YORK,
MUNICH, MELBOURNE, DELHI

Première édition en Grande-Bretagne en 2003,
publiée par Dorling Kindersley Limited, 80 Strand,
London WC2R ORL, en association
avec la Royal Horticultural Society.
Un éditeur Membre de Penguin Group (USA)

Titre original : *RHS Garden plants and flowers*

Édition française

Adaptation et réalisation : Domino (Vincent Caronnet)
Traduction : Catherine Bricout et Catherine Pierre
Secrétariat d'édition : Françoise Blondel

Édition canadienne

1100, boulevard René-Lévesque Ouest
Montréal (Québec) H3B 5H5

Consultant de l'édition canadienne
Claude Legault, spécialiste en horticulture
Jardin botanique de Montréal

Équipe de Sélection du Reader's Digest (Canada)
Vice-présidence – Marketing et Édition : Andrea Martin
Supervision livres : Karine Hallé
Rédaction : Agnès Saint-Laurent
Graphisme : Andrée Payette
Lecture-correction : Gilles Humbert

ISBN : 0-88850-776-3

Imprimé par Toppan, en Chine
05 06 07 08 / 5 4 3 2 1

Sommaire

La clé des symboles

- ♈ Plante ayant reçu l'Award of Garden Merit de la RHS (Royal Horticultural Society)
- ↕ Hauteur de la plante adulte
- ↔ Étalement de la plante adulte

Introduction

Le jardinage n'a jamais connu un tel succès. C'est aujourd'hui un important secteur d'activité fournissant tout le matériel nécessaire, depuis des objets décoratifs et des gadgets jusqu'à des équipements lourds pour l'aménagement du jardin. Dans les médias, on voit proliférer des conseils d'experts sur tous les aspects du jardinage, de la conception à l'art topiaire. Nous en oublions parfois que les vraies vedettes du spectacle sont les plantes. Le jardinier dispose d'une diversité étonnante et d'un nombre infini de plantes de jardin, depuis les minuscules alpines jusqu'à d'immenses arbres. Les sélectionneurs introduisent également de plus en plus de cultivars chaque année. Certaines de ces nouveautés se démodent rapidement, d'autres entrent au palmarès de nos favorites. Le jardinier, surtout le néophyte, est parfois dérouté ou découragé face à ce vaste choix et à cette masse d'informations. C'est en cela que, je l'espère, ce livre vous aidera.

Toutes les plantes du jardin présente une sélection de plantes qui ont prouvé leur fiabilité. La plupart sont robustes, rustiques et faciles à cultiver, d'autres demandent des soins plus attentifs à cause des hivers rigoureux, mais le jeu en vaut la chandelle. Vous y trouverez aussi quelques plantes plus originales.

Pour faciliter votre choix, chaque entrée de plante est illustrée d'une photo permettant de vous rendre compte de son charme. Le catalogue est divisé en chapitres correspondant aux types de plantes et celles-ci sont classées dans l'ordre alphabétique des noms botaniques. Pourquoi les noms botaniques ? Parce que toutes les plantes n'ont pas de nom vernaculaire (nom commun) et qu'un nom vernaculaire s'applique parfois à plusieurs plantes ; quand ces noms existent, ils sont mentionnés.

Cet ouvrage propose des informations sur chaque plante, accompagnées de conseils pratiques sur leur culture. Une fois que vous vous serez plongé dans cet univers, vous serez peut-être, comme moi, mordu à vie.

Bon jardinage !

IAN SPENCE, journaliste à la BBC

LES PLANTES DE JARDIN de A À Z

Plus de 2 500 plantes sont illustrées dans cette encyclopédie-catalogue et vous trouverez des informations sur une multitude d'autres variétés qui vous aideront à composer votre propre collection de plantes vedettes. Pour faciliter votre choix, cet ouvrage est divisé en chapitres couvrant les différents groupes de plantes, des arbres et arbustes aux fougères, en passant par les grimpantes, les plantes à fleurs, les bambous et les graminées. Pour simplifier vos recherches au sein de chaque chapitre, les plantes sont classées par ordre alphabétique de leur nom botanique. Les noms communs (vernaculaires) sont également mentionnés quand ils existent.

Les arbres et les arbustes

les arbres et les arbustes

Les arbres et les arbustes sont essentiels dans un jardin, car ils structurent un cadre permanent dans lequel vous assemblerez des plantes non persistantes. Leur gamme de ports, de formes, de fleurs et de feuillages est infinie, et si vous les choisissez avec discernement, vous jouirez de fleurs toute l'année et d'un beau spectacle en automne. Même après la chute de leurs feuilles, bon nombre de ces arbres et arbustes arborent une écorce étonnamment décorative. Ils vous permettent aussi de préserver votre intimité en vous mettant toute l'année à l'abri des regards et ils offrent une toile de fond aux charmes éphémères d'autres végétaux.

L'agencement des arbres et des arbustes

Une fois plantés, les arbres et les arbustes auront une longue vie et constitueront la structure du jardin ; choisissez-les donc avec soin et plantez-les avant tout autre type de plante. Réfléchissez au rôle que vous leur attribuez.

La plupart du temps, leur beauté mérite un traitement particulier, comme point de mire pour attirer le regard sur un endroit précis ou en sujet isolé pour mieux les admirer. Choisissez un arbre ou un arbuste dont la taille adulte est adaptée au cadre : il doit être assez important pour faire impression, sans être immense ni faire trop d'ombre aux autres plantes. L'emplacement idéal est une plate-bande mixte, où ils seront associés avec des plantes plus saisonnières ou plus voyantes.

Arbres et arbustes permettent de créer un microclimat au sein de la plate-bande ; les bouleaux (*Betula*), par exemple, procurent une ombre légère et tamisée, idéale pour les plantes de sous-bois comme les anémones.

Ils peuvent aussi composer des haies qui délimitent le jardin ou le subdivisent. Les haies sont plus plaisantes que les clôtures et sont précieuses pour attirer les petits animaux – musaraignes ou oiseaux, entre autres –, qui vous aideront à lutter contre les ravageurs et vous dispenseront d'avoir recours à votre pulvérisateur.

Plantés pour former un écran, les arbres et les arbustes masqueront des paysages inintéressants ou votre bac à compost, et ils vous procureront ombre et intimité. Ils feront aussi office de brise-vent plus efficace qu'une barrière solide, car ils filtrent le vent sans provoquer les turbulences créées par une clôture ou un mur. Ils recomposeront avec charme le paysage, en créant une transition sans heurt entre votre jardin et son environnement.

N'hésitez pas aussi à cultiver des arbres et des arbustes nains en contenants, vous aurez ainsi le plaisir de les admirer de près.

Variations sur un thème Cette plate-bande mixte, composée d'arbres, d'arbustes et de vivaces, offre une multitude de formes, de hauteurs et de textures. La palette restreinte de couleurs, dans des tons de vert, de blanc et d'or, donne au décor une unité harmonieuse.

L'intérêt saisonnier

L'un des grands plaisirs du jardinage est de contempler, au fil des saisons, les métamorphoses des arbres et des arbustes. Beaucoup déploient des charmes différents selon les périodes. L'un des premiers signes du printemps est l'épanouissement de leurs fleurs qui, associées à d'autres plantes, vous permettent de jouir en permanence d'un spectacle fleuri, du printemps à la fin de l'automne. Certains donnent aussi des fruits, taches de couleurs vives qui attirent les oiseaux.

Les jeunes feuilles de certains arbres, dont les conifères, offrent des teintes tendres au printemps. L'automne est le temps des feuillages illuminés d'or, de pourpre et de cramoisi. Et en hiver, certains affichent des écorces aux textures ou aux teintes séduisantes ou des tiges vivement colorées.

Lorsque vous les choisirez, prenez en compte toutes ces caractéristiques et imaginez leur rôle parmi les autres plantes, selon les saisons.

Fleurs de printemps Les cerisiers d'ornement comme ce *Prunus incisa* sont superbes en sujet isolé.

Fruits d'été Les *Viburnum* forment des masses de baies bleues, noires ou écarlates (ici 'Compactum').

Feuilles d'automne Certains arbres, comme cet érable (*Acer circinatum*), offrent des teintes éclatantes en automne.

Écorces d'hiver L'écorce magnifique du bouleau (*Betula papifera*) prend tout son relief en hiver.

Le port des arbres et des arbustes

Avant de faire votre choix, prenez en compte la forme définitive de l'arbre ou de l'arbuste. Ces végétaux présentent une grande diversité de ports et de formes : prostrés, coniques, pyramidaux ou sphériques (*voir ci-contre*). Vous devrez évaluer les dimensions et le style de votre jardin. Un arbre en colonne, par exemple, est plus adapté à un espace restreint qu'un arbre à couronne large et étalée. Pensez aussi à la hauteur de la plante à l'âge adulte : un sujet très important peut projeter son ombre sur la totalité d'un jardin ou presque.

Le port de ce type de végétaux apporte aussi sa contribution au style du jardin. Les arbres en colonne, comme le cyprès (*Cupressus*), créent un cadre plus géométrique que des arbres pleureurs comme les saules (*Salix*), qui se balancent gracieusement dans la brise. Des arbustes comme le *Pyracantha* se cultivent soit sur pied, soit palissés contre un mur. Vous pourrez aussi influer sur la forme et la hauteur d'un arbre en le taillant (*voir ci-dessous*).

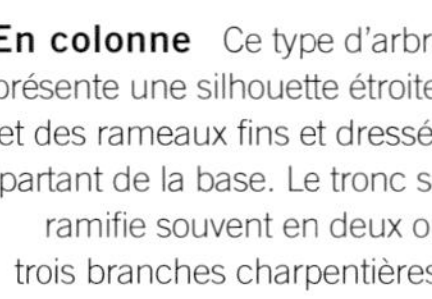

En colonne Ce type d'arbre présente une silhouette étroite, et des rameaux fins et dressés partant de la base. Le tronc se ramifie souvent en deux ou trois branches charpentières.

Arrondi Ces arbres ont un seul tronc dégagé à la base, ou fût, et une couronne arrondie.

En touffe Ces arbustes forment une touffe dense aux contours arrondis.

Pleureur Les branches de ces arbres retombent en cascade en forme de champignon ou rejoignent le sol.

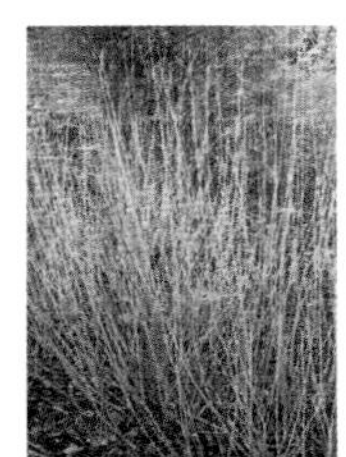

En cépée Ces arbustes développent des bouquets denses de tiges dressées ou arquées.

Quelles différences entre les arbres et les arbustes et les autres vivaces ?

Les arbres et les arbustes sont tous des plantes vivaces ligneuses dont la vie est beaucoup plus longue que celle des vivaces herbacées. Les arbres présentent généralement une tige centrale, ou tronc, portant une couronne de rameaux. Un arbuste porte de nombreux rameaux émergeant près du pied et n'a pas de tronc. Il existe cependant des arbres à port arbustif qui présentent plusieurs tiges principales.

Il est normalement facile de distinguer une plante ligneuse d'une plante herbacée. Les arbres et les arbustes forment des tiges rigides recouvertes d'une écorce protectrice, nettement différente des tiges vertes et tendres des vivaces herbacées (*voir p. 160-161*). Dans la catégorie dite des sous-arbrisseaux, les tiges plus flexibles ont l'apparence de pousses herbacées, mais la partie inférieure est ligneuse.

Les tiges ligneuses cicatrisent (forment un cal) quand elles sont coupées ; la plupart des arbres et des arbustes peuvent donc être taillés. L'objectif est soit de préserver la santé de la plante, soit de modifier sa silhouette (*voir ci-contre*), soit de la maintenir à la hauteur désirée.

Les effets de la taille
Laissé à lui-même, ce cyprès de Monterey (*Cupressus macrocarpa* 'Goldcrest') devient un arbre colonnaire imposant de 5 m de haut (*à gauche*). Cependant, il peut prendre un caractère tout différent comme ce topiaire (*à droite*) qui, pour garder une silhouette parfaitement nette, exige d'être taillé très régulièrement. Des tailles moins radicales consistent, par exemple, à supprimer les branches basses d'un arbuste pour en faire un sujet sur tige ou à aligner plusieurs sujets pour former un écran ou une haie.

Abelia

Ces arbustes caducs et persistants sont prisés pour la profusion de leurs bouquets de fleurs blanches, roses ou cerise et pour leurs feuilles lustrées. Les fleurs sont portées par de minces tiges arquées en été et en automne, et elles sont parfumées chez certaines espèces comme *Abelia chinensis* et *A. schumannii*. La hauteur des différents cultivars peut varier de 1,50 m à 5 m ou plus et leur étalement de 2 m à 4 m. Les *Abelia* posent généralement peu de difficultés et sont idéaux dans une plate-bande ensoleillée. Si votre espace le permet, ils sont de séduisants complices des *Lespedeza* (*voir p. 81*) et des *Hydrangea* (*voir p. 72-73*). Dans les régions sujettes au gel, plantez les espèces moins rustiques contre un mur chaud, orienté au sud ou à l'ouest.

Rusticité Zones 6 à 9

Culture Sol riche, bien drainé, en plein soleil et à l'abri des vents froids et desséchants. **Taillez** les espèces caduques en fin d'hiver ou début de printemps : supprimez les pousses mal situées ou entrecroisées pour conserver une silhouette équilibrée. Sur les espèces persistantes, rabattez légèrement après la floraison les tiges qui ont porté des fleurs et qui compromettent la symétrie. **Prélevez** des boutures herbacées en début d'été ou semi-ligneuses en fin d'été.

Abelia* × *grandiflora ♀

↕3 m ↔ 4 m, semi-persistant, fleurs parfumées du début de l'été à l'automne

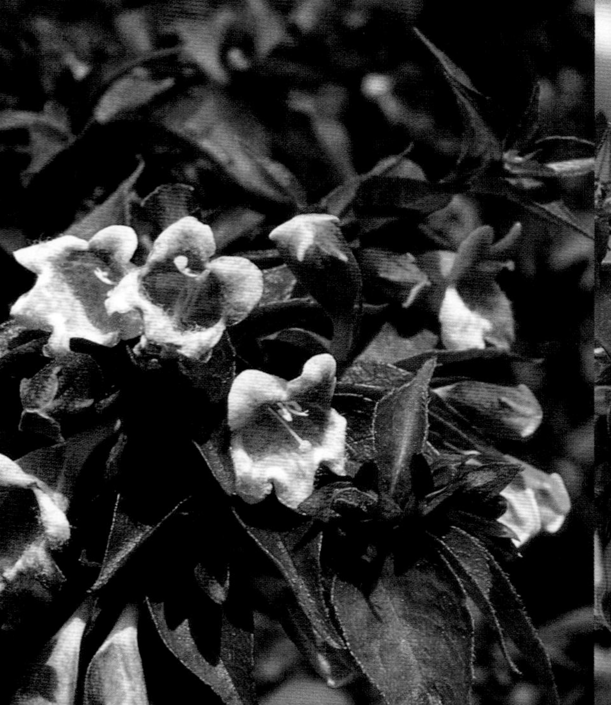

Abelia* × *schumannii ♀

↕2 m ↔ 3 m, caduc, fleurs légèrement parfumées de la fin de l'été à l'automne

Abelia* × *floribunda ♀

↕3 m ↔ 4 m, persistant, floraison en début d'été, peut s'étaler davantage s'il est palissé contre un mur

Abeliophyllum distichum

Forsythia blanc

↕↔ 1,50 m

À la fin de l'hiver, cet arbuste caduc parfume le jardin de ses grappes de fleurs portées sur le bois nu. Ces dernières sont suivies de feuilles vert mat qui virent au pourpre avant leur chute en automne. Cet arbuste à port ouvert et étalé est parent du *Forsythia* (*voir p. 58*) et tout aussi polyvalent. Il est parfait en sujet sur pied dans une plate-bande ensoleillée mais, si vous le palissez contre un mur abrité et orienté au sud ou à l'ouest, il vous récompensera d'une floraison plus précoce et plus abondante. Il est un beau compagnon pour des arbustes à floraison précoce comme les mahonias (*p. 87*), les forsythias et les viornes (*p. 126-127*).

Rusticité Zone 6

Culture Sol riche et bien drainé, en plein soleil. **Taillez** après la floraison ; pour un sujet sur tige, rabattez les tiges défleuries au niveau de bourgeons vigoureux et les pousses situées à la base de la plante. Sur un sujet palissé, rabattez toutes les tiges défleuries de deux à quatre bourgeons de la charpente permanente. **Prélevez** des boutures semi-ligneuses ou marcottez les pousses basses en été.

Abeliophyllum distichum

Il grandit davantage s'il est palissé contre un mur, ses fleurs blanches sont parfois teintées de rose.

Abies

Sapin

Les longues branches tombantes sont typiques de ces imposants conifères persistants. Ils font de beaux sujets isolés et sont parfaits en brise-vent ou en écran. Les feuilles en aiguilles offrent des teintes allant du vert moyen au vert bleuâtre au revers argenté. Certaines variétés forment des cônes décoratifs en fin d'été et en début de printemps ; ces cônes dressés, bleu violacé sur les branches supérieures, sont des organes femelles ; les cônes pendants sur les branches plus basses sont mâles, généralement verts virant au brun ou au bleu violacé à maturité. Il existe des variétés petites et naines adaptées aux espaces restreints, comme *Abies balsamea* 'Nana' qui se cantonne à 1 m de haut, idéal pour un jardin de rocaille. Pour les jardins plus spacieux, *A. grandis* atteint la taille majestueuse de 45 m.

Rusticité Zones 2 à 7

Culture Sol riche, frais mais bien drainé, neutre à légèrement acide, au soleil et à l'abri des vents froids. La plupart des variétés supportent un peu d'ombre et ne demandent pas de taille. **Semez** dès la maturité des graines ou en hiver, en contenant. Les sapins sont sujets aux infestations de **chermès**, insectes noirs à l'aspect de pucerons et couverts de filaments blancs cireux. Ils risquent de faire jaunir le feuillage mais peuvent généralement être tolérés.

Abies veitchii (Sapin de Veitch)
↕15-20 m ↔ 4-6 m, croissance rapide, cônes femelles de 5-8 cm de long

Abies procera ♡ (Sapin noble)
↕25-45 m ↔ 6-9 m, écorce gris argenté, cônes femelles verts ou bruns de 15-25 cm de long

***Abies lasiocarpa* 'Compacta'** ♡
↕3-5 m ↔ 2-3 m, petit, variété à port bas de sapin à écorce liégeuse, de forme conique

Abies koreana (Sapin de Corée)
↕10 m ↔ 6 m, produit dès le stade juvénile des cônes femelles décoratifs de 5-8 cm de long

***Abies nordmanniana* 'Golden Spreader'** ♡
↕1 m ↔ 1,50 m, croissance lente, conifère nain arbustif à branches étalées et cônes brun verdâtre

Abutilon

Une longue floraison, souvent continue du printemps à l'automne, fait toute la séduction de ces arbustes à tiges grêles qui demandent souvent à être tuteurés. Les fleurs sont rouges, orange, bleu violet tendre, rose vif et blanches, certaines sont même bicolores. Quelques variétés offrent des feuilles panachées. Les plantes gélives et non rustiques peuvent être plantées avec des plantes à massif d'été, soutenues par des cannes de bambou si nécessaire ; les espèces plus rustiques peuvent être palissées contre un mur ensoleillé et abrité ou dans une plate-bande dans les régions plus chaudes, où elles apporteront un élément de hauteur.

Rusticité Zones 8 à 11

Culture Dans un sol riche bien drainé en plein soleil ou, en pot, dans un substrat à base de terreau. Dans les régions sujettes au gel, cultivez les abutilons en pot en situation abritée et rentrez-les pour les protéger du gel en hiver. **Taillez** en fin d'hiver ou début de printemps : rabattez les pousses défleuries à la charpente permanente et supprimez les tiges mal placées ou enchevêtrées. **Semez** sous abri au printemps ; prélevez des boutures herbacées au printemps ou semi-ligneuses en été. La **lutte biologique** peut être efficace en cas d'infestation d'aleurodes ou d'araignées rouges sous abri.

Abutilon 'Souvenir de Bonn' 🏆
↕ jusqu'à 3 m ↔ 2-3 m, persistant vigoureux, érigé, floraison du printemps au début de l'automne

LES ALEURODES
(ou mouches blanches) ne s'attaquent généralement qu'aux plantes gélives cultivées en serre tout ou partie de l'année.

Abutilon megapotamicum 🏆
↕↔ 2 m, persistant ou semi-persistant, idéal à palisser contre un mur, floraison de l'été à l'automne

Abutilon 'Boule de neige'
↕ jusqu'à 4 m ↔ jusqu'à 3 m, persistant vigoureux, port érigé à étalé, floraison du printemps à l'automne

Abutilon vitifolium 'Veronica Tennant' 🏆
↕ 5 m ↔ 2,50 m, arbuste caduc à croissance rapide, dressé, formant parfois un tronc, floraison en début de printemps

Abutilon vitifolium var. *album*
↕5 m ↔ 2,50 m, arbuste caduc à croissance rapide, formant parfois un tronc, floraison en début de printemps

ACACIA

Mimosa

↕jusqu'à 30 m
↔jusqu'à 10 m

EN HIVER OU AU PRINTEMPS, des bouquets de minuscules fleurs jaune vif, souvent délicatement parfumées, ornent ces arbres et arbustes à croissance rapide, caducs ou persistants. Sous les climats sujets au gel, les espèces les plus rustiques qui survivent en extérieur demandent un site chaud et abrité pour une belle floraison, idéalement contre un mur ensoleillé. Pour égayer votre décor en hiver, accompagnez-les d'autres arbustes à floraison hâtive, comme des mahonias (*voir p. 87*), des *Sarcococca* (*p. 116*) et des viornes (*p. 126-127*).

Rusticité Zones 8 à 12

Culture Dans un sol assez riche, neutre à acide (sans calcaire), en plein soleil et abrité des vents froids. Dans les régions plus froides, en pot dans un mélange de terre franche et de terreau, sous abri hors gel en hiver. **Taillez** les espèces caduques au printemps : supprimez les branches enchevêtrées ou mal placées pour garder une belle charpente ; taillez légèrement les pousses qui gâchent la silhouette des persistants après la floraison. Sur les arbustes palissés, rabattez les tiges défleuries à deux ou quatre bourgeons de la charpente permanente, en fin d'hiver ou début de printemps. **Semez** au printemps, à 18 °C, après avoir fait gonfler les graines dans l'eau chaude. **Prélevez** des boutures semi-ligneuses en été.

ACALPHYA

Queue-de-renard

CES ARBUSTES TROPICAUX sont d'excellentes plantes à massif estivales sous climat frais, où elles sont souvent cultivées en pot. Certains, comme *Acalphya hispida*, sont prisés pour leurs longues grappes de fleurs à l'aspect de chatons, généralement rosé cramoisi ou écarlates. D'autres, comme *A. wilkesiana*, portent des fleurs insignifiantes mais un feuillage ornemental, marbré ou panaché. Dans des conditions appropriées, ils peuvent avoir une croissance très rapide et créer un beau point de mire, mais ils n'atteindront pas leur hauteur maximale en un an.

Rusticité Zones 10 à 12

Culture Au jardin, dans un sol riche et bien drainé, en plein soleil ou à mi-ombre. En pot, dans un mélange sans terre et en pleine lumière. **Gardez** ces plantes hors gel pendant tout l'hiver, car elles risquent d'être abîmées par des températures inférieures à 10-13 °C. **Apportez** un engrais équilibré tous les mois au printemps et en été, et arrosez régulièrement en été. **Taillez** légèrement les pousses qui gâchent la silhouette de la plante. **Prélevez** des boutures herbacées au printemps ou semi-ligneuses en fin d'été.

Abutilon pictum 'Thompsonii'
↕5 m ↔ 2,50 m, persistant, arbuste érigé ou petit arbre, floraison du printemps à l'automne

Acacia baileyana 🏆
↕5-8 m ↔ 3-6 m, petit arbre ou grand arbuste, persistant, floraison abondante de l'hiver au printemps

Acalphya wilkesiana
↕jusqu'à 2 m ↔ 1-2 m, arbuste étalé, à fleurs teintées de vert ou de cuivre souvent masquées par des feuilles bleues, roses ou cuivrées

ACER

Érable

LES ÉRABLES SONT APPRÉCIÉS POUR LEUR FEUILLAGE DÉLICAT, particulièrement fin et découpé chez les cultivars de l'érable du Japon (*Acer palmatum*). Dans ce groupe très diversifié, il existe des variétés idéales pour chaque saison. Certaines arborent des feuilles vivement colorées au printemps, d'autres un feuillage panaché gris-vert, blanc ou rose et bon nombre s'illuminent de rouge, de jaune ou d'orange intense en automne. Quelques-uns sont dotés d'une belle écorce qui égaie les mois d'hiver, ainsi celle d'*Acer griseum* s'exfolie avec élégance, et celle d'*A. davidii* et d'*A. pensylvanicum* est rayée de vert et de blanc. Les fleurs printanières, insignifiantes, sont suivies de fruits ailés. Le genre comprend des arbres et des arbustes adaptés à tous les types de jardin. Si vous disposez d'assez d'espace, les plus grands arbres sont des sujets impressionnants, les petits arbres et les arbustes trouvent facilement leur place. Beaucoup de cultivars se développent parfaitement en pot ; leurs racines ne disposant que d'un volume restreint, ils resteront plus compacts. Cela rend possible le déplacement des variétés les moins rustiques qui doivent être mises à l'abri pendant les mois les plus froids.

Rusticité Zones 2 à 8

Culture Dans un sol riche et bien drainé, en plein soleil ou à mi-ombre. **Plantez** les arbres élevés en conteneurs à n'importe quelle saison, mais les arbres à racines nues uniquement pendant la dormance, entre la fin de l'hiver et le début du printemps. Arrosez copieusement avant et après la plantation et continuez à arroser régulièrement pendant la première année. Abritez les arbres à feuillage délicat des vents froids et des dernières gelées qui risquent de brûler les jeunes feuilles. **Tuteurez** les grands sujets et ceux en situation exposée. **Taillez** les jeunes plantes de façon à former la charpente ; les érables ne demandent ensuite qu'une taille minimale. Supprimez les pousses mal placées ou enchevêtrées pour conserver l'équilibre de la silhouette. Taillez le bois mort ou malade entre la fin de l'automne et le milieu de l'hiver, ou au printemps pour les plantes en pot. **Semez** en extérieur dès la maturité des graines et prélevez des boutures semi-ligneuses en été. Chez certains cultivars, des **acariens** favorisent la formation de galles ; elles sont peu esthétiques, mais sans danger.

Soigner les érables en pot

Les érables cultivés en pot demandent plus de soin qu'en pleine terre, car leurs racines ne peuvent s'enfoncer profondément pour y chercher l'eau et les nutriments. Un paillis épais retient l'humidité, mais vous devrez néanmoins arroser régulièrement, et tous les jours en période de sécheresse. Surfacez (*voir ci-dessous*) tous les ans en début de printemps pour éliminer les mauvaises herbes et la mousse et assurer à la plante les nutriments nécessaires à sa croissance. Rempotez tous les trois ou cinq ans, soit dans le même pot avec du terreau frais, soit dans un pot légèrement plus grand. Dépotez l'érable, démêlez délicatement les racines et taillez les plus grosses. Transférez dans le nouveau pot, remplissez celui-ci de terreau frais, de façon que la motte de racines soit à la même profondeur que précédemment. Arrosez copieusement et paillez.

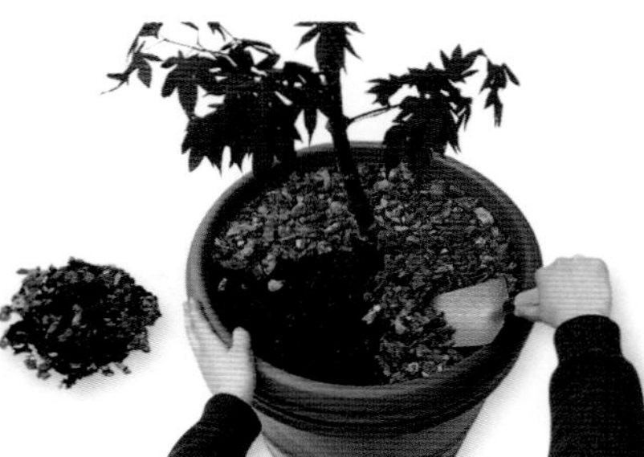

❶ *À l'aide d'un transplantoir ou d'une fourche à fleurs, retirez le paillis et 5 cm de terreau, ici des copeaux d'écorce.*

❷ *Remplissez le pot de terreau frais additionné d'engrais à libération lente. Arrosez copieusement et paillez.*

① ***Acer cappadocicum*** ↕20 m ↔15 m ② ***circinatum*** ↕5 m ↔6 m ③ ***davidii* 'George Forrest'** 🏆 ↕↔15 m, écorce intéressante ④ ***griseum*** 🏆 ↕↔10 m, écorce séduisante ⑤ ***japonicum* 'Aconitifolium'** 🏆 ↕5 m ↔6 m ⑥ ***negundo* 'Flamingo'** ↕15 m ↔10 m ⑦ ***negundo* 'Variegatum'** ↕15 m ↔10 m ⑧ ***palmatum* f. *atropurpureum*** ↕8 m ↔10 m ⑨ ***palmatum* 'Bloodgood'** 🏆 ↕↔5 m

⑩ *palmatum* 'Butterfly' ↕3 m ↔ 1,50 m ⑪ *palmatum* 'Chitoseyama' 🏆 ↕2 m ↔ 3 m ⑫ *palmatum* 'Corallinum' ↕1,20 m ↔ 1m ⑬ *palmatum* 'Dissectum Atropurpureum' ↕2 m ↔ 3 m ⑭ *palmatum* 'Garnet' 🏆 ↕2 m ↔ 3 m ⑮ *palmatum* var. *heptalobum* ↕5 m ↔ 6 m ⑯ *palmatum* 'Linearilobum' ↕5 m ↔ 4 m ⑰ *palmatum* 'Red Pygmy' 🏆 ↕↔ 1,50 m

⑱ *palmatum* 'Sango-kaku' 🏆 ↕6 m ↔ 5 m ⑲ *platanoides* 'Crimson King' 🏆 ↕25 m ↔ 15 m ⑳ *pseudoplatanus* 'Brilliantissimum' 🏆 ↕6 m ↔ 8 m ㉑ *rubrum* 'October Glory' 🏆 ↕20 m ↔ 10 m ㉒ *rubrum* 'Schlesingeri' ↕20 m ↔ 10 m ㉓ *saccharinum* ↕20 m ↔ 12 m ㉔ *shirasawanum* 'Aureum' 🏆 ↕↔ 6 m

AEONIUM

PRISÉS POUR LEUR FORME EXOTIQUE, les *Aeonium* portent des rosettes denses de feuilles charnues dans des teintes allant du vert clair au pourpre presque noir. Du printemps à l'été éclosent des panicules de petites fleurs étoilées jaune pâle à jaune vif, blanches, roses ou rouge cuivré. Chez certaines espèces, les inflorescences flétrissent dès que les graines sont à maturité. Les *Aeonium* sont superbes en pot, surtout regroupés avec d'autres succulentes ou, dans le cas de 'Zwartkop' et de ses feuilles sombres, en association avec un feuillage bleu argenté ou gris. Cultivez-les en pot dans un patio ou dans une plate-bande bien drainée, au soleil ou à mi-ombre. Ce sont des plantes gélives qui doivent passer l'hiver dans un endroit hors gel.

Rusticité Zones 9 à 11

Culture Dans un sol riche très bien drainé ou dans du terreau graveleux, au soleil ou à mi-ombre. **Conservez** les *Aeonium* au sec pendant la dormance hivernale. **Semez** au printemps ou en été. **Prélevez** des boutures en début d'été et attendez que la surface coupée ait cicatrisé avant de les insérer dans du terreau graveleux. Placez-les sous une lumière modérée, au chaud et plutôt au sec, jusqu'à l'enracinement. Les *Aeonium* sont sujets aux infestations de **pucerons**.

***Aeonium* 'Zwartkop'** ♡

↕↔ 1 m, des panicules pyramidales de fleurs jaunes apparaissent en été et en font une superbe plante structurée pour décoration estivale

AESCULUS

Marronnier

LES MARRONNIERS SONT DE SUPERBES ARBRES aux feuilles palmées virant au jaune ou à l'orange flamboyant en automne. Au printemps et en début d'été, ils se couvrent de grandes panicules dressées de fleurs blanches ou roses. En automne, leurs fruits arrondis, épineux ou à peau lisse, se fendent et révèlent des graines brunes luisantes, les marrons, qui peuvent provoquer des maux d'estomac en cas d'ingestion. En raison de leur taille (jusqu'à 25 m), les marronniers ne conviennent qu'aux grands jardins. Leurs branches étalées et leurs grandes feuilles projettent une ombre dense dans laquelle peu de plantes prospéreront. Cependant *Aesculus × mutabilis* 'Induta' et *A. parviflora* sont arbustifs et plus petits et font forte impression dans un jardin de taille moyenne. Ils sont parfaits en sujet isolé dans une pelouse.

Rusticité Zones 3 à 9

Culture Dans tout sol riche, au soleil ou à mi-ombre. **Taillez** les jeunes arbres en fin d'hiver ou début de printemps pour supprimer les pousses mal placées ou enchevêtrées et conserver une charpente saine et la symétrie des branches. **Semez** en pépinière dès la maturité des graines. La séparation des drageons est possible chez *A. parviflora*: prélevez une tige avec ses racines à la base de la plante et replantez-la.

FEUILLAGE D'AUTOMNE

Aesculus parviflora ♡ (Pavier blanc)

↕3 m ↔ 5 m, arbuste drageonnant, pousse partout sauf dans un sol très mal drainé ; fruits à peau lisse

***Aesculus × neglecta* 'Erythroblastos'** ♡

↕10 m ou plus ↔ 8 m, aux feuilles à pétioles rouges, naissant crème, puis passant au rose vif, puis au jaune avant de verdir en milieu d'été

Aesculus hippocastanum ♡ (Marronnier commun)

↕25 m ↔ 20 m, arbre vigoureux, étalé et arrondi, porte les fruits épineux familiers, les « marrons »

Agave

Originaire de régions désertiques et montagneuses, ces succulentes sculpturales arborent des feuilles charnues à bords épineux atteignant 2 m de long et disposées en rosettes étalées. En été, les plantes adultes peuvent offrir des fleurs en entonnoir sur des hampes allant jusqu'à 8 m de haut. Chez la plupart des espèces, la rosette principale meurt après la floraison et la fructification, au profit de rejets – petites rosettes émergeant autour – qui fleuriront les années suivantes. Vous pouvez les prélever pour obtenir de nouvelles plantes. Dans les régions sujettes au gel, cultivez les agaves en pots que vous rentrerez l'hiver, en conditions hors gel. S'il n'y a pas de risque de gel, plantez un agave en sujet isolé dans une plate-bande abritée des vents humides. Les épines des feuilles étant très acérées, évitez de les planter à proximité des aires de jeux et de repos.

Rusticité Zones 8 à 12

Culture Dans un sol riche, légèrement acide, très bien drainé ou dans du terreau graveleux, en plein soleil. **Semez** à 21 °C en début de printemps. **Prélevez** les rejets en automne ou au printemps. Plantez les rejets sans racines dans des pots remplis de tourbe et de sable fin, à parts égales. Les rejets enracinés seront traités comme des plantes adultes.

Agave americana 'Mediopicta' ♆

↕2 m ↔ 3 m, impressionnant en sujet isolé à l'âge adulte, floraison dans les régions chaudes en été, sur des tiges atteignant 8 m de haut

Alnus

Aulne, aune

↕jusqu'à 25 m
↔jusqu'à 10 m

Les aulnes sont des arbres et des arbustes accommodants, à croissance rapide et supportant les sols pauvres. Ils sont caducs, de forme conique large, à feuilles dentées. Tôt au printemps, ils offrent des chatons délicats, généralement jaunes, qui sont suivis de fruits verts virant au brun en automne et ressemblant à des petits cônes de pin. Les aulnes, surtout les variétés à feuillage ornemental comme *Alnus rubra*, *A. glutinosa* et *A. incana* font de séduisants sujets isolés, minces et élancés. Ils acceptent d'avoir le pied dans l'eau ; c'est donc un bon choix dans un site humide, sur une berge ou au bord d'un bassin. Vu la rapidité de leur croissance, ils sont idéaux en écran ou en brise-vent.

Rusticité Zones 1 à 9

Culture Dans un sol riche, humide mais bien drainé, en plein soleil. *A. cordata* et *A. incana* supportent un sol sec. **Tailler** est rarement nécessaire : supprimez les branches enchevêtrées ou qui gâchent la silhouette de la plante, entre la chute des feuilles et le début de l'hiver pour éviter un écoulement de sève. **Semez** en pépinière dès la maturité des graines. **Prélevez** des boutures ligneuses en hiver.

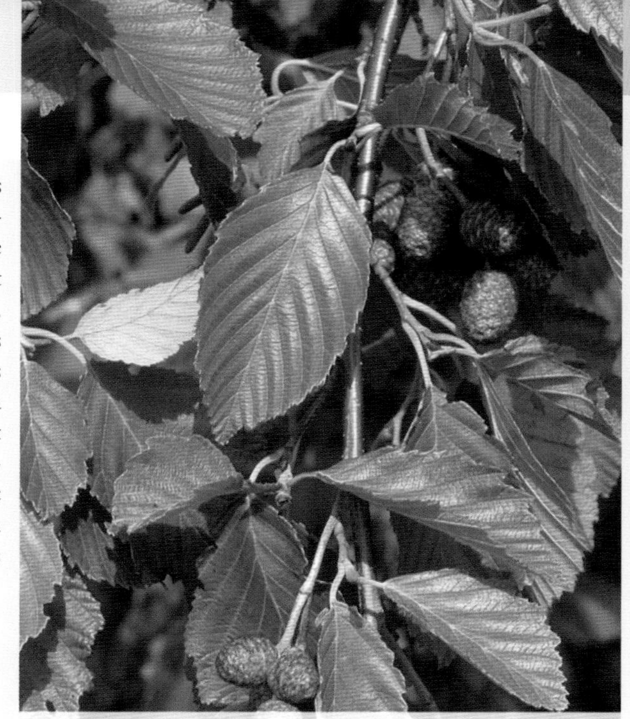

Alnus incana (Aune blanc)

↕20 m ↔ 10 m, excellent brise-vent car il prospère dans les situations froides et exposées

Alnus cordata ♆ (Aune de Corse)

↕25 m ↔ 6 m, originaire de la région méditerranéenne, supporte un sol sec, les chatons apparaissent tôt au printemps

Alnus glutinosa 'Imperialis' ♆

↕25 m ↔ 10 m, feuilles profondément lobées, vert moyen, jusqu'à 10 cm de long, poisseuses au stade juvénile ; parfait dans une pelouse

Amelanchier

Amélanchier

L'AMÉLANCHIER OFFRE DES ATTRAITS en toutes saisons. Ces arbres touffus sont à l'apogée de leur beauté du printemps au début de l'été, quand ils portent des masses de fleurs étoilées ou ouvertes, roses à blanches, et que leurs jeunes feuilles bronze rosé se déploient. Si on y ajoute leur feuillage automnal richement coloré, leurs fruits juteux et leur port élégant, ils présentent de l'intérêt tout au long de l'année. Leurs petits fruits, bordeaux à pourpre noirâtre, font le bonheur des oiseaux. On en tire le meilleur parti en sujets isolés, mais ils enrichissent aussi considérablement une plate-bande arbustive.

Rusticité Zones 3 à 8

Culture Dans un sol acide, riche et bien drainé, au soleil ou à mi-ombre. **Rabattez** les branches qui gâchent la silhouette ou enchevêtrées. **Supprimez** les drageons (les pousses émergeant de la tige principale au niveau du sol) en hiver. **Semez** en extérieur dès la maturité des graines. Prélevez des boutures herbacées ou semi-ligneuses en été. **Marcottez** en automne. **Supprimez** toute branche noircie ou paraissant brûlée, comme si elle avait été exposée à la fumée d'un feu de cheminée; c'est le symptôme d'une maladie: le **feu bactérien**.

Amelanchier lamarckii ♀

↕10 m ↔ 12 m, à tiges dressées, les feuilles, bronze à leur éclosion, virent ensuite au vert foncé; fleurs blanches en milieu de printemps

Andromeda

Andromède

↕jusqu'à 40 cm
↔jusqu'à 60 cm

IMAGINEZ UNE BRUYÈRE AUX FEUILLES vertes longues et étroites et vous obtenez une andromède, un petit arbuste persistant à tiges grêles qui prospère dans les mêmes conditions que les bruyères (*voir p. 52-53*) et les callunes (*voir p. 31*), car il est originaire de marais des régions froides. *Andromeda polifolia* est l'espèce la plus couramment cultivée; ses cultivars varient en hauteur, de 5 cm à 40 cm, et en teintes de fleurs, roses ou blanches. Les andromèdes ne prospèrent que dans les sols frais et acides. Si votre sol ne convient pas, un massif surélevé ou un pot rempli de terre de bruyère leur suffira. Ils se plaisent dans les jardins boisés ou en jardin de rocaille ombragé.

Rusticité Zones 2 à 9

Culture Dans un sol frais et acide, humifère, au soleil ou à mi-ombre. Si le sol est sec, entourez le pied d'une couche de terreau de feuilles ou de compost de jardin à chaque printemps, idéalement après une forte pluie; ce paillis conservera l'humidité et jugulera la croissance des mauvaises herbes. **Prélevez** des boutures herbacées en été et rempotez des rejets en automne et au printemps.

① *polifolia* 'Alba' ↕15 cm ↔ 20 cm, semi-prostré, floraison abondante ② *polifolia* 'Compacta' ♀ ↕30 cm ↔ 20 cm, dense, à tiges grêles

Aralia

↕↔ jusqu'à 10m

CES ARBRES À L'ALLURE EXOTIQUE poussent principalement dans les forêts d'altitude. Leurs grandes et belles feuilles sont disposées en paires; chez certaines variétés, elles sont couvertes de longues soies. *Aralia elata* est l'espèce la plus grande. En fin d'été et début d'automne apparaissent des ombelles ou des cymes de petites fleurs blanches ou blanc verdâtre (sans une trace de rose), suivies de fruits noirs. Les aralias ne conviennent qu'aux grands jardins, bien en vue de façon à pouvoir admirer leur remarquable feuillage. Ils ont belle allure dans une plate-bande ombragée, un jardin boisé ou sur une berge.

Rusticité Zones 5 à 9

Culture Dans un sol riche, humifère, en terrain dégagé ou à mi-ombre, à l'abri des vents violents qui abîmeraient le feuillage. Dans un sol très riche, ces arbres produisent parfois des pousses vigoureuses mais grêles, sensibles au gel. **Supprimez** les branches mal placées ou les pousses ayant souffert du gel en début de printemps, et les rejets poussant autour de l'arbre dès que vous les repérez. Si une forme panachée présente des feuilles vert uni, taillez-les immédiatement. **Semez** en terrine dès la maturité des graines, sous châssis froid. **Prélevez** des boutures de racines tôt au printemps. Les pétioles des fleurs sont parfois infestés de **pucerons**.

Aralia elata 'Variegata' ♀

↕↔ 10 m, arbre caduc vigoureux, feuilles jusqu'à 1,20 m de long à belle coloration automnale, floraison de la fin de l'été au début de l'automne

Araucaria araucana

Désespoir-des-singes

L'UN DES ARBRES LES PLUS ANCIENS, le désespoir-des-singes doit son nom à ses branches couvertes de feuilles en écailles acérées qui les rendent difficiles, voire impossibles, à escalader. Bien qu'issu des forêts tropicales humides, cet *Araucaria* est peu rustique et son originalité lui a longtemps valu d'être un favori des jardins. Il est malheureusement souvent planté dans des jardins beaucoup trop petits car sa croissance est lente dans sa jeunesse, ce qui impose des élagages peu esthétiques qui ruinent sa silhouette. Il lui faut beaucoup d'espace pour se développer harmonieusement; d'abord de forme conique, il laisse ensuite pendre ses branches inférieures et forme une couronne arrondie et gracieuse au sommet d'un tronc dégagé. Les cônes mâles et femelles sont portés par des arbres différents, les cônes femelles étant plus arrondis que les mâles.

Rusticité Zones 8 et 9

Culture Dans un sol riche et bien drainé, en situation dégagée mais abritée des vents froids. **Semez** en pépinière dès la maturité des graines. **Prélevez** des boutures de tiges verticales en milieu d'été et faites-les enraciner sous châssis froid. Les boutures de branches horizontales ne donneront jamais des arbres érigés.

Araucaria araucana
↕15–25 m ↔ 7-10 m, écorce coriace brun-gris sombre à stries horizontales

Arbutus

Arbousier

LES ARBOUSIERS SONT DES ARBRES LARGES, parfois buissonnants à la belle écorce brun rouge qui s'exfolie et aux feuilles sombres et lustrées. Des panicules de petites fleurs blanches ou roses éclosent de l'automne au printemps. Elles sont suivies de fruits ressemblant à des fraises, orange vif à rouges, comestibles mais sans grande saveur. Ils peuvent atteindre 15 m de haut, mais leur croissance est lente et ils resteront des petits arbustes pendant plusieurs années. L'arbousier est parfait dans une grande platebande arbustive ou en sujet isolé, situé de façon que l'on puisse admirer sa belle écorce colorée.

Rusticité Zones 7 à 9

Culture Dans un sol riche, copieusement amendé d'humus bien décomposé, dans un site abrité en plein soleil, protégé des vents froids, même à l'âge adulte. *A. andrachnoides* et *A. unedo* supportent un sol alcalin (calcaire), les autres espèces comme *A. menziesii* demandent un sol acide. **Taillez** les pousses mal placées pour conserver une silhouette équilibrée, en hiver ou fin de printemps quand l'arbre est en dormance, mais réduisez la taille au minimum. **Semez** en terrine dès la maturité des graines, sous châssis froid. **Prélevez** des boutures semi-ligneuses d'extrémités de tiges en été.

Arbutus unedo ♡ (Arbre aux fraises)
↕↔ 8 m, fructification et floraison simultanées, mais les fruits sont à pleine maturité au bout d'un an

Arbutus × *andrachnoides* ♡
↕↔ 8 m, fleurs blanches parfois teintées de rose de l'automne au printemps, cultivé surtout pour son écorce, les fruits sont rares

Arbutus menziesii ♡
↕↔ 15 m, port étalé, parfois buissonnant, fleurs blanches abondantes, en panicules de 20 cm en début d'été

Arctostaphylos

Ces arbustes, persistants pour la plupart, demandent peu d'entretien. Ils sont originaires de l'ouest de l'Amérique du Nord, notamment de Californie. Leur port va de tapissant à dressé, certains atteignent 6 m de hauteur et d'étalement alors qu'*Arctostaphylos alpina* se cantonne à 5 cm de haut et 20 cm d'étalement. Tous affichent des panicules ou des grappes de fleurs délicates en urne, blanches à roses, en hiver ou au printemps. Elles sont suivies en automne de petites baies écarlates mais parfois aussi brunes, pourpres ou noires. Les *Arctostaphylos* à port bas sont des couvre-sols très décoratifs dans une plate-bande arbustive ou dans un grand jardin de rocaille. Les grandes espèces dressées sont d'un bel effet en sous-bois clair.

Rusticité Zones 2 à 7

Culture Dans un sol fertile, frais et bien drainé, acide, en plein soleil ou à mi-ombre. **Semez** en terrine sous châssis froid en automne, après avoir plongé les graines 20 secondes dans l'eau bouillante pour attendrir le tégument épais. **Prélevez** des boutures semi-ligneuses en été ou marcottez en automne. Les pousses courant sur le sol forment souvent des racines aux nœuds et se marcottent spontanément. Déterrez-les, séparez-les de la plante mère et replantez-les en pot.

Arctostaphylos × *media* 'Wood's Red'
↕ jusqu'à 10 cm ↔ jusqu'à 50 cm, croissance lente, très ramifié, convient à une rocaille ou au premier plan d'une plate-bande arbustive

Argyranthemum

Anthémis

Les anthémis sont des arbustes prolifiques qui offrent des vagues successives de jolies fleurs en capitule du début de l'été à l'automne. Elles sont simples ou doubles, dans des tons blancs, jaune tendre à abricot, ou rose pâle à rouge cerise intense. Autrefois classées dans les chrysanthèmes, les anthémis présentent un feuillage similaire, ressemblant à celui de la fougère, vert ou vert grisâtre. Elles sont précieuses en pot, dans les massifs d'été et les plates-bandes mixtes où elles apportent une touche de gaieté et de légèreté. Certaines font d'élégants sujets isolés ou peuvent être formées sur pied, avec une tige dégagée et une couronne buissonnante.

Rusticité Zones 8 à 11

Culture Dans un sol riche et bien drainé, en plein soleil. La plupart des espèces supportent les vents marins. **Pincez** l'extrémité des jeunes pousses pour favoriser un port buissonnant. **Coupez** les rameaux défleuris à 2,5 cm de la base après la floraison ou en début de printemps. **Appliquez** un paillis d'hiver épais si la température descend en dessous de – 5 °C sur de longues périodes dans votre région ; les boutures de fin d'été sont une assurance contre les pertes. Sinon, déterrez les plantes et faites-les hiverner en conditions hors gel. **Prélevez** des boutures herbacées au printemps ou semi-ligneuses en été.

Argyranthemum gracile 'Chelsea Girl' ♀
↕↔ 60 cm, plante compacte, peu fournie en fleurs, cultivée pour son feuillage d'une rare finesse, parfaite en sujet isolé

Argyranthemum 'Vancouver' ♀
↕ 90 cm ↔ 80 cm, plante compacte à fleurs doubles et feuillage vert-de-gris, parfaite en jardin champêtre

Argyranthemum 'Mary Wootton'
1,10 m ↔ 1 m, port ouvert, feuillage vert-de-gris, fleurs ouvertes
ose pâle, pâlissant avec le temps

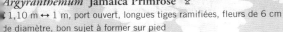

Argyranthemum 'Jamaica Primrose' 🏆
↕1,10 m ↔ 1 m, port ouvert, longues tiges ramifiées, fleurs de 6 cm
de diamètre, bon sujet à former sur pied

Artemisia

Armoise

voir aussi p.189

↕5 cm-1,50 m
↔15 cm-1,50 m

Les armoises ont un feuillage aromatique ressemblant à celui de la fougère, gris ou argenté, qui met en relief tout au long de l'année les plantes à fleurs ou les feuillages plus voyants. Elles sont caduques ou persistantes ; leurs feuilles sont leur principal attrait car les fleurs sont toujours petites et insignifiantes. Les armoises ont belle allure dans les jardins d'herbes aromatiques (l'estragon est une forme d'*Artemisia dracunculus*), dans les jardins de rocaille et les plates-bandes fleuries ou arbustives. Supportant la sécheresse, elles sont souvent présentes dans les jardins de style méditerranéen, mais quelques-unes, notamment *A. lactiflora*, demandent un sol frais.

Rusticité Zones 2 à 10

Culture Dans un sol riche et bien drainé, en situation ensoleillée. *A. arborescens* demande à être protégée par un mur chaud dans les régions sujettes au gel. Dans les sols lourds et argileux, ajoutez du terreau graveleux pour améliorer le drainage ; l'humidité raccourcit la durée de vie des plantes. **Rabattez** au niveau du sol, en automne ou au printemps, les plantes qui poussent en hauteur et se dégarnissent à la base, pour favoriser un port compact. **Semez** en terrine sous châssis froid en automne ou au printemps. **Prélevez** des boutures à talon en début d'été. Sujet à l'**oïdium**.

① ***abrotanum*** 🏆 ↕↔ 1 m, semi-persistant, floraison en fin d'été
② ***arborescens*** ↕1 m ↔ 1,50 m, persistant, à feuilles plumeuses

Aucuba

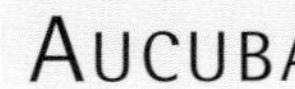

Les aucubas sont des arbustes persistants, cultivés pour leur feuillage lustré spectaculaire et leurs gros fruits. Ils ne souffrent presque jamais de maladies ou d'infestations de ravageurs et supportent les conditions difficiles, ombre dense, sol sec, pollution, vents marins. Ils sont donc un bon choix dans un jardin de ville. On peut les planter en solitaire dans une pelouse, dans une plate-bande mixte ou une plate-bande arbustive, ou en haie naturelle (taillés, ils fructifient moins). Les cultivars panachés et tachetés, comme 'Sulphurea Marginata' et 'Crotonifolia', apportent une tache de couleur vive dans un recoin sombre où peu d'autres végétaux prospéreront.

Rusticité Zones 7 à 10

Culture Dans un sol riche, s'il n'est pas détrempé, en plein soleil ou ombre dense ; les espèces panachées préfèrent la mi-ombre. Dans les régions à étés chauds, procurez-leur une ombre dense. En pot, utilisez un terreau de rempotage ordinaire, appliquez un engrais liquide une fois par mois, arrosez copieusement pendant la croissance, avec parcimonie en hiver. **Taillez** les aucubas au printemps pour équilibrer la silhouette et rabattez-les sévèrement s'ils se développent trop. Rabattez les tiges indisciplinées au centre de la charpente. **Semez** en terrine en automne. **Prélevez** des boutures semi-ligneuses en été.

Aucuba japonica (Aucuba du Japon)
↕↔ 3 m, les plantes femelles forment des petites baies rouges (*voir encadré*) si une plante mâle est plantée à proximité

Azara

Leurs fleurs à fort parfum de vanille sont le principal attrait de ce groupe d'arbustes et de petits arbres persistants. Les fleurs forment des épis ou des grappes denses au revers des branches, la floraison des différentes espèces s'échelonnant du milieu de l'hiver au milieu de l'été. Les fleurs n'ont pas de pétales, mais des étamines voyantes leur donnent un aspect duveteux très décoratif. Des baies les suivent parfois après un été chaud. Ces arbustes faciles à cultiver demandent une situation ensoleillée et abritée, l'idéal est de les palisser contre un mur. Les feuilles vertes sont de tailles variées et parfois disposées en paires asymétriques, une petite feuille opposée à une grande.

Rusticité Zones 7 à 9

Culture Dans un sol frais, humifère, au soleil ou à mi-ombre, abrité des vents froids qui brûlent les feuilles et provoquent leur chute. Dans les régions froides, palissez les *Azara* contre un mur chaud et ensoleillé. **Taillez** après la floraison les pousses qui gâchent la forme de l'arbuste ; rabattez les rameaux défleuris de deux à quatre bourgeons au-dessus de la charpente permanente.

Azara microphylla ♀ (encadré : ***microphylla* 'Variegata'**)
↕10 m ↔4 m, le plus rustique de l'espèce, supporte aussi l'ombre dense

Ballota

Ballote

Ces végétaux persistants ou semi-persistants forment des touffes ou des coussins de feuilles aromatiques arrondies, vert-jaune à vert-de-gris. Des petites fleurs en entonnoir, blanches ou roses, éclosent de la fin du printemps à la fin de l'automne, mais le grand charme des ballotes est leur feuillage qui offre un bel arrière-plan à des plantes plus colorées, comme les phlox de massifs aux fleurs vives (*voir p. 306-307*), les hémérocalles (*p. 258*) et les achillées (*p. 166-167*). Pour un effet plus subtil, plantez-les en compagnie de plantes comme la lavande (*Lavandula, p. 80*), dont la texture de feuilles offrira un contraste en restant dans la même gamme de teintes.

Rusticité Zones 8 à 10

Culture Dans un sol pauvre, sec, très bien drainé, en plein soleil. **Rabattez** tous les rameaux défleuris à 2,5 cm du vieux bois, après la floraison ou du milieu à la fin du printemps ; sinon rabattez au printemps pour garder une plante compacte. **Divisez** les vivaces au printemps. **Prélevez** des boutures herbacées d'arbustes en fin de printemps ou semi-ligneuses en été.

① **'All Hallows Green'** ↕60 cm ↔75 cm,
② ***pseudodictamnus*** ♀ ↕45 cm ↔60 cm

Berberis

Berbéris, Épine-vinette

Les berbéris sont prisés pour leur feuillage ornemental et leurs fleurs éclatantes, jaunes à orange soutenu. Les fleurs éclosent au printemps ou en été, généralement en petits bouquets, et sont suivies de fruits colorés en automne. Des variétés sont persistantes, d'autres caduques, bon nombre de ces dernières affichant de flamboyantes teintes automnales. Les tiges sont toujours épineuses et font des berbéris d'excellentes haies infranchissables. Vu la diversité du genre, vous trouverez une variété adaptée à n'importe quel emploi dans le jardin, des grands sujets pour haies ou plates-bandes aux cultivars nains pour jardins de rocaille.

Rusticité Zones 4 à 9

Culture Dans un sol riche mais bien drainé, en plein soleil ou à mi-ombre : la coloration d'automne et la fructification sont stimulées par le plein soleil. **Taillez** après la floraison : élaguez légèrement les tiges qui gâchent la silhouette et rabattez les rameaux défleuris des caducs à une pousse ou un bourgeon vigoureux. Taillez les haies après la floraison. **Prélevez** en été des boutures semi-ligneuses sur les caducs et les persistants, ou herbacées sur les caducs. Infestations possibles d'**oïdium** ; supprimez les parties atteintes et traitez avec un fongicide.

Berberis darwinii ♀
↕↔3 m, dressé, persistant, floraison au printemps, parfois une remontée de fleurs en automne, fruits bleu-noir en automne

Berberis thunbergii 'Rose Glow' ♀
↕1 m, parfois plus ↔ 2,50 m, arrondi, caduc, premières feuilles de la saison unies

Berberis × *stenophylla* 'Corallina Compacta' ♀
↕↔ jusqu'à 30 cm, persistant, cultivar nain d'une grande espèce, excellent en bordure

Berberis wilsoniae
↕1 m ↔ 2 m, en touffe, persistant, feuilles orange rougeâtre vif en automne

Berberis julianae ♀
↕↔ 3 m, persistant, dressé et dense ; en automne fruits oblongs bleu-noir accompagnés d'une fleur blanche

Berberis thunbergii 'Dart's Red Lady'
↕1 m, parfois plus ↔ 2,50 m, caduc, feuilles rouge vif virant au rouge violacé intense (*voir encadré*) en automne

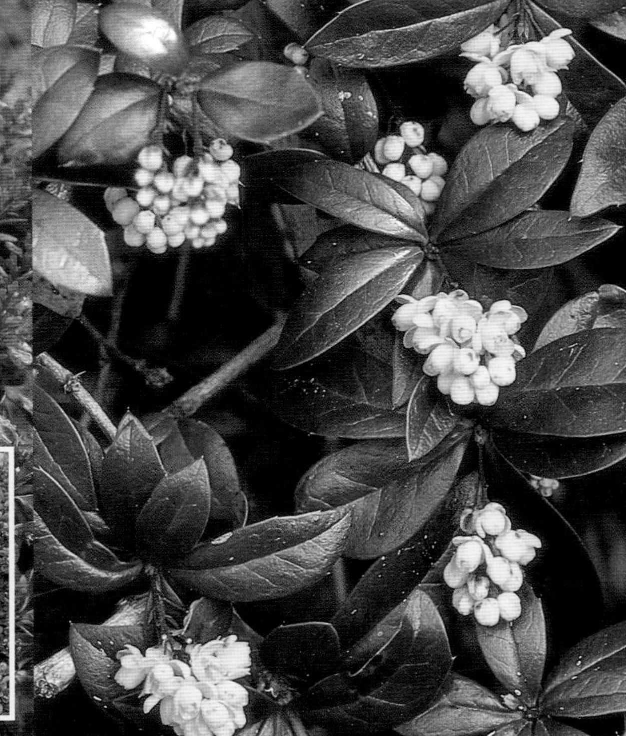

Berberis 'Goldilocks'
↕4 m ↔ 3 m, persistant, à port d'abord dressé puis étalé, feuilles de 5 cm de long

BETULA

Bouleau

CES GRACIEUX ARBRES CADUCS ont du charme en toute saison : l'écorce qui s'exfolie souvent, blanc argenté ou brun cuivré, est remarquable en hiver quand les éléments décoratifs sont rares ; les fleurs mâles et femelles sont regroupées en chatons séparés sur le même arbre au printemps, et les petites feuilles dentées, vert moyen à foncé, virent généralement au jaune tendre en automne. Ce groupe important comprend plusieurs espèces adaptées aux petits jardins. Les formes élancées de nombreuses espèces sont particulièrement séduisantes si l'on dispose d'assez d'espace pour composer un petit bosquet. *Betula medwedewii*, étalé, et les bouleaux pleureurs sont parmi les arbres les plus beaux et les plus élégants dans un jardin.

Rusticité Zones 2 à 9

Culture Dans un sol assez riche, bien drainé, au soleil ou dans une ombre tamisée ; la plupart supportent une situation exposée. **Rabattez** les branches enchevêtrées ou mal placées pendant la dormance hivernale pour conserver une charpente saine. **Semez** en pépinière à l'extérieur en automne. **Prélevez** des boutures herbacées en été. Risques d'**oïdium**, mais les arbres adultes s'en remettront sans traitement, par ailleurs impraticable. Les jeunes arbres très atteints doivent être traités.

Betula papyrifera (Bouleau à papier)
↕20 m ↔ 10 m, l'écorce fraîchement exfoliée est brun orangé pâle, pâlissant avec l'âge, et les feuilles d'automne sont jaunes à orange

Betula medwedewii
↕↔ 5 m, port d'abord dressé s'étalant avec l'âge, chatons mâles jusqu'à 10 cm de long (*voir encadré*)

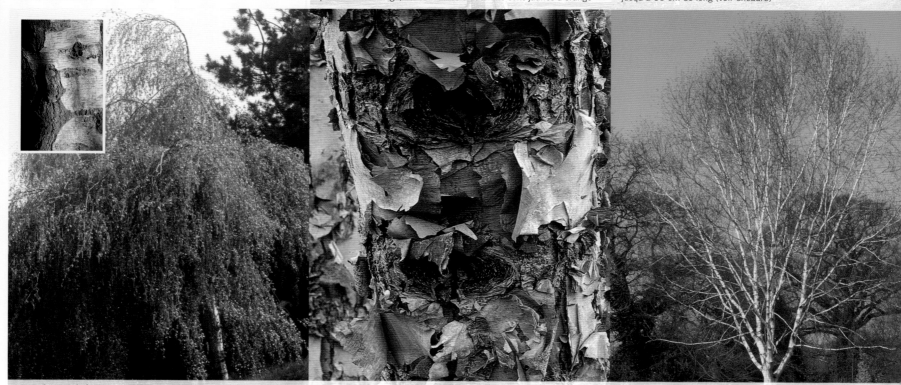

***Betula pendula* 'Youngii'** (Bouleau pleureur)
↕8 m ↔ 10 m, forme en dôme d'un bouleau habituellement dressé, convient aux petits jardins

Betula nigra (Bouleau noir)
↕18 m ↔ 12 m, port conique à étalé, l'écorce se fissure et vire au blanc-gris ou au noirâtre avec l'âge

***Betula utilis* 'Silver Shadow'** ♀
↕18 m ↔ 10 m, feuilles plus grandes que la plupart des bouleaux, écorce d'un blanc particulièrement éblouissant

Brachyglottis

Arbustes persistants arborant des bouquets de fleurs blanc crème à jaune intense, ils sont un choix idéal dans les jardins exposés et de bord de mer. 'Sunshine', le plus couramment cultivé, appartient au groupe de petits cultivars appelés hybrides Dunedin. Généralement d'une hauteur de 75 cm, ils forment des boules de feuilles ovales à bord ondulé, tout d'abord soyeuses, et arborent des panicules de fleurs en capitule jaune vif, de l'été à l'automne. Parmi les autres variétés intéressantes, citons *Brachyglottis repanda*, un arbuste de 3 m de hauteur et d'étalement, aux feuilles vert foncé et aux fleurs blanc crème, et *B. rotundifolia*, compact, de 1 m, mieux adapté aux petits jardins. Plantez-les en plate-bande arbustive; leur feuillage apporte un contraste marqué aux feuilles étroites d'arbustes comme les hébés (*voir p. 68*).

Rusticité Zones 7 à 10

Culture Dans un sol bien drainé, en plein soleil. **Rabattez** ou élaguez légèrement les tiges qui gâchent la silhouette de l'arbuste après la floraison. **Prélevez** des boutures semi-ligneuses en été.

Brachyglottis 'Sunshine' ♡
↕ 75 cm ↔ 1 m, supporte toutes les situations, sauf une ombre ou une humidité excessives, prospère dans les jardins côtiers

Buddleja

Arbuste aux papillons, Buddléia

↕↔ jusqu'à 5 m

Les fleurs parfumées de ces arbustes attirent des hordes de papillons. L'espèce la plus couramment cultivée est *Buddleja davidii* et ses cultivars, la plupart atteignant jusqu'à 2,50-3 m en une seule saison et arborant des fleurs roses, pourpres, lilas ou blanches en panicule conique sur de grandes tiges arquées, de la fin de l'été au début de l'automne. *B. globosa* est un arbuste plus grand et arrondi, rustique aussi, qui fleurit en début d'été. Les buddléias sont caducs, persistants ou semi-persistants. Ils composent une belle toile de fond pour d'autres arbustes à floraison estivale comme le millepertuis (*Hypericum, voir p. 74*) ou les potentilles (*voir p. 99*).

Rusticité Zones 5 à 10

Culture Dans un sol riche et bien drainé, en plein soleil; supporte des sols plus pauvres. **Rabattez** le vieux bois à la base sur *B. davidii* et ses cultivars. Taillez les autres buddléias après la floraison, uniquement pour une silhouette nette et les cantonner à l'espace imparti. **Prélevez** des boutures semi-ligneuses en été ou des boutures ligneuses de *B. davidii* en automne. En cas d'infestation de **limaces**, retirez-les à la main.

① *davidii* 'Royal Red' ♡ ↕3 m ② *davidii* 'White Profusion' ♡ ↕3 m ③ *globosa* ♡ ↕↔ 5 m ④ 'Lochinch' ♡ ↕2,50 m ↔ 3 m

Bupleurum fruticosum

Buplèvre ligneux

Excellent sujet de régions côtières, car il supporte les embruns, ce persistant à port étalé est idéal pour habiller un mur ou une berge. Les petites fleurs étoilées jaunes, entourées de bractées feuillues, éclosent en ombelles arrondies du milieu de l'été à l'automne. Il peut se développer en un grand arbuste dense, il doit donc être situé au fond d'une plate-bande arbustive ou d'une plate-bande mixte. Accompagnez-le d'aubépines (*Crataegus, voir p. 46*), de millepertuis (*Hypericum, voir p. 74*) et de buddléias (*voir ci-contre*).

Rusticité Zones 3 à 7

Culture Dans un sol riche, de préférence en plein soleil dans un site chaud et abrité. **Supprimez** les fleurs fanées pour éviter la formation des graines. Rabattez les tiges qui gâchent la silhouette de l'arbuste en milieu ou fin de printemps; il supportera une taille sévère s'il déborde de l'espace imparti. **Semez** en terrine sous châssis froid au printemps. **Prélevez** des boutures semi-ligneuses en été.

Bupleurum fruticosum
↕2 m ↔ 2,50 m

Buxus

Buis

Le buis persistant est l'une des plantes de jardin les plus polyvalentes. Bien que de nombreuses variétés soient naturellement grandes et arbustives, toutes réagissent bien à une taille régulière et conviennent aussi bien à un cadre géométrique que naturel. Des petites fleurs vert-jaune éclosent au printemps, mais le feuillage coriace et nettement découpé leur vole la vedette. Utilisé en haie ou en écran, le buis offre une toile de fond permanente pour plates-bandes saisonnières. Il peut être taillé en topiaires ornementaux ; les formes simples ne demandent qu'une ou deux tailles par an. Les buis nains étaient employés classiquement pour créer des parterres de broderie ; ils sont également parfaits pour border des allées et des plates-bandes, ainsi qu'en couvre-sol. Parmi la multitude de buis, certains sont panachés.

Rusticité Zones 5 à 10

Culture Dans un sol riche et bien drainé, idéalement à mi-ombre. **Taillez** les arbustes et les haies en été ; le buis supporte une taille sévère en fin de printemps s'il est ensuite arrosé copieusement, avec un apport d'engrais. Les **psylles du buis**, insectes vert pâle ressemblant à des pucerons et sécrétant un miellat blanc, entravent parfois la croissance du printemps à l'été. Ils n'affectent que les jeunes plantes.

sempervirens ♀ ① 'Elegantissima' ♀ ↕↔ 1,50 m ② 'Handsworthiensis' ↕↔ 5 m ③ 'Latifolia Maculata' ♀ ↕2,50 m ↔ 2 m ④ 'Suffruticosa' ♀ ↕1 m ↔ 1,50 m

Callicarpa

↕1 à 3 m
↔1 à 2,50 m

C'est pour leurs petites baies sphériques d'automne aux teintes éclatantes que les *Callicarpa* sont appréciés. Elles persistent sur les branches dénudées après la chute des feuilles et apportent une touche de couleur en hiver. Les baies sont violettes, lilas, blanches ou pourpre foncé et très abondantes à la suite d'un été long et chaud. Si vous disposez d'assez d'espace, plantez-les par groupes de deux ou trois pour optimiser la fructification. Ces arbustes sont caducs ou persistants, à feuilles vert foncé ou bronze et à ports variés. Ils affichent en été des bouquets de petites fleurs blanches, rouges, pourpres ou roses. Des arbustes et arbres à baies comme les cotonéasters (*voir p. 45*) et les sorbiers (*voir p. 118*) sont de bons compagnons.

Rusticité Zones 6 à 10

Culture Dans un sol riche et bien drainé, en plein soleil ou dans une ombre tamisée. **Rabattez** les tiges de l'année à la charpente en début de printemps. Si une taille sévère est nécessaire, rabattez les inflorescences à la base. **Semez** en terrine sous châssis froid en automne ou au printemps. **Prélevez** des boutures herbacées au printemps ou semi-ligneuses en été.

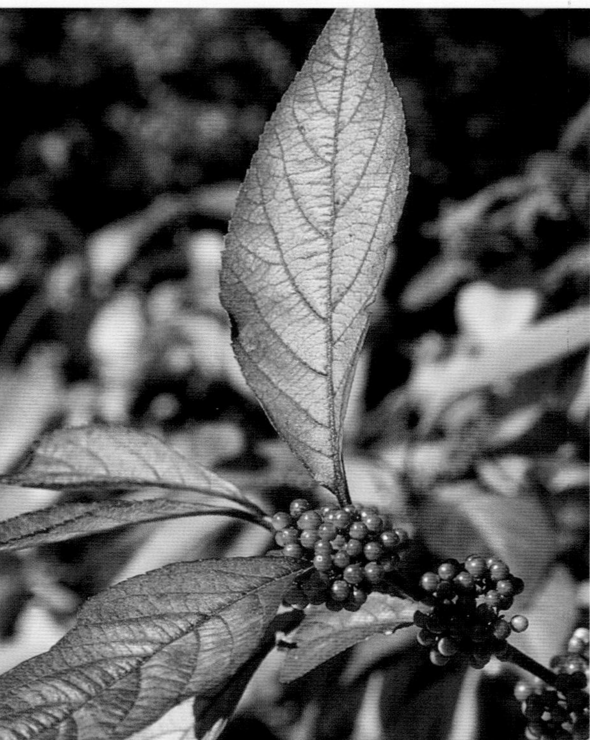

Callicarpa bodinieri var. *giraldii*

↕3 m ↔ 2,50 m, buisson caduc, dressé, cymes de petites fleurs roses en milieu d'été

Callistemon

Rince-bouteilles, Plante goupillon

↕1 à 15 m
↔1 à 8 m

Les épis de fleurs soyeuses, auxquelles ces arbustes et arbres persistants doivent leur nom, éclosent au printemps ou en été. *Callistemon linearis* et *C. speciosus* fleurissent en automne. Leurs teintes florales éclatantes, cramoisi, pourpre, rose, blanc ou or, sont mises en relief par des feuilles coriaces simples. *C.* 'Firebrand' se pare en outre de tiges rose argenté. Les ports sont variés mais souvent étalés. Attachés de façon lâche à un treillis, ils habilleront un mur de façon originale. Originaires d'Australie, les rince-bouteilles prospèrent au pied d'un mur chaud dans une plate-bande arbustive, en compagnie de céanothes (*voir p. 36*) et de lavandes (*voir p. 80*). Cultivez les espèces gélives en pot et faites-les hiverner sous abri.

Rusticité Zones 9 à 11

Culture Dans un sol frais mais bien drainé, neutre à acide, en plein soleil. **Élaguez** les tiges qui gâchent la silhouette après la floraison ; ces plantes supportent une taille sévère si elles ont souffert du gel ou si elles débordent de l'espace imparti. **Semez** en surface sur du terreau frais, au printemps. **Prélevez** des boutures semi-ligneuses en fin d'été.

Callistemon pallidus

↕↔ 2-4 m, érigé à étalé, pousses duveteuses, feuilles vert grisâtre à foncé, épis de fleurs de 10 cm de long de la fin du printemps au milieu de l'été

CALLUNA VULGARIS

Callune, Bruyère commune

voir aussi p. 48 et p. 52-53

ADORÉ PAR LES ABEILLES, CET ARBUSTE PERSISTANT et ses cultivars offrent des tiges couvertes de fleurs en clochette pourpres, rouges, roses ou blanches, du milieu de l'été à la fin de l'automne. Les épis peuvent atteindre 10 cm de long, mais ils raccourcissent avec l'âge. Le feuillage est généralement vert foncé, teinté de pourpre en hiver ; les feuilles linéaires sont aplaties le long des tiges. Il existe plus de cinq cents cultivars, de prostrés à dressés ; tous sont d'excellents couvre-sols et certains affichent un feuillage remarquable, comme 'Firefly' aux feuilles rouille. Réservez de l'espace aux callunes dans un jardin sauvage, en groupes lumineux de trois, cinq pieds ou plus, associés à des rhododendrons nains (*voir p. 104-107*) et à des conifères.

Rusticité Zones 5 à 9

Culture Dans un sol bien drainé, acide, en situation dégagée. **Rabattez** les rameaux défleuris à 2,5 cm du vieux bois en début de printemps. **Paillez** avec du terreau de feuilles ou de l'écorce compostée au printemps ou en automne pour stimuler la croissance, surtout les jeunes plantes. **Prélevez** des boutures semi-ligneuses de 5 cm de long en milieu d'été. Marcottez au printemps, comme les bruyères (*voir p. 52*).

'Gold Haze' 🏆
↕10-60 cm ↔ 45 cm, feuillage jaune pâle toute l'année, épis de fleurs blanches de 5-10 cm de long

'Anthony Davis' 🏆
↕45 cm ↔ jusqu'à 75 cm, feuilles vert-de-gris, épis de fleurs blanches de plus de 10 cm de long, parfaite en bouquets

'Robert Chapman' 🏆
↕25 cm ↔ 65 cm, feuillage jaune d'or virant au rouge et à l'orange en hiver et au printemps, épis de fleurs pourpres de 5-10 cm de long

'Silver Knight'
↕40 cm ↔ jusqu'à 75 cm, feuillage gris duveteux fonçant au gris pourpré en hiver, épis de fleurs de 5-10 cm de long

'Beoley Gold' 🏆
↕35 cm ↔ jusqu'à 75 cm, épis de fleurs blanc pur de 5-10 cm de long

Camellia

Camélia

↕1 à 20 m
↔60 cm à 8 m

Ces élégants arbustes persistants trouvent de multiples emplois, des plates-bandes aux décors boisés. Ils sont aussi très décoratifs en pot, méthode de culture idéale si votre sol est alcalin (très calcaire), car les camélias demandent un sol neutre à acide. Il en existe plus de 250 espèces ; les plus grandes sont très hautes, mais beaucoup de petits cultivars conviennent mieux à la plupart des jardins. Leurs fleurs charmantes, dans des tons de rose, écarlate et blanc éclosent au printemps et restent épanouies plusieurs semaines. Fleurs solitaires ou groupées, elles font de beaux bouquets durables et certaines sont légèrement parfumées. Elles sont simples ou doubles, de divers diamètres, les plus importantes atteignent 13 cm ou plus, mais la moyenne est la moitié de cette taille. Les camélias les plus couramment cultivés sont peu rustiques, mais *Camellia reticulata* et ses cultivars demandent une situation abritée du froid. Le feuillage vert foncé lustré est un charme permanent des camélias.

Rusticité Zones 7 à 11

Culture Dans un sol frais mais bien drainé, riche en humus et acide (pH 5,5-5,6). **Protégez-les** des vents froids et plantez-les à mi-ombre, car le soleil du petit matin risque de brûler les bourgeons et les fleurs en périodes de gelées. **Plantez-les** de façon à ce que la motte de racines soit juste sous la surface du sol. Appliquez au printemps un paillis de 5 à 8 cm de terreau de feuilles ou de copeaux d'écorce. **Appliquez** un engrais équilibré en milieu de printemps et à nouveau en début d'été et arrosez copieusement en périodes de sécheresse pour éviter une chute des bourgeons. **Taillez** légèrement pour conserver une silhouette équilibrée en fin de printemps ou en début d'été après la floraison et supprimez les fleurs fanées. **Prélevez** des boutures semi-ligneuses de la fin de l'été au début de l'hiver. Des maladies virales peuvent abîmer les fleurs et les camélias sont sujets aux attaques d'**otiorrhynques**.

Tailler les jeunes camélias

Les jeunes camélias se développent avec des ports variés. Une taille soigneuse des jeunes plantes favorisera une silhouette bien équilibrée et une croissance buissonnante. Rabattez les pousses minces et chétives à deux ou trois bourgeons ou supprimez-les. Les plantes établies demandent très peu de taille. Si elles débordent de l'espace qui leur est imparti, taillez-les sévèrement en début de printemps.

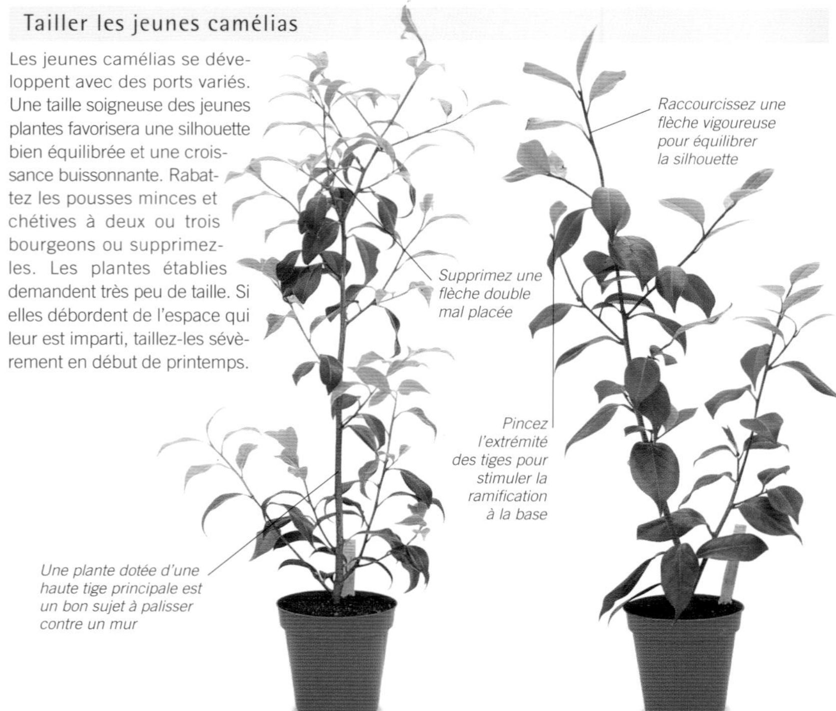
Raccourcissez une flèche vigoureuse pour équilibrer la silhouette
Supprimez une flèche double mal placée
Pincez l'extrémité des tiges pour stimuler la ramification à la base
Une plante dotée d'une haute tige principale est un bon sujet à palisser contre un mur

① *Camellia* 'Inspiration' ♀ ↕4 m ↔ 2 m ② *japonica* 'Adolphe Audusson' ♀ ↕9 m ↔ 8 m ③ *japonica* 'Alexander Hunter' ♀ ↕9 m ↔ 8 m ④ *japonica* 'Apollo' ↕9 m ↔ 8 m ⑤ *japonica* 'Ave Maria' ♀ ↕9 m ↔ 8 m ⑥ *japonica* 'Berenice Boddy' ♀ ↕9 m ↔ 8 m ⑦ *japonica* 'Betty Sheffield Supreme' ↕2-4 m ↔ 1,50-3 m ⑧ *japonica* 'Elegans' ♀ ↕9 m ↔ 8 m ⑨ *japonica*

'Gloire de Nantes' 🏆 ↕9 m ↔ 8 m ⑩ *japonica* 'Giulio Nuccio' 🏆 ↕9 m ↔ 8 m ⑪ *japonica* 'Hagoromo' 🏆 ↕9 m ↔ 8 m ⑫ *japonica* 'Julia Drayton' ↕9 m ↔ 8 m ⑬ *japonica* 'Jupiter' 🏆 ↕9 m ↔ 8 m ⑭ *japonica* 'Mrs D.W. Davis' ↕9 m ↔ 8 m ⑮ *japonica* 'R.L. Wheeler' 🏆 ↕9 m ↔ 8 m ⑯ *japonica* 'Rubescens Major' 🏆 ↕9 m ↔ 8 m ⑰ *reticulata* 'Arch of Triumph' ↕3 m ↔ 5 m

⑱ *reticulata* 'William Hertrich' ↕15 m ↔ 5 m ⑲ *tsaii* ↕10 m ↔ 5 m ⑳ × *williamsii* 'Anticipation' 🏆 ↕4 m ↔ 2 m ㉑ × *williamsii* 'Bow Bells' ↕4 m ↔ 1-3 m ㉒ × *williamsii* 'Donation' 🏆 ↕5 m ↔ 2,50 m ㉓ × *williamsii* 'J.C. Williams' 🏆 ↕2-5 m ↔ 1-3 m ㉔ × *williamsii* 'Saint Ewe' 🏆 ↕2-5 m ↔ 1-3 m

Caragana

Caraganier

Ces arbustes ou petits arbres caducs prospèrent dans les sites exposés à sol sec. On les rencontre de l'Europe orientale à la Chine et leur capacité à supporter des conditions difficiles en fait de précieux alliés. Ils affichent des feuilles séduisantes et de délicates fleurs papilionacées jaunes, blanches ou roses, suivies en automne de gousses brunes longues et fines. Les caraganiers font de bons brise-vent et peuvent orner une plate-bande arbustive ou une plate-bande mixte avec d'autres arbres et arbustes. *Caragana arborescens* 'Pendula' est souvent vendu greffé au sommet d'un tronc droit pour former un petit sujet pleureur sur pied. La variété naine *C. arborescens* 'Nana', de 75 cm de hauteur et d'étalement, a une croissance lente et des branches torsadées ; elle apporte une touche d'originalité dans un jardin de rocaille.

Rusticité Zones 2 à 9

Culture Dans un sol assez riche et bien drainé, en plein soleil ; supporte aussi un sol sec et pauvre en situation exposée. **Taillez** au minimum, uniquement pour supprimer les tiges mal placées au début du printemps. **Semez** en terrine sous châssis froid dès la maturité des graines ou au printemps, après avoir fait tremper les grains pour amollir le tégument. **Prélevez** des boutures herbacées au printemps.

Caragana arborescens
↕6 m ↔ 4 m, arbuste épineux, feuilles vert clair composées de 12 folioles, fleurs jaune citron pâle en fin de printemps

Carpinus betulus

Charme commun

Ce genre comprend 35 à 40 espèces d'arbres caducs des bois, dont plusieurs sont de bonnes espèces de jardin et composent de belles haies. Cultivés en arbres, ils ont un port élégant, de colonnaire à pyramidal, le *Carpinus betulus* 'Fastigiata' étant particulièrement apprécié, à arrondi et étalé. Leur feuillage ressemblant à celui du hêtre est vert franc à foncé et souvent lustré ; leur écorce grise, lisse et cannelée est un charme supplémentaire. Ils forment au printemps des chatons vert-jaune, suivis de fruits verts pendants ressemblant au houblon et virant au brun ou au jaune en mûrissant. Les teintes d'automne du feuillage, jaune et ambre, sont également remarquables.

Rusticité Zones 5 à 8

Culture Dans un sol assez riche, bien drainé, au soleil ou à mi-ombre. **Supprimez** les branches mal placées ou enchevêtrées sur les jeunes arbres au début du printemps ; taillez les haies entre le milieu et la fin de l'été. Les charmes supportent une taille sévère s'ils débordent de l'espace imparti. **Semez** en pépinière extérieure en automne. **Prélevez** des boutures herbacées en début d'été.

Carpinus betulus 🏆
↕25 m ↔ 20 m, à port pyramidal, arrondi à l'âge adulte ; en haie (*voir ci-dessus*), il garde ses feuilles brunes tout l'hiver

Caryopteris

Barbe-bleue

Ces petits arbustes délicats forment une touffe se couvrent d'une masse de petites fleurs duveteuses dans des tons de bleu. Ce groupe comprend à la fois des arbustes caducs et des vivaces originaires d'habitats divers, des bois aux flancs de colline desséchés. Ils fleurissent de la fin de l'été à l'automne ; la plupart affichent un feuillage gris ou vert argenté qui leur donne belle allure ; 'Worcester Gold', quant à lui, arbore un feuillage d'un jaune chaud.

Rusticité Zones 6 à 8

Culture Dans un sol léger, modérément fertile, en plein soleil. Plantez-le contre un mur chaud dans les régions très froides, surtout si les étés sont frais aussi. **Rabattez** les rameaux défleuris de l'année précédente en début de printemps à trois ou quatre bourgeons vigoureux, de façon à développer une charpente permanente trapue. Au besoin, les *Caryopteris* peuvent être rabattus quasiment au niveau du sol. Semez en automne sous châssis froid. **Prélevez** des boutures herbacées en fin de printemps ou semi-ligneuses en début d'été.

Caryopteris × clandonensis 'Kew Blue'
↕1 m ↔ 1,50 m, excellent dans un sol calcaire, feuilles gris argenté au revers, belles inflorescences en graines

Cassiope

Originaire des régions arctiques, balayées par le vent, et alpines, ce petit groupe est composé d'arbustes persistants nains, à port tapissant. Leurs petites feuilles imbriquées, en écailles, sont appliquées sur des tiges courtes et minces. En fin de printemps et début d'automne apparaissent de petites fleurs en cloche, pendantes, solitaires ou en paires; elles sont blanches, parfois teintées de rouge. Les *Cassiope* apprécient un sol acide et demandent beaucoup d'humidité. Ces plantes sont si petites qu'elles ne conviennent vraiment qu'à un jardin de rocaille, à une jardinière d'alpines, ou en coulées dans une clairière. 'Edinburgh' est la variété la plus facile à cultiver et a belle allure au pied de rhododendrons et de conifères en situation dégagée.

Rusticité Zones 2 à 6

Culture Dans un sol frais acide en situation abritée à mi-ombre ou dans un site dégagé ensoleillé. *C. tetragona* supporte un sol légèrement calcaire. **Semez** en terrine en hiver. **Prélevez** des boutures semi-ligneuses en été et marcottez en automne ou début de printemps.

Cassiope 'Edinburgh' ♡
↕↔ jusqu'à 25 cm, à port bas mais tiges dressées, fleurs portées à l'extrémité des tiges en fin de printemps

Catalpa

Ces arbres caducs offrent un intérêt toute l'année, affichant un feuillage voyant, souvent de belle teinte, de grandes fleurs et des gousses caractéristiques. Les fleurs en cloche éclosent en panicules ou en grappes dressées en milieu et en fin d'été. Elles sont suivies en automne de gousses de type haricot vert, généralement de plus de 10 cm de long. Les catalpas ont un port large et étalé et prennent toute leur ampleur en sujet isolé dans une pelouse. Plusieurs variétés peuvent être étêtées (couper le tronc à 1 mètre, puis rabattre les tiges à cette couronne tous les ans) pour obtenir une forme en boule et de grandes feuilles ornementales. Ils prospèrent dans les jardins de ville abrités.

Rusticité Zones 5 à 9

Culture Dans un sol fertile, frais mais bien drainé, en plein soleil et protégé des vents violents. Dans un jardin froid, tendez un film horticole sur les jeunes plantes pour les protéger des gelées. **Taillez** au début du printemps, soit pour étêter, soit sur les arbres, ce qu'il faut pour conserver une charpente saine. **Semez** en terrine en automne. **Prélevez** des boutures herbacées en fin de printemps ou en été.

Catalpa bignonioides ♡ (Catalpa commun)
↕↔ 15 m, larges feuilles cordiformes, fleurs parfumées, fines gousses jusqu'à 40 cm de long (*voir encadré*)

Catalpa bignonioides 'Aurea' ♡
↕↔ 10 m, croissance lente, feuilles bronze au stade juvénile qui se déploient en début d'été, sujet à étêter pour former un arbuste (*voir encadré*)

Catalpa speciosa
↕↔ 15 m, port étalé, fleurs plus grosses et plus voyantes que la plupart des autres catalpas, gousses jusqu'à 50 cm de long

Ceanothus

Céanothe, Lilas de Californie

Arbustes vigoureux et étalés, les céanothes sont appréciés pour leur masse de fleurs généralement bleues, mais parfois blanches ou roses. Les fleurs abondantes composent des bouquets duveteux à l'extrémité des tiges ou sur de petites latérales. La plupart des céanothes persistants ont tout intérêt à être plantés contre un mur ou une clôture en situation abritée. Les espèces prostrées ou à port bas constituent de superbes couvre-sol et sont parfaites pour tapisser une berge. Les espèces caduques, généralement plus rustiques que les persistantes, sont des plantes plus compactes, surtout si elles sont rabattues tous les ans à la charpente, et idéales dans une plate-bande. Les céanothes n'ont pas une très longue durée de vie et détestent être transplantés.

Rusticité Zones 4 à 8

Culture Dans un sol assez fertile, en plein soleil, à l'abri des vents violents et froids. Supportent les sols alcalins, mais sont parfois sujets à la **chlorose** dans les sols calcaires, crayeux. **Taillez** légèrement les persistants en début de printemps pour conserver une belle silhouette et rabattez les caducs à la charpente ; traitez les plantes palissées comme les caducs. **Prélevez** des boutures de bois vert sur les caducs en été ou semi-ligneuses en fin d'été.

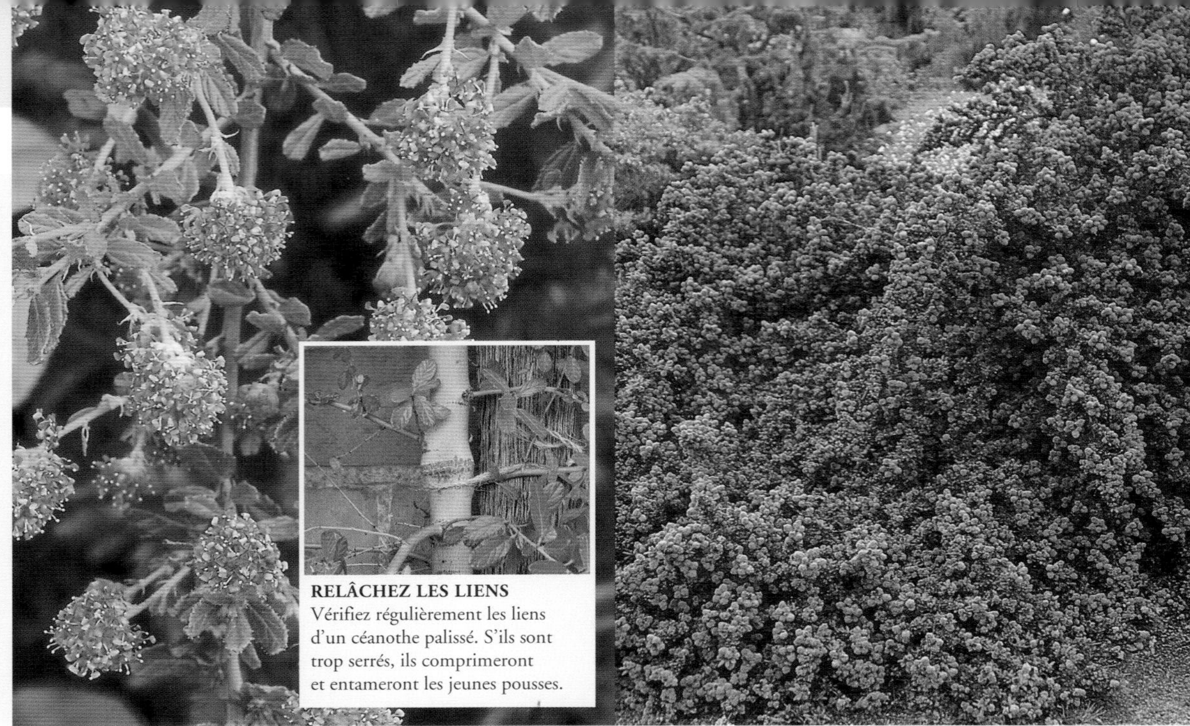

RELÂCHEZ LES LIENS
Vérifiez régulièrement les liens d'un céanothe palissé. S'ils sont trop serrés, ils comprimeront et entameront les jeunes pousses.

Ceanothus 'Cascade' 🏆
↕↔ 4 m, persistant vigoureux, arqué, floraison du printemps au début de l'été

Ceanothus 'Blue Mound' 🏆
↕ 1,50 m ↔ 2 m, persistant formant une touffe, prostré, floraison en fin de printemps

Ceanothus 'Blue Cushion'
↕ 45-75 cm ↔ 1-2 m, persistant étalé mais dense et ordonné, idéal en couvre-sol, floraison abondante en été

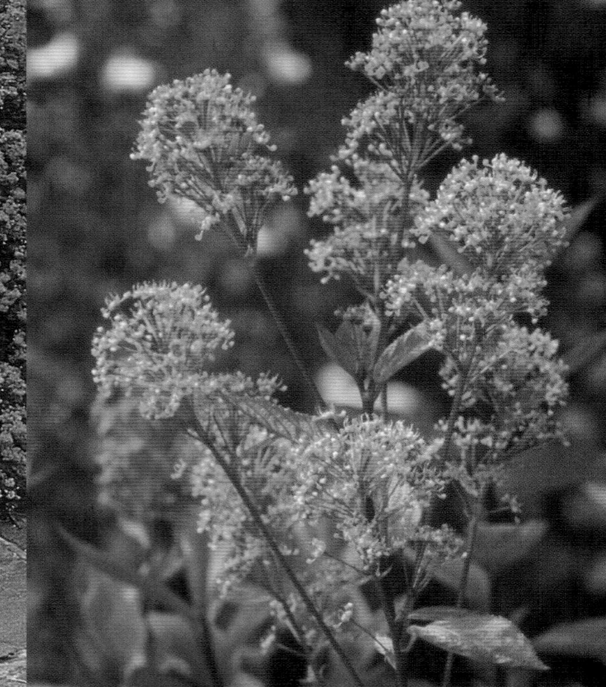

Ceanothus × *pallidus* 'Perle Rose'
↕↔ 1,50 m, caduc buissonnant, floraison du milieu de l'été à l'automne

CEDRUS

Cèdre

↕jusqu'à 40 m ↔jusqu'à 10 m

CES GRANDS CONIFÈRES PERSISTANTS sont impressionnants en sujets isolés ; ils exigent un vaste espace pour être pleinement appréciés, bien qu'il existe quelques cultivars nains. Coniques au stade juvénile, ils développent ensuite des branches horizontales étalées. Il est préférable de planter un cèdre seul ou en compagnie d'autres grands arbres si l'espace le permet ; ce sont des arbres à longue durée de vie. Les aiguilles sont groupées en verticilles sur des rameaux courts. Il existe des variétés à feuillage jaune d'or vif ou glauque, mais aussi vert uni. Les cônes mâles sont cylindriques et brun clair ; les cônes femelles sont oblongs ou en forme de tonneau, verts lors de leur apparition, virant au brun au fil de la maturation, en deux ans.

Rusticité Zones 6 à 8

Culture Dans un sol assez fertile, en situation dégagée et ensoleillée. **Taillez** seulement si l'arbre forme deux flèches, supprimez alors la plus faible. **Semez** au printemps après avoir gardé les graines au réfrigérateur entre 0 et 5 °C pendant trois semaines.

Cedrus deodora 'Aurea' ♡
5 m, cultivar à croissance lente, feuillage printanier jaune d'or et virant au vert en hiver

CERATOSTIGMA

Plumbago rampant

LES FLEURS BLEUES, du bleu porcelaine pâle à l'indigo profond, éclosant en fin d'été, sont le charme de ces petits arbustes de 1 m de haut en général. Ce groupe comprend aussi la vivace à souche ligneuse *Ceratostigma plumbaginoides*, moitié moins haute et parfaite sur le devant d'une plate-bande. Il existe des espèces caduques, persistantes ou semi-persistantes, dont les feuilles virent au rouge en automne et offrent une toile de fond flamboyante à des fleurs tardives. Leurs teintes sont particulièrement spectaculaires en plate-bande arbustive et en plate-bande mixte, aux côtés d'hémérocalles jaunes (*Hemerocallis*, *voir p. 258*) ou de millepertuis (*Hypericum*, *voir p. 74*). Les tiges souffrent souvent l'hiver, mais la croissance reprend généralement au printemps.

Rusticité Zones 6 à 9

Culture Dans un sol assez fertile, léger, en plein soleil. **Rabattez** à environ 2,5 cm de la charpente permanente après la floraison ou en début de printemps. Supprimez au printemps toutes les tiges ayant souffert pendant l'hiver ; de nouvelles pousses repartiront de la base. **Prélevez** des boutures herbacées au printemps ou semi-ligneuses en été. Les tiges peuvent être marcottées en automne. Sujet à l'**oïdium** ; traitez les plantes gravement atteintes avec un fongicide.

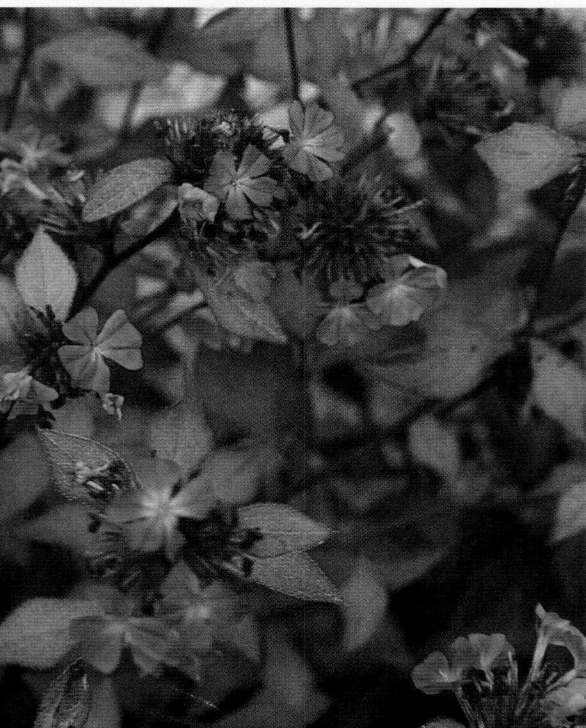

Ceratostigma willmottianum ♡
↕1 m ↔ 1,50 m, arbuste caduc buissonnant aux feuilles marginées de pourpre, virant au rouge en automne

CERCIDIPHYLLUM

Arbre caramel, Katsura

LE PLUS BEL ATTRAIT DE CET ARBRE est le spectacle flamboyant qu'offrent ses feuilles jaunes, orangées et rouges, dégageant une odeur de caramel quand on les froisse. Les feuilles vert franc, ovales à arrondies sont aussi bronze au stade juvénile. Un sol acide favorise les plus belles colorations d'automne. Tous les katsuras appartiennent à l'espèce *Cercidiphyllum japonicum*. Il existe une forme pleureuse et aussi une variété d'arbre plus petit malgré son appellation de *magnificum*. Planté en solitaire, le katsura déploie tous les charmes de son port, pyramidal quand il est jeune et s'arrondissant avec l'âge. Un sous-bois dégagé lui offre aussi un bel écrin, si l'espace est suffisant.

Rusticité Zones 5 à 8

Culture Dans un sol profond, fertile et humifère, au soleil ou à mi-ombre, à l'abri des vents froids et desséchants. **Taillez** les branches enchevêtrées ou qui gâchent la silhouette de l'arbre, au début du printemps. Ces plantes développent souvent plusieurs tiges, mais vous pouvez les limiter à une flèche unique pourvu que le sujet soit jeune. **Prélevez** des boutures semi-ligneuses en milieu d'été.

Cercidiphyllum japonicum ♡ (Katsura)
↕20 m ↔ 15 m, la hauteur varie selon le climat, l'arbre a tendance à rester plus petit dans les régions froides.

Cercis

Arbre de Judée, Gainier

Ces arbres caducs vivant dans des zones boisées sont parfaits en sujets isolés dans une pelouse. Ils sont cultivés pour leur feuillage et les bouquets de fleurs roses ou pourpres éclosant à profusion au printemps avant l'apparition des feuilles. Les fleurs de l'arbre de Judée, *Cercis siliquastrum*, émergent directement sur les branches et même sur le tronc. Ce dernier est l'espèce la plus grande. Dans un petit jardin, optez pour *C. chinensis* ou *C. canadensis*, celui-ci peut aussi être étêté pour limiter sa hauteur (couper le tronc à 1 mètre, puis rabattre les tiges à cette couronne tous les ans). Les feuilles de toutes les espèces sont cordiformes et virent au jaune en automne.

Rusticité Zones 5 à 8

Culture Dans un sol riche, frais mais bien drainé, en plein soleil ou à mi-ombre. Plantez les arbres jeunes, plus âgés ils souffrent si l'on dérange les racines. **Rabattez** les branches enchevêtrées en début de printemps pour conserver une charpente saine et équilibrée. *C. canadensis* 'Forest Pansy' peut être étêté en début de printemps pour obtenir de plus grandes feuilles. **Semez** en terrine sous châssis froid en automne. **Prélevez** des boutures semi-ligneuses en été.

Cercis canadensis 'Forest Pansy'

↕↔ 5 m, ne fleurit pas dans tous les sites, mais son feuillage pourpré offre un spectacle garanti

Chaenomeles

Cognassier à fleurs, Cognassier du Japon

Parmi les premiers en fleurs, ces arbustes polyvalents sont généralement plantés en plate-bande arbustive ou palissés contre un mur ou une clôture, mais ils sont aussi séduisants en couvre-sol ou en haie naturelle, même à l'ombre. Ils sont caducs et dotés de tiges épineuses, et leurs fleurs offrent divers tons de rouge et de rose. Simples ou doubles, elles apparaissent sur toute la longueur des tiges, avant et en même temps que les feuilles. Elles sont suivies en automne de fruits ressemblant à des pommes, jaunes ou verts, qui peuvent être consommés après cuisson ; il ne s'agit pas des vrais coings produits par un autre arbre, *Cydonia* (*voir p. 47*).

Rusticité Zones 5 à 10

Culture Dans un sol assez riche, en plein soleil ou à mi-ombre ; mieux vaut éviter un sol très calcaire (alcalin) qui entraînerait un jaunissement des feuilles (chlorose). **Rabattez** les rameaux défleuris après la floraison au niveau de bourgeons vigoureux ou à la charpente permanente pour les sujets palissés. **Semez** en terrine sous châssis froid ou en pépinière extérieure. **Prélevez** des boutures semi-ligneuses en été ou marcottez en automne.

Chaenomeles × *superba* 'Crimson and Gold' ♡

↕ 1 m ↔ 2 m, floraison plus tardive que les autres, jusqu'à la fin du printemps, fruits verts puis jaunes avec la maturation en automne

Chaenomeles speciosa 'Moerloosei' ♡

↕ 2,50 m ↔ 5 m, floraison particulièrement précoce, fruits parfumés en automne (*voir encadré*)

Chaenomeles × *californica* 'Enchantress'

↕ 2,50 m ↔ 2 m, gros fruits d'automne jaune d'or

CHAMAECYPARIS

Faux cyprès

PARFAITS EN HAIE, CES CONIFÈRES PERSISTANTS ne sont pas seulement des végétaux vigoureux qui supportent bien les tailles minutieuses; leur port séduisant en fait aussi de beaux sujets isolés. Accompagnez-les d'autres conifères comme les cyprès (*Cupressus, voir p. 46*) ou de grands rhododendrons (*voir p. 104-107*). Il existe aussi de nombreux cultivars nains ou à croissance lente qui peuvent orner de petites plates-bandes ou même un grand jardin de rocaille. Les feuilles sont aplaties, en forme d'écaille; leur contact peut provoquer des allergies cutanées chez les personnes sensibles. Le faux cyprès porte des cônes mâles sphériques ou ovales au printemps, suivis de cônes femelles sphériques ou anguleux qui mûrissent en automne.

Rusticité Zones 5 à 8

Culture Dans un sol frais mais bien drainé, de préférence neutre à acide, mais il supporte aussi un sol profond, crayeux; installez-le en plein soleil. **Taillez** les haies de la fin du printemps à l'automne, sans toucher au vieux bois. **Semez** en pépinière extérieure au printemps ou prélevez des boutures semi-ligneuses en fin d'été. En cas d'infestation grave de **pucerons** des conifères qui font virer le feuillage au brun-jaune, traitez avec un insecticide au printemps.

① *lawsoniana* 'Pembury Blue' ♛ ↕15 m ② *noot-katensis* 'Pendula' ♛ ↕30 m ③ *obtusa* 'Nana Aurea' ♛ ↕2 m ④ *pisifera* 'Filifera Aurea' ♛ ↕12 m

CHIMONANTHUS PRAECOX

Chimonanthe

DES FLEURS CIREUSES TRÈS ODORANTES pendent des tiges nues de *Chimonanthus praecox* tout au long de l'hiver. Les fleurs de cet arbuste caduc sont jaune soufre, tachées de brun ou de pourpre à l'intérieur. Les jeunes plantes ne fleurissent qu'au bout de quelques années. Bien que le feuillage ne manque pas de séduction, l'hiver est la saison d'intérêt réel; plantez-le donc près de votre porte ou d'une allée pour savourer son parfum extraordinaire lors de vos promenades hivernales. Il peut aussi être palissé contre un mur ensoleillé, ce qui est conseillé dans les régions fraîches, car il lui faut un été chaud et ensoleillé pour une bonne maturation du bois en situation dégagée.

Rusticité Zones 7 à 9

Culture Dans tout type de sol fertile, en plein soleil. **Taillez** seulement les arbres adultes qui fleurissent régulièrement en fin d'hiver pendant la dormance ou en début de printemps. Rabattez les tiges enchevêtrées ou déformées pour conserver une charpente saine et équilibrée. Rabattez les pousses des sujets palissés à 2 à 4 bourgeons de la charpente permanente. **Semez** en terrine sous châssis froid dès la maturité des graines. **Prélevez** des boutures herbacées en été.

Chimonanthus praecox 'Grandiflorus' ♛
↕4 m ↔3 m, les fleurs sont plus grandes et d'un jaune plus soutenu que l'espèce

CHIONANTHUS

Arbre à franges

CES GRANDS ARBUSTES SÉDUISANTS sont prisés pour leurs longues feuilles étroites et leurs fleurs blanches et parfumées réunies en panicules en été. Dans ce genre important et varié, deux arbustes caducs étalés sont cultivés en jardin : *Chionanthus retusus*, aux panicules dressées et dont l'écorce s'exfolie, et *C. virginicus*, aux panicules pendantes et aux longues feuilles jaune d'or vif en automne. Les fleurs de ces deux variétés sont suivies en automne de fruits noir bleuté. Les arbres à franges sont de beaux sujets à isoler ou à associer en plate-bande arbustive à des abélias (*voir p. 14*), des orangers du Mexique (*p. 40*) ou des camélias (*p. 32-33*).

Rusticité Zones 5 à 9

Culture Dans un sol assez fertile, en plein soleil; *C. retusus* supporte un sol calcaire (alcalin), mais *C. virginicus* un sol acide. La floraison et la fructification sont plus généreuses sous les climats à été chauds. **Rabattez** les branches enchevêtrées ou mal placées en hiver ou au début de printemps pour éviter une surcharge de jeunes pousses. **Semez** en terrine sous châssis froid en automne; la germination peut demander jusqu'à 18 mois.

Chionanthus virginicus
↕3 m ↔3 m ou plus, les branches inférieures peuvent être supprimées pour favoriser le développement d'un tronc

CHOISYA

Oranger du Mexique

CES ARBUSTES PERSISTANTS arborent un feuillage aromatique lustré qui ajoute un charme au jardin tout au long de l'année, sans compter que la plupart des variétés affichent en fin d'été et en automne une superbe profusion de fleurs étoilées parfumées. Parmi les orangers du Mexique les plus répandus, 'Aztec Pearl' et *Choisya ternata* sont un investissement particulièrement intéressant, car ils exhibent une vague précoce de fleurs en fin de printemps avant la floraison principale de fin d'été. Même si *C. ternata* 'Sundance' fleurit rarement, il compense ce léger handicap par son feuillage printanier qui ensoleille la plate-bande la plus terne.

Rusticité Zones 7 à 10

Culture Dans un sol fertile et bien drainé en plein soleil, mais il supporte la mi-ombre. Les variétés rustiques apprécient le supplément de chaleur fourni par un mur orienté au sud et un paillis en hiver. **Supprimez** les tiges qui gâchent la silhouette de l'arbuste après la floraison. **Prélevez** des boutures semi-ligneuses en été. Les **limaces** et les **escargots** ont un faible pour ces arbustes ; les plantes jeunes et vulnérables méritent une lutte contre ces ravageurs.

Choisya ternata **Sundance** ♀ (**'Lich'**)
↕↔ 2,50 m, le jeune feuillage jaune vif de ce cultivar atteint son apogée en plein soleil ; à mi-ombre, il restera jaune verdâtre

CISTUS

Ciste

↕↔ La plupart jusqu'à 1 m
Quelques-uns jusqu'à 2 m

LES CISTES SONT DES ARBUSTES persistants prisés pour leurs abondantes fleurs en coupe, étoilées et délicatement parfumées. Elles éclosent du début à la fin de l'été ; une fleur ne s'épanouit qu'une journée, mais elle est vite remplacée. Les cistes prospèrent en situation ensoleillée, que ce soit en plate-bande arbustive, au pied d'un mur ou en vagues dégoulinant d'un massif surélevé. Généralement, ils apprécient des conditions sèches et un sol pauvre ; ils sont donc parfaits en pot, avec peu d'entretien, et sont des compagnons pour des plantes plus gourmandes comme les rosiers arbustes. Ils ont souvent une durée de vie limitée ; il est bon de prélever des boutures pour les remplacer.

Rusticité Zones 7 et 8

Culture Dans un sol pauvre à peu fertile bien drainé, en plein soleil ; il supporte un sol calcaire. **Pincez** les pousses des jeunes plantes pour favoriser un port buissonnant ; élaguez légèrement les pousses qui gâchent la silhouette de l'arbuste, au printemps ou après la floraison. Mieux vaut remplacer les plantes ligneuses et dégarnies. **Semez** sous châssis froid dès la maturité des graines ou au printemps. **Prélevez** des boutures herbacées en été.

① × ***argenteus* 'Peggy Sammons'** ↕↔ jusqu'à 1 m ♀
② × ***dansereaui* 'Decumbens'** ↕↔ 1 m ♀ ③ × ***hybridus***
↕↔ jusqu'à 1,50 m ④ × ***skanbergii*** ↕↔ jusqu'à 90 cm ♀

CLERODENDRUM

Clérodendron

MÊME SI CE GROUPE IMPORTANT est originaire de zones tropicales et subtropicales, certaines espèces arbustives élégantes sont assez robustes pour être cultivées en extérieur sous des climats tempérés plus frais. Parmi les arbustes caducs rustiques, citons *Clerodendrum trichotomum*, un grand arbuste pour jardin spacieux, et *C. bungei*, plus petit mais atteignant 2 m de haut. Cette espèce est seulement rustique et apprécie une plate-bande chaude et abritée. Les deux sont prisées pour leurs grands bouquets de fleurs souvent parfumées s'épanouissant généralement de la fin de l'été à l'automne.

Rusticité Zones 7 à 9

Culture Dans un sol enrichi d'humus, fertile et frais mais bien drainé, en plein soleil. **Tailler** *C. trichotomum* est rarement nécessaire ; les tiges indisciplinées peuvent être supprimées ou les pousses taillées, en fin d'hiver ou début de printemps. *C. bungei* doit être rabattu assez bas pour constituer une charpente permanente trapue, en début de printemps. **Semez** entre 13 et 18 °C au printemps. **Prélevez** des boutures semi-ligneuses en été et laissez-les s'enraciner en mini-serre de multiplication chauffée. *C. bungei* produit souvent des drageons (pousse naissant sous la surface du sol) qui peuvent fournir de nouvelles plantes : grattez le sol pour en trouver un qui a formé des racines, en automne ou au printemps ; séparez-le délicatement de la plante mère et mettez-le en pot.

Clerodendrum trichotomum **var.** ***fargesii*** ♀
↕↔ 5-6 m, fleurs blanc rosé suivies de grappes de fruits sombres du milieu de l'été à la fin de l'automne

Clethra

Ces arbres et arbustes caducs ou persistants sont cultivés pour la beauté de leur feuillage et leurs grappes de fleurs blanches. Celles-ci sont très parfumées et s'épanouissent du milieu à la fin de l'été ; elles parfumeront merveilleusement l'atmosphère paisible d'un sous-bois. Les *Clethra* peuvent aussi éclairer un recoin obscur d'un massif d'arbustes ou embaumer le coin salon du jardin. *Clethra arborea* est gélive ; sous un climat tempéré, mieux vaut la cultiver dans un grand bac facile à rentrer en serre ou en jardin d'hiver.

Rusticité Zones 4 à 8

Culture Dans un sol acide (sans calcaire), fertile, frais mais bien drainé. En contenant, utilisez un mélange à base de terre de bruyère. **Supprimez** les tiges indisciplinées en fin d'hiver. Rabattez une partie du vieux bois à la base chez *C. alnifolia* adulte pour stimuler la repousse. Contentez-vous de supprimer les fleurs fanées chez *C. arborea* ; vous pouvez le tailler pour qu'il se cantonne à l'espace qui lui est imparti. **Semez** entre 6 et 12 °C au printemps ou en automne. **Prélevez** des boutures semi-ligneuses sur les espèces caduques, en milieu ou en fin de printemps.

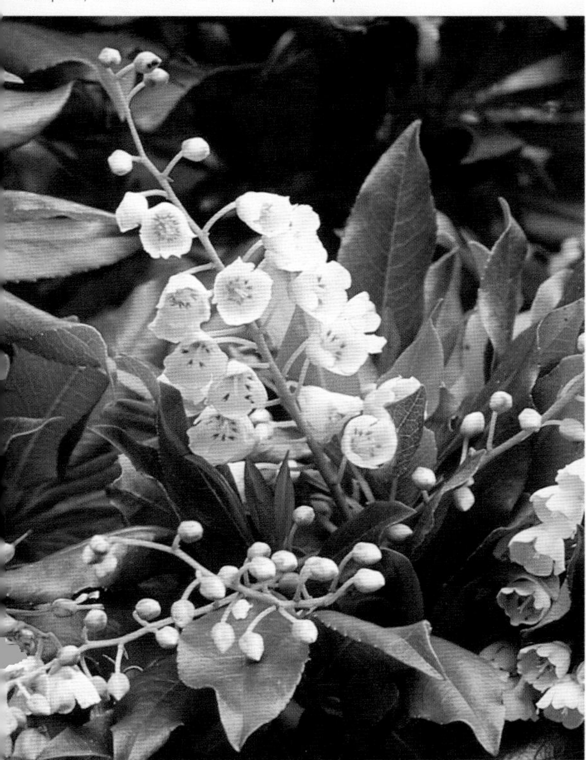

Clethra arborea
↕8 m ↔ 6 m, jeunes pousses rouges, grappes de fleurs atteignant 15 cm de long

Colutea

Baguenaudier

Les gousses renflées brun verdâtre font en partie le charme de ces arbustes caducs. Ces plantes au feuillage vert tendre ou pâle, ou vert bleuté offrent de l'intérêt toute l'année, affichant en été de grandes fleurs papilionacées jaunes ou brunes, suivies de gousses rebondies. Ce sont des végétaux résistants qui supportent les sites exposés et les régions côtières, les berges pentues et bien drainées, la pollution urbaine, les sols pauvres et secs.

Rusticité Zones 5 à 7

Culture De préférence dans un sol peu fertile et bien drainé, en plein soleil, mais il supporte la plupart des conditions de culture. **Taillez** en fonction de l'espace imparti ; supprimez les tiges indisciplinées, mortes ou abîmées ou limitez l'ampleur de l'arbuste en le rabattant à deux ou trois bourgeons de la charpente permanente en début de printemps. *C. arborescens* peut aussi être formé sur tige. **Semez** sous châssis froid en automne ou début de printemps.

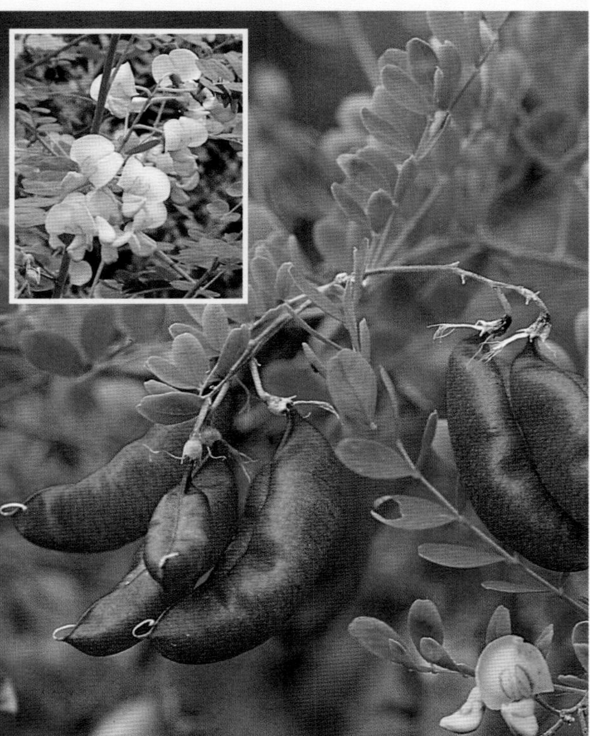

Colutea arborescens (Baguenaudier commun)
↕↔ 3 m, longue floraison estivale, souvent encore en fleurs quand apparaissent les premières gousses

Cordyline

Les cordylines sont des arbustes sculpturaux qui introduisent une touche exotique sous un climat tempéré. Dans les régions sans gelées, ils constitueront un point de mire dans le jardin ; avec du temps et de l'espace, la plupart des espèces atteindront la taille d'un petit arbre. Les cordylines sont d'excellents sujets de serre ou de jardin d'hiver. Ces plantes sont surtout appréciées pour leurs feuilles coriaces effilées, souvent panachées ou vivement colorées. Elles offrent parfois en prime, en été, de grandes panicules de fleurs blanches et parfumées, suivies de petites baies sphériques dans des tons de blanc, rouge, pourpre ou bleu.

Rusticité Zones 8 à 12

Culture À l'extérieur, dans un sol fertile et bien drainé, en plein soleil ou à mi-ombre ; protégez les cultivars à feuillage coloré du soleil direct. En pot, dans du terreau de rempotage additionné de sable grossier ; surfacez une fois par an. **Semez** à 16 °C au printemps ; pour un résultat immédiat, au printemps, séparez des rejets (jeunes plantes émergeant autour de la rosette) bien enracinés de la plante mère, et plantez-les dans des pots individuels.

Cordyline australis 'Torbay Red' 🏆
↕3 m ↔ 1-4 m, la taille définitive est fonction du climat

Cornus

Cornouiller

De superbes fleurs, des écorces décoratives et des feuillages aux teintes d'automne éclatantes font des cornouillers des hôtes précieux dans un jardin. Ce groupe comprend des arbustes caducs, des petits arbres et des vivaces à souche ligneuse. Certains, comme *Cornus alternifolia*, ont un port étagé et sont de gracieux sujets isolés. Nombre d'espèces arbustives, comme *C. alba*, *C. sanguinea*, *C. sericea* et leurs cultivars, sont surtout cultivées pour leur écorce rouge, jaune ou verte. Ces cornouillers sont particulièrement bienvenus en hiver, quand les touffes de tiges flamboient, d'autant plus colorés qu'ils auront été régulièrement recépés. *C. canadensis*, rampant, est parfait en sous-bois ou en couvre-sol dans une plate-bande arbustive. Les petites fleurs étoilées sont regroupées en bouquets aux extrémités des tiges et, chez les variétés choisies pour le spectacle floral comme *C. capitata*, *C. florida*, *C. kousa*, *C. nuttallii* et de nombreux hybrides, elles sont entourées de grandes bractées (feuilles modifiées) crème, blanches ou roses. Les fruits de certaines espèces qui suivent les fleurs en automne peuvent provoquer de légers troubles digestifs en cas d'ingestion.

Rusticité Zones 2 à 8

Culture Au soleil ou à mi-ombre. Plantez les cornouillers à « fleurs » (à grandes bractées) dans un sol fertile, neutre à acide, humifère. Les autres s'adaptent à tous les types de sols et de situations. Plantez les cornouillers à tiges colorées en plein soleil. **Rabattez** sévèrement (en cépée) les espèces à tiges colorées à chaque printemps pour obtenir des jeunes pousses aux tons éclatants (*voir ci-dessous*). Les autres cornouillers demandent une taille minimale, uniquement pour les cantonner à un espace donné ou pour entretenir leur silhouette. Supprimez une vieille tige sur quatre en fin d'hiver ou début de printemps tous les ans pour limiter l'extension de la plante. **Rajeunissez** les plantes négligées en supprimant le bois âgé au centre de l'arbuste. **Semez** en pépinière en automne ou exposez les graines au froid et semez-les au printemps. Prélevez en automne des boutures ligneuses sur les espèces à tiges colorées.

Recéper un cornouiller

Après la plantation, laissez l'arbuste se développer pendant une année, puis rabattez-le sévèrement avant le départ de la croissance au printemps. Ensuite, apportez un engrais organique et appliquez un paillis épais d'humus bien décomposé autour de l'arbuste.

▷ ***Tailler pour obtenir des tiges colorées***
Rabattez toutes les tiges à 5 à 8 cm de la base la première année après la plantation. Les années suivantes, au printemps, taillez les tiges à deux bourgeons au-dessus de leur point de départ pour que l'arbuste s'étoffe.

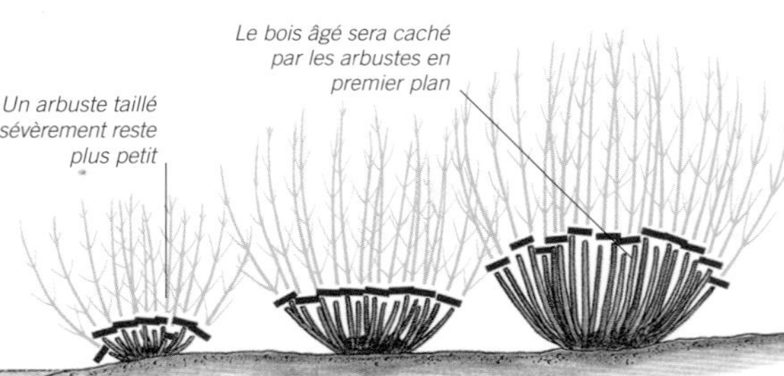
Le bois âgé sera caché par les arbustes en premier plan
Un arbuste taillé sévèrement reste plus petit

◁ ***La taille échelonnée***
Si les arbustes sont plantés en groupe, les tailler à différents niveaux permet de créer un dégradé plutôt qu'une masse dense de hauteur uniforme. Ce procédé est particulièrement intéressant pour rompre le rythme d'une plate-bande.

① ***Cornus alba*** **'Elegantissima'** 🏆 ↕↔ 3 m, tiges, feuilles ② ***alba*** **'Kesselringii'** ↕↔ 3 m, tiges, feuilles ③ ***alba*** **'Sibirica'** 🏆 ↕↔ 3 m, tiges ④ ***alba*** **'Spaethii'** 🏆 ↕↔ 3 m, tiges, feuilles ⑤ ***alternifolia*** **'Argentea'** 🏆 ↕3 m ↔ 2,50 m, feuilles ⑥ ***capitata*** ↕↔ 12 m, fleurs, fruits ⑦ ***controversa*** **'Variegata'** 🏆 ↕↔ 8 m, fleurs, feuilles ⑧ **'Eddie's White Wonder'** ↕6 m ↔ 5 m, fleurs, feuilles d'automne ⑨ ***florida*** **'Cherokee Chief'** ↕6 m ↔ 8 m, fleurs, feuilles d'automne

⑩ ***florida*** **'Spring Song'** ↕6 m ↔ 8 m, fleurs, feuilles d'automne ⑪ ***florida*** **'Welchii'** ↕6 m ↔ 8 m, fleurs, feuilles d'automne ⑫ ***kousa*** **var.** ***chinensis*** 🏆 ↕7 m ↔ 5 m, écorce, fleurs, feuilles d'automne ⑬ ***kousa*** **'China Girl'** ↕7 m ↔ 5 m, écorce, fleurs, feuilles d'automne ⑭ ***kousa*** **'Satomi'** 🏆 ↕7 m ↔ 5 m, écorce, fleurs, feuilles d'automne ⑮ ***macrophylla*** ↕12 m ↔ 8 m, fleurs ⑯ ***mas*** ↕↔ 5 m, fleurs, fruits, feuilles d'automne ⑰ **'Norman Hadden'** 🏆 ↕↔ 8 m, fleurs, fruits

⑱ ***nuttallii*** ↕12 m ↔ 8 m, fleurs, fruits ⑲ ***nuttallii*** **'Colrigo Giant'** ↕12 m ↔ 8 m, fleurs, fruits ⑳ **'Porlock'** 🏆 ↕10 m ↔ 5 m, fleurs ㉑ ***sanguinea*** **'Winter Beauty'** ↕3 m ↔ 2,50 m, tiges ㉒ ***sericea*** **'Flaviramea'** 🏆 ↕2 m ↔ 1,50 m, tiges ㉓ ***sericea*** **'Kelseyi'** ↕75 cm ↔ 1,50 m, tiges

CORYLOPSIS

LES BRANCHES MINCES DE CES ARBUSTES et petits arbres portent au printemps de délicates grappes pendantes de fleurs en cloche, avant l'apparition des feuilles. Ces grappes parfumées atteignent 15 cm de long. Les feuilles obovales sont vert pâle à foncé. Ces arbustes gracieux affichent un port épanoui et étalé et ont belle allure dans un site ombragé, en sous-bois par exemple. Associez ces plantes faciles à vivre à d'autres arbres et arbustes à floraison précoce, comme *Corylus avellana* 'Contorta' (*voir ci-contre*), des magnolias (*voir p. 86*) et des petits saules (*Salix, voir p. 114*).

Rusticité Zones 5 à 8

Culture Dans un sol peu fertile, frais mais bien drainé, de préférence acide (sans calcaire), à mi-ombre. **Supprimez** au besoin les tiges enchevêtrées ou mal placées, immédiatement après la floraison, pour conserver une charpente saine et équilibrée. **Prélevez** des boutures de bois vert (légèrement moins tendres que des pousses herbacées) en été. Marcottez en automne.

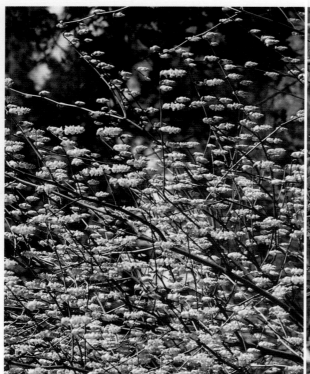

Corylopsis glabrescens
↕↔ 5 m, arbuste dressé, feuilles vert foncé à revers vert bleuté, floraison en milieu de printemps

CORYLUS

Noisetier

LES NOISETIERS DOIVENT LEUR CHARME à leurs longs chatons et à leur feuillage et leur port séduisants. Ces arbustes et arbres caducs, petits à moyens, ouvrent la saison avec des chatons jaunes, parfois pourpres, avant la feuillaison au printemps. Les feuilles dentées obcordées, parfois colorées, apparaissent ensuite. Certains feuillages offrent de belles teintes d'automne. *Corylus avellana* 'Contorta', dit « noisetier tortueux », doit son nom commun à ses tiges étonnantes qui sont un bel ornement d'hiver au jardin et un ingrédient précieux dans une composition florale. *C. avellana* et *C. maxima* produisent en automne des noisettes et avelines comestibles. Les grands noisetiers font de beaux sujets isolés ; en plate-bande, les plus petits sont de séduisants complices d'arbustes comme les hamamélis (*voir p. 68*) ou les mahonias (*voir p. 87*).

Rusticité Zones 4 à 9

Culture Dans un sol fertile, bien drainé, de préférence crayeux (calcaire), au soleil ou à mi-ombre. **Supprimez** les drageons (pousses robustes émergeant à la base de la plante) dès qu'ils sont visibles ; Marcottez en automne. **Taillez** uniquement pour l'équilibre de la silhouette, en hiver ou début de printemps.

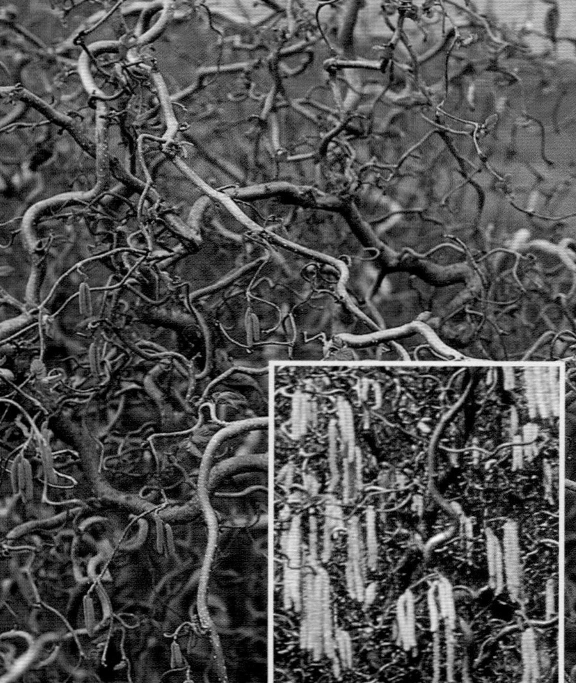

Corylus avellana **'Contorta'** (Noisetier tortueux)
↕↔ 5 m, arbuste dressé à feuilles vert franc, chatons de 6 cm de long en fin d'hiver ou début de printemps (*voir encadré*)

COTINUS

Arbre à perruques

CE PETIT GROUPE COMPREND des arbustes et des petits arbres buissonnants caducs appréciés pour leur feuillage ornemental coloré et leurs fleurs originales. Celles-ci sont toutes petites et s'épanouissent en plumets vaporeux dominant les feuilles en été, d'où leur nom commun. Les fleurs sont suivies de petits fruits durant jusqu'à l'automne, quand le feuillage change de teinte. Celui de *Cotinus coggygria* 'Royal Purple' vire du rouge pourpre foncé à l'écarlate, celui de *C.* 'Grace' du pourpre à un rouge vif translucide. Ils ont particulièrement belle allure en automne, en solitaire ou en groupe.

Rusticité Zones 5 à 9

Culture Dans un sol peu fertile et bien drainé, au soleil ou à mi-ombre. Les variétés à feuillage pourpre sont plus colorées en plein soleil. **Supprimez** les pousses enchevêtrées ou mal placées en début de printemps pour conserver une silhouette équilibrée. Pour un bel effet de feuillage, maintenez 3 à 5 tiges fortes à 60 à 90 cm de long et, en début de printemps, rabattez toutes les pousses à 2 ou 3 bourgeons au-dessus de la charpente principale. **Prélevez** des boutures herbacées en été ou marcottez au printemps.

① *Cotinus coggygria* **'Royal Purple'** ↕↔ 5 m, fleurs vertes, virant au gris en automne ② **'Grace'** ↕6 m ↔ 5 m, vigoureux, fleurs rose pourpré

COTONEASTER

Cotonéaster

UN FEUILLAGE DENSE MAIS DÉLICAT, des formes ornementales variées, de charmantes baies d'automne font toute la valeur de cette plante dans de nombreux jardins. Arbustes caducs, persistants ou semi-persistants, le choix est vaste. Les petites fleurs blanches ou roses qui s'épanouissent en été sont suivies d'une profusion de baies dans des tons vifs de rouge et de jaune qui font le bonheur des oiseaux. Vu la grande diversité de leurs ports, les cotonéasters trouvent leur place dans tous les jardins. Ils peuvent être cultivés en arbustes sur pied, en arbres pleureurs, en haie, palissés contre un mur ou en couvre-sol. Les espèces naines sont parfaites en jardin de rocaille.

Rusticité Zones 2 à 8

Culture Idéalement dans un sol peu fertile, bien drainé, au soleil ou à mi-ombre, mais la plupart des cotonéasters supportent des conditions sèches. Les grands arbustes doivent être protégés des vents froids et desséchants. Les persistants nains fructifient mieux s'ils sont abrités. La plupart des variétés demandent peu de taille, mais supportent une taille sévère de rajeunissement au besoin. **Taillez** les haies classiques en fin de printemps. **Prélevez** des boutures de bois vert sur les espèces caduques en début d'été et des boutures semi-ligneuses sur les espèces persistantes en fin d'été.

Cotoneaster atropurpureus 'Variegatus' ♀

↕45 cm ↔ 90 cm, arbuste caduc, compact, prostré ou à palisser, feuilles marginées de rouge et de rose en automne, baies rouge-orangé

Cotoneaster horizontalis ♀

↕1 m ↔ 5 m, arbuste caduc, branches étalées en arête de poisson, feuilles d'automne rouges (*encadré*), fleurs blanc rosé en fin de printemps

Cotoneaster divaricatus

↕2,50 m ↔ 3 m, arbuste caduc, dressé, feuillage dense virant au rouge en automne (*voir encadré*), fleurs blanches teintées de rose en été

Cotoneaster × *watereri* 'John Waterer' ♀

↕↔ 5 m, arbuste ou arbre persistant ou semi-persistant, vigoureux, grands bouquets de fleurs blanches en été

Crataegus

Aubépine, Épine

Ces arbres et arbustes très rustiques sont particulièrement précieux dans un jardin côtier ou exposé. Ils sont généralement caducs, épineux, de taille moyenne et à port arrondi ou étalé. Leur feuillage vert moyen à foncé prend souvent de séduisantes teintes d'automne. Les aubépines offrent des bouquets aplatis de fleurs blanches ou roses à l'extrémité des tiges. Les oiseaux raffolent des baies d'automne écarlates pour la plupart, mais parfois colorées de noir, d'orange, de jaune ou de vert bleuté. *Crataegus laevigata* et *C. monogyna* se prêtent bien à la création de haies. Les baies peuvent provoquer des troubles digestifs en cas d'ingestion.

Rusticité Zones 3 à 8

Culture Dans tout type de sol, sauf s'il est détrempé, en plein soleil ou à mi-ombre. **Supprimez** les tiges enchevêtrées ou déformées en hiver ou début de printemps, pour conserver une charpente saine et équilibrée. **Extrayez** les graines des baies dès leur maturité et semez en pépinière ou en terrine. La germination peut demander jusqu'à 18 mois.

Craetaegus laevigata 'Paul's Scarlet' ♀

↕↔ jusqu'à 8 m, arbre caduc, épineux, abondants bouquets de fleurs en fin de printemps, parfois suivies de baies rouges

Cryptomeria japonica

Cèdre du Japon, Cryptomère, Sugi

Ce conifère originaire des forêts de Chine et du Japon est cultivé pour son port net, conique ou columnaire, et pour son feuillage persistant. Celui-ci se déploie en touffes légères d'aiguilles vert foncé, lisses et lustrées. Les grands cônes femelles sphériques sont solitaires et les cônes mâles, plus petits, sont regroupés à l'extrémité des pousses. Ce grand arbre atteint 25 m de haut, mais il existe aussi plusieurs cultivars plus modestes au feuillage agréablement coloré. Le cèdre du Japon est un beau sujet à isoler et les variétés plus petites se marient bien dans une plate-bande avec des rhododendrons et des azalées (*voir p. 104-107*). Dans un jardin de rocaille, les formes naines seront de charmantes compagnes de bruyères (*Erica, voir p. 52-53*) et de callunes (*Calluna, voir p. 31*).

Rusticité Zones 6 à 8

Culture Dans un sol profond, fertile, humide mais bien drainé, enrichi d'humus, au soleil ou à mi-ombre; supporte même un sol crayeux (calcaire). **Protégez-le** des vents froids et secs. Il ne demande pas de taille. **Rabattez** les tiges à 60-90 cm du sol au printemps pour restaurer un sujet dégarni.

Cryptomeria japonica 'Elegans Compacta' ♀

↕2-4 m ↔ 6 m, arbuste conique, feuillage juvénile vert foncé, virant au bronze en automne, comme ci-dessus

x Cupressocyparis leylandii

Cyprès de Leyland

↕35 m
↔5 m

Ce conifère très commun est souvent planté en haie ou en brise-vent. Il offre un port en colonne effilée et une écorce lisse qui s'effiloche avec l'âge. Les cônes femelles brun foncé sont plus gros que les cônes mâles jaunes. Certains cultivars affichent des feuillages dans des tons de jaune d'or, de vert bleuté, de gris bleuté, de bronze et de vert tilleul. Le cyprès de Leyland a une croissance très rapide; s'il est bien soigné dans sa jeunesse, il formera une belle haie ou un élégant sujet isolé, mais s'il est négligé, il peut devenir géant. S'il prend trop d'ampleur, mieux vaut s'en débarrasser et en replanter un autre: un arbre rabattu au vieux bois ne repartira pas.

Rusticité Zones 6 à 9

Culture Tout sol profond, fertile et bien drainé conviendra à cet arbre vigoureux, en plein soleil ou à mi-ombre. En sujet isolé, il ne demande pas de taille. **Taillez** les haies deux ou trois fois par an (sans aller jusqu'au vieux bois), taille de finition en début d'automne. **Prélevez** des boutures semi-ligneuses en fin d'été.

× *Cupressocyparis leylandii* ♀

Souvent planté en haie qui doit être taillée plusieurs fois par an pour limiter son ampleur

CUPRESSUS

Cyprès

DE LA SILHOUETTE ÉLANCÉE DU CYPRÈS D'ITALIE (*Cupressus sempervirens*) à la stature plus imposante du cyprès de Monterey (*C. macrocarpa*), ces conifères persistants présentent un port élégant, conique ou columnaire. Il existe aussi quelques cyprès pleureurs. Leur feuillage en écailles est parfois glauque, dans des tons de vert foncé, gris-vert ou gris bleuté. L'écorce s'exfolie parfois; *C. arizonica* var. *glabra* affiche une écorce pourpre rougeâtre. Les cônes femelles, petits et sphériques, durent plusieurs années et les cônes mâles verts sont portés à l'extrémité des rameaux. Les grands cyprès font d'excellents sujets isolés, les plus petits peuvent être associés à d'autres conifères ou arbustes. *C. macrocarpa* est une bonne variété de haie, notamment dans les régions côtières.

Rusticité Zones 7 à 9

Culture Originaires de forêts sèches à flanc de coteau, les cyprès supportent les sols secs et poussent dans tout sol bien drainé, en plein soleil. Abritez-les des vents froids et desséchants. **Taillez** les haies en fin de printemps, mais ne rabattez pas dans le vieux bois car les plantes ne repartiront pas. **Prélevez** des boutures semi-ligneuses en fin d'été. Le **chancre** peut provoquer des fissures dans l'écorce, puis la mort des rameaux et enfin de l'arbre. Rabattez les parties affectées jusqu'au bois sain pour stopper la maladie.

CYTISUS

Genêt

CES ARBUSTES CADUCS OU PERSISTANTS arborent une profusion de fleurs papilionacées au printemps et en été. Les fleurs, allant du blanc et cramoisi au jaune, sont souvent parfumées, solitaires ou en bouquets. Elles sont suivies de gousses longues et plates, souvent duveteuses. Les feuilles, généralement petites et trifoliolées, vert moyen pour la plupart, sont souvent absentes lorsque l'arbre est adulte. Le port varie, de prostré ou étalé à dressé, arqué ou buissonnant. Les espèces et cultivars de petite taille conviennent à un jardin de rocaille, les grandes espèces à une plate-bande arbustive ou à une plate-bande mixte. Le *Cytisus battandieri* (*ci-dessous*), à port d'arbre, peut être palissé contre un mur orienté au sud, où il bénéficiera d'une protection et où son feuillage argenté réfléchira l'éclat du soleil.

Rusticité Zones 2 à 8

Culture Dans un sol peu fertile en plein soleil. Les espèces moins rustiques doivent être protégées des vents froids. Les genêts prospèrent dans un sol pauvre et acide; ils peuvent présenter des signes de **chlorose** dans un sol crayeux peu profond. **Plantez** jeunes les sujets élevés en conteneurs, plus âgés, ils ne supporteront pas la transplantation. **Taillez** les rameaux défleuris à 2 ou 3 bourgeons du bois de l'année précédente. Ne taillez pas dans le vieux bois car la plante ne repartira pas.

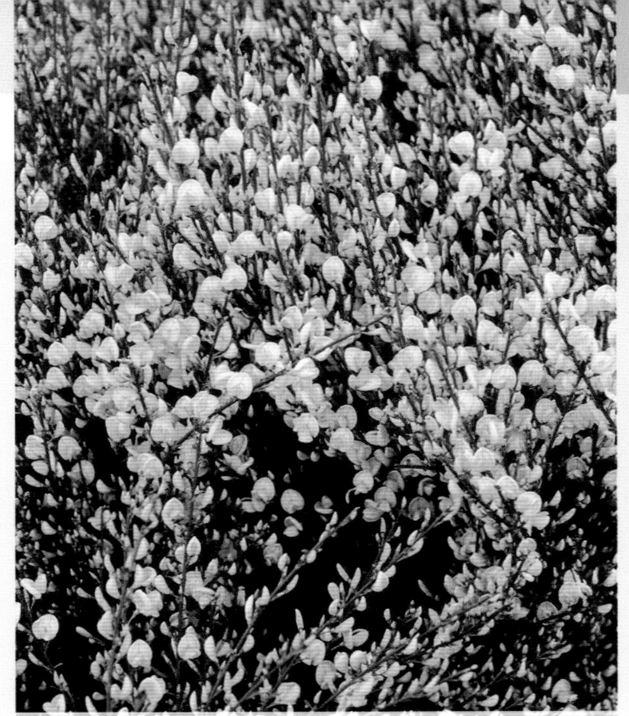

Cytisus × praecox 'Warminster' ♡
↕ 1,20 m ↔ 1,50 m, arbuste caduc compact à tiges arquées, floraison au printemps et au début de l'été

Cupressus macrocarpa 'Goldcrest' ♡
↕ jusqu'à 5 m ↔ 2,50 m, conique étroit, écorce légèrement cannelée, feuillage dense

Cytisus battandieri ♡ (Genêt ananas)
↕↔ 5 m, arbuste dressé, feuillage argenté, fleurs au parfum d'ananas du milieu à la fin de l'été, demande une protection

Cytisus scoparius (Genêt à balais)
↕↔ 1,50 m, arbuste caduc dressé à tiges arquées, floraison abondante en fin de printemps

Daboecia cantabrica

Bruyère de Saint-Daboec

Cet arbuste persistant proche de la bruyère a donné naissance à de nombreuses plantes de jardin. Elles sont appréciées pour leurs grappes de fleurs urcéolées, pourpre rosé, s'épanouissant du début de l'été au milieu de l'été et plus grandes que les fleurs des autres bruyères et callunes. Les feuilles vert foncé sont petites et minces. L'espèce atteint 25 à 40 cm de haut et jusqu'à 65 cm d'étalement, mais les cultivars sont de tailles variées. Ces arbustes sont de bons couvre-sol autour de bruyères plus grandes ou d'autres arbustes acidophiles comme les rhododendrons (*voir p. 104-107*). Si votre sol est alcalin, cultivez-les en grands bacs ou en massif surélevé, dans un mélange à base de terre de bruyère.

Rusticité Zones 7 et 8

Culture Dans un sol bien drainé, acide (sans calcaire), en plein soleil ; supporte un sol neutre à mi-ombre. Les *Daboecia* sont sujets à la pourriture des racines, surtout dans un sol lourd et humide ; dans le cas d'un sol argileux, faites donc un apport de sable grossier pour améliorer le drainage. **Rabattez** les rameaux défleuris tous les ans, en début ou milieu de printemps, pour conserver de belles proportions ; le plus simple est d'élaguer à la cisaille. **Prélevez** des boutures semi-ligneuses en milieu d'été.

Daboecia cantabrica 'William Buchanan' 🏆
↕35 cm ↔ 55 cm

Daphne

Daphné

Les fleurs très précoces de ces arbustes, ou parfois très tardives, sont délicieusement parfumées ; plantez-les donc à un endroit où vous en profiterez pleinement. Ces fleurs, dans des tons de pourpre rougeâtre, de rose, de blanc et de jaune, peuvent être suivies de fruits sphériques blancs, roses, rouges, orange ou pourpres. De croissance lente pour la plupart, les daphnés sont généralement assez compacts pour s'accommoder d'un petit jardin. Le port est dressé, buissonnant ou prostré, les espèces sont caduques, semi-persistantes ou persistantes, et toutes affichent des feuilles simples entières généralement sombres, parfois panachées. Toutes les parties de la plante sont toxiques et la sève peut irriter la peau.

Rusticité Zones 3 à 8

Culture Dans un sol peu fertile, bien drainé mais ne se desséchant pas, et neutre de préférence (ni acide ni alcalin), au soleil ou à mi-ombre. Choisissez soigneusement le site car aucun ne supporte la transplantation. **Paillez** tous les ans avec de l'humus pour maintenir les racines au frais. **Ne taillez** qu'en cas de nécessité absolue, en fin d'hiver ou début de printemps. **Semez** sous châssis froid dès la maturité des graines. **Prélevez** des boutures herbacées en début et milieu de printemps et des boutures semi-ligneuses en fin d'été.

Daphne cneorum (Thymélée des Alpes)
↕15 cm ou plus ↔ jusqu'à 2 m, arbuste persistant rampant, fleurs très parfumées, roses ou parfois blanches, en fin de printemps

Daphne bholua 'Jacqueline Postill' 🏆
↕2-4 m ↔ 1,50 m, arbuste persistant dressé, fleurs parfumées en début de printemps, fruits pourpre noirâtre

Daphne mezereum 'Bowles' Variety'
↕jusqu'à 2 m ↔ 1 m, arbuste caduc dressé, vigoureux, floraison en début de printemps, fruits jaunes ensuite

)aphne laureola ssp. philippi*
45 cm ↔ 60 cm, arbuste persistant étalé, à port bas, fleurs légèrement
arfumées en fin d'hiver et début de printemps, fruits noirs

Davidia involucrata

Arbre-aux-mouchoirs, Arbre-aux pochettes

Cet arbre d'une beauté rare s'orne tout au long de ses branches de bractées (feuilles modifiées) blanc pur au printemps ; il leur doit son nom commun. Les feuilles ovales à base cordiforme et à extrémité pointue atteignent 15 cm de long. Elles sont d'un vert moyen, fortement veinées, soyeuses au revers et à pétiole rouge. Les bractées entourent des petites inflorescences qui sont suivies de fruits brun verdâtre en automne. Le *Davidia* est un grand arbre parent des cornouillers (*Cornus, voir p. 42-43*) qui comprennent des espèces plus compactes, mais moins spectaculaires, adaptées à des petits jardins.

Rusticité Zones 7 à 9

Culture Dans un sol fertile, bien drainé mais conservant l'humidité, au soleil ou à mi-ombre, à l'abri des vents violents et froids. **Rabattez** les tiges enchevêtrées ou mal placées sur les jeunes sujets, en fin d'hiver ou début de printemps. **Semez** les fruits entiers en terrine dès la maturité ; la germination demandera au moins deux hivers en extérieur. Les arbres issus de semis peuvent mettre jusqu'à dix ans à fleurir. **Prélevez** des boutures à bois sec en hiver.

Deutzia

↕↔ jusqu'à 3 m

Arbustes caducs, *Deutzia gracilis* et *D. scabra* sont quasiment étouffés sous des bouquets de fleurs étoilées et parfumées, blanches ou roses, du milieu du printemps au milieu de l'été. La plupart des *Deutzia* affichent des feuilles ovales, parfois joliment lancéolées. Ils sont tous faciles à cultiver. Les plus grands font de beaux sujets isolés, arborant souvent une écorce qui s'exfolie sur l'arbre adulte. Dans les régions froides, il est bon de planter les variétés moins rustiques parmi d'autres arbres et arbustes, ou à l'abri d'un mur chaud. Accompagnez-les d'arbustes comme des seringats (*Philadelphus, voir p. 93*) et des weigelas (*p. 128*) pour un décor harmonieux de début d'été.

Rusticité Zones 4 à 9

Culture Dans un sol fertile, pas trop sec, idéalement en plein soleil ; certains supportent la mi-ombre. **Rabattez** les rameaux défleuris à des bourgeons vigoureux ou au-dessus de jeunes pousses partant de la base. **Semez** en terrine sous châssis froid en automne. **Prélevez** des boutures herbacées en été ou des boutures ligneuses en automne.

)aphne mezereum (Bois-joli, Bois-gentil)
1,20 m ↔ 1 m, arbuste caduc, classique des jardins champêtres,
oraison en fin d'hiver ou début de printemps, fruits charnus rouges

Davidia involucrata
↕15 m ↔ 10 m, cet arbre demande un vaste espace pour se développer harmonieusement et être admiré de toutes parts

① *gracilis* ↕↔ 1 m ② × *hybrida* 'Mont Rose' 🏆 ↕↔ 1-2 m ③ *ningpoensis* 🏆 ↕↔ 2 m ④ *scabra* ↕3 m ↔ 2 m

DIPELTA

CES ARBUSTES CADUCS, DRESSÉS OU ARQUÉS, fleurissent en fin de printemps ou début d'été, en corymbes terminaux et axillaires de fleurs tubulaires. Celles-ci sont blanches ou roses, parfumées et accompagnées de bractées (feuilles modifiées) papyracées qui continuent d'entourer le fruit pendant sa maturation. Les feuilles étroites et pointues, vert pâle à moyen, et l'écorce qui s'exfolie ajoutent à leur charme. Bons sujets à planter en solitaire ou en plate-bande arbustive, ces plantes originaires de Chine s'allient avec bonheur avec des lilas (*Syringa, voir p. 121*) et des groseilliers à fleurs (*Ribes, voir p. 109*). La multiplication est délicate et les *Dipelta* peu répandus, mais une fois bien partis, ils sont faciles à cultiver et ils méritent donc quelques efforts de recherche.

Rusticité Zones 6 à 9

Culture Dans un sol fertile et bien drainé, de préférence alcalin (calcaire), au soleil ou à mi-ombre. **Taillez** les rameaux défleuris à des bourgeons forts à la base. À l'âge adulte, stimulez la production de nouvelles pousses en rabattant au ras du sol une tige âgée sur trois ou quatre. **Semez** en pépinière en automne ou au printemps. **Prélevez** des boutures herbacées en été.

Dipelta floribunda ♡
↕↔ 4 m, arbuste dressé, floraison en fin de printemps et début d'été, supporte des sols assez pauvres

DISANTHUS CERCIDIFOLIUS

LES ÉCLATANTES TEINTES AUTOMNALES, jaunes, orange, rouges et pourpres, se déploient souvent simultanément et sont l'attrait essentiel de cet arbuste en boule. Ses feuilles arrondies sont similaires à celles de l'arbre de Judée (*Cercis, voir p. 38*), comme l'indique le nom botanique, mais leurs fleurs sont très différentes. En milieu d'automne, le *Disanthus* affiche de petites fleurs arachniformes légèrement parfumées, rouge rosé vif. Cet arbuste est originaire des bois et des montagnes et il est idéal en sujet isolé dans un décor boisé. Pour une superbe harmonie automnale de teintes foliaires avec un contraste de ports, associez-le avec des érables (*Acer, voir p. 18-19*).

Rusticé Zones 8 à 10

Culture De préférence dans un sol bien drainé, non calcaire et enrichi en humus, au soleil ou à mi-ombre, à l'abri des vents violents et froids. **Taillez** au minimum après la floraison, en vous cantonnant aux tiges enchevêtrées et compromettant la symétrie. **Semez** en pépinière en automne ou au printemps. **Marcottez** les tiges rampantes en automne.

Disanthus cercidifolius ♡
↕↔ 3 m, le feuillage est vert bleuté avant de prendre d'éblouissantes couleurs automnales

ELAEAGNUS

CES ARBUSTES TRÈS RÉSISTANTS, à croissance rapide et qu supportent les vents marins, sont précieux dans un jar din. Qu'ils soient persistants ou caducs, leurs feuilles ovale à lancéolées sont très décoratives. Elles sont vert uni o argentées, et souvent panachées d'argent ou d'or. Le *Elaeagnus* persistants composent de belles haies et les varié tés panachées plantées en solitaire illuminent une plate bande un peu terne. En prime, des petits bouquets d fleurs en cloche, parfois très parfumées, s'épanouissent e été et peuvent être suivis de petites baies.

Rusticité Zones 2 à 8

Culture Dans un sol fertile et bien drainé ; supporte les sols secs, mais les feuilles risquent de jaunir dans un sol crayeux peu profond. Idéalement, plantez-les en plein soleil ; les persistants tolèrent la mi-ombre. **Taillez** les caducs en fin d'hiver ou début de printemps, les persistants en milieu ou fin de printemps. Supprimez les branches enchevêtrées ou qui gâchent la silhouette. **Égalisez** les haies en fin d'été. **Supprimez** les pousses à feuilles vert uni sur les variétés panachées. **Prélevez** des boutures de bois vert en fin de printemps ou début d'été ou des boutures semi-ligneuses en fin d'été sur les espèces caduques.

Elaeagnus × *ebbingei* 'Gilt Edge' ♡
↕↔ 4 m, persistant, dense, arrondi à étalé, feuilles à écailles argentées au revers, fleurs blanc crème en automne

Elaeagnus pungens 'Maculata'
4 m ↔ 5 m, arbuste persistant, dense et légèrement épineux, fleurs endantes blanc argenté en automne, fruits bruns puis rouges à maturité

Embothrium coccineum

Arbre de feu du Chili

Spectaculaire lors de sa floraison, cet arbre ou arbuste persistant offre un port érigé, très ramifié ou drageonnant, et peut avoir une croissance très rapide sous un climat doux. Les fleurs d'un écarlate flamboyant s'épanouissent en grappes denses en fin de printemps et début d'été. Les feuilles étroitement lancéolées atteignent 13 cm de long. Sous un climat frais, cette plante se portera au mieux contre un mur chaud ou en situation abritée, comme une clairière ensoleillée dans un jardin boisé. Dans les régions où les gelées sont rares, elle supportera un terrain plus dégagé et fera un beau sujet isolé, surtout s'il s'agit de 'Norquinco' qui est légèrement plus rustique.

Rusticité Zone 8

Culture Dans un sol fertile, neutre à acide (sans calcaire), enrichi d'humus, en plein soleil ou à mi-ombre. **Supprimez** les branches enchevêtrées ou qui gâchent la silhouette, en fin d'hiver ou début de printemps. **Semez** entre 13 et 16 °C au printemps. **Prélevez** des boutures de bois vert en début d'été ou semi-ligneuses en milieu ou fin d'été. Prélevez des boutures de racines ou séparez des drageons de la plante mère en hiver.

Enkianthus

Ses bouquets de fleurs pendantes et les riches teintes automnales de son feuillage confèrent deux saisons d'intérêt à cette plante. Ce petit groupe est composé en majeure partie d'arbustes caducs, parfois d'arbres. Les petites fleurs délicates éclosent à l'extrémité des tiges du milieu du printemps au début de l'été. Elles sont urcéolées à campanulées, dans des tons allant du crème ou du blanc pur au rose et au rouge pourpré profond à veinures contrastantes. Le spectacle d'automne est plus original et varie selon les espèces. *Enkianthus campanulatus* passe par tous les tons du jaune au rouge, *E. perulatus* vire à l'écarlate radieux et *E. cernuus* f. *rubens* est flammé de pourpre rougeâtre. Tous sont merveilleux dans un jardin boisé.

Rusticité Zones 5 à 8

Culture Dans un sol acide (sans calcaire), frais mais bien drainé enrichi d'humus. **Taillez** au début du printemps, à seule fin de supprimer les branches enchevêtrées ou mal placées. **Semez** entre 18 et 21 °C en fin d'hiver au printemps. **Prélevez** des boutures semi-ligneuses en été ou marcottez en automne.

Elaeagnus 'Quicksilver' 🏆
↔ 4 m, arbuste caduc à croissance rapide, formant une touffe, leurs en été et fruits jaunes en automne

Embothrium coccineum
↕ 10 m ↔ 5 m ou plus

① ***campanulatus*** 🏆 ↕↔ 4-5 m ② ***cernuus*** **f.** ***rubens*** 🏆 ↕↔ 2,50 m ③ ***deflexus*** ↕ 2,50-4 m ↔ 3 m ④ ***perulatus*** 🏆 ↕↔ jusqu'à 2 m

ERICA

Bruyère

LES BRUYÈRES SONT DES ARBUSTES PERSISTANTS offrant une profusion de petites fleurs, généralement campanulées, dans des tons allant du rouge et du rose au blanc, parfois bicolores. Chez certains cultivars, les petites feuilles étroitement enroulées sont teintées de rouge ou de jaune d'or ou se colorent par temps froid ; le choix judicieux des cultivars assure donc un spectacle séduisant tout au long de l'année. Les espèces rustiques prostrées composent des tapis colorés, alors que les espèces dressées, comme *Erica arborea*, font d'excellents sujets isolés dans une plate-bande. Les bruyères, qui sont parentes des callunes (*Calluna, voir p. 31*), sont essentiellement originaires de landes humides mais prospèrent dans diverses conditions.

Rusticité Zones 5 à 9

Culture Dans un sol acide bien drainé, en situation dégagée en plein soleil. Quelques formes à floraison hivernale ou printanière, comme *E. carnea* et *E.* × *darleyensis*, supportent un sol légèrement alcalin (calcaire), ainsi qu'*E. manipuliflora*, *E. terminalis* et *E. vagans*, à floraison estivale. **Rabattez** les rameaux défleuris à 2,5 cm du vieux bois. Chez les cultivars plus grands, à port d'arbre, rabattez les tiges à deux ou trois bourgeons de la base ou à la charpente permanente en début de printemps. **Marcottez** (*voir ci-dessous*) ou prélevez des boutures semi-ligneuses en milieu ou fin d'été. Les bruyères sont sujettes à la pourriture des racines dans des conditions chaudes et humides ; améliorez le drainage pour l'éviter.

Les bruyères dans le jardin

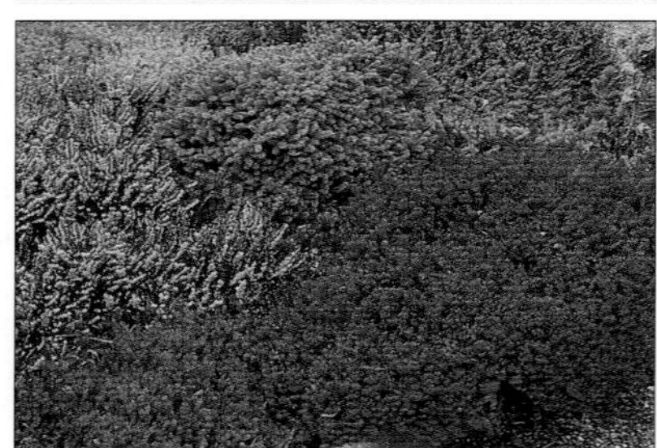

Les bruyères sont des plantes précieuses *car elles offrent couleur et intérêt tout au long de l'année. Elles demandent très peu de soins hormis une égalisation une fois par an après la floraison. Différentes teintes peuvent être regroupées dans un massif, mais les bruyères font également bel effet en compagnie de conifères nains comme les genévriers (*Juniperus, voir p.76-77*) et avec des rhododendrons (*voir p. 104-107*). Si le sol est alcalin, plantez les bruyères acidophiles en massif surélevé dans un mélange à base de terre de bruyère ou en grands bacs dans un patio.*

La multiplication facile

Le marcottage *Les bruyères et les callunes s'enracinent volontiers à partir des tiges, la multiplication par marcottage est donc plus aisée que par bouturage. Entre le début et la fin de l'automne, creusez une tranchée peu profonde autour de la plante et comblez-la de terre additionnée de sable fin et d'un substitut de tourbe, pour composer un bon substrat d'enracinement. Courbez des pousses saines et recouvrez-les de la terre amendée. Fixez les tiges en terre avec des crochets métalliques ou maintenez-les avec des pierres. Les tiges ne demandent pas à être incisées. L'année suivante, coupez les marcottes et replantez-les à l'endroit voulu.*

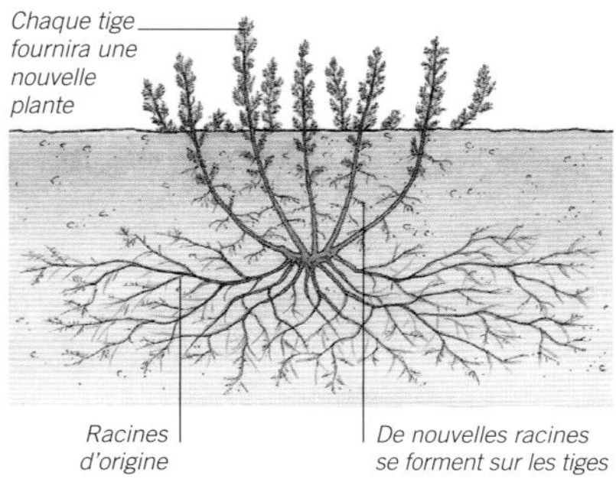
Chaque tige fournira une nouvelle plante
Racines d'origine
De nouvelles racines se forment sur les tiges

Enfouissement *Déterrez une plante adulte au printemps. Creusez un trou assez profond pour contenir les racines et deux tiers des tiges. Posez la plante dans le trou et comblez autour des racines avec la terre et un mélange à parts égales de gravier et de terre de bruyère. Disposez les pousses en rangs ou le long du bord du trou pour faciliter le désherbage. Tassez délicatement la terre et étiquetez. Arrosez régulièrement par temps sec. À l'automne, les tiges enterrées devraient avoir formé des racines. Déterrez la plante et sevrez les marcottes de la plante mère. Empotez les jeunes plantes ou plantez-les dans un site abrité.*

① *Erica arborea* var. *alpina* ♡ ↕2 m ↔85 cm ② *carnea* 'Ann Sparkes' ♡ ↕15 cm ↔25 cm ③ *carnea* 'December Red' ↕15 cm ↔45 cm ④ *carnea* 'Eileen Porter' ↕↔20 cm ⑤ *carnea* 'Foxhollow' ♡ ↕15 cm ↔40 cm ⑥ *carnea* 'Springwood White' ♡ ↕15 cm ↔45 cm ⑦ *carnea* 'Vivellii' ♡ ↕15 cm ↔35 cm ⑧ *ciliaris* 'David McClintock' ↕40 cm ↔45 cm ⑨ *ciliaris* 'White Wings' ↕15 cm ↔45 cm ⑩ *cinerea* 'C.D. Eason' ♡ ↕25 cm ↔50 cm ⑪ *cinerea* 'Eden

Valley' 🏆 ↕20 cm ↔ 50 cm ⑫ *cinerea* 'Fiddler's Gold' 🏆 ↕25 cm ↔ 45 cm ⑬ *cinerea* 'Hookstone White' 🏆 ↕35 cm ↔ 65 cm ⑭ *cinerea* 'Purple Beauty' ↕30 cm ↔ 55 cm ⑮ *cinerea* 'Windlebrooke' 🏆 ↕15 cm ↔ 45 cm ⑯ × *darleyensis* 'Jenny Porter' 🏆 ↕30 cm ↔ 60 cm ⑰ × *darleyensis* 'White Glow' ↕25 cm ↔ 50 cm ⑱ *erigena* 'Golden Lady' 🏆 ↕30 cm ↔ 40 cm ⑲ *tetralix* 'Alba Mollis' 🏆 ↕20 cm ↔ 30 cm ⑳ *vagans* 'Birch Glow' 🏆 ↕30 cm ↔ 50 cm

㉑ *vagans* 'Lyonesse' 🏆 ↕25 cm ↔ 50 cm ㉒ *vagans* 'Mrs D.F. Maxwell' 🏆 ↕30 cm ↔ 45 cm ㉓ *vagans* 'Valerie Proudley' 🏆 ↕15 cm ↔ 30 cm ㉔ × *williamsii* 'P.D. Williams' 🏆 ↕30 cm ↔ 45 cm

ESCALLONIA

UN FEUILLAGE LUSTRÉ PERSISTANT et une floraison abondante, généralement estivale, font tout le charme de ces arbustes. Les fleurs durent longtemps et sont tubulaires ou en forme de coupe, dans des tons de blanc, de rose ou de rouge. Les *Escallonia* sont des plantes peu exigeantes, à croissance assez rapide et supportent la sécheresse. Souvent plantées en haie brise-vent, elles font aussi de beaux arbustes sur pied en plate-bande arbustive ou en plate-bande mixte. Elles sont particulièrement adaptées aux régions côtières car leurs feuilles coriaces résistent aux vents chargés d'embruns. Associez-les à d'autres arbustes robustes comme les arbres à perruque (*Cotinus, voir p. 44*), les lilas (*Syringa, p. 121*), les millepertuis (*Hypericum, p. 74*) et les potentilles (*Potentilla, p. 99*).

Rusticité Zone 8 à 10

Culture Dans un sol fertile et bien drainé, en plein soleil, à l'abri des vents froids et desséchants. Les variétés semi-rustiques demandent la protection d'un mur abrité. **Rabattez** légèrement les tiges qui gâchent la silhouette en milieu ou fin de printemps. **Taillez** les haies après la floraison. **Prélevez** des boutures herbacées en début d'été ou semi-ligneuses en fin d'automne ; tentez éventuellement les boutures ligneuses de la fin de l'automne à l'hiver.

Escallonia 'Apple Blossom' ♀
↕↔ 2,50 m, buisson compact à port bas, floraison en début et milieu de printemps, bon sujet de haie

Escallonia 'Langleyensis' ♀
↕ 2 m ↔ 3 m, arbuste persistant à semi-persistant, arqué, floraison en début et milieu d'été

Escallonia 'Pride of Donard' ♀
↕ 1,50 m ↔ 2,50 m, arbuste compact dressé (*voir encadré*), fleurs plus grandes que la moyenne, du début au milieu du printemps, bon sujet de haie

Escallonia rubra 'Woodside'
↕ 75 cm ↔ 1,50 m, forme naine, floraison de l'été au début de l'automne, coupez rapidement les pousses trop vigoureuses.

EUCALYPTUS

Gommier

CES ARBRES ET ARBUSTES INSOLITES sont prisés pour leur beau feuillage persistant, souvent aromatique, et leur écorce décorative. Le feuillage est généralement vert moyen ou vert grisâtre, coriace. Les feuilles juvéniles sont des plus séduisantes et ressemblent à des pièces de monnaie bleu argenté chez *Eucalyptus gunnii.* Elles s'allongent et deviennent pendantes quand la plante vieillit. Les fleurs apétales groupées en ombelles s'épanouissent en été, blanches, crème, jaunes ou rouges. L'écorce est lisse et blanche chez certaines espèces, elle se détache en lamelles ou est striée dans des tons verts ou brun fauve chez d'autres. Plantés en solitaire, ils poussent rapidement et demandent un espace assez vaste. Cependant ils resteront au stade d'arbuste et garderont un séduisant feuillage juvénile s'ils sont rabattus en cépée tous les ans.

Rusticité Zones 8 à 11

Culture Dans un sol fertile, neutre à légèrement acide, ne séchant pas trop vite, en plein soleil et de préférence à l'abri des vents froids. **Taillez** les branches enchevêtrées ou mal placées en fin d'hiver ou début de printemps. Pour former un arbuste, rabattez les tiges à deux ou trois bourgeons de la base pour favoriser une charpente trapue (*voir ci-dessous à gauche*). **Semez** entre 13 et 18 °C au printemps ou en été.

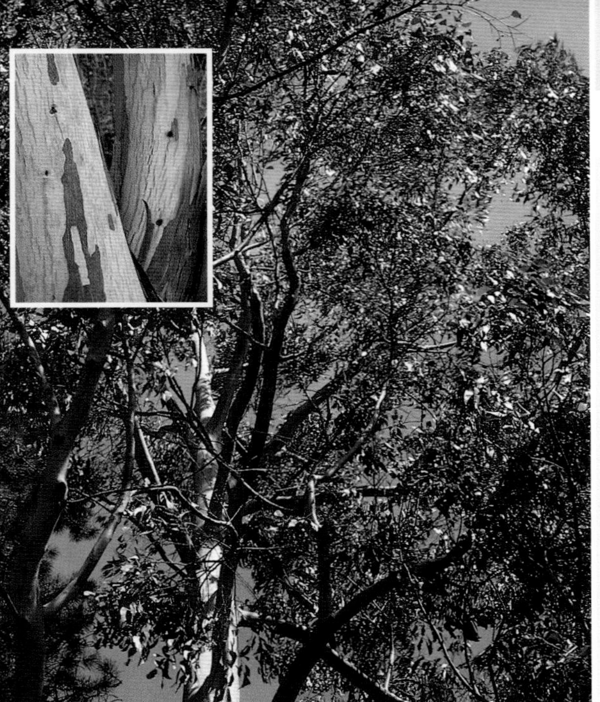

Eucalyptus dalrympleana 🏆
↕20 m ↔ 8 m, vigoureux, feuilles juvéniles vert bleuté, floraison de l'été à l'automne, supporte un sol crayeux

Eucalyptus gunnii 🏆
↕10-25 m ↔ 6-15 m, floraison en été ou en automne (*encadré*), l'écorce se détache en fin d'été

RECÉPER un eucalyptus, surtout cette variété, consiste à rabattre toutes les tiges à 2 ou 3 bourgeons à chaque printemps.

Eucalyptus pauciflora subsp. *niphophila* 🏆
↕6 m ↔ 6-15 m, croissance lente, floraison de la fin du printemps à l'été, l'écorce se détache de la fin de l'été à l'automne

EUCRYPHIA

↕jusqu'à 15 m
↔jusqu'à 8 m

CE PETIT GROUPE EST COMPOSÉ d'arbres columnaires et d'arbustes persistants pour la plupart, très appréciés pour leur floraison tardive. Leurs superbes fleurs, souvent parfumées, sont blanches, parfois roses ou à pétales margés de rose, et arborent une masse duveteuse d'étamines en leur centre. Elles s'épanouissent de l'été au début de l'automne quand la plante est âgée de quelques années. Les feuilles sont coriaces, généralement ovales mais parfois divisées en étroites folioles disposées le long d'un pétiole. Somptueux en sujet isolé, les *Eucryphia* le sont tout autant en haie fleurie dans un site abrité.

Rusticité Zones 8 et 9

Culture Dans un sol fertile, frais mais bien drainé, neutre à acide (sans calcaire). *E.* x *nymanensis* supporte un sol alcalin. Plantez-le les racines à l'ombre et la cime au soleil. En dehors des climats doux et humides, il doit être abrité des vents froids. **Supprimez** si possible les fleurs fanées. **Supprimez** les branches enchevêtrées en fin d'hiver ou début de printemps, ou rabattez légèrement les tiges qui gâchent la silhouette en milieu ou fin de printemps (ou après la floraison chez *E. lucida*). Ne taillez pas trop sévèrement sous peine de perdre les fleurs. **Prélevez** des boutures semi-ligneuses en été et faites hiverner les jeunes plantes dans un endroit hors gel.

Eucryphia glutinosa 🏆
↕10 m ↔ 6 m, arbre ou arbuste caduc ou semi-persistant, floraison du milieu à la fin de l'été, supporte les situations exposées

EUONYMUS

Fusain

LE TRAIT DOMINANT DE CE GRAND GROUPE d'arbustes et d'arbres est son feuillage coloré. Les variétés caduques offrent un feuillage automnal flamboyant et des fruits lobés ornementaux, alors que les persistants affichent de vives panachures qui illuminent un jardin tout au long de l'année. Les feuilles sont de formes variées, mais généralement obovales et des petites cymes de fleurs rouge pourpré ou brun-rouge éclosent en fin de printemps ou en été. Certains cultivars d'*Euonymus fortunei* deviendront grimpants s'ils sont plantés près d'un mur. Les jeunes plantes sont du plus bel effet en jardinières et en pots en hiver. Toutes les parties de la plante peuvent provoquer de légers maux d'estomac en cas d'ingestion.

Rusticité Zones 4 à 10

Culture Dans tout sol bien drainé ; les espèces caduques supportent mieux les sols secs. Plantez les fusains en plein soleil dans un sol frais, surtout les cultivars panachés, ou à mi-ombre. Protégez les persistants des vents froids et desséchants. **Taillez** les caducs au début du printemps au besoin et les persistants après la floraison si nécessaire. **Semez** en caissette sous châssis froid dès la maturité des graines. **Prélevez** des boutures herbacées sur les espèces caduques en fin de printemps et semi-ligneuses sur les persistants en été.

LES POUSSES NON PANACHÉES doivent être supprimées dès leur apparition pour éviter une réversion de la plante. Les pousses vertes en particulier sont très vigoureuses et reprennent le dessus.

Euonymus fortunei 'Emerald 'n' Gold' 🏆
↕60 cm ↔ 90 cm, persistant buissonnant, dense, feuilles margées de jaune d'or virant au rose, fruits blancs à graines orange

Euonymus fortunei 'Silver Queen'
↕2,50 m ↔ 1,50 m, arbuste persistant dressé, fleurs vert pâle et fruits roses de temps en temps, grimpant si on lui fournit un support

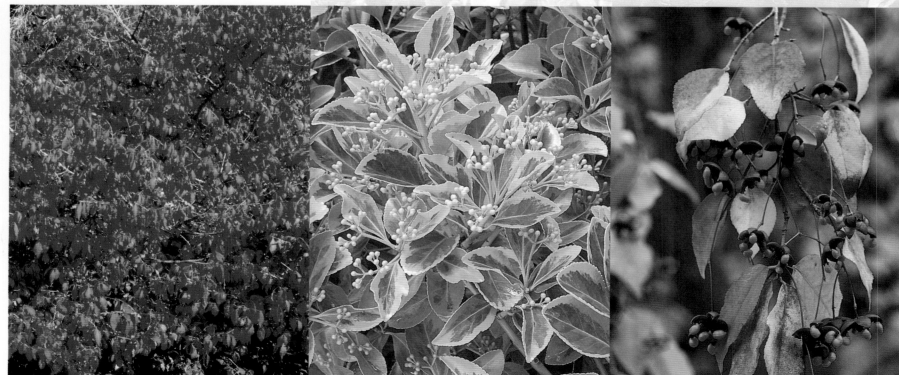

Euonymus alatus 🏆 (Fusain ailé)
↕2 m ↔ 3 m, arbuste caduc dense, fruits pourpre rougeâtre à graines orange, feuilles vert foncé jusqu'à l'automne

Euonymus japonicus 'Ovatus Aureus' 🏆
↕4 m ↔ 2 m, arbuste ou arbre persistant à croissance lente, bon sujet de haie, fruits rares, enclin à revenir au type vert uni

Euonymus oxyphyllus
↕2,50 m ou plus ↔ 2,50 m, arbre ou arbuste caduc dressé, à croissance lente, feuilles vert mat jusqu'à l'automne

EUPHORBIA

Euphorbe

voir aussi p. 242-243

CE GENRE TRÈS IMPORTANT ET VARIÉ comprend quelques arbustes et arbres persistants. Ils sont cultivés pour leur feuillage impressionnant et leurs inflorescences originales. Les feuilles sont, pour la plupart, étroites et lancéolées, vert bleuté et très sculpturales chez *Euphorbia characias*. Les jeunes feuilles de *E.* × *martinii* sont flammées de rouge, portées sur des pousses teintées de rouge; ses inflorescences s'épanouissent au printemps et en été et sont de longue durée. Les fleurs d'*E. mellifera* sont brunes et ont un parfum de miel et celles d'*E.* × *martinii*, vert-jaune, affichent des glandes à nectar rouge foncé. Les euphorbes conviennent parfaitement aux jardins maritimes. Toutes les parties de ces plantes sont toxiques par ingestion et la sève laiteuse est irritante pour la peau.

Rusticité Zones 3 à 12

Culture Dans un sol bien drainé, en plein soleil. Amendez un sol lourd et argileux de terreau graveleux pour améliorer le drainage. **Prélevez** des boutures herbacées au printemps ou en début d'été, sans oublier de porter des gants, et trempez les extrémités sectionnées dans l'eau tiède pour éviter l'écoulement de la sève.

Euphorbia characias 'John Tomlinson' ♀
↔ 1,20 m, arbuste dressé, inflorescences hautes et lourdes, devenant presque sphériques, du début du printemps au début de l'été

EXOCHORDA

↕↔ 2–4 m (6–12 ft)

DES FLEURS ÉBLOUISSANTES, d'un blanc pur, parent les branches de ces arbustes du printemps à l'été et ce n'est pas un hasard si la variété la plus populaire est nommée 'The Bride' (la mariée). Tous sont caducs, dotés d'un port arqué élégant et ont aussi belle allure en sujets isolés qu'associés à d'autres arbustes dans une plate-bande. Ils fleurissent environ en même temps, ou un peu plus tard, que les magnolias à floraison printanière (*voir p. 86*) et leurs fleurs résistent mieux au gel; ils sont donc une excellente alternative pour un beau décor floral dans les régions soumises au gel où les fleurs des magnolias risquent de souffrir.

Rusticité Zones 4 à 8

Culture Dans un sol fertile, frais mais bien drainé; ces arbustes supportent tous les types de terrain, sauf les sols calcaires peu profonds où les feuilles peuvent jaunir (chlorose). Plantez-les en plein soleil ou à mi-ombre. **Rabattez** les rameaux défleuris à des bourgeons vigoureux ou au-dessus de jeunes pousses partant de la base. Sur une plante adulte, favorisez la formation de jeunes pousses en rabattant un tiers ou un quart des tiges âgées de plus de trois ans. **Prélevez** des boutures herbacées en été.

Exochorda × *macrantha* 'The Bride' ♀
↕ 2 m ↔ 3 m, arbuste compact et arqué formant un dôme, fleurs parfumées en fin de printemps et début d'été

FAGUS

Hêtre

CES ARBRES CADUCS IMPOSANTS sont appréciés pour leur port élancé et la beauté de leur feuillage. Ils sont grands et étalés, à feuilles ovales, à bord ondulé ou dentées. Elles sont pour la plupart vert pâle quand elles se déploient au printemps, virant au vert foncé puis à des tons jaune pâle ou brun-roux en automne; plusieurs hêtres affichent cependant un feuillage sombre spectaculaire, pourpre ou cuivré. Tous font de beaux sujets isolés dans un grand jardin. Le hêtre commun, *Fagus sylvatica*, est aussi souvent planté en haie; s'il est taillé, il garde ses feuilles brunes tout l'hiver. Dans un espace plus restreint, recherchez une forme plus étroite ou compacte, comme 'Purpurea Pendula', dont les branches retombent parfois jusqu'au sol.

Rusticité Zones 4 à 9

Culture Dans tout sol bien drainé, même crayeux, au soleil ou à mi-ombre; les variétés à feuillage pourpre prendront leurs plus belles teintes en plein soleil. **Rabattez** les branches enchevêtrées ou compromettant la symétrie, en fin d'hiver ou début de printemps. **Taillez** les haies de *F. sylvatica* entre le milieu et la fin de l'été. **Semez** en pépinière en automne ou au printemps. Les hêtres sont des refuges d'**écureuils** qui, bien que distrayants, peuvent faire des ravages.

Fagus sylvatica 'Dawyck Purple' ♀
↕ 20 m ↔ 5 m, très beau cultivar à feuillage pourpré, également l'un des ports columnaires les plus étroits

Fatsia japonica

Faux aralia

Les grandes feuilles vertes lustrées de ces arbustes persistants étalés sont idéales pour créer un effet de jungle et apportent un contraste frappant aux feuillages plumeux de plantes comme les fougères (*voir p. 356-357*). Cette plante, très architecturale dans une plate-bande ensoleillée, supporte la pollution et prospère dans les jardins urbains ; elle est aussi un élément de choix dans les régions côtières où ses feuilles coriaces résistent au vent et aux embruns. De larges ombelles dressées, composées de petites inflorescences sphériques crème, s'épanouissent en automne, suivies de petites baies noires sphériques, non comestibles. Il existe aussi des cultivars panachés, mais ils ont tendance à être moins rustiques.

Rusticité Zones 8 à 10

Culture Dans tout sol fertile, frais mais bien drainé, en plein soleil ou à mi-ombre, à l'abri des vents froids et desséchants. **Taillez** légèrement ou supprimez les branches qui gâchent la silhouette, en milieu ou fin de printemps. **Supprimez** les fleurs fanées, sauf si vous voulez obtenir des fruits. Semez entre 15 et 21 °C en automne ou au printemps. Prélevez des boutures de bois vert en début ou milieu d'été. Les vents froids noircissent et dessèchent les pousses et les feuilles.

Fatsia japonica ♈

↕↔ 1,50 m, feuilles de 15 à 40 cm de diamètre

Ficus carica

Figuier comestible

↕3 m
↔4 m

À la différence de la plupart des figuiers, *Ficus carica* est rustique. Il peut être cultivé sur pied, mais il s'étalera et couvrira rapidement une grande surface s'il est palissé contre un mur. Son beau feuillage caduc est son principal attrait ; il produit des fruits comestibles mais ceux-ci ne mûrissent pas toujours sous les climats frais. Les fruits sont d'abord verts et mûrissent après un deuxième été long et chaud, se transformant en figues vert foncé, pourpres ou brun foncé. Le feuillage peut provoquer des rougeurs cutanées (photodermatose).

Rusticité Zones 8 à 10

Culture Dans un sol frais mais bien drainé, enrichi d'humus, en plein soleil ou à mi-ombre, à l'abri des vents froids et desséchants. **Limitez** les racines par une culture en pot ou en créant une barrière souterraine, pour une meilleure fructification. **Attachez** régulièrement les nouvelles pousses des sujets palissés. **Supprimez** les tiges mal placées ou enchevêtrées compromettant la symétrie, en fin d'hiver ou début de printemps ; taillez les sujets palissés pour les cantonner à l'espace imparti. **Pour de beaux fruits**, éclaircissez les figues déjà bien formées mais encore vertes sur la tige principale en automne pour permettre aux plus petites de mûrir l'année suivante ; protégez-les des vents froids et du gel avec un film horticole. Les **guêpes** attaquent les fruits mûrs.

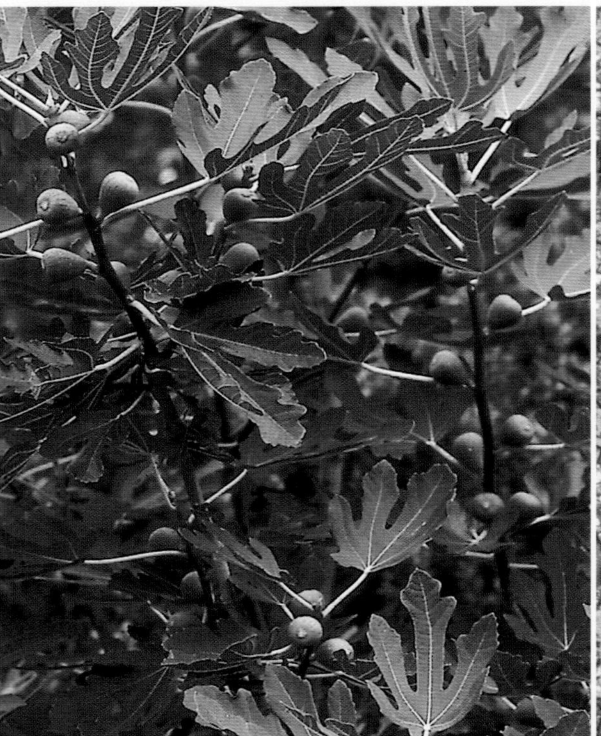

Ficus carica

Ses feuilles coriaces peuvent atteindre 24 cm de diamètre et supportent assez bien l'air marin.

Forsythia

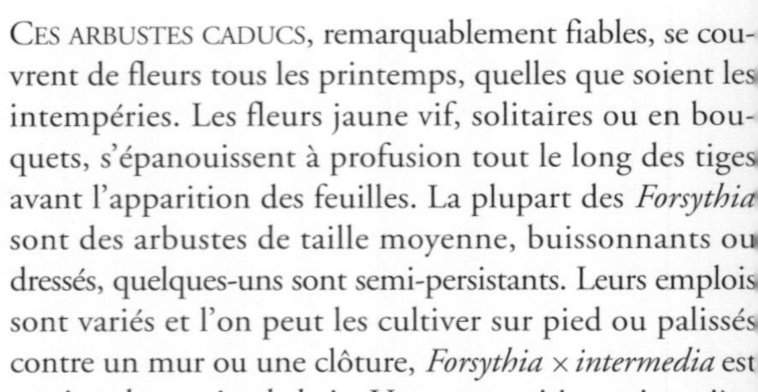

Ces arbustes caducs, remarquablement fiables, se couvrent de fleurs tous les printemps, quelles que soient les intempéries. Les fleurs jaune vif, solitaires ou en bouquets, s'épanouissent à profusion tout le long des tiges avant l'apparition des feuilles. La plupart des *Forsythia* sont des arbustes de taille moyenne, buissonnants ou dressés, quelques-uns sont semi-persistants. Leurs emplois sont variés et l'on peut les cultiver sur pied ou palissés contre un mur ou une clôture, *Forsythia* × *intermedia* est aussi un bon sujet de haie. Une composition printanière classique accompagne les *Forsythia* de groseilliers à fleurs rouges (*Ribes, voir p. 109*).

Rusticité Zones 4 à 9

Culture Dans un sol peu fertile, frais mais bien drainé, en plein soleil ou à mi-ombre. **Rabattez** les rameaux défleuris à de nouveaux départs vigoureux. Rabattez à la base tous les 4 ou 5 ans un tiers à un quart des branches âgées sur les sujets adultes. Rajeunissez les sujets négligés et dégarnis par une taille sévère échelonnée sur deux ans. Taillez les haies en été. **Prélevez** des boutures de bois vert en début d'été ou semi-ligneuses en fin d'été. Les oiseaux se régalent parfois des bourgeons floraux.

Forsythia suspensa

↕↔ 3 m, dressé ou arqué, feuillage vert moyen à foncé, floraison en début de printemps, supporte d'être palissé contre un mur orienté au nord ou à l'est

Forsythia × *intermedia* 'Lynwood' ♀
↔ 3 m, port buissonnant, feuilles très dentées, fleurs de 2,50 à 3,50 cm de diamètre en début et milieu de printemps

Fothergilla

Il n'existe que deux espèces de ces arbustes caducs à port bas originaires des bois et des marais. Ils sont appréciés pour leurs épis en goupillon de fleurs parfumées s'épanouissant avant les feuilles. Les *Fothergilla* affichent aussi un séduisant feuillage vert foncé, à bord denté, virant à des tons d'automne éclatants de rouge, d'orange et de jaune d'or. *Fothergilla gardenii* est le plus petit des deux et forme un buisson dense de 1 m de hauteur et d'étalement, fleurissant au printemps. *F. major* est un arbuste dressé à croissance lente, au feuillage plus lustré ; ses fleurs sont parfois teintées de rose.

Rusticité Zones 5 à 8

Culture Dans un sol frais mais bien drainé, acide (sans calcaire), enrichi en humus. **Plantez** en plein soleil ou à mi-ombre ; le plein soleil stimule la floraison et la coloration d'automne. **Supprimez**, en cas de nécessité, les pousses enchevêtrées ou déformées qui gâchent la silhouette, en début de printemps. **Semez** en caissette en automne ou en hiver ; la germination demande deux ans. **Prélevez** des boutures herbacées en été.

Fothergilla major ♀
↕2,50 m ↔ 2 m, floraison en fin de printemps et début d'été, on le trouve dans la nature le long des berges rocailleuses et dans les bois secs.

Fraxinus

Frêne

Ces arbres caducs sont aussi résistants que décoratifs. D'un côté, ils supportent la pollution, le vent et les conditions maritimes, de l'autre, ils arborent un beau feuillage et parfois une écorce colorée en hiver. Les feuilles sont divisées en folioles disposées le long d'un pétiole allant jusqu'à 50 cm de long. Ces arbres à croissance rapide offrent un port séduisant, de columnaire ou étroit à arrondi ou étalé. Les fleurs des frênes sont petites, mais celles de *Fraxinus ornus* et de *F. sieboldiana* sont très décoratives. La hauteur de la plupart de ces arbres, entre 15 et 30 m, les destine uniquement aux grands jardins, mais *F. excelsior* 'Pendula', le frêne pleureur, est plus petit. Les frênes se ressèment très volontiers, veillez donc à déterrer les jeunes plantes indésirables. Ils composent de belles alliances avec des arbres comme les bouleaux (*Betula*, *voir p. 28*), les hêtres (*Fagus*, *p. 57*) et les chênes (*Quercus*, *p. 103*).

Rusticité Zones 3 à 9

Culture Dans un sol fertile, frais mais bien drainé, neutre à acide (sans calcaire). *F. angustifolius* et *F. ornus* supportent des sols assez secs, acides à alcalins (calcaires). **Plantez** en plein soleil. **Semez** en automne ou au printemps sous châssis froid ouvert ; les graines demandent 2 à 3 mois de froid avant de germer.

Fraxinus excelsior 'Jaspidea' ♀
↕30 m ↔ 20 m, jeunes pousses et feuilles jaunes au printemps, feuilles vert foncé en été, bourgeons noirs caractéristiques en hiver

Fuchsia

Les fleurs pendantes vivement colorées des *Fuchsia* sont très caractéristiques. Elles se déclinent en élégantes formes simples et semi-doubles à des fleurs doubles aux riches corolles s'épanouissant de l'été à la fin de l'automne. Ces arbustes caducs ou persistants se prêtent à de multiples emplois. Ils peuvent être cultivés dans une plate-bande ou en haie, certains seront palissés contre un mur ou formés en colonne (*voir ci-dessous*). Les cultivars à port rampant sont parfaits en bacs surélevés ou suspendus d'où leurs fleurs se répandront en coulées du plus bel effet. Les *Fuchsia* peuvent être classés dans deux groupes : semi-rustique et non rustique. Les variétés appartenant au premier peuvent perdre toutes leurs feuilles en hiver mais repartiront au printemps s'ils ont été bien abrités dans un local hors gel. Les variétés du second groupe, aux fleurs fastueuses, peuvent être cultivées en extérieur en été, où elles seront superbes en plate-bande ou en pots accompagnées d'annuelles à leur pied. En revanche, elles doivent être hivernées dans un endroit un peu plus chaud.

Rusticité Zones 7 à 10

Culture Dans un sol fertile, frais mais bien drainé, en plein soleil ou à mi-ombre, à l'abri des vents froids et desséchants. **Plantez** les *Fuchsia* semi-rustiques en enfonçant la base de la tige à 5 cm sous terre et protégez-les l'hiver en les entreposant dans un endroit hors gel. Plantez les cultivars non rustiques en début d'été, quand les gelées ne sont plus à craindre. **Arrosez** généreusement en été et apportez un engrais liquide pour plantes fleuries toutes les deux semaines. **Rabattez** au niveau du sol le vieux bois des *Fuchsia* semi-rustiques au printemps. **Déterrez** les *Fuchsia* en automne, entreposez-les dans un endroit hors gel en hiver et au printemps et n'arrosez que pour maintenir le terreau frais. **Prélevez** des boutures herbacées au printemps. Les **otiorhynques** font parfois des dégâts, surtout dans les potées où les larves peuvent dévorer une grande partie des racines. Traitez la **pourriture grise** (botrytis) avec un fongicide ; supprimez les feuilles atteintes de la **rouille** (minuscules pustules orange).

La taille et la formation

Le pincement favorise une végétation dense
La cime arrondie et buissonnante est obtenue par des pincements réguliers
Les extrémités des tiges principales sont pincées à la hauteur désirée
Les tiges inférieures sont fixées sur des tuteurs horizontaux pour obtenir un profil triangulaire

Le buisson *Quand chaque pousse a produit environ trois paires de feuilles, pincez l'extrémité pour encourager la plante à former des latérales. Répétez les pincement trois ou quatre fois, puis laissez la plante fleurir.*

Sur tige *Ici, on guide une pousse le long d'un tuteur et en supprimant les latérales. Quand la tige principale atteint la hauteur désirée, pincez l'extrémité et traitez la ramure comme un buisson. La formation demande 2 à 3 ans.*

La pyramide *Quand la tige principale est à 20 cm de hauteur, pincez l'extrémité et gardez un rameau pour former une nouvelle flèche. Pincez les latérales à trois paires de feuilles. Recommencez jusqu'à obtenir la hauteur et la forme désirées.*

La colonne *Laissez deux pousses se développer en tiges centrales et pincez-les à la hauteur désirée. Pincez régulièrement les latérales pour créer un port buissonnant. Cette formation demande 2 à 3 ans.*

① *Fuchsia* 'Alice Hoffman' ♡ ↕↔ 45-60 cm ② 'Andrew Hadfield' ↕ 20-45 cm ↔ 20-30 cm ③ 'Annabel' ♡ ↕↔ 30-60 cm ④ ***arborescens*** ↕ 2 m ↔ 1,70 m ⑤ 'Auntie Jinks' ↕ 15-20 cm ↔ 20-40 cm ⑥ 'Autumnale' ♡ ↕ 15-30 cm ↔ 30-60 cm ⑦ × ***bacillaris*** ↕↔ 60 cm-1,20 m ⑧ 'Ballet Girl' ♡ ↕ 30-45 cm ↔ 45-75 cm ⑨ 'Bicentennial' ♡ ↕ 30-45 cm ↔ 45-60 cm

⑩ **'Billy Green'** 🏆 ↕45-60 cm ↔ 30-45 cm ⑪ **'Bon Accorde'** ↕45-60 cm ↔ 45 cm
⑫ **'Celia Smedley'** 🏆 ↕↔ 45-75 cm ⑬ **'Checkerboard'** 🏆 ↕75-90 cm ↔ 45-75 cm
⑭ **'Coralle'** ↕45-90 cm ↔ 45-60 cm ⑮ **'Dark Eyes'** 🏆 ↕45-60 cm ↔ 60-75 cm
⑯ **'Devonshire Dumpling'** ↕↔ jusqu'à 1 m ⑰ **'Display'** 🏆 ↕60-75 cm ↔ 45-60 cm

⑱ **'Dollar Princess'** 🏆 ↕45 cm ↔ 45-60 cm ⑲ **'Flirtation Waltz'** ↕45-60 cm ↔ 30-45 cm ⑳ ***fulgens*** 🏆 ↕1,50 m ↔ jusqu'à 80 cm ㉑ **'Garden News'** 🏆 ↕↔ 45-60 cm ㉒ **'Genii'** 🏆 ↕↔ 75-90 cm ㉓ **'Golden Marinka'** 🏆 ↕15-30 cm ↔ 30-45 cm ㉔ **'Gruss aus dem Bodethal'** ↕30-45 cm ↔ 45-60 cm

㉕ *Fuchsia* 'Jack Shahan' 🏆 ↕30-45 cm ↔ 45-60 cm ㉖ 'Joy Patmore' ↕30-45 cm ↔ 45-60 cm ㉗ 'La Campanella' 🏆 ↕15-30 cm ↔ 30-45 cm ㉘ 'Lady Thumb' 🏆 ↕15-30 cm ↔ 30-45 cm ㉙ 'Lena' 🏆 ↕30-60 cm ↔ 60-75 cm ㉚ 'Leonora' ↕60-75 cm ↔ 30-60 cm ㉛ 'Love's Reward' 🏆 ↕↔ 30-45 cm

㉜ 'Lye's Unique' 🏆 ↕45-60 cm ↔ 30-45 cm ㉝ 'Machu Picchu' ↕↔ 30-60 cm ㉞ *magellanica* ↕↔ 2-3 m ㉟ 'Margaret' 🏆 ↕↔ jusqu'à 1,20 m ㊱ 'Margaret Brown' 🏆 ↕↔ 60-90 cm ㊲ 'Marinka' 🏆 ↕15-30 cm ↔ 45-60 cm ㊳ 'Mary' 🏆 ↕↔ 30-60 cm ㊴ 'Micky Goult' 🏆 ↕30-45 cm ↔ 45-60 cm ㊵ 'Mieke Meursing' 🏆 ↕↔ 30-60 cm ㊶ 'Mrs Lovell Swisher' 🏆

45-60 cm ↔ 30-60 cm ㊷ **'Mrs Popple'** ♀ ↕↔ 1-1,10 m ㊸ **'Nellie Nuttall'** ♀
15-45 cm ↔ 30-45 cm ㊹ **'Other Fellow'** ♀ ↕↔ 30-45 cm ㊺ ***paniculata*** ♀
↔ jusqu'à 2 m ㊻ **'Peppermint Stick'** ↕↔ 45-75 cm ㊼ **'Phyllis'** ♀ ↕ 1-1,50 m ↔ 75-90 cm
㊽ ***procumbens*** ↕ 10-15 cm ↔ 1-1,20 m ㊾ **'Red Spider'** ↕ 15-30 cm ↔ 30-60 cm

㊿ **'Riccartonii'** ♀ ↕ 2-3 m ↔ 1-2 m 51 **'Royal Velvet'** ♀ ↕ 45-75 cm ↔ 30-60 cm
52 **'Rufus'** ♀ ↕ 45-75 cm ↔ 30-60 cm 53 **'Swingtime'** ♀ ↕ 30-60 cm ↔ 45-75 cm
54 **'Thalia'** ♀ ↕↔ 45-90 cm 55 **'Tom Thumb'** ♀ ↕↔ 15-30 cm 56 **'Winston Churchill'** ♀ ↕↔ 45-75 cm

GARRYA

DE LONGS CHATONS ORNENT ces grands arbustes persistants et résistants du milieu à la fin de l'hiver. Les fleurs mâles et femelles sont portées par des plantes séparées, les chatons mâles étant plus décoratifs. L'espèce la plus couramment cultivée est *Garrya elliptica*. *G.* × *issaquahensis* 'Pat Ballard' affiche des pousses rouge pourpré, des feuilles lustrées et des chatons teintés de pourpre. Les *Garrya* se prêtent à tous les emplois, en plate-bande, palissés contre un mur ou même en haie. Ils supportent la pollution urbaine et leurs feuilles coriaces à bord ondulé résistent aux vents marins et aux embruns. Mariez-les avec d'autres arbustes à floraison hivernale comme *Jasminum nudiflorum* (*voir p. 76*) palissé contre un mur, des mahonias (*p. 87*) et des *Sarcococca* (*p. 116*).

Rusticité Zones 8 et 9

Culture Dans un sol assez fertile, bien drainé, en plein soleil ou à mi-ombre, à l'abri des vents froids dans les régions soumises à des gelées rigoureuses. **Taillez** légèrement les tiges compromettant la symétrie. Les *Garrya* supportent une taille sévère de rajeunissement. **Prélevez** des boutures semi-ligneuses en été.

GAULTHERIA

DES FRUITS D'AUTOMNE COLORÉS sont le principal attrait de ces arbustes persistants faciles à vivre. Ils offrent, au printemps ou en été, des petites fleurs de 7 mm de long regroupées en grappes. Elles sont suivies en automne de baies dans des tons de rouge, de pourpre et de rose jusqu'au blanc. Ces fruits sont comestibles, mais toutes les autres parties de la plante peuvent provoquer de légers maux d'estomac en cas d'ingestion. Petits à moyens, ces arbustes affichent des feuilles vert foncé simples, coriaces et leurs ports sont variés. Ils ont leur place en plate-bande arbustive, en jardin de rocaille ou dans un décor boisé et sont d'excellents compagnons des rhododendrons (*voir p. 104-107*). Certaines espèces ont changé de nom et sont souvent vendues sous l'appellation *Pernettya*.

Rusticité Zones 2 à 9

Culture Dans un sol acide (sans calcaire), frais, idéalement à mi-ombre, mais les *Gaultheria* supportent le plein soleil si le sol est frais en permanence. **Taillez** légèrement les tiges qui gâchent la silhouette de l'arbuste, après la floraison. Supprimez les rejets pour limiter l'étalement de la plante. **Semez** en terrine sous châssis froid en automne. **Prélevez** des boutures semi-ligneuses en été ou séparez des rejets enracinés au printemps et replantez-les.

Gaultheria tasmanica
↕8 cm ↔ jusqu'à 25 cm, arbuste tapissant, floraison au printemps, parfois fruits blancs ou jaunes abondants, même à l'ombre

Garrya elliptica 'James Roof' ♀
↕↔ 4 m, arbuste vigoureux, plantes mâles réputées pour leurs chatons particulièrement longs, jusqu'à 20 cm

Gaultheria mucronata 'Mulberry Wine' ♀
↕↔ 1,20 m, arbuste femelle drageonnant, produit des baies si une plante mâle, par exemple *G. mucronata*, est plantée à proximité

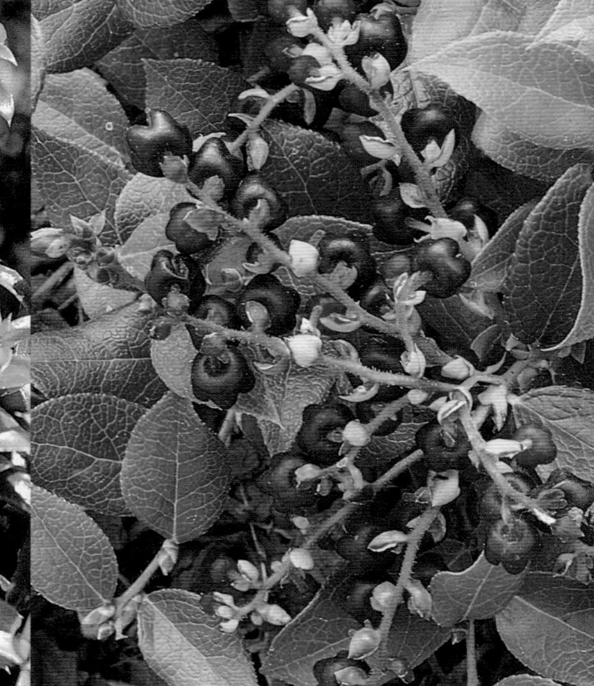

Gaultheria × *wisleyensis* 'Pink Pixie'
↕ jusqu'à 30 cm ↔ 45 cm, vigoureux, dressé, s'étalant par rejets, fleurs teintées de rose en fin de printemps et début d'été

GENISTA

ienêt

:ES ARBUSTES ÉLÉGANTS sont prisés pour leurs charmantes leurs jaunes papilionacées réunies en bouquets s'épa-ouissant du printemps à l'été. Les *Genista* sont parents les autres genêts, *Cytisus* (*p. 47*) et *Spartium* (*p. 118*). Les euilles sont petites, mais certaines espèces sont dénuées de euilles et toutes sont caduques, leurs tiges vertes apportant ne touche de couleur, même en hiver. Les ports sont divers, le dressé à un port d'arbre arqué. Les genêts forment un ontraste avec des plantes à feuilles plus larges comme les éanothes (*p. 36*) et les *Fatsia* (*p. 58*). Le genêt de l'Etna ait un gracieux sujet isolé dans une pelouse et les espèces lus naines comme *Genista hispanica*, dense et épineux, onviennent aux jardins de rocaille. Certaines variétés sont lotées d'épines acérées, choisissez bien leur emplacement.

ustícité Zones 3 à 8

ulture Dans un sol léger, pauvre à peu fertile, bien drainé, en plein oleil. Une **taille** minimale est requise pour supprimer les pousses nal placées ou enchevêtrées qui gâchent la silhouette, en fin d'hiver u début de printemps. Ne rabattez pas jusqu'au vieux bois qui e produira pas de nouvelles pousses. **Semez** sous châssis froid n automne ou prélevez des boutures semi-ligneuses en été.

Genista lydia ♡
↕ jusqu'à 60 cm ↔ jusqu'à 1 m, arbuste formant un dôme, pousses vert bleuté à extrémité épineuse, floraison en début d'été

GINKGO BILOBA

Arbre aux quarante écus

PEUT-ÊTRE LE PLUS ANCIEN DE TOUS LES ARBRES vivant actuellement, le *Gingko* est un arbre columnaire, dressé quand il est jeune et s'étalant avec l'âge. Son feuillage caduc, similaire à celui de certains capillaires (*Adiantum, voir p. 360*), vire au jaune d'or tendre en automne. Les fleurs mâles en chatons jaunes et les petites fleurs femelles sont portées par des arbres différents. Après un été chaud, les fleurs femelles forment des fruits jaune-vert semblables à des prunes, à l'odeur déplaisante, protégeant des amandes comestibles que l'on consomme traditionnellement grillées. Ces arbres sans problème et faciles à cultiver supportent la pollution atmosphérique et sont d'excellents arbres ornementaux, en sujets isolés, en plate-bande ou même en bac.

Rusticité Zones 4 à 8

Culture Dans tout sol fertile, bien drainé, en plein soleil. **Supprimez** les rameaux enchevêtrés ou déformés compromettant la symétrie, en fin d'hiver ou début de printemps, pour conserver une charpente saine. **Semez** sous châssis froid dès la maturité des graines. **Prélevez** des boutures semi-ligneuses en été.

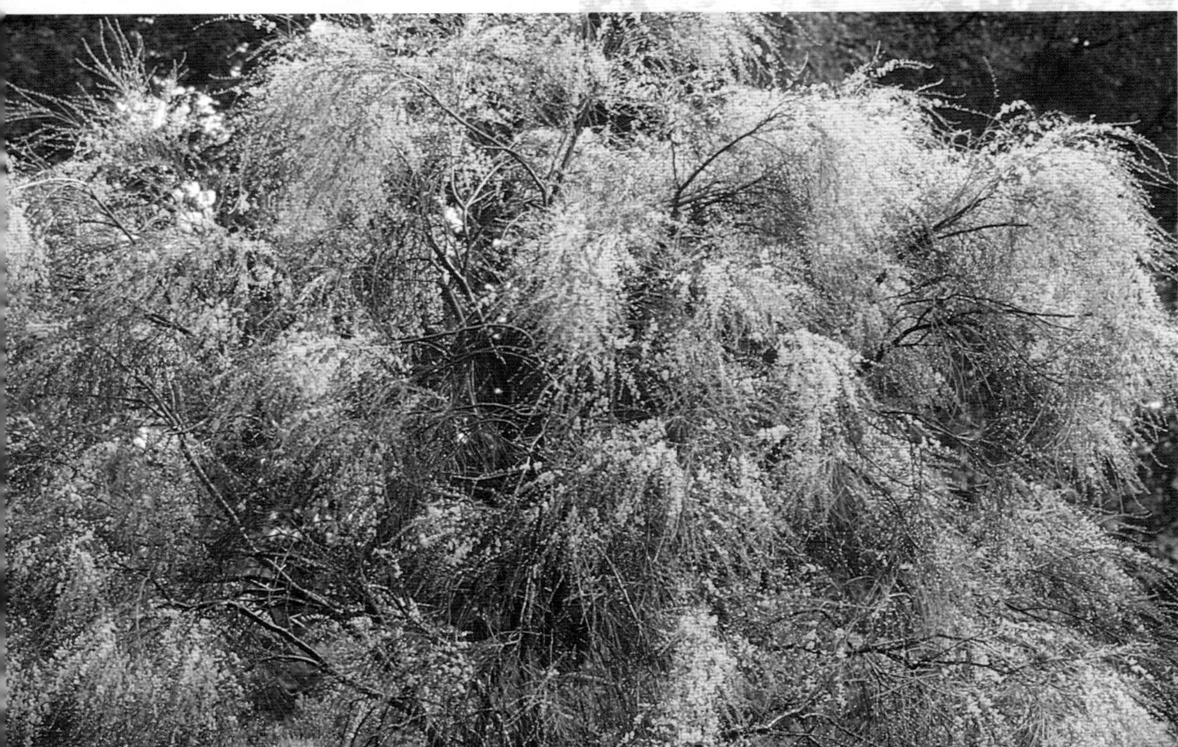

Genista aetnensis ♡ (Genêt de l'Etna)
↔ 8 m, arbuste pleureur ou petit arbre, feuilles produites uniquement sur les jeunes tiges, profusion le fleurs parfumées portées à l'extrémité des pousses du milieu à la fin de l'été

Gingko biloba ♡
↕ jusqu'à 30 m ↔ jusqu'à 8 m, disparu à l'état sauvage, le *Gingko* était cultivé autour des temples et le long des rues en Chine et au Japon

Gleditsia

Févier

Un feuillage et des gousses décoratifs associés à un élégant port étalé font de ces arbres caducs de superbes sujets isolés. Les feuilles plumeuses sont divisées jusqu'en 24 folioles, vert pâle à foncé. En automne, de longues gousses pendantes, courbes et tordues, et les teintes jaunes du feuillage apportent un regain d'intérêt. Le tronc et les branches de *Gleditsia triacanthos*, l'espèce la plus répandue, sont couverts de longues épines. 'Elegantissima' est un cultivar plus petit et dénué d'épines, et 'Rubylace' arbore de jeunes feuilles rouge bronze virant au vert bronze sombre en milieu d'été. Associez-les à des arbustes à feuillage sombre comme les arbres à perruques (*Cotinus*, *voir p. 44*) qui mettront en valeur leurs teintes d'automne.

Rusticité Zones 4 à 8

Culture Dans tout sol fertile, bien drainé, au soleil. **Tailler** est rarement nécessaire. **Semez** en châssis ouvert en automne, après avoir scarifié les graines au couteau ou les avoir frottées au papier de verre pour les humidifier. Les **cécidies** (galles des végétaux) peuvent provoquer un épaississement des feuilles et entraver leur croissance.

Gleditsia triacanthos 'Sunburst' ♡
↕ 12 m ↔ 10 m, non épineux, croissance rapide ; sa ramure légère autorisant les sous-plantations, il est particulièrement adapté aux jardins

Griselinia littoralis

Griselinie du littoral

↕ jusqu'à 8 m
↔ jusqu'à 5 m

Cet arbuste persistant vigoureux, dressé et compact, est superbe en haie brise-vent dans un site exposé. Il est apprécié pour son beau feuillage coriace. Des petites fleurs éclosent en fin de printemps, les mâles et les femelles étant portés par des arbres différents. Elles sont suivies de fruits pourpres en automne si des sujets des deux sexes sont voisins. Bien que le plus souvent utilisés en haie, les *Griselinia* font de beaux sujets isolés dans une plate-bande. Ils sont parfaits en région côtière car leurs feuilles coriaces résistent aux vents marins et aux embruns.

Rusticité Zones 8 à 10

Culture Dans un sol fertile, léger, bien drainé, en plein soleil, à l'abri des vents froids et desséchants. **Taillez** légèrement les tiges compromettant la symétrie, en milieu ou fin de printemps. **Semez** au printemps entre 13 et 18 °C ou prélevez des boutures semi-ligneuses en été.

Griselinia littoralis ♡
Il existe des formes panachées, mais les formes vert uni conviennent mieux aux haies

Halesia

Ce petit groupe comprend des arbres et arbuste caducs, faciles à cultiver et superbes au printemps, pri sés pour leurs fleurs pendantes en clochette, d'un blan pur. Celles-ci s'épanouissent généralement en fin de prin temps, parfois en début d'été, et sont suivies en automn de fruits ailés verts et d'un feuillage doré. Les ports son divers, de conique comme chez *Halesia monticola* à étalé comme chez *H. carolina* et *H. diptera*. Les arbres e arbustes les plus étalés conviennent à toutes les tailles d jardin. Vivant naturellement dans des zones boisées, de lisières forestières et le long des cours d'eau, les *Halesi* sont charmants en arbustes isolés au fond d'une plate bande ou en arbres dans un cadre boisé.

Rusticité Zones 5 à 7

Culture Dans un sol fertile, frais mais bien drainé, de préférence neutre à acide (sans calcaire), enrichi d'humus. Plantez au soleil ou à mi-ombre, à l'abri des vents froids. **Supprimez** les pousses mal placées ou enchevêtrées qui gâchent la silhouette, en hiver ou au printemps. **Semez** entre 14 et 25 °C en automne. **Prélevez** des boutures herbacée en été ou marcottez au printemps.

Halesia monticola
↕ 12 m ↔ 8 m, arbre vigoureux, floraison en fin de printemps avant ou en même temps que le déploiement des feuilles, fruits abondants (ci-dessus)

x HALIMIOCISTUS

LES FLEURS CHARMANTES ET DÉLICATES de ces petits arbustes persistants sont leur principal attrait. Il s'agit de croisements naturels de *Cistus* (*voir p. 40*) et d'*Halimium* (*voir ci-contre*). Les fleurs ressemblent à celles d'*Helianthemum* (*p. 70*) et sont généralement d'un blanc pur ou maculées de rouge profond à la base des pétales. Plusieurs de ces hybrides faciles à vivre, souvent étalés, égaient les jardins de leurs fleurs de la fin du printemps à la fin de l'été. Originaires des régions méditerranéennes chaudes et sèches où cohabitent leurs parents d'hybridation, ils prospéreront dans un jardin de rocaille ou dans une plate-bande sèche et ensoleillée, en compagnie de rosiers (*p. 110-113*) et d'arbustes comme les cistes et les lavandes (*Lavandula, p. 80*).

Rusticité Zones 7 à 9

Culture Dans un sol très bien drainé, en plein soleil. **Abritez**-les des vents froids et desséchants. **Tailler** est rarement nécessaire mais, au besoin, taillez légèrement les pousses qui gâchent la silhouette de l'arbuste. **Prélevez** des boutures semi-ligneuses en fin d'été.

× *Halimiocistus sahucii* ♀

↕45 cm ↔ 90 cm, compact, formant un dôme ou étalé, feuilles étroites, floraison en été, l'un des plus fiables en matière de rusticité

× *Halimiocistus wintonensis* 'Merrist Wood Cream' ♀

↕60 cm ↔ 90 cm, arbuste étalé, feuilles blanches laineuses, floraison de la fin du printemps au début de l'été

HALIMIUM

CES PETITS ARBUSTES PERSISTANTS, dressés à étalés mais presque tous compacts, fleurissent de la fin du printemps au début de l'été. Les fleurs réunies en panicules sont jaune d'or, parfois blanches et les pétales sont parfois marqués à la base de pourpre bordeaux. Les étés longs et secs sont propices aux plus belles floraisons. Les feuilles sont généralement petites, vert clair à gris-vert et parfois laineuses ou à écailles argentées. Ces arbustes de culture facile offrent un port dressé ou étalé. Les *Halimium* poussent naturellement dans des sites secs et rocailleux, ils prospèrent donc dans les jardins de rocaille ou au premier plan d'une plate-bande ensoleillée. En pot dans un patio, ils décoreront le coin le plus ensoleillé de leurs plus belles fleurs.

Rusticité Zones 8 et 9

Culture Dans un sol peu fertile, sableux et bien drainé, en plein soleil, à l'abri des vents froids et desséchants. Choisissez soigneusement leur emplacement, car les sujets bien établis supportent mal la transplantation. **Taillez** légèrement ou rabattez les rameaux défleuris qui gâchent la silhouette ; supprimez les fleurs fanées pour prolonger la floraison. **Semez** entre 19 et 24 °C au printemps. **Prélevez** des boutures semi-ligneuses en fin d'été.

Halimium 'Susan' ♀

↕45 cm ↔ 60 cm, arbuste étalé, éclosion des fleurs en été, souvent semi-doubles

HAMAMELIS

Hamamélis

LEURS FLEURS ARACHNIFORMES PARFUMÉES et leurs teintes d'automne font tout le charme de ces arbustes caducs, grands ou moyens, essentiels dans un jardin en hiver. Les fleurs étonnantes, à quatre pétales étroits en ruban torsadé, sont groupées en bouquets denses sur les tiges nues, de l'automne au début du printemps. Elles ne souffrent pas trop du gel. Les feuilles obovales virent au jaune à l'automne. Plantez les hamamélis en solitaire ou en groupe. *Sarcococca confusa* (*voir p. 116*), persistant, à floraison hivernale et parfumé lui aussi, est un excellent faire-valoir du port épanoui et dressé des hamamélis et embaume délicieusement le jardin à l'arrivée du printemps.

Rusticité Zones 5 à 7

Culture Dans un sol modérément fertile, frais mais bien drainé, de préférence neutre à acide (sans calcaire). Les hamamélis s'accommodent d'un sol profond et humifère sur un sous-sol calcaire. Plantez-les au soleil ou à mi-ombre, dans un site dégagé sans être exposé. **Supprimez** les branches enchevêtrées pour maintenir la symétrie, en fin d'hiver ou début de printemps. Les **hamamélis** nommés sont greffés et il est préférable de les acheter dans une pépinière ou une jardinerie.

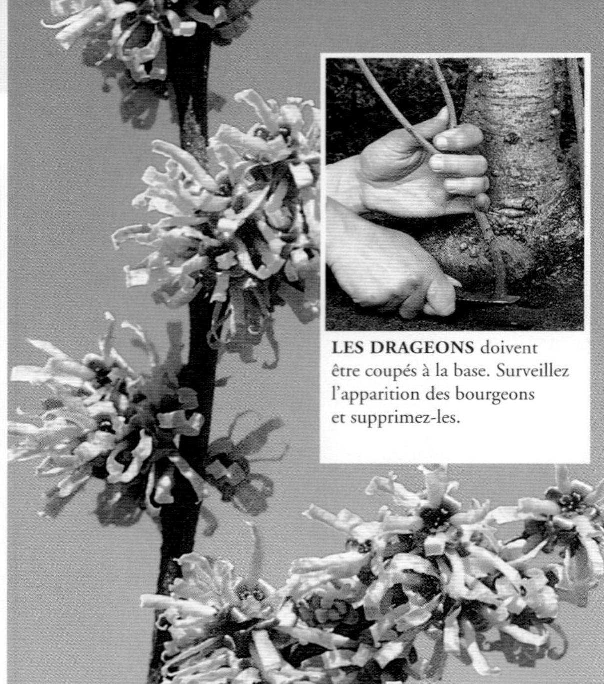

LES DRAGEONS doivent être coupés à la base. Surveillez l'apparition des bourgeons et supprimez-les.

Hamamelis 'Brevipetala'

↕↔ 4 m, arbuste dressé, feuilles vert bleuté pubescentes virant au jaune ambré en automne, fleurs très parfumées en fin d'hiver

Hamamelis × *intermedia* 'Pallida' ♡

↕↔ 4 m, port évasé, feuilles vert vif virant au jaune d'or en automne, grandes fleurs à la fin de l'hiver

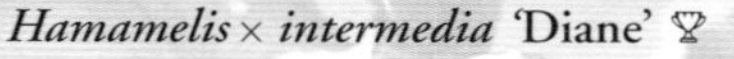

Hamamelis × *intermedia* 'Diane' ♡

↕↔ 4 m, port évasé, feuilles vert vif virant à l'orange, au jaune ou au rouge en automne (*encadré*), floraison à la fin de l'hiver

HEBE

Hébé, Véronique arbustive

CE GRAND GROUPE EST COMPOSÉ D'ARBUSTES attrayants au feuillage persistant et aux fleurs charmantes, allant d'un port bas et prostré à des dômes buissonnants ; sa diversité est telle qu'il y a une hébé pour chaque jardin. Les *Hebe* offrent des feuilles entières, mates ou lustrées, dans des tons de vert grisâtre, vert bleuté ou vert franc, parfois à bord coloré. Les petites fleurs réunies en bouquets, en grappes ou en épis jusqu'à 30 cm de long, éclosent du début au milieu de l'été. Elles sont blanches à roses, bleues, pourpres ou rouges. Les hébés apportent leur intérêt toute l'année, en plate-bande arbustive ou mixte, dans un jardin de rocaille ou plantées dans du gravier, et même en bac dans un patio. Sous les climats doux, notamment maritimes, elles sont parfaites en haie ou en couvre-sol.

Rusticité Zones 8 à 10

Culture Dans un sol pauvre à peu fertile, frais mais bien drainé, de préférence neutre à légèrement alcalin (calcaire), au soleil ou à mi-ombre, à l'abri des vents froids et desséchants. **Supprimez** les tiges mal placées compromettant la symétrie, mais cette intervention est rarement nécessaire. **Prélevez** des boutures semi-ligneuses en été ou en automne. Le **mildiou** de l'hébé peut infecter les feuilles en conditions de culture humides : évitez d'arroser du dessus et supprimez les feuilles malades.

Hebe albicans ♡

↕ 60 cm ↔ 90 cm, arbuste compact formant un dôme ou étalé, floraison du début au milieu de l'été

Hebe ochracea 'James Stirling' ♀
↕45 cm ↔ 60 cm, arbuste compact, dressé puis arqué, à rameaux rigides, feuillage jaune d'or toute l'année, floraison en fin de printemps et début d'été

TAILLEZ LES HÉBÉ à la cisaille entre le milieu et la fin du printemps pour supprimer les tiges abîmées par le gel, leur conserver un port compact et stimuler la repousse. Supprimez de même les fleurs fanées en fin d'été.

Hebe 'Great Orme' ♀
↕↔ 1,20 m, buisson arrondi épanoui, fleurs sans interruption du milieu de l'été au milieu de l'automne, pâlissant avec l'âge

Hebe pinguifolia 'Pagei' ♀
↕30 cm ↔ 90 cm, port dressé puis semi-prostré, rameaux pourprés, floraison de la fin du printemps au début de l'été

HEDERA

Lierre

voir aussi p. 142-143

BIEN QU'IL SOIT CONNU COMME PLANTE GRIMPANTE, le lierre commun (*Hedera elix*) a engendré quelques cultivars originaux à port buissonnant. Ils sont également persistants et réputés pour leur résistance. *Hedera elix* 'Congesta' forme un buisson dense et net aux tiges dressées comme des flèches. Il est très compact et fait sensation dans un jardin de rocaille. *H. elix* 'Erecta', à croissance lente, est plus vigoureux, à tiges dressées raides. Il convient mieux à une plate-bande arbustive ou mixte, où ses petites feuilles contrasteront par exemple avec des fougères (*voir p. 358-365*) ou avec des plantes à larges feuilles comme des *Bergenia* (*p. 198*).

Rusticité Zones 5 à 8

Culture Dans divers types de sol, idéalement fertile, frais mais bien drainé, de préférence alcalin (calcaire), au soleil ou à mi-ombre, à l'abri du vent. **Taillez** pour conserver la silhouette, en toute saison. **Prélevez** des boutures semi-ligneuses en été.

① *helix* 'Congesta' ♀ ↕↔ 45 cm
② *helix* 'Erecta' ♀ ↕↔ 1 m

HELIANTHEMUM

Hélianthème

↕jusqu'à 45 cm ↔ 60 cm

LES CHARMANTES FLEURS papyracées en coupe de ces petits arbustes persistants sont la clé de leur succès auprès des jardiniers. La plupart se cantonnent à une hauteur de 15 à 30 cm. Une profusion de fleurs dans des teintes très variées, vives ou pâles, s'épanouit de la fin du printemps au début de l'été sur un fond de feuillage argenté ou vert grisâtre à vert moyen. Leur prédilection pour le soleil et les conditions sèches ainsi que leur port compact en font d'excellents sujets de jardin de rocaille, de massif surélevé ou en vedette au premier plan d'une plate-bande. Un paillis de gravier, outre son aspect esthétique, leur fournira une surface sèche, chaude et drainante sur laquelle s'étaler.

Rusticité Zones 4 à 8

Culture Dans un sol bien drainé, neutre à alcalin (calcaire), en plein soleil. La **taille** est simple : à la cisaille, rabattez les rameaux défleuris à 2 cm du vieux bois. **Prélevez** des boutures herbacées en fin de printemps ou début d'été.

Helianthemum 'Rhodanthe Carneum' ♀
↕30 cm ↔ 45 cm, parfois vendu sous le nom de 'Wistey Pink', floraison particulièrement longue

Helianthemum 'Fire Dragon' ♀
↕20-30 cm ↔ 30 cm, plante très basse et compacte, parfois vendue sous le nom de 'Mrs Clay'

Helianthemum lunulatum
↕15 cm ↔ 25 cm, petites fleurs en cascade, parfait sur un talus ensoleillé

HELIOTROPIUM

Héliotrope

↕↔60 cm

L'HÉLIOTROPE EST LA PERLE d'un jardin champêtre, prisé pour ses inflorescences compactes délicatement parfumées. La plupart des variétés présentes dans le commerce sont parentes d'*Heliotropium arborescens*, la seule espèce couramment cultivée. Bien que ce dernier soit ligneux, il est assez frileux ; c'est pourquoi, dans les régions soumises au gel, les héliotropes sont souvent plantés en bacs ou en massifs d'été. Ils peuvent hiverner sous abri, mais les jeunes plantes issues de boutures d'été sont souvent plus belles et plus buissonnantes au printemps que les plantes mères. Leurs feuilles gaufrées sont parfois teintées de pourpre, en harmonie avec les petites fleurs bleues ou pourpres s'épanouissant en bouquets pendant tout l'été.

Rusticité Zones 8 à 10

Culture Dans tout sol fertile, frais mais bien drainé, en plein soleil. En pots, bacs ou jardinières, utilisez un terreau de rempotage. **Semez** entre 16 et 18 °C au printemps. **Prélevez** des boutures herbacées ou semi-ligneuses en été.

Heliotropium arborescens 'Marine'
↕45 cm ↔ 30-45 cm, inflorescences jusqu'à 15 cm de diamètre

ꟷIBISCUS

ose de Chine, Althéa, Ketmie

ꓘENOMMÉS POUR LEURS FLEURS SPECTACULAIRES s'épa-ouissant du printemps à l'automne, les *Hibiscus* dé-linent toutes les teintes de l'arc-en-ciel. Ces fleurs se étachent sur un fond de feuillage vert lustré, parfois anaché. Même si ce groupe comprend autant de vivaces t d'annuelles que d'arbustes, ce sont *Hibiscus syriacus* et es cultivars, ligneux et caducs, qui sont les plus com-nunément cultivés sous les climats tempérés car ils sont ustiques. Les *Hibiscus* ont leur place dans une plate-ande et prospèrent dans de grands pots. Ce dernier node de culture est particulièrement approprié pour *I. rosa-sinensis* et autres espèces gélives car il permet de es faire hiverner sous abri.

usticité Zones 5 à 10

ulture Dans un sol frais et bien drainé, de préférence légèrement calin (calcaire), en plein soleil. Plus l'été est long et chaud, plus floraison est abondante ; dans les régions tempérées chaudes, 'antez les *Hibiscus* en situation chaude et abritée et paillez-les en ver. Ils demandent peu de taille, hormis la suppression des rameaux ıdisciplinés et du bois mort ou abîmé. **Semez** entre 13 et 18 °C u printemps. **Prélevez** des boutures semi-ligneuses en été u marcottez en fin de printemps.

Hibiscus syriacus 'Oiseau Bleu' ♀
↕3 m ↔ 2 m, très prisé pour sa teinte originale, souvent vendu sous le nom de 'Blue Bird'

HIPPOPHAE

Argousier, Saule épineux

CES ARBUSTES ET ARBRES CADUCS RÉSISTANTS demandent peu d'entretien et sont appréciés pour leur port dressé élégant et leurs étroites feuilles argentées. Ils offrent une profusion de baies orangé vif si des sujets de sexe opposé se côtoient ; celles d'*Hippophae salicifolia* ont la réputation d'être les plus nourrissants des fruits cultivables sous un climat tempéré. Leur saveur acidulée est proche de celle du citron et ils peuvent fournir des jus et des conserves. L'argousier commun (*H. rhamnoides*), à tiges épineuses, est d'une valeur inestimable dans les régions balayées par le vent et les embruns pour former des haies, des brise-vent et stabiliser les dunes de sable.

Rusticité Zones 3 à 8

Culture Idéalement dans un sol frais mais bien drainé, légèrement alcalin (calcaire), en plein soleil ; en pratique, ces plantes très robustes résistent à la plupart des sols sableux bien drainés, aux périodes de sécheresse, aux vents violents et aux fortes pluies. **Supprimez** uniquement les rameaux enchevêtrés ou compromettant la symétrie. **Semez** sous châssis froid dès la maturité des graines. **Prélevez** des boutures semi-ligneuses en été ou ligneuses en automne, ou marcottez en automne.

Iibiscus syriacus 'Diana'
3 m ↔ 2 m, l'une des fleurs les plus grandes de l'espèce, jusqu'à 3 cm de diamètre

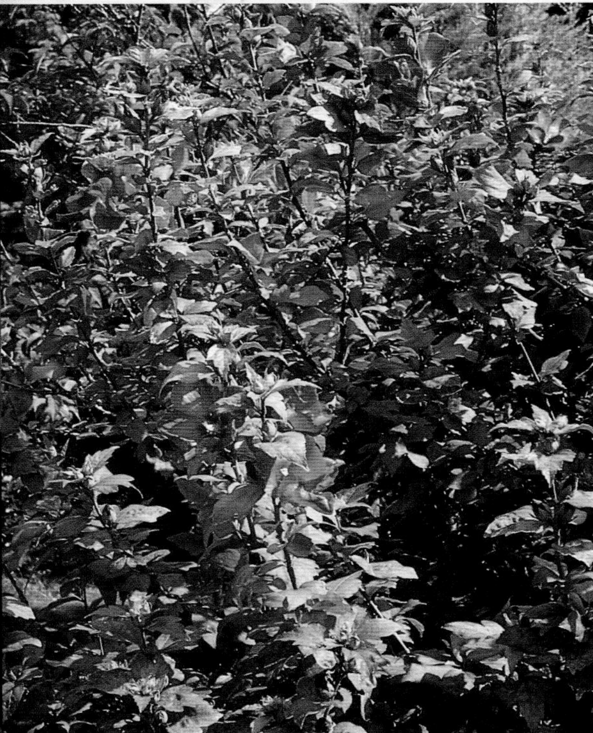

Hibiscus syriacus 'Woodbridge' ♀
↕3 m ↔ 2 m, fleurs plus plates et plus proches de la mauve mais à coloration intense

Hippophae rhamnoides ♀
↕↔ 6 m, arbuste buissonnant ou petit arbre ; les baies persistent tout l'hiver sur les plantes femelles

HYDRANGEA

Hortensia

voir aussi p. 143

↕↔ 1-7 m

LES INFLORESCENCES IMPOSANTES DE CES ARBUSTES leur ont longtemps valu d'être les rois des jardins. Elles sont plates ou bombées et composées de petites fleurs fertiles et de fleurs stériles plus grandes à sépales pétaloïdes. Les nombreux cultivars de l'espèce la plus courante, *Hydrangea macrophylla*, sont de deux types : à « têtes rondes », aux fleurs stériles, ou à « têtes plates », aux petites fleurs fertiles entourées de fleurs stériles. La teinte des fleurs dépend de l'acidité ou de l'alcalinité du sol. Un sol acide donne des fleurs bleues et un sol alcalin des fleurs roses ; dans un sol neutre, les tons peuvent se mélanger, souvent en un rose bleuâtre. Les cultivars à fleurs blanches ne sont pas affectés par le pH du sol. La plupart des hortensias horticoles sont caducs. Certains *Hydrangea* présentent une écorce qui s'exfolie et un beau feuillage coloré en automne. Ces superbes plantes conviennent à bon nombre de situations, surtout en sujets isolés ou en massifs. Les fleurs prennent des teintes de parchemin en séchant et agrémentent les compositions florales.

Rusticité Zones 3 à 8

Culture Dans un sol fertile, frais et bien drainé, au soleil, à mi-ombre s'ils sont abrités des vents froids et desséchants. **Supprimez** les tiges enchevêtrées ou mal placées en fin d'hiver ou en début de printemps (*voir les cas particuliers ci-dessous*). **Prélevez** des boutures herbacées en début d'été ou ligneuses en fin d'hiver. Les fleurs peuvent souffrir de **pourriture grise** (botrytis) les étés très humides.

Tailler les hortensias

Une taille sévère *de* H. paniculata *en début de printemps, avant le départ de la végétation, favorise une belle floraison. Si elle n'est pas taillée, cette plante qui produit normalement de nombreuses pousses s'étirera en hauteur et les fleurs apparaîtront à l'extrémité des tiges, à peine visibles.*

Cette taille consiste à rabattre le bois florifère de l'année précédente pour une charpente ligneuse courte, à 25 cm du sol en situation exposée ou à 60 cm dans le fond d'une plate-bande. Rabattez chaque tige à une paire de bourgeons sains à la hauteur voulue. Les plantes négligées réagissent bien aussi à ce type de taille.

Une taille légère *est bénéfique aux hortensias à têtes rondes, à tous les autres cultivars d'*H. macrophylla, *à* H. serrata *et ses cultivars et 'Preziosa'. Tous ces* Hydrangea *fleurissent sur le bois de l'année précédente. Dans l'ensemble, ils se passent de taille, mais un léger raccourcissement annuel améliore la floraison et contribue à leur bonne santé.*

Laissez les têtes fanées sur le buisson tout l'hiver pour protéger les bourgeons. Puis, en fin d'hiver ou début de printemps, taillez les rameaux à fleurs de l'année précédente de 30 cm, au-dessus d'une paire de bourgeons vigoureux (encadré). Taillez les tiges grêles et chétives et rabattez à la base une tige âgée sur deux.

① *Hydrangea arborescens* 'Annabelle' 🏆 ↕↔ 2,50 m ② *arborescens* 'Grandiflora' 🏆 ↕↔ 2,50 m ③ *aspera* Villosa Group 🏆 ↕↔ 1-4 m ④ *involucrata* 'Hortensis' 🏆 ↕ 1 m ↔ 2 m ⑤ *macrophylla* 'Ayesha' (têtes rondes) ↕ 1,50 m ↔ 2 m ⑥ *macrophylla* 'Blue Bonnet' (têtes rondes) ↕ 2 m ↔ 2,50 m ⑦ *macrophylla* 'Bouquet Rose' (têtes rondes) ↕ 2 m ↔ 2,50 m ⑧ *macrophylla* 'Hamburg' (têtes rondes) ↕ 2 m ↔ 2,50 m ⑨ *macrophylla* 'Lanarth White' 🏆

têtes plates) ↕↔ 1,50 m ⑩ *macrophylla* 'Mariesii Perfecta' 🏆 (têtes plates) ↕ 2 m ↔ 2,50 m
macrophylla 'Veitchii' 🏆 (têtes plates) ↕ 2 m ↔ 2,50 m ⑫ *paniculata* 'Brussels Lace' ↕ 3-7 m
2,50 m ⑬ *paniculata* 'Floribunda' ↕ 3-7 m ↔ 2,50 m ⑭ *paniculata* 'Grandiflora' 🏆 ↕ 3-7 m
2,50 m ⑮ *paniculata* Pink Diamond ('Interhydia') 🏆 ↕ 3-7 m ↔ 2,50 m ⑯ *paniculata*
'raecox' ↕ 3-7 m ↔ 2,50 m ⑰ *paniculata* 'Unique' 🏆 ↕ 3-7 m ↔ 2,50 m ⑱ 'Preziosa' 🏆

↕↔ 1,50 m ⑲ *quercifolia* 🏆 ↕ 2 m ↔ 2,50 m ⑳ *quercifolia* Snow Queen ('Flemygea')
↕ 2 m ↔ 2,50 m ㉑ *serrata* ↕↔ 1,20 m ㉒ *serrata* 'Bluebird' 🏆 (têtes plates) ↕↔ 1,20 m
㉓ *serrata* 'Rosalba' 🏆 (têtes plates) ↕↔ 1,20 m

HYPERICUM

Millepertuis

↔ 1-2 m

CE GROUPE TRÈS DIVERSIFIÉ comprend aussi bien des grands arbustes que des petites vivaces et annuelles, mais tous affichent les mêmes fleurs jaune vif caractéristiques, à étamines dorées proéminentes. Certaines variétés s'ornent de baies blanches en automne. Ce sont les arbustes qui sont les plus couramment cultivés, caducs et persistants, pour leurs ravissantes teintes automnales. Il existe un millepertuis pour chaque jardin : les grandes espèces sont parfaites en plate-bande, les plus petites en jardin de rocaille. *Hypericum calycinum*, à port étalé, est un couvre-sol idéal, mais il devient vite envahissant et il est donc déconseillé en plate-bande.

Rusticité Zones 4 à 8

Culture Dans un sol frais mais bien drainé, au soleil ou à mi-ombre pour les plus grandes espèces, les petites pour jardin de rocaille, en plein soleil dans un sol bien drainé. *H. androsaemum* et *H. calycinum* supportent même une ombre dense. **Taillez** au printemps pour conserver une belle silhouette. Les grandes espèces caduques peuvent être rabattues à la charpente permanente en début de printemps pour limiter leur extension. **Prélevez** des boutures semi-ligneuses en été.

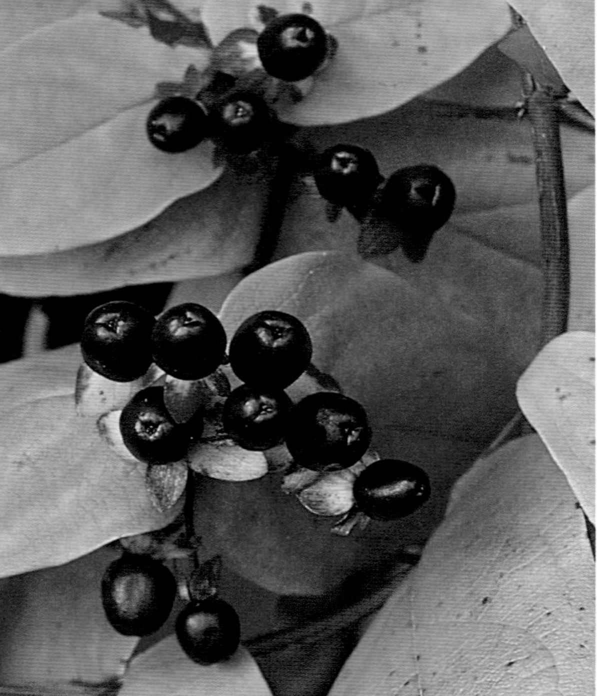

Hypericum androsaemum (Toutesaine, Androsème officinal)
↕75 cm ↔ 90 cm, arbuste caduc buissonnant, floraison en début d'été, baies rouges puis noires à maturité en automne

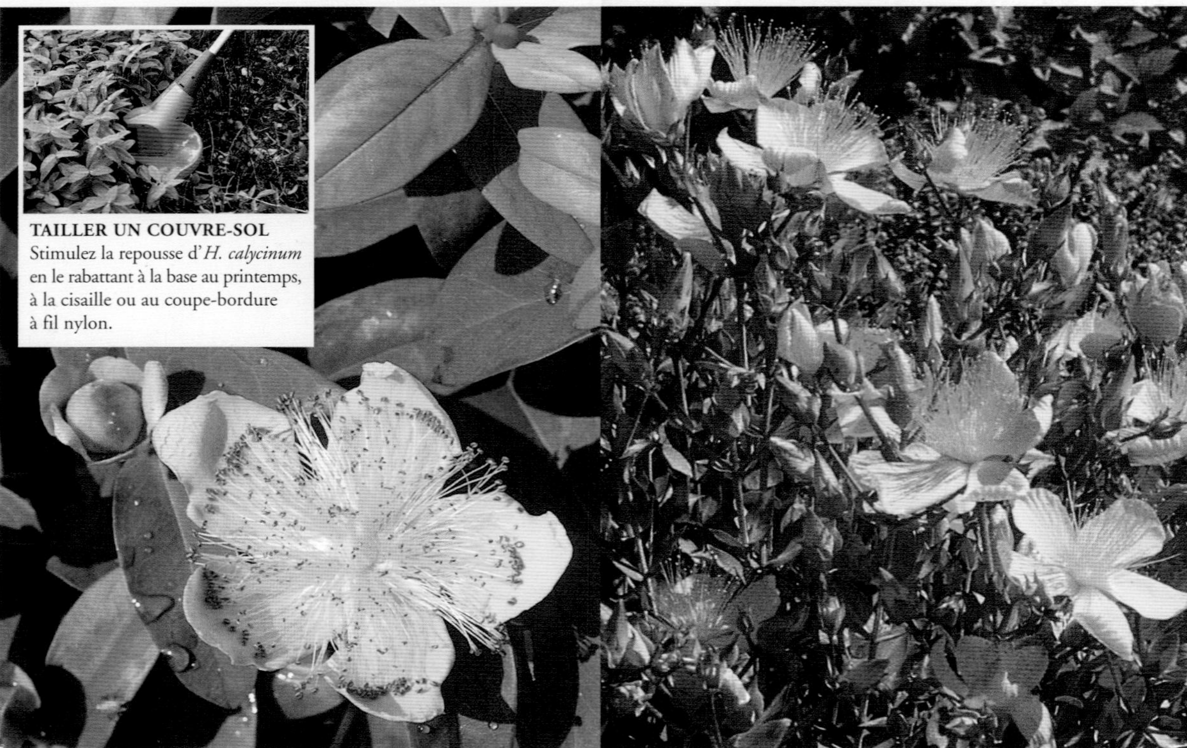

TAILLER UN COUVRE-SOL
Stimulez la repousse d'*H. calycinum* en le rabattant à la base au printemps, à la cisaille ou au coupe-bordure à fil nylon.

Hypericum calycinum
↕60 cm ↔ illimité, persistant ou semi-persistant, s'étalant par stolons, floraison de l'été à l'automne

Hypericum olympicum* f. *uniflorum
↕25 cm ↔ 30 m, arbuste caduc, floraison tout l'été, bon sujet de jardin de rocaille

ILEX

Houx

LES HOUX SONT CONNUS pour leurs baies d'hiver et leu feuilles persistantes épineuses, mais tous ne sont pas piquan Leurs feuilles lustrées sont tantôt vert foncé à vert moyen ur tantôt marginées, éclaboussées ou striées de jaune ou d'c Les fleurs sont petites, les baies généralement rouges ou noire Les plantes femelles ne fructifient qu'à proximité d'une plan mâle ; les houx sont souvent vendus avec spécification du se de façon à garantir la fructification. Plantez les houx en con pagnie d'arbustes à floraison printanière comme des *Sarcococ* (*p. 116*) ou des *Mahonia* (*p. 87*), ou en sujets isolés de faç à apprécier pleinement leur port compact et bien galbé leur écorce gris pâle. Les cultivars d'*Ilex* × *altaclarensis* *I. aquifolium* peuvent composer des haies formelles, mais l tailles fréquentes risquent de limiter la fructification.

Rusticité Zones 4 à 9

Culture Dans un sol fertile et bien drainé, au soleil ou à l'ombre, sole obligatoire pour les houx panachés. Plantez en fin d'hiver ou début de printemps. **Taillez** les sujets sur pied uniquement pour conserver une silhouette équilibrée ; taillez les haies en fin d'été. Les houx formés en topiaires peuvent demander une taille supplémentaire au printemps. **Prélevez** des boutures semi-ligneuses en fin d'été ou en automne.

***Ilex* × *altaclerensis* 'Golden King'** ♡
↕6 m ↔ 4 m, arbuste femelle compact, belle forme conique (*voir encadré*), raréfaction des baies avec le temps

lex aquifolium 'J. C. van Tol' 🏆
6 m ↔ 4 m, arbre femelle large, autofertile, la production de baies
st donc garantie sans la proximité d'un sujet mâle

Ilex aquifolium 'Ferox Argentea' 🏆 (Houx commun)
↕8 m ↔ 4 m, grand arbuste mâle à croissance lente, dressé, feuilles couvertes d'épines

lex aquifolium 'Amber' 🏆
6 m ↔ 2,50 m, arbre femelle compact, pyramidal, fructification
ondante au voisinage d'un sujet mâle

Ilex × *altaclerensis* 'Camelliifolia' 🏆
↕14 m ↔ 12-15 m, grand arbuste femelle conique, feuilles sans épines, jusqu'à 13 cm de long

INDIGOFERA

Indigo

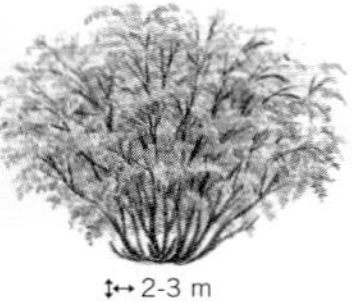

LES ARBUSTES CADUCS ET PERSISTANTS sont les espèces les plus couramment cultivées de ce groupe riche et varié. Ils exigent beaucoup d'espace pour se développer et exhiber leur port élégant, par exemple dans un massif d'arbustes, en compagnie peut-être de fusains (*Euonymus, voir p. 56*) et d'*Escallonia* (*voir p. 54*), ou palissés contre un mur ensoleillé. Les *Indigofera* arborent une profusion de fleurs papilionacées sur fond de feuillage vert tendre, du début de l'été au début de l'automne. *Indigofera amblyantha* et *I. heterantha* sont les espèces les plus rustiques et donc les mieux adaptées à un climat tempéré, à moins de leur procurer un mur abrité orienté au sud. Ils réagissent bien à une taille annuelle.

Rusticité Zones 6 à 10

Culture Dans un sol frais mais bien drainé, en plein soleil. Ne **taillez** sévèrement que dans les régions soumises au gel ; en début de printemps, rabattez toutes les tiges à quelques bourgeons de la base pour ne garder qu'une charpente basse et trapue. Pour les plantes palissées, en fin d'hiver ou début de printemps, supprimez ou attachez les rameaux orientés vers l'extérieur et rabattez les latérales à deux ou trois bourgeons de la tige principale. **Prélevez** des boutures semi-ligneuses en début ou milieu d'été.

Indigofera amblyantha 🏆
↕2 m ↔ 2,50 m, arbuste caduc, floraison particulièrement abondante

ITEA

SEULES LES DEUX ESPÈCES d'*Itea* illustrées ici sont couramment cultivées, appréciées pour leurs petites fleurs blanches réunies en bouquets ressemblant à des chatons et pour leur feuillage proche de celui du houx. Les feuilles persistantes d'*Itea ilicifolia* sont précieuses pour la touche verte qu'elles offrent tout au long de l'année et les feuilles caduques d'*I. virginica* composent, avant leur chute, un superbe décor d'automne dans les rouges et les pourpres.

Rusticité Zones 6 à 8

Culture Les persistants, moins rustiques, apprécient un sol fertile, frais et bien drainé, en situation abritée et ensoleillée ; ils prospèrent, surtout les jeunes plantes, contre un mur orienté au sud et avec un paillis épais en hiver. Les espèces caduques préfèrent un sol légèrement acide et les conditions humides et ombragées d'un sous-bois ou d'un massif d'arbustes dense. **Taillez** les persistants uniquement pour l'équilibre de la silhouette. Sur les caducs, rabattez les rameaux défleuris à des latérales non florifères vigoureuses ; sur les sujets adultes, rabattez une tige sur quatre à la base pour éviter le surnombre. Sur les sujets palissés, rabattez les rameaux défleuris à deux ou trois bourgeons de la charpente. **Semez** dès la maturité des graines. **Prélevez** des boutures herbacées au printemps ou semi-ligneuses en été.

① ***ilicifolia*** ♀ ↕3-5 m, floraison du milieu de l'été au début de l'automne ② ***virginica*** ↕1,50-3 m, floraison en été

JASMINUM NUDIFLORUM

Jasmin d'hiver

voir aussi p. 144

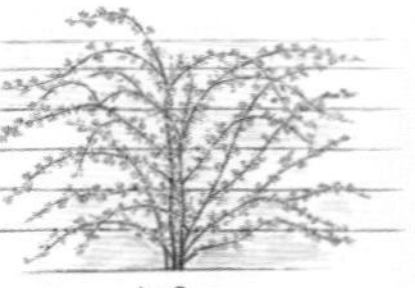

LA PLUPART DES JASMINS CULTIVÉS sont des plantes grimpantes, mais celui-ci est un arbuste bien que plutôt dégingandé. Le jasmin d'hiver (*Jasminum nudiflorum*) a beau être moins odorant que ses cousins à floraison hivernale, il n'en est pas moins très précieux pour ses fleurs jaune vif qui illuminent les mois les plus désolés de l'année. Cette plante à tiges minces et arquées, parfois désordonnée, gagne à être palissée, accompagnée d'autres plantes à floraison hivernale comme des *Garrya* (*voir p. 64*) par exemple. Coupez quelques brins aux boutons encore fermés ; la chaleur les forcera à s'épanouir précocement et ils introduiront une note gaie et délicatement parfumée dans votre intérieur.

Rusticité Zones 7 à 9

Culture Dans un sol fertile, bien drainé, en plein soleil ou à mi-ombre. **Rabattez** les rameaux défleuris au niveau de gros bourgeons bien placés ; sur les sujets adultes, après la floraison, coupez à la base une tige principale sur quatre pour stimuler la repousse. **Prélevez** des boutures semi-ligneuses en été ou en automne, sinon marcottez en automne.

Jasminum nudiflorum ♀
↕↔ 3 m, arbuste caduc à fleurs hivernales parfumées, les feuilles sont vert foncé et apparaissent après la floraison

JUNIPERUS

Genévrier

CES ARBRES ET ARBUSTES RÉSINEUX (conifères) persistants son appréciés pour leur port sculptural et leur feuillage coloré. Il sont de toutes formes et de toutes tailles, grands arbres, cul tivars nains ou arbustes étalés, et leurs feuilles, ou aiguilles offrent des tons jaune d'or, vert foncé et même bleus L'association de diverses variétés de genévriers, avec l'ajou éventuel d'autres conifères, permet de créer une tapisseri fabuleuse de formes, de couleurs et de textures. Les sujet femelles forment des fruits sphériques, charnus, ressemblan à des baies, que l'on utilise à des fins culinaires et qui aroma tisent le gin. Les genévriers supportent toutes sortes de condi tions de culture : les grands arbres seront plantés en solitaires les petits arbustes dans un jardin de rocaille en compagnie d plantes alpines et les cultivars prostrés en couvre-sol.

Rusticité Zones 2 à 10

Culture Dans tout sol bien drainé, au soleil ou à mi-ombre. La **taille** est généralement superflue ; cependant, si des espèces prostrées s'étalent trop, supprimez des tiges soigneusement choisies pour les cantonner à l'espace imparti. La **multiplication** est délicate et la germination des graines peut demander jusqu'à cinq ans ; il est sans doute préférable d'acheter de nouvelles plantes en pépinière.

***Juniperus squamata* 'Blue Star'** ♀
↕40 cm ↔ jusqu'à 1 m, arbuste compact étalé, à port en cascade

uniperus scopulorum 'Skyrocket'
6 m ↔ 50-60 cm, arbre columnaire étroit, superbe point de mire ans un jardin

Juniperus × pfitzeriana 'Pfitzeriana Aurea'
↕90 cm ↔ 2 m, arbuste étalé, aiguilles jaune d'or, jaune verdâtre en hiver

KALMIA

CES ARBUSTES PERSISTANTS ACIDOPHILES affichent en milieu de printemps et début d'été des bouquets de remarquables fleurs roses, en coupe plus ou moins plate. Les branches sont ornées tout au long de l'année de feuilles lustrées coriaces. Les plus grands *Kalmia*, comme *Kalmia latifolia* et ses cultivars, font sensation dans une plate-bande ou un bosquet. Dans un jardin boisé ou de rocaille, les petites espèces, par exemple *K. microphylla*, s'allieront avec bonheur à des callunes et des rhododendrons nains qui exigent le même type de sol.

Rusticité Zones 2 à 9

Culture Dans un sol frais, acide (sans calcaire), de préférence à mi-ombre, sauf si le sol est très humide en permanence ; paillez au printemps avec du terreau de feuilles, des épines de pin ou du compost. Si votre sol est calcaire, cultivez les *Kalmia* en pot dans du terreau pour éricacées. **Taillez** après la floraison les tiges qui gâchent la silhouette de l'arbuste, uniquement en cas de besoin. Dans le cas d'un sujet dégarni à la base, pratiquez une taille de rénovation échelonnée sur plusieurs années ; seul *K. angustifolia* peut être rabattu sévèrement en une seule fois et repartir. **Prélevez** des boutures semi-ligneuses en milieu d'été ou marcottez en fin d'été.

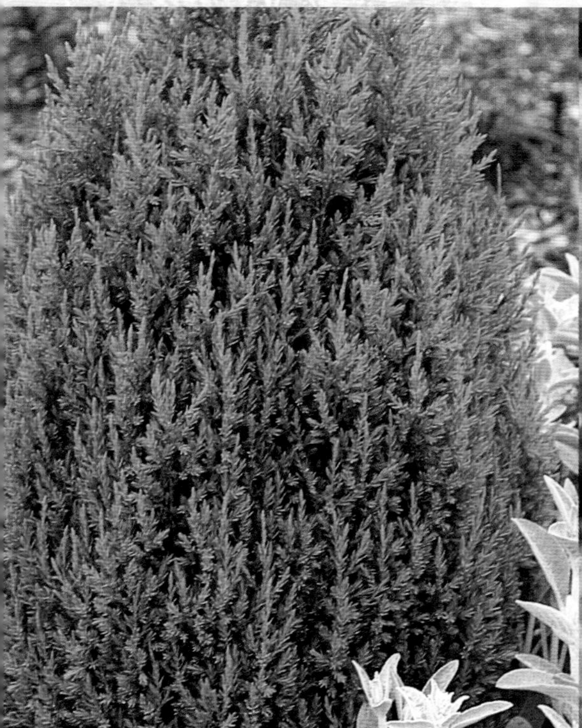

uniperus chinensis 'Pyramidalis' ♡
2 m ↔ 60 cm, petit cultivar à port net et compact

Juniperus communis 'Compressa' ♡
↕80 cm ↔ 45 cm, nain, à croissance très lente, idéal en association avec des plantes alpines en bac ou en jardin de rocaille

Kalmia angustifolia ♡
↕60 cm ↔ 1,50 m, arbuste à port arrondi, fleurs parfois blanches

KERRIA JAPONICA

Corête du Japon

↔ jusqu'à 3 m

ARBUSTES VIGOUREUX et drageonnants, les *Kerria* et leurs cultivars sont précieux en toutes saisons. En milieu et fin de printemps, ils arborent des fleurs jaune d'or, simples ou doubles. Leur feuillage caduc est vert vif, vert grisâtre ou panaché de blanc crème. Après la chute des feuilles, les *Kerria* égaient le jardin de touffes denses de tiges arquées vert clair. Plantez les *Kerria* dans une plate-bande où ils disposeront d'un espace suffisant pour s'étaler parmi d'autres arbustes, ou associez-les à des plantes à tiges colorées en hiver comme les cornouillers (*Cornus, voir p. 42-43*).

Rusticité Zones 5 à 9

Culture Dans un sol fertile, bien drainé, en plein soleil ou à mi-ombre. **Rabattez** les rameaux défleuris à des latérales ou à des bourgeons vigoureux situés à la base de la charpente. **Divisez** l'arbuste en automne ou séparez les rejets (pousses partant des racines). Cherchez un rejet et creusez pour vérifier s'il a formé ses propres racines. Séparez-le de la plante mère, rabattez-le de moitié et replantez-le.

Kerria japonica 'Picta'
↕1,50 m ↔ 2 m

Kerria japonica 'Golden Guinea' ♡
↕2 m ↔ 2,50 m, très grandes fleurs simples, jusqu'à 6 cm de diamètre

KOELREUTERIA

Savonnier

↕↔ 10 m

CES ARBRES FONT DE BEAUX SUJETS isolés tout au long de l'année. Ils affichent un port étalé élégant, des feuilles caduques, des fleurs jaunes en été et des fruits insolites en capsules dilatées en automne. Le savonnier (*Koelreuteria paniculata*) est le plus répandu et sans doute le plus impressionnant des trois espèces. Ses feuilles se déploient en rose rougeâtre au printemps, puis virent au vert moyen et offrent un charmant tableau de tons jaune beurre en automne. En milieu et en fin d'été, les petites fleurs jaune d'or s'épanouissent en longues panicules jusqu'à 30 cm, suivies de fruits en capsules teintées de rose ou de rouge. La floraison est plus abondante dans les régions à été long et chaud.

Rusticité Zones 6 à 9

Culture Dans un sol fertile et bien drainé, en plein soleil. **Supprimez** le bois vieux ou malade pendant la dormance d'hiver ; aucune autre taille ne s'impose. **Semez** en terrine sous châssis froid en automne.

Koelreuteria paniculata ♡ (Savonnier)
↕↔ 10 m, feuilles jusqu'à 45 cm de long

KOLKWITZIA AMABILIS

↕3 m
↔4 m

EN PLEINE FLORAISON, cet arbuste offre un spectacle d'une beauté étonnante. De la fin du printemps au début de l'été, les fleurs rose pâle à rose profond sont tellement foisonnantes qu'elles masquent presque omplètement les feuilles effilées vert foncé. Cet arbuste aduc drageonnant offre un élégant port arqué. C'est ıne excellente plante de massif, mais aussi un mereilleux sujet isolé à admirer sous tous les angles. Il existe les cultivars aux fleurs d'un rose plus vif et au jeune euillage jaune orangé.

Rusticité Zones 5 à 8

Culture Dans un sol bien drainé, de préférence en plein soleil, il upporte une ombre légère. **Rabattez** les rameaux défleuris à de gros ourgeons ou au-dessus de jeunes pousses partant de la base. Sur les lantes adultes, rabattez au ras du sol un tiers à un quart des branches gées pour stimuler la repousse. **Multipliez** par rejets (pousses partant les racines) au printemps. Cherchez un rejet et creusez pour vérifier 'il a formé ses propres racines. Séparez-le de la plante mère, abattez-le de moitié et replantez-le. Arrosez copieusement.

Kolkwitzia amabilis 'Pink Cloud' 🏆
Très répandu

LABURNUM

Cytise

↔ jusqu'à 8 m

CES ARBUSTES ÉTALÉS sont prisés pour leurs fleurs papilionacées jaune vif s'épanouissant en longues grappes pendantes en fin de printemps et début d'été. Tous les membres de ce petit groupe d'arbustes compacts font d'excellents sujets isolés dans un petit jardin. Ils habilleront avec charme une arche, une tonnelle ou une pergola; il suffit de conduire les tiges sur un support quand elles sont jeunes et flexibles. C'est ainsi que vous profiterez au mieux de leurs grappes de fleurs. Plantez à leur pied des fleurs pourprées comme des *Allium* (*voir p. 174*) pour créer un bel effet de contraste. Il existe aussi des cultivars pleureurs.

Rusticité Zones 6 à 9

Culture Dans un sol bien drainé en plein soleil. **Conduisez-les** en attachant les tiges au fil de leur croissance, taillez les latérales à deux ou trois bourgeons des tiges principales pour stimuler la ramification et la floraison. Supprimez les tiges orientées vers l'extérieur quand elles sont encore jeunes, en fin d'hiver. **Semez** (pour les espèces seulement) sous châssis froid en automne; plantez rapidement les plantules car elles souffrent de la transplantation.

Laburnum × *watereri* 'Vossii' 🏆
↕↔ 8 m, grappes de fleurs jusqu'à 60 cm de long

LAURUS NOBILIS

Laurier sauce

LE LAURIER SAUCE FORME UN GRAND ARBUSTE ou un petit arbre conique, à feuillage persistant aromatique très prisé dans le domaine culinaire. Il existe aussi des cultivars à feuillage jaune doré. Les fleurs mâles et femelles, jaune verdâtre, s'épanouissent au printemps sur des plantes différentes; elles sont suivies de baies noires sur les plantes femelles si des sujets des deux sexes se côtoient. Souvent taillé en topiaire, le laurier compose une belle alliance avec des plantes également adaptées à des tailles décoratives comme le buis (*Buxus, voir p. 30*) et fait aussi, en pot, un très beau sujet de patio. Les plantes en bac, buissonnantes ou sur tige, ont aussi l'avantage d'être faciles à rentrer sous abri en hiver si c'est nécessaire. Le laurier peut aussi être laissé à son port naturel en sujet isolé et en plate-bande ou palissé contre un mur.

Rusticité Zones 8 à 10

Culture Dans un sol frais et bien drainé, au soleil ou à mi-ombre, à l'abri. Supprimez les pousses orientées vers l'extérieur ou enchevêtrées sur les sujets libres. **Taillez** les sujets conduits en topiaires une ou deux fois par été. **Semez** en terrine sous châssis froid en hiver; prélevez des boutures semi-ligneuses en été. Des petits insectes à carapace brune (**cochenilles**) infestent parfois les plantes cultivées sous abri. Supprimez toutes les pousses atteintes de **mildiou**.

Laurus nobilis 🏆
↕12 m ↔ 10 m, très répandu; le contact avec les feuilles peut aggraver certaines allergies

LAVANDULA

Lavande

LES LAVANDES MÉRITENT LEUR POPULARITÉ pour leur feuillage aromatique persistant et leurs fleurs parfumées s'épanouissant du milieu à la fin de l'été. Il en existe une multitude de variétés, plus ou moins parfumées, la plupart affichant des feuilles argentées et des fleurs produisant généreusement un nectar irrésistible pour les abeilles. Pour profiter de leur parfum tout l'hiver, coupez la lavande avant quelle ne soit pleinement éclose et accrochez-la en bouquets, la tête en bas, dans un endroit sec. Les lavandes sont parfaites en platebande et sont des complices traditionnelles des rosiers ; elles sont merveilleuses en bordure basse de massif, exhalant tous leurs parfums quand on les frôle au passage. Certaines espèces ne sont pas très rustiques, mais prospèrent en pots faciles à rentrer dans un jardin d'hiver la saison venue.

Rusticité Zones 4 à 9

Culture Dans un sol bien drainé, en plein soleil ; les lavandes ne sont guère exigeantes. **Taillez** à la cisaille en début ou milieu de printemps pour conserver une touffe nette et arrondie ; raccourcissez l'extrémité des tiges mais ne coupez pas dans le bois âgé et nu. Taillez à nouveau légèrement pour supprimer les rameaux défleuris (*voir ci-contre*). **Semez** en terrine sous châssis froid au printemps. **Prélevez** des boutures semi-ligneuses en été pour des résultats plus rapides.

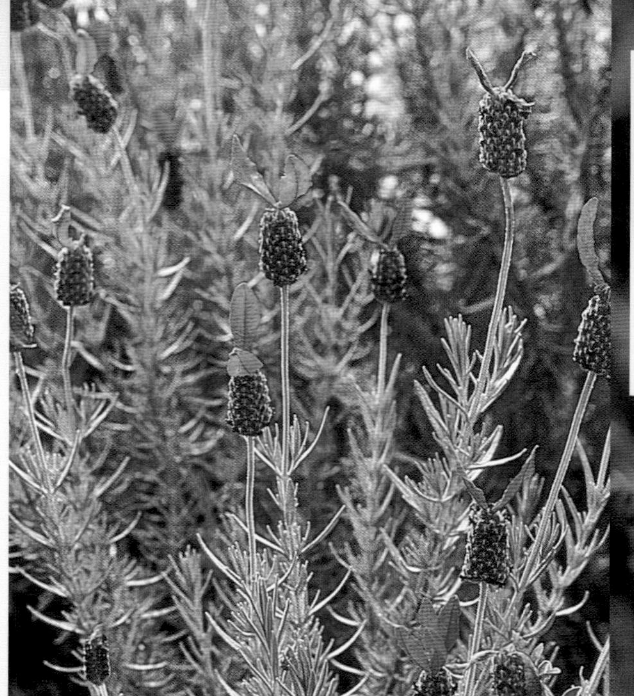

Lavandula stoechas* subsp. *pedunculata ♀
↕↔ 60 cm, sous-espèce très répandue de la vigoureuse lavande papillon

SUPPRIMER LES FLEURS FANÉES et égaliser un buisson de lavande en rabattant à la cisaille les rameaux défleuris à 2,5 cm du vieux bois.

***Lavandula angustifolia* 'Munstead'**
↕45 cm ↔ 60 cm, plus compacte que l'espèce, donc mieux adaptée aux bordures de massifs

***Lavandula angustifolia* 'Hidcote'** ♀
↕60 cm ↔ 75 cm, lavande compacte, fleurs aux tons vifs en contraste spectaculaire avec le feuillage argenté

***Lavandula angustifolia* 'Nana Alba'**
↕↔ 30 cm, buisson très compact, parfait en pot ou en bordure, variété très courante

***Lavandula* 'Marshwood'**
↕↔ 60 cm, plante buissonnante, fleurs similaires à *Lavandula stoechas*

LAVATERA

Lavatère, Mauve en arbre

voir aussi p. 270

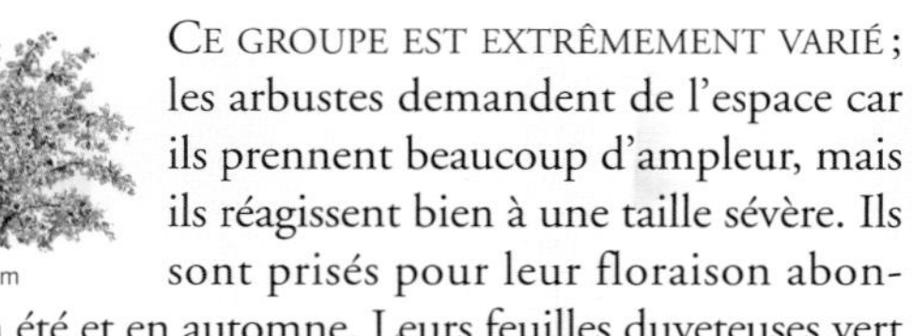

↔2 m

CE GROUPE EST EXTRÊMEMENT VARIÉ ; les arbustes demandent de l'espace car ils prennent beaucoup d'ampleur, mais ils réagissent bien à une taille sévère. Ils sont prisés pour leur floraison abondante en été et en automne. Leurs feuilles duveteuses vert tendre, caduques ou persistantes, d'aspect plutôt fruste, offrent une belle toile de fond à des plantes ornementales plus petites. Plantez-les dans le fond d'un massif, de préférence contre un mur dans les régions à hivers froids. Les lavatères sont des plantes idéales en jardins maritimes, car elles apprécient un sol sableux et un climat tempéré, sans gelées.

Rusticité Zones 4 à 9

Culture Dans un sol de préférence léger et sableux, en plein soleil, mais supporte un sol plus lourd. Dans les régions froides, les espèces rustiques devront être abritées des vents froids et desséchants, par exemple contre un mur orienté au sud. **Rabattez** quasiment à la base en début de printemps pour conserver un port compact. **Prélevez** des boutures herbacées en début d'été ; les lavatères ont une durée de vie assez brève, il est bon de prévoir leur remplacement.

LESPEDEZA

↕2 m
↔3 m

CE GROUPE COMPREND DES ESPÈCES annuelles et vivaces, mais ce sont les arbustes caducs qui sont les plus appréciés pour leurs fleurs papilionacées. Celles-ci sont réunies en longues grappes pendant de rameaux arqués, vers la fin de l'été jusqu'au cœur de l'automne. Les feuilles tripalmées des *Lespedeza* ressemblent à celles du trèfle. Leur floraison tardive en fait de précieux partenaires des *Rudbeckia* (*voir p. 137*) et des *Aster* (*p. 192-193*) pour un somptueux tableau aux teintes flamboyantes en fin de saison. Les branches peuvent geler complètement par un hiver très froid, mais la plante repartira.

Rusticité Zones 5 à 9

Culture Dans un sol léger, bien drainé, en plein soleil. **Rabattez** toutes les tiges à 2 ou 3 bourgeons en début de printemps ; si les parties aériennes ont gelé par un hiver rigoureux, rabattez-les à la base. **Semez** en pots en plein air au printemps. *L. thunbergii* peut aussi être divisé au printemps.

avandula angustifolia **'Loddon Pink'** ♀
45 cm ↔ 60 cm, plus compacte que l'espèce et donc mieux daptée en bordure de massif

① × *clementii* **'Burgundy Wine'** ♀ ↕↔ 2 m, vigoureux, semi-persistant ② × *clementii* **'Barnsley'** ↕↔ 2 m, vigoureux, semi-persistant, fleurs blanches rosissant avec l'âge

Lespedeza thunbergii ♀
↕2 m ↔ 3 m, floraison en fin d'été, n'atteint sa hauteur maximale que dans les régions chaudes où les tiges ne gèlent pas

LEUCOTHOE

CES ARBUSTES CADUCS, PERSISTANTS et semi-persistants ressemblent aux piéris (*voir p. 97*) sous bien des aspects : port dressé ; branches arquées ; séduisantes fleurs blanches en cloche s'épanouissant au printemps. Le feuillage est toujours beau, mais sa teinte originale est un attrait de plus chez les cultivars de *Leucothoe fontanesiana*, comme 'Rainbow' et 'Scarletta', dont les jeunes feuilles rouge pourpré foncé virent au vert foncé en été, puis au bronze en hiver. Les *Leucothoe* atteignent leur apogée en situation ombragée, en compagnie de rhododendrons (*voir p. 104-107*), de bruyères (*p. 52-53*) et de piéris qui apprécient les mêmes types de sol. La plupart des variétés sont de bons sujets de jardin boisé et le petit *L. keiskei* est parfait en jardin de rocaille.

Rusticité Zones 6 à 9

Culture Dans un sol acide (sans calcaire), enrichi d'humus, à mi-ombre ou à l'ombre. **Supprimez** les tiges enchevêtrées ou mal placées en début de printemps. **Semez** en terrine sous châssis froid au printemps. **Prélevez** des boutures semi-ligneuses en été.

Leucothoe fontanesiana 'Rainbow'
↕1,50 m ↔ 2 m, variété formant une touffe, bon sujet de sous-plantation dans un jardin boisé, floraison en fin de printemps

LEYCESTERIA FORMOSA

Arbre aux faisans

CET ARBUSTE À CROISSANCE RAPIDE et aux tiges creuses bambousiformes affiche des fleurs insolites en été, suivies de petites baies sphériques. Ses fleurs blanches sont entourées de bractées (feuilles modifiées) caractéristiques, formant des épis pendants en forme de pagode qui ont assuré sa popularité dans les massifs d'arbustes des jardins victoriens. Ces bractées continuent d'envelopper les baies rouge-violet. Il est désolant qu'il soit moins apprécié de nos jours, car son intérêt se renouvelle selon les saisons, de ses pousses vert bleuté au printemps à ses belles teintes automnales. Les tiges restent décoratives en hiver et sont du plus bel effet parmi d'autres arbustes à tiges d'hiver colorées comme les cornouillers (*Cornus, voir p. 42-43*).

Rusticité Zones 6 à 9

Culture Dans un sol assez fertile, bien drainé, en plein soleil ou à mi-ombre. **Protégez** des vents froids et desséchants. Si de fortes gelées sont prévisibles, appliquez un épais paillis au pied de la plante en hiver. **Rabattez** les rameaux défleuris à de jeunes latérales ou à des bourgeons vigoureux à la base ou rabattez toutes les tiges au printemps. **Semez** en pot sous châssis froid en automne. **Prélevez** des boutures herbacées en été.

Leycesteria formosa ♡
↕↔ 2 m, port dressé très touffu, convient à un jardin boisé ou une plate-bande arbustive, floraison de la fin de l'été au début de l'automne

LIGUSTRUM

Troène

UTILISÉS LE PLUS SOUVENT EN HAIE, les troènes sont de arbustes persistants ou semi-persistants que l'on rencontr dans de nombreux jardins citadins car ils résistent à l'ombre et à la pollution. Ils sont faciles à cultiver et pros pèrent dans la plupart des sols et des situations. Leur fleurs blanches au parfum entêtant s'épanouissent au printemps ou en été, suivies de fruits noirs, mais le prin cipal attrait des troènes est leur feuillage dense. Le por peut être dressé ou conique, arrondi ou étalé. Certaine espèces, comme *Ligustrum japonicum*, aux grandes feuille lustrées, sont aussi intéressantes en sujets isolés qu'en massif, alors que *Ligustrum ovalifolium* 'Aureum', aux feuilles bordées de jaune vif, compose les plus belles haies

Rusticité Zones 5 à 9

Culture Dans tout sol bien drainé, en plein soleil ou à mi-ombre. Les cultivars à feuillage panaché offrent leurs plus belles teintes en plein soleil. **Supprimez** les branches enchevêtrées ou en surnombre sur les arbustes, en début de printemps. **Taillez** les haies au moins deux fois par an. **Semez** en pot sous châssis froid en automne ou au printemps. **Prélevez** des boutures semi-ligneuses en été ou ligneuses en hiver. La **mineuse des feuilles** attaque parfois les troènes, créant des lignes sinueuses caractéristiques, mais les dégâts ne sont pas durables.

Ligustrum lucidum 'Excelsum Superbum' ♡
↕↔ 10 m, arbre ou arbuste à port conique, feuillage persistant, floraison en fin d'été

LINUM ARBOREUM

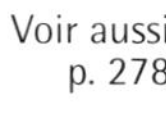

Voir aussi p. 278

↕↔ 30 cm

CE PETIT ARBUSTE RÉSISTANT affiche des fleurs d'un jaune profond. Chaque fleur dure peu de temps, mais la relève est abondante et permanente, la fin du printemps et tout au long de l'été. Comme chez bien d'autres variétés de lin, les fleurs se referment généralement dans l'après-midi. Ce lin persistant nain est originaire de Grèce et de l'ouest de la Turquie et il convient très bien aux talus bien drainés, aux jardins de rocaille ou au premier plan d'une plate-bande ensoleillée. Vous créeez une ambiance méditerranéenne en l'associant à d'autres plantes appréciant le soleil, vertes et or, comme les marjolaines (*Origanum, voir p. 91*), les hélianthèmes (*voir p. 70*) ou les *Elaeagnus* panachés d'or (*voir p. 50*).

Rusticité Zones 7 à 9

Culture Dans un sol léger, peu fertile, enrichi d'humus ; améliorez le drainage d'un sol lourd et argileux en incorporant du gravier. Cette plante demande une situation chaude et ensoleillée. Protégez-la de l'humidité hivernale avec une cloche, si possible. **Semez** en pot sous châssis froid au printemps ou en automne. **Prélevez** des boutures semi-ligneuses en été.

Linum arboreum ♀

Feuilles glauques épaisses, souvent disposées en rosettes

LIQUIDAMBAR

Copalme

↕ jusquà 25 m
↔ jusquà 12 m

CES ARBRES CADUCS exhibent des feuilles semblables à celles des érables, virant en automne à des tons éblouissants de pourpre, cramoisi, orange et or. En fin de printemps éclosent de petites fleurs vert-jaune, suivies de fruits sphériques en épis. Les *Liquidambar* offrent un port dressé et épanoui et sont aussi séduisants dans un cadre boisé qu'en sujets isolés, à l'écart d'autres arbres. Le copalme d'Amérique (*Liquidambar styraciflua*) est un arbre de jardin de grande valeur, de forme pyramidale, aux feuilles vert foncé luisantes et à l'écorce grise profondément striée. En automne, ses feuilles s'embrasent de teintes éclatantes pendant six semaines.

Rusticité Zones 6 à 10

Culture Dans un sol modérément fertile, de préférence acide (sans calcaire), frais mais bien drainé. Le plein soleil favorise les plus belles teintes d'automne, mais ils supportent la mi-ombre. **Supprimez** les rameaux enchevêtrés ou mal placés sur les jeunes arbres, en début de printemps. **Semez** en pot sous châssis froid en automne. **Prélevez** des boutures herbacées en été.

① *styraciflua* **'Golden Treasure'** ↕10 m ↔ 6 m
② *styraciflua* **'Worplesdon'** ♀ ↕25 m ↔ 12 m, feuillage virant au pourpre en automne

LIRIODENDRON

Tulipier

↕ jusqu'à 20 m
↔ jusqu'à 12 m

SUPERBE SUJET ISOLÉ, le tulipier arbore d'originales feuilles vert foncé virant au jaune beurre en automne. Les arbres sont caducs, à port imposant, large et columnaire. En été, les arbres adultes exhibent de curieuses fleurs vert pâle en forme de tulipe, assez peu visibles de loin. Un été chaud, donnant tout loisir au bois de mûrir, est essentiel pour une belle floraison. Le tulipier mérite d'être planté ne serait-ce que pour son feuillage mais il demande beaucoup d'espace. Dans un jardin plus petit, choisissez *Liriodendron tulipifera* 'Aureomarginatum' qui est plus compact.

Rusticité Zones 5 à 9

Culture Dans un sol peu fertile, frais mais bien drainé, de préférence légèrement acide (sans calcaire), en plein soleil ou à mi-ombre. **Supprimez** les rameaux enchevêtrés ou déformés sur les arbres jeunes, en début de printemps, pour créer une charpente saine et équilibrée. **Semez** en pot sous châssis froid en automne. Le tulipier peut être sujet aux **taches foliaires**, mais seuls les sujets jeunes méritent d'être traités.

Liriodendron tulipifera ♀

↕30 m ↔ 15 m, arbre vigoureux, en colonne large ou conique, feuilles jusqu'à 15 cm de long, fleurs de 6 cm de long

Lithodora

Grémil

Petits arbustes persistants étalés, les *Lithodora* sont prisés pour la profusion de leurs fleurs en entonnoir, bleues ou blanches, s'épanouissant principalement en été. Précédemment appelés *Lithospermum*, ils présentent un port dressé ou prostré et des feuilles lancéolées variant du vert foncé au vert grisâtre ; celles-ci sont également pubescentes et permettent à la plante de conserver son eau. Ces plantes sont originaires d'Europe méridionale et apprécient des conditions de culture chaudes et sèches et un sol bien drainé. Elles font de bons couvre-sol dans un jardin de rocaille, au premier plan d'une plate-bande ou dans une jardinière de plantes alpines d'où elles peuvent retomber en cascade.

Rusticité Zones 7 à 10

Culture Dans un sol bien drainé, alcalin (calcaire), en plein soleil ; cependant *L. diffusa* 'Heavenly Blue' préfère un sol acide enrichi d'humus. Dans une jardinière, empotez dans un mélange à parts égales de terre franche, de terreau de feuilles et de sable grossier. **Taillez** les tiges qui gâchent la silhouette après la floraison ou, pour rénover la plante, taillez à la cisaille les rameaux défleuris à 2,5 cm des pousses de l'année précédente en début de printemps. **Prélevez** des boutures semi-ligneuses en été. Les *Lithodora* sont parfois infestés de **pucerons**.

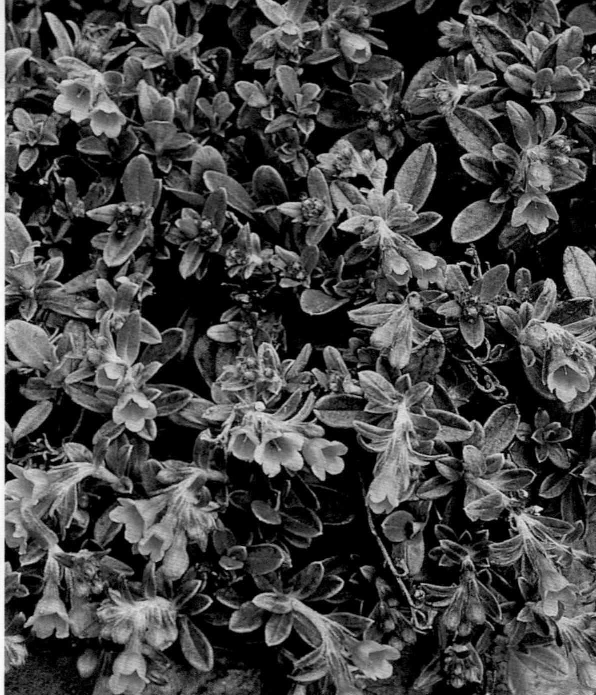

Lithodora oleifolia ♀

↕ 20 cm ↔ 30 m, semi-érigé, à port épanoui et ramifié, boutons teintés de rose virant au bleu ciel avec l'épanouissement

Lithodora diffusa 'Heavenly Blue' ♀

↕ 15 cm ↔ 60 cm, arbuste à croissance rapide, tapissant et ramifié, plante de rocaille très prisée, feuilles poilues sur les deux faces, floraison de la fin du printemps à la fin de l'été

Lonicera

Chèvrefeuille

voir aus
p. 14

Ces chèvrefeuilles sont des arbustes et non pas le grimpantes qui sont les plus cultivées. Ils sont de deux types les espèces caduques, appréciées pour leurs fleurs très odo rantes (les espèces les plus courantes, comme *Lonicer fragrantissima*, sont en fleurs à la fin de l'hiver), et les per sistantes à petites feuilles, comme *L. nitida* et *L. pileat* qui portent de très petites fleurs mais ont un port compac et net, et sont respectivement de bons sujets de haie et d couvre-col. Les *Lonicera* supportent des conditions diverse et demandent peu d'entretien. Les baies peuvent provo quer de légers maux d'estomac en cas d'ingestion.

Rusticité Zones 2 à 8

Culture Dans tout sol bien drainé, en plein soleil ou à mi-ombre. **Rabattez** au besoin les rameaux défleuris au-dessus de jeunes latérale vigoureuses sur les arbustes caducs pour limiter leur ampleur. Sur une plante âgée et surchargée, rabattez à une branche principale courte. Les persistants seront taillés selon les besoins. Si *L. nitida* est planté en haie, il devra être taillé au moins deux fois en été. **Semez** en pot sous châssis froid dès la maturité des graines. **Prélevez** des boutures semi-ligneuses de persistants en été et des boutures ligneuses de caducs en automne. Les **pucerons** sont parfois un problème, surtout chez les plantes situées en plein soleil.

Lonicera × purpusii 'Winter Beauty' ♀

↕ 2 m ↔ 2,50 m, caduc ou semi-persistant à tiges raides, fleurs hivernales très parfumées, baies rares

onicera nitida
2 m ↔ 1,20 m, persistant, floraison au printemps, baies eu-violet, excellent en haie ou en topiaire

onicera fragrantissima
2 m ↔ 3 m, caduc ou semi-persistant, floraison hivernale parfumée son apogée en plein soleil et à l'abri, baies rouge terne

Luma

CES ARBUSTES ET PETITS ARBRES originaires d'Amérique du Sud offrent des feuilles coriaces aromatiques et des fleurs blanches en coupe, s'épanouissant en été et en automne. *Luma apiculata* est aussi apprécié pour sa remarquable écorce qui s'exfolie. Les feuilles sont généralement vert foncé, mais *L. apiculata* 'Glanleam Gold' arbore des feuilles marginées de jaune crème. Les fleurs sont suivies de baies violettes ou noires. Plantez les *Luma* en petits groupes ou en sujets isolés dans une pelouse. Dans les régions à hivers froids, ils donnent les meilleurs résultats contre un mur chaud. *L. apiculata* est une bonne plante de haie.

Rusticité Zones 8 à 10

Culture Dans un sol fertile, enrichi d'humus, en plein soleil ou à mi-ombre. **Supprimez** les tiges enchevêtrées ou mal placées en fin d'hiver ou début de printemps pour conserver une charpente saine et équilibrée, élaguez régulièrement pour conserver un port ordonné. **Taillez** les haies au printemps. **Semez** en pot sous châssis froid au printemps ; les *Luma* peuvent aussi s'autoféconder dans le jardin.

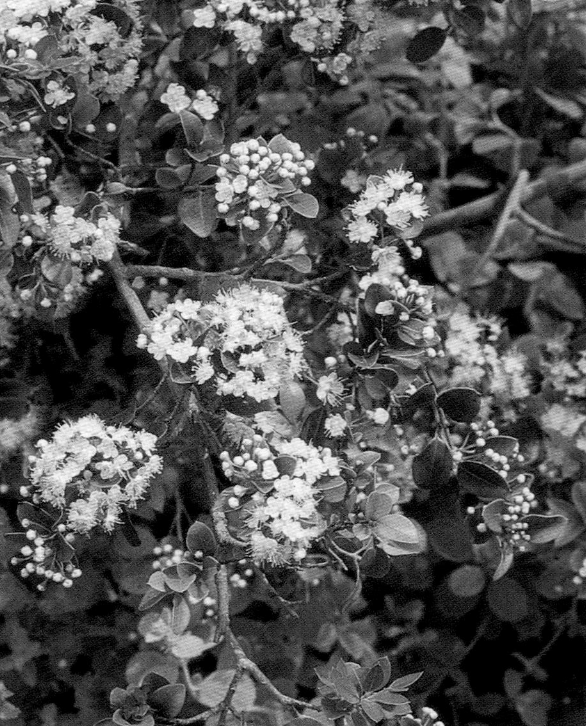

Luma apiculata ♡
↕↔ 10-15 m, érigé, vigoureux, écorce brun cannelle et crème, floraison du milieu de l'été au milieu de l'automne, baies violettes

Maackia

SI VOUS RECHERCHEZ UN SUJET ISOLÉ INSOLITE, pensez à un *Maackia*. Leurs belles feuilles caduques sont composées d'une multitude de folioles. En été, ils arborent des grappes dressées de petites fleurs blanches papilionacées, suivies de longues gousses plates. Originaires des forêts de l'est de l'Asie, les *Maackia* sont des arbres à croissance lente. Bien qu'il finisse par atteindre 15 m, *Maackia amurensis* peut convenir à un petit jardin pendant de nombreuses années. *M. chinensis* est légèrement plus petit, 10 m, et porte de séduisantes feuilles bleu-gris. Autant qu'en sujets isolés, les *Maackia* ont belle allure aux côtés d'autres arbres fins et délicats comme les bouleaux (*Betula, voir p. 42*) et les sorbiers (*Sorbus, p. 118*).

Rusticité Zones 5 à 9

Culture Dans un sol peu fertile, bien drainé, neutre à acide (sans calcaire), en plein soleil. Les *Maackia* demandent peu de taille ; supprimez les pousses qui gâchent la silhouette des jeunes sujets pour favoriser une belle forme. **Semez** en pot ou en pépinière en automne, après avoir fait tremper les graines. **Prélevez** des boutures d'extrémité de tiges en début ou milieu d'été.

Maackia amurensis
↕ 15 m ↔ 10 m, port étalé, épanoui, floraison en milieu et fin de printemps

MACLURA

Oranger des osages

CULTIVÉS EN JARDIN, les *Maclura* sont de grands arbustes ou des petits arbres caducs, prisés pour leur feuillage élégant et leurs fruits insolites. Pour obtenir des fruits, vous devrez planter une plante mâle et une plante femelle ou une plante femelle sur laquelle est greffé un rameau mâle. Les *Maclura* exigent des étés longs et chauds pour prospérer et fructifier. *Maclura pomifera* a un port arrondi et il est épineux quand il est jeune. Il affiche des petites fleurs vert-jaune en coupe et des feuilles vert foncé virant au jaune en automne, entourant les fruits. *M. tricuspidata* est plus petit et buissonnant, jusqu'à 6 m de hauteur et d'étalement; il fleurit en été et porte des fruits comestibles rouge orangé. Plantez les *Maclura* en sujets isolés ou parmi d'autres arbustes; *M. pomifera* peut aussi être utilisé en haie.

Rusticité Zones 6 à 10

Culture Dans un sol peu fertile, en plein soleil. **Supprimez** les tiges enchevêtrées ou mal placées sur les sujets jeunes en fin d'hiver ou début de printemps. Rabattez les pousses abîmées par le gel à un bourgeon vigoureux. **Semez** en pot, en plein air dans un endroit abrité, dès la maturité des graines. **Prélevez** des boutures semi-ligneuses en été ou des boutures de racines en hiver.

Maclura pomifera
↕15 m ↔ 12 m, floraison en début d'été, fruits jusqu'à 13 cm de diamètre (*voir encadré*)

MAGNOLIA

Magnolia

↕ jusqu'à 20 m
↔ jusqu'à 15 m

DE SUPERBES FLEURS SOLITAIRES, souvent parfumées, en coupe ou en gobelet caractérisent ces arbres et arbustes imposants, à croissance lente, caducs et persistants. Un magnolia en pleine floraison est un spectacle inoubliable. Les fleurs déclinent une large palette de couleurs, blanc pur, rose, pourpre riche et des tons de crème et de jaune verdâtre. La plupart fleurissent en début de printemps et début d'été et, pour beaucoup d'entre eux, avant que les belles feuilles coriaces se déploient. Certaines variétés forment des gousses en cône contenant des graines à tégument rouge. Les magnolias font d'admirables sujets isolés, certains peuvent être palissés.

Rusticité Zones 5 à 9

Culture Dans un sol fertile, frais mais bien drainé, au soleil ou à mi-ombre. Les magnolias préfèrent un sol acide (sans calcaire) mais certains supportent un sol alcalin. Ne **taillez** qu'en cas de nécessité absolue, en fin d'hiver ou début de printemps. **Prélevez** des boutures herbacées sur les espèces caduques en début d'été, des boutures semi-ligneuses sur les espèces persistantes en fin d'été ou début d'automne. Les magnolias sont sujets à la **maladie du corail** qui se signale par des petites pustules orange sur des tiges mortes. Rabattez immédiatement les tiges atteintes et brûlez-les.

PROTECTION CONTRE LE GEL Sur les jeunes sujets à floraison précoce, protégez les fleurs des fortes gelées par un voile horticole

Magnolia wilsonii 🏆
↕↔ 6 m, arbre ou arbuste caduc, pousses rouge pourpré, feuilles à revers feutré brun-rouge, floraison en fin de printemps

Magnolia × *soulangeana*
↕↔ 6 m, arbre ou arbuste caduc, peut être palissé, fleurs en milieu et fin de printemps, sur des branches nues

Magnolia 'Elizabeth' 🏆
↕10 m ↔ 6 m, arbre caduc, jeunes feuilles bronze puis vert foncé, floraison du milieu à la fin du printemps

lagnolia stellata 🏆 (Magnolia étoilé)
3 m ↔ 4 m, arbuste caduc, floraison du début au milieu
ı printemps avant le déploiement des feuilles

Magnolia 'Susan' 🏆
4 m ↔ 3 m, arbuste caduc, boutons rouge pourpré foncé éclosant
n milieu de printemps (*voir encadré*), pétales souvent tordus

Mahonia

↕60 cm-5 m
↔1-4 m

Ces arbustes persistants sont appréciés pour leurs fleurs printanières au parfum de miel et leur feuillage séduisant. Les grandes feuilles coriaces sont divisées en folioles épineuses. La plupart affichent des grappes arrondies ou étoilées de fleurs généralement jaunes qui durent de nombreuses semaines au printemps, suivies de baies pourpres à noires. Bien que les mahonias aient le plus souvent un port dressé, certains offrent un port étalé bas et font de bons couvre-sol. Les plus grands sont parfaits dans le fond d'une plate-bande ou en sujets isolés. Accompagnez-les d'autres plantes de décoration hivernale comme les houx (*Ilex*, *voir p. 74-75*) et *Viburnum* × *bodnantanse* (*p. 126-127*).

Rusticité Zones 5 à 10

Culture Dans un sol assez fertile enrichi d'humus. La plupart préfèrent l'ombre ou la mi-ombre, mais supportent le plein soleil si le sol est frais en permanence. **Rabattez** légèrement les pousses qui gâchent la silhouette après la floraison. Les mahonias repartent bien après une taille sévère si elle est nécessaire. **Prélevez** des boutures semi-ligneuses de la fin de l'été à l'automne.

Mahonia × *media* 'Charity'
↕ jusqu'à 5 m ↔ jusqu'à 4 m, hybride vigoureux, grappes de fleurs proéminentes de la fin de l'automne à la fin de l'hiver

Mahonia × *wagneri* 'Pinnacle' 🏆
↕↔ 1,50 m, jeunes feuilles bronze virant au vert vif, floraison au printemps

Mahonia aquifolium 'Apollo' 🏆
↕60 cm ↔ 1 m, port bas, fleurs jaune vif au printemps, feuillage virant au pourpre riche en automne

MALUS

Pommier à fleurs, Pommetier, Pommier d'ornement

PARMI LES ARBRES À FLEURS LES PLUS COURANTS, les *Malus* sont réputés pour leurs fleurs printanières roses ou blanches, d'autant que nombre d'entre eux ont la taille idéale pour un petit jardin. Des fruits dorés ou écarlates mûrissent en automne, qui attirent les oiseaux ; crus, ils sont juteux et peuvent donner de la confiture ou du cidre. Le feuillage d'automne de ces arbres est souvent éclatant et en fait un vrai centre d'intérêt en fin d'année. Tous les *Malus* d'ornement sont caducs ; certains forment une cime arrondie, d'autres comme *Malus floribunda* affichent de longues branches arquées particulièrement gracieuses. Ils ont également belle allure en sujets isolés ou aux côtés d'autres petits arbres comme les aubépines (*Crataegus, voir p. 46*), les bouleaux (*Betula, p. 42*) et les sorbiers (*Sorbus, p. 118*).

Rusticité Zones 2 à 9

Culture Dans un sol assez fertile, frais mais bien drainé, en plein soleil ; la plupart supportent la mi-ombre. **Supprimez** les tiges compromettant une belle charpente ramifiée sur les sujets jeunes, en fin d'hiver ou début de printemps. **Semez** les graines stratifiées de *M. baccata* et *M. hupehensis* ; la plupart des autres variétés sont greffées par les pépiniéristes pour contrôler leur taille.

Malus hupehensis ♡
↕↔ 12 m, vigoureux, port étalé, bouquets de fleurs du milieu à la fin du printemps (*voir encadré*), belle teinte foliaire d'automne

MESPILUS GERMANICA

Néflier

↕6 m
↔8 m

LE NÉFLIER EST UN GRAND ARBUSTE o un arbre caduc originaire des région montagneuses du sud de l'Europe et d l'Asie. Il fait un beau sujet isolé, affi chant un beau port étalé, des fleur blanches, parfois teintées de rose, e coupe, qui éclosent de la fin du printemps au début d l'été, suivies de fruits ronds et charnus en automne. Le fruits peuvent être transformés en gelée. Il faut apprendr à aimer les fruits crus ; ils ne sont comestibles qu'aprè les premières gelées et un début de blettissement. L néflier est charmant en automne en compagnie d'autre arbres à fruits comme les aubépines (*Crataegus, voir p. 46* ou les pommiers à fleurs (*Malus, voir ci-contre*).

Rusticité Zones 6 à 8

Culture Dans un sol assez fertile, frais mais bien drainé, en plein soleil ou à mi-ombre. **Taille** minimale, hormis pour supprimer les pousses enchevêtrées, déformées ou mortes, en fin d'hiver ou début de printemps. **Semez** en pépinière en automne.

***Malus* 'John Downie'** ♡
↕10 m ↔ 6 m, port étroit, conique à l'âge adulte, fructification fiable et abondante, fruits jusqu'à 3 cm de long, excellents en gelée

Malus floribunda ♡
↕↔ 10 m, port étalé, touffu, floraison en milieu et fin de printemps, petits fruits jaunes en automne

Mespilus germanica
Le feuillage vire au brun jaune en automne

METASEQUOIA GLYPTOSTROBOIDES

CET ARBRE PRÉHISTORIQUE, longtemps connu uniquement sous la forme de fossile, ne fut introduit dans les ardins anglais qu'en 1948 après avoir été redécouvert ans la nature. Il fait un sujet isolé exceptionnel, seul ans une pelouse ou à la lisière d'un bois. Originaire des orêts des vallées au centre de la Chine, il est l'un des ares conifères caducs, à port conique étroit, écorce ibreuse et branches gracieuses. Ses feuilles souples et pluneuses sont d'un vert vif et frais, virant au doré puis au run roux en automne. Les cônes femelles sont brun lair, portés par des pédoncules ; les cônes mâles sont endants. La plantation de cet arbre ne peut être envigagée que dans un très grand jardin car il atteint rapidement une hauteur considérable.

Rusticité Zones 5 à 9

Culture Dans un sol frais mais bien drainé, enrichi d'humus, n plein soleil. La croissance est rapide pendant les premières années, nais ralentit quand l'arbre atteint environ 10 m. **Semez** en pépinière n automne. **Prélevez** des boutures ligneuses en automne u semi-ligneuses en milieu d'été, à enraciner sous mini-serre vec chaleur de fond.

Metasequoia glyptostroboides ♀

↕ 20-40 m ↔ 5 m ou plus, supporte un sol détrempé, croissance lus lente dans un site sec

MORUS

Mûrier

LES MÛRIERS NOIRS, BLANCS ET ROUGES, respectivement originaires de Chine, du sud-ouest de l'Asie et d'Amérique, furent tout d'abord cultivés pour fournir des feuilles à l'industrie des vers à soie. Tous portent des fruits comestibles ressemblant aux framboises, blancs ou verts, puis virant au pourpre foncé, au jaune ou au rouge avec la maturation. Ils sont nichés parmi de charmantes feuilles arrondies ou cordiformes qui jaunissent en automne. Avec l'âge, les mûriers se transforment en arbres aux belles proportions. Mieux vaut donc les planter en solitaire. Le petit mûrier blanc pleureur (*Morus alba* 'Pendula') est idéal pour un jardin de taille restreinte. Ne plantez pas un mûrier à côté d'un dallage, car ses fruits le tacheront de façon irréversible.

Rusticité Zones 4 à 8

Culture Dans un sol assez fertile enrichi d'humus, en plein soleil, à l'abri des vents froids et desséchants. Ne **taillez** qu'en début d'automne ou début de printemps, si nécessaire. Les tailles pratiquées à d'autres périodes provoquent de graves écoulements de sève. **Semez** en caissette sous châssis froid en automne. **Prélevez** des boutures semi-ligneuses en été ou ligneuses en automne. Sujet à l'**oïdium**, qui peut être traité avec un fongicide.

Morus nigra ♀ (Mûrier noir)

↕ 12 m ↔ 15 m, fruits à saveur agréable bien que peu marquée quand ils sont crus, parfaits pour la confiture ou la liqueur

MYRTUS COMMUNIS

Myrte

↕↔ jusqu'à 3 m

CULTIVÉ POUR SON PARFUM délicat, le myrte est un arbuste ou un arbre persistant, dressé et buissonnant aux feuilles aromatiques luisantes vert foncé. Il affiche, du printemps à l'automne, une profusion de fleurs blanches parfumées en forme de coupe. Un été long et chaud est indispensable pour obtenir des fleurs et les baies pourpre-noir qui les suivent. Les myrtes ne prospèrent qu'en situation chaude et abritée. Ils ont belle allure en plate-bande arbustive ou mixte, ou en haie libre. Ils peuvent aussi être palissés contre un mur ou plantés en bac dans un patio qu'ils embaumeront.

Rusticité Zones 8 à 11

Culture Dans un sol assez fertile, frais mais bien drainé ou dans un mélange riche en terreau de feuilles, en plein soleil et à l'abri. **Raccourcissez** légèrement ou taillez les pousses qui gâchent la silhouette, en milieu ou fin de printemps. Sur un sujet palissé, rabattez les rameaux défleuris à 2 ou 4 bourgeons des tiges principales, après la floraison, ou en fin d'hiver ou début de printemps. **Semez** en caissette sous châssis froid en automne. **Prélevez** des boutures semi-ligneuses en fin d'été.

Myrtus communis ♀

Rameaux s'arquant avec l'âge, il prospère dans les jardins citadins et maritimes

NANDINA DOMESTICA

Bambou sacré

↕ jusqu'à 2 m
↔ jusqu'à 1,50 m

ORIGINAIRE DES VALLÉES DE L'INDE, de Chine et du Japon, le bambou sacré est un élégant arbuste dressé, cultivé pour ses fleurs, ses fruits et la beauté de son feuillage. Les jeunes feuilles sont rouges à pourpre rougeâtre, puis vertes et virent au cramoisi vif en fin d'automne. En milieu d'été s'épanouissent des petites panicules de fleurs étoilées blanches à grandes anthères jaunes, suivies de fruits rouge vif sous les climats chauds ou après un été chaud. Les *Nandina* sont persistants ou semi-persistants, mais un hiver très rigoureux peut leur être fatal. Accompagnez-les d'autres arbustes aux belles teintes automnales. *Nandina domestica* 'Firepower', à port bas, est un excellent couvre-sol.

Rusticité Zones 7 à 9

Culture Dans un sol frais mais bien drainé, en plein soleil. **Rabattez** sévèrement après la plantation, puis taillez en milieu de printemps pour maintenir une silhouette ordonnée et équilibrée. **Semez** en terrine sous châssis froid dès la maturité des graines. **Prélevez** des boutures semi-ligneuses en été.

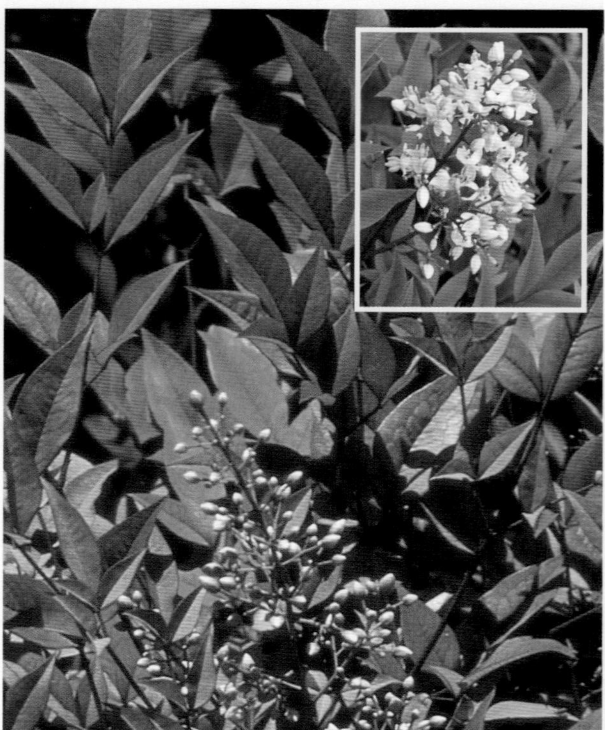

Nandina domestica ♡
Parfois envahissant sous climat chaud, comportement normal sous climat tempéré.

NEILLIA

↕↔ 2 m

ARBUSTES CADUCS ORIGINAUX, les *Neillia* présentent un intérêt toute l'année pour la beauté de leurs feuilles et fleurs. Ils sont originaires de l'Himalaya et de l'Est asiatique et se distinguent par leurs gracieuses tiges arquées, leurs feuilles sombres lustrées et, de la fin du printemps au milieu de l'été, une profusion de belles fleurs tubulées blanc rosé ou rose franc. Le port buissonnant des *Neillia* est idéal dans le fond d'une plate-bande arbustive ou mixte. Si vous disposez d'assez d'espace pour un tableau saisonnier, ils font sensation en compagnie d'arbustes dont la floraison est simultanée, comme des weigelas (*p. 128*) ou des seringats (*Philadelphus, p. 93*).

Rusticité Zones 6 à 8

Culture Dans un sol fertile, bien drainé, en plein soleil ou à mi-ombre. **Rabattez** les rameaux défleuris à des bourgeons vigoureux ou au-dessus de nouvelles pousses. Sur les plantes adultes, rabattez sévèrement tous les trois ou quatre ans pour provoquer une repousse à la base. **Prélevez** des boutures de bois vert en début d'été ou déterrez des marcottes spontanées bien enracinées.

Neillia thibetica
↕↔ 2 m, arbuste drageonnant, à port dressé puis arqué, supporte la plupart des sols, floraison optimale au soleil

NYSSA

Tupelo

LE TUPELO EST UN ARBRE CADUC très apprécié pour so feuillage exceptionnel, bronze au stade juvénile, puis ver foncé et virant à des tons flamboyants d'ambre, de rubi et d'or en automne. Il arbore des petites fleurs vertes insignifiantes, suivies de petits fruits bleus qui font le bonheur des oiseaux. Son principal attrait est néanmoins so feuillage. Le tupelo est un sujet isolé idéal et il est du plu bel effet au bord de l'eau (il prospère dans les zone humides et marécageuses). *Nyssa sinensis* est le complic parfait des bouleaux (*Betula, voir p. 28*) dont le feuillag offre un contraste éclatant à ses feuilles écarlates.

Rusticité Zones 5 à 9

Culture Dans un sol fertile, frais mais bien drainé, neutre à acide, au soleil ou à mi-ombre, à l'abri des vents froids et desséchants. **Plantez** des jeunes sujets cultivés en conteneur, car ils supportent de plus en plus mal la transplantation en vieillissant. **Rabattez** les pousses enchevêtrées ou mal placées, en fin d'hiver ou début de printemps, pour maintenir une charpente saine et équilibrée. **Semez** en pépinière en automne. **Prélevez** des boutures de bois vert en début d'été ou semi-ligneuses en milieu d'été.

Nyssa sinensis ♡
↕↔ 10 m, arbre en cône large, souvent à plusieurs tiges principales, branches pleureuses, feuilles vertes, flamboyantes en automne

OLEARIA

CE GROUPE D'ARBUSTES PERSISTANTS est cultivé pour ses feuilles coriaces et ses fleurs en capitules, solitaires ou en bouquets, souvent blanches, mais aussi bleues, roses, mauves et jaunes, s'épanouissant du printemps à l'automne. *Olearia* × *haastii* est un arbuste buissonnant et touffu aux fleurs parfumées. Il supporte les vents marins et peut être planté en haie libre ou en brise-vent. *O. macrodontia* est un arbuste dressé, aux feuilles dentées semblables à celles du houx, à revers blanc. Les fleurs sont très odorantes. *O. nummulariifolia* est un arbuste arrondi à port bas qui donne les meilleurs résultats planté contre un mur chaud et ensoleillé le protégeant des vents desséchants. Ses feuilles vert foncé sont du plus bel effet au voisinage de plantes à feuillage très coloré comme les *Elaeagnus* (*voir p. 50*). *O. solandri* est un arbuste touffu ressemblant à la fougère, aux fleurs très parfumées et durables.

Rusticité Zones 7 à 10

Culture Dans un sol fertile, bien drainé, en plein soleil, à l'abri des vents froids et desséchants. **Supprimez** les pousses qui gâchent la silhouette en début de printemps. **Taillez** les haies après la floraison. Tous les *Olearia* supportent une taille sévère. **Prélevez** des boutures semi-ligneuses en été.

① × ***haastii*** ↕2 m ↔ 3 m ② ***macrodonta*** 🏆 ↕6 m ↔ 5 m ③ ***nummulariifolia*** ↕↔ 2 m ④ ***solandri*** ↕↔ 2 m, parfumé

ORIGANUM

Origan, Marjolaine

voir aussi p. 295

CE GROUPE DE PLANTES AROMATIQUES, originaires du bassin méditerranéen, comprend des arbustes, des sous-arbrisseaux (arbustes ligneux uniquement à la base) ou des vivaces herbacées. Tous sont très similaires : petits, port dressé à étalé, petites fleurs roses à mauves, s'épanouissant en été au centre de bractées (feuilles modifiées) plus voyantes, souvent vivement colorées. Les fleurs attirent irrésistiblement les abeilles et autres insectes pollinisateurs. Les espèces les plus grandes conviennent à une plate-bande herbacée, un massif surélevé ou à une plantation en bac près de la maison, où l'on pourra froisser les feuilles pour libérer leur arôme. Elles ont également belle allure en bord de plate-bande ou d'allée. Réservez les plus petites espèces, comme *Origanum amanum*, à un jardin de rocaille ou à une jardinière, de façon à éviter qu'elles soient étouffées par des plantes plus importantes.

Rusticité Zones 5 à 10

Culture Dans un sol pauvre à peu fertile, bien drainé, de préférence alcalin (calcaire), en plein soleil. Un sol très riche encourage la production de feuilles au détriment des fleurs. Rabattez les rameaux défleuris en début de printemps. **Prélevez** des boutures de jeunes pousses partant de la base en fin de printemps et traitez-les comme des boutures herbacées.

Origanum **'Kent Beauty'**
↕10 cm ↔ 20 cm, prostré, à tiges rampantes, aux fleurs ressemblant à celles du houblon semi-persistant

OSMANTHUS

CE GROUPE D'ARBUSTES PERSISTANTS est apprécié pour son feuillage vert foncé lustré et ses fleurs blanches, parfois jaunes ou orange, au délicat parfum de jasmin. Tous sont précieux en jardin arbustif ou en jardin boisé. Les fleurs s'épanouissent en début et milieu de printemps et sont suivies de fruits ovoïdes noir bleuté. *Osmanthus heterophyllus* et *O.* × *fortunei* affichent un feuillage épineux, semblable à celui du houx. Les *Osmanthus* ont un port compact et net qui, dans une plate-bande, offre une belle toile de fond à des arbustes plus voyants. *O. delavayi* et *O. burkwoodii* sont de bons sujets de haie, alors qu'*O. heterophyllus* 'Aureomarginatus' illuminera le recoin le plus terne de son feuillage panaché.

Rusticité Zones 7 et 8

Culture Dans un sol fertile, bien drainé, au soleil ou à mi-ombre, à l'abri des vents froids et desséchants. **Rabattez** légèrement ou rabattez les pousses qui gâchent la silhouette de l'arbuste, après la floraison. Taillez les haies en été. Toutes les espèces supportent une taille sévère. **Semez** en terrine sous châssis froid dès la maturité des graines. **Prélevez** des boutures semi-ligneuses en été et placez-les en mini-serre avec chaleur de fond ou marcottez en automne ou au printemps.

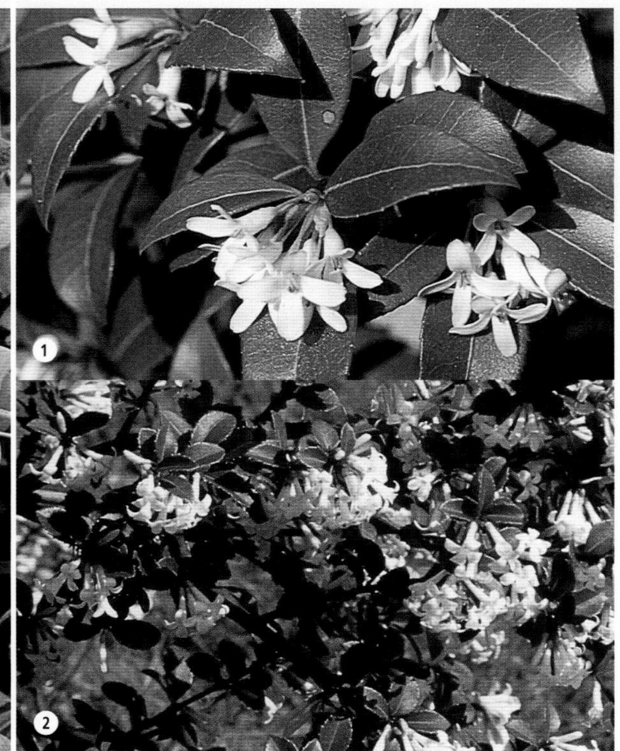

① × ***burkwoodii*** 🏆 ↕↔ 3 m, port arrondi, bon sujet de topiaire
② ***delavayi*** 🏆 ↕2-6 m + 4 m, port arrondi, peut être palissé

OXYDENDRUM ARBOREUM

↕15 m
↔8 m

CET ARBRE OU GRAND ARBUSTE CADUC offre un port conique ou columnaire. Il a deux saisons d'intérêt, l'été pour ses fleurs blanches et l'automne pour son feuillage aux teintes éclatantes. Ses petites fleurs de 6 mm de long, qui s'épanouissent en fin d'été et début d'automne, seraient insignifiantes si elles n'étaient regroupées en longues panicules plumeuses terminales, atteignant 25 cm de long. Les feuilles sont dentées, lustrées et vert foncé au printemps, virant à des tons rutilants de rouge, jaune et pourpre en automne. Plantez *Oxydendrum arboreum* en sujet isolé ou dans un cadre boisé.

Rusticité Zones 6 à 8

Culture Dans un sol fertile, frais mais bien drainé, de préférence acide (sans calcaire); évitez les situations exposées. **Supprimez** les jeunes pousses enchevêtrées ou mal placées sur les sujets jeunes, en fin d'hiver ou début de printemps. **Semez** en terrine sous châssis froid en automne. **Prélevez** des boutures semi-ligneuses en été.

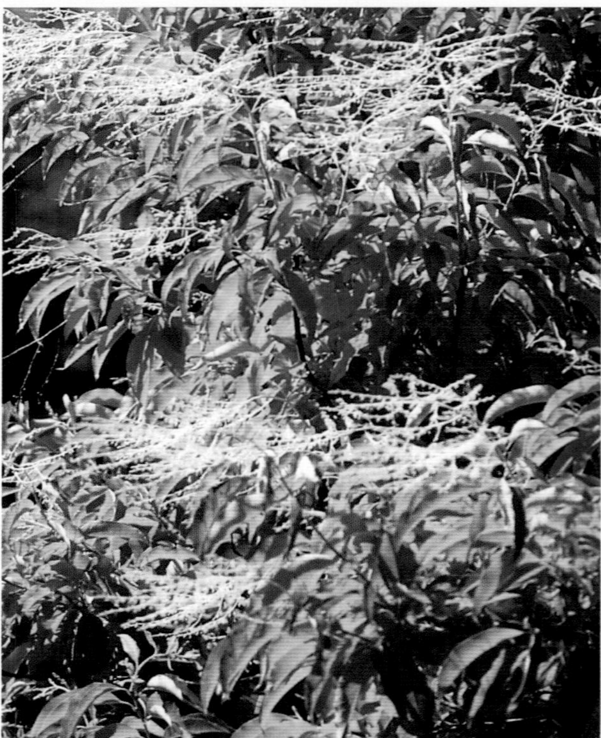

Oxydendrum arboreum

PAEONIA

Pivoine

voir aussi p. 298

↕↔ jusqu'à 2,20 m

CE GROUPE COMPREND DES VIVACES herbacées et des arbustes dits « pivoines arbustives ». Celles-ci exhibent les mêmes fleurs voluptueuses déclinant une large gamme de couleurs, parfois parfumées, et s'épanouissant de la fin du printemps au début de l'été. Les pivoines arbustives offrent en prime leur masse permanente dans une plantation mixte. Les fleurs sont simples ou doubles, en coupe ou en boule, et peuvent atteindre 30 cm de diamètre. Les étamines centrales sont souvent de couleur contrastante. Les feuilles sont généralement vert moyen à vert foncé, souvent très découpées. Plantez ces pivoines en plate-bande mixte, arbustive ou herbacée.

Rusticité Zones 3 à 9

Culture Dans un sol profond, enrichi d'humus, en plein soleil ou à mi-ombre, de préférence à l'abri des vents froids et desséchants. **Supprimez** les fleurs fanées et, de temps à autre, le vieux bois pour favoriser un port buissonnant. **Prélevez** des boutures semi-ligneuses en été.

Paeonia suffruticosa 'Cardinal Vaughan' (Pivoine Moutan)
↕↔ jusqu'à 2,20 m, fleurs de 15 à 30 cm de diamètre, en début d'été, feuilles vert foncé à revers vert bleuté

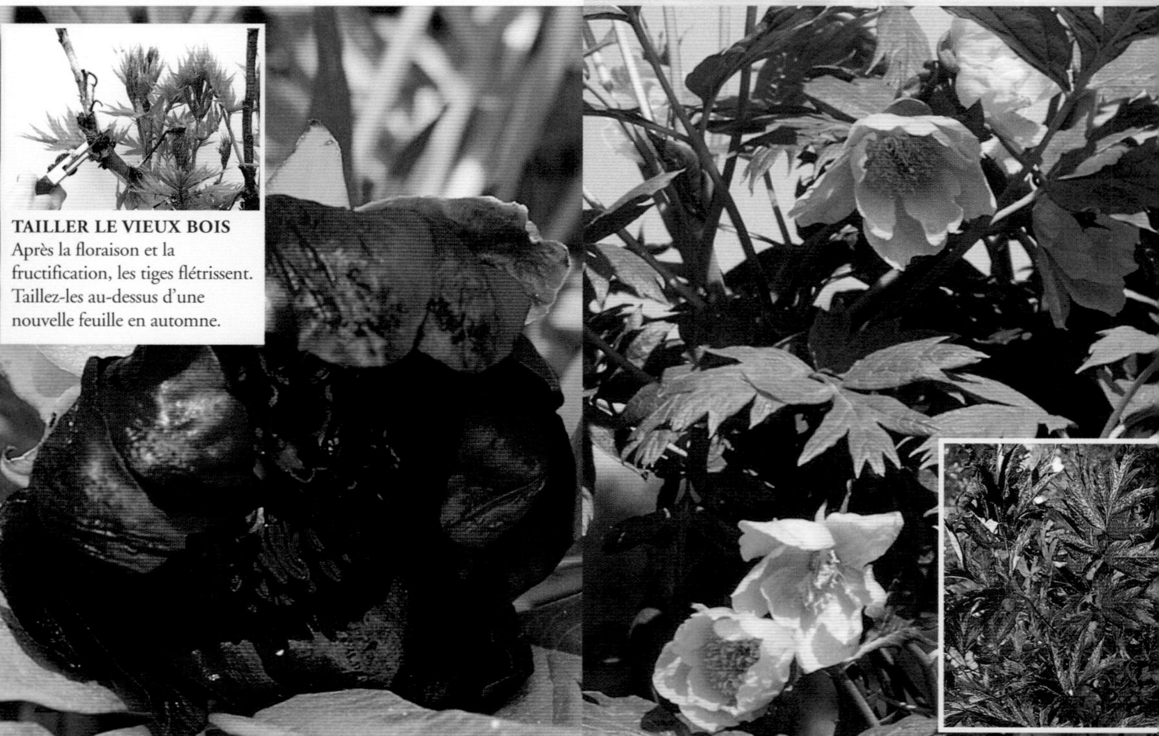

TAILLER LE VIEUX BOIS
Après la floraison et la fructification, les tiges flétrissent. Taillez-les au-dessus d'une nouvelle feuille en automne.

Paeonia delavayi ♀
↕2 m ↔ 1,20 m, fleurs jusqu'à 10 cm de diamètre en début d'été, feuilles vert foncé à revers vert bleuté

Paeonia delavayi var. *ludlowii* ♀
↕↔ 2,50 m, fleurs jusqu'à 13 cm de diamètre en fin de printemps, jeunes feuilles bordeaux profond (*voir encadré*), puis vert vif

PAULOWNIA

Arbre impérial

jusqu'à 12 m
jusqu'à 10 m

CES VIGOUREUX ARBRES CADUCS ont une présence remarquable dans un jardin. Des étés longs et chauds garantissent une croissance et une floraison optimales. *Paulownia tomentosa* est un arbre à croissance rapide qui supporte la pollution atmosphérique. *P. fortunei* est plus petit, jusqu'à 8 m de haut. Tous deux affichent leurs fleurs parfumées en fin de printemps, souvent sur des branches quasiment nues. Même s'ils font de beaux sujets isolés dans une pelouse, mieux vaut les recéper (*voir Cornus, p. 56-57*) pour obtenir un feuillage « tropical » voyant ; c'est ainsi qu'ils donneront le meilleur d'eux-mêmes dans les régions où ils fleurissent de façon aléatoire ou dans les petits jardins.

Rusticité Zones 6 à 9

Culture Dans un sol fertile, bien drainé, en plein soleil. Dans les régions soumises au gel, protégez-les des vents froids et desséchants. Ne **taillez** les *Paulownia* qu'en cas de nécessité. Pour obtenir de grandes feuilles, rabattez les tiges à 2 ou 3 bourgeons de la charpente en début de printemps. **Semez** en pot sous châssis froid au printemps ou en automne. **Prélevez** des boutures de racines en hiver. Les jeunes plantes devront être cultivées en pot et hiverner en serre froide.

Paulownia tomentosa ♀
↕12 m ↔ 10 m, belle floraison (*encadré*) l'année suivant un été chaud ; recépez pour obtenir des feuilles veloutées, jusqu'à 50 cm de diamètre

PEROVSKIA

CET ARBUSTE GRACIEUX arbore de hautes tiges parées de petites fleurs bleu violacé éclosant en fin d'été ou début d'automne. Les tiges et les feuilles sont généralement blanc-gris ou gris-vert et le feuillage est aromatique, avec un parfum agréablement acidulé. La croissance des tiges peut atteindre 1,20 m de haut en une seule saison et porter des fleurs sur la moitié de leur longueur. Les *Perovskia* apportent une dimension verticale et un nuage vaporeux bleu dans un massif d'herbacées. Tout comme les vivaces, il est bon de les rabattre sévèrement tous les printemps sous peine qu'ils poussent en hauteur et se dégarnissent à la base. Ils font également sensation contre un mur blanc ou gris.

Rusticité Zones 5 à 8

Culture Dans un sol pauvre ou peu fertile, bien drainé, en plein soleil. Les *Perovskia* poussent aussi dans des sols secs et crayeux dans les régions côtières. **Rabattez** au printemps les pousses de la saison précédente à 5 ou 10 cm ; une charpente permanente trapue et ligneuse se développera petit à petit (*voir insert ci-dessous*). **Prélevez** des boutures herbacées en fin de printemps ou semi-ligneuses en été.

TAILLEZ LES *PEROVSKIA*
Avant l'apparition des nouvelles pousses, supprimez les parties âgées qui n'ont pas produit de pousses l'année précédente.

Perovskia 'Blue Spire' ♀
↕1,20 m ↔ 1 m, feuilles très divisées gris argenté enveloppant les tiges, fleurs proches de celles de la lavande

PHILADELPHUS

Seringat, Seringa

CE GROUPE D'ARBUSTE ESSENTIELLEMENT CADUCS se caractérise par ses fleurs délicieusement parfumées. Les fleurs sont simples, semi-doubles ou doubles, en coupe plus ou moins large, et généralement blanches, souvent à étamines jaunâtres. Elles sont solitaires ou réunies en bouquets. Les feuilles sont vert moyen ; *P. coronarius* se décline en formes à feuillage panaché et doré. Il est impossible d'ignorer un seringat en fleurs car son parfum flotte dans l'air à une distance considérable. Plantez-les en sujets isolés ou en plate-bande arbustive, en compagnie d'autres arbustes à floraison précoce ou de milieu d'été, comme les weigelias (*voir p. 128*).

Rusticité Zones 3 à 8

Culture Dans tout sol assez fertile, bien drainé, en plein soleil ou à mi-ombre. *P. microphyllus* demande le plein soleil, mais sa forme panachée 'Aureus' a besoin d'un peu d'ombre. **Rabattez** les rameaux défleuris à des bourgeons vigoureux ou au-dessus de nouvelles pousses. Sur les sujets adultes, coupez une ou deux branches âgées à la base pour encourager la repousse. **Prélevez** des boutures herbacées en été ou ligneuses en automne ou en hiver. Les seringats sont sujets aux attaques de **pucerons** et aussi d'**oïdium** ; retirez les feuilles atteintes d'oïdium et évitez d'arroser du dessus.

① 'Belle Etoile' ♀ ↕1,20 m ↔ 2,50 m ② *coronarius* 'Aureus' ♀ ↕2,50 m ↔ 1,50 m ③ *microphyllus* ↕↔ 1 m ④ 'Virginal' ↕3 m ↔ 2,50 m

Phlomis

voir aussi
p. 306

Ces arbustes persistants, séduisants et de culture facile, sont prisés pour leur feuillage semblable à celui des sauges et pour leurs fleurs insolites souvent en forme de casque. Les feuilles sont de diverses formes, étroites et lancéolées à ovales, souvent laineuses, et variant du vert au gris-vert. Les fleurs s'épanouissent en début et milieu d'été, dans des tons jaune d'or, rose lilas, roses ou pourprés, parfois blanches, et sont regroupées en verticilles sur de longues tiges dressées. Les fructifications décoratives prolongent l'intérêt des *Phlomis* en hiver. Ces arbustes, petits ou de taille moyenne, offrent un port dressé et arrondi. Ils sont particulièrement à leur place parmi des herbacées comme la sauge et la lavande (*voir p. 80*), mais ne déparent pas en plate-bande arbustive ou en mixed-border. Il existe aussi des *Phlomis* herbacés.

Rusticité Zones 6 à 9

Culture Dans tout sol fertile et bien drainé, en plein soleil. **Supprimez** les fleurs fanées pour prolonger la floraison et taillez légèrement les branches compromettant la symétrie de l'arbuste après la floraison. **Semez** au printemps ou prélevez des boutures herbacées en été.

Phlomis fruticosa 🏆
↕ 1 m ↔ 1,50 m, forme une touffe

Phormium

Lin de Nouvelle-Zélande

Ces plantes architecturales, dotées de remarquables feuilles en glaive et de fleurs à l'allure exotique, forment de grandes et belles touffes qui attirent l'œil, dans une plate-bande ou une zone de gravier, près d'un bâtiment ou même en sujet isolé dans une pelouse. La diversité des emplois est multipliée par la palette de leurs teintes foliaires, du vert bronze marginé de rose au vert foncé strié de rouge, d'orange ou de rose. En été, sous climat doux, d'abondantes fleurs s'épanouissent en panicules dressées sur des hampes dépourvues de feuilles. Il se peut que les *Phormium* ne fleurissent pas sous des climats plus frais. Leurs feuilles épaisses et résistantes en font de bons sujets de bord de mer où souvent ils fleurissent bien. Un *Phormium* planté dans un grand pot apporte une touche théâtrale à un patio ou à une terrasse.

Rusticité Zones 8 à 10

Culture Dans un sol fertile, frais mais bien drainé, en plein soleil. Bien que ces plantes soient assez frileuses, elles peuvent survivre à des températures allant jusqu'à –12 °C si les racines sont enveloppées d'un épais paillis. **Semez** au printemps. **Divisez** les grosses touffes également au printemps ; vous aurez peut-être besoin d'un grand couteau pour couper le collet.

Phormium 'Bronze Baby'
↕↔ 60-80 cm, panicules de fleurs d'un rouge terne, jusqu'à 4 m de haut

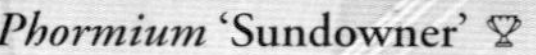

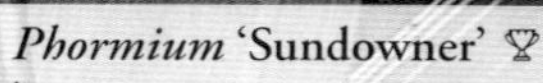

Phormium 'Sundowner' 🏆
↕↔ 2 m, panicules de fleurs vert-jaune, jusqu'à 4 m de haut

'hormium 'Dazzler'
1 m ↔ 1,20 m, fleurs de 5 cm de long (*voir encadré*)

'hormium tenax ♕
4 m ↔ 2 m, panicules de fleurs d'un rouge terne,
ısqu'à 4 m de haut

PHOTINIA

CES ARBRES ET ARBUSTES PERSISTANTS ET CADUCS sont cultivés pour leur feuillage séduisant et leurs ports variés. Certains *Photinia* sont des arbres étalés, mais beaucoup sont des arbustes dressés ou arrondis, allant de 3 m à 12 m de hauteur. Ils affichent en été des petits bouquets de minuscules fleurs blanches, mais les espèces caduques sont surtout prisées pour leurs feuilles et leurs fruits aux belles teintes d'automne. Les espèces persistantes exhibent souvent au printemps de superbes jeunes feuilles rougeâtres virant ensuite au vert moyen ou foncé luisant. Les *Photinia* déploient leur charme en sujets isolés ou en plate-bande arbustive. Ils peuvent aussi être plantés en haie, dont la taille régulière stimulera la production de jeunes feuilles colorées, ou conduits sur tige dans un grand pot.

Rusticité Zones 5 à 9

Culture Dans un sol fertile, frais mais bien drainé, en plein soleil ou à mi-ombre, à l'abri des vents froids. **Supprimez** les tiges enchevêtrées ou mal placées en hiver ou début de printemps pour maintenir une charpente saine et équilibrée. Taillez les haies en été quand les jeunes feuilles se sont décolorées. **Multipliez** toutes les espèces par boutures semi-ligneuses en été ; semez les espèces caduques en automne. L'**oïdium** peut abîmer les jeunes feuilles.

***Photinia* × *fraseri* 'Red Robin'** ♕
↕↔ 5 m, arbuste ou petit arbre persistant dressé, jeunes feuilles bronze à écarlates, floraison du milieu à la fin du printemps

PHYGELIUS

↕1-1,20 m
↔1-1,50 m

LE PRINCIPAL ATTRAIT DE CES ARBUSTES persistants et semi-persistants réside dans leurs bouquets pendants de fleurs se succédant tout au long de l'été et souvent jusqu'en automne. Les feuilles sont ovales à lancéolées, et les fleurs déclinent divers tons de jaune, rouge orangé, jaune crème et orange. Les *Phygelius* prospèrent en plate-bande arbustive ou au pied d'un mur chaud et se multiplient par rejets. Dans les régions fréquemment soumises à des gelées, considérez-les comme des herbacées vivaces ; même si les parties aériennes dépérissent, la plante devrait repartir au printemps.

Rusticité Zones 8 à 10

Culture Dans tout sol fertile, frais et bien drainé, en plein soleil. **Supprimez** les fleurs fanées pour prolonger la floraison. **Protégez** les racines en hiver d'un épais paillis de paille ou de fougère dans les régions soumises au gel. **Rabattez** au printemps les tiges des plantes cultivées en herbacées ; sinon, taillez légèrement les tiges compromettant la symétrie. **Prélevez** des boutures herbacées en fin de printemps ou séparez et replantez les rejets enracinés au printemps.

① ***aequalis* 'Yellow Trumpet'** ♕ ↕1 m ② **× *rectus* 'African Queen'** ♕ ↕1 m ③ **× *rectus* 'Moonraker'** ↕jusqu'à 1,50 m ④ **× *rectus* 'Salmon Leap'** ♕ ↕1,20 m

PICEA

Épicéa, Épinette

LES ÉPICÉAS SONT DES CONIFÈRES PERSISTANTS cultivés essentiellement pour leur feuillage dense et leur port séduisant. Le plus répandu est *Picea abies*, l'épicéa commun ou épinette de Norvège. Les aiguilles, dont les teintes varient du vert foncé au bleu argenté, offrent un beau contraste de texture à des feuillages plus voyants. En été et en automne, les sujets adultes produisent des cônes verts ou rouges au stade juvénile, puis pourpres ou bruns à maturité. En sujets isolés, les plus grands épicéas exhibent leur port altier, en groupe, ils forment un couvert. Les variétés naines ou à croissance lente conviennent aux petits espaces et aux jardins de rocaille.

Rusticité Zones 1 à 8

Cultivation Dans tout sol profond, frais mais bien drainé, idéalement neutre à acide (sans calcaire), en plein soleil. **Semez** en terrine sous châssis froid au printemps. **Prélevez** des boutures semi-ligneuses en été sur les variétés naines. Les épicéas peuvent attirer les **pucerons** ; ne traitez que les sujets jeunes ou bien encore ceux qui sont nains et très atteints.

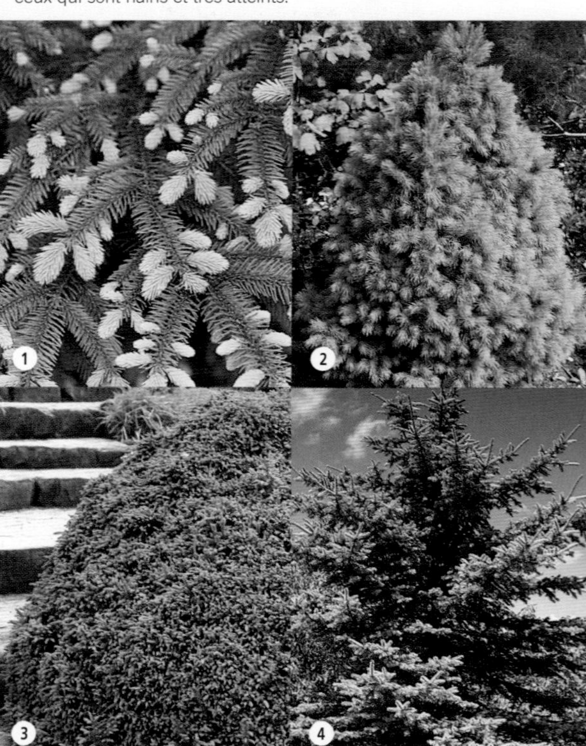

① *abies* ♀ ↕jusqu'à 40 m ↔ 6 m ② *glauca* 'Conica' ♀ ↕2-6 m ↔ 1-2,50 m ③ *mariana* 'Nana' ♀ ↕↔ jusqu'à 50 cm ④ *pungens* 'Koster' ♀ ↕15 m ↔ jusqu'à 5 m

PICRASMA QUASSIOIDES

CET ARBRE DRESSÉ, PLEIN D'ÉLÉGANCE, est apprécié pour son beau feuillage d'automne déclinant, avant sa chute, une palette de tons jaunes, orangés et écarlates. D'origine asiatique, *Picrasma quassioides* présente une vague ressemblance avec l'ailante, *Ailanthus altissima*, dont il est parent. Les feuilles lustrées vert moyen sont divisées en folioles. En début d'été, de minuscules fleurs en coupe s'épanouissent en bouquets sans grande valeur décorative. Plantez cet arbre charmant en situation dégagée dans une plate-bande arbustive ou en lisière de bois, en compagnie d'autres arbres et arbustes aux belles teintes automnales, comme *Disanthus cercidifolius* (*voir p. 50*) et *Nyssa sinensis* (*p. 90*).

Rusticité Zone 10

Culture Dans un sol fertile et bien drainé, en plein soleil ou à mi-ombre. Dans les régions soumises au gel, évitez une situation exposée aux vents froids et desséchants. **Supprimez** en fin d'hiver ou début de printemps les rameaux enchevêtrés et compromettant la symétrie. **Semez** en terrine sous châssis froid en automne.

Picrasma quassioides
↕↔ 8 m, feuillage d'automne illustré ci-dessus

PIERIS

Piéris, Andromède

↕jusqu'à 5 m
↔ jusqu'à 4 m

CES ARBUSTES PERSISTANTS très colorés exhibent un beau feuillage coriace lustré et des fleurs délicieuses. Ils sont parfaits en plate-bande arbustive, dans un jardin boisé ou en pot. Tous ne sont pas immenses ; 'Little Heath' et 'Purity' sont très appréciés dans les petits jardins ou en pot. Les jeunes feuilles offrent souvent des teintes éclatantes et, au printemps, des panicules de petites fleurs blanches ou roses couvrent quasiment l'arbuste. Les rhododendrons et les azalées (*voir p. 104-107*) ainsi que les bruyères (*p. 52-53*) sont de bons compagnons qui exigent le même type de sol.

Rusticité Zones 5 à 8

Culture Dans un sol peu fertile, frais mais bien drainé, acide (sans calcaire) ou dans un mélange à base de terre de bruyère, en plein soleil ou à mi-ombre. Dans les régions soumises au gel, protégez des vents froids et desséchants et du soleil matinal qui risque de brûler les feuilles givrées. **Supprimez** après la floraison les tiges qui gâchent la silhouette et supprimez les fleurs fanées si elles sont à votre portée. **Semez** en terrine sous châssis froid au printemps ou en automne. **Prélevez** des boutures herbacées en début d'été ou semi-ligneuses entre le milieu et la fin de l'été.

Pieris japonica 'Blush' ♀
↕4 m ↔ 3 m, arbuste compact et globuleux, fleurs teintées de rose, puis blanches en fin d'hiver et au printemps

ieris japonica 'Flamingo'
↕ m ↔ 3 m, arbuste compact et globuleux, boutons rouge foncé,
urs rose foncé en fin d'hiver et au printemps

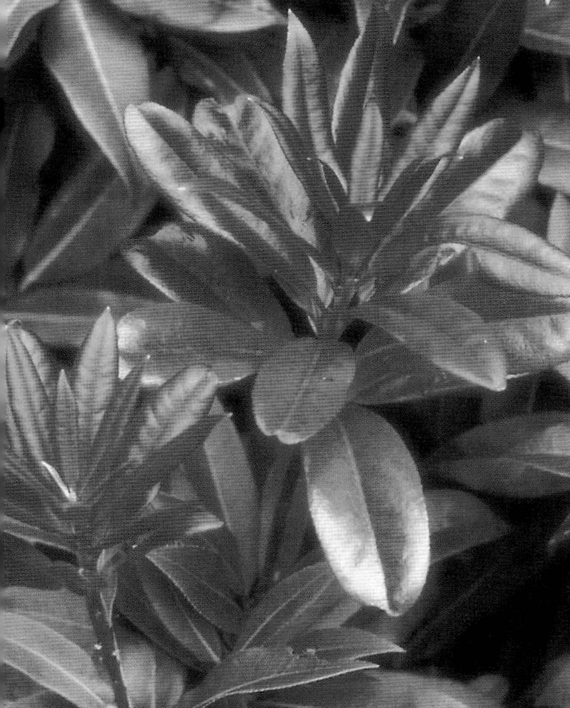

ieris formosa var. *forrestii* 'Wakehurst' ♀
usqu'à 5 m, arbuste dressé et drageonnant, jeune feuillage très
eau, bouquets de fleurs blanches en fin d'hiver et au printemps

PINUS

Pin

CE GROUPE TRÈS VARIÉ COMPREND DES ARBRES et des arbustes se caractérisant par leurs aiguilles, leurs cônes décoratifs et leur belle écorce fissurée ou écailleuse. Les grandes espèces comptent de très grands arbres qui offrent une silhouette exceptionnelle, aux rameaux souvent plus épars que les autres conifères. Les ports varient, des géants élancés comme le pin sylvestre (*Pinus sylvestris*) aux arbres tabulaires comme le pin parasol (*P. pinea*). Si l'espace le permet, ils font de beaux sujets isolés ou regroupés entre eux et d'excellents brise-vent. *P. radiata* et *P. nigra* supportent les sites côtiers exposés. Il existe des pins nains et de taille moyenne, souvent à croissance lente, convenant à des petits jardins et des jardins de rocaille, notamment parmi les cultivars de *P. sylvestris*, *P. densiflora* et *P. mugo*.

Rusticité Zones 1 à 8

Culture Dans tout sol bien drainé, en plein soleil. Certaines espèces seront éphémères dans un sol crayeux peu profond ; *P. nigra* et *P. mugo* supportent un sol crayeux. Aucune taille exigée. **Semez** en pot sous châssis froid au printemps. Les pins attirent parfois les **pucerons** mais exigent rarement un traitement.

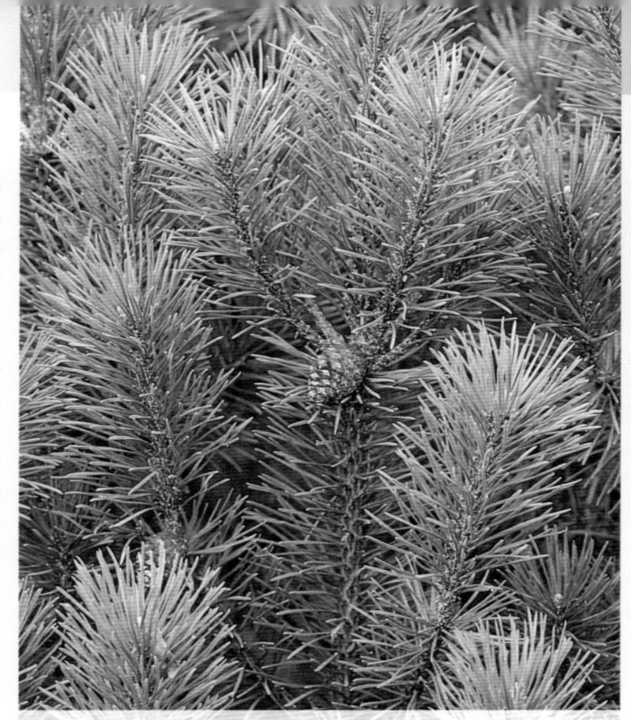

Pinus mugo **'Mops'** ♀ (Pin de montagne)
↕ jusqu'à 3,50 m ↔ jusqu'à 5 m, souvent beaucoup plus petit ; buisson dense presque sphérique, très résineux, écorce écailleuse grise

Pinus patula ♀
↕ 15-20 m ↔ 6-10 m, arbre étalé ou arrondi, écorce brun rougeâtre, prospère sous climat doux

Pinus nigra ♀ (Pin noir)
↕ jusqu'à 30 m ↔ 6-8 m, arbre formant un dôme, écorce brune ou noire se fissurant profondément avec l'âge (*voir encadré*)

PITTOSPORUM

↕jusqu'à 20 m
↔jusqu'à 6 m

LE CHARME DE CES ARBUSTES réside dans leurs feuilles coriaces lustrées, à bord souvent ondulé et parfois panachées. Ils offrent un port naturel compact et net mais réagissent bien à la taille. Les branches inférieures peuvent être supprimées pour encourager un port en arbre qui autorise les sous-plantations. Sous climat doux, ils font de beaux sujets isolés ou des haies brise-vent efficaces en régions maritimes. Les variétés à feuillage sombre forment un beau contraste avec des arbustes à feuillage vivement coloré ou panaché comme les *Elaeagnus* (*voir p. 50*) et les fusains (*Euonymus, p. 56*). Des petites fleurs à cinq pétales s'épanouissent au printemps et en début d'été.

Rusticité Zones 9 et 10

Culture Dans un sol fertile, frais mais bien drainé, en plein soleil ou à mi-ombre. Les feuilles pourpres ou panachées exigent du soleil. Abritez des vents froids et desséchants dans les régions soumises au gel. **Supprimez** les tiges enchevêtrées ou mal placées en fin d'hiver ou début de printemps. **Taillez** les haies au printemps et en fin d'été. **Semez** en pot sous châssis froid dès la maturité des graines ou au printemps. Prélevez des boutures semi-ligneuses en été.

① *tenuifolium* ♀ ↕jusqu'à 10 m ② *tenuifolium* 'Irene Paterson' ♀ ↕1,20 m ③ *tenuifolium* 'Tom Thumb' ♀ ↕1 m ④ *tobira* ♀ ↕2-10 m

PONCIRUS TRIFOLIATA

↕↔jusqu'à 5 m

CET ARBUSTE CADUC, ARRONDI et buissonnant, mériterait d'être mieux connu pour ses belles fleurs parfumées et ses fruits ressemblant aux oranges ; bien que *Poncirus* soit parent des *Citrus*, ses fruits ne sont pas comestibles. Ses fleurs blanches, elles aussi proches de celles de l'oranger, s'épanouissent en fin de printemps et début d'été, suivies par les fruits; pendant leur maturation, ceux-ci sont parfois accompagnés d'une seconde vague de fleurs moins abondante. Les feuilles vert foncé virent progressivement au jaune en automne. Plantez *Poncirus trifoliata* dans une plate-bande arbustive ou contre un mur ensoleillé dans les régions froides. Ses épines fines et acérées en font un sujet de choix pour une haie impénétrable.

Rusticité Zones 6 à 11

Culture Dans un sol fertile et bien drainé, en plein soleil, à l'abri des vents froids et desséchants. **Supprimez** les tiges enchevêtrées ou déformées qui gâchent la silhouette de l'arbuste, en fin d'hiver ou début de printemps. **Taillez** les haies une ou deux fois au cours de l'été. **Semez** en pot sous châssis froid en automne. **Prélevez** des boutures semi-ligneuses en été et laissez-les s'enraciner en mini-serre de multiplication avec chaleur de fond.

Poncirus trifoliata
Les fruits verts puis orangés ressemblent à des oranges miniature, mais ne sont pas comestibles

POPULUS

Peuplier

LES FEUILLES DE CES ARBRES CADUCS VIGOUREUX sor peut-être leur plus bel attrait, découvrant un reve argenté lorsque le vent les ébouriffe. Elles sont souver aromatiques. Dans un grand jardin, ils font de beau sujets isolés ou de bons brise-vent et accompagnent av élégance les bouleaux (*Betula, voir p. 28*), les hêtres (*Fagu p. 57*) ou les chênes (*Quercus, p. 103*). Plantez-les à di tance des bâtiments et des canalisations car leurs racin sont envahissantes. Les ports varient du peuplier tremb (*Populus tremula*), étalé et à feuilles arrondies, au peu plier du Canada (*P.* × *canadensis*), conique, et au peupli noir d'Italie (*P. nigra* var. *italica*), en colonne classiqu Les peupliers portent des chatons au printemps, les fleu mâles et femelles se développant sur des arbres séparés

Rusticité Zones 1 à 8

Culture De préférence dans un sol fertile, frais mais bien drainé, en plein soleil, mais les peupliers supportent tout type de sol non détrempé. **Supprimez** les tiges enchevêtrées ou déformées qui gâchent la silhouette du jeune arbre, en fin d'hiver ou début de printemps. Supprimez les rejets autour de l'arbre en automne ou en hiver. **Prélevez** des boutures ligneuses en hiver.

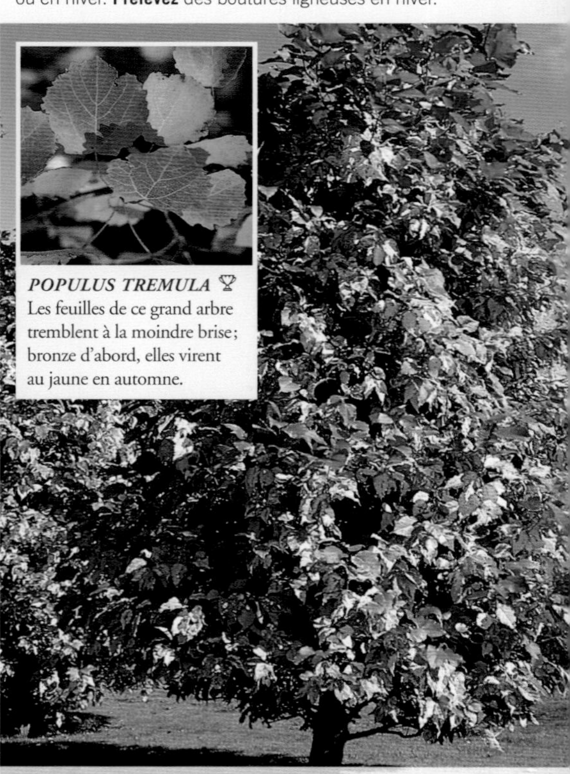

POPULUS TREMULA ♀
Les feuilles de ce grand arbre tremblent à la moindre brise; bronze d'abord, elles virent au jaune en automne.

Populus × *jackii* 'Aurora'
↕15 m ↔ 6 m, feuilles éclaboussées de blanc et de rose

ᴾOTENTILLA

otentille

voir aussi p. 311

↕1 m
↔1,50 m

CES ARBUSTES FIABLES SONT PRÉCIEUX dans une plate-bande qu'ils ornent de fleurs vives en été et en automne. La plupart des potentilles arbustives sont issues de *Potentilla fruticosa*, mais il existe aussi e nombreuses espèces herbacées aux fleurs similaires. :n coupe plus ou moins étalée, solitaires ou en bouquets, lles déclinent tous les tons de rose, rouge, orangé et aune, sans oublier le blanc le plus pur. Leur longue floaison en fait une superbe toile de fond pour des plantes ffrant un spectacle plus bref. Plus étalées que hautes, lles sont aussi charmantes en haie basse.

:usticité Zones 2 à 8

:ulture Dans un sol pauvre à peu fertile, bien drainé, en plein oleil pour la plupart, dans une lumière tamisée pour les variétés à eurs rouges. **Rabattez** les rameaux défleuris à 2,5 cm du vieux bois, près la floraison ou en début de printemps ; les cisailles sont l'outil e plus pratique. **Semez** en pot sous châssis froid en automne ou au rintemps. **Prélevez** des boutures herbacées en début de printemps.

Potentilla fruticosa 'Daydawn'
↕1 m ↔ 1,20 m, plante compacte aux fleurs teintées de jaune et de rose

otentilla fruticosa 'Primrose Beauty' ♀
1 m ↔ 1,50 m, cultivar dense aux fleurs plus grandes ue la moyenne, jusqu'à 3,5 cm de diamètre

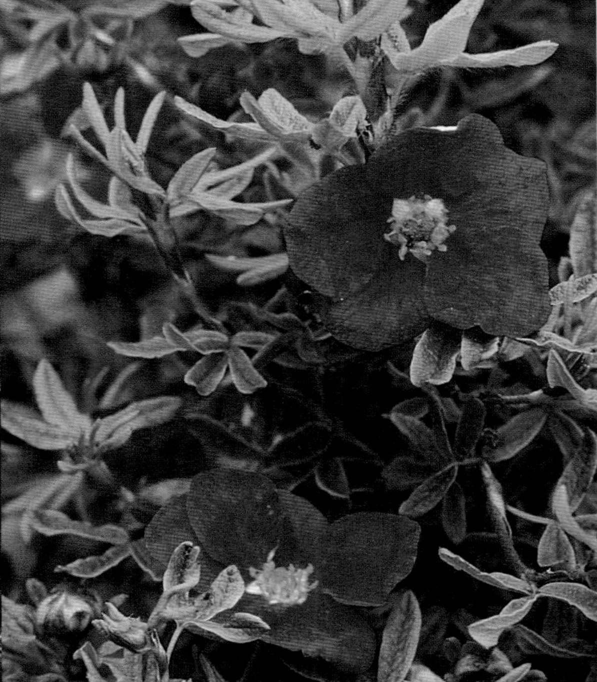

Potentilla fruticosa 'Red Ace'
↕1 m ↔ 1,50 m, fleurs vermillon à revers jaune, se décolorant en plein soleil

PROSTANTHERA

CES ARBUSTES PERSISTANTS SONT CULTIVÉS pour leurs feuilles aromatiques et leurs bouquets de fleurs en cloche. À port buissonnant ou étalé, leurs feuilles vert foncé à vert moyen ou gris-vert embaument la menthe et ils fleurissent de la fin du printemps à l'été. Dans les régions soumises au gel, *Prostanthera ovalifola* et *P. rotundifolia*, aux fleurs pourpres à roses, doivent être protégés en hiver. Sous des climats plus doux, ils prospéreront à l'abri d'un mur chaud ; *P. cuneata*, à fleurs blanches, est plus rustique et peut être cultivé dans une plate-bande abritée. Plantez-le vers le fond ou au centre d'un groupe de plantes plus basses à l'avant de la plate-bande, car il se dégarnit souvent à la base et ne supporterait pas une taille sévère pour corriger ce défaut.

Rusticité Zones 9 à 10

Culture Dans un sol assez fertile et bien drainé, en plein soleil. En pot, dans un mélange de terreau et de terre franche. **Supprimez** ou élaguez après la floraison les tiges qui gâchent la silhouette de l'arbuste. Évitez une taille sévère qui serait néfaste. **Semez** entre 13 et 18 °C au printemps. **Prélevez** des boutures semi-ligneuses en été.

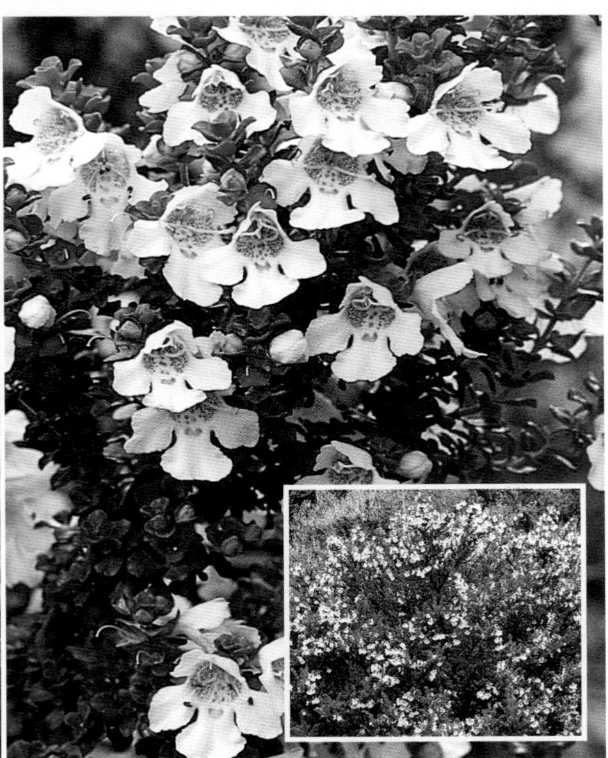

Prostanthera cuneata
↕↔ 30-90 cm, petites feuilles lustrées très aromatiques et fleurs abondantes en fin de printemps

PRUNUS

CE GROUPE COMPREND DEUX TYPES DE PLANTES TRÈS DIFFÉRENTS : des cerisiers ornementaux ou à fleurs et des lauriers persistants. Au printemps, les cerisiers croulent sous les fleurs dans tous les tons de blanc, de rose et parfois de rouge. *Prunus* × *subhirtella* affiche des vagues de fleurs délicates pendant les périodes de douceur entre l'automne et le printemps. Certains *Prunus*, comme *P. maackii* et *P. serrula* sont aussi cultivés pour leur belle écorce brun cuivré et d'autres, comme *P. sargentii* pour la coloration de leurs feuilles d'automne. Quant aux lauriers, ce sont des persistants compacts et buissonnants, comme *P. laurocerasus* et *P. lusitanica*, aux fleurs beaucoup moins spectaculaires mais aux belles feuilles lustrées. Le genre *Prunus* inclut aussi de nombreux arbres cultivés pour leurs fruits comestibles, dont des pommiers, des pêchers et des cerisiers, mais les fruits des cerisiers à fleurs et des lauriers peuvent provoquer des troubles sérieux en cas d'ingestion et sont réservés aux oiseaux. Les cerisiers à fleurs sont des arbres ou des arbustes dressés, arrondis ou étalés ; bon nombre d'entre eux conviennent aux petits jardins et font de superbes sujets isolés. Les lauriers sont de belles plantes de haie, classiques et fiables.

Rusticité Zones 2 à 9

Culture Dans tout sol frais et bien drainé, en plein soleil ou à mi-ombre. **Arrosez** copieusement les jeunes arbres jusqu'à ce qu'ils soient établis. La **taille** est légèrement différente selon les espèces. Sur la plupart des arbres et des arbustes caducs, supprimez simplement les branches mal placées pour conserver une belle silhouette. Intervenez en été pour éviter la **maladie du plomb** fréquente chez les cerisiers. **Rabattez** sévèrement *P. glandulosa* et *P. triloba* après la floraison. **Taillez** les haies de caducs après la floraison et rabattez les persistants au sécateur entre le début et le milieu du printemps. **Semez** les espèces en pot à l'extérieur en automne ou, sur les cultivars caducs, prélevez des boutures de bois vert, c'est-à-dire légèrement plus tard que des boutures herbacées, quand la tige est un peu plus ferme et plus foncée. Les cerisiers à fleurs sont parfois attaqués par les **chenilles**, et les oiseaux picorent les boutons floraux.

Les *Prunus* dans le jardin

Un mur de fleurs *Les* Prunus *palissés contre un mur composeront un tableau généreusement fleuri dans le plus petit jardin. Une fois que la charpente de l'arbuste est formée, l'entretien de routine se cantonne aux liens et à une taille légère. Rabattez les tiges âgées qui ne produisent plus de pousses et liez en place de jeunes tiges de remplacement pendant qu'elles sont jeunes et flexibles. Raccourcissez les tiges chétives pour stimuler une croissance vigoureuse et rabattez les rameaux défleuris pendant la croissance de la plante, en fin de printemps ou en été. Vérifiez tous les liens lors de la taille et remplacez ceux qui sont cassés ou qui étranglent les tiges.*

Une haie décorative *Plusieurs variétés de* Prunus *peuvent être conduites en haie. Des arbustes persistants comme* P. laurocerasus *et* P. lusitanica *forment des écrans denses, d'autres comme* P. spinosa, P. cerasifera *et ses cultivars, 'Nigra' par exemple, seront plus aérés. Lors de la plantation, amendez le sol de beaucoup d'humus. Assurez-vous que le haut de la motte radiculaire est juste sous le niveau du sol et tassez délicatement. Généralement, on espace les plantes de haie de 60 à 75 cm. Arrosez copieusement après la plantation et, en situation exposée, dressez un brise-vent jusqu'à ce que les plantes soient établies.*

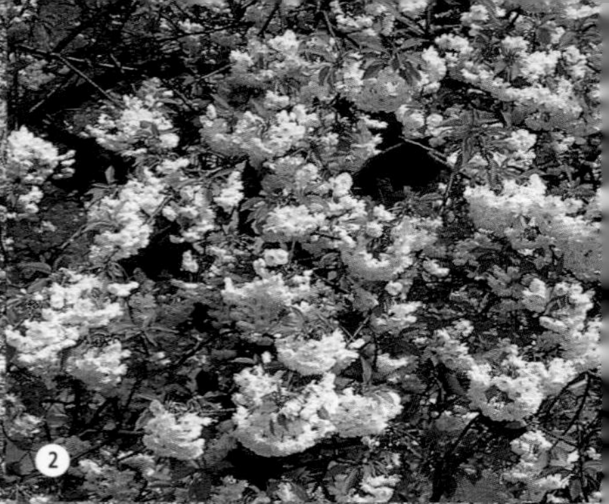

① *Prunus* 'Accolade' ♕ ↕↔ 8 m, début de printemps ② ***avium*** **'Plena'** ♕ ↕↔ 12 m, milieu de printemps ③ ***cerasifera*** **'Nigra'** ♕ ↕↔ 10 m, début de printemps, puis fruits comestibles en forme de prune ④ × ***cistena*** ♕ ↕↔ 1,50 m, fin de printemps ⑤ ***glandulosa*** **'Alba Plena'** ↕↔ 1,50 m, fin de printemps ⑥ **'Kanzan'** ♕ ↕↔ 10 m, milieu et fin de printemps ⑦ **'Kiku-shidare-zakura'** ♕ ↕↔ 3 m, milieu et fin de printemps ⑧ ***laurocerasus*** **'Otto Luyken'** ♕ ↕ 1 m ↔ 1,50 m, persistant,

printemps et automne ⑨ *lusitanica* **subsp.** *azorica* ↕↔ 20 m, persistant, début d'été ⑩ *maackii* ↕ 10 m, ↔ 8 m, milieu de printemps ⑪ **'Okame'** ♡ ↕ 10 m ↔ 8 m, début de printemps ⑫ *padus* **'Watereri'** ♡ ↕ 15 m ↔ 10 m, fin de printemps ⑬ **'Pandora'** ♡ ↕ 10 m ↔ 8 m, début de printemps ⑭ **'Pink Perfection'** ♡ ↕↔ 8 m, fin de printemps ⑮ *sargentii* ♡ ↕ 20 m ↔ 15 m, milieu de printemps ⑯ *serrula* ♡ ↕↔ 10 m, fin de printemps ⑰ **'Shirofugen'** ♡ ↕ 8 m ↔ 10 m, fin de printemps

⑱ **'Shôgetsu'** ♡ ↕ 5 m ↔ 8 m, fin de printemps ⑲ *spinosa* ↕ 5 m ↔ 4 m, début à milieu de printemps, puis fruits bleu-noir utilisés pour aromatiser de l'alcool ⑳ **'Spire'** ♡ ↕ 10 m ↔ 6 m, milieu de printemps ㉑ × *subhirtella* **'Autumnalis Rosea'** ♡ ↕↔ 8 m, automne au printemps ㉒ **'Taihaku'** ♡ ↕ 8 m ↔ 10 m, milieu de printemps ㉓ *triloba* ♡ ↕↔ 3 m, début et milieu de printemps ㉔ **'Ukon'** ♡ ↕ 8 m ↔ 10 m, milieu de printemps

PYRACANTHA

Buisson-ardent

CES ARBUSTES ÉPINEUX, AUX MULTIPLES EMPLOIS, sont prisés pour leur feuillage persistant, leurs délicates fleurs blanches et leurs baies d'automne aux teintes vives. De la fin du printemps au milieu de l'automne s'épanouissent des petites fleurs blanches en corymbes, semblables à celles de l'aubépine. Elles sont suivies de baies aux tons éclatants d'orange, d'écarlate et de jaune d'or qui persistent tout l'hiver, si les oiseaux ne s'en régalent pas. Les *Pyracantha*, à port étalé ou dressé, peuvent être cultivés sur pied, en haie ou, le plus souvent, palissés en éventail ou en espalier (plusieurs étages horizontaux) contre un mur ou une clôture.

Rusticité Zones 6 à 8

Culture Dans un sol fertile et bien drainé, en plein soleil ou à mi-ombre, supporte un mur orienté au nord. Sous climat froid, abritez des vents froids. **Supprimez** en fin d'hiver ou début de printemps les tiges compromettant la symétrie des arbustes sur pied. En milieu d'été, rabattez à deux ou trois bourgeons de la base toutes les latérales des arbustes palissés ; attachez les tiges régulièrement. **Taillez** les haies en été. **Semez** en pot sous châssis froid en automne ou, en été, cultivez des boutures semi-ligneuses sous mini-serre avec chaleur de fond. La **tavelure**, due à un champignon prospérant par temps humide et provoquant des taches noir grisâtre, atteint parfois les baies et les feuilles ; rabattez les tiges contaminées au bois sain.

Pyracantha 'Soleil d'Or'
↕3 m ↔ 2,50 m, port dressé, floraison en début d'été

Pyracantha 'Orange Glow' ♡
↕↔ 3 m, port dressé puis étalé, fleurs en fin de printemps, suivies de baies orange soutenu à rouge orangé

Pyracantha 'Mohave'
↕4 m ↔ 5 m, vigoureux, port buissonnant, fleurs en début de printemps, suivies de baies durables

Pyracantha 'Golden Charmer' ♡
↕↔ 3 m, vigoureux, port buissonnant, rameaux arqués, floraison en début d'été

·yrus

ɔirier

:s poiriers sont précieux, non seulement pour leurs fruits ırfois comestibles, mais aussi pour leurs fleurs et, chez cerıns, pour leur port séduisant, dont le poirier pleureur et argenté *oir ci-dessous*) est un parfait exemple. Les arbres sont généranent caducs et certains affichent de belles teintes d'automne. :s fleurs blanches ou roses s'épanouissent au printemps. Les ıits sont classiquement piriformes ou sphériques; de nomeuses variétés ont été sélectionnées au fil des siècles pour la veur délicate de leurs fruits. Parmi les variétés ornementales, ı compte *Pyrus calleryana*, épineux et à feuilles arrondies uges, fruits bruns en automne, et *P. nivalis*, à feuillage gris genté ; tous deux ont un port conique et fleurissent au prinmps. Les poiriers ornementaux plus compacts sont idéaux ıns un petit jardin ou en sujet isolé dans une pelouse.

usticité Zones 3 à 5

ılture Dans un sol fertile et bien drainé, en plein soleil. **pprimez** les tiges compromettant la symétrie en fin d'hiver début de printemps. Les poiriers fruitiers sont particulièrement jets au **chancre** : l'écorce se creuse et s'exfolie, et le chancre peut er la branche en s'étalant. Rabattez jusqu'au bois sain. Les **pucerons** les **chenilles** attaquent parfois le feuillage.

yrus salicifolia **'Pendula'** ♀

5 m ↔ 4 m, idéal dans un petit jardin, feuilles semblables à celles ı saule, gris feutré, fruits piriformes verts de 3 cm de long

Quercus

Chêne

Les chênes sont de grands arbres imposants, connus pour leur longévité, au feuillage attrayant et à l'écorce souvent fissurée. Ils composent un grand groupe d'arbres caducs et persistants, présentant une grande diversité de ports ainsi que de formes et de couleurs de feuilles. Les glands, d'environ 1 à 3 cm de long, apparaissent en automne. La plupart des chênes caducs illuminent l'automne de leurs feuilles aux tons flamboyants. Le chêne pédonculé (*Quercus robur*), au feuillage classique de chêne, est un immense arbre étalé qui ne convient qu'aux parcs ou aux bois; si vous avez un grand jardin, il existe néanmoins des chênes plus petits, bien que de belle taille, qui méritent d'être plantés en sujets isolés. Plantez les jeunes arbres à leur emplacement définitif car ils risquent de ne pas survivre à une transplantation ultérieure.

Rusticité Zones 3 à 5

Culture Dans un sol profond, fertile et bien drainé, à mi-ombre, en plein soleil pour les persistants. Abritez les variétés moins rustiques des vents froids et desséchants. **Rabattez** dès la plantation les tiges compromettant la symétrie ; les chênes adultes ne demandent pas d'autre taille que la suppression du bois mort. **Semez** les glands en pépinière ou sous châssis froid dès qu'ils tombent.

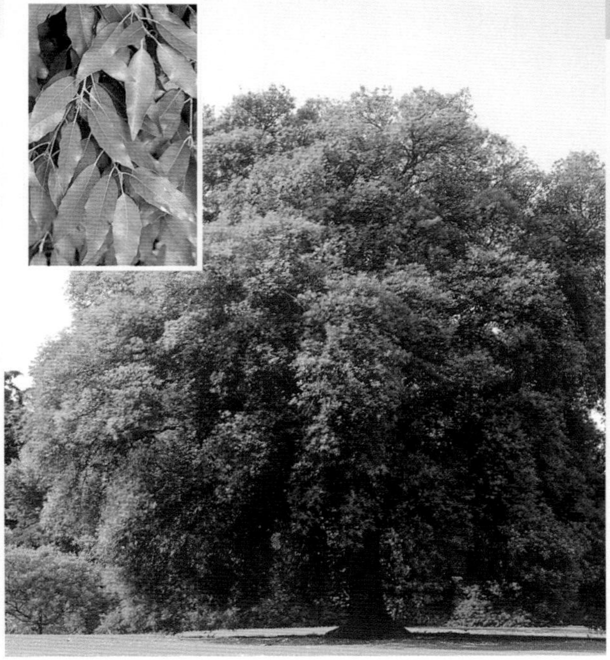

Quercus ilex ♀ (Chêne vert)

↕25 m ↔ 20 m, persistant, à écorce lisse gris foncé, feuilles de formes diverses, naissant gris argenté, prospère dans les régions côtières

Quercus coccinea (Chêne écarlate)

↕20 m ↔ 15 m, arrondi, écorce gris-brun pâle, feuilles vert foncé virant au rouge en automne, exige un sol non calcaire

Quercus laurifolia

↕↔ 20 m, port arrondi, écorce gris-noir, jeunes feuilles bronze restant sur l'arbre jusqu'en hiver, exige un sol non calcaire

Rhododendron

Rhododendron, Azalée

Ces arbustes exhibent entre la fin de l'automne et l'été des fleurs spectaculaires, parfois fortement parfumées. Elles varient en forme et en taille mais sont essentiellement en entonnoir, les pétales portant souvent des marques de couleurs contrastantes ; elles sont solitaires ou réunies en grappes ou en bouquets. Ce groupe, large et très divers, comprend des milliers d'espèces et d'hybrides, caducs et persistants, aux fleurs de toutes les couleurs. Leur habitat naturel va des forêts feuillues aux pentes alpines, parfois en altitude, et leur port varie entre d'immenses arbres atteignant 25 m de haut et des arbustes nains ne dépassant pas 15 cm. Tous exigent un sol acide (sans calcaire). Les feuilles présentent aussi des différences énormes de taille, de 4 mm à 75 cm de long. Chez certaines espèces, le revers des feuilles et les jeunes tiges sont couverts d'une épaisse couche laineuse de poils ou d'écailles appelée « tomentum ». Les jeunes pousses sont parfois joliment teintées de rouge, de marron bronze ou de bleu-vert métallique et beaucoup d'espèces caduques offrent de belles feuilles d'automne. Les *Rhododendron* se prêtent à de nombreux emplois : les espèces alpines naines ont toute leur place dans un jardin de rocaille et les espèces forestières illuminent les recoins ombragés. Les variétés les plus compactes sont idéales en pot dans un patio, ce qui est un avantage si la terre de votre jardin n'est pas acide (sans calcaire).

Rusticité Zones 3 à 8

Culture Dans un sol frais mais bien drainé, acide (sans calcaire), avec un pH idéal de 4,5 à 5,5, de préférence dans une lumière tamisée, mais la plupart des espèces alpines naines supportent le plein soleil. Ne plantez pas trop profondément : le haut de la motte radiculaire doit se trouver au niveau du sol. **Paillez** tous les ans avec du terreau à base de feuilles ou de la terre de bruyère. **Supprimez** les fleurs fanées, en les tordant d'un côté entre le pouce et l'index pour les casser net. Veillez à ne pas abîmer les bourgeons en croissance juste en dessous, qui sont les embryons des fleurs de l'année suivante. **Multipliez** par marcottage. Si les feuilles sont affectées par l'**oïdium** ou la **rouille**, coupez les pousses concernées. Assurez un bon drainage pour éviter la pourriture des racines.

Les rhododendrons arbres

Ces arbres *sont très grands, trop importants pour de nombreux jardins, et se rencontrent le plus souvent dans les parcs publics. Persistants et rustiques, ils sont remarquables en période de floraison car leurs fleurs sont parmi les plus grandes de tous les types de* Rhododendron. *Certains d'entre affichent aussi une très belle écorce qui s'exfolie.*

Les azalées caduques

Les azalées *offrent des petites fleurs et des feuilles petites ou moyennes. La plupart sont caduques et merveilleusement colorées en automne. Au printemps et en début d'été, elles forment une masse impénétrable de fleurs délicieusement parfumées, dans des tons rose saumon à rouge, ou dans des nuances de jaune. Certaines deviennent assez grandes, mais il est facile de limiter leur extension en les taillant de temps à autre, sans les rabattre sévèrement.*

Les rhododendrons arbustifs

Les plus courants *et les plus connus des* Rhododendron *ont un port arrondi et leur taille varie entre 1 m et 4 m. Les bouquets de fleurs sont plus ou moins volumineux et déclinent une palette de teintes vives. En prime, les petits arbustes sont le plus souvent persistants, et leurs feuilles séduisantes constituent une toile de fond permanente pour les autres plantes.*

1 7 13 19 2 8 14 20

① ***Rhododendron arboreum*** ↕ 12 m ↔ 4 m, arbre ② ***argyrophyllum*** ↕ 6 m ↔ 2,50 m, arbuste persistant ③ ***arizelum*** ↕↔ 8 m, arbre ④ ***augustinii*** ↕↔ 2,20 m, arbre ⑤ ***austrinum*** ↕↔ 3 m, azalée caduque ⑥ **'Azuma-kagami'** ↕↔ 1,20 m, azalée persistante ⑦ **'Beauty of Littleworth'** ↕↔ 4 m, arbuste persistant ⑧ **'Beethoven'** 🏆 ↕↔ 1,30 m, azalée persistante ⑨ **'Blue Diamond'** ↕↔ 1,50 m, arbuste persistant ⑩ **'Blue Peter'** 🏆 ↕↔ 3 m, arbuste persistant

) 'Cilpinense' 🏆 ↕↔ 1,10 m, arbuste persistant ⑫ *cinnabarinum* ↕ 6 m ↔ 2 m, arbuste persistant
) 'Corneille' 🏆 ↕↔ 1,50-2,50 m, azalée caduque ⑭ 'Crest' 🏆 ↕↔ 3,50 m, arbuste persistant
) 'Cunningham's White' ↕↔ 6 m, arbuste persistant ⑯ 'Cynthia' 🏆 ↕↔ 6 m, arbuste persistant
) *davidsonianum* 🏆 ↕ 4 m ↔ 3 m, arbuste persistant ⑱ *falconeri* 🏆 ↕ 12 m ↔ 5 m, arbre
) *fortunei* ssp. *discolor* 🏆 ↕ 6 m ↔ 3 m, arbre ⑳ 'Fragrantissimum' 🏆 ↕↔ 2 m, arbuste persistant

㉑ *fulvum* 🏆 ↕ 5 m ↔ 3 m, arbre ㉒ 'George Reynolds' 🏆 ↕↔ 2 m, azalée caduque
㉓ 'Glory of Littleworth' 🏆 ↕↔ 1-1,50 m, azalée caduque ㉔ 'Glowing Embers' ↕↔ 2 m, azalée caduque

㉕ *Rhododendron* **'Golden Torch'** 🏆 ↕↔ 1,50 m, arbuste persistant ㉖ **'Hatsugiri'** ↕↔ 60 cm, azalée persistante naine ㉗ **'Hinode-giri'** ↕↔ 60 cm, azalée persistante naine ㉘ **'Hinomayo'** 🏆 ↕↔ 60 cm, azalée persistante naine ㉙ **'Homebush'** 🏆 ↕↔ 1,50 m, azalée caduque ㉚ **'Hydon Dawn'** 🏆 ↕↔ 1,50 m, arbuste persistant ㉛ **'Irohayama'** 🏆 ↕↔ 60 cm, azalée persistante naine ㉜ **'John Cairns'** 🏆 ↕↔ 1,50 m, azalée persistante

㉝ **'Kirin'** ↕↔ 1,50 m, azalée persistante ㉞ **'Kure-no-yuki'** ↕↔ 1 m, azalée persistante ㉟ **'Lavender Girl'** 🏆 ↕↔ 2,50 m, arbuste persistant ㊱ **'Linda'** 🏆 ↕↔ 1 m, arbuste persistant ㊲ × ***mucronatum*** ↕↔ 1,20-1,50 m, arbuste semi-persistant ㊳ **Nobleanum Group** ↕↔ 1,50 m, arbre ㊴ ***occidentale*** 🏆 ↕↔ 3 m, arbuste caduc ㊵ **'Pink Pearl'** ↕↔ 4 m, arbuste persistant ㊶ **'Polar Bear'** 🏆 ↕5 m ↔ 4 m, arbre ㊷ **'President Roosevelt'** ↕↔ 2 m, arbuste persistant

'Ptarmigan' 🏆 ↕↔ 90 cm, arbuste persistant nain ㊹ **'Purple Splendour'** 🏆 ↕↔ 3 m,
buste persistant ㊺ ***rex* ssp. *fictolacteum*** 🏆 ↕↔ 12 m, arbre ㊻ **'Saint Valentine'**
,50 m ↔ 2 m, arbuste persistant ㊼ **'Strawberry Ice'** 🏆 ↕↔ 2 m, azalée caduque
'Susan' 🏆 ↕↔ 3 m, arbuste persistant ㊾ **'Temple Belle'** ↕↔ 2 m, arbuste persistant
thomsonii ↕↔ 6 m, arbre (51) ***veitchianum* Cubittii Group** ↕ 1,50 m ↔ 1 m,
arbuste persistant (52) **'Vuyk's Rosyred'** 🏆 ↕ 75 cm ↔ 1,20 m, azalée persistante
(53) **'Vuyk's Scarlet'** 🏆 ↕ 75 cm ↔ 1,20 m, azalée persistante (54) ***yakushimanum*** ↕↔ 2 m,
arbuste persistant (55) ***yunnanense*** ↕ 6 m ↔ 4 m, arbre

Rhamnus

Cultivés pour leur feuillage, généralement coloré en automne chez les espèces caduques, les *Rhamnus* sont pour la plupart des arbustes épineux poussant aussi bien dans les bois, les broussailles et les landes que dans les marais et marécages. Ils portent de petites fleurs en coupe, souvent parfumées et attirant les abeilles (particulièrement celles de *Rhamnus frangula*), suivies de fruits rouges décoratifs virant au pourpre ou au noir au fil de la maturation. Ceux-ci créent un contraste saisissant avec le feuillage panaché de blanc de *R. alaternus* 'Argenteovariegata', un persistant commun, mais qui doit être abrité sous climat froid. Plantez les *Rhamnus* dans une plate-bande arbustive ou dans un jardin boisé ou sauvage. Ils composent aussi de belles haies libres.

Rusticité Zones 3 à 8

Culture Dans un sol assez fertile et frais, en plein soleil ou à mi-ombre. **Supprimez** en fin d'hiver ou début de printemps les branches enchevêtrées ou mal placées qui gâchent la silhouette. **Taillez** les haies en début de printemps. **Semez** en pot sous châssis froid dès la maturité des graines. **Prélevez** des boutures herbacées en début d'été.

Rhamnus frangula (Bourdaine)
↕↔ 5 m, port étalé et buissonnant, caduc, petites fleurs blanc verdâtre, feuilles virant au rouge en automne

Rhaphiolepis

Ces arbustes persistants se caractérisent par un feuillage vert foncé lustré et des fleurs parfumées proches de celles du pommier. Au printemps ou en été, leurs fleurs blanches ou roses apparaissent en petits bouquets au milieu des feuilles et attirent le regard. Les *Raphiolepis* sont de charmants complices d'arbres à petites fleurs comme les pommiers (*Malus, voir p. 88*) et les aubépines (*Crataegus, p. 46*). Ils sont généralement compacts, d'environ 2 m de hauteur et d'étalement, hormis une ou deux variétés plus petites. N'étant pas très rustiques, ils demandent la protection d'un mur chaud et ensoleillé. Cultivez les plus petites variétés en pot et rentrez-les sous abri hors gel en hiver.

Rusticité Zones 9 à 11

Culture À l'extérieur, dans un sol frais mais bien drainé, en plein soleil, à l'abri des vents froids et desséchants. En pot, dans un mélange à base de terreau de feuilles ; arrosez modérément en été et apportez un engrais complet tous les mois. **Taillez** légèrement après la floraison et supprimez les tiges qui gâchent la silhouette de l'arbuste. **Prélevez** des boutures semi-ligneuses en fin d'été ou marcottez en automne.

Rhaphiolepis umbellata 🏆
↕↔ 1,50 m, croissance lente, port buissonnant et arrondi, floraison en début d'été, baies à la suite d'un été long et chaud

Rhus

Sumac

Les arbres et arbustes de ce groupe sont cultivés pou[r] leurs remarquables feuilles découpées déclinant des to[ns] éblouissants de rubis, d'or et d'ambre dès les baisses de tem[-]pérature d'automne. Les fleurs, insignifiantes, s'épanouisse[nt] en bouquets dressés au printemps ou en été ; elles sont su[i]vies de fruits plus impressionnants, généralement cramoisi[s] mais se développant uniquement si des plantes des deux sex[es] se côtoient. Les sumacs sont du plus bel effet dans le fon[d] d'une plate-bande arbustive ou dans un jardin boisé. Certai[ns] font de beaux sujets architecturaux, comme le *Rhus typhin[a]* aux lignes rudes. Les sumacs sont parfois envahissants ; su[p]primez les drageons dès qu'ils apparaissent.

Rusticité Zones 3 à 9

Culture Dans un sol assez fertile, frais mais bien drainé, en plein sole[il] pour de belles teintes d'automne. **Supprimez** les pousses enchevêtrées ou compromettant la symétrie, en début de printemps. Ou rabattez les tiges à 2 ou 3 bourgeons de la base des tiges principales en début de printemps. **Semez** en pépinière en automne. **Prélevez** des boutures sem[i-]ligneuses en été ou des boutures de racines en hiver. Les sumacs sont sujets à la **maladie du corail**, se signalant par des pustules orange sur des branches en voie de dépérissement ; coupez immédiatement les pousses atteintes et brûlez-les.

Rhus typhina (Sumac amarante, Sumac de Virginie)
↕ 5 m ↔ 6 m, arbuste ou arbre caduc, arqué, drageonnant, tiges trè[s] veloutées, couleur d'automne éclatante

RIBES

ROCHES PARENTS DES BUISSONS À FRUIT COMESTIBLES, plupart des *Ribes* à fleurs dégagent un parfum de cas-, soit par les fleurs, soit par les feuilles que l'on froisse. es arbustes caducs, parfaits en jardin champêtre, sont isés pour leurs fleurs printanières pleines de gaieté. *Ribes nguineum*, à fleurs roses, est un partenaire traditionnel s *Forsyhthia* (*voir p. 58*). Il est aussi souvent utilisé en ie fleurie. Les *Ribes* fleurissent dans des tons de cerise, se pâle, blanc ou vert jaunâtre. Certaines espèces port des fruits comestibles. Ils font souvent d'assez grands bustes mais peuvent être palissés; il existe aussi des variés compactes, dont une ou deux à feuillage doré.

usticité Zones 2 à 8

ulture Dans un sol assez fertile, bien drainé, en plein soleil. *laurifolium* supporte la mi-ombre. **Rabattez** les rameaux défleuris 2 ou 3 bourgeons vigoureux ou au-dessus de nouvelles pousses. **pprimez** une ou deux branches âgées tous les trois ou quatre ans r les plantes adultes. Sur les sujets palissés, rabattez les rameaux fleuris à 2 ou 4 bourgeons de la charpente permanente, après floraison ou au printemps. **Taillez** les haies après la floraison. **élevez** des boutures ligneuses des *Ribes* caducs en fin d'hiver et mi-ligneuses sur les persistants en été.

Ribes sanguineum **'Pulborough Scarlet'** ♡ (Groseillier à fleurs)
↕3 m ↔ 2,50 m, port dressé, vigoureux, fleurs à cœur blanc au printemps, fruits bleu-noir

ibes odoratum (Groseillier doré)
↔ 2 m, caduc dressé, fleurs aromatiques du milieu à la fin du printemps, its noirs, feuilles virant au rouge et au pourpre en automne

Ribes laurifolium
↕1 m ↔ 1,50 m, persistant, étalé, feuilles coriaces, floraison en fin d'hiver et début de printemps, supporte la mi-ombre

ROBINIA

Robinier

CES ARBRES ET CES ARBUSTES SONT ORIGINAIRES des bois et des taillis d'Amérique du Nord. Ils sont généralement épineux et arborent de longues feuilles gracieuses aux teintes vives et, en fin de printemps et début d'été, des grappes de fleurs papilionacées blanches ou roses. Elles sont suivies de longues gousses brun foncé. Plantez les arbres en sujets isolés dans une pelouse et les espèces buissonnantes dans une grande plate-bande arbustive, de préférence parmi des arbres ou arbustes à feuillage sombre. *Robinia pseudoacacia* 'Frisia', qui peut être taillé en cépée (*voir p. 42*) et cultivé en arbuste à feuillage, forme un couple remarquable avec *Acer palmatum* 'Rubrum' au feuillage rouge foncé.

Rusticité Zones 4 à 9

Culture Dans un sol assez fertile, frais mais bien drainé, et même en sol pauvre et sec, en plein soleil. Abritez des vents violents car les branches sont cassantes. **Supprimez** en fin d'été ou début d'automne les branches enchevêtrées ou mal placées qui gâchent la silhouette des jeunes arbres. Éliminez les rejets (pousses émergeant du sol autour de l'arbre). **Semez** en pot sous châssis froid en automne. **Prélevez** des boutures de racines en automne.

Robinia pseudoacacia **'Frisia'** ♡
↕15 m ↔ 8 m, arbre drageonnant à croissance rapide, fleurs parfumées, feuillage virant au jaune orangé en automne (*encadré*)

Rosa

Rosier

voir aussi p. 150-151

LE SUCCÈS ÉTERNEL DES ROSIERS TIENT À LEURS SUPERBES FLEURS, souvent très parfumées, qui s'épanouissent en été et en automne. Ce genre, composé en majorité d'arbustes caducs, offre le choix entre des centaines de variétés et répond donc quasiment à toutes les situations. Les rosiers arbustes sont du plus bel effet dans les plates-bandes, les variétés miniatures peuvent être cultivées en jardin de rocaille ou en grands pots. Portées en bouquets à l'extrémité de tiges dressées, parfois arquées ou rampantes, les fleurs une fois coupées sont superbes en vase. Elles varient énormément en forme et en taille, simples ou doubles à très doubles et arrondies. Elles déclinent toutes les teintes, du blanc le plus pur au cramoisi très foncé en passant par les jaunes et les roses. Les fruits rouges (cynorrhodons) d'automne de certaines variétés sont également un remarquable élément décoratif.

Rusticité Zones 2 à 8

Culture Dans un sol fertile enrichi d'humus, en situation dégagée et ensoleillée. **Plantez** les rosiers à racines nues pendant la dormance, à la fin de l'automne ou au début du printemps, les sujets élevés en conteneurs en toutes saisons. **Apportez** un engrais complet au printemps et paillez avec de l'humus. **Taillez** au début du printemps ; supprimez les fleurs fanées pour prolonger la floraison. **Prélevez** des boutures ligneuses en automne. La **maladie des taches noires**, l'**oïdium**, la **rouille** et divers virus peuvent affecter les rosiers. Choisissez si possible des cultivars résistant aux maladies.

Les rosiers buissons modernes

↕1 m
↔ jusqu'à 1 m

__Ces arbustes à port érigé__, compacts et remontants à fleurs simples ou doubles, ont toute leur place dans les plates-bandes et les massifs. Les fleurs sont solitaires ou portées en petits bouquets (hybrides de thé) ou petites en grands bouquets (floribunda). Taillez sévèrement : rabattez les tiges principales des hybrides de thé entre 20 et 25 cm du sol et les floribunda entre 25 et 45 cm du sol, et raccourcissez les latérales à deux ou trois bourgeons.

Les rosiers nains

↕60 cm
↔ 60 cm

__Ces rosiers compacts__ à port buissonnant sont parfaits sur le devant d'une plate-bande, en pots ou même en jardin de rocaille. Ils portent tout l'été des bouquets abondants de fleurs simples à doubles, parfois parfumées, dans une large gamme de couleurs. Plantez dans un sol fertile en plein soleil. Ne taillez que si c'est nécessaire : rabattez les tiges principales et latérales entre un tiers et la moitié de leur longueur.

Les rosiers couvre-sol

↕ jusqu'à 60 cm
↔ jusqu'à 1 m

__De port étalé__, ces rosiers émettent de nombreuses tiges portant des bouquets de petites fleurs, doubles et semi-doubles et légèrement parfumées. Ils sont parfaits en couvre-sol, en bordure d'allée ou en grands pots. Taillez pour les maintenir dans l'espace imparti, à un bourgeon orienté vers l'extérieur. Si les latérales sont en surnombre, taillez entre 2 à 4 bourgeons. Tous les trois ou quatre ans, supprimez le vieux bois pour stimuler la repousse. Les sujets négligés peuvent être rabattus sévèrement.

Les rosiers tiges

↕ jusqu'à 2 m
↔ jusqu'à 1,50 m

__Parfaits en pots__, au sein de thèmes classiques ou pour introduire une dimension verticale dans une plate-bande, il s'agit de rosiers buissons modernes greffés au sommet d'une tige droite ; on peut aussi utiliser un sarmenteux pour former un pleureur. Il existe deux types de rosiers tiges : les demi-tiges sur un tronc de 75 cm et les tiges sur un tronc de 1,10 m. La plupart demandent un tuteurage permanent. Taillez la tête en fonction du type.

Les rosiers arbustes modernes

↕1,20-2 m
↔ jusqu'à 2 m

__Ce groupe comprend des rosiers__ variant en taille, en port et en types de fleurs. La plupart sont érigés et leurs fleurs similaires à celles des rosiers buissons ; ils font de beaux sujets isolés. Certains n'offrent qu'une seule vague de fleurs, d'autres sont remontants. Une taille sévère risque de nuire à leur personnalité : supprimez le bois mort ou malade et raccourcissez les tiges principales d'un tiers, les latérales de moitié. Coupez une tige âgée sur trois à la base tous les ans.

Les rosiers horticoles anciens

↕1,20-2 m
↔ jusqu'à 2 m

__Un groupe très varié__ de rosiers érigés ou arqués, à floraison unique pour la plupart (à tailler après la floraison), certains remontants, à fleurs semi-doubles ou doubles souvent parfumées. Situez les variétés arquées de façon qu'elles n'envahissent pas les autres plantes, et taillez-les légèrement une fois par an, en supprimant le vieux bois pour encourager la repousse à la base. Sur les variétés érigées, contentez-vous de supprimer les tiges, chétives ou mortes.

1 2 7 8 12 13 18 19

① *Rosa* **Amber Queen ('Harroony')** 🏆 ↕↔ 60 cm, floribunda ② **Angela Rippon ('Ocaru')** ↕45 cm ↔ 30 cm, buisson miniature moderne ③ **Anna Ford ('Harpiccolo')** 🏆 ↕↔ 45 cm, nain ④ **'Ballerina'** 🏆 ↕1,50 m ↔ 1,20 m, arbuste moderne ⑤ **'Belle de Crécy'** 🏆 ↕1,20 m ↔ 1 m, rosier ancien ⑥ **'Boule de Neige'** ↕1,50 m ↔ 1,20 m, rosier ancien ⑦ **'Bourbon Queen'** ↕2,50 m ↔ 1,50 m, rosier ancien ⑧ **'Buff Beauty'** 🏆 ↕↔ 1,20 m, arbuste moderne ⑨ **'Cécile Brünner'** 🏆

75 cm ↔ 60 cm, rosier ancien ⑩ **'Charles de Mills'** 🏆 ↕↔ 1,20 m, rosier ancien
⑪ **'Chinatown'** 🏆 ↕ 1,20 m ↔ 1 m, arbuste moderne ⑫ **Conservation (syn. *Rosa* 'Cocdimple')**
↔ 45 cm, nain ⑬ **'Cornelia'** 🏆 ↕↔ 1,50 m, arbuste moderne ⑭ **'Crimson Glory'** ↕↔ 60 cm,
ybride de thé ⑮ **'Doris Tysterman'** ↕ 1,20 m ↔ 75 cm, hybride de thé ⑯ **'Elizabeth Harkness'**
80 cm ↔ 60 cm, hybride de thé ⑰ **English Garden ('Ausbuff')** ↕ 1 m ↔ 75 cm, arbuste moderne

⑱ **'English Miss'** 🏆 ↕ 75 cm ↔ 60 cm, floribunda ⑲ **Escapade ('Harpade')** 🏆 ↕ 75 cm ↔ 60 cm, floribunda ⑳ **'Fantin-Latour'** 🏆 ↕ 1,50 m ↔ 1,20 m, rosier ancien ㉑ **'Felicia'** 🏆 ↕ 1,50 m ↔ 2,20 m, arbuste moderne ㉒ **Fragrant Cloud ('Tanellis')** ↕ 75 cm ↔ 60 cm, hybride de thé ㉓ **'Fru Dagmar Hastrup'** 🏆 ↕ 1 m ↔ 1,20 m, rosier ancien

㉔ *Rosa* 'Frühlingsmorgen' ↕2 m ↔ 1,50 m, arbuste moderne ㉕ *gallica* 'Versicolor' 🏆 ↕80 cm ↔ 1 m, rosier ancien ㉖ **'Geranium'** 🏆 ↕2,50 m ↔ 1,50 m, rosier ancien ㉗ **'Glenfiddich'** ↕80 cm ↔ 60 cm, floribunda ㉘ **Graham Thomas (syn.** ***Rosa*** **'Ausmas')** 🏆 ↕↔ 1,20-1,50 m, arbuste moderne ㉙ **'Great Maiden's Blush'** ↕2 m ↔ 1,35 m, rosier ancien ㉚ **Hannah Gordon (syn.** ***Rosa*** **'Korweiso')** ↕80 cm ↔ 60 cm, floribunda ㉛ **Iceberg (syn.** ***Rosa*** **'Korbin')** 🏆 ↕80 cm ↔ 65 cm, floribunda ㉜ **'Ispahan'** 🏆 ↕1,50 m ↔ 1,20 m, rosier ancien ㉝ **'Julia's Rose'** ↕75 cm ↔ 45 cm, hybride de thé ㉞ **'Just Joey'** 🏆 ↕↔ 75 cm, hybride de thé ㉟ **Laura Ashley (syn.** ***Rosa*** **'Chewharla')** ↕60 cm ↔ 1,20 m, couvre-sol ㊱ **'Madame Isaac Pereire'** 🏆 ↕2,20 m ↔ 2 m, rosier ancien ㊲ **'Maiden's Blush'** 🏆 ↕1,20 m ↔ 90 cm, rosier ancien ㊳ **Margaret Merril (syn.** ***Rosa*** **'Harkuly')** 🏆 ↕80 cm ↔ 60 cm, floribunda ㊴ **Mountbatten (syn.** ***Rosa*** **'Harmantelle')** 🏆

1,20 m ↔ 75 cm, floribunda ⑩ **'National Trust'** ↕↔ 60 cm hybride de thé ⑪ **'Nevada'** 🏆 ↕↔ 2,20 m, rbuste moderne ⑫ **Peace** (syn. *Rosa* 'Madame A. Meilland') 🏆 ↕ 1,20 m ↔ 1 m, hybride de thé) **'Perle d'Or'** 🏆 ↕ 1,20 m ↔ 1 m, rosier ancien ⑭ **'Pink Favorite'** ↕↔ 75 cm, hybride de thé) **Polar Star** (syn. *Rosa* 'Tanlarpost') ↕ 1 m ↔ 70 cm, hybride de thé ⑯ **Pretty Polly** (syn. *Rosa* Meitonje') 🏆 ↕↔ 45 cm, nain ⑰ **Robin Redbreast** (syn. *Rosa* 'Interrob') ↕↔ 45-60 cm, couvre-sol

⑱ **Rosemary Harkness** (syn. *Rosa* 'Harrowbond') ↕↔ 80 cm, hybride de thé ⑲ *rugosa* ↕↔ 1-2,50 m, espèce ⑳ **'Silver Jubilee'** 🏆 ↕ 1,10 m ↔ 60 cm, hybride de thé ㉑ **'Souvenir de la Malmaison'** ↕↔ 1,50 m, rosier ancien ㉒ **'The Fairy'** 🏆 ↕↔ 60-90 cm, floribunda ㉓ **'The Queen Elizabeth'** ↕ 2,20 m ↔ 1 m, buisson moderne ㉔ **Trumpeter** (syn. *Rosa* 'Mactru') 🏆 ↕↔ 60 cm, floribunda

ROSMARINUS

Romarin

CES ARBUSTES PERSISTANTS AROMATIQUES, plutôt anguleux, apportent une structure et une dimension verticale à un jardin d'herbacées et se cultivent également très bien en pot. Originaires des régions méditerranéennes, ils devront être rentrés pour les abriter des hivers froids et humides. Les variétés érigées tirent profit de l'abri d'un mur ensoleillé, alors que les espèces prostrées, moins rustiques, préféreront s'étaler sur un paillis de gravier, ou même sur un talus rocailleux ou un mur de soutènement, plutôt que de reposer sur un sol froid et humide. Les feuilles des romarins sont vert foncé et les tiges souvent couvertes d'une pruine grisâtre. Du milieu du printemps au début de l'été, et de temps en temps en fin d'été, ils arborent des bouquets de fleurs tubulaires bleues, mauves ou blanches, portés vers l'extrémité des tiges.

Rusticité Zones 7 à 9

Culture Dans un sol bien drainé, jusqu'à sec et assez pauvre, en plein soleil. **Taillez** légèrement mais régulièrement pour conserver un port buissonnant et stimuler la croissance de jeunes pousses succulentes qui sont les meilleures en cuisine. **Semez** en pot sous châssis froid au printemps. **Prélevez** des boutures semi-ligneuses en été.

① *officinalis* ↕↔ 1,50 m ② *officinalis* 'McConnell's Blue' ♀ ↕↔ 1,50 m ③ *officinalis* Prostratus Group ↕ 15 cm ↔ 1,50 m ④ *officinalis* 'Roseus' ↕↔ 1,50 m

RUBUS

Ronce d'ornement

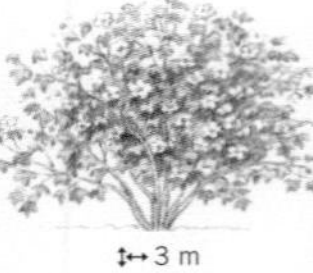

↕↔ 3 m

CES ARBUSTES ARQUÉS, apparentés aux mûriers, arborent en début d'été des fleurs en coupe dans les tons blancs, rouges, pourpres ou roses. Chez certains, comme 'Benenden' sans épines et *Rubus spectabilis* 'Olympic Double' rose pourpré vif, la floraison est la principale saison d'intérêt; ils conviennent bien à un jardin sauvage ou boisé. *R. biflorus*, *R. cockburnianus* et *R. thibetanus* sont aussi prisés pour leur intérêt l'hiver, leurs tiges recouvertes d'un duvet blanc étant tout à fait remarquables. Ils ont belle allure en compagnie de saules (*Salix, voir ci-contre*) et de cornouillers (*Cornus, p. 42-43*), cultivés pour leurs tiges colorées en hiver et, comme eux, ils ont besoin d'une taille annuelle sévère.

Rusticité Zones 3 à 9

Culture Dans un sol bien drainé, assez fertile, en plein soleil pour une belle coloration des tiges en hiver. **Rabattez** les rameaux défleuris à des bourgeons vigoureux ou au-dessus de nouvelles pousses sur les *Rubus* cultivés pour leurs fleurs. Sur les *Rubus* cultivés pour leurs tiges colorées, rabattez les tiges à trois bourgeons de la base, en début de printemps, puis apportez un engrais et paillez. **Prélevez** des boutures ligneuses en début d'hiver.

Rubus cockburnianus

↕↔ 2,50 m, caduc, formant un fourré, petit, fleurs pourpres en été, fruits noirs, jolis mais non comestibles

SALIX

Saule

CE GROUPE D'ARBRES ET D'ARBUSTES CADUCS est d'un grande diversité. Les chatons de printemps sont l'un de leu traits remarquables; ils présentent aussi des ports séduisant et parfois des tiges décoratives. Les saules que l'on rencontr dans la nature sont souvent des arbres massifs, mais il exist de nombreuses espèces de taille moyenne ou petite; ains *Salix caprea* 'Kilmarnock' est très prisé en décoration cen trale d'une pelouse ou d'une petite plate-bande. Parmi le espèces plus grandes, certaines peuvent être cultivées e arbustes: rabattez-les tous les ans à la base pour les rendr plus compacts et stimuler la repousse de tiges vivemen colorées. *S. alba* 'Britzensis', par exemple, offre un bea spectacle hivernal aux côtés de mahonias (*voir p. 87*) et d cornouillers (*Cornus, p. 42-43*).

Rusticité Zones 2 à 8

Culture Dans tout sol profond, frais mais bien drainé, sauf crayeux, en plein soleil. **Tailler** est rarement nécessaire, hormis les *Salix* cultivés pour leurs tiges d'hiver: en début de printemps, rabattez ces tiges à 3 ou 4 bourgeons de la base ou à la charpente permanente. **Prélevez** des boutures de bois vert au printemps ou à bois sec en hiver.

Salix helvetica ♀ (Swiss willow)

↕ 60 cm ↔ 40 cm, arbuste dressé, buissonnant, feuilles gris-vert à revers blanc argenté, chatons en début de printemps

'alix caprea 'Kilmarnock' (Saule Marsault pleureur)
1,50-2 m ↔ 2 m, tiges pleureuses greffées sur une tige droite, hatons en milieu et fin de printemps, feuilles vert foncé

Salix gracilistyla 'Melanostachys'
↕3 m ↔ 4 m, arbuste dressé, feuilles gris-vert satinées virant au vert vif, chatons noirs spectaculaires du début au milieu du printemps

RECÉPER LES SAULES
Plusieurs espèces de saules peuvent être taillés à la base, au printemps, pour favoriser une coloration plus vive des tiges en hiver.

Salix alba 'Britzensis' ♕
↕25 m ↔ 10 m, grand arbre à l'état naturel, recépage annuel pour limiter son extension, feuilles vert terne, chatons au printemps

SAMBUCUS
Sureau

CES ARBRES ET ARBUSTES CADUCS sont cultivés pour leurs fleurs et leur feuillage ornemental. Du printemps au début de l'été, ils affichent des ombelles aplaties de fleurs blanches ou jaune crème, suivies de fruits noirs ou rouge luisant. Les feuilles sont pourpre noirâtre, vert foncé ou jaune doré, et sont composées de folioles, dentées chez certains cultivars. Les sureaux font de beaux sujets isolés et conviennent aux plates-bandes arbustives ou mixtes. En plantation groupée, les variétés à feuillage sombre et jaune forment un beau contraste. *Photinia* × *fraseri* 'Red Robin' (*voir p. 94*), au jeune feuillage rouge, est aussi un bon compagnon.

Rusticité Zones 3 à 8

Culture Dans un sol peu fertile, frais mais bien drainé, en plein soleil ou à mi-ombre ; les feuillages colorés se teintent mieux au soleil mais durent plus longtemps dans une ombre tamisée. **Supprimez** les tiges enchevêtrées ou mal placées en début de printemps ; pour une meilleure coloration des feuilles, rabattez les tiges à deux ou trois bourgeons de la base ou à la charpente permanente en début de printemps. Taillez sévèrement pour limiter l'ampleur, si nécessaire. **Semez** en pot sous châssis froid en automne. **Prélevez** des boutures ligneuses en début de printemps ou herbacées en début d'été. Les **pucerons noirs** infestent parfois les jeunes pousses, mais peuvent être traités.

Sambucus racemosa 'Plumosa Aurea'
↕↔ 3 m, arbuste buissonnant, jeunes feuilles bronze (*encadré*) qui risquent de brûler en plein soleil, floraison en milieu de printemps

Santolina

Santoline

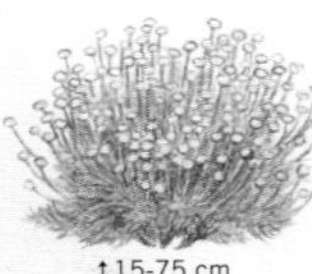

↕15-75 cm ↔ 20 cm

Ces arbustes persistants, compacts et arrondis, peuvent être plantés en haie basse ou en bordure de plate-bande, et sont parfaits en jardin de rocaille, car ils sont originaires de régions sèches. Ils sont principalement cultivés pour leur beau feuillage aromatique. Les petites fleurs globuleuses, portées par de longues tiges, sont jaunes ou jaune crème, entourées de larges anneaux de bractées (feuilles modifiées) de même teinte, au milieu desquelles elles sont à peine discernables. Ces plantes s'étalent en couvre-sol et étouffent efficacement les mauvaises herbes. Pour une association de parfums capiteuse, associez-les à des plantes aromatiques comme la lavande (*Lavandula, voir p. 80*) et le romarin (*Rosmarinus, p. 114*).

Rusticité Zones 7 à 9

Culture Dans un sol pauvre à peu fertile, frais mais bien drainé, en plein soleil. **Rabattez** les rameaux défleuris à 2,5 cm du vieux bois au printemps. **Semez** en pot sous châssis froid en automne ou au printemps. **Boutures** semi-ligneuses en fin d'été et faites-les enraciner en mini-serre avec chaleur de fond.

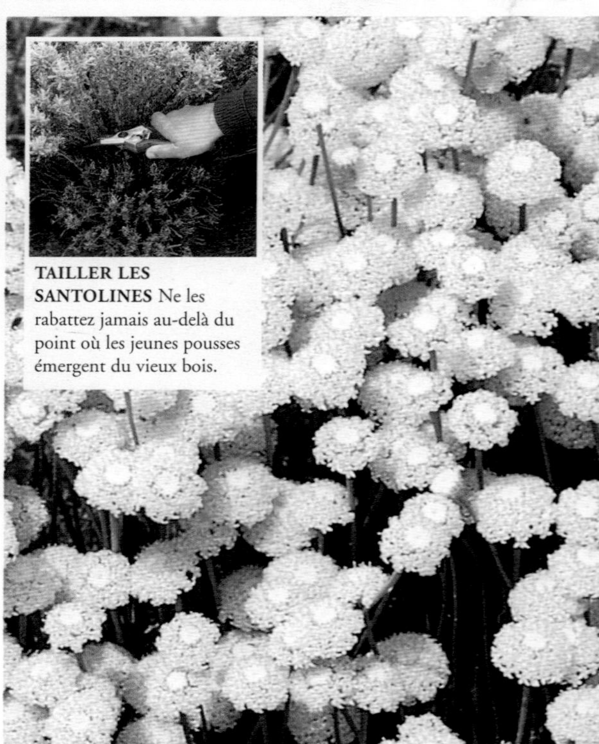

TAILLER LES SANTOLINES Ne les rabattez jamais au-delà du point où les jeunes pousses émergent du vieux bois.

Santolina pinnata 'Sulphurea'
↕75 cm ↔ 1 m, feuilles plumeuses, finement découpées, gris-vert, floraison en milieu d'été

Sarcococca

Les arbustes persistants et résistants composant ce petit groupe à la silhouette compacte, revêtue de feuilles vert foncé lustrées, sont précieux en hiver grâce à leurs bouquets de fleurs blanches, suivies de baies rondes et luisantes. Leur principal attrait est néanmoins leur parfum : la discrétion des fleurs est compensée par leur fragrance sucrée, perceptible à une distance étonnante, même par les journées d'hiver les plus froides. Quelques tiges dans un vase embaument une pièce. Associez-les à d'autres plantes à floraison hivernale, comme *Viburnum × bodnantense* 'Dawn' (*voir p. 126-127*) et *Helleborus niger* (*p. 257*), ou plantez-les en haie libre.

Rusticité Zones 6 à 9

Culture Dans un sol assez fertile, frais mais bien drainé, enrichi en humus, dans une ombre dense ou à mi-ombre ; supporte le plein soleil si le sol reste frais. **Taillez** après la floraison les tiges qui gâchent la silhouette, mais pas trop ; une taille trop sévère nuirait à l'abondance des fleurs. **Semez** en pot à l'extérieur en automne ou au printemps. **Prélevez** des boutures semi-ligneuses en fin d'été ou transplantez des rejets en fin d'hiver.

Sarcococca confusa ♡
↕2 m ↔ 1 m, arbuste à croissance lente, compact et arrondi, très utile en situation assez sèche et ombragée

Senecio cineraria

Cinéraire

voir aus[si] p. 32[…]

↕↔ jusqu'à 60 cm

Ces arbustes persistants formant une touffe sont cultivés notamment pour leurs feuilles duveteuses de formes variées, dans des tons de vert argenté et de gris. Des inflorescences jaunes apparaissent deux ans après les semis, mais ces plantes sont souvent supprimées à la fin de la saison. Les fleurs sont de peu d'intérêt et le feuillage est à l'apogée de sa beauté sur les plantes jeunes. Les cinéraires peuvent orner une plate-bande arbustive, mais sont le plus souvent utilisées en plantes éparses ou en bordure de massif où leur feuillage offre une belle toile de fond à des plantes à fleurs. Cinéraires et sauges rouges (*Salvia, voir p. 318-319*) composent une association classique ; pour un effet en demi-teinte, mariez-les avec des héliotropes pourpres (*Heliotropium, voir p. 70*[…]

Rusticité Zones 8 à 11

Culture Dans un sol peu fertile, frais mais bien drainé, en plein soleil. **Taillez** pour équilibrer la silhouette, si nécessaire. **Semez** au printemps entre 19 et 24 °C. **Prélevez** des boutures semi-ligneuses en milieu ou fin d'été. *Senecio cineraria* est sujet à la **rouille** : dans un massif, retirez les plantes atteintes pour éviter une contamination.

① *cineraria* 'Silver Dust' ♡ ↕↔ 30 cm, feuillage particulièrement vif ② *cineraria* 'White Diamond' ↕30-40 cm ↔ 30 cm, généralement cultivé en vivace

KIMMIA

↔ jusqu'à 6 m

CES ARBUSTES SONT DE beaux persistants, tous d'allure similaire mais variant considérablement en taille, de nombreuses variétés compactes convenant parfaitement à des petits jardins. Des panicules : fleurs étoilées, parfois parfumées, s'épanouissent au prin- mps, mais elles sont particulièrement intéressantes en bou- ns dont les formes sont diverses. Les fleurs sont suivies de ıies sphériques et charnues, noires, rouges ou blanches ; rtaines espèces sont dioïques et la fructification exige le oisinage de deux plantes de sexe opposé. Les feuilles effi- es sont foncées, lustrées et aromatiques. Les *Skimmia* ont ujours un rôle à jouer dans les thèmes d'hiver, éléments ructurants et colorés aux côtés d'arbustes caducs comme s *Hamamelis* (*voir p. 68*), note verticale parmi des callunes *Calluna, voir p. 31*) à floraison hivernale ou printanière.

usticité Zones 7 à 9

ılture Dans un sol peu fertile, frais mais bien drainé, enrichi d'humus, 'ombre légère ou tamisée. *S. confusa* 'Kew Green' supporte le plein leil. **Ne taillez** qu'en cas de nécessité. **Semez** en pot sous châssis froid automne. **Prélevez** des boutures semi-ligneuses en fin d'été.

Skimmia japonica 'Rubella' ♀

↕↔ jusqu'à 6 m, cet arbuste mâle n'a pas de fruits, mais des boutons rouges en automne et en hiver, floraison en milieu et fin de printemps

kimmia japonica

→ jusqu'à 6 m, formes diverses, parfumé, floraison en milieu et fin e printemps, plantes mâles et femelles

Skimmia × *confusa* 'Kew Green' ♀

↕0,50-3 m ↔ 1,50 m, cultivar mâle à feuilles aromatiques et fleurs parfumées blanches au printemps, pas de fruits

SOPHORA

APPRÉCIÉS POUR LEUR BEAU FEUILLAGE et leurs bouquets de fleurs vivement colorées, ces arbres et arbustes demandent de longues périodes de chaleur pour une belle floraison, mais méritent d'être cultivés pour leur seul feuillage. Composées de folioles disposées le long d'un pétiole, ces feuilles sont très élégantes. Les *Sophora* sont caducs ou persistants. Leurs fleurs papilionacées sont portées à l'extrémité des rameaux, en grappes ou en panicules, dans des tons allant du bleu pourpré au blanc et au jaune d'or. Les *Sophora* ont belle allure en plate-bande arbustive ou contre un mur abrité dans les régions tempérées, pour stimuler la floraison. Dans les régions froides, cultivez en pot les variétés les moins rustiques et faites-les hiverner sous abri hors gel.

Rusticité Zones 6 à 10

Culture Dans un sol assez fertile, bien drainé, en plein soleil. En pot, utilisez un mélange à base de terreau de feuilles, arrosez copieusement en été et apportez un engrais complet tous les mois. **Supprimez** en fin d'hiver ou début de printemps les tiges enchevêtrées ou mal placées compromettant la symétrie des jeunes arbres, pour créer une charpente saine et équilibrée. **Semez** en pot sous châssis froid dès la maturité des graines.

Sophora davidii

↕2,50 m ↔ 3 m, arbuste ou arbre caduc, buissonnant ou étalé, floraison en fin d'été ou début d'automne à l'âge adulte

Sorbus

Sorbier

Arbres et arbustes dressés, columnaires ou étalés, les sorbiers offrent une belle ramification et des fleurs séduisantes au printemps et en été. Leur feuillage ornemental, de formes variées, est souvent joliment coloré en automne et l'écorce prend de la texture avec l'âge, mais leurs baies d'automne sont leur atout majeur, y compris pour les oiseaux. Celles-ci sont pour la plupart rouges, orange ou jaunes, mais parfois blanches souvent teintées de rose, comme chez l'arbre *Sorbus cashmiriana*. L'arbuste *S. reducta*, qui forme un fourré, arbore des baies cramoisies passant au blanc quand les feuilles virent au rouge et au pourpre en automne. Plantez les sorbiers en sujets isolés ou dans une plate-bande en compagnie d'aubépines (*Crataegus*, *voir p. 46*) ou d'amélanchiers (*p. 22*) pour un décor automnal riche en couleurs.

Rusticité Zones 2 à 8

Culture Dans un sol assez fertile, frais mais bien drainé, en plein soleil ou dans une ombre tamisée. **Supprimez** les tiges enchevêtrées ou mal placées en fin d'hiver ou début de printemps, uniquement en cas de nécessité. **Semez** en pot sous châssis froid en automne.

① *aria* 'Lutescens' ♀ ↕10 m, baies rouges mouchetées de brun
② *aucuparia* ↕15 m ③ 'Joseph Rock' ↕10 m
④ *sargentiana* ♀ ↕↔10 m

Spartium junceum

Genêt d'Espagne

↔ jusqu'à 3 m

Cet arbuste est un parent proche des *Cytisus* (*voir p. 47*) et des *Genista* (*p. 65*), les deux étant communément appelés genêts. Le genêt d'Espagne est une merveilleuse plante de jardin côtier, en plate-bande arbustive ou palissé contre un mur chaud et ensoleillé. Il offre un port dressé, à tiges élancées vert foncé. Du début de l'été au début de l'automne, il arbore une profusion de fleurs papilionacées parfumées, suivies de gousses plates brun foncé. Le jaune intense de ses fleurs oppose un contraste éclatant aux fleurs de forme identique et d'un bleu soutenu de *Sophora davidii* (*voir p. 117*).

Rusticité Zones 8 à 10

Culture Dans un sol assez fertile, bien drainé ; prospère dans les régions côtières et dans un sol crayeux ; exige le plein soleil. **Élaguez** ou raccourcissez les pousses qui gâchent la silhouette de l'arbuste en milieu ou fin de printemps. **Semez** en pot sous châssis froid au printemps ou en automne. Cette plante se ressème souvent spontanément.

Spartium junceum ♀
En situation abritée, ces plantes risquent de se dégarnir à la base ; en jardin côtier exposé, le vent favorisera un port compact.

Spiraea

Spirée

Il existe une variété de spirée pour chaque situatio[n]. Ce groupe varié d'arbustes semi-persistants et caducs com[prend] une multitude de plantes élégantes et faciles à cu[ltiver], de tailles diverses. Elles sont surtout prisées pour leu[rs] bouquets de fleurs blanches en coupe plus ou moins ét[a]lée, s'épanouissant à l'extrémité des tiges au printemps o[u] en été. Elles déclinent des tons allant du blanc au pourpr[e] en passant par le rose et le jaune. Certaines spirées aff[i]chent un feuillage coloré, comme *Spiraea japonic[a]* 'Goldflame', dont le feuillage juvénile rouge cuivré vire a[u] jaune vif puis au vert moyen ; ses fleurs sont rose foncé.

Rusticité Zones 3 à 9

Culture Dans un sol fertile, frais mais bien drainé, en plein soleil. **Taillez** la plupart des spirées, qui fleurissent sur le bois de l'année précédente, après la floraison : rabattez les rameaux défleuris à des bourgeons vigoureux ou au-dessus de nouvelles pousses. **Stimulez** la repousse à la base des plantes adultes en supprimant une tige âgé[e] sur trois ou quatre tous les ans. La taille est différente sur *S. japonica* et ses cultivars qui fleurissent sur le bois de l'année : rabattez les pousses à un ou deux bourgeons de la souche en début de printemps. **Prélevez** des boutures de bois vert en été.

UNE HAIE BASSE
'Snowmound' a un port dense, idéal pour former une haie compacte. Taillez immédiatement après la floraison.

Spiraea nipponica 'Snowmound' ♀
↕↔ 1,20 m-2,50 m, caduc, à croissance rapide, croulant sous les fleurs blanches en début de printemps

STACHYURUS

LES ARBUSTES CADUCS ET SEMI-PERSISTANTS composant ce petit groupe sont cultivés pour leurs petites fleurs jaune pâle et en clochette s'épanouissant en fin d'hiver et début de printemps. Les boutons jaunes émergent en grappes sur les tiges nues en automne et éclosent au printemps avant l'apparition des feuilles. Seuls *Stachyurus chinensis* et *S. praecox* sont couramment cultivés avec des résultats fiables. *S. chinensis* est le plus petit, et *S. praecox* est à l'origine d'un cultivar panaché très prisé, 'Magpie'. Les deux espèces affichent des feuilles effilées vert foncé sur de minces tiges arquées luisantes, brun rouge chez *S. praecox* et rouge violacé chez *S. chinensis*. Plantez-les en plate-bande arbustive ou mixte, ou contre un mur.

Rusticité Zones 6 à 9

Culture Dans un sol léger, frais mais bien drainé, acide (sans calcaire), en plein soleil ou à mi-ombre, à l'abri des vents froids et desséchants. **Supprimez** les tiges enchevêtrées ou mal placées après la floraison. Les plantes adultes peuvent être rajeunies, au besoin, en les rabattant à la base après la floraison. **Semez** en pot sous châssis froid en automne. **Prélevez** des boutures semi-ligneuses à talon de latérales en été.

Spiraea japonica 'Anthony Waterer'
↕ jusqu'à 1,50 m ↔ 1,50 m, caduc, jeunes feuilles cuivrées, puis souvent bordées de rose ou de blanc, floraison en milieu et fin d'été

TOPIAIRES Si des spirées vigoureuses paraissent trop grandes pour un petit jardin, elles peuvent être limitées par une taille régulière à une forme stricte et compacte.

[Sp]iraea japonica Golden Princess ('Lisp') 🏆
[↕ …] m ↔ 1,50 m, caduc, feuillage juvénile rouge cuivré, puis jaune vif [vir]ant au rouge en automne, fleurs rose pourpré

Spiraea × *vanhouttei*
↕ 2 m ↔ 1,50 m, arbuste caduc, gracieux, arqué, fleurs abondantes masquant presque le feuillage en début d'été

Stachyurus praecox 🏆
↕ 1-4 m ↔ jusqu'à 3 m, arbuste caduc, l'un des premiers à fleurir en fin d'hiver et début de printemps

Stewartia

Ces arbres et arbustes persistants ou caducs réunissent tous les atouts du succès : une succession de fleurs en été, une belle teinte d'automne et une écorce très ornementale sur les sujets âgés. Les fleurs blanches rehaussées d'étamines jaune crème, en coupe, sont solitaires ou groupées par paires. Les *Stewartia* sont apparentés aux *Camellia* (*voir p. 32-33*) et prospèrent dans des conditions à peu près identiques, et font eux aussi d'excellents sujets isolés dans un cadre boisé ou une plate-bande ombragée. Mariez-les avec des *Eucryphia* (*p. 55*) qui offrent des fleurs blanches épanouies similaires, à des saisons différentes selon les espèces.

Rusticité Zones 6 à 9

Culture Dans un sol assez fertile, frais mais bien drainé, neutre à acide (sans calcaire), en plein soleil ou à mi-ombre, à l'abri des vents froids et desséchants. Achetez des sujets élevés en conteneurs et choisissez soigneusement leur emplacement, car ils ne supportent pas la transplantation. **Semez** en pot sous châssis froid en automne. **Prélevez** des boutures de bois vert en début d'été ou semi-ligneuses entre le milieu et la fin de l'été, ou marcottez en automne.

Stewartia pseudocamellia ♀
↕20 m ↔ 8 m, écorce qui s'exfolie (*voir insert*), feuilles virant au jaune, puis à l'orange et au jour, floraison en milieu d'été

Styrax

Les fleurs campanulées d'un blanc pur ou teintées de rose sont l'un des attraits de ces plantes gracieuses. Les *Styrax* composent un grand groupe de petits arbres et d'arbustes caducs ou persistants, dont la plupart sont assez compacts pour trouver leur place dans quasiment tous les jardins. Les délicates fleurs parfumées s'épanouissent en été sur de courts rameaux formés l'année précédente. Les arbustes sont idéals en plate-bande avec des seringats (*Philadelphus, voir p. 93*), des weigelias (*Weigela, p. 128*) et des potentilles (*Potentilla, p. 99*). Plantez les arbres de façon à pouvoir admirer les fleurs du dessous.

Rusticité Zones 6 à 9

Culture Dans un sol frais mais bien drainé, enrichi d'humus, de préférence neutre à acide (sans calcaire), en plein soleil ou à mi-ombre, à l'abri des vents froids et desséchants. **Supprimez** en fin d'hiver ou début de printemps les tiges mal placées ou enchevêtrées compromettant la symétrie de l'arbuste ou du jeune arbre. **Semez** dès la maturité des graines, en prenant des précautions : maintenez la culture à 15 °C pendant trois mois, puis protégez les plantules du gel jusqu'à ce qu'elles soient établies. **Prélevez** des boutures de bois vert en été.

Styrax obassia ♀
↕12 m ↔ 7 m, arbre presque columnaire, feuilles duveteuses virant au jaune et au rouge en automne, floraison en début et milieu d'été

Symphoricarpos

Symphorine

Ces arbustes caducs sont appréciés pour leurs baies d'hiver très décoratives, généralement blanches ou teintées de rose, bleu foncé ou pourpres chez certaines espèces. Ils arborent en été des bouquets de petites fleurs en cloche, trop petites pour avoir un fort impact, mais riches en nectar et attirant ainsi dans le jardin les abeilles et d'autres insectes bénéfiques. Les baies n'étant pas consommées par les oiseaux, elles persistent en hiver ; attention : leur contact peut irriter la peau. Ces plantes très rustiques, qui forment souvent des fourrés supportent toutes sortes de conditions, y compris un sol pauvre et la pollution. Ils trouvent leur meilleur emploi dans un jardin sauvage pour former un écran ou une haie libre avec d'autres arbustes comme les aubépines (*Crataegus, voir p. 46*).

Rusticité Zones 2 à 9

Culture Dans tout sol assez fertile, bien drainé, en plein soleil ou à mi-ombre. **Supprimez** en début de printemps les tiges enchevêtrées ou mal placées qui gâchent la silhouette de l'arbuste ; limitez l'extension en rabattant les rameaux défleuris au-dessus de nouvelles pousses vigoureuses. **Divisez** les plantes formant de grandes touffes en automne. **Prélevez** des boutures de bois vert en été ou ligneuses en automne.

Symphoricarpos × *doorenbosii* 'White Hedge'
↕1,50 m ↔ illimité, arbuste dressé formant un fourré, floraison en milieu et fin d'été, fruits réunis en bouquets serrés

YRINGA

as

:URS SUPERBES FLEURS AU PARFUM EXQUIS s'épanouissant printemps et en été ont fait la renommée de ces arbustes. leur teinte florale classique est le mauve, les lilas en déclint bien d'autres : blanc, crème, jaune pâle, rose, magenta rouge violacé. La plupart des lilas horticoles sont des cul-ars de *Syringa vulgaris*, avec une floraison relativement urte mais toujours très précoce, les fleurs étant réunies en nicules coniques caractéristiques. Toutes ces variétés peu-nt devenir assez grandes, idéales au fond d'une plate-bande dans un jardin sauvage, ou peuvent être taillées pour nserver une ampleur plus raisonnable. Mais il en existe utres, comme *S. meyeri* 'Palibin', parfaitement adaptées à petit jardin et qui peuvent même être conduites sur tige.

isticité Zones 2 à 8

lture Dans un sol fertile, enrichi d'humus, de préférence neutre lcalin, en plein soleil. **Supprimez** les fleurs fanées pour éviter que plante ne gaspille sa sève dans la fructification. Supprimez les tiges chevêtrées ou mal placées, en début de printemps. *S. vulgaris* et cultivars supportent une taille sévère de rénovation. **Semez** sous âssis froid dès la maturité des graines ou au printemps. **Marcottez** en but d'été.

***Syringa meyeri* 'Palibin'** ♀
↕1,50-2 m ↔ 1,20 m, arbuste arrondi, à croissance lente, panicules plus petites mais abondantes en fin de printemps et début d'été

RÉNOVATION DU LILAS
Rabattus sévèrement, les cultivars de *S. vulgaris* forment de nouvelles tiges vigoureuses qui doivent être éclaircies. Ils refleuriront la troisième année.

Syringa vulgaris* var. *alba
↕↔ 7 m, forme à fleurs blanches de ce petit arbre ou arbuste étalé très parfumé dont les fleurs sont généralement bleu lilacé

***yringa × josiflexa* 'Bellicent'** ♀
m ↔ 5 m, arbuste dressé, panicules plus grandes que la moyenne, squ'à 20 cm de long, floraison en fin de printemps et début d'été

***Syringa vulgaris* 'Primrose'**
↕↔ 7 m, arbuste étalé ou petit arbre, petites panicules de fleurs d'une teinte insolite pour un lilas, de la fin du printemps au début de l'été

***Syringa pubescens* 'Superba'** ♀
↕jusqu'à 6 m ↔ 6 m, arbuste érigé buissonnant, petites panicules de fleurs en début d'été, puis remontées intermittentes jusqu'à l'automne

Tamarix

Tamaris

Ces arbustes ou petits arbres caducs à tiges arquées brun-rouge sont précieux dans les jardins de bord de mer. Leurs petites fleurs roses sont réunies en grappes vaporeuses. Poussant à l'état naturel dans des régions côtières, ils résistent avec entrain aux vents salés et aux embruns. Leurs petites feuilles plumeuses et résistantes offrent peu de surface à l'évaporation, ils sont donc parfaits en brise-vent, à condition de ne pas être exposés à des vents froids. En situation abritée, ils risquent de pousser en hauteur et de se dégarnir à la base s'ils ne sont pas taillés régulièrement. Les espèces les plus courantes sont *Tamarix tetrandra*, fleurissant du milieu à la fin du printemps, et *T. ramosissima*, fleurissant en milieu d'été.

Rusticité Zones 3 à 8

Culture Dans un sol bien drainé dans les régions côtières, dans un sol frais, à l'abri des vents froids et desséchants à l'intérieur des terres ; en plein soleil. **Rabattez** les jeunes plantes quasiment au ras du sol à la plantation et élaguez régulièrement pour éviter que la tête ne s'alourdisse. Sur les espèces à floraison hâtive, rabattez les rameaux défleuris à de nouvelles pousses vigoureuses ; taillez les espèces à floraison tardive un peu plus sévèrement, en début de printemps. Tous supportent une taille de rénovation, quasiment à la base. **Semez** en pot sous châssis froid dès la maturité des graines. **Prélevez** des boutures de bois sec en hiver ou semi-ligneuses en été.

Tamarix ramosissima 'Pink Cascade'
↕↔ 5 m, grappes denses de fleurs en milieu d'été, sur des pousses de l'année

Taxus

If

Ces conifères aux multiples emplois sont prisés pour leur beau feuillage persistant et leur port sculptural. Leur écorce brun rougeâtre s'exfolie souvent et leurs feuilles étroites sont généralement vert foncé, mais il existe des variétés à feuillage jaune doré. Les plantes femelles portent des baies rouges en automne. Les ifs peuvent être cultivés sur pied ou taillés en topiaires, et ils composent sans doute les plus belles haies géométriques ; les formes prostrées font de bons couvre-sol. Les ifs poussent plus vite qu'on ne l'imagine et forment une haie compacte en moins de dix ans. À la différence de la plupart des conifères, on peut les tailler sévèrement dans le vieux bois, il est donc facile de les rénover s'ils sont abîmés ou s'ils prennent trop d'ampleur. Toutes les parties de la plante sont toxiques, à l'exception de la chair des fruits (arilles).

Rusticité Zones 4 à 9

Culture Dans tout type de sol, sauf détrempé, et en toutes situations, du plein soleil à l'ombre dense. **Taillez** les haies et les topiaires en été et début d'automne. Rénovez à l'automne. **Semez** sous châssis froid ou en pépinière dès la maturité des graines ; la germination peut prendre deux ans ou plus. **Prélevez** en fin d'été des boutures semi-ligneuses sur des pousses bien dressées (sauf sur les variétés prostrées), sinon elles ne donneront jamais une flèche correcte.

Taxus baccata 'Fastigiata' (If d'Irlande)
↕10 m ↔ 6 m, femelle, particulièrement étroit quand il est jeune, forme une remarquable colonne à l'âge adulte

Taxus baccata 'Fastigiata Aureomarginata' 🏆
↕3-5 m ↔ 1-2,50 m, femelle, presque conique, cultivar à feuillage panaché d'or, convenant aux jardins les plus petits

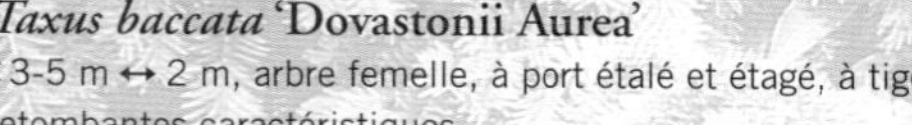

Taxus baccata 'Dovastonii Aurea'
↕3-5 m ↔ 2 m, arbre femelle, à port étalé et étagé, à tiges retombantes caractéristiques

EUCRIUM

ermandrée

PPRÉCIÉS POUR LEUR FEUILLAGE AROMATIQUE et leurs duisantes fleurs estivales, ces petits arbustes persisnts et caducs appartiennent à un groupe important ui comprend aussi des plantes non ligneuses. Leurs uilles sont souvent gris-vert à revers argenté et les eurs sont tubulaires ou campanulées, roses, jaunes ou eues, réunies en grappes. Sous un climat rigoureux, nsoleillement est nécessaire, soit dans une plate-bande it à l'abri d'un mur, mais les *Teucrium chamaedrys* nt de bons sujets de haie ou de bordure sous les cliats plus doux. Accompagnez les *Teucrium* d'autres bustes à floraison estivale comme des lavandes *avandula, voir p. 80*), des armoises (*Artemisia, p. 25*) des romarins (*Rosmarinus, p. 114*).

sticité Zones 6 à 10

lture Dans un sol bien drainé, légèrement alcalin (calcaire), plein soleil ; les petites espèces demandent un sol graveleux très ainant. **Rabattez** après la floraison, au printemps ou en fin d'été, ur conserver un port équilibré. **Boutures** herbacées en début d'été semi-ligneuses en fin d'été, les unes et les autres cultivées en ni-serre avec chaleur de fond. Hivernation des jeunes plantes conditions hors gel.

eucrium polium
↔ 30 cm, caduc, formant un dôme, floraison abondante
i été

THUJA

Thuya

CES CONIFÈRES, GRANDS ET PETITS, font de beaux sujets isolés, mais aussi des haies car ils supportent bien les tailles répétées. Ils affichent des bouquets plats de feuilles écailleuses, généralement aromatiques. Le thuya du Canada, *Thuja occidentalis*, est un arbre arrondi qui peut atteindre 20 m de haut, aux branches recourbées, aux feuilles dégageant un parfum de pomme et dont l'écorce brun orangé s'exfolie. Il est à l'origine de nombreux cultivars, de couleurs et de tailles très variées. 'Cespitosa', par exemple, de croissance très lente, forme un coussin compact de 30 cm de haut seulement, idéal en jardin de rocaille. *T. plicata*, souvent utilisé en haie, ne convient qu'à de grands jardins, mais il offre un bon nombre de petites variétés comme 'Hillieri' à feuilles vert-bleu, se cantonnant à 2 m.

Rusticité Zones 3 à 8

Culture Dans un sol profond, frais mais bien drainé, en plein soleil, à l'abri des vents froids et desséchants. **Taillez** les haies en début et en fin d'été. **Semez** en pot sous châssis froid en fin d'hiver ou prélevez des boutures semi-ligneuses en fin d'été. Sujet aux **pucerons** et aux **cochenilles** à bouclier ; celles-ci peuvent être traitées avec un insecticide si elles posent un vrai problème.

① *occidentalis* 'Rheingold' ♀ ↕1-2 m ↔ jusqu'à 1-1,20 m, feuilles jaunes teintées de rose au stade juvénile ② *plicata* (Cèdre rouge) ↕20-35 m ↔ 6-9 m

THYMUS

Thym

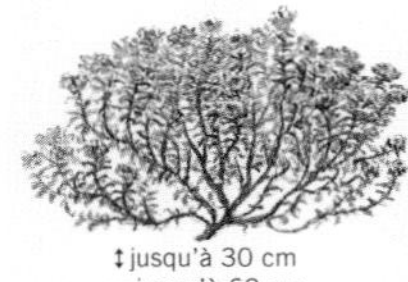

CES ARBUSTES PERSISTANTS à port bas, à petites feuilles aromatiques et fleurs ravissantes attirent les abeilles et d'autres insectes bénéfiques. Ils se parent en été de bouquets de petites fleurs, généralement roses, pourpres ou blanches. Hormis une humidité permanente, les thyms prospèrent dans la plupart des situations et composent de belles alliances avec d'autres plantes aromatiques comme les lavandes (*Lavandula, voir p. 80*) et la ciboulette. Ils sont parfaits au premier plan ou en bordure de plate-bande ; les variétés tapissantes peuvent être plantées dans les interstices d'un dallage où les feuilles, froissées par les passants, exhaleront tout leur parfum. Planté en pot, éventuellement avec d'autres herbes aromatiques, le thym débordera en charmantes cascades.

Rusticité Zones 3 à 8

Culture Dans un sol neutre à alcalin (calcaire) bien drainé, en plein soleil. **Rabattez** après la floraison pour conserver un port compact. **Semez** en pot sous châssis froid au printemps ou divisez les plantes au printemps. **Prélevez** des boutures herbacées entre le milieu et la fin de l'été.

① *doerfleri* 'Bressingham' ↕10 cm ② 'Doone Valley' ↕13 cm ③ 'Peter Davis' ↕15 cm ④ *pulegioides* 'Bertram Anderson' ♀ ↕jusqu'à 30 cm – tous

TILIA

Tilleul

GRANDS ARBRES CADUCS À LA STATURE IMPOSANTE, les tilleuls sont cultivés pour leur port, leur feuillage et leurs fleurs parfumées. Tous portent des feuilles ovales à arrondies, vert vif ou foncé, virant au jaune en automne. À partir du milieu de l'été, les fleurs blanc crème ou jaune pâle s'épanouissent en bouquets souples et pendants. Elles attirent les insectes pollinisateurs dans le jardin, et surtout les abeilles. Les fleurs sont suivies de fruits secs ressemblant à des petites noix, non comestibles. Avec l'âge, l'écorce des tilleuls se crevasse. Ces arbres font de beaux sujets isolés, à condition de disposer d'un jardin très spacieux.

Rusticité Zones 3 à 7

Culture Dans un sol frais mais bien drainé, de préférence alcalin (calcaire) ou neutre, mais les tilleuls supportent les sols acides ; en plein soleil. Évitez les sites humides ou les conditions très sèches, ainsi que l'exposition à des vents violents hivernaux. **Supprimez** en début de printemps les tiges enchevêtrées ou mal placées compromettant la symétrie des jeunes arbres. **Conservez** les graines au froid 3 à 5 mois avant de les semer en pot sous châssis froid au printemps. Les **pucerons** infestent les tilleuls sans leur nuire, mais le miellat collant qu'ils sécrétent peut devenir gênant quand la pluie le fait dégouliner en été ; ne plantez donc pas un tilleul en bordure d'allée ou d'une zone de stationnement de voitures.

Tilia henryana
↕↔ jusqu'à 25 m, arbre étalé, feuilles teintées de rouge au stade juvénile, floraison de la fin de l'été au début de l'automne

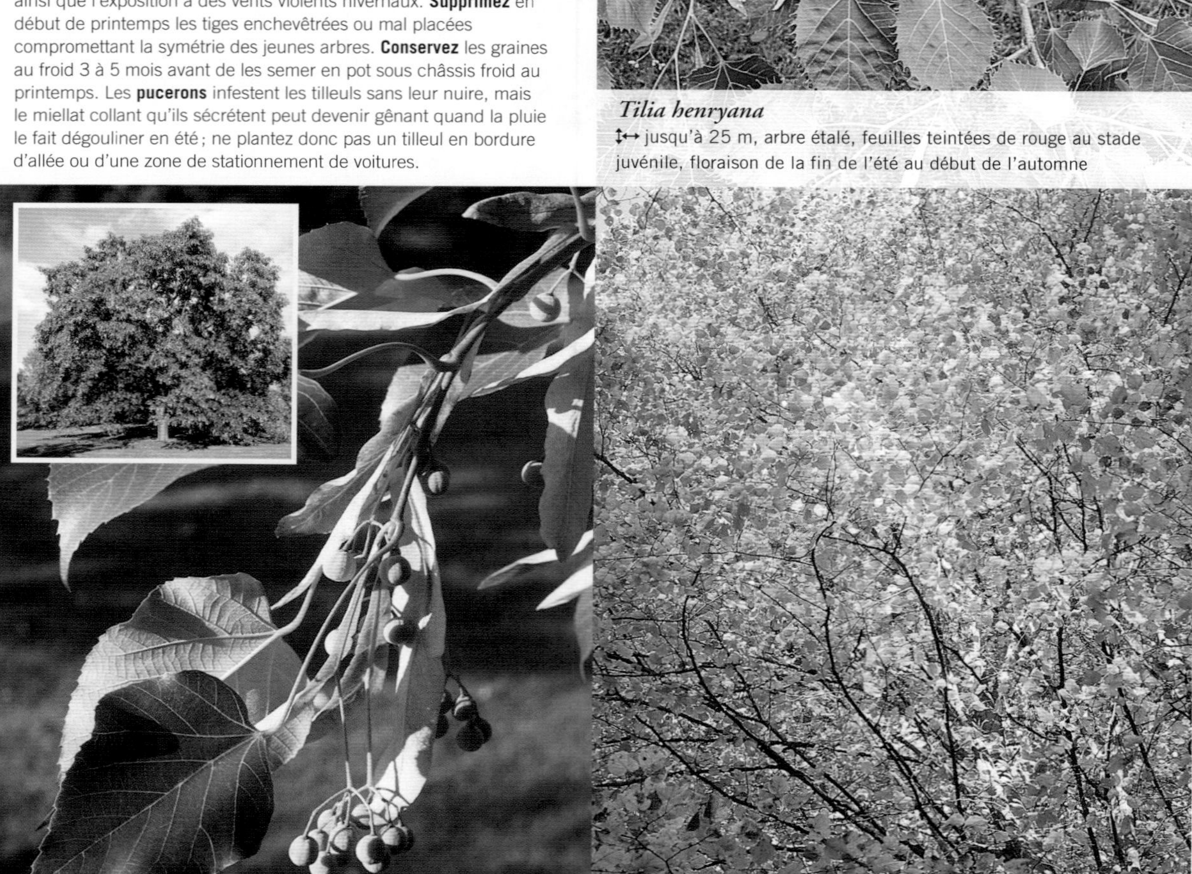

Tilia oliveri
↕15 m ↔ 10 m, floraison en milieu d'été, cette espèce est moins sujette que d'autres aux pucerons

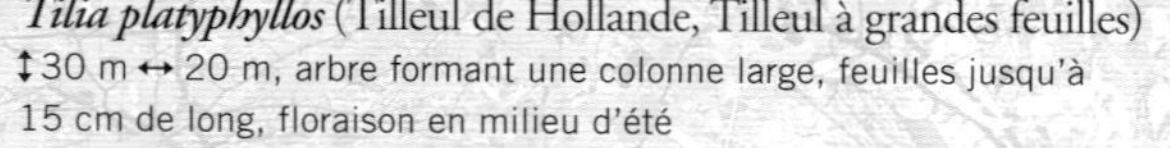

Tilia platyphyllos (Tilleul de Hollande, Tilleul à grandes feuilles)
↕30 m ↔ 20 m, arbre formant une colonne large, feuilles jusqu'à 15 cm de long, floraison en milieu d'été

TRACHYCARPUS

Palmier chanvre

CES PALMIERS PERSISTANTS affichent des feuilles vert fon composées de nombreux segments se rejoignant en éve tail. Ils forment généralement un tronc unique robust comme chez le palmier de Chine, *Trachycarpus fortun* l'espèce que l'on rencontre le plus souvent dans les ja dins. Des petites fleurs jaunes s'épanouissent en été e longues panicules pendantes émergeant près de la ba des feuilles. Les fleurs mâles et femelles sont portées p des arbres différents ; si des arbres de sexe opposé côtoient, les plantes femelles produiront des fruits sph riques bleu-noir. Sous un climat rigoureux, ces superb plantes de caractère peuvent être cultivées en pot et abr tées en conditions hors gel en hiver. Plantées parmi d bambous et des graminées ornementales (*voir p. 35 355*) ou en compagnie de fougères (*p. 356-365*), vo recréerez une ambiance de jungle dans une cour abrité

Rusticité Zones 9 et 10

Culture Dans un sol peu fertile, bien drainé, en plein soleil ou à mi-ombre, à l'abri des vents froids et desséchants. La **taille** n'est pas nécessaire, mais supprimez les feuilles fanées, en veillant à ne pas couper trop près du tronc. **Semez** à 24 °C au printemps ou en automn

Trachycarpus fortunei ♀ (Palmier de Chine)
↕jusqu'à 20 m ↔ 2,50 m, atteint rarement cette taille sous les climats tempérés, il reste généralement un petit arbre

TSUGA

LE PRINCIPAL ATTRAIT DE CES CONIFÈRES persistants est leur port gracieux, généralement conique, à rameaux pleureurs étagés. Ils se développent dans toutes les tailles imaginables, de 30 cm à 30 m de haut. Leurs feuilles en aiguille déclinent une palette de teintes, du vert vif au gris-bleu ou au gris argenté, parfois d'un blanc éblouissant au revers, offrant donc une touche ornementale adaptée à chaque jardin. *Tsuga heterophylla* compose de belles haies. Tous les *Tsuga* prospèrent à l'ombre. Les fleurs mâles et femelles sont réunies en bouquets séparés sur le même arbre et les petits cônes pendants mûrissent l'année même de leur formation.

Rusticité Zones 4 à 8

Culture Dans un sol frais mais bien drainé, de préférence neutre à légèrement acide, enrichi d'humus lors de la plantation ; en plein soleil ou à mi-ombre, à l'abri des vents froids et desséchants. La **taille** n'est pas nécessaire, comme pour la plupart des conifères, à moins que les branches abîmées soient à supprimer. Taillez les haies entre le début et la fin de l'été. **Semez** en pot sous châssis froid au printemps ou prélevez des boutures semi-ligneuses en fin d'été ou début d'automne.

Tsuga canadensis
↕ jusqu'à 25 m ↔ jusqu'à 10 m, le meilleur sujet dans un sol calcaire ; il existe des cultivars plus petits issus de cet arbre

ULEX
Ajonc

PERSISTANT ET ÉPINEUX, L'AJONC est idéal pour composer une haie résistante. *Ulex europaeus* est un arbuste dressé, arrondi à buissonnant. Ses tiges vertes, terminées par une épine et dont les feuilles se réduisent à des aiguillons, le rendent quasiment impénétrable. Bien que la principale saison de floraison soit le printemps, les fleurs, solitaires ou en grappes, apparaissent presque toute l'année sous climat doux. Ces fleurs papilionacées jaune vif, à l'odeur de noix de coco, apportent une touche exotique insolite au printemps. L'ajonc nain également épineux, *U. gallii*, est plus étalé, se cantonnant à 2 m de haut, et fleurit à partir de la fin de l'été. Ces deux espèces conviennent à une plate-bande chaude ou à une pente ensoleillée où peu d'autres plantes prospéreront, hormis d'autres plantes robustes et résistant à la sécheresse.

Rusticité Zones 7 à 9

Culture Dans un sol pauvre, sableux et bien drainé, acide à neutre, en plein soleil. Les sols riches donnent des plantes hautes sur tiges. **Rabattez** à 2,5 cm du vieux bois après la floraison ou en milieu de printemps tous les deux ou trois ans. **Prélevez** des boutures semi-ligneuses en été.

Ulex europaeus 'Flore Pleno' ♀
↕ jusqu'à 2,50 m ↔ 2 m, fleurs doubles, ne produisant pas de graines

ULMUS
Orme

EN DÉPIT DES CROYANCES, LES ORMES peuvent être cultivés dans les pays ayant subi les ravages de la maladie hollandaise de l'orme (maladie parasitaire). Les arbres caducs offrent un feuillage séduisant, virant au jaune d'or en automne, et un port élégant. Ils affichent également des bouquets de petites fleurs campanulées teintées de rouge, généralement au printemps mais parfois en automne, suivies de fruits ailés verts. Les grands ormes, comme *Ulmus pumila*, font de beaux sujets isolés dans les grands jardins ; ils constituent aussi des points de mire classiques dans une longue haie libre. *U.* × *hollandica* 'Jacqueline Hillier' est un orme arbustif n'atteignant que 2,50 m, excellent sujet de haie.

Rusticité Zones 2 à 9

Culture Dans tout sol bien drainé, en plein soleil ou à mi-ombre. **Supprimez** les tiges enchevêtrées ou mal placées compromettant la symétrie de l'arbre, en fin d'hiver ou début de printemps. **Semez** en pot à l'extérieur au printemps ou en automne, ou prélevez des boutures herbacées en été. La **maladie hollandaise de l'orme** est une maladie incurable et fatale, mais les ormes cités ici sont relativement résistants, ainsi que les ormes d'origine asiatique comme l'orme de Chine, *U. parviflora* et ses cultivars.

Ulmus pumila (Orme de Sibérie)
↕ 20-30 m ↔ 12 m, petites fleurs rouges en début de printemps et feuilles lancéolées

VIBURNUM

Viorne

LES FLEURS, LES FRUITS ET LE FEUILLAGE, tout est décoratif dans ce groupe extrêmement varié d'arbustes persistants, semi-persistants et caducs. Les fleurs sont roses, blanches teintées de rose ou crème, parfois très odorantes. Elles s'épanouissent en hiver, au printemps ou en été, souvent en bouquets portés à l'extrémité des tiges. Les baies rouges ou noires qui les suivent sont aussi ornementales. Si vous disposez d'assez d'espace, groupez plusieurs plantes de la même espèce pour assurer une bonne pollinisation et une fructification plus abondante. Chez des espèces comme *Viburnum opulus*, les baies permettent d'attirer les oiseaux. Le feuillage est également intéressant. Chez certaines viornes, les feuilles sont rugueuses, chez d'autres elles sont lisses et lustrées, et elles sont souvent fortement nervurées. La plupart des variétés caduques sont vivement colorées en automne. Les viornes sont généralement plantées en plates-bandes arbustives ou mixtes, ou dans un cadre boisé ; *V. macrocephalum* est moins rustique et apprécie l'abri d'un mur.

Rusticité Zones 3 à 9

Culture Dans tout sol moyennement fertile, frais mais bien drainé, en plein soleil ou à mi-ombre ; dans les régions soumises à de fortes gelées, abritez les espèces persistantes des vents froids et desséchants. **Taillez** légèrement les tiges qui gâchent la silhouette d'un arbuste caduc, après la floraison. La plupart des variétés caduques et *V. tinus* supportent un recépage. Rabattez les tiges enchevêtrées ou mal placées sur les espèces persistantes, en fin d'hiver ou début de printemps, pour conserver une charpente équilibrée. **Semez** en pot sous châssis froid en automne ou, sur les espèces caduques, prélevez des boutures de bois vert, un peu plus tard que les boutures herbacées, quand la tige est un peu plus ferme et plus foncée. La **fumagine** peut envahir le feuillage de *V. tinus* s'il est infesté d'aleurodes (mouches blanches) ; traitez avec un insecticide approprié si nécessaire. Éliminez les feuilles atteintes de la maladie des taches foliaires.

Les viornes dans le jardin

Dans une plate-bande *Les viornes sont des arbustes idéals en haie ou en plate-bande mixte, car beaucoup, dont* V. opulus, *ont un port séduisant, naturellement arrondi, qui demande peu ou pas de taille. 'Compactum' est particulièrement ordonné. D'autres sont plus architecturaux, comme* V. plicatum *'Mariesii', à rameaux étagés.* V. davidii, *persistant, fournit une ombre utile.*

Pincez les extrémités pour conserver une tête compacte
Supprimez toutes les tiges apparaissant sur le tronc

Sur tige V. tinus, *persistant, est un bon sujet à conduire sur tige ; quelques plantes à son pied ajouteront à l'intérêt de sa propre floraison. Cette formation prend trois ou quatre ans. Menez la tige principale à la hauteur souhaitée et pincez l'extrémité pour encourager la production de latérales qui formeront la tête. Continuez à pincer les latérales pour conserver un port compact et arrondi.*

① ***Viburnum acerifolium*** ↕ 1-2 m ↔ 1,20 m, caduc ② × ***bodnantense*** 'Charles Lamont' 🏆 ↕ 3 m ↔ 2 m, caduc ③ × ***bodnantense*** 'Dawn' 🏆 ↕ 3 m ↔ 2 m, caduc ④ × ***burkwoodii*** ↕↔ 2,50 m, persistant ⑤ × ***burkwoodii*** 'Anne Russell' 🏆 ↕ 2 m ↔ 1,50 m, persistant ⑥ × ***carlcephalum*** 🏆 ↕↔ 3 m, caduc ⑦ ***carlesii*** 'Aurora' 🏆 ↕↔ 2 m, caduc ⑧ 'Chesapeake' ↕ 2 m ↔ 3 m , semi-persistant

) *davidii* 🏆 ↕↔ 1-1,50 m, persistant ⑩ *dentatum* 🏆 ↕↔ 3 m, caduc ⑪ *farreri* 🏆 ↕3 m ↔ 2,50 m, aduc ⑫ × *globosum* 'Jermyns Globe' ↕2,50 m ↔ 3 m, persistant ⑬ × *juddii* 🏆 ↕1,20 m ↔ 1,50 m, aduc ⑭ *macrocephalum* ↕↔ 5 m, persistant ⑮ *opulus* 'Compactum' 🏆 ↕↔ 1,50 m, caduc) *opulus* 'Xanthocarpum' 🏆 ↕5 m ↔ 4 m, caduc ⑰ *plicatum* 'Mariesii' 🏆 ↕3 m ↔ 4 m, caduc

⑱ *plicatum* 'Pink Beauty' 🏆 ↕3 m ↔ 4 m, caduc ⑲ 'Pragense' 🏆 ↕↔ 3 m, persistant ⑳ *rhytidophyllum* ↕5 m ↔ 4 m, semi-persistant ㉑ *sargentii* ↕↔ 3 m, caduc ㉒ *sieboldii* ↕4 m ↔ 6 m, caduc ㉓ *tinus* 'Eve Price' 🏆 ↕↔ 3 m, persistant ㉔ *tinus* 'Variegatum' ↕↔ 3 m, persistant

WEIGELA

Weigela

PEU D'ARBUSTES OFFRENT UN BEAU TABLEAU floral d'été avec autant de constance que les weigelas. Les fleurs, campanulées ou en entonnoir, déclinent une palette de teintes du rose au rubis, parfois blanc pur ou jaunes. Les weigelas sont caducs et la plupart avoisinent une hauteur de 1,50 m, ils trouvent donc leur place même dans une petite cour. Ils prospèrent dans tout sol raisonnablement fertile et supportent le manque de soins. Si vous disposez d'assez d'espace, accompagnez-les d'arbustes dont la floraison est simultanée, comme des potentilles (*Potentilla, voir p. 99*) ou des seringats (*Philadelphus, p. 93*). Veillez seulement à ce que leurs tiges arquées aient assez de place pour se développer.

Rusticité Zones 3 à 9

Culture Dans tout sol fertile, bien drainé, en plein soleil ou à mi-ombre. Les feuillages panachés sont plus colorés en plein soleil, les feuillages dorés à mi-ombre. **Rabattez** les rameaux défleuris à des bourgeons vigoureux ou au-dessus de nouvelles pousses. Sur les plantes adultes surchargées, supprimez une tige âgée sur deux pour favoriser la formation de jeunes tiges. **Prélevez** des boutures de bois vert en début d'été ou semi-ligneuses en milieu d'été, ou des boutures de bois sec de l'automne à l'hiver.

Weigela **'Eva Rathke'**
↕↔ 1,50 m, arbuste compact, dressé puis retombant, boutons rubis s'épanouissant en fleurs carmin foncé en fin de printemps et début d'é

Weigela florida **'Foliis Purpureis'** 🏆
↕1 m ↔ 1,50 m, port bas et étalé, supporte la pollution, apprécie un site chaud et ensoleillé, floraison en fin de printemps et début d'été

Weigela **'Looymansii Aurea'**
↕↔ 1,50 m, croissance lente, port étalé arqué, feuilles plus colorées à mi-ombre, floraison en fin de printemps et début d'été

Weigela **'Florida Variegata'** 🏆
↕↔ 2-2,50 m, grand mais compact et buissonnant, supporte la pollutio urbaine, floraison abondante en fin de printemps et début d'été

'UCCA

ıcca

:UT-ÊTRE MIEUX CONNUS comme plantes d'intérieur, en serre ı en jardin d'hiver, les yuccas sont de remarquables plantes ulpturales dans un jardin. Ce groupe comprend environ) espèces d'arbres et d'arbustes persistants, tous originaires : contrées chaudes et désertiques. Les yuccas présentent le us souvent une tige robuste dressée, puis s'étalent et se rami- :nt avec l'âge. Leurs feuilles lancéolées offrent des tons de :rt moyen à foncé ou de bleu-vert ; chez quelques espèces, es sont marginées de crème ou de jaune. Les panicules éri- :es de fleurs campanulées, généralement blanches, s'épa- ›uissent au-dessus des feuilles en été et en automne. Un yucca ›nstitue un point de mire spectaculaire dans une plate-bande ı en pot dans un patio. Ils se développent et fleurissent par- :ulièrement bien dans les régions côtières à climat doux. Sous ; climats rigoureux, ils doivent hiverner sous abri hors gel.

ısticité Zones 4 à 9

ılture Dans tout sol bien drainé, en plein soleil. En pot, dans un élange à base de terreau de feuilles ; arrosez copieusement en été et portez un engrais tous les mois. **Semez** au printemps entre 13 et 18 °C. **élevez** des boutures de racines tard en automne ou séparez des rejets racinés (autour de la rosette centrale) au printemps et replantez-les.

ıcca gloriosa ♀
→ 2 m, longues feuilles bleu-vert, vert foncé avec l'âge, les plantes ıultes fleurissent en fin d'été

ZAUSCHNERIA

CET ARBUSTE À L'ALLURE EXOTIQUE se pare de couleurs remarquables en fin de saison, lorsque les autres plantes ont passé leur apogée. Persistant dans sa Californie d'origine, il peut dépérir sous un climat tempéré mais devrait se remettre. Le clou du spectacle est offert par ses fleurs en entonnoir étroit s'épanouissant sur une longue période, en fin d'été et en automne. Les *Zauschneria* prospèrent dans des sites chauds et ensoleillés, bien drainés. Un jardin de rocaille ou l'abri d'un mur de pierres sèches sont parfaits. Vous pouvez aussi les planter dans une plate-bande herbacée ou mixte aux côtés d'autres arbustes et vivaces à floraison tardive, comme des *Fuchsia* rustiques (*voir p. 60-63*), des *Rudbeckia* (*p. 317*), des *Aster* (*p. 192-193*) et des *Sedum* (*p. 324*).

Rusticité Zones 8 à 10

Culture Dans un sol peu fertile, frais mais bien drainé, en plein soleil, à l'abri des vents froids et desséchants. **Appliquez** un paillis de matière organique autour du collet de la plante en hiver, dans les régions froides, pour la protéger des fortes gelées. **Semez** en pot sous châssis froid au printemps. **Prélevez** des boutures basales de jeunes tiges au printemps et traitez-les comme des boutures herbacées, en mini-serre.

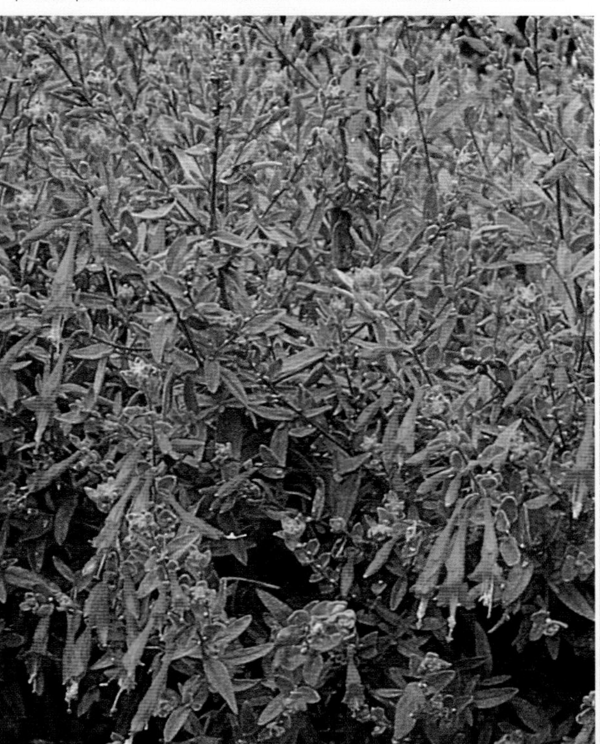

Zauschneria californica
↕ jusqu'à 30 cm ↔ 50 cm, persistant ou semi-persistant, formant une touffe

ZELKOVA

CES ARBRES À LA STATURE IMPOSANTE allient un port caractéristique, dressé puis étalé, à des feuilles vert foncé, prenant des tons flamboyants de jaune, d'orange et de rouge en automne. Ce groupe comprend six espèces, toutes caduques, que l'on confond souvent avec leurs proches parents, les ormes (*Ulmus, voir p. 125*). Ils arborent des petites fleurs vertes au printemps, suivies de petits fruits verts. Les *Zelkova* font de beaux sujets isolés dans les grands jardins ou les espaces dégagés, ou le long de larges avenues. Les tilleuls (*Tilia, p. 124*) et les bouleaux (*Betula, p. 28*) sont de bons compagnons. Dans un petit jardin, optez pour *Zelkova abelicea* qui se cantonne à 5 m de haut et 7 m d'étalement, ou pour les cultivars nains de *Z. serrata* comme 'Goblin', arbuste buissonnant de 1 m de haut.

Rusticité Zones 6 à 9

Culture Dans un sol profond, fertile, frais mais bien drainé, en plein soleil ou à mi-ombre ; à l'abri des vents froids et desséchants dans les régions soumises au gel. **Supprimez** en fin d'hiver ou début de printemps les tiges enchevêtrées ou mal placées sur les jeunes arbres compromettant la symétrie future. **Semez** en pot sous châssis froid au printemps. **Prélevez** des boutures herbacées en été.

Zelkova serrata ♀
↕ jusqu'à 30 m ↔ 18 m, port étalé, écorce lisse et grise qui s'exfolie en dévoilant des plaques orange, riche feuillage en automne (*ci-dessus*)

Les plantes grimpantes

Les plantes grimpantes dans le jardin

Lors de la conception d'une plate-bande ou d'un secteur du jardin, n'oubliez pas d'inclure des grimpantes. Elles introduisent une dimension verticale quand elles montent le long d'un support ou parmi les branches d'un arbre ou d'un arbuste. Dans un jardin où l'espace est trop restreint pour cultiver des arbres ou de grands arbustes, ce sont les seules à donner une impression de hauteur ou à procurer de l'intimité. Palissées contre un mur ou une clôture, elles amplifient un décor de fleurs et de feuillages et offrent une toile de fond changeante selon les saisons.

Le bon emploi des plantes grimpantes

Les grimpantes sont idéales pour recouvrir et donner du charme à des éléments nus ou disgracieux tels qu'un mur, une clôture, une souche d'arbre ou un appentis. Leurs fleurs aux teintes vives et leurs feuillages variés ont un fort impact visuel et permettent d'attirer le regard vers le haut ; par ailleurs, en mettant à profit tout l'espace disponible, elles donnent une impression de grandeur.

Les clématites (*voir p. 136-139*) et les rosiers (*p. 150-151*) offrent une immense palette de teintes et de tailles de fleurs. En associant deux grimpantes ou plus, vous obtiendrez un bon résultat. Par exemple, *Clematis cirrhosa*, persistante, joue un rôle de couverture toute l'année mais ne fleurit qu'en début de printemps, elle offre donc un bel écrin aux fleurs de *Rosa* 'New Dawn'. Pour une ambiance parfumée, plantez un chèvrefeuille (*Lonicera, p. 156*) et pour une belle teinte d'automne, choisissez une vigne vierge (*Parthenocissus, p. 148*). Si vous souhaitez un habillage de feuillage persistant, optez pour les lierres (*Hedera, p. 142*), dont les feuilles offrent une infinie diversité de formes et de couleurs.

Une pergola tapissée de grimpantes en fleurs devient un élément phare du jardin et une tonnelle encerclée de plantes parfumées est un havre de détente. Veillez à choisir une plante d'une taille adaptée à la structure. Les rosiers grimpants sont un option classique, les rosiers sarmenteux étant généralement trop grands, mais les vignes d'ornement (*Vitis, p. 154*) ont également belle allure sur une grande pergola.

Un encadrement de glycine Les grimpantes permettent la mise en valeur d'une perspective ou d'attirer l'attention sur un élément particulier, statue ou urne. Ce cadre en métal est habillé d'une *Wisteria sinensis* qui s'orne d'une profusion de fleurs pendantes en début d'été et offre un cadre parfumé à la sculpture posée sur le banc.

Si vous ne disposez pas de l'espace nécessaire à une pergola ou une tonnelle, vous pouvez conduire une grimpante le long d'un pilier, d'un obélisque ou d'un trépied dans un massif ou une plate-bande. Les grimpantes de taille moyenne ou petite, comme les pois de senteur (*Lathyrus odoratus, p. 145*), sont un bon choix dans ce contexte.

Une grimpante montant à l'assaut d'un arbre ou d'un arbuste a le charme du naturel et ajoutera une touche de couleur à un conifère. C'est un excellent emploi pour une plante à port dégingandé, les cultivars de *Clematis viticella* par exemple.

Si vous souhaitez protéger votre intimité d'un écran, planter une grimpante au pied d'une clôture ou d'un treillis est une solution aussi rapide qu'élégante.

Dans tous les cas, vous devrez conduire et tailler vos plantes de façon à maintenir une silhouette équilibrée. Certaines grimpantes ligneuses, notamment, ont une floraison plus abondante si les nouvelles tiges sont guidées tous les ans le long de supports horizontaux, ce qui encourage la formation de latérales florifères.

Qu'est-ce qu'une plante grimpante ?

terme « grimpante » s'applique aux ntes qui, dans la nature, s'accrochent se hissent sur des plantes hôtes pour céder à la lumière. La plupart sont aces ; certaines sont ligneuses et appar- nnent à la structure permanente du din, d'autres sont herbacées et se fanent hiver. Les annuelles doivent être mul- liées par semis tous les ans. Il existe ssi quelques grimpantes persistantes. s systèmes d'accrochage sont très divers. Les plantes volubiles utilisent des racines aériennes ou des crampons pour se fixer sur la surface qu'elles escaladent. Certaines s'accrochent par des vrilles. Ces plantes ne demandent pas à être conduites le long d'un support.

En revanche, les grimpantes à vrilles enroulent des tiges ou des vrilles autour d'un support. Certaines, comme les clématites et les capucines (*Tropaeolum*, *p. 154*) s'accrochent à l'aide de pétioles modifiés. Les plantes rampantes et sarmenteuses sont généralement très vigoureuses et développent de longues tiges qui doivent être liées à un support.

Après la plantation, toutes ces plantes doivent être incitées à grimper. Insérez une canne de bambou à côté de la plante, inclinez la canne à 45° vers le support, et attachez les tiges à la canne. Vous retirerez le tuteur quand la plante sera établie.

racines aériennes sont émises sur les tiges (ici, ierre) et s'accrochent aux murs, aux clôtures et aux es. Si vous installez ce type de plante contre un ancien, vérifiez que la maçonnerie est en bon état.

Les vrilles Les plantes comme les fleurs de la passion (*Passiflora*) et les pois de senteur enroulent rapidement leurs vrilles autour d'un support dès qu'elles sont en contact avec lui.

Les pétioles volubiles Les plantes à pétioles volubiles (ici, une clématite) s'enroulent en spirale autour d'un support, comme les plantes à vrilles. Elles ont besoin d'un support permanent pour se développer.

L'emplacement et l'orientation

biller un arbre Les plantes à racines aériennes, illes ou à pétioles volubiles, comme cette clématite, oillent avec élégance le tronc d'un grand arbre ulte. Elles ajoutent la beauté de leurs fleurs et, avec e, s'enroulent gracieusement autour des branches.

Avant de planter une grimpante, vous devez évaluer le sol et l'orientation. Le sol au pied d'un grand mur ou d'une palissade est souvent extrêmement sec car il est en partie protégé de la pluie. Ceci est également vrai pour le sol au pied d'un arbre ou d'un grand arbuste. À ce type d'emplacement, incorporez une bonne quantité de matière organique pour augmenter la capacité de rétention d'eau du sol. Puis plantez la grimpante à 30 à 45 cm du mur ou à la lisière de la voûte des arbres où le sol sera moins sec.

Beaucoup de grimpantes rustiques supportant des conditions très froides se développent sans aucune protection. Un mur de brique ou de pierre augmente néanmoins la température de plusieurs degrés et sera bénéfique à une plante gélive orientée au sud. Évitez d'exposer des plantes à floraison précoce au soleil matinal ; les fleurs ou les boutons pâtiraient d'être exposés à un réchauffement trop rapide après une nuit de gel.

Si l'emplacement est ombragé la plus grande partie de la journée, et s'il est de surcroît froid et orienté au nord, votre choix est plus limité, mais bon nombre de lierres et d'hortensias grimpants (*voir p. 143*) prospèrent dans de telles conditions.

Les pots

De nombreuses grimpantes, notamment les herbacées et les petites espèces ligneuses sont très heureuses en pot. Vous pouvez cultiver une grimpante en pot dans un patio et la palisser sur un treillis de la même façon qu'en pleine terre. Sinon, dressez un support sur pied dans le pot, trépied de cannes de bambou ou obélisque, vous pourrez ainsi déplacer le pot dans le jardin. Les contenants sont idéals pour les plantes moins rustiques comme les jasmins, car elles peuvent alors hiverner dans une serre chauffée ou un jardin d'hiver.

Prévoyez d'arroser et d'apporter régulièrement un engrais aux plantes en pots. Vous devrez peut-être les arroser une fois par jour, ou même deux, par temps sec.

Un topiaire vite fait Vous créerez un élément décoratif en conduisant une petite grimpante sur un cadre métallique inséré dans un pot. Il existe des structures de différentes formes, mais vous pouvez en façonner une à votre goût.

Actinidia

Kiwi

Ces grimpantes volubiles offrent tout le charme de leur feuillage caduc et, sous climats chauds, de leurs fleurs et de leurs fruits. Elles s'enroulent autour d'un grillage ou de fils de fer tendus le long d'un mur ensoleillé. Les grandes feuilles entières des kiwis panachés semblent éclaboussées de peinture blanche et parfois rose. Elles imitent d'immenses pétales et, à effet ornemental égal, sont de beaucoup plus longue durée que les fleurs. Celles-ci, blanches, souvent parfumées, éclosent en début d'été. Elles sont suivies de fruits comestibles, pourvu que le cultivar soit autofertile ou que deux plantes de sexe opposé soient voisines. Les fruits demandent beaucoup de soleil pour se développer et mûrir. *Actinidia deliciosa* est la seule espèce horticole.

Rusticité Zones 4 à 8

Culture Dans un sol fertile, bien drainé, en situation abritée et ensoleillée ; le plein soleil favorise la fructification. **Taillez** en fin d'hiver pour contenir la plante dans l'espace imparti. **Semez** en pot sous châssis froid au printemps ou en automne, ou prélevez des boutures semi-ligneuses en fin d'été.

Actinidia kolomikta ♡

↕5 m ou plus, feuilles pourpres à la naissance, puis teintées de larges bandes roses et blanches avec l'âge

Akebia

Akébie

Les fleurs brun pourpré de ce petit groupe de grimpantes volubiles s'épanouissent en longues grappes pendantes tout au long du printemps et, si l'été est long et chaud, sont suivies de fruits impressionnants, en forme de saucisse, verts virant au pourpre au fil de la maturation. Sous des climats tempérés, les feuilles vert foncé, semi-persistantes, d'*Akebia quinata* ne tombent pas en hiver et se teintent de pourpre par temps froid. *A. trifoliata*, caduque, offre au printemps le charme étonnant de ses feuilles bronze. Les akébies habillent merveilleusement une pergola ou une arche, où elles embaumeront l'atmosphère des fragrances épicées de leurs fleurs. Elles peuvent devenir assez importantes et demandent donc un support solide.

Rusticité Zones 5 à 10

Culture Dans tout sol frais mais bien drainé, en plein soleil ou à mi-ombre ; les akébies demandent peu de soin. **Taille** minimale : contentez-vous de rabattre après la floraison pour limiter la hauteur et l'étalement. **Semez** en pot sous châssis froid, ou sur un rebord de fenêtre, dès la maturité des graines, ou prélevez des boutures semi-ligneuses en été.

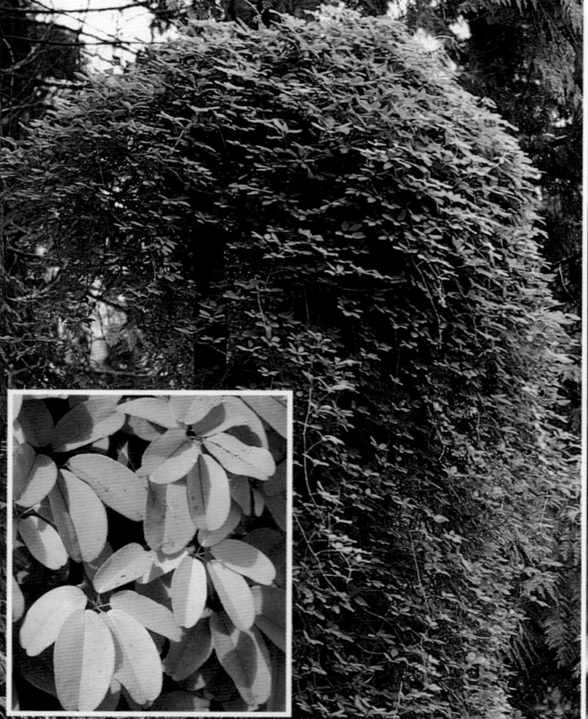

Akebia quinata

↕10 m, feuilles à revers bleu-vert, persistantes sous climats tempérés

Ampelopsis

Fausse vigne vierge

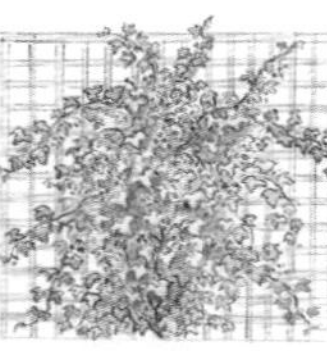

Grâce à leurs vrilles, ces belles gri pantes caduques s'accrochent aux m ou aux clôtures et peuvent ê conduites sur des pergolas ou des arb âgés. Elles sont prisées pour le grandes feuilles aux flamboyan teintes automnales. Les cultivars panachés, com *Ampelopsis glandulosa* 'Elegans', sont moins vigoureux c l'espèce et conviennent donc à des espaces plus restrein leurs marbrures blanches et roses apportent une touc de gaieté sur un mur terne. Dans les régions chaudes, petites fleurs de fin d'été sont suivies d'une profusion baies ornementales roses, bleues, noires ou orange.

Rusticité Zones 5 à 9

Culture Dans tout sol frais mais bien drainé, en plein soleil ou à mi-ombre. Les fruits sont plus abondants en plein soleil ou si les racines sont contenues dans un bac. **Taillez** les plantes vigoureuses au printemps, en veillant à ce que les vrilles ne s'insinuent pas sous les tuiles ou dans les gouttières. **Semez** en pot sous châssis froid en automne ou prélevez des boutures herbacées en été.

Ampelopsis glandulosa var. *brevipedunculata*

↕5 m, les baies pourpres ou bleues pâlissent au bleu ciel au fil de la maturation

ERBERIDOPSIS CORALLINA

OICI UNE VIVACE LIGNEUSE VOLUBILE qui affiche de ngues feuilles cordiformes bordées d'épines, mais est entiellement prisée pour ses fleurs ressemblant à celles s *Fuchsia*. Elles s'épanouissent tout l'été, évoquant de ngs pendants d'oreilles. *Berberidopsis corallina* se fauera avec grâce le long d'un arbre qui lui fournira un vironnement idéal, protecteur et semi-ombragé. Un élanchier (*voir p. 22*) ou un sorbier (*Sorbus, p. 118*) nstituent un excellent support, car les fleurs rouges du *rberidopsis* comblent le manque entre leurs fleurs prinières et leurs teintes d'automne. Vous pouvez aussi le lisser contre un mur abrité et ombragé.

sticité Zones 8 et 9

lture Dans un sol neutre ou acide (sans calcaire), enrichi umus lors de la plantation. Choisissez un site ombragé, abrité des ts froids et desséchants et, en hiver, protégez les racines d'un paillis is. **Attachez** les jeunes pousses à leur support. **Taillez** la plante en d'hiver ou début de printemps si elle prend trop d'ampleur. **Semez** pot sous châssis froid au printemps ou prélevez des boutures ni-ligneuses en fin d'été ou marcottez en automne.

rberidopsis corallina
m, grimpante très facile à se procurer

CAMPSIS

Bignone

↕10 m

LES DEUX SEULES ESPÈCES DE BIGNONE, *Campsis radicans* et *C. grandiflora* ont produit par croisement *C.* × *tagliabuana*, très prisée. De la fin de l'été à l'automne, ces plantes affichent des fleurs d'allure exotique, généralement jaunes, orange ou rouges, réunies en petits bouquets sur fond de feuillage sombre. Ces grimpantes ligneuses s'accrochent grâce à leurs racines aériennes mais demandent néanmoins un support. Elles sont impressionnantes le long d'un mur, d'une clôture, d'une pergola ou d'un grand arbre.

Rusticité Zones 5 à 10

Culture Dans un sol frais mais bien drainé. Dans les régions à fortes gelées, plantez le long d'un mur chaud et ensoleillé. **Déployez** les jeunes tiges en éventail pour une bonne couverture du support et supprimez les pousses mal placées ; il faudra 2 à 3 ans pour établir une charpente. **Attachez** les jeunes tiges jusqu'à ce que les racines aériennes assurent une bonne prise. Une fois la charpente bien formée, rabattez les latérales à deux ou trois bourgeons tous les ans, après la floraison. **Semez** en pot en automne ou prélevez des boutures semi-ligneuses en été.

Campsis × *tagliabuana* 'Madame Galen' ♀
↕10 m, de loin la plus populaire de ce groupe de grimpantes

CELASTRUS

Célastre, Bourreau des arbres

LE CÉLASTRE EST L'UNE DES RARES PLANTES à s'épanouir en automne. Quand les autres végétaux commencent à dépérir, il se pare de baies jaunes qui s'ouvrent en deux à maturité et révèlent alors des graines roses ou rouges, ressemblant à celles de la grenade. Ces baies suivent des bouquets discrets de fleurs vertes ; les fleurs mâles et femelles étant portées par des arbres différents, vous devrez planter des sujets de sexe opposé ou un cultivar autofertile pour obtenir des fruits. Les variétés les plus couramment cultivées sont les grimpantes caduques, ligneuses, *Celastrus scandens* et *C. orbiculatus* et ses cultivars. Palissez-les contre un mur, une clôture ou une pergola ou conduisez-les le long d'un grand arbre.

Rusticité Zones 2 à 8

Culture Dans tout sol bien drainé, de préférence en plein soleil mais supporte la mi-ombre. Le célastre demande un support solide, donc si vous le plantez au pied d'un arbre, celui-ci doit mesurer au moins 10 m de haut. **Taillez** entre la fin de l'hiver et le début du printemps pour limiter l'extension. **Semez** dès la maturité des graines ou au printemps, ou prélevez des boutures semi-ligneuses en été.

Celastrus scandens
↕10 m, porte des fruits jaune orangé à graines rouges

Clematis

Clématite

voir aussi p. 214

Souvent qualifiée de « reine des grimpantes », la clématite est l'une des plantes favorites des jardiniers pour la beauté de ses fleurs. Vous avez le choix entre des centaines de variétés aux ports très divers, depuis les herbacées formant des touffes aux grimpantes persistantes atteignant 15 m de haut ou plus, qui habilleront de grands arbres. Les fleurs déclinent toutes les formes, les tailles et les coloris, des grandes fleurs étalées aux petites clochettes pendantes, dans des tons vifs ou doux : blanc, jaune d'or, orange à rose et écarlate, souvent dotées d'anthères proéminentes de teinte contrastée. Le feuillage est également très variable, mais toujours d'un dessin délicat. Certaines clématites, comme *Clematis tangutica*, arborent de séduisants fruits plumeux.

Rusticité Zones 2 à 9

Culture Les clématites sont réparties en groupes correspondant aux types de taille (*voir ci-dessous*), mais les autres exigences de culture sont les mêmes pour toutes les espèces. **Plantez** les clématites dans un sol bien préparé, enrichi d'humus, au soleil ou à mi-ombre. Les grimpantes doivent être plantées en profondeur, le sommet de la motte radiculaire à 8 cm de la surface du sol pour éviter le **flétrissement de la clématite**, une maladie provoquant un dépérissement brutal au niveau du sol ; dans ce cas, de nouvelles pousses saines peuvent repartir de bourgeons souterrains. **Attachez** la clématite fraîchement plantée à une canne et penchez celle-ci vers le support permanent pour encourager la plante à s'accrocher. **Semez** les espèces en godets dès la maturité des graines, en automne, et placez les godets sous châssis froid. **Prélevez** des boutures herbacées au printemps ou semi-ligneuses en été.

Taille groupe 1

***Ce groupe** produit des fleurs au printemps, sur le bois de l'année précédente. Les fleurs sont en clochette ou simples, de 2 à 5 cm de diamètre, ou en coupe de 4 à 5 cm de diamètre. Supprimez les tiges mortes ou abîmées après la floraison, raccourcissez celles qui prennent trop d'ampleur. Ceci encourage la croissance, en été, des pousses qui porteront les fleurs le printemps suivant. Une fois établis,* Clematis montana *et ses cultivars vigoureux ne demandent qu'une taille régulière visant à limiter leur extension. Rabattez sévèrement les plantes trop touffues ; ne renouvelez pas cette intervention avant au moins 3 ans.*

Taille groupe 2

***Ces hybrides à grandes fleurs** fleurissent en fin de printemps et début d'été sur des latérales de l'année précédente. Ils sont caducs. Les fleurs sont dressées, simples, semi-doubles ou doubles, de 10 à 20 cm de diamètre, le plus souvent en coupe large. En fin d'hiver ou début de printemps, rabattez les tiges chétives ou abîmées à leur empattement ou supprimez les tiges entières si elles sont abîmées. Il est parfois plus simple de rabattre les latérales à l'aide de cisailles, mais veillez à supprimer tout le bois mort.*

Taille groupe 3

***Toutes les clématites** de ce groupe fleurissent sur les pousses de l'année. Les hybrides tardifs à grandes fleurs sont caducs, à fleurs simples, en coupe large de 8 à 15 cm de diamètre, s'épanouissant en été et début d'automne. Les espèces et les hybrides tardifs à petites fleurs fleurissent de l'été à la fin de l'automne. Leurs fleurs sont simples ou doubles, en étoile, campanulées ou tubulaires, de 1 à 10 cm de diamètre. Rabattez toutes les tiges à environ 30 cm du sol, juste au-dessus d'une paire de bourgeons sains, en fin d'hiver ou début de printemps. Veillez à supprimer tout le bois mort.*

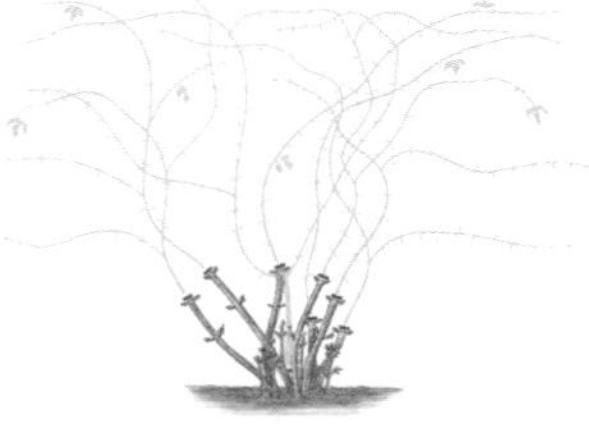

① ***Clematis*** **'Abundance'** 🏆 ↕3 m ↔ 1 m, groupe 3 ② **'Alba Luxurians'** 🏆 ↕1,50 m ↔ 1 m, groupe 3 ③ ***alpina*** 🏆 ↕2-3 m ↔ 1,50 m, groupe 1, fruits plumeux ④ ***alpina*** **'Frances Rivis'** 🏆 ↕2-3 m ↔ 1,50 m, groupe 1, fruits plumeux ⑤ ***armandii*** ↕3-5 m ↔ 2-3 m, groupe 1, persistante ⑥ **'Ascotiensis'** ↕3-4 m ↔ 1 m, groupe 3 ⑦ **'Beauty of Worcester'** ↕2,50 m ↔ 1 m, groupe 2 ⑧ **'Bees' Jubilee'** ↕2,50 m ↔ 1 m, groupe 2, mi-ombre ⑨ **'Bill MacKenzie'** 🏆 ↕7 m ↔ 2-3 m,

oupe 3, fruit plumeux ⑩ ***cirrhosa*** ↕2,50 m ↔ 1,50 m, groupe 1, persistante, fruits plumeux
'Comtesse de Bouchaud' 🏆 ↕2-3 m ↔ 1 m, groupe 3 ⑫ **'Doctor Ruppel'** ↕2,50 m ↔ 1 m,
oupe 2 ⑬ **'Duchess of Albany'** ↕2,50 m ↔ 1 m, groupe 3 ⑭ **'Elsa Späth'** ↕2-3 m ↔ 1 m,
oupe 2 ⑮ **'Étoile Rose'** ↕2,50 m ↔ 1 m, groupe 3 ⑯ **'Étoile Violette'** 🏆 ↕3-5 m ↔ 1,50 m,
oupe 3 ⑰ ***flammula*** ↕6 m ↔ 1 m, groupe 3, à l'abri et au soleil

⑱ ***florida* var. *sieboldiana*** ↕2,50 m ↔ idéale en pot, groupe 2 ⑲ **'Gravetye Beauty'** ↕2,50 m ↔ 1 m, groupe 3 ⑳ **'Hagley Hybrid'** ↕2 m ↔ 1 m, groupe 3, pâlit au soleil
㉑ **'Henryi'** 🏆 ↕3 m ↔ 1 m, groupe 2 ㉒ **'H.F. Young'** ↕2,50 m ↔ 1 m, groupe 2
㉓ **'Huldine'** 🏆 ↕5 m ↔ 2 m, groupe 3

㉔ *Clematis* **'Hybrida Sieboldii'** ↕3 m, groupe 2, de préférence en plein soleil ㉕ **'Jackmanii'** 🏆 ↕3 m, groupe 3 ㉖ **'John Warren'** ↕3 m, groupe 2 ㉗ **'Kathleen Dunford'** ↕2,50 m, groupe 2 ㉘ **'Lasurstern'** 🏆 ↕2,50 m, groupe 2 ㉙ **'Lincoln Star'** ↕2,50 m, groupe 2, pâlit en plein soleil ㉚ ***macropetala*** ↕3 m, groupe 1, fruits plumeux ㉛ ***macropetala*** **'Markham's Pink'** 🏆 ↕3 m, groupe 1, fruits plumeux

㉜ **'Madame Édouard André'** ↕2,50 m, groupe 2 ㉝ **'Madame Julia Correvon'** 🏆 ↕3 m, groupe ㉞ **'Minuet'** 🏆 ↕3 m, groupe 3 ㉟ ***montana*** ↕5-14 m, groupe 1 ㊱ ***montana*** **f.** ***grandiflora*** 🏆 ↕10 m, groupe 1 ㊲ ***montana*** **var.** ***rubens*** ↕10 m, groupe 1 ㊳ ***montana*** **'Tetrarose'** 🏆 ↕5 m, groupe 1 ㊴ **'Mrs George Jackman'** 🏆 ↕2,50 m, groupe 2 ㊵ **'Nelly Moser'** 🏆 ↕3 m, groupe 2, pâlit en plein soleil ㊶ **'Niobe'** ↕2-3 m, groupe 2, pâlit en plein soleil ㊷ **'Paul Farges'** 🏆 ↕9 m,

groupe 3 ㊸ **'Perle d'Azur'** ↕3 m, groupe 3 ㊹ **'Proteus'** ↕3 m, groupe 2 ㊺ **'Pruinina'** ↕2-3 m, groupe 1, fruits plumeux ㊻ ***rehderiana*** 🏆 ↕7 m, groupe 3 ㊼ **'Richard Pennell'** 🏆 ↕3 m, groupe 2 ㊽ **'Rouge Cardinal'** ↕3 m, groupe 3, de préférence en plein soleil ㊾ ***tangutica*** ↕6 m, groupe 3, fruits plumeux ㊿ **'The President'** 🏆 ↕3 m, groupe 2 (51) ***tibetana*** ↕2-3 m, groupe 3, fleurs jaune vif, en clochette, de préférence au soleil (52) **'Venosa Violacea'** 🏆 ↕3 m, groupe 3

(53) **'Ville de Lyon'** ↕3 m, groupe 3, à conduire dans un arbuste persistant pour éviter les brûlures des feuilles inférieures (54) ***viticella* 'Purpurea Plena Elegans'** 🏆 ↕3 m, groupe 3 (55) **'Vyvyan Pennell'** ↕3 m, groupe 2

Clianthus

Cultivées pour leurs fleurs estivales, ces plantes rampantes grimpent volontiers si elles sont régulièrement attachées à leur support. *Clianthus formosus* est vivace sous climat chaud, mais il est gélif et mieux vaut le traiter en annuelle dans un jardin tempéré. C'est un bon sujet de suspension. *C. puniceus* est assez rustique pour survivre à une légère gelée si elle bénéficie de la protection d'un mur chaud orienté au sud, et elle introduira une note exotique dans le décor. Il est à l'origine de remarquables cultivars à fleurs cramoisies, rose vrai ou blanc pur.

Rusticité Zones 8 à 10

Culture En pot, dans un mélange à base de terreau de feuilles et de sable, hivernage sous abri ; en pleine terre, dans un sol fertile et bien drainé. *Clianthus formosus* demande le plein soleil, une protection contre les vents froids et un paillis épais en hiver. Même en prenant ces précautions, *C. puniceus* risque de souffrir du gel mais repartira de la base. La **taille** est minimale : ne rabattez pas les tiges de plus d'un tiers après la floraison, et uniquement en cas de nécessité. **Semez** à 18 °C au printemps.

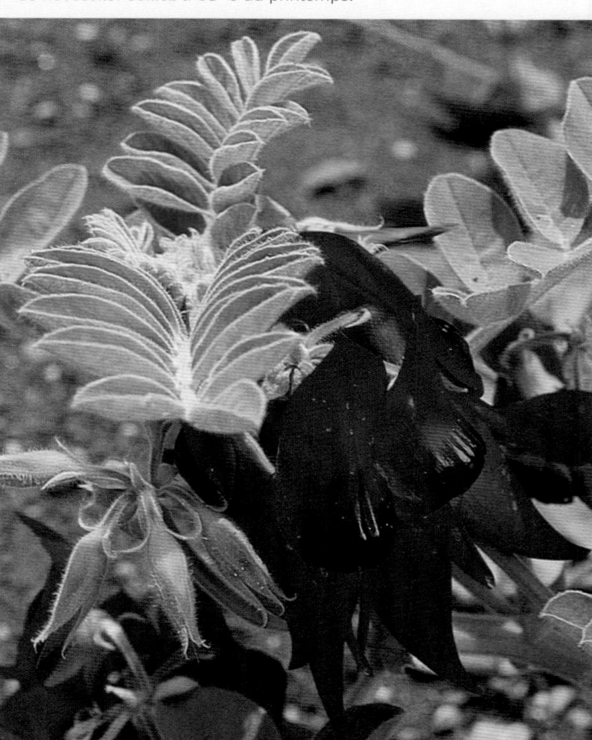

Clianthus formosus
↕20 cm ↔ 1 m

Cobaea

Cobée

Seule la cobée grimpante, *Cobaea scandens*, est couramment cultivée. Bien que vivace, elle est gélive et mieux vaut la cultiver en annuelle dans les régions soumises au gel. Elle affiche des feuilles d'un vert soutenu et des fleurs blanc crème parfumées, se teintant progressivement de pourpre. Il existe aussi des cultivars dont les fleurs restent blanches. Palissez cette plante charmante sur une tonnelle ou une arche où vous profiterez de leur fragrance, ou contre un mur ensoleillé. Sous climat tempéré, conduire une cobée dans un arbre ou un arbuste permet d'éviter le spectacle d'un support qui sera nu et peu esthétique en fin de saison. Sinon, plantez-la en pot ou dans une suspension et laissez ses tiges se répandre.

Rusticité Zones 9 et 10 (annuelle au Québec)

Culture Dans un sol bien drainé, en situation abritée et en plein soleil. **Semez** à 18 °C au printemps et replantez à l'extérieur quand les risques de gel sont passés ou prélevez des boutures herbacées en été.

Cobaea scandens ♡ (Cobée grimpante)
↕10-20 m, moins si elle est cultivée en annuelle

Dicentra

Cœur-de-Marie

voir aussi p. 22

Ces vivaces grimpantes offrent des fleurs insolites s'épanouissant en été sur de fines tiges sarmenteuses. Tout comme chez les *Dicentra* non grimpantes, étalées ou formant une touffe, les fleurs ont un aspect légèrement boursouflé. Il existe deux variétés grimpantes couramment proposées : *Dicentra macrocapnos*, dont le feuillage ressemble à la fougère, et *D. scandens*, aux feuilles vert moyen, profondément lobées. Ce sont d'excellents sujets à palisser le long d'un mur ou d'une clôture au fond d'une plate-bande ou à conduire dans un arbuste ou une haie.

Rusticité Zones 6 à 9

Culture De préférence dans un sol frais, légèrement alcalin (calcaire), enrichi en humus, à mi-ombre. Plantes parfaites dans un jardin boisé ou un autre endroit ombragé, mais qui supportent le soleil si le sol reste frais. **Semez** en pot sous châssis froid dès la maturité des graines ou attendez le printemps. Les **limaces** dévorent parfois les feuilles, il faut donc protéger les plantes de ces ravageurs.

Dicentra scandens
↕1 m, fleurs parfois blanches ou teintées de rose à l'extrémité

:CCREMOCARPUS SCABER

ignone du Chili

ETTE PERSISTANTE DE CROISSANCE RAPIDE a donné naisnce à plusieurs cultivars. Ses fleurs exotiques, vivement olorées, s'épanouissent en grappes spectaculaires de la n du printemps à l'automne. Cette plante, qui se hisse ır un mur ou une clôture, dans un grand arbuste ou ır une arche, attire immanquablement le regard. Son ssociation avec des grimpantes comme les ipomées *pomoea* voir p. 144) est d'un effet particulièrement isissant. Les feuilles vert clair ou teintées de gris sont omposées de folioles au contour net. Sous climat tempéré, mieux vaut cultiver la bignone du Chili comme ne annuelle ou en pot, mais sous climat chaud, elle eut être traitée en vivace éphémère.

usticité Zones 9 et 10

ulture Dans un sol frais mais bien drainé, en situation ensoleillée, ı en pot, dans un mélange à base de terreau de feuilles, à rentrer us abri en hiver. **Attachez** régulièrement la plante à son support, squ'à ce que les vrilles soient bien accrochées. **Taillez**-la comme une vace en début de printemps, pour limiter son extension. **Semez** entre 3 et 16 °C en fin d'hiver ou début de printemps ou faites enraciner us mini-serre des boutures herbacées, au printemps ou en été.

Eccremocarpus scaber Hybrides Anglia
3-5 m, sélection de cultivars produisant des fleurs rouges, roses, range ou jaunes

FALLOPIA

CES GRIMPANTES DYNAMIQUES ONT UNE CROISSANCE extrêmement rapide et, si vous souhaitez couvrir rapidement un grand mur nu ou une structure inesthétique comme un appentis, elles sont un excellent choix. Avant d'acheter une *Fallopia*, vérifiez néanmoins que vous disposez d'un espace suffisant, sous peine de devoir la tailler en permanence pour contrôler son extension. Ces plantes caduques ligneuses affichent des feuilles séduisantes et, de la fin de l'été à l'automne, de grandes panicules de petites fleurs blanches, suivies de fruits blanc rosâtre. Toutes les *Fallopia* sont vigoureuses, mais *Fallopia japonica* est une mauvaise herbe nuisible. Ses racines souterraines envahiront rapidement votre jardin, ainsi que celui de votre voisin.

Rusticité Zones 4 à 10

Culture Dans tout sol, en plein soleil ou à mi-ombre, avec un support solide et durable. **Taillez** en début de printemps si la plante prend trop d'ampleur. **Semez** en pot sous châssis froid dès la maturité des graines ou au printemps. **Prélevez** des boutures semi-ligneuses en été ou ligneuses en automne.

Fallopia baldschuanica (Renouée du Turkestan)
↕12 m, souvent confondue avec *F. aubertii*, également très appréciée

GELSEMIUM SEMPERVIRENS

Jasmin de Caroline

PARMI CES VIVACES VOLUBILES, *Gelsemium sempervirens* est la seule espèce ornementale cultivée couramment. Elle offre de belles feuilles lustrées et, du printemps à la fin de l'été, des fleurs parfumées jaune clair. Dans les régions soumises au gel, elle demande la protection d'un mur chaud ou peut être cultivée en pot et hiverner sous abri. Dans les régions plus chaudes, elle décorera avec grâce une pergola ou une arche, sous laquelle vous vous attarderez pour savourer le parfum délicat de ses fleurs. Toutes les parties de la plante sont toxiques et, au cours de l'histoire, ont été utilisées dans l'élaboration de poisons.

Rusticité Zones 9 et 10

Culture Dans un sol bien drainé, en plein soleil ou à mi-ombre, à l'abri des vents froids et desséchants. **Plantez** en pot dans les régions soumises au gel, vous le rentrerez facilement sous abri en hiver. Utilisez un mélange de rempotage à base de terreau et rempotez ou surfacez tous les ans. **Éclaircissez** les tiges en surnombre après la floraison. **Semez** entre 13 et 18 °C au printemps ou prélevez des boutures semi-ligneuses en été.

Gelsemium sempervirens

HEDERA

Lierre

voir aussi p. 69

LES FEUILLES DE LIERRE DÉCLINENT UNE MULTITUDE de formes et de tons de vert, parfois vivement panachés d'or ou d'argent, qui illuminent le recoin le plus terne. Les jeunes lierres rampent à plat sur toutes les surfaces, à l'aide de leurs racines aériennes, mais avec l'âge ils forment de grands buissons s'élevant dans les airs et procurant un refuge aux oiseaux. En été, les lierres adultes offrent des ombelles de petites fleurs suivies de séduisantes baies sphériques noires, orange ou jaunes. Ces grimpantes persistantes, ligneuses, varient considérablement en taille, en rusticité et en besoins de lumière, il en existe donc forcément un qui correspond aux caractéristiques de votre jardin. Plantez-les au pied d'un mur ou d'un arbre ou laissez-les ramper en couvre-sol. Contrairement aux idées reçues, un lierre n'abîme pas un mur, sauf si la maçonnerie présente déjà des fissures.

Rusticité Zones 4 à 9

Culture Dans la plupart des sols, de préférence alcalins (calcaires) et dans la plupart des situations, mais tous prospèrent dans un sol fertile, enrichi d'humus. Les lierres à feuilles vert uni demandent de l'ombre ; les cultivars à feuillage panaché demandent plus de lumière et une situation abritée des vents froids. **Taillez** pour limiter l'extension, en toute saison ; dégagez le lierre des toitures et des gouttières. **Prélevez** des boutures semi-ligneuses en été.

Hedera helix 'Anne Marie'
↕ 1,20 m, petit cultivar idéal contre un mur abrité, feuilles de 4 à 6 cm de diamètre

Hedera hibernica ♀ (Lierre d'Irlande)
↕ 10 m, cette grimpante vigoureuse peut rapidement habiller ou former un couvre-sol, feuilles de 5 à 8 cm de diamètre

Hedera helix 'Buttercup'
↕ 2 m, lierre compact, jaune beurre au soleil, beau contraste avec l'écorce cuivrée (*voir insert*), feuilles de 6 cm de diamètre ou plus

Hedera helix 'Pedata'
↕ 4 m, excellent en couverture de mur, feuilles de 4 à 6 cm de diamètre

ledera colchica 'Dentata Variegata' ♀
5 m, en couvre-sol ou palissé contre un mur, feuilles de 15 cm
diamètre

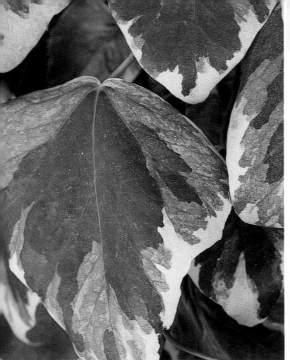

HUMULUS

Houblon

Ces vivaces grimpantes herbacées à tiges volubiles et velues se fanent en automne. Elles sont prisées pour leur grandes feuilles ornementales souvent colorées de blanc ou de jaune. En été, les fleurs mâles et femelles sont portées par des plantes différentes, les fleurs mâles réunies en panicules et les fleurs femelles en épis insolites, ressemblant à des cônes de pins, verts et papyracés. Les inflorescences femelles sont utilisées dans la fabrication de la bière et composent par ailleurs de beaux bouquets, frais ou secs. Les houblons sont vigoureux, mais non rampants, et s'enroulent avec grâce le long d'un treillis, d'un grillage ou de fils de fer, ou dans un grand arbre ou un petit arbuste.

Rusticité Zones 4 à 8

Culture Dans un sol frais mais bien drainé, en plein soleil ou à mi-ombre. **Prélevez** des boutures herbacées au printemps. **Rabattez** le bois mort au printemps dans les régions froides. **Si un houblon semble faible**, et s'il ne reprend pas après arrosage et apport d'engrais, soulevez l'écorce à la base d'une tige. Si vous constatez des stries brunes, arrachez la plante et retirez la terre qui entourait les racines car il s'agit de la **verticilliose** ; vous éviterez ainsi la contamination. Si la tige semble saine, coupez-la proprement sous la blessure et recherchez une autre cause.

HYDRANGEA

Hortensia

voir aussi
p. 72-73

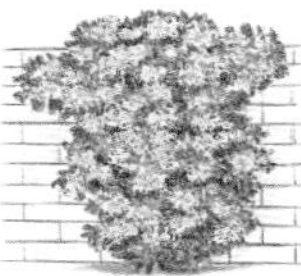

Les hortensias grimpants sont appréciés pour l'abondance de leurs énormes fleurs blanches vaporeuses, s'épanouissant en été. Les espèces persistantes comme *Hydrangea seemannii* et *H. serratifolia* sont seulement rustiques, mais leurs grandes feuilles coriaces restent décoratives tout au long de l'année. *H. anomala* ssp. *petiolaris* est couramment cultivé dans les régions tempérées et offre en prime des feuilles virant au jaune d'or en automne. Ces plantes robustes colonisent, grâce à leurs racines aériennes, de grandes surfaces de mur ou de palissade, ou de vieilles souches d'arbre. Une fois établies, elles se développent rapidement et procurent une précieuse couverture, notamment sur des murs orientés au nord ou à l'est, où peu d'autres plantes prospéreraient.

Rusticité Zones 5 à 8

Culture Dans tout sol frais mais bien drainé, en plein soleil ou à mi-ombre. **Taillez** après la floraison, selon l'espace imparti. **Prélevez** des boutures herbacées en début d'été ou ligneuses en automne, ou marcottez au printemps. L'**oïdium** et la **moisissure grise** (botrytis) posent parfois problème : rabattez les tiges atteintes au bois sain et débarrassez-vous des chutes de taille, mais surtout pas sur le tas de compost.

ledera helix 'Little Diamond'
30 cm petit lierre à croissance lente, parfait en jardin de rocaille,
uilles de 4 à 6 cm de diamètre

Humulus lupulus 'Aureus' ♀ (Houblon doré)
↕6 m, les feuilles dorées prennent tout leur éclat au soleil, fleurs parfumées

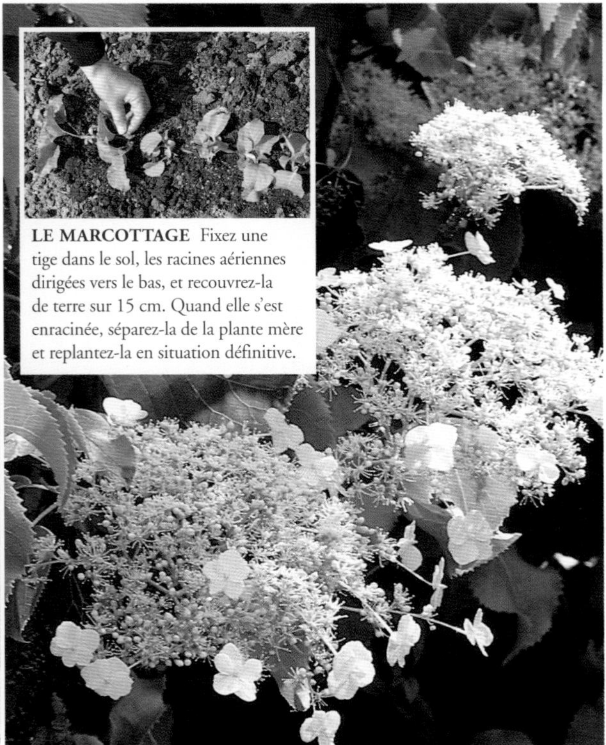

LE MARCOTTAGE Fixez une tige dans le sol, les racines aériennes dirigées vers le bas, et recouvrez-la de terre sur 15 cm. Quand elle s'est enracinée, séparez-la de la plante mère et replantez-la en situation définitive.

Hydrangea anomala ssp. *petiolaris* ♀
↕15 m, les inflorescences atteignent parfois le diamètre imposant de 25 cm

IPOMOEA

Ipomée, Liseron bleu

CES VIVACES ET ANNUELLES PEUVENT FLEURIR tout au long de l'année sous climats chauds. Sous climats tempérés, toutes seront cultivées avec succès comme des annuelles en été ; les vivaces peuvent être plantées en pot et hiverner sous abri. Ce sont pour la plupart des grimpantes volubiles ou des rampantes de croissance rapide affichant une profusion de fleurs évasées ou tubulaires, dans des tons glorieux de rouge et de pourpre ou délicats de blanc et de rose. Les feuilles vert moyen à foncé sont de formes variées. Palissez-les sur un treillis en situation ensoleillée ou le long d'un obélisque en compagnie d'autres grimpantes, par exemple des pois de senteur (*Lathyrus odoratus, page ci-contre*) pour un beau décor floral. Ils peuvent aussi égayer des arbustes ne fleurissant pas en été.

Rusticité Zones 9 et 10 (annuelle au Québec)

Culture Dans un sol bien drainé, en plein soleil, à l'abri des vents froids et desséchants. **Attachez** les tiges sur leur support au début de la croissance. **Taillez** les vivaces au printemps, uniquement si elles prennent trop d'ampleur. **Semez** une graine par pot, à 18 °C, au printemps. Avant le semis, scarifiez les graines ou laissez-les tremper dans l'eau 24 heures pour assurer la germination.

① *lobata* ↕ 2,50 m, vivace ② *purpurea* ↕ 3 m, annuelle ③ *tricolor* 'Heavenly Blue' ↕ 4 m, annuelle ④ *tricolor* 'Milky Way' ↕ 4 m, annuelle

JASMINUM

Jasmin

voir aussi p. 76

↕ 2-12 m

BON NOMBRE DE CES JASMINS grimpants volubiles sont gélifs, mais sont précieux pour le parfum de miel de leurs fleurs, généralement jaunes ou blanches. Ils sont charmants dans toutes les situations mais, dans les régions soumises au gel, même les espèces les plus rustiques demandent l'abri d'un mur ensoleillé. Sous climats frais, il est prudent de prélever des boutures en prévision d'un hiver rigoureux. Dans les régions très froides, cultivez-les en pot et faites-les hiverner sous abri. Le jasmin blanc (*Jasminum officinale*), *J. beesianum* et *J.* × *stephanense* sont assez rustiques et arborent des fleurs très parfumées en été. Le jasmin blanc est vigoureux et peut recouvrir une petite arche ou un treillis.

Rusticité Zones 7 à 10

Culture Dans un sol fertile, bien drainé, en plein soleil, ou en pot dans un terreau de rempotage. **Rabattez** les rameaux défleuris de *J. mesnyi* à deux ou trois bourgeons du vieux bois. **Éclaircissez** les rameaux âgés et défleuris de *J. officinale* ; éclaircissez les autres jasmins après la floraison. **Prélevez** des boutures semi-ligneuses en été lorsque vous en avez la possibilité.

Jasminum mesnyi (Jasmin primevère)
↕ 3 m, port naturel épanoui, généralement conduit comme une grimpante

LAPAGERIA ROSEA

↕ 5 m

CETTE GRIMPANTE VOLUBILE LIGNEU offre des feuilles vert foncé, coriace Elle est prisée pour ses fleurs exotiqu charnues rouge framboise, s'épanoui sant en été et en fin d'automne. Il exis aussi de somptueux cultivars blancs roses. Cette plante est originaire des forêts humides d Chili et apprécie un environnement calme et ombrag Un site abrité, proche de la maison qui offre un com plément de chaleur, mais sans soleil direct, est l'idéa Sous climat froid, il est préférable de cultiver *Lapager. rosea* en pot et de la faire hiverner sous abri.

Rusticité Zones 9 et 10

Culture Dans un sol bien drainé, légèrement acide, enrichi de beaucoup d'humus. En pot, utilisez un mélange à base de terre de bruyère. **Appliquez** un paillis épais au-dessus des racines tout l'hiver, surtout dans les régions tempérées. **Raccourcissez** les tiges trop longues en fonction de l'espace imparti, uniquement en cas de nécessité ; évitez de tailler autant que possible. **Semez** entre 13 et 18 °C au printemps ou prélevez des boutures semi-ligneuses en été lorsque vous en avez la possibilité.

Lapageria rosea ♀

ATHYRUS ODORATUS

is de senteur

voir aussi p. 269

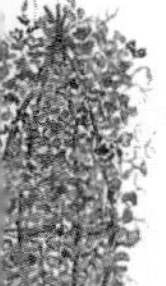

2.5m (6–8ft)

LES POIS DE SENTEUR SONT LES GRIMPANTES les plus familières de ce groupe, prisées pour leurs fleurs remarquables, généralement parfumées, dans des tons somptueux de rouge, rose, mauve, bleu et blanc. Si les fleurs sont supprimées régulièrement et si les nutriments sont suffisants, soit us d'un sol fertile, soit dus à des apports d'engrais, la florai- n se renouvellera de l'été à la fin de l'automne. Ces grim- ntes se prêtent à tous les emplois, car leurs vrilles s'enroulent mement autour de quasiment tous les supports. Conduisez- sur un treillage, un grillage, un obélisque, dans des arbustes sur une arche. Il existe des pois de senteur vivaces aux fleurs s colorées et parfumées, comme *Lathyrus latifolius.*

sticité Annuelle (toutes les zones)

lture Dans un sol fertile, en plein soleil ou dans une ombre légère. orporez au sol une forte quantité de matière organique bien composée. Apportez un engrais tous les quinze jours. **Semez** dans des s profonds, de préférence à fond amovible, dans des tubes à pois de iteur, ou en place sous cloche, en début de printemps. Pour une aison plus précoce, semez sous châssis froid au printemps. **Supprimez** ulièrement les fleurs fanées, sous peine que la floraison s'interrompe. attaques de **limaces**, d'**escargots** et de **pucerons** sont fréquentes.

Lathyrus odoratus **'Bridget'**
↕2 m ou plus, parfum suave

Lathyrus odoratus **'Nimbus'**
↕2 m ou plus, parfum délicat

SEMEZ DANS DES POTS
sans fond pour éviter les problèmes de transplantation : une graine par pot, couverte de 1 cm de terreau. Replantez directement le pot en pleine terre.

athyrus odoratus **'Mars'**
m ou plus, parfum suave

Lathyrus odoratus **'Anniversary'**
↕2 m ou plus, parfum doux

Lathyrus odoratus **'Midnight'**
↕2 m ou plus, parfum léger

LONICERA

Chèvrefeuille

voir aussi p. 84

GRAND FAVORIS TRADITIONNELS des jardins champêtres, les chèvrefeuilles sont prisés pour leurs fleurs délicates, souvent assez parfumées pour embaumer tout un jardin. Les grimpantes volubiles jouissent de la plus grande popularité. Elles se prêtent à de multiples emplois, par exemple palissées contre un mur, conduites dans un arbre ou un arbuste, étalées en couvre-sol. Elles déploient tous leurs charmes autour d'un salon de jardin où vous vous détendrez en savourant leur parfum. Il existe de nombreuses espèces offrant une multitude de teintes florales. Les fleurs blanches et crème sont de grands classiques, mais certains chèvrefeuilles écarlate vif, rose corail ou jaune d'or sont beaucoup plus exotiques. Les baies rouges ou noires peuvent provoquer de légers maux d'estomac en cas d'ingestion. Il y a aussi des espèces arbustives.

Rusticité Zones 4 à 9

Culture Dans tout sol frais bien drainé, en plein soleil ou de préférence à mi-ombre, idéalement les racines à l'ombre. **Taillez** pour limiter l'ampleur, en début de printemps ou après la floraison. L'outil le plus pratique pour égaliser les grands sujets est le taille-haie. **Semez** sous châssis froid dès la maturité des graines. Les **pucerons** adorent les chèvrefeuilles grimpants.

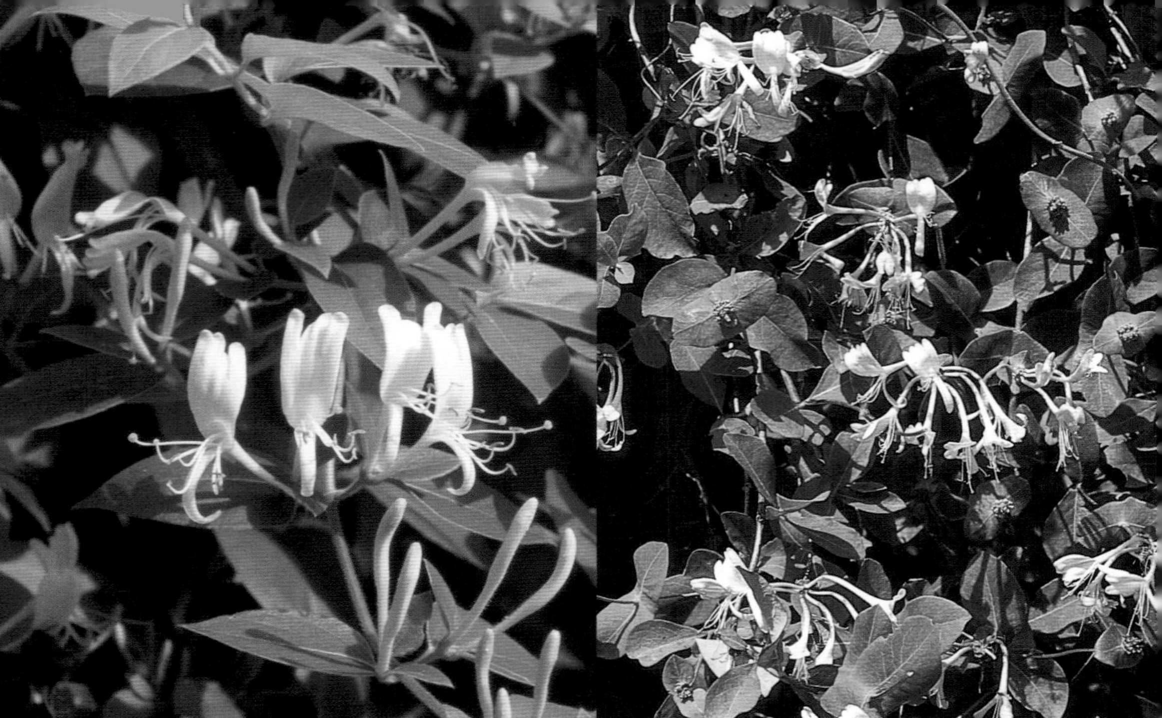

Lonicera japonica 'Halliana' ♀
↕10 m, vigoureux, persistant ou semi-persistant, fleurs très parfumées de la fin du printemps à la fin de l'été, baies rouges en automne

Lonicera × *americana*
↕7 m, caduc, fleurs très parfumées en été et début d'automne, baies rouges en automne

GUIDER UN CHÈVREFEUILLE
Encouragez les jeunes pousses souples à grimper en les enroulant autour de leur support, ici des fils de fer tendus sur un poteau de pergola en bois.

Lonicera × *brownii* 'Dropmore Scarlet'
↕4 m, compact, caduc ou semi-persistant, fleurs légèrement parfumées de longue durée en été, baies rouges en automne, de préférence à mi-ombre

Lonicera × *tellmanniana*
↕5 m, caduc, floraison de la fin du printemps au milieu de l'été, feuilles à revers blanc bleuté

onicera periclymenum 'Serotina' ♀
7 m, caduc, fleurs très parfumées en milieu et fin d'été,
ies rouges

onicera periclymenum 'Graham Thomas' ♀
7 m, caduc, fleurs très parfumées en milieu et fin d'été,
aies rouges

LOPHOSPERMUM

Synonyme : ASARINA

CE PETIT GROUPE DE VIVACES GRIMPANTES comprend des plantes caduques et persistantes. Leurs fleurs en trompette s'épanouissent pendant une longue période, en été et en automne. Ces fleurs rose vrai, parfois blanches ou pourpres, se détachent merveilleusement sur les feuilles veloutées, vert frais. Ces grimpantes s'accrochent à leur support grâce à leurs pétioles volubiles et, dans les régions chaudes, se faufilent avec charme le long d'un arbre ou d'un arbuste, d'un obélisque ou d'un treillage. Elles rampent également en couvre-sol, sans support. Sous climats tempérés, mieux vaut cultiver les espèces gélives comme des annuelles ou les planter en pot et les faire hiverner sous abri.

Rusticité Zones 9 et 10

Culture Dans un sol frais bien drainé, en plein soleil. Incorporez du sable pour améliorer le drainage d'un sol lourd. En pot, il est conseillé d'incorporer du sable ou du gravier à un terreau de rempotage classique. **Semez** entre 19 et 24 °C au printemps ou prélevez des boutures semi-ligneuses en été.

Lophospermum erubescens ♀
↕1,20-3 m, persistant, couramment cultivé

MAURANDELLA ANTIRRHINIFLORA

Synonyme : MAURANDYA

CETTE GRIMPANTE VOLUBILE, aux tiges fines et délicates, est une vivace herbacée aux luxuriantes feuilles vert vif qui offrent une splendide toile de fond à leur plus bel attrait, leurs fleurs. Celles-ci s'épanouissent à profusion en été et en automne et sont généralement violettes, parfois pourpres ou blanches. Plantez cette plante de façon à ce qu'elle puisse se frayer un chemin à travers un treillis, un grillage ou des fils de fer tendus le long d'une surface verticale. Elle est cultivée comme une annuelle sous les climats frais mais, la saison étant plus courte, elle n'atteint pas sa taille maximale ; associez-la à d'autres grimpantes pour couvrir une plus grande surface et prolonger le spectacle.

Rusticité Zones 9 et 10

Culture Dans un sol frais mais bien drainé, dans une ombre légère ou au soleil avec un peu d'ombre à la mi-journée. Abritez des vents froids et desséchants. **Supprimez** régulièrement les fleurs fanées et, si elle est cultivée comme une vivace, rabattez les tiges mortes à la fin de la saison. **Semez** entre 13 et 18 °C au printemps. **Boutures** herbacées au printemps sous mini-serre.

Maurandella antirrhiniflora
Fleurs à lobes violets, pourpres ou parfois roses

PARTHENOCISSUS

Vigne vierge

LES VIGNES VIERGES PEUVENT S'ACCROCHER fermement sur quasiment n'importe quelle surface à l'aide de petites ventouses situées à l'extrémité de leurs vrilles. Ces grimpantes, caduques et ligneuses, sont cultivées pour leurs feuilles séduisantes qui composent un décor embrasé en automne. Ce feuillage dense a l'avantage supplémentaire de procurer un gîte à une faune diverse et utile. Les petites fleurs estivales sont parfois suivies de baies noires toxiques. Les vignes vierges sont vigoureuses et décoreront rapidement un mur, une clôture ou une structure de jardin inélégante ou se hisseront dans un grand arbre. Elles sont faciles à contrôler, mais surveillez leur cheminement, car les ventouses laissent des traces disgracieuses sur les murs et les palissades.

Rusticité Zones 3 à 9

Culture Dans un sol fertile, bien drainé, en plein soleil ou à l'ombre ; plantez *P. henryana* à mi-ombre. **Tuteurez** les jeunes plantes jusqu'à ce qu'elles s'accrochent fermement par elles-mêmes. **Taillez** au printemps et en été pour limiter l'extension et maintenez les tiges à distance des gouttières et de la toiture. **Semez** en pot sous châssis froid en automne, ou prélevez des boutures herbacées en été ou de bois sec en automne.

① ***henryana*** ♀ ↕10 m ② ***tricuspidata*** ♀ (Lierre de Boston) ↕20 m ③ ***tricuspidata* 'Lowii'** ↕20 m ④ ***tricuspidata* 'Veitchii'** ↕20 m

PASSIFLORA

Fleur de la passion, Passiflore, Maracudja, Grenadille

MALGRÉ LEUR ALLURE TROPICALE, certaines de ces grimpantes peuvent être cultivées à l'extérieur sous climat tempéré, notamment la passiflore bleue (*Passiflora caerulea*). Ces plantes, dont la plupart sont persistantes, grimpent à l'aide de vrilles et demandent donc un support, fils de fer tendus, grillage, treillis ou grand arbuste. Elles sont décoratives en toutes saisons car elles offrent un feuillage plaisant, des fleurs exotiques insolites en été et en automne, suivies de fruits comestibles et quelque fois très goûteux. Sous climat chaud, elles supportent presque toutes les situations ; sous climat froid, mieux vaut les planter en pot et les rentrer sous abri en automne, bien avant les premières gelées.

Rusticité Zones 7 à 10

Culture Dans un sol frais mais bien drainé, en plein soleil ou à mi-ombre, ou en pot dans un mélange de terreau et de terre franche. Abritez des vents froids et paillez en hiver sous climat froid. **Prélevez** des boutures semi-ligneuses en été ou marcottez au printemps ou en automne.

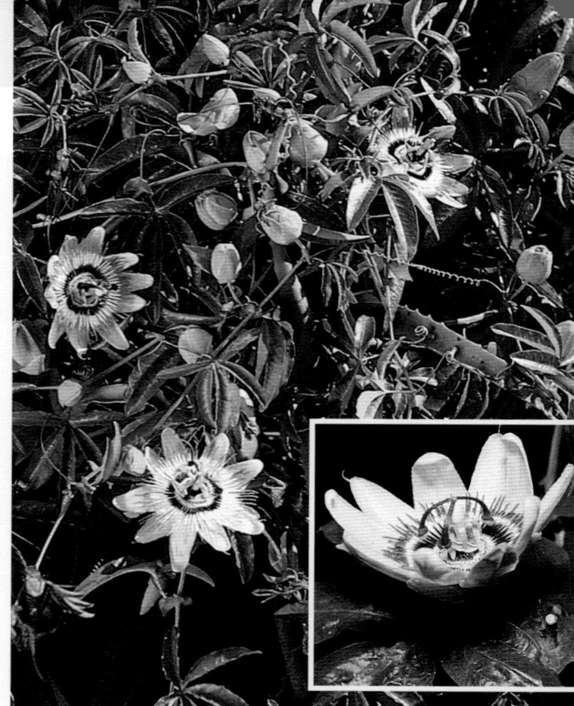

Passiflora caerulea ♀ (Passiflore bleue)
↕jusqu'à 10 m, floraison de l'été à l'automne, fruits jaune orangé

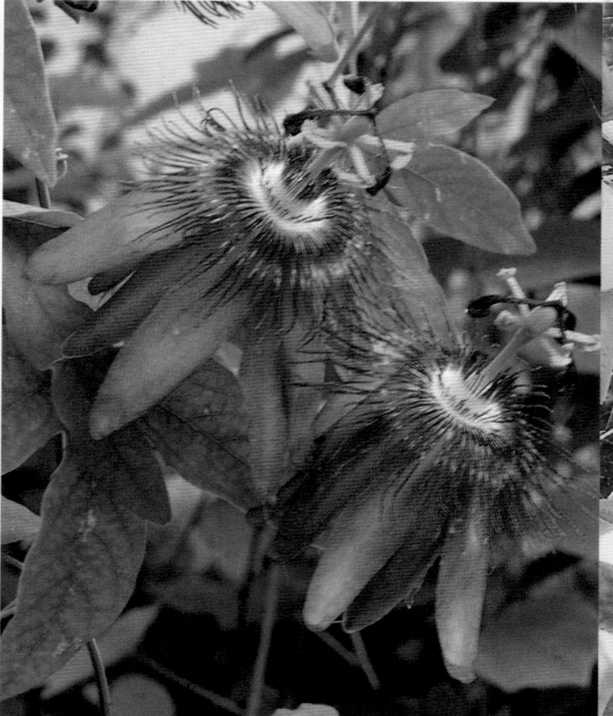

***Passiflora* 'Star of Bristol'** ♀
↕jusqu'à 4 m, floraison de l'été à l'automne, fruits orange vif

***Passiflora caerulea* 'Constance Elliot'**
↕jusqu'à 10 m, floraison de l'été à l'automne, fruits jaune orangé

assiflora × *exoniensis* ♀
usqu'à 6 m, feuilles duveteuses, vert soutenu, fleurs en été,
ivies de fruits jaunes en forme de banane

assiflora 'Amethyst' ♀
jusqu'à 4 m, floraison de l'été à l'automne, fruits orange

PILEOSTEGIA VIBURNOIDES

CETTE GRIMPANTE LIGNEUSE EST PRISÉE pour ses panicules de fleurs étoilées blanc crème s'épanouissant de la fin de l'été à l'automne, et pour ses feuilles persistantes coriaces atteignant 15 cm de long. Cette plante vigoureuse s'accroche sur quasiment n'importe quelle surface à l'aide de ses racines aériennes et aura vite couvert un grand tronc d'arbre, une clôture ou un mur. Elle ornera aussi avec générosité une pergola ou une arche solide. Son feuillage vert soutenu offre une belle toile de fond à des annuelles à floraison estivale comme les ipomées (*Ipomoea, voir p. 144*) et les pois de senteur (*Lathyrus, p. 145*). Elle est aussi une charmante complice de grimpantes caduques comme les clématites (*Clematis, p. 136-139*) et très précieuse contre un mur ombragé orienté au nord ou à l'est.

Rusticité Zones 9 et 10

Culture Dans tous types de sol, en plein soleil ou à l'ombre. **Taillez** en début de printemps pour limiter l'extension. **Prélevez** des boutures semi-ligneuses en été ou marcottez au printemps.

Pileostegia viburnoides
↕6 m, panicules de fleurs jusqu'à 15 cm de diamètre

PLUMBAGO

Dentelaire, Plumbago

APPRÉCIÉ POUR SES GRANDES GRAPPES DE FLEURS simples et aplaties, ce groupe comprend des annuelles, des vivaces et des arbustes, mais ce sont les grimpantes persistantes qui sont le plus couramment cultivées. Leurs feuilles vert mat vif mettent en valeur les fleurs bleu ciel, blanc pur ou rose profond. Sous climat doux, palissez le plumbago sur une pergola ou une arche. Sous un climat frais, avec des températures inférieures à 7 °C, mieux vaut le planter dans un pot situé dans un endroit chaud et ensoleillé et le faire hiverner sous abri.

Rusticité Zones 7 à 10

Culture Dans un sol fertile, bien drainé, en plein soleil, ou en pot dans un mélange de terreau et de terre franche, rempoté ou surfacé au printemps. **Attachez** les pousses des jeunes plantes au support au fur et à mesure de la croissance pour créer une charpente permanente de tiges bien espacées. **Taillez** en début de printemps une fois la plante complètement établie ; rabattez les latérales à deux ou trois bourgeons des tiges principales. **Semez** entre 13 et 18 °C au printemps ou prélevez des boutures semi-ligneuses en milieu d'été. La **mouche blanche** (aleurode) attaque parfois les plantes cultivées en serre ou hivernant sous abri.

Plumbago auriculata ♀ (Plumbago du Cap)
↕3-6 m, grappes de fleurs jusqu'à 15 cm de diamètre, de l'été à la fin de l'automne

Rosa

Rosiers (grimpants et sarmenteux)

voir aussi p. 110-113

Le tableau somptueux composé par les rosiers grimpants et sarmenteux est l'un des délices d'un jardin d'été, mais leurs tiges épineuses arquées demandent à être palissées d'une façon ou d'une autre et, dans la plupart des cas, à être taillées régulièrement. Les grimpants sont dotés de tiges raides et leurs fleurs, souvent parfumées, sont solitaires ou réunies en bouquets. Certains offrent une floraison principale, sur le bois de l'année précédente, d'autres s'épanouissent en vagues successives sur le bois de l'année. Les sarmenteux sont généralement plus rampants et leurs tiges sont plus flexibles. Les fleurs, parfois parfumées, s'épanouissent généralement en bouquets en une seule vague, sur le bois de l'année précédente. Les uns comme les autres peuvent être palissés contre un mur ou une clôture ou sur une pergola ou toute autre structure ornementale (*voir ci-dessous*).

Rusticité Zones 3 à 10

Culture Les rosiers supportent des conditions très variées, mais apprécient un sol fertile dans un site ensoleillé. Plantez les rosiers à racines nues pendant la dormance, soit en automne ou au début du printemps. Les rosiers élevés en conteneur peuvent être plantés en toutes saisons. **Arrosez** copieusement après la plantation et continuez jusqu'à ce que la plante soit établie. **Rabattez** les latérales des grimpants à deux ou trois bourgeons en automne ou au printemps, une fois que la charpente de base est constituée ; rabattez à la base une ou deux tiges âgées tous les 3 ou 4 ans pour encourager le départ de nouvelles tiges. Les sarmenteux produisent des tiges à la base, rabattez une tige principale sur trois tous les ans après la floraison. **Prélevez** des boutures ligneuses en automne. Ces plantes sont sujettes à l'**oïdium**, à la **maladie des taches noires** et à la **rouille**. Choisissez une variété résistant aux maladies, améliorez la circulation de l'air autour de la plante ou traitez avec un insecticide.

Couvrir une arche

***Les rosiers grimpants ou sarmenteux** sont du plus bel effet palissés sur une arche, un emplacement privilégié pour jouir de leur parfum. L'arche doit être assez solide pour supporter le poids des nombreuses tiges et fleurs d'été. Vérifiez aussi qu'elle est fermement implantée. Attachez les pousses au fil de leur croissance, en les répartissant de façon régulière sur le cadre. Cette opération est beaucoup plus facile quand les tiges sont jeunes et souples, surtout chez les grimpants. Supprimez régulièrement les fleurs fanées pour encourager le renouvellement des fleurs chez les variétés remontantes.*

Palisser un sarmenteux dans un arbre

***Les sarmenteux** aux longues tiges flexibles escaladant un arbre sont un spectacle de toute beauté. Vérifiez avant tout que l'arbre est apte à supporter la masse des tiges, surtout s'il s'agit d'un rosier vigoureux. Plantez le rosier à au moins 1 m du tronc et incorporez une bonne quantité de matière organique dans le trou de plantation pour améliorer la rétention d'eau. Placez le rosier du côté du vent dominant qui rabattra les tiges vers l'arbre. Tendez une corde entre un piquet fiché dans le sol au pied du rosier et une branche basse de l'arbre et conduisez les tiges sur cette corde. Protégez l'écorce sur l'empattement de la branche d'un bout de tuyau en caoutchouc. Le rosier n'aura plus besoin d'être guidé.*

Conduire un grimpant sur un pilier ou un trépied

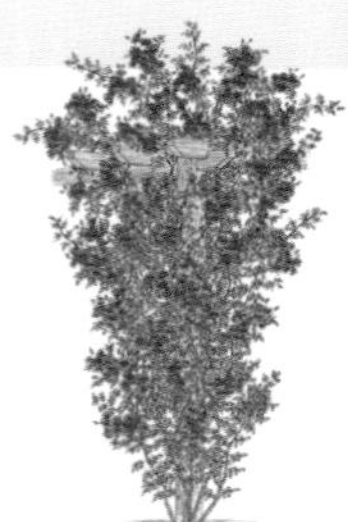

***Les rosiers conduits** sur des structures comme un pilier, un trépied ou un obélisque introduisent une dimension de hauteur dans un massif ou une plate-bande. Choisissez l'un des grimpants les moins vigoureux pour limiter les exigences de taille. Mener les tiges à l'horizontale favorise l'émission de rameaux latéraux florifères, donc, dans la mesure du possible, enroulez-les en spirale autour du pilier ou du trépied. Attachez les tiges régulièrement au fil de leur développement alors qu'elles sont encore jeunes et flexibles. Lorsqu'elles perdent leur souplesse, elles sont enclines à se briser facilement. Taillez les tiges mal orientées ou trop longues en cas de nécessité.*

① *Rosa* 'Albertine' ♡ ↕5 m ↔ 4 m, sarmenteux ② 'Aloha' ♡ ↕3 m ↔ 2,50 m, grimpant ③ 'American Pillar' ↕5 m ↔ 4 m, sarmenteux ④ *banksiae* 'Lutea' ♡ ↕↔ 6 m, sarmenteux ⑤ Breath of Life ('Harquanne') ↕2,50 m ↔ 2,20 m, grimpant ⑥ 'Chaplin's Pink Grimpant' ↕5 m ↔ 2,50 m, grimpant ⑦ 'Climbing Iceberg' ♡ ↕↔ 3 m, grimpant ⑧ 'Compassion' ♡ ↕3 m ↔ 2,50 m, grimpant ⑨ 'Danse du Feu' ↕↔ 2,50 m, grimpant ⑩ 'Dortmund' ♡ ↕3 m ↔ 2 m,

impant ⑪ Dublin Bay ('Macdub') 🏆 ↕↔ 2,20 m, grimpant ⑫ 'Félicité Perpétue' 🏆
m ↔ 4 m, sarmenteux ⑬ *filipes* 'Kiftsgate' 🏆 ↕10 m ↔ 6 m, sarmenteux ⑭ 'Gloire de Dijon'
m ↔ 4 m, grimpant ⑮ 'Golden Showers' 🏆 ↕3 m ↔ 2 m, grimpant ⑯ Handel ('Macha') 🏆
m ↔ 2,20 m, grimpant ⑰ 'Madame Grégoire Staechelin' 🏆 ↕6 m ↔ 4 m, grimpant
'New Dawn' 🏆 ↕3 m ↔ 2,50 m, grimpant ⑲ 'Paul's Lemon Pillar' ↕4 m ↔ 3 m, grimpant

⑳ 'Pink Perpétue' ↕3 m ↔ 2,50 m, grimpant ㉑ 'Rosy Mantle' ↕2,50 m ↔ 2 m, grimpant
㉒ 'Sander's White Sarmenteux' 🏆 ↕↔ 4 m, sarmenteux ㉓ 'Zéphirine Drouhin' 🏆
↕3 m ↔ 2 m, grimpant non épineux

RUBUS

Ronce d'ornement

voir aussi p. 114

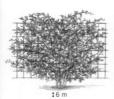

↕6 m

CE GRAND GROUPE DE GRIMPANTES et d'arbustes comprend, entre autres, les mûriers et les framboisiers. Les ronces ornementales sont principalement des persistantes à tiges minces, épineuses ou soyeuses. Leur beau feuillage est vert foncé, à revers blanc feutré. Les fleurs plates réunies en grappes en été, généralement roses, ressemblent aux églantines et sont suivies de fruits lustrés. Certaines espèces sont très vigoureuses et seront réservées à un jardin sauvage ou boisé. D'autres, moins envahissantes, accompagnent superbement d'autres grimpantes comme les jasmins (*Jasminum, voir p. 144*).

Rusticité Zones 4 à 9

Culture Dans un sol bien drainé, en plein soleil ou à mi-ombre. Les jeunes tiges doivent être attachées régulièrement à leur support pour conserver un port ordonné. **Taillez** les grandes espèces après la floraison, uniquement pour limiter leur ampleur. **Prélevez** des boutures semi-ligneuses sur les persistantes en été ou de bois sec sur les caduques en fin d'automne. La **moisissure grise** (botrytis) provoque un feutrage gris sur n'importe quelle partie de la plante ; supprimez immédiatement les parties atteintes pour éviter la contamination.

Rubus henryi* var. *bambusarum
↕6 m, persistante, tiges pubescentes épineuses, fruits noirs en automne

SCHISANDRA

↕3-10 m

SI VOUS SOUHAITEZ HABILLER une grande surface, les *Schisandra* la décoreront tout au long de l'année de leurs fleurs, feuilles et fruits pleins de charme. Ces lianes volubiles ligneuses, généralement caduques, affichent des feuilles lustrées vert moyen et de ravissantes fleurs blanches ou rouges. Celles-ci s'épanouissent au printemps et en été et sont suivies de grappes éclatantes de baies roses ou rouges, à condition d'avoir planté côte à côte un plant mâle et un plant femelle. Conduisez-les dans un arbre ou sur un treillis fixé contre un mur ou une clôture. Vous obtiendrez un contraste de couleurs spectaculaire en les associant à des plantes comme le houblon doré (*Humulus lupulus* 'Aureus', *voir p. 143*).

Rusticité Zones 6 à 8

Culture Dans un sol fertile, frais mais bien drainé, en plein soleil ou à mi-ombre. **Attachez** les pousses des jeunes plantes, jusqu'à ce qu'elles commencent à s'enrouler d'elles-mêmes et encouragez la formation d'une charpente régulièrement espacée. Par la suite, maintenez l'équilibre de la charpente en rabattant les latérales à trois ou quatre bourgeons au-dessus des tiges principales. **Semez** en pot sous châssis froid dès la maturité des graines ou prélevez des boutures semi-ligneuses en été.

Schisandra rubriflora
↕10 m, espèce vigoureuse, jeunes pousses rouges, floraison en fin de printemps et en été, fruits charnus en automne (*voir encadré*)

SCHIZOPHRAGMA

CES GRIMPANTES LIGNEUSES CADUQUES appartiennen la même famille que les *Hydrangea.* La ressemblance flagrante si l'on observe les grandes panicules aplaties fleurs blanc crème au parfum subtil. Celles-ci s'ép nouissent en milieu d'été, sur un fond de feuilles ve foncé. Le feuillage de certains cultivars est marbré d'a gent ou marginé de rose. Ces plantes panachées comp sent un couvre-sol original lorsqu'on les laisse ramper pied d'arbustes ou d'arbres caducs, dans une lumiè tamisée. Palissez les *Schizophragma* sur un mur ou grand arbre qu'ils escaladeront avec entrain à l'aide leurs racines aériennes. À l'âge adulte, ces grandes grir pantes sont très lourdes, choisissez un donc un suppo solide qui ne s'effondrera pas sous leur poids.

Rusticité Zones 6 à 9

Culture Dans un sol frais mais bien drainé, enrichi en humus, en plein soleil ou à mi-ombre. **Attachez** les pousses des jeunes plante sur leur support jusqu'à ce que les racines aériennes aient assuré leu prise. **Taillez** au printemps si la plante déborde de l'espace imparti. **Prélevez** des boutures semi-ligneuses en fin d'été.

Schizophragma integrifolium ♡
↕12 m

OLANUM

E GROUPE CONSIDÉRABLE COMPREND DES ANNUELLES, des vaces, des arbustes et des arbres, mais les grimpantes sont rticulièrement appréciées pour leurs fleurs en cloche ou trompette, dans des tons somptueux de bleu et de urpre, ou de blanc pur, s'épanouissant du printemps à utomne. Il arrive qu'elles soient suivies de baies sphériques ovoïdes de teintes vives. Bien que les *Solanum* comptent rmi eux les pommes de terre et les aubergines, toutes les rties des espèces ornementales sont toxiques en cas d'instion et peuvent provoquer des troubles graves. Il est bon surveiller les enfants qui risquent d'être attirés par les uits. Les *Solanum* demandent un mur chaud et ensoleillé ur prospérer sous climat tempéré. Accompagnez-les utres amateurs de soleil comme les jasmins (*Jasminum, ir p. 144*) et les rosiers (*Rosa, voir p. 150-151*).

sticité Zones 5 à 9 (annuelle au Québec)

lture Dans un sol bien drainé, en plein soleil. **Paillez** en hiver, tout les jeunes plantes. Sous climat froid, plantez en pot dans mélange à base de terreau de feuilles et faites hiverner sous i. **Attachez** régulièrement les tiges. **Semez** entre 18 et 20 °C printemps ou prélevez des boutures semi-ligneuses en été.

crispum 'Glasnevin' ♀ ↕6 m ② *rantonnetii* 'Royal be' ↕1-2 m ; tous deux fleurissent de l'été à l'automne

THUNBERGIA

PRISÉES POUR L'ABONDANCE DE LEURS FLEURS exotiques vivement colorées, ces vivaces grimpantes tropicales sont généralement cultivées comme des annuelles sous climats froids, ou en pot avec hivernage sous abri. Les fleurs déclinent une palette de jaune d'or, d'orange ou de bleus et se détachent sur un fond de feuilles vert moyen. Leurs minces tiges volubiles s'enrouleront aisément autour d'une arche ou d'un obélisque, ou dans un arbuste. Elles escaladeront également un treillis, un grillage ou des fils de fer tendus contre un mur ou une clôture. Vous créerez un décor estival fabuleux en les associant à d'autres grimpantes annuelles sur le même support, par exemple des pois de senteur (*Lathyrus, voir p. 145*).

Rusticité Zones 9 et 10 (annuelle au Québec)

Culture Dans un sol frais mais bien drainé, en situation ensoleillée et assez abritée. En pot, dans un mélange à base de terreau de feuilles. **Guidez** les jeunes plantes vers leur support. **Taillez** en début de printemps les plantes cultivées en vivaces si elles prennent trop d'ampleur. **Semez** entre 13 et 18 °C ou prélevez des boutures semi-ligneuses en été.

Thunbergia mysorensis ♀
↕6 m, floraison au printemps

Thunbergia alata (Suzanne-aux-yeux-noirs)
↕1,50-2 m en annuelle, 2,50 m en vivace, floraison de l'été à l'automne, souvent issue de semis

Thunbergia grandiflora ♀
↕5-10 m, fleurs parfois blanches

TRACHELOSPERMUM

↕6-9 m

CES GRIMPANTES LIGNEUSES persistantes sont très courantes. Elles sont cultivées pour leurs feuilles lustrées vert foncé et leurs fleurs parfumées d'un blanc immaculé s'épanouissant au milieu et en fin d'été; chez *Trachelospermum asiaticum*, elles virent à l'or avec le temps. Palissez-les contre un mur chaud dans les régions soumises au gel: un treillis ou des fils de fer tendus horizontalement, fixés à 5 cm du mur fourniront un support parfait à leurs tiges volubiles. Sous climat très froid, cultivez-les en pot et faites-les hiverner sous abri. Les plantes adultes peuvent servir de support à des annuelles à floraison printanière ou estivale, comme des capucines (*Tropaeolum, voir ci-contre*), et créer ainsi une prodigieuse masse colorée.

Rusticité Zones 7 à 9

Culture Dans un sol fertile, bien drainé, en plein soleil ou à mi-ombre, à l'abri des vents froids et desséchants. **Paillez** en hiver, surtout les jeunes plantes. En pot, utilisez un mélange à base de terreau de feuilles. **Rabattez** les tiges trop longues au printemps si la plante déborde de son support. **Prélevez** des boutures semi-ligneuses en été.

Trachelospermum jasminoides ♡
(Faux jasmin, Jasmin des Indes)
↕9 m, les fleurs restent d'un blanc pur avec le temps, feuillage d'hiver bronze

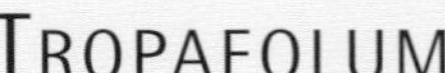

TROPAEOLUM

Capucine

voir aussi p. 333

LES CAPUCINES GRIMPANTES S'AIDENT de longs pétioles volubiles pour escalader clôtures, treillis ou pergolas. Elles se faufilent aussi dans les arbustes ou rampent en couvre-sol si elles ne bénéficient pas d'un support. En été, elles se parent d'une profusion de fleurs flamboyantes, souvent dans des tons éclatants de rouge et de jaune. Certains cultivars offrent en prime un feuillage panaché. Bon nombre d'espèces sont gélives, mais même les vivaces sont cultivées avec succès comme des annuelles. Les capucines grimpantes (*Tropaeolum majus* et ses cultivars) fleurissent mieux dans un sol pauvre et comblent avec bonheur les espaces dans une parcelle négligée. Les feuilles et les fleurs des espèces annuelles sont comestibles et apportent une note poivrée dans les salades.

Rusticité Zones 8 à 10 (annuelle au Québec)

Culture Dans un sol frais mais bien drainé, en plein soleil. **Attachez** les vivaces en pot sous châssis froid, dès la maturité des graines. **Semez** les annuelles entre 13 et 16 °C au printemps ou à l'intérieur en hiver. Les **pucerons noirs** s'agglutinent souvent sur les tiges ; traitez avec un insecticide approprié.

Tropaeolum speciosum ♡ (Capucine élégante)
↕3 m, vivace, préfère un sol acide (sans calcaire), fleurs suivies de bai
bleues protégées par des calices rouges papyracés, paillez en hiver

Tropaeolum peregrinum (Capucine des canaris)
↕2,50 m ↔ 4 m, annuelle, les fleurs évoqueraient des ailes de canaris déployées

Tropaeolum tuberosum 'Ken Aslet' ♡ (Capucine tubéreuse
↕2 m ↔ 4 m, vivace, déterrez les tubercules et stockez-les sous ab
en hiver (comme les dahlias, *voir p. 222-223*)

ITIS
ɜne

↕7 m, jusqu'à 15 m

LES VIGNES ORNEMENTALES de ce groupe, à la différence des espèces cultivées pour le raisin ou pour la vinification, sont prisées pour leurs grandes feuilles se parant en automne de teintes flamboyantes, rouge vif ou urpre. Elles produisent des petits fruits bleu-noir, généement sans saveur. Ces grimpantes ligneuses caduques ccrochent au support le plus proche de leurs vrilles puisntes. Palissez-les sur un mur ou une clôture ou dans un ɔre ou un grand arbuste. Une vigne habille remarquaɛment une tonnelle ou une pergola, et son feuillage prore une ombre fraîche à un coin de repos.

sticité Zones 3 à 10

lture Dans un sol bien drainé, neutre ou légèrement alcalin lcaire), en plein soleil ou à mi-ombre. **Taillez** au printemps et de ɹveau en été s'il faut limiter l'ampleur. Si la vigne est palissée s classiquement contre un mur, rabattez les latérales à deux trois bourgeons de la charpente, au début du printemps. **Semez** ıs châssis froid en automne ou au printemps, ou prélevez des ɹtures de bois sec en hiver. L'**oïdium** peut poser problème.

itis coignetiae 🏆
.5 m, très courante, feuilles vert foncé jusqu'à 30 cm de long :i, teinte d'automne)

WISTERIA
Glycine

L'ÉLÉGANCE ORIENTALE DE LA GLYCINE est la clef de son succès éternel. Avant d'acheter une plante, vérifiez que la tige porte un bourrelet de greffe sain : les sujets non greffés mettent des années à produire quelques fleurs, s'ils fleurissent. Les fleurs sont très parfumées et s'épanouissent en longues grappes, au printemps ou en début d'été, et sont suivies de gousses vertes ressemblant à des cosses de haricots verts. Palissez ces grimpantes caduques, volubiles, ligneuses sur une arche ou une pergola robuste où vous savourerez leur fragrance au passage, ou contre un mur. Les glycines ont une longue durée de vie et deviennent très importantes si elles sont cultivées dans un sol trop riche. Taillez-les deux fois par an pour limiter leur développement et augmenter la floraison. Pour réduire l'entretien, laissez la glycine grimper dans un grand arbre où il ne sera pas nécessaire de la tailler.

Rusticité Zones 5 à 9

Culture Dans un sol frais mais bien drainé, en plein soleil ou à mi-ombre. **Attachez** les tiges pour former une charpente. Maintenez les branches maîtresses horizontales. **Rabattez** les latérales en fin d'été à 4 ou 6 feuilles ou à environ 15 cm des branches maîtresses. Raccourcissez à nouveau à 2 ou 3 bourgeons tôt au printemps. La **maladie des taches foliaires** peut poser problème.

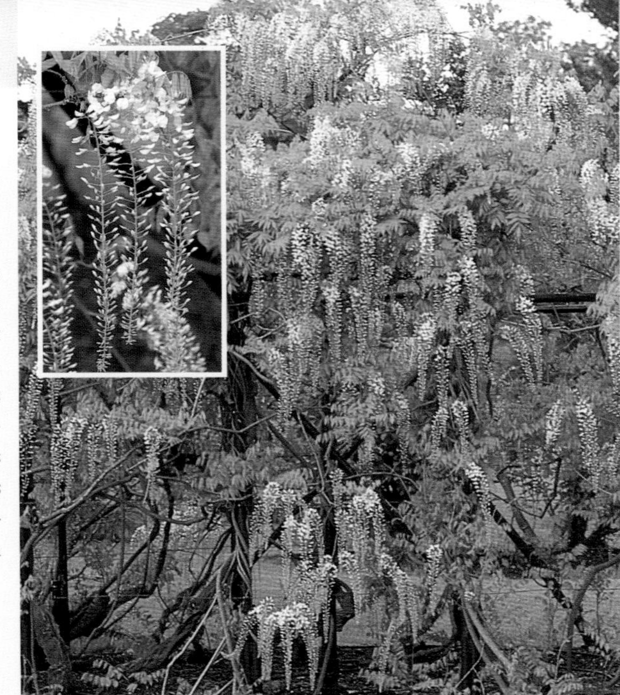

Wisteria floribunda 'Alba'
↕9 m ou plus, grappes de fleurs jusqu'à 60 cm de long s'épanouissant de la base jusqu'à l'extrémité, suivies de gousses vertes veloutées

Wisteria floribunda 'Multijuga' 🏆
↕9 m ou plus, grappes de fleurs jusqu'à 30 cm de long s'épanouissant de la base jusqu'à l'extrémité, suivies de gousses vertes veloutées

Wisteria brachybotrys 'Shiro-kapitan'
↕9 m ou plus, feuilles couvertes de poils doux, grappes de fleurs parfois doubles jusqu'à 15 cm de long s'épanouissant de la base jusqu'à l'extrémité

Les plantes fleuries

Les plantes fleuries au jardin

Les plantes fleuries sont les piliers du jardin ; véritables « fondations » des plates-bandes, elles offrent aussi leurs variations au tableau plus permanent des arbres et des arbustes. Cette partie présente l'immense éventail des plantes non ligneuses ou herbacées, à l'exceptior des graminées (*voir p. 340 à 355*) et des fougères (*p. 356 à 365*). Les herbacées vivaces, annuelles, bisannuelles et les bulbes – y compris certaines succulentes, orchidées et graminée – apporteront au jardin une infinie palette de couleurs, notamment au printemps et en été.

À chacune sa place

Il existe une telle variété de plantes fleuries qu'il vous sera facile d'habiller le moindre recoin du jardin. Toutefois, avant de faire votre choix, pensez au sol et aux conditions de culture. Cette partie du jardin est-elle ensoleillée ou plutôt à l'ombre? Le sol est-il sec ou humide, acide ou alcalin ? Il est plus facile de choisir une plante dont les exigences de culture seront satisfaites dans tel parterre, plate-bande ou contenant que d'adapter les conditions de culture.

La plupart des plantes fleuries toléreront des natures de sol assez variées. Certaines exigent cependant que l'on réponde à des exigences particulières, sous peine d'une croissance déficiente. Les rhododendrons par exemple ont besoin d'un sol acide (sans calcaire), sans quoi leurs feuilles jauniraient et la plante finirait par mourir. Les bruyères et callunes demandent elles aussi un sol acide, et bien que la bruyère des neiges (*Erica carnea*) et ses cultivars supportent un sol légèrement alcalin (calcaire), les plus beaux résultats seront obtenus dans un sol acide.

Le degré d'ensoleillement et d'ombre des différentes parties du jardin décidera des plantes que vous pourrez y cultiver. L'ombre peut être portée par des bâtiments existants ou par des arbres et arbustes déjà établis. La plupart des vivaces et des annuelles ne fleuriront pleinement qu'en plein soleil, tandis que les plantes feuillues (comme les hostas ou les pulmonaires), ainsi que de nombreux bulbes, toléreront une situation plus ombragée.

Le fait que le sol soit sec ou humide influencera également le choix de vos cultures. Vous pourrez aménager une zone ombragée, au sol humide, avec un bassin ou un cours d'eau bordés de plantes appréciant l'humidité comme les prim vères, alors que des espèces comme lavande ont besoin d'un sol sec en situ tion dégagée et ensoleillée.

Si la plupart des plantes fleuries sont leur apogée en été, certaines variétés offre leur couleur au printemps ou en automn Un choix judicieux vous permettra de jou de plantes fleuries presque toute l'anné

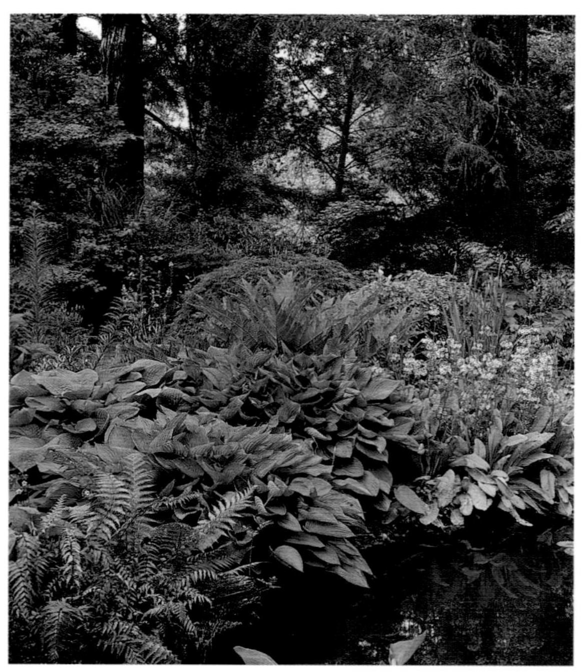

Des plantes sur un site ombragé Beaucoup considèrent les sites ombragés comme un problème. Nombre de plantes fleuries sont pourta adaptées à cette situation, créant un charmant effet naturel. Le feuillage imposant d'*Hosta sieboldiana* contraste ici sur les feuilles plus étroites et les fleurs blanches de *Primu pulverulenta* 'Bartley' cultivées sous des arbres, près d'un étang. Toutes deux apprécient la terre humide des berges.

Concevoir son décor

e meilleur moyen de procéder est de décider d'abord du type de plantes souhaité, uis de choisir la palette prédominante. la couleur est un facteur important (*voir -contre*), pensez aussi à la texture et à la rme des feuilles et des tiges. L'ambiance ifférera selon les plantes choisies. Par emple, des couleurs vives associées à de etites feuilles évoqueront plutôt un jarin de campagne, tandis que des sujets à randes feuilles et aux tons pâles apporteont une touche plus contemporaine.

Renseignez-vous aussi sur la hauteur et envergure de chaque candidate avant de lanter. Pour définir la distance à laisser entre deux plantes, additionnez leur envergure et divisez ce chiffre par deux. En règle générale, les plus grandes sont plus jolies dans le fond de la plate-bande et les plus petites devant. On créera cependant un mouvement ondoyant en plaçant quelques grands sujets vers l'avant ou au milieu, évitant ainsi que le décor soit trop plat. En outre, ils masqueront en partie d'autres plantes, ajoutant ainsi une pointe de mystère.

Pensez aussi qu'en mélangeant quelques bulbes de printemps précoces avec des plantes à floraison automnale comme les asters et les *Rudbeckia* vous jouirez d'un décor fleuri plus longtemps.

es plantes sculpturales aux lignes marquées ont idéales soit en sujet isolé, soit en groupes, our encore plus d'effet. Une cascade moderne accorde ici à la forme nette des feuilles et es fleurs de *Zantedeschia aethiopica*.

Un effet de groupe Pour plus d'impact, surtout dans les plates-bandes, cultivez vos plantes par groupes de trois, cinq ou sept. Vous créerez ainsi des vagues de couleur bien plus efficaces que les touches irrégulières obtenues en plantant une plante par variété.

Forme et texture Une association réussie offrira de merveilleux contrastes de couleur, de forme et de texture. Ici, le feuillage lancéolé et dressé et les fleurs orange des *Crocosmia* dominent les fleurs jaune-vert et l'arrondi plus doux des feuilles d'*Alchemilla mollis*, offrant un joli contraste.

Jouer avec la couleur

La couleur au jardin est une question très personnelle sur laquelle il n'y a pas lieu d'être dogmatique. Essayez différentes associations de couleur entre des plantes voisines ou à l'intérieur d'une plate-bande et ne craignez pas de les déplacer si le mariage est raté. Vous créerez de très jolies harmonies en jouant sur les nuances d'une même couleur ou sur des tons proches, à moins que vous ne préfériez des contrastes plus excitants, mais dans tous les cas, respectez l'équilibre de l'ensemble.

Des couleurs chaudes comme les rouges, jaunes et orangés égayeront une plate-bande de leur éclat. Pour une ambiance plus froide et plus posée, optez pour des tons de blanc, de bleu et de violet. La couleur influence aussi la taille apparente de la plate-bande. Les tons chauds attirent le regard, donnant une impression de proximité, contrairement aux couleurs froides qui donnent une impression d'éloignement et allongeront la plate-bande.

La lumière, la saison et le moment de la journée jouent également sur la couleur. Les blancs et les tons pastel semblent souvent perdus parmi des couleurs vives, voire fades sous un soleil intense, mais sembleront presque lumineux au crépuscule.

Une palette subtile Les tons complémentaires d'*Eryngium bourgatii* et des épiaires dans une palette de bleu et de lilas confèrent calme et fraîcheur à cette plate-bande. Le feuillage piquant des *Eryngium* contraste sur les feuilles plus douces des épiaires.

Un contraste audacieux Dynamisez votre décor en créant de grandes bandes de couleurs chaudes. Le rouge des sauges bouscule ici une touffe d'*Heliotropium* 'Blue Wonder'.

Des fleurs pour leur senteur

Le parfum confère une dimension supplémentaire à bien des plantes fleuries, variant de la fragrance délicieusement fraîche des pois de senteur (*Lathyrus odorata*) à l'arôme musqué des phlox. Dans certains cas, ce sont les feuilles qui sont parfumées : essayez les armoises, la menthe et certains pélargoniums. Dans d'autres, le parfum sera plus fort dans la fraîcheur du soir, et encore plus intense dans un coin abrité ou un endroit clos. Installez-y un siège pour profiter des senteurs ou placez vos plantes sous une fenêtre pour que leur douce fragrance vous parvienne.

Un atout de charme Beaucoup de plantes exhalent un parfum qui attire les papillons sur les fleurs (ici, sur une marjolaine), les abeilles et autres insectes, les conduisant dans votre jardin où ils contribueront à la pollinisation. Parmi les plantes parfumées attirant les insectes, citons la valériane rouge (*Centranthus ruber*), les héliotropes, *Iris graminea*, *Oenothera biennis*, les giroflées (*Matthiola*), et les tabacs (*Nicotiana*).

Les vivaces

Qu'est-ce qu'une vivace herbacée ?

Une vivace herbacée, communément appelée vivace, est une plante non ligneuse qui pousse et fleurit plusieurs années de suite. Certaines vivaces sont persistantes, mais dans la plupart des cas, la partie aérienne meurt en hiver, les racines restant vivantes. Au printemps, de nouvelles pousses repartent de la base ou du collet.

De grandes vivaces Certaines vivaces comme ces lupins vont atteindre une taille étonnante en une seule saison, formant de grandes plantes architecturales qui apporteront hauteur et caractère au jardin. Les cultivars à grandes fleurs ont parfois des inflorescences un peu lourdes. Il faudra alors tuteurer leurs tiges fragiles qui risquent de se casser en s'affaissant, ou sous l'effet du vent.

La majorité des vivaces ont une durée de vie assez longue et fleuriront plusieurs années de suite. Certaines comme le lin (*Linum*) ne tiendront que trois ou quatre ans ; plus éphémères, elles ont tendanc à se ressemer spontanément dans le ja din, il ne sera donc pas nécessaire d'ach ter des graines pour les remplacer.

De délicates alpines Ce jasmin de rocaille (*Androsace carnea*), qui n'atteint que quelques centimètres, excelle dans un parterre de gravier surélevé ou dans les éboulis d'une rocaille.

Les vivaces offrent une immense dive sité de tailles, de formes, de couleurs, d parfums, de textures et de ports, et comp tent parmi les plus polyvalentes des plante Elles vont des grands sujets comm *Cephalaria gigantea*, qui peut atteindre jus qu'à 2 m de haut en une saison, à de toute petites variétés tels certains géraniums ru tiques n'excédant pas 15 cm de haut, e qui font d'excellents couvre-sol.

Les vivaces ne se limitent pas aux tra ditionnelles variétés pour plates-bande mais comprennent aussi des alpines, de plantes de rocaille, des plantes d'eau e des succulentes.

Le choix des vivaces au jardin

Devant une telle variété, vous n'aurez aucun mal à trouver une vivace qui réponde à vos souhaits, d'une hauteur et d'une envergure appropriées à votre site.

Vous créerez d'agréables tableaux en choisissant des plantes de ports différents. Une variété à port étalé contrastera avec bonheur sur un sujet robuste à port dressé, tandis qu'une plante au port arrondi conférera plus de douceur et de légèreté à une plate-bande. Les touffes denses de couleur vive se marient bien avec les grappes lâches de plantes comme la gypsophile. Certaines variétés tapissantes trouveront leur place en couvre-sol, ou au pied d'autres vivaces ou arbustes comme des rosiers.

La plupart des vivaces sont à juste titre appréciées pour leurs fleurs aussi variées que le sont les ports et offrent en toute saison l'essentiel de sa couleur au jardin, qu'il s'agisse des fleurs élégantes des lys, des pavots, moins guindés, ou des délicats œillets mignardises (*Dianthus*). Choisissez des fleurs qui correspondent à vos styles préférés. Les fleurs des espèces ont souvent l'air plus délicates, celles des cultivars étant plus grandes et plus voyantes.

Un feuillage élégant L'hosta panaché *Hosta fortunei*, *H. fortunei* var. *obscura* et *H.* 'Carol' composent ici un tableau remarquable, les formes panachées étant rehaussées par les verts unis. Les hostas portent de jolies inflorescences qui se détachent sur leur feuillage en été.

Certaines vivaces sont avant tout choisies pour leur feuillage. Celui-ci durant généralement plus longtemps que les fleurs, ne négligez pas l'impact de sa forme, de sa taille et de sa texture lorsque vous concevrez votre décor, car il prolongera la période d'intérêt de la plante, ce qui est d'autant plus important dans un petit jardin.

Essayez les cultivars aux feuillages panachés et créez des contrastes entre des feuilles mates et vernissées, duveteuses ou cireuses. Associez des vivaces à petites feuilles avec des variétés portant de grandes feuilles aux formes marquées, ou encore les feuilles en lanières des iris avec les petites feuilles en étoile des *Astrantia*. Et n'oubliez pas que la couleur des feuilles des vivaces ne se limite pas au vert, comme en témoignent les heuchères.

Un port rampant Pensez aux vivaces rampantes comme cet *Aurinia saxatilis* 'Dudley Nevil' pour apporter un peu de décontraction et adoucir les bords rigoureux d'un massif surélevé, d'un muret ou d'un escalier.

En massifs et en plates-bandes

:art d'utiliser les vivaces herbacées dans :s massifs et plates-bandes a évolué avec : temps et les modes. On les plantait utrefois seules, en composant des plates-andes formelles, tout en longueur, evant une haie ou une bordure, ce qui onnait de bons résultats dans un grand ardin où l'espace permettait de cultiver :s vivaces, les arbres et les arbustes sépa-ément. Aujourd'hui, les jardins étant noins spacieux, il n'est pas toujours pos-ible d'appliquer ce principe, et la ten-ance est aux plates-bandes mixtes, ce qui ermet d'associer les vivaces avec des rbres et des arbustes, parfois même avec es grimpantes et des annuelles.

En règle générale, dans une plate-bande erbacée traditionnelle, les bords sont ien droits et les plantes cultivées en dégradé, les plus petites à l'avant et les plus grandes dans le fond. Dans une plate-bande mixte, l'approche est moins formelle. Les vivaces servent souvent à combler les espaces entre les jeunes arbustes et le dégradé est moins rigoureux.

Une autre approche moderne consiste à cultiver les vivaces en massifs en îlot. Entourés de pelouse, de pavés ou de graviers, on peut ainsi les apprécier sous tous les angles. On part généralement des grands sujets au centre, en diminuant progressivement la hauteur vers les bords. Les plantes se comportent généralement mieux en massifs dans la mesure où elles sont en situation plus dégagée. Pensez à intégrer un ou deux spécimens remarquables comme les cannas ou les yuccas qui attireront le regard sur le massif.

Une plate-bande herbacée Cette plate-bande herbacée traditionnelle est composée d'euphorbes, de lys d'un jour (*Hemerocallis*), de phlox et de lys. Elle a été conçue pour être à l'apogée de sa floraison au milieu de l'été. Regroupées ici par trois ou par cinq, toutes ces plantes sont faciles à cultiver. Les grands sujets placés devant donnent du rythme l'ensemble.

Une ambiance de campagne Ce style décontracté et informel repose ur des annuelles et des vivaces qui vont se ressemer au gré de eur fantaisie. Les plantes de ce massif font partie des classiques choisies pour un jardin de campagne : ancolies, euphorbes, fenouil (*Foeniculum*), iris et scabieuses. Nul besoin de 'inquiéter de leur hauteur et de eur envergure, leur spontanéité faisant partie de leur charme.

L'intérêt saisonnier

S'il est vrai que l'on compte sur les vivaces pour emplir le jardin de leurs couleurs tout l'été, elles sont loin de manquer d'intérêt quand elles ne sont pas en fleurs, au printemps, en automne, et même en hiver.

Leur jeune feuillage qui émerge du sol nu et se déploie après un long hiver est un spectacle bienvenu, plein de promesses. À la fin de l'été, de nombreuses vivaces présentent des inflorescences en graines intéressantes, d'autres portent des fruits. Ne vous pressez pas de rabattre vos vivaces en automne, car les oiseaux apprécieront leurs graines et certaines tiges, même vieilles, sont parfois très décoratives, notamment couvertes de givre. Sans parler de l'abri qu'elles offrent aux insectes utiles.

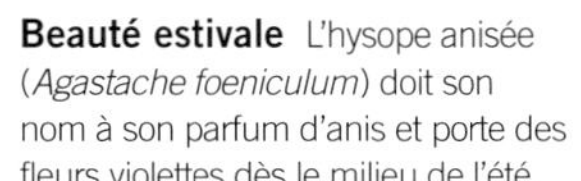

Beauté estivale L'hysope anisée (*Agastache foeniculum*) doit son nom à son parfum d'anis et porte des fleurs violettes dès le milieu de l'été.

Douceur d'automne En automne, ces inflorescences en graines portées sur de grandes tiges prennent une teinte marron, et structurent la plate-bande.

Givre hivernal Au cœur de l'hiver, le givre scintillant habille ses épis floraux, les métamorphosant à nouveau.

Un décor naturel

Certaines vivaces, notamment les espèces plutôt que les cultivars, donnent de très beaux résultats dans un décor naturel où elles semblent dans leur habitat d'origine. On pourra créer une ambiance de sous-bois sous des arbres, une prairie dans une pelouse ou un cadre naturel dans une plate-bande. De tels décors devront cependant être mûrement réfléchis pour obtenir le résultat souhaité. Composez des massifs informels de formes irrégulières pour qu'ils se fondent dans leur environnement. Créez des vagues qui vont s'entremêler ou de grandes touffes de telle ou telle variété qui laisseront croire qu'elles poussent naturellement. Ce style étant assez libre, vous pourrez ajouter de nouvelles plantes de temps en temps. Évitez cependant de surcharger l'ensemble en associant trop de variétés différentes.

Un décor de sous-bois Les grandes feuilles de *Gunnera manicata* offrent ici une toile de fond spectaculaire au feuillage sombre, noir pourpré, et aux fleurs écarlates soutenu de *Lobelia* 'Queen Victoria'.

Les annuelles et les bisannuelles

Qu'est-ce que les annuelles et les bisannuelles ?

Les annuelles sont des plantes qui accomplissent leur cycle végétatif: germination, floraison et production de graines en un an. Celles qui supportent le gel sont dites rustiques. Celles que le gel ou de basses températures vont abîmer ou tuer sont dites semi-rustiques. On les cultive après les dernières gelées au printemps, ou en serre, auquel cas elles sont repiquées quand tout danger de gel est écarté.

Les bisannuelles demandent deux saisons de croissance pour achever leur cycle végétatif. Elles développent tiges et feuilles la première année et fleurissent l'année suivante. Les vivaces gélives que l'on doit protéger du gel sont souvent traitées comme des annuelles dans les régions froides, ce qui permet d'éviter cette protection hivernale.

Les annuelles et bisannuelles qui ne poussent et fleurissent qu'en une saison sont parfaites pour apporter de la couleur très rapidement et à bon prix. Elles se déploient dans un grand éventail de formes et de ports et n'ont pas leur pareil pour combler l'espace entre de jeunes arbustes ou pour créer un tableau coloré dans une plate-bande dégarnie. Les rustiques sont les plus faciles à cultiver, car on peut les semer directement en terre à l'emplacement choisi.

Les pavots annuels (*Papaver*) apportent leur couleur au long de l'été, dans une palette d'écarlate, d'orangé, de rose et de blanc. Semez les graines en sillons peu profonds ou par vagues, à la volée, avant de les recouvrir légèrement, et éclaircissez les jeunes plants quand ils atteignent 2,5 cm de haut. Si vous ne coupez pas les inflorescences fanées, les graines se dissémineront à leur gré dans le jardin.

Les digitales bisannuelles (*Digitalis*) exigent deux saisons de croissance pour fleurir. Leurs longs épis floraux, d'une grande diversité de couleurs, sont parfaits pour une ambiance jardin de campagne.

Concevoir les massifs et les plates-bandes d'annuelles

Un parterre classique Un parterre d'annuelles classiques est un magnifique atout. Cultivez vos propres plantes ou achetez de jeunes plants en jardinerie. Dans ce parterre aux lignes douces et aux couleurs vives, *Celosia* 'New Look' se mêle à *Petunia* 'Pink Wave'. En supprimant leurs fleurs fanées, vous garderez un superbe parterre, encouragerez l'éclosion de nouvelles fleurs, et empêcherez les graines de se disséminer.

Un massif ou une plate-bande consacrés aux annuelles et aux bisannuelles, classiques ou informels, se résume généralement à une masse de fleurs. Celles-ci ne tenant qu'une saison, vous pouvez faire des essais en toute confiance. Dans un massif informel, tenez-vous en par exemple à une palette de rouges et d'orangés ou de roses, de pourpres et de bleus, et semez vos graines par vagues qui vont se mêler les unes aux autres. L'autre option consiste à mélanger les graines avant de semer pour obtenir une profusion de couleurs totalement aléatoire.

Les parterres classiques se composent en général de bisannuelles et d'annuelles semi-rustiques suivant un motif symétrique ou stylisé. On les voit le plus souvent dans les jardins publics, mais ils donneront aussi des résultats étonnants, à petite échelle, dans votre jardin. Réfléchissez bien au motif souhaité avant d'acheter graines ou plantes. Choisissez une ou deux couleurs et un motif simple, un croissant par exemple, une courbe ondoyante ou un damier, et dessinez-le sur du papier millimétré ou au sol avec du sable. Les parterres classiques demandent plus d'entretien pour garder un bel aspect, net et soigné, mais le jeu en vaut la chandelle.

Quels que soient le parterre, le massif ou la plate-bande choisis, pensez-y soigneusement avant de semer pour que les périodes de floraison se chevauchent et que leur intérêt se prolonge. Quand les annuelles semi-rustiques auront rempli leur office, remplacez-les par des plantes achetées ou cultivées par vos soins pour renouveler le tableau.

Enfin, si le feuillage n'est pas la caractéristique essentielle des annuelles, n'oubliez pas cependant de conjuguer formes et textures

.es annuelles et les bisannuelles au jardin

; annuelles excellent dans les plates-ıdes mixtes, côtoyant vivaces, arbres et ·ustes. Éphémères et ayant peu d'exi-ıce en matière de sol, elles n'interfére-ıt pas avec la croissance de leurs voisines. ʾrofitez des annuelles rampantes nme les capucines et des bisannuelles nme les giroflées (*Erysimum*), à florai-ı printanière, pour couvrir rapidement ;ol, et apportez un peu de variété aux tes-bandes établies. Vous pouvez aussi ;ser de l'espace entre une plate-bande xte et une plate-bande herbacée et renouveler vos compositions d'annuelles et de bisannuelles chaque année.

Si vous venez d'emménager et que le jardin n'est pas très garni, vous l'égayerez de touches colorées sans vous ruiner en l'habillant avec des annuelles, le temps de concevoir un décor plus durable. Il faut plusieurs saisons aux nouveaux sujets, arbres, arbustes et vivaces, pour garnir le jardin et les plates-bandes. En les entourant d'annuelles et de bisannuelles, vous jouirez d'une palette temporaire et jugulerez la croissance des mauvaises herbes.

Un décor décontracté ‹e but d'un style informel est de ›er un joyeux mélange donnant ›e impression de naturel. Veillez cependant à bien choisir son emplacement. Une plantation nformelle serait incongrue près d'un décor d'eau classique par ›xemple. Parmi les annuelles et bisannuelles traditionnelles qui se côtoient ici, on remarque les tournesols, les digitales et les pavots.

Une bordure d'annuelles Les soucis des jardins (*Calendula officinalis*) sont assez bas pour former une bordure autour d'un carré de légumes. La couleur vive de leurs fleurs attire les insectes utiles, favorisant ainsi la pollinisation et la lutte contre les ravageurs.

Des fleurs à couper

La plupart des annuelles donnent de belles fleurs coupées pour la maison. Si vous disposez d'un potager ou d'un carré en retrait, profitez-en pour semer des annuelles que vous pourrez couper sans détruire la mise en scène du jardin. Conservées dans l'eau, dans un endroit frais, elles tiendront plusieurs jours, voire plusieurs semaines. Les statices (*Limonium*) et les immortelles (*Helichrysum*) donnent de belles fleurs séchées, une fois pendues la tête en bas dans un endroit aéré.

Les fleurs coupées Portées sur de longues tiges, les fleurs flamboyantes de *Zinnia elegans* 'Whirligig' sont idéales en bouquet. Coupez-les quand elles éclosent, elles tiendront plus longtemps une fois dans l'eau, et supprimez les feuilles qui pourraient baigner dans le vase.

Les annuelles et les bisannuelles en contenants

‹ec leur courte saison de croissance, ; annuelles, bisannuelles et vivaces lives sont idéales cultivées en contenants, soit seules, soit mariées à d'autres antes. Les pots serviront à attirer le ;ard, pourront être déplacés pour présenter les plantes sous leur meilleur gle ou combleront les vides dans une ate-bande.

N'importe quel contenant fera l'af-ıre, pot, bac, jardinière, panier sus-ndu, à condition d'être doté de trous drainage. Évaluez l'ensoleillement du ‹e avant de prendre une décision, puis oisissez un joli contenant adapté à la :uation et à la plante choisie. Sur un ıplacement chaud et ensoleillé ou sur un site exposé au vent, un contenant séchera rapidement. Il vous faudra l'arroser tous les jours à la belle saison ; mieux vaut en tenir compte avant de définir son emplacement. Si nécessaire, optez pour des cultivars au port compact qui résisteront au vent.

Les paniers suspendus et les jardinières sont parfaits pour les rampantes. Et si les pélargoniums (dressés et rampants), les fuchsias et les impatientes font d'excellents candidats, pensez aussi aux pétunias, aux *Tagetes*, aux *Lobelia* et aux *Alyssum*. Quant aux héliotropes, associés à des plantes plus voyantes, notamment près de la maison, ils exhaleront un délicieux parfum.

Le plein de charme Voici un pot débordant de *Viola tricolor*. Cette charmante annuelle qui fleurit plusieurs semaines en été passera volontiers l'hiver si vous la rentrez à l'abri du gel.

Un panier suspendu Une profusion de couleurs et des fleurs délicates ou audacieuses se côtoient dans ce panier suspendu composé de *Diascia*, de *Lobelia*, de pélargoniums, de phlox et de verveines.

Les bulbes

Les plantes bulbeuses

Une plante bulbeuse est une vivace possédant un organe de réserves nutritives – partie renflée de la tige ou de la racine – qui lui permet de rester en dormance jusqu'à ce que les conditions soient favorables. On utilise le terme de plantes bulbeuses pour désigner les vrais bulbes, les cormus, les tubercules et les rhizomes, qui se différencient par leurs organes de réserve.

Un vrai bulbe est constitué de feuilles modifiées très serrées, autour d'une tige réduite, que vous observerez en coupant un oignon en deux. Les cormus sont des tiges souterraines renflées et les tubercules sont formés de racines renflées ou de tiges souterraines.

D'autres plantes bulbeuses stockent les aliments dans des tiges souterraines rampantes appelées rhizomes. Elles sont soit courtes et épaisses, c'est le cas des iris à barbes, soit longues et minces, c'est le cas du muguet (*Convollaria*).

La pousse (ici, une tulipe) part d'un bourgeon abrité par le bulbe.
Bulbe simple (jonquille)
Bulbe écailleux (lys)

Les vrais bulbes On distingue : le bulbe simple ou tuniqué, formé de feuilles serrées et d'une peau très mince ; le bulbe écailleux aux feuilles, ou écailles, moins serrées. Ce type de bulbe se dessèche plus vite.

Les tubercules Les pousses émergent de bourgeons à l'aisselle du bulbe. Les racines tubéreuses sont remplacées chaque année par de nouveaux tubercules, tandis que les tiges tubéreuses grossissent un peu plus à chaque saison.

Les cormus Un ou deux bourgeons émergent à la surface du cormus qui se forme chaque année à la b de la tige. De petits cormus ou caïeux se développent autour du cormus principal. On les mettra en culture.

Où cultiver les bulbes ?

Les vedettes de l'été Beaucoup de bulbes à floraison estivale dont les lys et les *Crocosmia* sont de grandes plantes portant des fleurs étonnantes, idéales dans une plate-bande mixte aux côtés de vivaces herbacées. En plein été, cette plate-bande a un côté spectaculaire grâce aux inflorescences arrondies et voyantes des aulx qui forment un contraste marqué avec les fleurs plus délicates des ancolies (*Aquilegia*) et des chataires (*Nepeta*).

Les plantes bulbeuses ne sont pas très exigeantes quant à la nature du sol, tant qu'il est bien drainé et comme beaucoup sont très rustiques, on peut les cultiver partout, à l'exception d'une ombre dense. La plupart préfèrent une situation ensoleillée, mais celles dont les bois sont l'habitat naturel prospéreront à mi-ombre. Les cyclamens rustiques iront même jusqu'à supporter une ombre sèche et certains bulbes sont assez délicats pour une rocaille.

Les bulbes donnent de beaux résultats en groupes. Pour plus d'impact, composez un parterre classique avec des bulbes de printemps multicolores. Une fois flétris, déterrez-les et conservez-les dans un endroit frais et sombre, et la place sera libre pour les annuelles d'été.

Pour un décor plus naturel, plantez les bulbes parmi d'autres vivaces, de sorte que leur feuillage soit masqué par celui des vivaces, une fois flétri. Et ne pensez pas aux bulbes uniquement en termes de plantes de printemps. En ch sissant des variétés aux périodes de florais différentes, vous jouirez de magnifiq tableaux, des premiers perce-neige (*Galanth* de printemps aux crocus d'automne.

Un parterre classique En plantant les bulbes de printemps par vagues, vous apporterez de grande taches de couleur. Le tableau sera tout aussi réus en les mariant avec des giroflées et des myosotis.

Naturaliser les bulbes au jardin

Si vous les laissez en place sur un site qui leur convient, de nombreux bulbes vont naturellement se multiplier et former des touches, puis de grandes vagues de couleurs. Recourir à cette méthode naturelle de multiplication est une façon simple d'apporter de la couleur dans un nouveau coin du jardin. Une fois plantés, les bulbes émergeront année après année sans demander beaucoup d'attention.

Le meilleur moyen de naturaliser les bulbes est de les cultiver dans une pelouse. Après la floraison, il faut attendre six semaines avant de tondre pour laisser au feuillage le temps de flétrir. Les bulbes pourront alors puiser leur énergie dans ce feuillage et produire des boutons floraux l'année suivante. Vous devrez penser à la fréquence de tonte souhaitée pour votre pelouse avant d'envisager la naturalisation.

Les bulbes à floraison précoce comme les perce-neige conviennent dans une pelouse tondue au printemps. Les bulbes à floraison tardive comme certaines jonquilles conviendront mieux là où l'on pourra laisser pousser l'herbe plus longtemps, au bord d'une pelouse par exemple, ou sur un talus herbeux. Certains bulbes comme les méléagres (*Fritillaria meleagris*) prospéreront plantés dans une prairie de fleurs sauvages qui ne sera pas tondue avant la fin de l'été ou le début de l'automne.

Choisissez des bulbes vigoureux, car ils devront rivaliser avec les racines de l'herbe. La meilleure façon d'obtenir un effet naturel est d'éparpiller les bulbes à la volée et de les laisser pousser où ils tombent. Du moment qu'il y a au moins 20 cm entre eux, ils devraient fleurir sans difficulté.

Les bulbes à floraison printanière et automnale se plairont également sous des arbres caducs, soit avant, soit après que la couronne est au plus dense. Plantez-les sous des sujets isolés dans le jardin ou en vagues informelles dans un décor de sous-bois.

Une mer de jonquilles Les fleurs jaune vif des jonquilles fleurissent ici sous un cerisier à fleurs japonais (*Prunus* × *yedoensis*) à l'apogée de sa floraison, offrant un charmant tableau de printemps. Les fleurs voyantes des cultivars sont spectaculaires sous des arbres en sujets isolés ; les fleurs plus délicates des espèces conviendront mieux dans un sous-bois, de petits taillis, ou encore au pied d'arbres fruitiers ou de noyers.

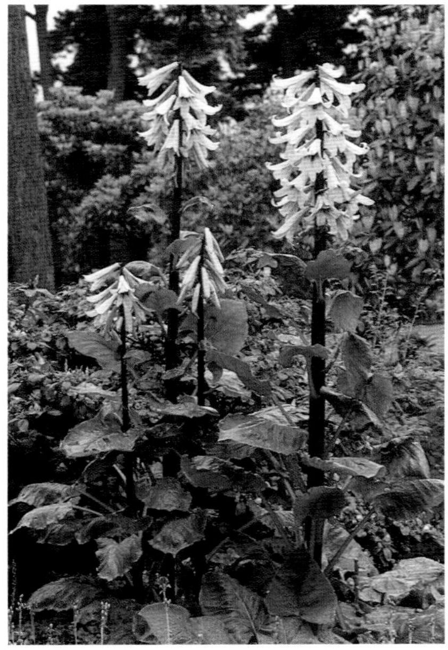

Un sous-bois Certains bulbes semblent plus à leur place dans un décor de sous-bois naturel que l'on créera sans peine dans un petit espace grâce à quelques arbres et arbustes. Tapissez le sol de bulbes à port bas ponctués par des sujets plus imposants comme ce lys géant (*Cardiocrinum*) qui apprécie une ombre humide.

Les bulbes en contenants

La plupart des bulbes se plaisent en jardinière ou dans d'autres contenants, car ils apprécient un bon drainage. Pensez à choisir un contenant adapté à leur taille. Un lys, par exemple, aura besoin d'un pot profond proportionné à sa hauteur quand il sera en pleine floraison, alors que de petits bulbes comme les crocus seront beaucoup plus séduisants dans des coupes moins profondes.

En plantant une seule espèce par contenant, vous obtiendrez de grosses touffes de fleurs et pourrez regrouper les pots une fois les bulbes en fleurs. Si vous préférez les réunir dans un même contenant, plantez les bulbes par couches, les plus gros dans le fond et les plus petits vers le haut, pour jouir d'une succession de fleurs. Les bulbes de printemps ayant toutes les chances d'être les premières fleurs au jardin, placez-les en un endroit où vous en jouirez pleinement, près de la porte d'entrée par exemple, sur une fenêtre, ou de sorte qu'ils attirent le regard et installez les bulbes parfumés en pots près de la maison pour mieux profiter de leur parfum.

Une fois les fleurs fanées, déplacez les pots vers un endroit moins voyant ou déterrez les bulbes et replantez-les momentanément dans le coin d'un massif, le temps que leur feuillage flétrisse. Vous libérerez ainsi les pots pour d'autres plantes. Quand le feuillage sera mort, déterrez les bulbes pour les stocker ou enterrez-les dans une plate-bande.

Une beauté classique Certains bulbes arborent des fleurs et un feuillage élégants qui se marient bien avec un style traditionnel. Cette urne, présentée devant une haie de charmes (*Carpinus*), est simplement garnie de tulipes.

Le forçage des bulbes

Le meilleur moyen d'apporter couleur et parfum à la maison pendant les sombres journées d'hiver est de forcer les bulbes en pots (*voir aussi p. 288*). En les cultivant à l'intérieur dans des conditions relativement chaudes, ils fleuriront plus tôt que la normale. Qu'il s'agisse des amaryllis aux grandes fleurs exotiques, des jacinthes odorantes ou des jonquilles, tous acceptent d'être forcés.

Plantez les bulbes en automne dans un mélange non terreux ou fibreux. Maintenez un minimum d'humidité et conservez-les dans un endroit frais et sombre pendant quelques semaines, le temps que se forme un bon système radiculaire. Inspectez régulièrement vos bulbes et donnez-leur de la lumière quand ils atteignent environ 2,5 cm.

Acaena

Cette herbacée vivace à port bas forme un tapis dense de feuillage persistant grâce à des tiges qui s'enracinent. Elle est parfaite en couvre-sol dans une rocaille ou à l'avant d'une plate-bande fleurie, mais devient facilement envahissante. En été, *Acaena* est couverte de fleurs sphériques qui produisent ensuite les akènes épineux et rouges qui la caractérisent. Les *Acaena* sont prisées pour la couleur de leurs feuilles : *Acaena caesiiglauca* porte un feuillage bleu glauque, celui de *A. microphylla* 'Kupferteppich' est bronze et ses akènes rouge vif. Parmi les autres couvre-sol qui se marient bien avec elle, on citera *Sedum rupestre* et *S. obtusatum* (*voir p. 324*).

Rusticité Zones 4 à 7

Culture On la cultive dans un sol assez fertile en plein soleil ou à mi-ombre. Si nécessaire, on réfrénera sa croissance en coupant les tiges enracinées. **Semez** à l'intérieur en fin d'hiver ou au début du printemps. **Déterrez** les tiges enracinées et transplantez-les *in situ* à l'automne ou au début du printemps.

Acaena saccaticupula 'Blue Haze'
↕10-15 cm ↔ 1 m, feuillage bleu acier toute l'année sur lequel se détachent des akènes rouge foncé en été

Acanthus

Acanthe

Avec ses grandes grappes de fleurs originales émergeant d'un étonnant feuillage vert foncé et épineux, voici une plante architecturale précieuse dans une plate-bande herbacée ou mixte. Ses fleurs tubulaires, mesurant jusqu'à 5 cm de long, où se mêlent le blanc, le vert, le jaune, le rose ou le violet, sont portées du printemps au milieu de l'été sur des grappes pouvant atteindre 1,20 m de haut. Coupées et séchées, elles formeront de jolis bouquets, mais laissez quelques grappes sur la plante qui offriront un beau tableau, couvertes de givre en hiver. Vigoureuses vivaces herbacées, les acanthes se conjuguent heureusement avec d'autres vivaces comme les géraniums rustiques (*voir p. 250-251*) et les phlox (*p. 306*).

Rusticité Zones 5 à 9

Culture Elles acceptent un sol assez fertile au soleil ou à mi-ombre, mais préfèrent une terre profonde, fertile et bien drainée. **Supprimez** les feuilles fanées et les anciennes grappes florales au début du printemps. **Semez** à l'intérieur en fin d'hiver ou au début du printemps ou divisez les touffes au printemps. **Prélevez** des boutures de racines en hiver. L'**oïdium** risque d'abîmer les feuilles en conditions très sèches.

① ***hirsutus*** ↕15-35 cm ② ***hungaricus*** ↕60-120 cm
③ ***mollis*** ↕1,5 m ④ ***spinosus*** ♀ ↕1,5 m

Achillea

Achillée

Le feuillage gris vert rappelant la fougère et les inflorescences plates des achillées en font les piliers d'un jardin de campagne ou d'une plate-bande herbacée. Les variétés à port bas sont parfaites dans une rocaille. Vivaces herbacées, les achillées s'étalent rapidement, formant des touffes résistant à la sécheresse et acceptent presque toutes les natures de sols, y compris crayeux ou caillouteux. En été, leurs fleurs multicolores attireront abeilles, papillons et autres insectes utiles, faisant d'elles un bon choix pour une plate-bande de fleurs sauvages. Séchées, elles décoreront la maison. *Achillea* apprécie la compagnie d'autres vivaces herbacées : salicaire (*voir p. 283*), phlox (*p. 306*), et sidalcées (*p. 325*). Le contact avec son feuillage peut provoquer des allergies.

Rusticité Zones 2 à 9

Culture Dans un sol humide, mais bien drainé en situation dégagée en plein soleil, bien que certaines achillées tolèrent une grande diversité de sols et de situations. **Supprimez** les fleurs fanées pour encourager les suivantes. **Semez** *in situ* ou divisez les touffes tous les 2 ou 3 ans au printemps pour augmenter votre stock et garder sa vigueur à la plante. Son feuillage risque de souffrir de l'**oïdium** en situation sèche, et par manque d'espace.

Achillea 'Moonshine' ♀
↕↔ 60 cm, une fois ses fleurs jaune vif écloses en été, 'Moonshine' offrira un joli tableau jusqu'en automne

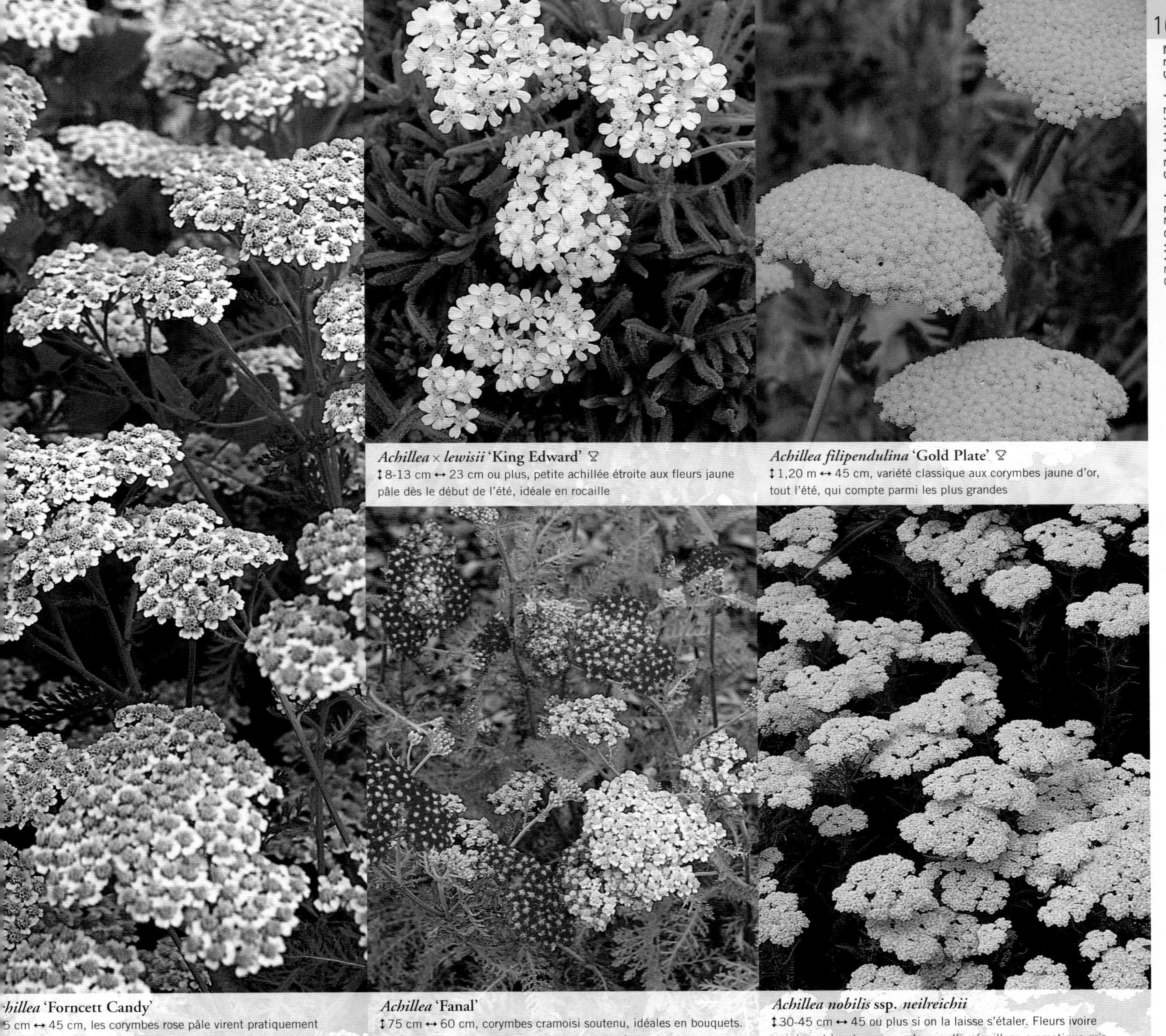

Achillea × lewisii 'King Edward' ♀
↕8-13 cm ↔ 23 cm ou plus, petite achillée étroite aux fleurs jaune pâle dès le début de l'été, idéale en rocaille

Achillea filipendulina 'Gold Plate' ♀
↕1,20 m ↔ 45 cm, variété classique aux corymbes jaune d'or, tout l'été, qui compte parmi les plus grandes

hillea 'Forncett Candy'
5 cm ↔ 45 cm, les corymbes rose pâle virent pratiquement blanc avec le temps

Achillea 'Fanal'
↕75 cm ↔ 60 cm, corymbes cramoisi soutenu, idéales en bouquets. Joli contraste sur des plantes grises ou argentées

Achillea nobilis ssp. *neilreichii*
↕30-45 cm ↔ 45 ou plus si on la laisse s'étaler. Fleurs ivoire qui durent longtemps, au-dessus d'un feuillage aromatique gris

Aconitum

Aconit

Les aconits sont bien connus pour leurs fleurs en capuchon dans des tons de lilas, de bleu et de jaune pâle, portées sur de grandes grappes se détachant très au-dessus de touffes de feuilles vertes et divisées. Selon les variétés, ils fleurissent du début du printemps à l'automne, attirant abeilles et papillons. Vivaces herbacées au port étalé, ils apprécient un massif ou une plate-bande assez humide, en compagnie d'autres vivaces : achillées (*voir p. 167*), hémérocalles (*p. 258*), phlox (*p. 306*) ou dauphinelles (*p. 224*). Les fleurs forment de beaux bouquets, mais attention, la plante est toxique en cas d'ingestion, et le contact avec son feuillage peut provoquer des allergies cutanées.

Rusticité Zones 2 à 7

Culture Les aconits préfèrent un sol humide, fertile, à mi-ombre, mais tolèrent la plupart des sols humides et le soleil si la terre est assez détrempée. **Tuteurez** les grands sujets pour qu'ils ne s'affaissent pas. **Rabattez** les pousses de l'année précédente en fin d'hiver ou début de printemps. **Semez** à l'intérieur en fin d'hiver ou au début du printemps. Divisez les touffes tous les trois ans en automne ou au début du printemps pour garder leur vigueur aux plantes.

Aconitum × *cammarum* 'Bicolor' ♀
↕ jusqu'à 1,20 m ↔ 30 cm, un aconit original ; floraison en milieu et fin d'été

Aconitum carmichaelii 'Arendsii'
↕ jusqu'à 1,20 m ↔ 30 cm, fleurs au début et au milieu de l'automne

Aconitum 'Ivorine'
↕ 90 cm ↔ 45 cm, variété de choix pour un site frais et humide ; floraison en début d'été

Aconitum 'Bressingham Spire' ♀
↕ 90-100 cm ↔ 30 cm, longue période de floraison, du milieu de l'été à l'automne, un peu plus petit que la plupart des aconits

.CTAEA

·tée

E GROUPE, QUI INCLUT DÉSORMAIS les *Cimifuga*, mprend un large choix de vivaces formant des touffes ›uvant leur place dans un jardin de sous-bois, une plate-nde ombragée ou sur une berge. Toutes portent un uillage et des fleurs décoratives, parfois des baies. Leurs naches ou grappes de petites fleurs blanches ou rosées nt portés au-dessus du feuillage, du milieu du prin-mps à la fin de l'été et en automne. Certaines variétés mme *Actaea alba*, *A. rubra*, et *A. spicata* produisent ssi des grappes de baies vernissées blanches, rouges ou ›ires, très toxiques. Les feuilles divisées, sont le plus uvent vertes, bien que certains cierges d'argent *Cimifuga*), comme *Actaea simplex* 'Brunette' soient pri-s pour leur feuillage bronze ou pourpré. *Actaea* se marie en avec d'autres vivaces : sidalcées (*voir p. 325*), verges or (*Solidago, p. 327*) et *Rudbeckia* (*p. 317*).

ısticité Zones 3 à 8

ılture Dans un sol humide, fertile, enrichi de matière organique en décomposée, à mi-ombre. Arrosez généreusement pendant les riodes de sécheresse. **Semez** en pot sous châssis froid à l'automne divisez les plantes au printemps.

Actaea rubra ♡
↕45 cm ↔ 30 cm, fleurs blanches suivies de baies rouges, les unes et les autres égayant les parties un peu ombragées d'un sous-bois

ctaea simplex (syn. *Cimicifuga simplex*)
1-1,20 m ↔ 60 cm, grappes plumeuses de fleurs émergeant la fin de l'été et en automne

Actaea (*Cimicifuga*) *simplex* 'Brunette' ♡
↕1-1,20 m ↔ 60 cm, jolie plante feuillue ; panaches ressemblant à ceux d'*A. simplex* mais teintés de rose

ADONIS

LES FLEURS SOLITAIRES ET ASSEZ PEU CONNUES de ces annuelles et vivaces formant des touffes ont le charme délicat des anémones. Certaines telle *Adonis amurensis* éclosent tôt au printemps, avant que leur feuillage proche de la fougère ait eu le temps de se développer. *Adonis brevistyla* et *A. vernalis* fleurissent au printemps et, comme beaucoup d'autres fleurs en cette saison, se déclinent en blanc et en jaune. Ces trois vivaces apprécient la compagnie précoce des cyclamens (*voir p. 221*), des doronics (*p. 231*) et des perce-neige (*p. 241*). *A. estivalis* est une charmante annuelle dont les fleurs rouges s'ouvrent au milieu de l'été. Les exigences de culture changent selon les variétés, certaines acceptant la fraîcheur et l'ombre d'un sous-bois, d'autres une situation dégagée et ensoleillée. Vérifiez ce point avant l'achat.

Rusticité Zones 4 à 7

Culture Cultivez *A. amurensis* et *A. brevistyla* à l'ombre dans un sol frais, humifère et acide (sans calcaire). *A. aestivalis* demande un sol bien drainé et alcalin (calcaire) et du soleil. **Semez** à l'intérieur en hiver ; la germination est lente. Les adonides vivaces supportent mal la division.

Adonis brevistyla
↕20-40 cm ↔ 20 cm, une légère auréole de bleu vers l'extérieur des pétales ajoute au charme de cette adonide

AEGOPODIUM PODAGRARIA

Herbe-aux-goutteux

SI, SUR LES CINQ OU SIX ESPÈCES D'HERBE-AUX-GOUTTEUX, la plupart sont des mauvaises herbes envahissantes qui s'étalent grâce à leurs tiges souterraines, les cultivars panachés d'*Aegopodium podagraria* méritent leur place au jardin. *Aegopodium podagraria* 'Variegatum' est une belle couvre-sol décorative s'étalant dans des parties humides et ombragées où peu d'autres plantes prospéreraient. Elle produit des grappes de fleurs blanches, au début de l'été, mais son plus bel atout reste son feuillage, les feuilles pouvant atteindre jusqu'à 10 cm de diamètre. Vous empêcherez cette vivace de vous envahir en la confinant dans un sol pauvre, auquel d'autres ne résisteraient pas. Vous pouvez aussi la cultiver seule dans un massif en îlot. Les *Bergenia* (*voir p. 198*) et les géraniums rustiques (*p. 250-251*) acceptent des conditions de culture similaires.

Rusticité Zones 3 à 7

Culture Accepte toutes les natures de sol, même très pauvre, en plein soleil ou à mi-ombre. **Jugulez** sa croissance en supprimant les fleurs fanées avant la production de graines et en coupant les pousses indésirables à la bêche. **Divisez** les rhizomes au printemps.

Aegopodium podagraria 'Variegatum'
↕30-60 cm ↔ non définie

AETHIONEMA

ON CULTIVE PRINCIPALEMENT CES ANNUELLES et vivaces à base ligneuse, persistantes et semi-persistantes pour leurs grappes de fleurs délicates aux teintes de rouge, rose, blanc crème et blanc pur. Les fleurs sont portées sur de courtes tiges du printemps au début de l'été. Les feuilles sont petites, généralement sessiles, et assez charnues. Ce sont des plantes éphémères, il est donc préférable de les multiplier par boutures tous les deux ou trois ans pour être sûr qu'elles se comportent bien. Leur petite taille en fait des candidates idéales à l'avant d'une plate-bande herbacée ou dans une rocaille. Essayez de les marier avec des cœurs-de-Marie (*voir p. 229*), des *Euphorbia polychroma* (*p. 242*) et des doronics (*p. 231*).

Rusticité Zones 8 à 10

Culture Elles préfèrent un sol fertile, bien drainé et alcalin (calcaire) en situation ensoleillée, mais tolèrent aussi des sols pauvres et acides (sans calcaire). **Semez** les graines des annuelles *in situ* à l'automne. **Prélevez** des boutures herbacées à la fin du printemps ou bien encore au début de l'été.

① ***armenum*** ↕ 15-20 cm, vivace, fleurs à la fin du printemps
② ***grandiflorum*** 🏆 ↕ 20-30 cm, vivace, floraison en fin de printemps et début d'été

AGAPANTHUS

CES GRANDES VIVACES VIGOUREUSES, formant des touff portent des ombelles rondes ou pendantes, composées fleurs en trompette du milieu de l'été au début de l'autom dans une palette de bleu sombre et de bleu violacé, ou da des tons de blanc. Elles présentent souvent de longues et é gantes feuilles rubanées. La majorité des hybrides sont cadu alors que certaines espèces sont persistantes. Leurs fleurs so parfaites en bouquets, mais si on les laisse sur la plante, el seront suivies de capsules décoratives. Ces vivaces à florais tardive sont particulièrement belles en contenant.

Rusticité Zones 8 à 10

Culture Elles préfèrent un sol fertile, humide et bien drainé, en plein soleil. Dans les régions froides, paillez-les à la fin de l'automne d'une couche de matière organique bien décomposée. Pour les plantes **en contenant**, préférez un substrat riche en terreau. Arrosez-l généreusement pendant l'été, avec parcimonie en hiver. En été, faite un apport d'engrais liquide équilibré jusqu'au début de la floraison. *A. campanulatus* 'Albovittatus' se comporte mieux sous abri pendant les hivers très rigoureux. **Semez** les graines à maturité ou au printemp Le premier hiver, conservez les jeunes plants sous châssis froid à l'ab du gel. La plupart ne sont pas conformes au type. **Divisez** les grosses touffes au printemps.

DIVISER UN RHIZOME Avec un couteau pointu, supprimez le tissus endommagés et les vieilles tiges. Saupoudrez de fongicide pour prévenir une pourriture.

Agapanthus campanulatus
↕60-20 cm ↔ 45 cm, feuillage caduc vert-gris, fleurs parfois blanches, du milieu à la fin de l'été

gapanthus 'Blue Giant'
,20 m ↔ 60 cm, floraison du milieu à la fin de l'été

Agapanthus 'Bressingham White'
↕90 cm ↔ 60 cm, floraison du milieu à la fin de l'été

Agapanthus campanulatus 'Albovittatus'
↕60-120 cm ↔ 45 cm, feuilles larges fortement striées de blanc, floraison du milieu à la fin de l'été

AGASTACHE

ON CULTIVE CES VIVACES POUR LEURS ÉPIS lâches de petites fleurs tubulaires qui tiennent longtemps. Atteignant parfois jusqu'à 30 cm de haut, ils sont portés du milieu de l'été jusqu'à l'automne. Les *Agastache* sont des plantes buissonnantes à port dressé, aux feuilles aromatiques lancéolées à ovales. *Agastache barberi* 'Tutti-Frutti', au feuillage très odorant et aux fleurs rosâtres, pourra être cultivée en annuelle dans les régions aux hivers rigoureux, de même que *A. mexicana*, aux fleurs roses. Les agastaches trouvent leur place dans une plate-bande herbacée ou mixte, et se marient bien avec des vivaces comme les achillées (*voir p. 166*) et les phlox (*p. 306*).

Rusticité Zones 8 à 10

Culture Dans un sol fertile et bien drainé en plein soleil. Dans les régions chaudes, les espèces les moins rustiques passeront l'hiver dehors à condition d'être en situation abritée. Dans les régions froides, hivernez les plantes à l'abri du gel. **Semez** au début du printemps. **Prélevez** des boutures semi-ligneuses à la fin de l'été. L'**oïdium** risque de couvrir les feuilles si l'été est très sec. Maintenez le sol humide, mais évitez d'éclabousser le feuillage.

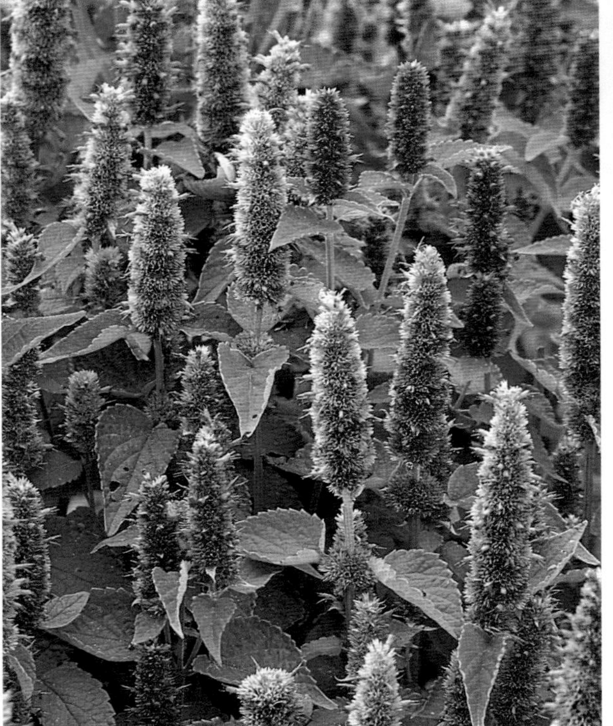

Agastache foeniculum
↕90-150 cm ↔ 30 cm, floraison du milieu de l'été au début de l'automne

AGROSTEMMA

Nielle

↕60-90 cm
↔30 cm

AUTREFOIS MAUVAISE HERBE dans les champs de blé, la nielle est aujourd'hui une délicieuse annuelle apportant sa couleur d'été au jardin. Les fleurs violettes à rose prune ou blanches, portées sur des tiges élancées et duveteuses, sont rehaussées par de fines feuilles gris-vert. Délicate et légère, la nielle trouve sa place dans un jardin de campagne, un jardin sauvage ou une plate-bande d'annuelles, voire en pot. En la cultivant parmi d'autres annuelles rustiques, vous composerez un merveilleux tableau multicolore. Ses fleurs sont belles en bouquets et attirent les abeilles.

Rusticité Zones 9 à 11

Culture Dans un sol pauvre et bien drainé, en plein soleil. Dans un sol trop fertile, les feuilles se développeraient aux dépens des fleurs. **Semez** *in situ* au début du printemps ou en automne. **Éclaircissez** les plantules entre 23 et 30 cm. Le port assez relâché de ces plantes impose souvent de les tuteurer. **Supprimez** les fleurs fanées pour prolonger la floraison ou laissez-les pour que la plante se ressème spontanément.

Agrostemma githago 'Milas'
↕60-90 cm ↔ 30 cm, une des nombreuses variétés cultivées à partir de semis. Les fleurs peuvent atteindre 5 cm de diamètre

AJUGA

Bugle

LES BUGLES SONT PARFAITS EN COUVRE-SOL, à l'ombre ou à mi-ombre, surtout dans un sol humide. Au port dense et étalé, ils tapisseront rapidement de grandes surfaces, mais s'arrachent facilement s'ils empiètent sur d'autres plantes. Bien qu'ils comptent quelques annuelles, la plupart des variétés de jardin sont des vivaces persistantes ou semi-persistantes. Certains bugles ont un feuillage au lustre métallique. Pour plus de couleurs, choisissez des variétés teintées de bronze et de rouge violacé, ou éclaboussées de crème et de rose. De la fin du printemps au début de l'été, leurs tapis de feuilles sont constellés de petits épis de fleurs généralement bleues ou mauves. Peu exigeants et faciles à cultiver, les bugles trouvent leur place au bord d'une plate-bande ombragée ou au pied d'arbustes.

Rusticité Zones 3 à 9

Culture Dans tout sol humide mais bien drainé à mi-ombre, ou au soleil pour rehausser la couleur des feuilles. *Ajuga reptans* et ses cultivars tolèrent des sols pauvres et une ombre totale. **Séparez** les tiges enracinées pour les multiplier ou prélevez des boutures herbacées au début de l'été. Trop au sec et étouffé, le feuillage souffrira de l'**oïdium**. Après la floraison, supprimez les vieilles tiges florifères et les pousses inutiles pour l'aérer.

Ajuga reptans 'Multicolor'
↕15 cm ↔ 60-90 cm, persistante supportant une ombre totale ma[is] exigeant du soleil pour arborer les jolies couleurs de ses feuilles

Ajuga reptans 'Catlin's Giant' ♀
↕15 cm ↔ 60-90 cm, les inflorescences bleu foncé de cette persistante à grandes feuilles atteignent 20 cm de haut

Ajuga reptans 'Atropurpurea'
↕15 cm ↔ 60-90 cm, son feuillage persistant vernissé est particulièrement beau avec des primevères (*Primula*) aimant l'ombr[e]

‹LCEA

›se trémière

‹DETTES ÉTERNELLES DES JARDINS DE CAMPAGNE, les roses ‹mières sont des bisannuelles ou des vivaces éphémères. ‹urs grands épis floraux, atteignant jusqu'à 2,5 m, atti‹nt le regard et se déclinent dans des tons rose nacré, abri‹t, citron, cerise, blanc et noir violacé. Les fleurs, surtout ‹ simples, attirent papillons et abeilles. Encore plus impres‹nnantes à l'arrière d'une plate-bande, le long d'un mur ‹ d'une clôture, les *Alcea* se marient bien avec les fidèles ‹s jardins de campagne comme les rosiers grimpants (*voir* *150-151*), et les lilas (*Syringa, p. 121*). Mélangez les varié‹ les plus vives avec des dauphinelles (*p. 224*).

‹sticité Zones 3 à 7

‹lture Dans un sol assez fertile, bien drainé, en plein soleil. En ‹uation exposée, il faudra peut-être tuteurer les tiges. **Traitez-la** en ‹nuelle ou en bisannuelle (semez une année pour fleurir l'année ‹vante) pour limiter la propagation de la **rouille de la rose trémière**, ‹ maladie la plus courante, induisant des pustules brun orangé sur ‹ feuilles. Certaines variétés résistent à cette rouille. **Semez** à ‹térieur en fin d'hiver ou au début du printemps, ou *in situ* au ‹ntemps. Pour les bisannuelles, procédez aux semis *in situ* au début ‹ l'été et éclaircissez ou transplantez les jeunes plants en automne, ‹cela vous semble nécessaire.

‹ *rosea* Chater's Double Group ↕2-2,50 m ↔ jusqu'à 60 cm, ‹goureuse ; fleurs aux tons variés, vifs ou pâles ② *rosea* 'Nigra' ‹usqu'à 2 m ↔ 60 cm

ALCHEMILLA

Alchémille

↕5-60 cm
↔20-75 cm

DE CE GROUPE DE VIVACES au feuillage vaporeux vert grisâtre et aux fleurs jaune vif, *Alchemilla mollis* est la plus appréciée. Supportant la sécheresse et formant des touffes, *Alchemilla* est une excellente couvre-sol. Ses fleurs qui tiennent longtemps éclosent dès le début de l'été et donnent de beaux bouquets, fraîches ou séchées. La plupart des autres alchémilles sont plus petites, à l'image d'*A. erythropoda*. L'alchémille se ressème spontanément très généreusement si l'on ne supprime pas ses fleurs fanées avant la montée en graines. Cultivée dans un massif, une plate-bande, ou le long d'une allée pour adoucir des lignes rigoureuses, elle se marie bien avec les rosiers buissons (*voir p. 110-111*) et les *Penstemon* (*p. 304*) et contraste magnifiquement sur des fleurs sauvages bleues.

Rusticité Zones 3 à 7

Culture Dans un sol assez fertile, au soleil ou à mi-ombre. **Supprimez** les fleurs fanées d'*Alchemilla mollis* et rabattez le feuillage après la floraison pour laisser la place aux jeunes feuilles. **Semez** à l'intérieur en fin d'hiver ou au début du printemps ou divisez les plantes au début du printemps.

GOUTTES DE CRISTAL
Les feuilles duveteuses retiennent les perles de rosée et de pluie.

Alchemilla alpina (Alchémille des Alpes)
↕8-13 cm ↔ jusqu'à 50 cm, tapissante ; feuilles argentées au revers, fleurs en été ; a sa place dans une rocaille

Alchemilla mollis 🏆
↕60 cm ↔ 75 cm, feuillage velouté vert-gris et fleurs jaune-vert du début de l'été au début de l'automne

Allium

Ail d'ornement

Voici des vivaces bulbeuses, aux ombelles spectaculaires, sphériques ou pendantes, arborant au printemps ou en été des fleurs en étoile ou en clochette atteignant parfois 30 cm de diamètre. Certaines donnent de belles fleurs séchées pour l'hiver. Si les aulx vont des petites espèces de rocaille aux géantes de 2 m, la plupart mesurent de 30 à 90 cm. Exhibez leurs inflorescences remarquables dans les plates-bandes de vivaces fleuries ou dynamisez une pelouse de leur présence. La ciboulette (*Allium shoenoprasum*) et *A. Cernuum* sont de bonnes candidates pour une bordure. La famille des aulx comprend les oignons comestibles, ce qui explique que leur feuillage rubané ou cylindrique ait cette forte odeur d'oignon quand on l'écrase. Celui-ci a tendance à faner après l'éclosion des fleurs.

Rusticité Zones 3 à 9

Culture Dans un sol fertile, bien drainé, en plein soleil. **Plantez** les bulbes à deux ou trois fois leur hauteur en automne. **Supprimez** les bulbilles en automne et divisez les touffes au printemps. L'**oïdium** et la pourriture blanche provoquent parfois le flétrissement des feuilles et la pourriture des bulbes en condition humide ; espacez les plantes et utilisez un fongicide. Déterrez et détruisez les bulbes affectés par la **mouche de l'oignon**.

Allium cristophii ♀ (Étoile de Perse)
↕30-60 cm ↔ 15-19 cm, inflorescences jusqu'à 20 cm de diamètre au début de l'été ; feuilles basales gris-vert

Allium karataviense ♀
↕10-25 cm ↔ 10 cm, grandes feuilles plates gris-vert ou gris pourpré marginées de rouge ; inflorescences moyennes en été

Allium moly (Ail doré)
↕15-25 cm ↔ 5 cm, feuilles plates gris-vert ; fleurs moyennes en été, se naturalise rapidement par vagues

***Allium* 'Globemaster'** ♀
↕80 cm ↔ 20 cm, feuilles basales gris-vert, superbes inflorescence de 15 à 20 cm de diamètre en été

SUPPRIMEZ LES FLEURS FANÉES On peut laisser les inflorescences en graines pour l'intérêt automnal, ou rabattre au sol pour les faire sécher. Ainsi, la plante concentrera son énergie dans le bulbe pour l'année suivante.

llium cernuum
0-60 cm ↔ 5 cm, vigoureuse ; feuilles étroites vert foncé et tiges des ; fleurs rose moyen à rose soutenu en été

Allium caeruleum ♀
↕60 cm ↔ 2,5 cm, feuilles vert moyen qui gainent la tige et flétrissent avant l'éclosion des fleurs au début de l'été

llium flavum ♀
10-35 cm ↔ 5 cm, feuilles glauques gainant la tige : petites ombelles minuscules fleurs retombant quand elles éclosent en été

Allium unifolium ♀
↕30 cm ↔ 5 cm, petites feuilles basales gris-vert flétrissant avant l'éclosion des petites fleurs au printemps

ALSTROEMERIA

Alstroemère

SURTOUT CULTIVÉES POUR LEURS FLEURS COUPÉES, ces vigoureuses vivaces tubéreuses sont des fidèles des plates-bandes herbacées ou mixtes. Les fleurs apparaissent en été, souvent en petites ombelles terminales. La palette des alstroemères est si variée qu'il y en aura toujours une adaptée à votre décor. Elles portent de longues feuilles rubanées vert moyen à gris-vert. Essayez de les marier à des rosiers buissons (*voir p. 110-113*), des tournesols (*Helianthus, p. 256*) et des phlox à port bas (*p. 306-307*).

Rusticité Zones 8 à 10

Culture Dans un sol humide et bien drainé, au soleil ou à mi-ombre. **Plantez** les longs tubercules à 20 cm de profondeur à la fin de l'été ou au début de l'automne en les manipulant avec soin car ils se brisent facilement. Ces plantes n'aimant pas être dérangées, laissez-les former de grosses touffes. **Protégez-les** d'un paillis sec de matière organique en hiver. **Semez** à l'intérieur en fin d'hiver ou au début du printemps ; transplantez les jeunes plants en godets pour les planter *in situ* sans les dépoter, ce qui épargnera les racines. **Divisez** les grosses touffes établies au début du printemps, si nécessaire. Les limaces sont un danger ; déterrez et détruisez les plantes infectées par les virus.

① ***aurea*** ↕1 m ↔ 45 cm ② ***ligtu* hybrids** ↕50 cm ↔ 75 cm
③ ***pelegrina*** ↕↔ jusqu'à 60 cm ④ ***psittacina*** ↕1 m ↔ 45 cm

Althaea

Hibiscus, Mauve en arbre

↕1,50 m
↔45 cm

CES ANNUELLES ET VIVACES à base ligneuse, proches des roses trémières (*voir Alcea, p. 173*) ont cependant des fleurs plus petites qui, contrairement à ces dernières, sont portées sur des tiges. Les fleurs éclosent du milieu de l'été au début de l'automne dans une palette de lilas, de rose soutenu et de rose vrai, parfois avec un œil plus foncé. Les feuilles vert foncé sont lobées ou dentées, et pâles au revers. Les tiges sont robustes et raides, exigeant rarement un tuteur. Les hibiscus sont jolis dans une plate-bande herbacée, une mixte, ou encore dans un jardin sauvage. Cultivez-les parmi d'autres vivaces aux fleurs d'été comme les lys d'un jour (*voir Hemerocallis, p. 258*) et les lysimaques (*voir Lysimachia, p. 283*).

Rusticité Zones 5 à 9

Culture Les *Althea* tolèrent des conditions variées, mais préfèrent un sol fertile, humide et bien drainé. **Semez** les graines des vivaces en sillons à l'extérieur au milieu de l'été, et transplantez les jeunes plants au début de l'automne ; semez les graines des annuelles en pot à la fin de l'hiver ou in situ au milieu du printemps. **Détruisez** les feuilles affectées par la **rouille**. *A. rosea* est plus résistante.

Althaea cannabina
↕2 m ↔60 cm, vivace

Alyssum

Alysse

LEURS TOUFFES DE FLEURS AUX COULEURS VIVES font de ce grand groupe d'annuelles ou de vivaces persistantes, tapissantes ou en coussins, parfois érigées, un favori des jardins. Jaune pâle à jaune d'or, rose vrai profond à rose pâle, ou blanches, les fleurs qui éclosent au début de l'été exhalent parfois un parfum de miel. Les petites feuilles en rosette, grises à gris argenté, présentent parfois des poils blancs. Malgré leur port étalé, les alysses ne sont jamais envahissantes et remplissent de nombreuses fonctions, à l'avant d'une plate-bande, dans une rocaille, ou dans les crevasses garnies de terre d'un muret. Elles sont particulièrement belles parmi d'autres tapissantes, pourquoi pas avec *Arabis* × *arendsii* 'Rosabella' aux fleurs rose franc.

Rusticité Zones 3 à 8

Culture Dans un sol bien drainé, assez fertile avec un apport de sable, en plein soleil. Une taille légère après la floraison maintiendra leur forme compacte. **Semez** en pot au printemps. **Prélevez** des boutures de bois vert (nouvelles pousses qui commencent à se lignifier) et des boutures semi-ligneuses au début de l'été.

Alyssum wulfenianum
↕10-15 cm ↔ jusqu'à 50 cm, persistante érigée ou prostrée

Amaranthus

Amarante

↕30–150 cm
↔30–75 cm

CES ANNUELLES OU VIVACES ÉPHÉMÈR buissonnantes, érigées ou prostrées, po tent sur des tiges rouges, vertes ou pou prées, de grandes feuilles bien galbée notamment sur les cultivars d'*Amaranth tricolor*, au feuillage brillant pourpré, bo deaux, bronze, doré ou rouge. De l'été au début de l'a tomne, elles produisent des grappes pendantes atteigna 60 cm de long, de fleurs pourpres, cramoisies, rouge bordeaux, dorées, rose vrai ou crème rappelant des ch tons, suivies d'inflorescences en graines colorées. On cu tive généralement les amarantes en annuelles dans l parterres d'été et, pour un effet plus spectaculaire, au côtés de plantes à grandes feuilles ou fleurs contrasta violemment par leurs couleurs. Certaines se plaisent e contenants ou en paniers suspendus.

Rusticité Zones 9 à 12

Culture Dans un sol humide, assez fertile et bien drainé, en plein soleil. **Arrosez** régulièrement pendant les grandes chaleurs en été pou prolonger la floraison. **Semez** en pot au milieu du printemps ou *in situ* dans les régions tempérées. Éclaircissez les jeunes plants à 60 cm.

RECUEILLIR LES GRAINES Quand la couleur des fleurs commence à virer, passez les doigts le long du chaton et récupérez les graines.

Amaranthus caudatus (Queue-de-renard)
↕1-1,50 m ↔45-75 cm, annuelle ou vivace ; feuilles jusqu'à 15 cm ; tolèrent un sol pauvre

maranthus caudatus 'Viridis'
-1,50 m ↔ 45-75 cm, fleurs vertes virant au crème avec le temps

x Amarygia parkeri

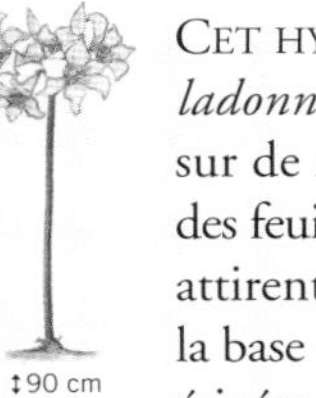

↕90 cm
↔30 cm

CET HYBRIDE A POUR PARENTS *Amaryllis belladonna* (*ci-contre*) et *Brunsvigia.* S'ouvrant sur de robustes tiges nues avant l'émergence des feuilles, ses grandes fleurs roses ou blanches attirent l'œil dans un jardin d'été. Partant de la base de la plante, les feuilles rubanées, semi-érigées, atteignent la taille impressionnante de 45 cm de long. Dans les régions froides, la plante appréciera une situation abritée au pied d'un mur chaud, ou dans une plate-bande herbacée ou mixte. Offrez-lui la compagnie d'autres vivaces bulbeuses comme les crinoles (*voir p. 218*) et de vivaces comme les achillées (*p. 166*).

Rusticité Zones 9 et 10

Culture Plantez les bulbes du début à la fin de l'été, la pointe affleurant à la surface du sol, en plein soleil, dans un sol sablonneux enrichi de matière organique bien décomposée. **Arrosez** généreusement en été et faites un apport mensuel d'engrais équilibré. **Prélevez** les rejets sur les plantes surchargées juste avant le début de leur végétation en été. Les feuilles sont sensibles aux brûlures. La chute des fleurs peut venir d'un bulbe attaqué par la **mouche des bulbes** et les **nématodes** ; détruisez les plantes malades.

× *Amarygia parkeri* 'Alba'

Amaryllis belladonna

IMPOSANTES, ODORANTES ET SPECTACULAIRES, les fleurs en ombelles de cette vivace bulbeuse s'ouvrent sur des tiges robustes en automne. Les feuilles rubanées et charnues atteignant 40 cm de long apparaissent après l'éclosion des fleurs. Dans les régions chaudes peu touchées par le gel, plantez-la au pied d'un mur ensoleillé et abrité. Quand la température descend régulièrement en dessous de 5 °C, mieux vaut la cultiver en serre fraîche ou dans un jardin d'hiver. *A. belladonna* offre un joli tableau aux côtés de sujets à floraison automnale comme les *Rudbeckia* (*voir p. 317*) et de bulbes à floraison automnales, pourquoi pas des crocus d'automne (*Colchicum, p. 215*).

Rusticité Zones 9 et 10

Culture Plantez les bulbes, la pointe affleurant à la surface du sol ou du compost, quand ils sont en dormance, à la fin de l'été ou au printemps. **À l'extérieur**, cultivez-les dans un sol assez fertile et bien drainé, en plein soleil ; protégez les feuilles du gel. **En serre**, donnez-leur un substrat à base de terreau enrichi de sable, et beaucoup de lumière. Pendant la saison de croissance, arrosez généreusement et faites un apport mensuel d'engrais équilibré. **Prélevez** les rejets au printemps et cultivez-les en serre pendant une ou deux saisons avant de les planter en pleine terre. Les *Amaryllis* sont sensibles aux **limaces**.

Amaryllis belladonna
↕60 cm ↔ 10 cm, chaque fleur atteint 10 cm de diamètre

ANACYCLUS

↕↔ 30 cm

LEURS JOLIES FLEURS de marguerites et un feuillage plumeux font le charme de ces annuelles et bisannuelles herbacées rampantes à port bas. Les fleurs, généralement à cœur jaune, sont portées sur de courtes tiges en été, juste au-dessus d'un coussin de feuilles. Finement découpées, celles-ci sont très séduisantes. Détestant le froid et l'humidité, les *Anacyclus* seront plus à leur place dans une rocaille, un massif surélevé ou une auge d'alpines. En surfaçant le substrat de gravillons, on maintiendra les tiges au sec, tout en gardant aux plantes leur bel aspect de méditerranéennes appréciant le soleil.

Rusticité Zones 5 à 7

Culture Dans un sol sablonneux très bien drainé, en plein soleil, si possible à l'abri des fortes pluies d'hiver. En contenant, utilisez un mélange composé à parts égales de terre de jardin, de terreau de feuilles et de gravillons ou de gros sable. **Semez** en châssis ouvert à l'automne. **Prélevez** des boutures herbacées au printemps ou en début d'été.

Anacyclus pyrethrum var. *depressus*
↕ 2,5-5 cm ou plus ↔ 10 cm, vivace au feuillage gris-vert ; fleurs solitaires sur des tiges courtes et élancées, pétales rouges au revers

ANAGALLIS

Mouron

↕ jusqu'à 20 cm
↔ jusqu'à 40 cm

LES FLEURS EN COUPE PLATE, rose sombre ou bleu foncé, de ces annuelles et vivaces persistantes apparaissent à la fin du printemps et en été dans une telle profusion qu'elles masquent presque entièrement les feuilles. Les mourons forment des coussins ou des tapis aux tiges ramifiées et aux feuilles vert moyen. Les plus grands, qui atteignent environ 25 cm de haut, trouveront leur place dans une rocaille ou à l'avant d'une plate-bande. Les plus petites variétés comme *Anagallis tenella* 'Studland' sont parfaites dans une coupe ou un pot peu profond.

Rusticité Zones 8 à 11

Culture Dans un sol fertile, humide mais bien drainé ou un terreau sablonneux. Les mourons étant éphémères, mieux vaut les multiplier tous les trois ou quatre ans. **Divisez-les** au printemps. **Semez** en pot sous châssis froid au printemps. **Prélevez** des boutures herbacées sur des variétés homologuées. Hivernez les jeunes plants en jardin d'hiver ou en serre hors gel et ne repiquez que quand tout risque de gel est écarté.

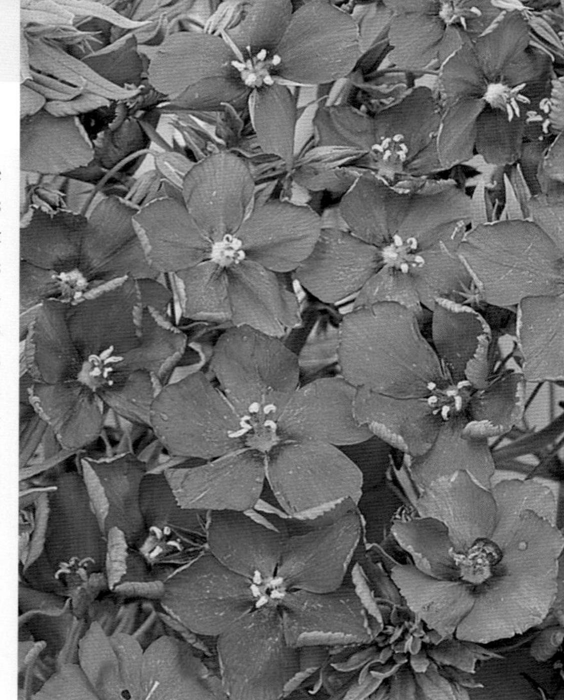

Anagallis monellii 🏆 (Mouron frutescent)
↕ 10-20 cm ↔ jusqu'à 40 cm, vivace ; il existe des formes rouges ou bleues

Anagallis tenella 'Studland'
↕ 5-10 cm ↔ jusqu'à 40 cm, vivace au feuillage vert vif souvent masqué par ses fleurs parfumées

NAPHALIS

uton-d'argent

.S VIVACES DE TAILLE MOYENNE, à port étalé ou dressé, chent un feuillage gris laineux et des capitules de fleurs nches « éternelles » d'une grande finesse, portées du lieu de l'été à l'automne, très appréciées coupées ou hées. Les petites variétés se plairont dans une rocaille, plus dressées dans une plate-bande herbacée ou mixte. ndidates idéales dans un thème en camaïeu blanc, rs fleurs comme leur feuillage argenté apporteront de couleur pendant plusieurs mois. Le bouton-d'argent particulièrement utile sur les sites trop humides pour utres plantes à feuillage gris ou argenté préférant des s mieux drainés. Séchez les fleurs en les coupant juste rès l'éclosion, pendues par bouquets la tête en bas, dans endroit clair et aéré.

sticité Zones 3 à 8

lture Dans un sol assez fertile et assez bien drainé mais qui s'assèchera pas pendant les grandes chaleurs en été. Ils préfèrent plein soleil, mais tolèrent la mi-ombre. **Divisez-les** au début du ntemps. **Semez** à l'intérieur en fin d'hiver ou au début du printemps. **levez** des boutures herbacées au début de l'été.

margaritacea ↕↔ 60 cm, floraison du milieu au début l'automne ② *triplinervis* ♀ ↕80-90 cm ↔ 45-60 cm, aison du milieu à la fin de l'été

ANCHUSA

Buglosse

LES FLEURS DES BUGLOSSES arborent un bleu profond rare chez les autres plantes. Petites, elles sont portées en abondance au printemps et au début de l'été sur des tiges ramifiées, dressées pour les plus grands cultivars ou prostrées pour les variétés naines en coussins. Bleu indigo, bleu gentiane clair, ou bleu outremer, parfois avec un cœur blanc, elles attirent les abeilles. Les feuilles lancéolées et coriaces de ces annuelles, bisannuelles ou vivaces sont souvent couvertes de poils. Les plus grandes confèrent une touche de couleur vive à une plate-bande herbacée ou mixte. Véritables joyaux, les espèces naines comme *Anchusa cestiposa* apportent leur éclat à une rocaille ou une auge d'alpines.

Rusticité Zones 3 à 10

Culture Dans un sol humide et bien drainé, modérément fertile, en plein soleil. La plupart des buglosses souffrent de l'humidité hivernale. Les variétés naines en particulier demandent un sol très bien drainé ou un substrat sablonneux. **Tuteurez** les grands sujets au fil de leur croissance. **Supprimez** les fleurs fanées après la première vague de fleurs pour encourager les suivantes. **Rabattez** les tiges fanées après la floraison pour stimuler de nouvelles pousses. **Semez** à l'intérieur en fin d'hiver ou au début du printemps. **Prélevez** des boutures basales au printemps et des boutures de racines en automne. Plante sensible à l'**oïdium**.

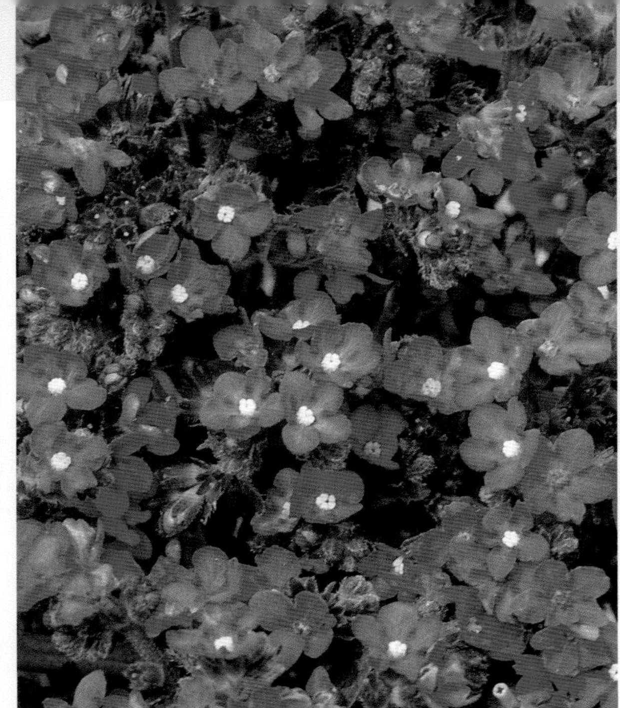

Anchusa capensis **'Blue Angel'**
↕20 cm ↔ 15 cm, bisannuelle souvent cultivée en annuelle, feuilles couvertes de poils, floraison estivale

Anchusa azurea 'Loddon Royalist' ♀
↕90 cm ↔ 60 cm, vivace aux touffes florales compactes et denses; tuteurage rarement nécessaire; floraison en début d'été

Anchusa cespitosa ♀
↕5-10 cm ↔ 15-20 cm, vivace effleurant le sol, floraison printanière

ANDROSACE

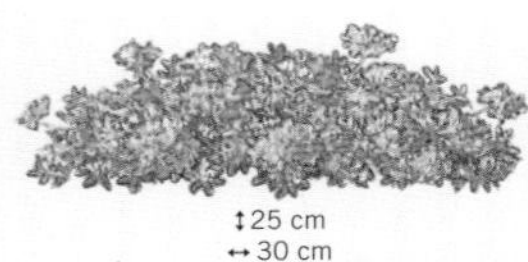

↕25 cm
↔30 cm

VOICI DE JOLIES VIVACES en coussins ou tapis denses de feuillage persistant étouffé par des petites fleurs blanches ou roses. Tubulaires, elles sont portées solitaires ou groupées de la fin du printemps à la fin de l'été. Les espèces en coussins provenant des hautes montagnes sont idéales dans une serre d'alpines (serre non chauffée et bien ventilée), où il sera facile de les protéger de l'humidité hivernale. Les autres trouveront leur place dans une rocaille, un muret de pierres sèches ou une auge d'alpines et se marient bien avec d'autres plantes en coussins comme les saxifrages (*voir p. 320-321*).

Rusticité Zones 3 à 10

Culture Dans les crevasses verticales d'un mur dans un sol humide et bien drainé en plein soleil. En contenant, utilisez un mélange enrichi en sable et apportez du sable au niveau des trous de drainage pour améliorer ce dernier. **Surfacez** de gravillons pour les protéger de l'humidité pouvant provoquer des champignons. **Semez** sous châssis froid à maturité des graines ou au printemps. **Bouturez** par rosettes du début au milieu de l'été, en arrosant par la base pour ne pas les mouiller.

① *carnea* ssp. *laggeri* ♡ ↕5 cm ② *lanuginosa* ♡ ↕jusqu'à 10 cm ③ *pyrenaica* ↕4-5 cm ④ *villosa* var. *jacquemontii* ↕jusqu'à 4 cm

ANEMONE

Anémone

CE GROUPE IMPORTANT DE VIVACES est constitué de variétés de ports et de tailles variés, adaptées à différentes situations. Allant du rose, du bleu et du violet au rouge et au jaune, leurs fleurs séduisantes sont portées du printemps à l'automne. Solitaires ou groupées, généralement en coupe plate ou arrondie, elles abritent une touffe centrale d'étamines. Les feuilles vert moyen à vert foncé affichent des bords dentés. Les anémones sont divisées en trois groupes : les espèces à floraison printanière, poussant dans les bois et les pâturages alpins, certaines étant tubéreuses ou rhizomateuses ; les espèces tubéreuses méditerranéennes, fleurissant au printemps ou au début de l'été ; et les grandes vivaces herbacées fleurissant à la fin de l'été et en automne.

Rusticité Zones 3 à 8

Culture Dans un sol humide et bien drainé, au soleil ou à mi-ombre. Plantez à l'automne ou au printemps et paillez d'une matière organique bien décomposée en protection hivernale. **Semez** les anémones à floraison automnale au printemps. **Séparez** les tubercules des espèces tubéreuses en été, pendant la dormance. Le feuillage est parfois gâché par l'**oïdium**.

Anemone × *hybrida* 'Max Vogel' (Anémone du Japon)
↕1,20-1,50 m, préfère un sol humide riche en humus, au soleil ou à mi-ombre, floraison en fin d'été et milieu d'automne.

Anemone pavonina
↕25 cm ↔ 15 cm, anémone tubéreuse à fleurs rouges, roses ou pourpres au printemps ; a besoin de soleil et d'un bon drainage

Anemone nemorosa ♡ (Anémone des bois)
↕8-15 cm ↔ 30 cm ou plus, cette rampante à floraison printanière est chez elle sous une haie ou des arbres caducs

TUTEUREZ DE GRANDES PLANTES Les grandes anémones sont facilement déséquilibrées. Tuteurez-les tôt dans la saison. Enfoncez bien le tuteur et relevez-le quand la plante se développe.

emone vitifolia
m, fleurs blanches, parfaites sous une ombre légère, à la fin l'été et au début de l'automne

Anemone hupehensis 'Bressingham Glow'
↕60-90 cm ↔ 40 cm, floraison du milieu à la fin de l'été ; s'étale une fois établie

ANETHUM GRAVEOLENS

Aneth

L'ANETH SE CARACTÉRISE PAR SON FEUILLAGE aromatique vert et vert bleuté, rehaussé au milieu de l'été par des fleurs jaunes ou jaune verdâtre en ombelles plates. Les tiges de cette annuelle ou bisannuelle sont creuses et ridées, et ses feuilles au parfum anisé finement divisées en folioles filiformes. On utilise graines et feuilles à des fins culinaires ou médicinales. L'aneth sera à son apogée dans un jardin d'herbe ou un potager aux côtés d'autres herbes aromatiques, mais son feuillage fin rappelant certaines fougères offre aussi de superbes contrastes avec des vivaces au feuillage plus marqué comme les hostas (*voir p. 260-261*). Variété naine, *Anethum graveolens* 'Fern Leaved', qui ne dépasse pas 45 cm, est parfaite en pot sur un rebord de fenêtre.

Rusticité Zones 6 à 10

Culture Dans un sol fertile et bien drainé, en plein soleil, à l'abri de vents violents et froids. **Arrosez** abondamment pendant les grandes chaleurs en été pour empêcher la montée en graines. **Semez** du printemps au début de l'été pour une succession de feuilles. Les jeunes plantes supportant mal le repiquage, éclaircissez-les à 10 cm. Si vous avez la place, semez une pincée de graines dans un grand pot destiné au patio.

emone blanda 'Radar' ♀
↔ 15 cm, se développe à partir de tubercules noueux ; préfère le eil ou la mi-ombre et un sol bien drainé ; floraison printanière

Anemone blanda 'White Splendour' ♀
↕↔ 15 cm, identique à 'Radar' sauf pour ses fleurs blanches, absolument remarquables si elles sont plantées en nombre

Anethum graveolens
↕60 cm ou plus ↔ 30 cm

ANGELICA

↕1-2,50 m
↔1-1,20 m

SCULPTURALES, LES ANGÉLIQUES confèrent hauteur et caractère au jardin. Vivaces et bisannuelles formant des touffes, leurs tiges majestueuses sont surmontées d'ombelles suivies de séduisantes inflorescences en graines. *Angelica archangelica* porte des fleurs jaune verdâtre au début de l'été, celles d'*A. gigas* éclosent en fin d'été, arborant la même teinte que les tiges, d'un remarquable rouge pourpré. Mises en valeur dans une plate-bande ou en sujet isolé dans un décor de sous-bois, les angéliques se plaisent aussi dans un sol humide au bord d'un cours d'eau ou d'un étang.

Rusticité Zones 5 à 10

Culture Dans un sol profond, humide, assez fertile, en plein soleil ou à mi-ombre. *Angelica archangelica* meurt après la floraison, mais survit parfois si l'on coupe ses fleurs fanées avant la production de graines, et fleurit alors l'année suivante. Il lui arrive aussi de se ressemer d'elle-même assez généreusement. **Semez** à l'intérieur en fin d'hiver ou au début du printemps à maturité des graines que vous ne couvrirez pas de terreau ou de sable, leur germination exigeant de la lumière. **Repiquez** les jeunes plants à trois ou quatre feuilles, les racines des plantes adultes n'aimant pas être dérangées. Prévoyez environ deux ans avant la floraison. **Limaces** et **escargots** ne sont pas les bienvenus.

Angelica archangelica (Archangélique)
↕2 m ↔ 1,20 m, confites, les hampes de cette herbe aromatique servent à fabriquer des confiseries ou à décorer des gâteaux

ANOMATHECA

↕15-30 cm
↔5 cm

CE PETIT GROUPE DE VIVACES très proche des *freesia*, arbore de délicates fleurs rouges, vertes ou blanc pur. Portées à la fin du printemps et au début de l'été, elles sont suivies de capsules brunes contenant des graines rouge vif. Comme *Freesia*, *Anomatheca* est issue de cormus et se comportera mieux cultivée en conteneur en serre froide ou non chauffée ou en jardin d'hiver dans les régions exposées aux gelées hivernales. Sous des cieux plus cléments, cultivez-la au premier plan d'une plate-bande abritée. *Anomatheca* se marie superbement aux tulipes à floraison tardive.

Rusticité Zones 9 et 10

Culture Plantez les cormus au printemps à 5 cm de profondeur dans un sol sablonneux et bien drainé, assez fertile, en plein soleil. En pot, utilisez un substrat riche en terre de jardin. **Arrosez** généreusement et faites un apport mensuel d'engrais équilibré pendant la croissance. Conservez les cormus bien au sec pendant la dormance. **Divisez** les touffes au printemps si nécessaire. **Semez** de 13 à 16 °C au printemps, mais prévoyez deux ans avant la floraison.

Anomatheca laxa ♡
↕15-30 cm ↔ 5 m, chaque cormus peut produire jusqu'à 6 fleurs au début de l'été

ANTHEMIS

Camomille

LEUR FEUILLAGE AROMATIQUE ET LEURS FLEURS de m guerites sont les principaux atouts de ces vivaces tap santes ou en touffes. Jaunes ou blanches, au disque jau d'or, les fleurs éclosent en vagues successives de la fin printemps à la fin de l'été, la plupart donnant de jo bouquets. Les camomilles apprécient une situation en leillée et un sol bien drainé. Les plus petites varié comme *A. punctata* sont précieuses dans une rocail Dans une plate-bande, leurs feuilles finement découpé parfois gris argenté, composeront de jolis tableaux par d'autres plantes au feuillage argenté comme les armoi (*voir p. 25 et 189*) et les *Argyranthemum* (*p. 24*). On p aussi opposer les camomilles à des espèces au feuilla lancéolé comme les iris (*p. 264-267*) et les yuccas (*p. 12*

Rusticité Zones 3 à 7

Culture Dans un sol assez fertile, bien drainé, en plein soleil. *Anthemis sancti-johannis* et *A. tinctoria* sont éphémères. **Rabattez** sévèrement les *Anthemis* à la base après la floraison pour stimuler de nouvelles pousses et accroître leur longévité. **Semez** à l'intérieur e fin d'hiver ou au début du printemps. **Divisez** au printemps ou préle des boutures basales au printemps.

Anthemis tinctoria 'E.C. Buxton'
↕45-70 cm ↔ 60-90 cm, fleurs en abondance tout l'été, si on supprime régulièrement les fleurs fanées

nthemis sancti-johannis
0-90 cm ↔ 60 cm, éphémère mais floraison généreuse ; mieux
ut la tuteurer en situation exposée

Anthericum

Avec des feuilles étroites et élégantes atteignant parfois 40 cm de long, ces vivaces rhizomateuses sont parfaites naturalisées dans une pelouse. En fin de printemps et en début d'été, les touffes de feuilles vert moyen ou gris-vert offrent de délicates grappes de fleurs blanches rappelant les lys, portées sur des tiges grêles. On doit les plus grandes fleurs, mesurant jusqu'à 3 cm de diamètre, à *Anthericum liliago* var. *major*. En automne, elles sont suivies de fruits bruns décoratifs. Idéales naturalisées avec d'autres fleurs sauvages, ou dans une plate-bande herbacée ou mixte, elles sont aussi très jolies aux côtés de pavots orientaux à floraison estivale précoce (*Papaver, voir p. 299*) et donnent également de belles fleurs coupées.

Rusticité Zones 8 à 10

Culture Dans un sol fertile bien drainé, en plein soleil. **Semez** en pot sous châssis froid en automne ou au printemps. Prévoyez jusqu'à trois ans avant la floraison. On peut aussi la **multiplier** par division au printemps, en début de croissance mais les jeunes plants ne fleuriront pas avant l'année suivante.

Anthericum liliago
↕60-90 cm ↔ 30 cm, polyvalente, pour un décor naturel aussi bien que sophistiqué

Anthriscus

Cerfeuil

Les fleurs délicates et le feuillage à la finesse de dentelle d'*Anthriscus sylvestris*, plus connu sous le nom de persil sauvage, confèrent un charme naturel au jardin, du milieu du printemps au début de l'été. *A. sylvestris* est la variété ornementale la plus cultivée de ce genre composé d'annuelles, de bisannuelles et de vivaces, *A. cerfolium*, le cerfeuil, a une incomparable saveur anisée. Les minuscules fleurs blanches ou blanc crème du persil sauvage sont suivies d'inflorescences en graines plates. *A. sylvestris* 'Ravenswing', au merveilleux feuillage sombre, porte des ombelles de fleurs rosées. Le plus souvent bisannuel, parfois vivace éphémère, le persil sauvage est particulièrement à sa place dans un pré. Dans une plate-bande herbacée, mariez-le aux fleurs en épis des épiaires (*Stachys, voir p. 328*), des véroniques (*Veronica, p. 337*) ou des sauges (*Salvia, p. 318*).

Rusticité Zones 7 à 10

Culture Dans tout sol humide mais bien drainé, en plein soleil ou à mi-ombre. Il se ressème abondamment. **Semez** à l'intérieur en fin d'hiver ou au début du printemps. Cultivé bien à l'écart d'autres persils sauvages, 'Ravenswing' produira des plants au feuillage sombre.

Anthriscus sylvestris 'Ravenswing'
↕1 m ↔ 30 cm, comme tous les cerfeuils sauvages il se ressème spontanément ; ne gardez que les plants aux feuilles brun pourpré foncé

ANTIRRHINUM

Muflier

LA FORME SÉDUISANTE DE SES FLEURS et leur palette de couleurs vives font du muflier une plante très gaie. Ce groupe est constitué d'annuelles et de vivaces fleurissant du début de l'été à l'automne. Les plus courantes sont cultivées en annuelles dans un massif ou un jardin de campagne. Bien qu'il s'agisse de vivaces éphémères, on obtient généralement les plus belles fleurs la première année, il faudra donc acheter de nouvelles plantes ou les multiplier par semis à chaque printemps. Le feuillage vert foncé des mufliers est presque entièrement masqué par les fleurs lorsqu'ils sont plantés en groupes serrés, seuls ou parmi d'autres annuelles d'été. Il existe aussi des variétés grimpantes adaptées aux paniers suspendus. Si vous avez une rocaille, essayez des variétés naines sous-arbustives moins connues et plus délicates.

Rusticité Zones 7 à 10

Culture Dans un sol fertile, bien drainé, en plein soleil. Les espèces sous-arbustives demandent un sol très bien drainé et un site à l'abri des vents froids. **Supprimez** les fleurs fanées pour prolonger la floraison. **Semez** les graines des cultivars d'*A. majus* (gueule-de-loup) à l'intérieur en fin d'hiver ou au début du printemps et celles des espèces arbustives en pot au printemps.

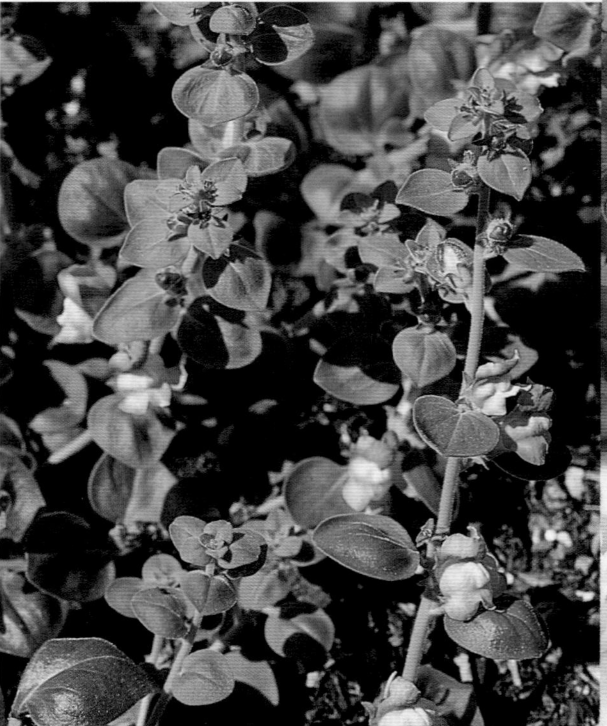

Antirrhinum hispanicum
↕20 cm ↔ 45 cm, sous arbrisseau, compact, pour une petite rocaille ou une auge d'alpines ; n'apprécie pas les hivers humides

***Antirrhinum majus* Série Madame Butterfly**
↕60-75 cm ↔ 45 cm, vivace cultivée en annuelle, bonne en fleurs coupées, tenant longtemps, sur de longues tiges

Antirrhinum pulverulentum
↕15-20 cm ↔ 20-30 cm, minuscule rampante, doit être abritée, déteste le froid et les conditions humides

Antirrhinum braun-blanquetii
↕↔ 45 cm, annuelle, fleurs très denses ; idéale en contenant

[A]QUILEGIA

[A]ncolie

[LE]S FLEURS PENDANTES EN BONNET DES ANCOLIES n'ont [pa]s leur pareil dans un décor informel, qu'il s'agisse d'un [ja]rdin de campagne ensoleillé ou d'un sous-bois légère[me]nt ombragé. Dès la fin du printemps et dans certains [ca]s jusqu'à la fin de l'été, les fleurs, pour la plupart en [cl]ochette aux pétales éperonnés, sont portées solitaires [ou] en petits groupes sur de longues tiges. Les ancolies [so]nt de vigoureuses vivaces érigées. Les plus grandes, [co]nt *Aquilegia vulgaris*, sont à leur place à mi-ombre ou [gr]oupées dans une plate-bande parmi des fleurs comme [le]s lupins (*voir p. 280*), les dauphinelles (*p. 224*) ou [d']autres vivaces. Les alpines préféreront une rocaille dans [un] sol très bien drainé.

[Ru]sticité Zones 3 à 9

[Cu]lture Cultivez les grandes ancolies dans un sol fertile, humide [et b]ien drainé, en plein soleil ou à mi-ombre et les espèces alpines [en] plein soleil dans un sol bien drainé surfacé de sable. **Semez** à [l'ex]térieur en fin d'hiver ou au début du printemps. La germination [de]s alpines demande parfois deux ans. Les ancolies se ressèment [sp]ontanément si on laisse mûrir les graines, ne soyez donc pas trop [pr]essé de rabattre les tiges lorsque arrive l'automne.

Aquilegia McKana Group
↕ 75 cm ↔ 60 cm, floraison de la fin du printemps au milieu de l'été, vigoureuse mais éphémère

Aquilegia fragrans
↕ 15-40 cm ↔ 15-20 cm, fleurs odorantes parfois teintées de bleu, au début de l'été ; demande un sol riche mais tolère la mi-ombre

[A]quilegia vulgaris 'Nivea' ♡
↕ [9]0 cm ↔ 45 cm, feuillage gris-vert, floraison en fin de printemps [au] début d'été

Aquilegia vulgaris 'Nora Barlow' ♡
↕ 90 cm ↔ 45 cm, vigoureuse, se distingue par des fleurs doubles sans éperon, en pompon ; pour un jardin de campagne

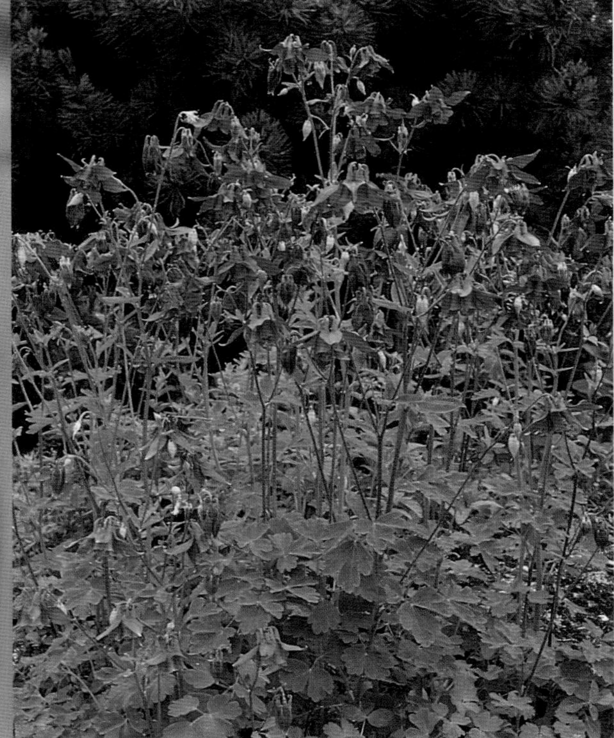

Aquilegia alpina
↕ 45 cm, parfois plus ↔ jusqu'à 30 cm, floraison en fin de printemps ; préfère un sol riche au soleil ou à mi-ombre

ARABIS

Arabette

CES PETITES VIVACES PERSISTANTES ou semi-persistantes en touffes apporteront de la couleur sur des sites au sol pauvre et sec où beaucoup d'autres ne résisteraient pas. Les grappes lâches de fleurs cruciformes sont portées sur des tiges élancées à la fin du printemps et au début de l'été. Les feuilles sont souvent pubescentes, panachées de blanc ou de jaune sur certains cultivars. L'arabette est très facile à cultiver. *Arabis alpina* ssp. *caucasica* est une bonne solution en couvre-sol pour les sols secs. On l'utilise souvent pour son port étalé dans une rocaille, au bord d'une plate-bande ou dans les crevasses d'un mur.

Rusticité Zones 4 à 10

Culture Dans tout sol bien drainé en plein soleil. Tolère des sols pauvres et stériles, même en situation très chaude et très sèche. **Protégez** *A. blepharophylla* 'Fruhlingszauber' de l'humidité hivernale. **Choisissez l'emplacement** des espèces vigoureuses comme *A. alpina* ssp. *caucasica* avec soin car elles risquent d'empiéter sur leurs voisines. **Taille d'entretien** à la cisaille après la floraison pour un port compact et net. **Semez** à l'intérieur en fin d'hiver ou au début du printemps ou prélevez des boutures herbacées en été.

Arabis procurrens 'Variegata' ♀
↕ 5-8 cm ↔ 30-40 cm, persistante ou semi-persistante, supprimez les tiges ne portant pas de feuillage panaché

ARCTOTIS

Arctotide

LEUR FEUILLAGE ARGENTÉ et leurs origines sud-africain font de ces annuelles et vivaces des plantes qui apprécie le soleil. Les fleurs des arctotides sont portées sur longues tiges robustes du milieu de l'été à l'automne. D couleurs vives, orange, blanches ou jaune crème, elles af chent des pétales souvent marqués d'un ton contrasté la base. Elles ont tendance à se fermer les jours gris ou fin d'après-midi, bien que les variétés modernes aient é conçues pour rester ouvertes plus longtemps. Fidèles ca didates d'un massif d'annuelles d'été, les arctotides so superbes dans un jardin de gravier ou en contenant. Da les régions froides, les vivaces sont souvent cultivées annuelles ou déterrées et conservées à l'abri du gel en hiv

Rusticité Zones 10 à 12

Culture Dans un sol très bien drainé, de préférence humide en ple soleil. **Semez** entre 16 et 18 °C au début du printemps ou en automn Après la germination, repiquez les jeunes plants dans des godets de tourbe de 10 cm pour ne pas déranger les racines avant la mise en terre. **Boutures** de tiges à tout moment – c'est la meilleure méthode c multiplication, notamment des espèces aux fleurs délicates, les plant multipliées par semis n'étant pas toujours conformes au type.

Arabis alpina ssp. *caucasica* 'Variegata'
↕ 15 cm ↔ 50 cm ou plus, une fois ses fleurs odorantes fanées, elle attire l'attention par ses feuilles persistantes marginées de crème

Arabis blepharophylla 'Frühlingszauber' ♀
↕ 10 cm ↔ 20 cm, persistante en tapis ou en coussins, parfois éphémère, surtout dans des conditions hivernales humides

Arctotis fastuosa
↕ 30-60 cm ↔ 30 cm, traitée en annuelle semi-rustique dans les régions froides, fleurs de 10 cm de diamètre

rctotis fastuosa 'Zulu Prince'
30-60 cm ↔ 30 cm, son feuillage argenté et ses fleurs blanches arquées de couleurs vives attirent immanquablement le regard

ARENARIA
Sabline

LA PLUPART DES SABLINES SONT DES VIVACES à port bas ou étalé, certaines à feuillage persistant, mais on note aussi quelques espèces annuelles. Toutes portent des feuilles étroites gris-vert sur des tiges filiformes formant des tapis lâches ou des coussins denses. De la fin du printemps au début de l'été, elles portent une profusion de petites fleurs en coupe, souvent blanches. Originaires de régions montagneuses, les sablines prospèrent dans une rocaille ou les crevasses d'un mur de pierres sèches. Elles sont aussi parfaites entre les dalles pour adoucir les contours d'un pavage et transformeront un patio dépouillé, cultivées ainsi aux côtés d'autres plantes tapissantes comme les aubriètes (*Aubrieta, voir p. 195*) et les arabettes (*Arabis, p. 186*).

Rusticité Zones 3 à 7

Culture Dans un sol humide et bien drainé, pauvre ou sablonneux, en plein soleil. *Arenaria balearica* se comporte bien à mi-ombre. *A. tetraquetra* demande un très bon drainage. **Divisez** les plantes au début du printemps. **Semez** à l'intérieur en fin d'hiver ou au début du printemps ou prélevez des boutures basales à traiter en boutures herbacées en début d'été.

① ***balearica*** ↕1 cm ↔ 30 cm ou plus ② ***montana*** 🏆 ↕2-5 cm ↔ 30 cm, fleurs uniquement en début d'été

ARGEMONE
Pavot épineux, Chardon marbré

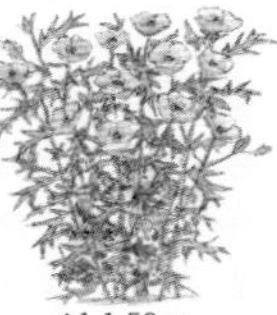
↕1-1,50 m
↔ jusqu'à 40 cm

COMME SES NOMS COMMUNS le laissent entendre, l'Argemone s'apparente à un croisement entre un chardon et un pavot. Ce groupe d'annuelles et de vivaces éphémères forme des touffes de feuillage gris-vert souvent très épineux. *Argemone* a pour principal atout ses fleurs fines comme de la soie, blanches, jaunes ou mauves, portées de l'été jusqu'à l'automne, suivies de capsules très épineuses. Elle compose de belles harmonies avec des plantes à feuillage argenté comme les armoises (*voir p. 25*) ou les molènes (*Verbascum, p. 336*) dans une plate-bande chaude et ensoleillée ou un jardin de graviers. Les vivaces sont souvent cultivées en annuelles. Toutes les espèces se ressèment spontanément en abondance.

Rusticité Zones 9 à 11

Culture Dans un sol très pauvre, sablonneux ou rocailleux, en plein soleil. **Supprimez** régulièrement les fleurs fanées pour prolonger la période de floraison. **Semez** à 18 °C en début du printemps et repiquez en godets de 10 cm. **Plantez** en pleine terre dès que possible après les dernières gelées, les plantes adultes n'aimant pas être dérangées.

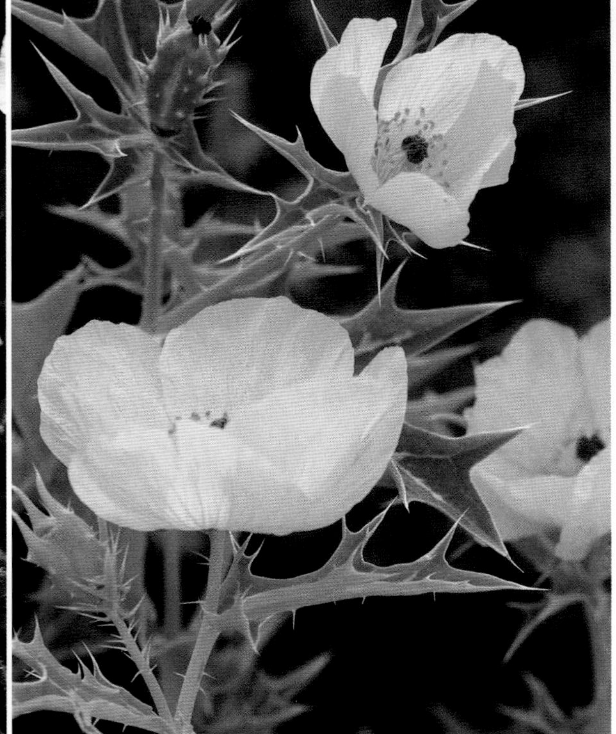

Argemone mexicana (Figuier infernal)
↕1 m ↔ 30-40 cm, les fleurs légèrement parfumées jusqu'à 8 cm de diamètre, éclosent à la fin de l'été et au début de l'automne

ARMERIA

Armérie maritime, Gazon d'Espagne

LES ARMÉRIES SONT DE JOLIES VIVACES EN TOUFFES, que beaucoup apprécient en plantes maritimes. On les aime pour leurs petites capitules sphériques et denses, portées de la fin du printemps à l'été à l'extrémité de tiges grêles au-dessus d'un feuillage assez proche des graminées. Les fleurs vont du blanc au rose pâle ou sombre. Que votre jardin soit à l'intérieur des terres ou en littoral, ce sont des candidates idéales pour une rocaille ou au premier plan d'une plate-bande mixte. Elles forment aussi une jolie bordure le long d'une allée et se plaisent entre les dalles d'un pavage. Plantez-les dans une auge avec d'autres petites plantes de rocaille comme les *Haberlea* (*voir p. 254*) et les *Rhodiola* (*p. 316*).

Rusticité Zones 3 à 8

Culture Dans un sol bien drainé, pauvre à assez fertile, en situation dégagée, en plein soleil. **Semez** à l'intérieur en fin d'hiver ou au début du printemps. **Divisez** les plantes au début du printemps.

① ***maritima* 'Splendens'** ↕ jusqu'à 20 cm ↔ jusqu'à 30 cm
② ***pseudarmeria*** ↕ jusqu'à 50 cm ↔ 30 cm

ARNEBIA PULCHRA

SI LE FEUILLAGE AUX POILS RAIDES de cette *Arnebia* rappelle celui des pulmonaires (*Pulmonaria, voir p. 314*), on l'apprécie surtout pour ses petites grappes de fleurs en trompette, en été. Jaune d'or, elles arborent des taches noir pourpré à la base des pétales qui passent avec le temps. *Arnebia pulchra* est une vivace en touffes éphémères facile à cultiver. Elle trouve sa place sur de nombreux sites allant d'un jardin de rocaille au premier plan d'une plate-bande mixte. Mariez-la à d'autres vivaces herbacées comme les onagres (*Oenothera, voir p. 294*), les sablines (*Arenaria, p. 187*) et les arméries (*Armeria, à gauche*).

Rusticité Zones 8 à 10

Culture Dans un sol humide mais bien drainé, à mi-ombre. Elle tolère le plein soleil tant que le sol est suffisamment humide. **Semez** en pot sous châssis froid à maturité des graines. **Prélevez** des boutures de racines en hiver ou divisez au printemps pour accroître votre stock.

Arnebia pulchra
↕↔ jusqu'à 30 cm

ARTEMISIA

Armoise

voir aus[si] p. 2[...]

LES ARMOISES SÉDUISENT PAR LEUR FEUILLAGE aromatiqu[e] argenté rappelant la fougère, particulièrement à son ava[n]tage aux côtés de plantes au feuillage uni ou aux contou[rs] marqués. La plupart ont un port buissonnant, mais il exis[te] des formes rampantes ou étalées telle *Artemisia stelleriana* 'Boughton Silver' faisant de bons couvre-sol. Presque tout[es] sont vivaces, certaines étant classées en arbustes (*voir p. 25*[...]) Si leurs petites fleurs insignifiantes gâchent le tableau d'en[-]semble, supprimez-les en les pinçant dès l'éclosion, en été. Les armoises sont de splendides partenaires pour bien d[es] plantes, y compris des arbustes à feuillage argenté comm[e] la lavande (*p. 80*), et des variétés à fleurs rouges, roses, o[u] pourpres. Elles sont aussi très jolies au pied de rosie[rs] (*p. 110-113 et 150-151*).

Rusticité Zones 3 à 9

Culture Dans un sol fertile, bien drainé en plein soleil. Améliorez les sols lourds avec du sable ou du gravier avant de planter. **Rabattez** la plante au printemps pour lui garder un port compact. **Divisez-la** au printemps ou en automne. **Semez** à l'intérieur en fin d'hiver ou au début du printemps. **Prélevez** des boutures de bois vert ou des boutures à talon en été, un peu plus tard que les boutures herbacées quand les tiges sont un peu plus dures.

Artemisia schmidtiana 'Nana' ♀
↕ 8 cm ↔ 30 cm, compacte, à port bas, au feuillage soyeux et argenté, idéale en rocaille et en auges

rtemisia 'Powis Castle' ♀
60 cm ↔ 90 cm, cette artémise argentée forme une jolie masse de
uilles ondoyantes, mais succombe à un hiver rigoureux

Artemisia pontica
↕40-80 cm ↔ 90 cm, formant une couverture dense toute l'année, elle est parfois trop vigoureuse pour de petits espaces

ARTHROPODIUM

DES FEUILLES PROCHES DES GRAMINÉES, vert bleuté ou gris-vert et de petites fleurs étoilées portées au milieu de l'été sont les principaux atouts de ce petit groupe de vivaces à feuillage caduc ou persistant. Parents des lys, les *Arthropodium* sont issus de petits rhizomes produisant des feuilles atteignant jusqu'à 25 cm de long. Les fleurs pendantes blanches, mauve pâle ou bleues, sont portées en grappes lâches sur des tiges filiformes d'une grande délicatesse. *Arthropodium candidum* et *A. milleflorum* sont les plus cultivées de ce groupe, trouvant leur place dans une rocaille ensoleillée, une plate-bande herbacée ou mixte abritée, où elles se marient bien avec le feuillage de plantes comme les misères (*Tradescantia*, *voir p. 331*).

Rusticité Zones 9 à 11

Culture Dans un sol fertile, sablonneux et bien drainé, en plein soleil. Dans les régions exposées au gel, cultivez-les au pied d'un mur chaud et abrité, en serre froide ou fraîche ou dans un jardin d'hiver. **Semez** en pot sous châssis froid en automne ou au début du printemps. **Divisez** les plantes au début du printemps. Si possible, hivernez les jeunes plants hors gel. Les **limaces** apprécient leurs jeunes pousses.

Artemisia stelleriana 'Boughton Silver'
↕jusqu'à 15 cm ↔ 30-45 cm, aussi jolie en couvre-sol sur un site bien drainé, que dans un grand pot

Arthropodium milleflorum
↕jusqu'à 50 cm ↔ jusqu'à 20 cm, les feuilles gris-bleu ou gris-vert sont pailletées de fleurs au milieu de l'été

ARUM

Gouet

↕15-50 cm ↔ 15 cm

AVEC LEURS FEUILLES HASTRÉES émergeant à la fin de l'automne et en hiver, ces vivaces tubéreuses sont des plantes feuillues bienvenues pour leurs jeunes pousses à cette époque de l'année. Atteignant 35 cm de long, les feuilles sont vert vernissé, aux marbrures vert pâle ou crème. Vert pâle, blanches, ou jaunes, les spathes qui rappellent la forme des feuilles se déploient entre la fin du printemps et l'été, entourant un peu plus tard un épi proéminent de baies vernissées rouge orangé vif. Si la plante offre ses plus grandes et ses plus belles feuilles sous une ombre légère, elle a besoin d'un site dégagé et ensoleillé pour bien fleurir. Toutes les parties de l'*Arum* sont toxiques.

Rusticité Zones 5 à 10

Culture Sur un site abrité dans un sol bien drainé enrichi de matière organique. **Plantez** les tubercules à 15 cm de profondeur au printemps. **Multipliez** par division après la floraison.

Arum italicum 'Marmoratum' ♆

↕30 cm ↔ 15 cm, feuilles marbrées étonnantes au printemps ; floraison au début de l'été, baies jusqu'en automne

ARUNCUS

Barbe-de-bouc

↕jusqu'à 2 m ↔ jusqu'à 1,20 m

LES PANICULES PLUMEUSES des fleurs d'*Aruncus* sont portées au-dessus d'une touffe de feuilles élégantes, très nervurées, du début au milieu de l'été. Ces plantes appartiennent à un petit genre proche des filipendules (*Filipendula, voir p. 244*) et des spirées (*Spirea, p. 119*), constitué de quelques espèces seulement, toutes vivaces. Les petites fleurs blanches ou crème de ses panicules sont mâles ou femelles, ces dernières produisant de petites capsules vertes disséminant généreusement leurs graines si on ne supprime pas les inflorescences fanées. Les fruits comme les fleurs sont appréciés en bouquets. Au jardin, cette plante en touffe prospère dans un sol humide et se plaît au bord d'un étang ou dans un sous-bois humide. *Aruncus aethusifolius* est une petite forme très compacte.

Rusticité Zones 3 à 9

Culture Dans un sol humide, fertile, à mi-ombre. **Repiquez** *in situ* en automne ou au début du printemps. **Semez** à l'intérieur en fin d'hiver ou au début du printemps. **Déterrez et divisez** les touffes au printemps ou en automne tous les deux ou trois ans pour maintenir leur vigueur aux plantes.

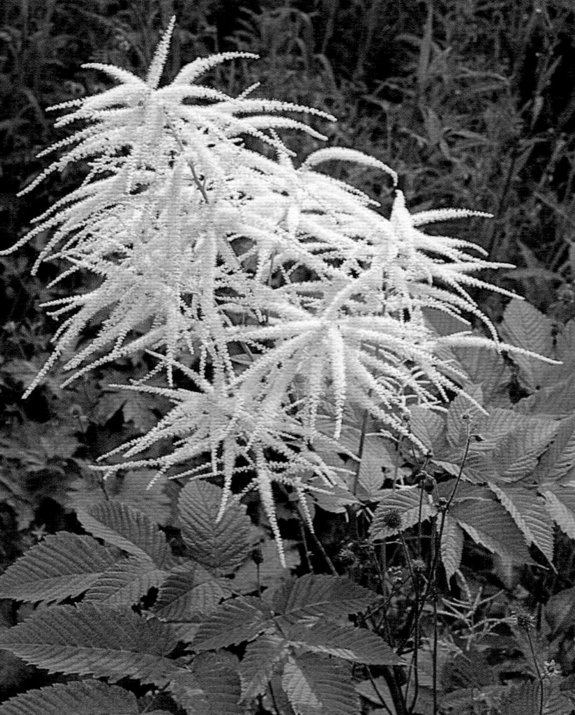

Aruncus dioicus ♆

↕2 m ↔ 1,20 m, tolère des conditions plus sèches que les autres, mais préfère de loin un site assez humide

ASARINA PROCUMBENS

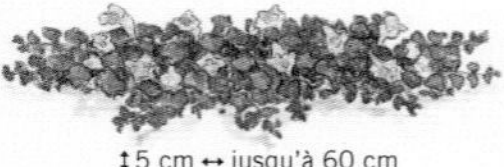

↕5 cm ↔ jusqu'à 60 cm

LES DÉLICATES FLEURS JAUN[E] pâle de cette vivace rampan[te] persistante sont très proches [de] celles du muflier (*Antirrhinum, p. 184*). S'ouvrant d[u] début de l'été au début de l'automne, elles arborent u[ne] gorge jaune foncé et des nervures mauve pâle. Atteigna[nt] parfois 3,5 cm de long, elles sont portées au-dessus d[e] feuilles gris-vert couvertes de poils tendres, légèreme[nt] collantes. Le port rampant des *Asarina* en fait une fav[o]rite en couvre-sol courant sur le rebord d'un mu[r] ombragé, d'un parterre surélevé ou sur les pentes d'un[e] rocaille. *Asarina* est assez éphémère, mais se ressème d'elle-même généreusement.

Rusticité Zones 8 à 11

Culture Dans un sol bien drainé enrichi de matière organique bien décomposé. **Plantez** à mi-ombre pour les meilleurs résultats. **Semez** au début du printemps à une température de 16 °C.

Asarina procumbens

›SCLEPIAS
›clépiade

›ICI UN GRAND GROUPE DE VIVACES, comptant aussi ›elques arbustes, dont les fleurs en cymes multicolores ›nt si abondantes qu'elles attirent nombre de papillons d'abeilles, la plus convoitée étant *Asclepia tuberosa.* ›ur palette florale s'étend du rose pourpre au rose ›mbre et du rouge orangé au jaune, du milieu de l'été l'automne. Les fleurs sont suivies de fruits qui se fen›nt à maturité, révélant des graines aux longs poils ›yeux. Les feuilles et l'extrémité des tiges enferment une ›ve laiteuse pouvant irriter la peau. Les *Asclepias* se plai›nt sur des sites très divers, qu'il s'agisse d'une plate›nde ensoleillée ou de la berge d'un étang. Beaucoup prêtent à un décor de fleurs sauvages.

›sticité Zones 4 à 9

›lture La plupart prospèrent dans un sol fertile, bien drainé en ›in soleil bien qu'*A. incarnata* préfère des conditions assez humides. ›ns les régions exposées au gel, cultivez les gélives en serre froide à l'intérieur. **Semez** à l'intérieur en fin d'hiver ou au début du ›ntemps. **Divisez** les touffes au printemps, et surveillez-les si ›cessaire. Certaines espèces comme *A. hallii* et *A. syriacus* qui ›talent assez vite par rejets souterrains risquent d'être envahissantes.

sclepias incarnata
‹1,20 m ↔ 60 cm, apprécie un sol humide et se plaît près ›s cours d'eau et des étangs

ASPHODELINE

LES GRAPPES ÉTONNANTES DE FLEURS étoilées jaunes ou blanches des *Asphodeline* émergent au printemps et en été, au-dessus de touffes de feuilles bleu-vert rappelant les graminées. Méditerranéennes, ces vivaces et bisannuelles herbacées sont issues de rhizomes charnus qui leur permettent de supporter des conditions sèches. Elles prospèrent sur des sites secs et ensoleillés comme un talus et un parterre ou une plate-bande bien drainés. *Asphodeline* a pour compagne de prédilection des annuelles comme le chrysanthème des moissons (*Chrysanthemum segetum*), les panicauts (*Eryngium, voir p. 238*), et d'autres plantes méditerranéennes comme le romarin (*p. 114*) et les *Phlomis* (*p. 306*).

Rusticité Zones 7 à 11

Culture Dans un sol assez fertile, bien drainé, en plein soleil. **Paillez** en hiver dans les régions très froides d'une couche épaisse de paille, d'écorce ou autre matière organique épandue sur les touffes à la fin de l'automne. **Semez** à l'intérieur en fin d'hiver ou au début du printemps. **Divisez** à la fin de l'été, en veillant à ne pas endommager les racines.

Asphodeline lutea (Bâton de Jacob)
↕1,50 m ↔ 30 cm, fleurs parfumées à la fin du printemps, les grappes chargées de fruits en capsules ont aussi beaucoup de charme

ASPHODELUS
Asphodèle

CULTIVÉE POUR LEURS GRAPPES ÉLANCÉES de délicates fleurs blanches ou roses, les asphodèles comme leur proche cousine l'*Asphodeline* (à gauche), sont parfaites dans une plate-bande sèche et ensoleillée. La plupart des formes horticoles sont vivaces, mais on trouve aussi quelques annuelles. Les fleurs qui s'ouvrent à la fin du printemps et au début de l'été arborent souvent sur leurs pétales de séduisantes veines contrastant avec la couleur dominante, et les grandes tiges florales émergent d'une touffe de feuillage dense rappelant les graminées. Originaires de régions chaudes, bien drainées, parfois assez arides, les asphodèles exigent une situation abritée et un très bon drainage dans les régions froides aux hivers humides. Leur magnifique silhouette en fait une candidate idéale dans un décor naturel.

Rusticité Zones 7 à 10

Culture Dans un sol bien drainé en plein soleil. **Semez** en pot sous châssis froid au printemps. *Asphodelus fistulosis* se cultive généralement en annuelle et sera issue de semis chaque année. **Divisez** les touffes en fin d'été, en veillant à ne pas endommager les racines.

Asphodelus albus
↕90 cm ↔ 30 cm, vivace en touffes, floraison du milieu à la fin du printemps

ASTER

Aster, Marguerite d'automne

LES ASTERS APPORTENT DE LA GAIETÉ au jardin à la fin de l'été et à l'automne, avec leurs masses de fleurs en marguerites leur valant leur nom commun de « marguerites d'automne ». Portées à l'extrémité des tiges solitaires ou groupées, elles se déclinent dans une palette de bleu ciel à blanc, d'écarlate, de rose et de lavande, arborant toutes un disque central jaune d'or. Vivaces pour la plupart, les asters comptent aussi quelques annuelles, bisannuelles et sous-arbrisseaux. Allant des petites alpines ne dépassant pas 15 cm aux grandes touffes dressées excédant parfois 1,20 m, les asters qui poussent naturellement aussi bien dans un sous-bois humide que dans les régions montagneuses, trouveront leur place presque partout au jardin. Cultivez les plus petits au premier plan d'une plate-bande ou dans une rocaille, les grands sujets se présentant sous leur meilleur jour dans une plate-bande mixte. Les périodes de floraison varieront légèrement, certains comme *A. × frikartii* et *A. thomsonii* offrent leurs fleurs sur une période particulièrement longue.

Rusticité Zones 2 à 9

Culture Les asters prospèrent sur des sites variés, allant d'une situation dégagée en plein soleil à la mi-ombre. Ils se classent en trois groupes de culture, à respecter au moment des plantations. **Groupe 1** Sol humide, fertile et bien bêché, au soleil ou à mi-ombre. **Groupe 2** Sol bien drainé, assez fertile, en situation dégagée, en plein soleil. **Groupe 3** Sol humide, modérément fertile, à mi-ombre. **Tuteurez** les grands sujets pour les empêcher de ployer sous leur poids (*voir ci-dessous*), de préférence en début de printemps. Rabattez en automne, ce qui facilitera le paillage d'hiver, sinon rabattez au début du printemps. **Divisez** les touffes tous les trois ou quatre ans, pour accroître votre stock et maintenir leur vigueur aux plantes, notamment pour les espèces *A. novae-angliae* et *A. novi-belgii*. **Semez** à l'intérieur en fin d'hiver ou au début du printemps. Certains asters, notamment les cultivars d'*A. novi-belgii* sont sensibles à l'**oïdium** et à la **moisissure grise** (botrytis). Coupez les parties infectées et vaporisez d'un fongicide. *Aster anellus* et *A. × frikartii* ne posent généralement pas de problèmes.

Comment tuteurez les asters ?

Bambous et ficelle *Certainement la méthode la moins chère. Plantez les tuteurs à intervalles réguliers autour de la touffe et à l'intérieur et faites courir la ficelle de l'un à l'autre en la tendant suffisamment pour un bon maintien. Ce n'est pas très joli au début, mais bambous et ficelles seront vite masqués par les fleurs et le feuillage. Coiffez les extrémités des bambous d'un capuchon en cas d'accident. Autre solution : les tuteurs à bras reliés s'adaptent à toutes les tailles de plante et sont faciles à ranger.*

Rames à pois *Ces petites branches sont les tuteurs les plus polyvalents qui soient. Au début, le jardin risque de ressembler à une forêt, mais ces tuteurs seront vite cachés par la plante. En inclinant légèrement l'extrémité des rames vers le centre, on améliorera le maintien de la plante. Ces rames devraient durer plusieurs années de suite. Si vous n'en trouvez pas, remplacez-les par les tiges de grands arbustes comme les* Buddleja *(voir p. 29) taillés en début de printemps, période où vous aurez besoin de tuteurs.*

Tuteur circulaire *Il s'agit d'un grillage en fil de fer ou en plastique rigide, au-dessus d'un cerceau à quatre pieds. Le tuteur est simplement enfoncé au-dessus de la plante qui pousse à travers le grillage. On pourra relever le tuteur circulaire au fil de la croissance de la plante. On veillera à mettre ces tuteurs en place en début de saison, lorsque la plante atteint environ 30 cm. Les tuteurs circulaires sont faciles à déterrer, une fois les vieilles pousses rabattues en automne.*

1 2 7 8 12 13 18 19

① *Aster alpinus* ♕ ↕25 cm ↔ 45 cm, groupe 2 ② *amellus* 'King George' ♕ ↕↔ 45 cm, groupe 2 ③ *cordifolius* 'Silver Spray' ↕1,20 m ↔ 45 cm, groupe 3 ④ × *frikartii* 'Mönch' ♕ ↕70 cm ↔ 35-40 cm, groupe 2 ⑤ × *frikartii* 'Wunder von Stäfa' ♕ ↕70 cm ↔ 35-40 cm, groupe 2 ⑥ *lateriflorus* 'Horizontalis' ♕ ↕60 cm ↔ 30 cm, groupe 3 ⑦ *novae-angliae* 'Harrington's Pink' ♕ ↕1,20 m ↔ 60 cm, groupe 1 ⑧ *novi-belgii* 'Carnival' ↕60 cm ↔ 90 cm, groupe 1

4 5 6 9 10 11 15 16 17 21 22 23

⑨ *novi-belgii* 'Chequers' ↕60 cm ↔ 90 cm, groupe 1 ⑩ *novi-belgii* 'Jenny' ↕30 cm ↔ 45 cm, groupe 1 ⑪ *novi-belgii* 'Kristina' ↕30 cm ↔ 45 cm, groupe 1 ⑫ *novi-belgii* 'Lady in Blue' ↕30 cm ↔ 50 cm, groupe 1 ⑬ *novi-belgii* 'Little Pink Lady' ↕40 cm ↔ 50 cm, groupe 1 ⑭ *novi-belgii* 'Marie Ballard' ↕90 cm ↔ 60 cm, groupe 1 ⑮ *novi-belgii* 'Patricia Ballard' ↕90 cm ↔ 60 cm, groupe 1 ⑯ *novi-belgii* 'Schöne von Dietlikon' ↕jusqu'à 1 m ↔ 45 cm, groupe 1

⑰ *novi-belgii* 'Snowsprite' ↕25-30 cm ↔ 45 cm, groupe 3 ⑱ *pilosus* var. *demotus* ♕ ↕1,20 m ↔ 45 cm, groupe 3 ⑲ *pilosus* 'Monte Cassino' ♕ ↕1 m ↔ 30 cm, groupe 1 ou 3 ⑳ *pyrenaeus* 'Lutetia' ↕60 cm ↔ jusqu'à 1 m, groupe 2 ㉑ *sedifolius* ↕1,20 m ↔ 60 cm, groupe 2 ㉒ *thomsonii* 'Nanus' ↕45 cm ↔ 25 cm, groupe 3 ㉓ *turbinellus* ↕1,20 m ↔ 60 cm, groupe 2

ASTILBE

Astilbe

AVEC LEURS PANICULES PLUMEUSES chargées de fleurs étoilées, les astilbes confèrent au jardin texture et élégance. Les inflorescences blanches, crème, roses et rouges, portées en été, prennent une couleur rouille quand on les laisse sur la plante, prolongeant la période d'intérêt de l'automne à l'hiver. Les fleurs coupées tiennent aussi longtemps en vase. Élégantes, les feuilles divisées vert moyen à vert foncé ajoutent au charme de ces vivaces en touffes. Les astilbes se plaisent particulièrement sur les sites humides près des bassins et des cours d'eau ou dans un jardin de marécage, et se marient bien avec les lys d'un jour (*voir Hemerocallis, p. 258*), les fougères (*p. 356-365*) et les graminées (*p. 340-355*).

Rusticité Zones 3 à 9

Culture Dans un sol humide enrichi de matière organique bien décomposé au soleil ou à mi-ombre. Les astilbes ne prospéreront pas dans un sol s'asséchant en été. **Divisez** les touffes en début de printemps tous les trois ou quatre ans pour maintenir sa vigueur à la plante. Les fleurs et les jeunes pousses sont parfois sensibles aux dernières gelées. Le feuillage risque aussi d'être recouvert de la poussière blanc grisâtre de l'**oïdium**, surtout en situation trop sèche.

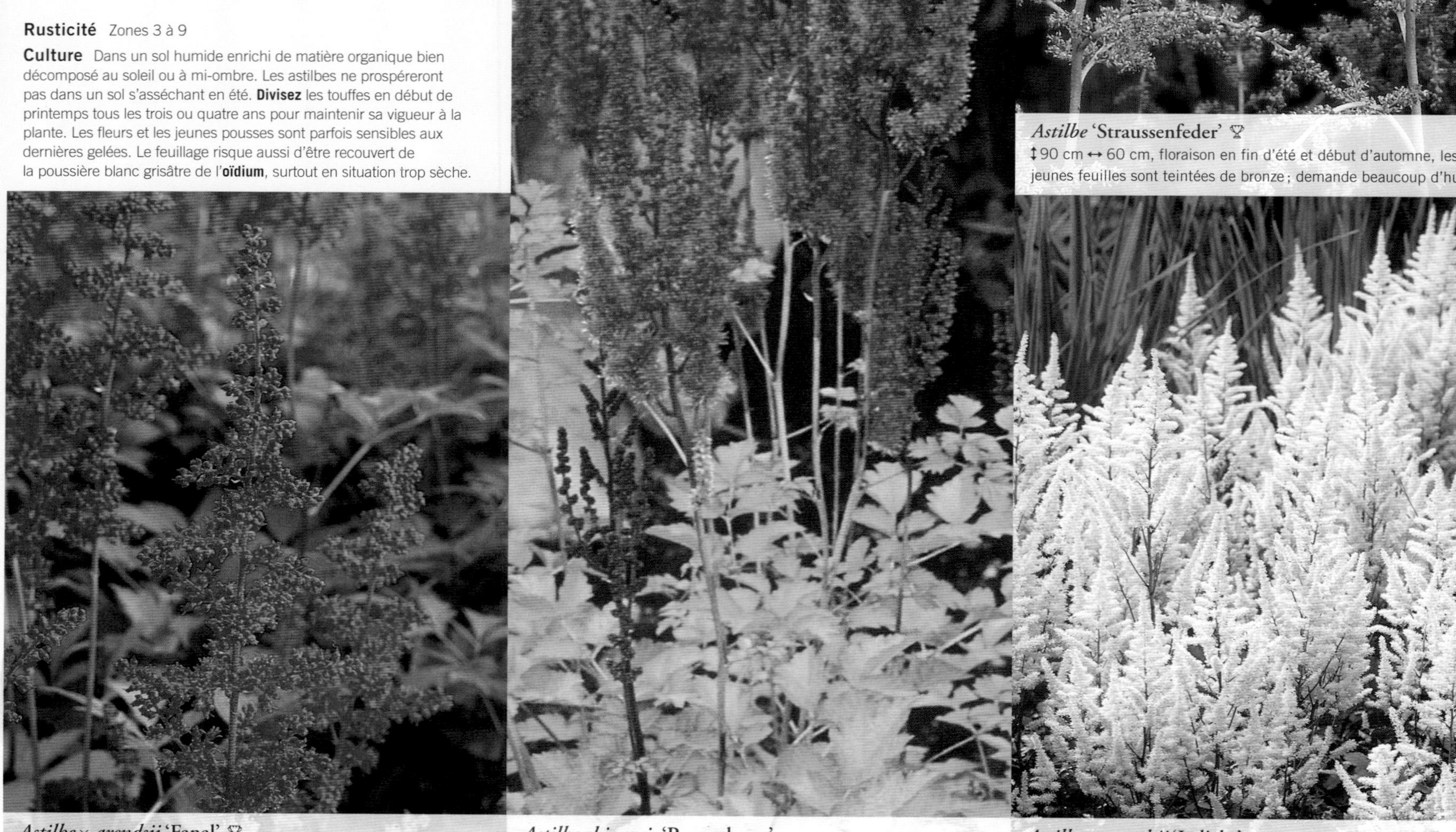

Astilbe 'Straussenfeder' ♡
↕90 cm ↔ 60 cm, floraison en fin d'été et début d'automne, les jeunes feuilles sont teintées de bronze ; demande beaucoup d'humid…

Astilbe × arendsii 'Fanal' ♡
↕60 cm ↔ 45 cm, panicules plumeuses de fleurs cramoisies au début de l'été

Astilbe chinensis 'Purpurlanze'
↕1,20 m ↔ 90 cm, vigoureuse ; floraison en fin d'été et début d'automne ; tolère des conditions plus sèches que les autres

Astilbe × arendsii 'Irrlicht'
↕↔ 50 cm, floraison en fin de printemps et début d'été ; un peu plu… petite que la plupart des astilbes

ıSTRANTIA

ıstrance

ES PETITES FLEURS DÉLICATES ET ORIGINALES qui font charme de ces vivaces en touffes sont en fait compo- es d'une collerette de bractées très fines (feuilles modi- ées) et d'un coussin central de vraies fleurs. Au début au milieu de l'été, leurs tiges robustes portent des inflo- scences blanches, roses ou rouges bien au-dessus du uillage. *Astrantia* 'Sunningdale Variegated' affiche des uilles marginées de jaune crème à leur apogée au début la saison. Les fleurs d'*Astrantia* sont aussi superbes en ouquets séchées. Les *Astrantia* apprécient la compagnie autres vivaces herbacées dont les asters (*voir p. 192-93*), les astilbes (*à gauche*) et les Rudbeckia (*p. 317*).

usticité Zones 4 à 8

ulture Dans un sol humide, fertile, enrichi de matière organique en décomposé, au soleil ou à mi-ombre. 'Sunningdale Variegated' mande le plein soleil pour afficher pleinement la couleur de son uillage. **Supprimez** les fleurs fanées pour que la plante ne se ressème s d'elle-même. **Divisez**-la au printemps pour lui maintenir sa vigueur. **mez** à l'intérieur en fin d'hiver ou au début du printemps. L'**oïdium** sque de gâcher les feuilles en situation sèche ou s'il est étouffé.

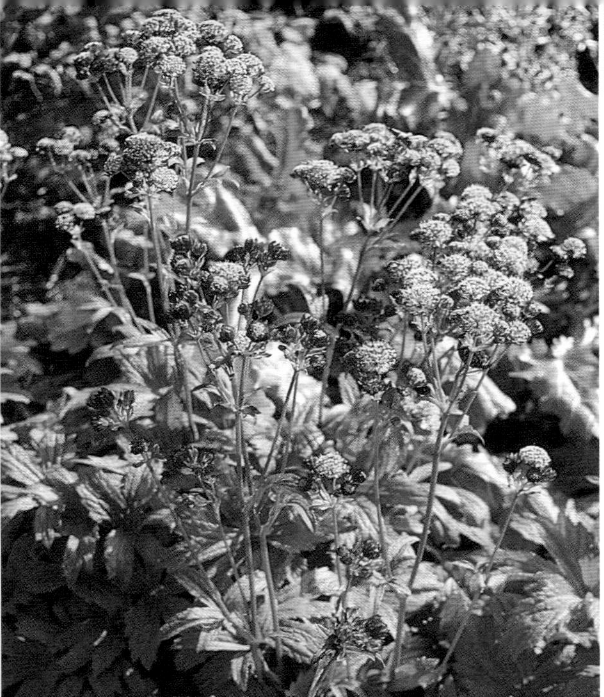

Astrantia major 'Rubra'
↕60 cm ↔ 45 cm, tolérera des conditions légèrement plus sèches

AUBRIETA

Aubriète

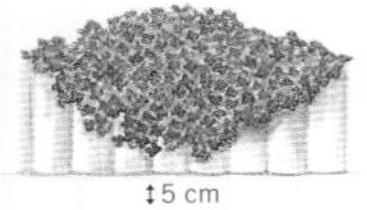

↕5 cm
↔ 60 cm

AVEC SES TAPIS DE PETITS MONTICULES de fleurs roses, magenta, mauves et pourpres, *Aubretia* est une incontournable des rocailles de printemps et des bordures de plate-bande. C'est aussi une plante précieuse pour garnir les crevasses d'un mur. Lorsqu'elles éclosent, ses petites fleurs étoilées, simples ou doubles, masquent son feuillage persistant, bien que sur les cultivars panachés jaune d'or ou argenté comme 'Argenteovariegata' et 'Aureovariegata' les feuilles offrent un joli tableau une fois les fleurs fanées. Vivace étalée, *Aubrieta* est souvent associée avec des plantes de rocaille de port similaire comme les saponaires (*Saponaria, voir p. 319*) ou les saxifrages (*p. 320-321*).

Rusticité Zones 4 à 8

Culture Dans un sol assez fertile, bien drainé, de préférence neutre à alcalin (calcaire), en plein soleil. **Rabattez** sévèrement après la floraison pour que la plante reste compacte et ne se dénude pas au centre en poussant dans tous les sens. **Semez** à l'intérieur en fin d'hiver ou au début du printemps ; les aubriètes cultivées sont rarement conformes au type. **Prélevez** des boutures herbacées en début d'été.

ıstrantia 'Hadspen Blood'
60 cm ↔ 45 cm, l'une des astrances les plus foncées, précieuse our conférer de la profondeur à vos compositions

Astrantia major 'Alba'
↕60 cm ↔ 45 cm, ses délicates fleurs blanches égaieront un coin ombragé

Aubrieta 'Joy'
↕5 cm ↔ 60 cm, variété tapissante à fleurs doubles au printemps

Baptisia

Podalyre

VIGOUREUSES VIVACES EN TOUFFES, les podalyres arborent au début de l'été de longues panicules de fleurs bleu roi, pourpres ou blanches rappelant les fleurs en pois des lupins, suivies de grandes gousses renflées tout l'automne. Avec son port décontractée, *Baptisia* apportera de la hauteur dans un jardin de fleurs sauvages mais se plaît aussi parmi d'autres plantes en touffes de taille moyenne qui profiteront de son soutien. Cultivez-la vers le centre d'une plate-bande traditionnelle aux côtés d'autres vivaces vigoureuses comme les lupins (*voir p. 280*), les panicauts (*Eryngium, p. 238*) et les pavots d'Orient (*Papaver, p. 299*) ou parmi de hautes graminées, calamagrostisdes (*Calamagrostis, p. 344*), *Stipa gigantea* (*p. 355*) ou eulalies (*Miscanthus, p. 350*) pour un effet de prairie.

Rusticité Zones 3 à 9

Culture En plein soleil, dans un sol bien drainé. Choisissez son emplacement avec soin, ses racines n'aimant pas être dérangées une fois établies. Sur un site dégagé exposé au vent, il faudra la tuteurer. **Semez** à l'intérieur en fin d'hiver ou au début du printemps. **Divisez** en début de printemps en gardant les sections de la motte aussi intactes et aussi grandes que possible.

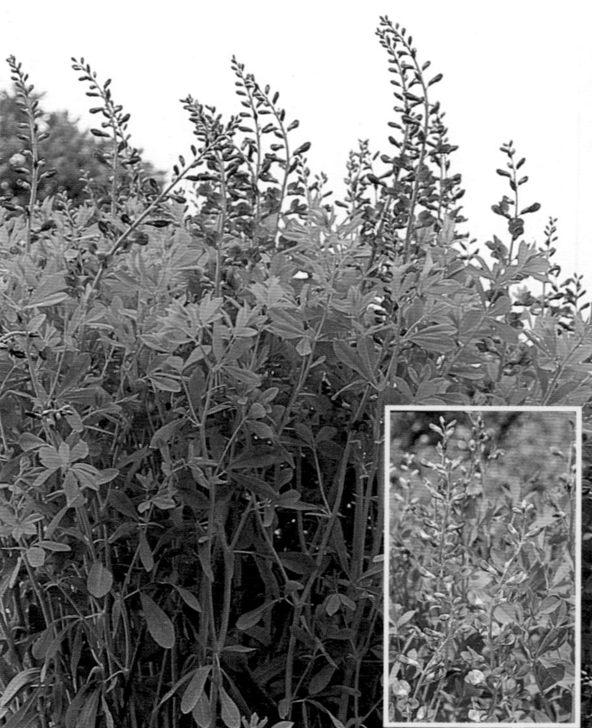

Baptisia australis ♀
↕1,50 m ↔ 60 cm, érigée à étalée, fleurs en début d'été suivies de gousses, les deux formant de jolies bouquets

Begonia

Bégonia

LA PLUPART DES BÉGONIAS CULTIVÉS au jardin offrent des fleurs spectaculaires, superbes par la taille comme par le nombre, dans une palette allant de tons blancs, jaunes, abricot et roses à des coloris orange vif, cerise et rouges profonds. Certaines variétés sont aussi cultivées pour leur feuillage très décoratif. Les plus connus sont les petits *Begonia sempervirens*, à racines fasciculées, très appréciés dans les massifs et en contenant. Les grands sujets sont précieux pour ponctuer une plate-bande d'été ou, lorsqu'ils sont en contenants, un patio; quant aux rampants, ils garnissent les paniers suspendus. Hivernez les bégonias à l'abri du gel.

Rusticité Zones 8 à 12 (annuelle et d'intérieur au Québec)

Culture Dans un sol fertile, bien drainé, au soleil ou à mi-ombre. En pot, utilisez un terreau universel, arrosez régulièrement et faites un apport hebdomadaire d'engrais pour tomate. **Supprimez** les fleurs fanées pour prolonger la période de floraison. **Rabattez** les *semperflorens* en automne. Déterrez-les et mettez-les en pot si nécessaire et conservez-les dans un endroit frais, à la lumière, en arrosant modérément jusqu'au printemps. **Déterrez** les tubercules avant les premières gelées et conservez-les propres et secs, tout l'hiver. Mettez-les en pot au printemps et arrosez pour démarrer la croissance. **Semez** à l'intérieur en fin d'hiver ou début du printemps. **Prélevez** des boutures d'extrémité de tiges au printemps ou en été.

Begonia 'Illumination Orange' ♀
↕60 cm ↔ 30 cm, tubéreux grimpant, immenses fleurs en été ❀ (min. 10 °C)

Begonia sutherlandii ♀
↕45 cm, tubéreux grimpant, fleurs petites mais en abondance, les tubercules sont déterrés et stockés chaque hiver

Begonia 'Can-can'
↕90 cm ↔ 45 cm, tubéreux, port dressé, fleurs jusqu'à 18 cm de diamètre en été (min. 10 °C)

Begonia 'Apricot Delight'
↕ 60 cm ↔ 45 cm, tubéreux, érigé à fleurs pendantes du début de l'été au milieu de l'automne (min. 10 °C)

Begonia 'Crystal Brook'
15 cm ↔ 1 m, vivace à racines fasciculées, petite et étalée, ivernez en pots à couvert

Begonia 'Président Carnot'
↕ 1,50-2 m ↔ 60 cm, fleurs roses en été, bonne luminosité indispensable pour la couleur des feuilles. Rabattez au printemps. Hivernez en pots

Bellis

Pâquerette

Bien qu'il s'agisse de vivaces, les *Bellis* sont souvent cultivées en bisannuelles, et forment avec les giroflées (*Erysimum*, *voir p. 239*) et les myosotis (*p. 287*) un trio classique des parterres de printemps. Leurs petites inflorescences joyeuses, atteignant parfois 8 cm de diamètre, blanches teintées de bordeaux, de rose ou de rouge, sont portées du printemps à la fin de l'été. Très appréciées, les variétés pour pelouse à fleurs de marguerite sont parfaites dans un jardin de campagne, mais se plaisent aussi en contenant. Les variétés aux pétales serrés en pompon ont un charme désuet plus classique ; cultivez-les en groupes entre les carrés d'un potager, d'un jardin d'herbes aromatiques ou dans un motif, avant l'arrivée des salades d'été, des herbes ou des plantes de parterre.

Rusticité Zones 3 à 8

Culture Dans un sol bien drainé en plein soleil ou à mi-ombre. **Supprimez** les fleurs fanées pour prolonger la floraison des plantes de parterre, ou pour empêcher les plantes cultivées en vivaces de se ressemer d'elles-mêmes. **Semez** en pot au début du printemps, *in situ* au début de l'été.

Bellis perennis Série Tasso
↕↔ 5-20 cm, fleurs jusqu'à 6 cm de diamètre, culture en début d'été

BERGENIA

AVEC LEURS GRANDES FEUILLES CORIACES, lustrées ou pubescentes, et un port étalé, les *Bergenia* sont parfaites en couvre-sol. Ces vivaces persistantes affichent des grappes de fleurs rose crème ou rose pourpré, portées sur des hampes vigoureuses au printemps et au début de l'été. Les feuilles arrondies sont généralement vert moyen à vert foncé, et sur certains cultivars comme 'Ballawley', virent au bronze pourpré en automne. Les *Bergenia* trouveront leur place à l'avant d'une plate-bande, mais on les rabattra pour limiter leur étalement. Ils sont cependant particulièrement précieux pour garnir les parties sèches et ombragées dans l'ombre d'un mur, d'arbres ou d'arbustes.

Rusticité Zones 3 à 10

Culture Dans un sol bien drainé enrichi de matière organique bien décomposée, au soleil ou à mi-ombre. Un sol plus pauvre rehaussera la couleur du feuillage automnal. **Coupez** les plantes à la bêche pour limiter leur étalement. **Divisez** les touffes fatiguées des plantes dégarnies tous les trois ou cinq ans après la floraison, et replantez les sections saines des rhizomes présentant des racines et une ou plusieurs feuilles. **Supprimez** toutes les feuilles montrant des taches foliaires.

① 'Ballawley' ♀ ↕60 cm, superbe feuillage en automne
② 'Silberlicht' ♀ ↕30-45 cm ③ *stracheyi* ↕15-30 cm
④ 'Sunningdale' ↕30-45 cm

BIDENS FERULIFOLIA

LA VARIÉTÉ HORTICOLE LA PLUS CONNUE de tous les *Bidens*, *Bidens ferulifolia* affiche de jolies feuilles finement divisées et des fleurs en vagues successives du milieu de l'été à l'automne. Vivace, on la traite généralement en annuelle pour sa croissance rapide. Ses fleurs sont jaunes, mais il existe aussi des formes à fleurs orange ou rouge orangé. Son port étalé en fait une bonne candidate dans un panier suspendu ou en pot contre un mur où ses tiges retomberont par-dessus les bords. Les *Bidens* se marient gaiement à d'autres plantes de parterres d'été partageant les mêmes conditions de culture comme les *Felicia* (*voir p. 244*), et les soucis (*Tagetes, p. 329*), et s'associent heureusement aux cistes (*Cistus, p. 40*) dans un jardin de gravier.

Rusticité Zones 9 à 11

Culture Dans un sol assez fertile, humide et bien drainé, en plein soleil. En panier suspendu ou en contenant, arrosez-les régulièrement en été, et faites un apport d'engrais équilibré hebdomadaire. **Semez** entre 13 et 18 °C au printemps. **Prélevez** des boutures d'extrémité de tiges après la floraison en automne. **Rabattez** au printemps et hivernez en serre hors gel, en conservant les plantes au sec jusqu'au printemps.

Bidens ferulifolia ♀
↕jusqu'à 30 cm ↔ jusqu'à 90 cm, tiges grêles et étalées

BLETILLA

Orchidée horticole

↕30-60 cm
↔60 cm

CES ORCHIDÉES NOUS VIENNENT DE RÉGION tempérées de Chine et du Japon. Elles affi chent de délicates fleurs magenta en clo chette, disposées en grappes érigées, chacun pouvant compter jusqu'à douze fleurs. Le feuilles étroites, vert moyen, qui émergen d'un organe charnu et bulbeux, flétrissent au sol en hive Les *Bletilla* sont charmantes dans un jardin de sous-boi abrité aux côtés d'autres petits sujets à floraison printa nière comme *Anemone blanda* (*voir p. 180*). Elles trouven aussi leur place dans un massif surélevé, portant leurs fleur exquises au niveau du regard. Dans les régions exposée au gel, protégez-les en hiver, soit *in situ* avec un paillis épai ou un châssis froid, soit en les mettant en pots à couver.

Rusticité Zones 8 à 11

Culture À mi-ombre, dans un sol humide et bien drainé enrichi de matière organique bien décomposée, ou dans un mélange à base de terre de jardin enrichi de terreau de feuilles. **Paillez** en automne d'une couche de matière organique d'au moins 5 cm pour les protége du gel ou bien déterrez-les et hivernez-les dans un endroit hors gel. **Divisez** en début de printemps.

Bletilla striata
↕↔ 30-60 cm, organes souterrains charnus dits pseudobulbes ; floraison du printemps au début de l'été

OLTONIA

ON DÉNOMBRE ENVIRON HUIT ESPÈCES de ces vivaces, toutes prospérant en situation humide et ensoleillée. Les *Boltonia* affichent une profusion de fleurs en marguerite blanches, lilas ou rose pourpré, avec un disque jaune, qui se détachent sur le feuillage :u-vert ou vert moyen, parfois finement denté. Leur houette lâche et décontractée en fait une candidate ́ale pour un jardin sauvage, et elles apporteront leur té lumineux et aéré à une plate-bande. Les fleurs composent aussi de beaux bouquets. Les *Boltonia* tolèrent la ıpart des sols et supporteront une zone en partie ıbragée. Mariez-les à d'autres grandes marguerites vaces comme les asters (*voir p. 192-193*), et les *ıdbeckia* (*p. 317*). Les orpins (*Sedum, p. 324*) sont ssi de bons compagnons.

usqu'à 2 m
↔ 60 cm

sticité Zones 4 à 9

lture Dans un sol assez fertile, humide et bien drainé, en plein soleil à mi-ombre. **Divisez** au printemps tous les deux ou trois ans pour ıntenir sa vigueur à la plante. **Semez** à l'intérieur en fin d'hiver ou au ıut du printemps. Parfois sensible à l'**oïdium** en conditions sèches.

ıltonia asteroides
: m ↔ 1 m, feuillage glauque, bleu-vert virant au vert avec l'âge; ıraison de la fin de l'été au milieu de l'automne

BORAGO

Bourrache

ORIGINAIRE DE RÉGIONS ROCAILLEUSES d'Europe occidentale et méridionale, voici une plante vigoureuse aux feuilles et aux tiges pubescentes, fleurissant sur une longue période en été. Elle arbore des cymes pendantes de fleurs étoilées bleu intense, parfois blanches. Vivace appréciant l'ombre, *Borago pygmaea* atteint près de 60 cm de haut et de large, et trouve sa place dans un jardin de gravier ou une rocaille. *B. officinalis* est une annuelle qui a besoin de soleil et tolère un site sec. Ses feuilles à l'arôme de concombre parfument souvent les salades de fruits, les cocktails et les salades, les fleurs composant une jolie garniture. *Borago* est séduisante aux côtés de menthe, de sauge et de chrysanthème matricaire, mais parfois trop décontractée pour un petit jardin bien net d'herbes aromatiques, auquel cas elle sera charmante dans une plate-bande. Toutes les espèces se ressèment abondamment.

Rusticité Zones 6 à 10

Culture Dans tout sol assez bien drainé, en plein soleil ou à mi-ombre. **Semez** *B. officinalis in situ* au printemps. **Prélevez** des boutures des jeunes rameaux latéraux de *B. pygmaea* en été et hivernez les jeunes plants sous châssis froid.

Borago officinalis (Bourrache officinale)
↕60 cm ↔ 45 cm, annuelle très ramifiée; fleurit jusqu'aux premières gelées; mellifère

BOYKINIA

VENANT DE BOIS FRAIS et de régions montagneuses, les *Boykinia* sont des vivaces en touffes au feuillage vert sombre, parfois teinté de bronze jeune. Les touffes de feuilles rondes à réniformes qui se développent autour de leur base en font un bon couvre-sol. Au printemps ou en été, les grappes lâches de fleurs en clochette, blanches ou cramoisies, émergent sur de longues tiges au-dessus des feuilles. Les *Boykinia* prospèrent à mi-ombre dans un sol frais et humide. Au jardin, ils préféreront une plate-bande ou un jardin de gravier à l'ombre, ou bien une bordure de sous-bois. Mariez-les avec des pensées (*Viola, voir p. 338*), ou cultivez-les en touffes parmi des vivaces au port bas et informel ayant les mêmes exigences comme les heuchères (*Heuchera, p. 259*), et les cœurs-de-Marie (*Dicentra, p. 229*). Les petites espèces donnent aussi de beaux résultats en auges.

Rusticité Zones 4 à 8

Culture Dans un sol non calcaire (acide), ou un mélange pour éricacées enrichi de sable, à mi-ombre. **Divisez** au printemps. **Semez** à l'intérieur en fin d'hiver ou au début du printemps.

Boykinia jamesii
↕↔ 15 cm, en milieu et fin de printemps, fleurs frisées affichant un disque central vert

Brachyscome iberidifolia

TOLÉRANT LA SÉCHERESSE, les *Brachyscome* ou *Brachycome* sont appréciés pour la gaieté et le parfum de leurs fleurs en marguerite en été. Blanches, rose pourpré ou bleu, elles affichent un disque central jaune d'or, les cultivars de la série Splendour se faisant remarquer par leur œil noir. Le plus souvent finement divisé et plumeux, leur feuillage tendre est vert ou gris duveteux. Cultivez ces annuelles buissonnantes ou étalées dans un massif d'été ou laissez-les retomber en cascade, en jardinière ou dans un grand pot.

Rusticité Zones 10 et 11

Culture Dans un sol fertile, bien drainé, en situation abritée en plein soleil. En contenant, cultivez-les dans un mélange à base de terreau. Arrosez-les généreusement en été et faites un apport hebdomadaire d'engrais équilibré. **Pincez** les jeunes plants pour encourager un port buissonnant et une profusion de fleurs. **Semez** en pot à 18 °C au printemps et mettez en pleine terre au début de l'été, quand tout risque de gel est écarté.

Brachyscome iberidifolia
↕ jusqu'à 45 cm ↔ 35 cm, fleurs généralement bleu pourpré, parfois blanches ou rose violacé

Brodiaea

VOICI DES VIVACES SE DÉVELOPPANT à partir de cormus (*voir p. 164*) offrant au début de l'été des fleurs en entonnoir dans une palette de violet, lilas, pourpre foncé et rose. Portées sur de petits pédoncules, elles forment de grandes ombelles au bout de longues tiges, donnant de jolies fleurs coupées. Bleu-vert ou vert moyen, le feuillage rubané partant de la base de la plante flétrit souvent avant l'éclosion des fleurs. Les *Brodiaea* ressemblent beaucoup aux agapanthes (*p. 171*), mais elles sont plus petites. Cultivez-les au premier plan d'une plate-bande, dans une rocaille ou un massif surélevé dans les régions tempérées, ou en potées sous des climats où il faudra les rentrer pour l'hiver.

Rusticité Zones 9 à 11

Culture Dans un sol léger, bien drainé, en plein soleil ou à mi-ombre. Plantez les cormus à 8 cm de profondeur en automne. **Arrosez** généreusement les plantes pendant la pleine croissance, mais conservez-les au chaud et au sec une fois fanées en été. **Protégez-les** d'un paillis hivernal de matière organique bien décomposée dans les régions exposées au gel, ou rentrez les plantes en contenant en hiver. **Semez** entre 13 et 18 °C dès maturité. **Séparez** les rejets quand les cormus sont en dormance.

Brodiaea californica
↕ 50 cm ↔ 8 cm, les fleurs de cette espèce sont violettes, lilas, roses ou blanches

Browallia

PRISÉE POUR LEURS MASSES DE FLEURS bleues et blanch ces vivaces à base ligneuse, fleurissant à profusion la p mière année, sont le plus souvent cultivées en annuell Les fleurs tubulaires s'ouvrent en étoile, atteignant ju qu'à 8 cm de diamètre chez certains cultivars. En é elles sont portées solitaires ou groupées à l'aisselle d feuilles. Étroites et ovales, celles-ci sont légèrement po seuses. Au jardin, *Browallia* se marie bien avec d'aut partenaires à massif d'été comme les héliotropes (*v p. 70*), les pélargoniums (*p. 300-303*) ou les sou (*Tagetes, p. 329*). Ce sont aussi de jolis sujets en po appréciés dans la maison en hiver.

Rusticité Zones 10 à 12

Culture Dans un sol fertile bien drainé, en plein soleil ou à mi-omb En pot, cultivez-les dans un terreau de rempotage, arrosez-les généreusement en été et faites un apport hebdomadaire d'engrais équilibré. **Semez** à l'intérieur en fin d'hiver ou au début du printemps pour une floraison estivale, ou en fin d'été pour une floraison hivernale en pot.

Browallia speciosa 'White Troll'
↕ jusqu'à 25 cm ↔ 25 cm, deux fois moins haute que *B. speciosa*

RUNNERA MACROPHYLLA

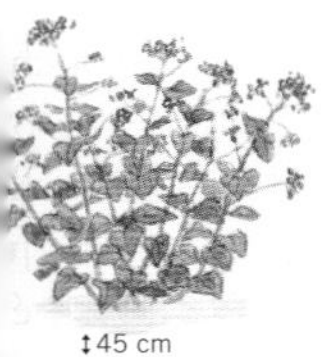

↕45 cm
↔60 cm

CETTE VIVACE EN TOUFFES et ses cultivars arborent des fleurs délicates et un séduisant feuillage. Du milieu à la fin du printemps, elle offre des grappes de petites fleurs généralement bleu vif, rappelant celles des myosotis (*voir p. 287*). Ses grandes feuilles lancéolées portées r les tiges sont couvertes de poils tendres, celles de la se étant plus grandes et plutôt cordiformes. Parfaits ns un sous-bois sous des arbres et arbustes caducs, les *unnera* font aussi de bons couvre-sol dans une plate-nde, notamment les variétés au feuillage ornemental i demeurent séduisantes après la floraison. Offrez-leur compagnie d'autres vivaces à floraison printanière mme les doronics (*Doronicum, p. 231*).

sticité Zones 3 à 7

lture Dans un sol assez fertile, humide mais bien drainé, de férence sur un site frais à mi-ombre. **Amendez** le sol de matière anique bien décomposée à la plantation. **Divisez** les plantes établies printemps. **Semez** à l'intérieur en fin d'hiver ou au début du ntemps. **Prélevez** des boutures de racines en automne.

***Brunnera macrophylla* 'Langtrees'**
Tolérant une légère variation d'humidité et le soleil du matin, cette forme tachetée de gris argenté est facile à cultiver

BUGLOSSOIDES

VOICI DE JOLIES COUVRE-SOL à la croissance rapide, assez vigoureuses, dont les tiges étalées s'enracinent facilement dans le sol, augmentant d'autant la couverture de la plante. Au printemps ou au début de l'été, les tiges érigées portent des cymes de fleurs aplaties, pourpres à l'éclosion, bleu ciel à maturité. Ce genre compte environ 15 espèces d'annuelles, de bisannuelles et de sous-arbrisseaux. Les feuilles vert moyen à vert foncé, aux formes diverses, sont pour la plupart rugueuses ou pubescentes. Les *Buglossoides* se plaisent dans un sous-bois, un jardin de fleurs sauvages ou une plate-bande, aux côtés de compagnes à floraison printanière comme les aubriètes (*voir p. 195*) ou de bulbes.

Rusticité Zones 6 à 10

Culture Dans un sol fertile bien drainé neutre à alcalin (calcaire). Offrez-lui un site en plein soleil mais légèrement ombragé vers midi. **Semez** à l'intérieur en fin d'hiver ou au début du printemps. **Divisez** les vivaces en début de printemps. **Prélevez** des boutures herbacées sur les sous-arbrisseaux en été.

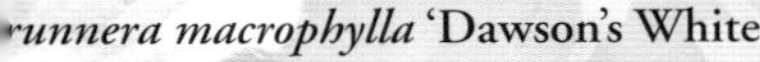

***runnera macrophylla* 'Dawson's White'**
s larges bords crème de leurs feuilles illumineront le site légèrement ombragé dont cette espèce a besoin pour prospérer. cultivar qui demande cependant un sol plus riche que la plupart des *Brunnera* est un peu moins facile à cultiver

Buglossides purpurocaerulea
↕ jusqu'à 60 cm ↔ variable, espèce vivace, à rhizomes ; floraison en fin de printemps et en début d'été

BULBOCODIUM VERNUM

VOICI UNE PLANTE PROCHE DES COLCHIQUES (*voir Colchicum, p. 215*), mais qui porte ses fleurs au printemps, parfois même à la fin de l'hiver dans les régions tempérées. Rose pourpré, leurs tépales, d'abord en entonnoir, s'ouvrent en étoile. Les feuilles suivent de près, mais n'atteignent leur taille adulte de 15 cm, qu'après la floraison. *Bulbocodium vernum* est une espèce rustique qui a cependant la réputation d'être difficile, supportant mal l'humidité hivernale ; elle préférera donc une rocaille, un massif surélevé, ou une plate-bande bien drainée et donnera aussi de bons résultats en pot. Mariez-la à d'autres bulbes à floraison printanière comme les crocus (*voir p. 220*) et les petites jonquilles (*Narcissus, p. 288-289*).

Rusticité Zones 5 à 10

Culture Plantez les cormus à 8 cm de profondeur en plein soleil ou à mi-ombre, dans un sol enrichi de matière organique bien décomposée. **Semez** en pot sous châssis froid en automne ou à l'intérieur en fin d'hiver ou au début du printemps. **Séparez** les caïeux en été.

Bulbocodium vernum
↕4-8 cm ↔ 5 cm

BUPHTHALMUM SALICIFOLIUM

AVEC SES FLEURS RAPPELANT CERTAINS CHRYSANTHÈMES, *Buphthalmum salicifolium* est une vivace en touffe facile à cultiver, prospérant dans la plupart des sols humides, y compris les sols crayeux. Elle offre des masses de fleurs en marguerite jaune vif du début de l'été à l'automne, saison où elles sont presque entièrement masquées par un feuillage effilé vert foncé. Ce sont de précieuses fleurs coupées qui tiennent longtemps en bouquet. À sa place dans un décor de fleurs sauvages, *Buphtalmum salicifolium* donne aussi de bons résultats à l'avant d'une plate-bande herbacée informelle, aux côtés de vivaces comme les achillées (*voir p. 167*), les *Phlox* (*p. 286*) et les monardes (*p. 286*). Elle illuminera un coin à mi-ombre planté d'*Hosta* (*p. 260-261*).

Rusticité Zones 6 à 9

Culture Dans un sol pauvre en plein soleil ou à mi-ombre. Les grandes plantes ont parfois besoin d'un tuteur. **Divisez** les sujets adultes en début de printemps. **Semez** à l'intérieur en fin d'hiver ou au début du printemps.

Buphthalmum salicifolium
↕60 cm ↔ 45 cm

CALANDRINIA

VOICI DES VIVACES AUX FEUILLES CHARNUES formant tapis de feuilles persistantes recouverts de fleurs rou pourpré, rose pâle ou pourpres, offrant leurs coule vives sur de longues périodes en été. *Calandrinia umb lata*, la plus cultivée, est éphémère et souvent traitée annuelle ou bisannuelle, les graines étant alors semées première année pour une floraison l'année suivan comme les giroflées (*voir Erysimum, p. 239*). Les fle ne durent que deux ou trois jours, mais sont produi en abondance jusqu'à la fin de l'été. Tolérant la séch resse, les *Calandrinia* ont leur place dans une rocaille a côtés de petits œillets (*Dianthus, p. 226-227*) et d'aut plantes au feuillage gris ou argenté.

Rusticité Zones 8 à 10

Culture Dans un sol légèrement acide (sans calcaire) très bien drainé en plein soleil. **Semez** entre 16 et 18 °C en début de printemp ou en automne, repiquez au printemps suivant. **Prélevez** des boutur d'extrémité de tiges au printemps. Bouturez régulièrement les plante cultivées en vivace qui sont parfois éphémères. Protégez les jeunes plants des **limaces** et des **escargots**.

Calandrinia umbellata
↕↔ 15-20 cm, feuilles bleues ou gris-vert ; fleurs jusqu'à 2 cm de diamètre en été

ALCEOLARIA

lcéolaire

S CALCÉOLAIRES ÉVEILLENT l'intérêt par leurs fleurs anges aux couleurs vives, en forme de bourse ou de llon. Formant un groupe d'annuelles et de vivaces, rs fleurs éclosent généralement au printemps ou en ;, selon l'époque des semis. Elles forment alors des ppes denses ou lâches d'inflorescences rouges, orange jaunes, parfois rouge-brun, souvent mouchetées. Les annuelles comme 'Bright Bikini' sont éphémères et rfois sensibles aux gelées, mais sont superbes en conte-nt au printemps et en été. Les vivaces, plus rustiques, les espèces alpines sont parfaites en rocaille ou en auge.

sticité Zones 5 à 9

lture Dans un sol léger assez fertile, au soleil ou à mi-ombre. *ceolaria* demande des conditions fraîches et humides pour fleurir rofusion. Cultivez les alpines comme *C. arachnoidea* dans un sol veleux et humide et protégez-les de l'humidité hivernale. **Semez** espèces rustiques et les alpines qui vont être exposées au froid contenant au jardin, sous châssis froid en automne. Surfacez semis d'alpines de gravillons au lieu de terreau. Semez les graines 'Bright Bikini' et des autres bisannuelles au printemps, sans les ouvrir mais en couvrant les pots pour qu'elles ne sèchent pas.

Calceolaria tenella ♕
↕5 cm ↔ jusqu'à 30 cm, vivace rampante formant des tapis de feuillage persistant vert clair ; floraison en été ; pour une rocaille

Calceolaria arachnoidea
↕20-25 cm ↔ jusqu'à 15 cm, vivace alpine persistante ; feuillage couvert de duvet blanc ; floraison de l'été à l'automne

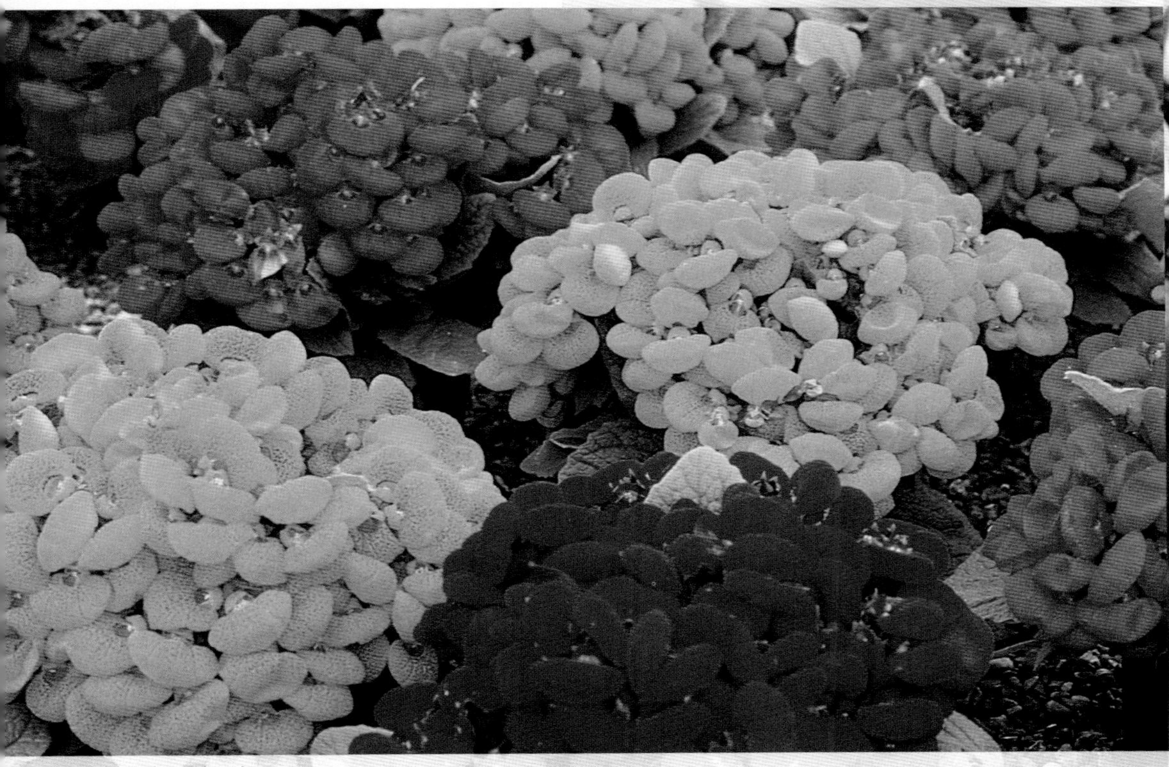

GARDEZ LES GRAINES AU FRAIS Surfacez les semis des espèces non alpines et couvrez-les de film plastique à retirer dès la germination.

***alceolaria* 'Bright Bikini'**
0-45 cm ↔ 15-30 cm, bisannuelle à massif au port compact arborant des grappes de fleurs denses été, parfaite dans un patio ou en jardinière

***Calceolaria* 'Walter Shrimpton'** ♕
↕10 cm ↔ 23 cm, vivace persistante ; rosettes de feuilles sombres lustrées ; floraison en été

Calendula officinalis

Voici l'espèce de soucis la plus appréciée au jardin ; particulièrement facile à cultiver, à croissance rapide, elle porte une succession de fleurs en marguerite orange vif, jaunes, crème ou abricot, de l'été à l'automne. De formes variées, allant des variétés naines et compactes aux grands sujets, un grand nombre de ses cultivars présentent des fleurs doubles ou en pompon, tous donnant de belles fleurs coupées. Épargnés par le gel, ces soucis fleuriront jusqu'en hiver et bien qu'ils soient considérés comme annuels, peut-être même l'année suivante. Vigoureux, ils sont parfaits dans une plate-bande d'annuelles rustiques, mais ils ont aussi belle allure en massif ou en contenant. Les soucis se ressemant abondamment, vous en profiterez année après année.

Rusticité Zones 7 à 10

Culture **Semez** *in situ* au printemps ou en automne, au soleil ou à mi-ombre. Éclaircissez à 15 cm. Protégez des rigueurs hivernales les jeunes plants issus des semis d'automne sous cloche. **Supprimez** régulièrement les fleurs fanées pour prolonger la floraison.

Calendula officinalis
↕30-75 cm ↔ 30-45 cm, feuillage aromatique duveteux ; fleurs de 10 cm de diamètre

Calendula officinalis 'Fiesta Gitana' ♡
↕30 cm ↔ 30-45 cm, annuelle, naine ; fleurs doubles dans une palette de tons chauds, parfois bicolores

Calla palustris

↕20-25 cm
↔ 15-50 cm

Cette vivace facile à cultiver une excellente plante de berge, par culièrement séduisante au bord d' cours d'eau. Elle s'étale dans une e peu profonde (pas plus de 25 cm profondeur) grâce à ses rhizomes ra pants sous la surface du sol. Au milieu de l'été, elle dépl de grandes spathes blanches qui révèlent un spad conique, se transformant en automne en bouquets baies écarlates, et quand l'hiver est doux, les feuilles r tent sur la plante. Le contact avec son feuillage prov quant parfois des allergies cutanées, portez des gar quand vous la manipulez.

Rusticité Zones 5 à 10

Culture Dans un sol très humide au bord d'un cours d'eau ou d'un bassin. **Cultivez-les** dans un panier pour plantes aquatiques da un terreau aquatique, de la terre de jardin, ou directement dans la va dans une eau peu profonde, calme ou très peu agitée. Choisissez un site en plein soleil pour stimuler la floraison. **Divisez** au printemps en sectionnant soigneusement les rhizomes. **Semez** en fin d'été en contenants immergés en eau peu profonde.

Calla palustris

ALOCHORTUS

squ'à 70 cm

LEURS FLEURS EN COUPE, légèrement pendantes, qui attirent le regard sont le principal atout de ces vivaces bulbeuses. Portées au printemps et en été, d'une teinte qui varie du blanc au rose pâle ou au jaune, toutes présentent des pétales tachetés à l'intérieur. ngues et rubanées, les feuilles sont vert moyen à grisrt. Les *Calochortus* ont belle allure dans une plate-bande rbacée ou mixte avec d'autres bulbes comme les tulipes loraison tardives (*voir p. 334-335*).

sticité Zones 6 à 9

lture Plantez les bulbes à 10-15 cm en automne, en plein soleil, ns un sol très bien drainé. Dans les régions exposées aux fortes ies ou dans un sol lourd, cultivez-les en pot et conservez-les au sec is châssis froid pour qu'ils ne pourrissent pas à cause de l'humidité ernale. En pot, donnez-leur un terreau de rempotage amendé de ole pour un bon drainage. **Arrosez** généreusement les plantes en pendant la croissance, mais conservez les bulbes au sec pendant dormance en hiver. **Semez** à l'intérieur en fin d'hiver ou au début du ntemps. Certaines espèces comme les lys (*voir p. 274*) développent s bulbilles à l'aisselle des feuilles que l'on pourra planter en fin de ntemps ou en début d'été.

amabilis ↕ 20-50 cm, floraison au printemps au début de l'été.
umpquaensis ↕ 20-30 cm, floraison en fin de printemps

CALTHA PALUSTRIS

Souci des marais

CETTE VIVACE APPRÉCIANT L'EAU, tout comme ses cultivars, arbore de remarquables fleurs jaunes ou blanches au printemps et en début d'été, suivies de feuilles sculpturales cordiformes atteignant parfois 15 cm de diamètre. Le souci des marais s'étale à partir de rhizomes et préférera un sol humide au bord de l'eau, bien qu'il prospère ailleurs que dans un jardin aquatique, à condition de lui offrir une humidité permanente. *C. palustris* peut être immergé à 23 cm de profondeur, mais préfère une eau moins profonde ou un terrain marécageux. Associez-le à d'autres plantes aquatiques comme les *Mimulus* (*voir p. 286*) ou à des primevères rose vif (*p. 312-313*) appréciant le bord de l'eau.

Rusticité Zones 3 à 9

Culture De préférence sur un site dégagé dans un sol constamment humide, en plein soleil. Dans l'eau, cultivez-les dans un panier pour plantes aquatiques, surfacé de gravier. **Divisez** au début du printemps. Ils sont sensibles à l'**oïdium** en situation sèche et chaude, surtout s'ils sont plantés en pleine terre et non dans l'eau.

① *palustris* ♡ ↕ 10-40 cm ↔ 45 cm
② *palustris* 'Flore Pleno' ♡ ↕↔ 25 cm

CAMASSIA

Quamash, Camash

ON CULTIVE CES VIVACES BULBEUSES pour leurs longs épis aux grandes fleurs bleu ciel et blanc crème, portées à la fin du printemps et au début de l'été, parmi des touffes de feuilles rubanées vert moyen, très nervurées. Ce genre compte plusieurs espèces, très proches les unes des autres. Cultivez-les vers l'avant ou le milieu d'une plate-bande, dans une prairie ou un jardin sauvage, ou en pot. Leurs épis de fleurs froncées contrastent bien sur les fleurs à tiges dressées d'aulx comme 'Globemaster' (*voir p. 174*), agrémentées à leurs pieds de coucous jaune tendre (*Primula veris, p. 312-313*). Les fleurs coupées tiennent longtemps en bouquet.

Rusticité Zones 6 à 10

Culture Plantez les bulbes à 10 cm en automne, dans un sol humide et bien drainé enrichi de matière organique bien décomposée, en plein soleil ou à mi-ombre. Aérez les sols lourds et argileux de gravillons avant les plantations pour un meilleur drainage. **Protégez** d'un paillis hivernal dans les régions froides. **Semez** à l'intérieur en fin d'hiver ou au début du printemps, ou séparez les bulbilles en été pendant la dormance des bulbes.

Camassia leichtlinii ♡
↕ 60-130 cm, floraison en fin de printemps

CAMPANULA

Campanule

LES CAMPANULES SONT DEPUIS LONGTEMPS appréciées dans les jardins de campagne pour leurs jolies fleurs tubulées, en clochette ou en étoile. En grappes, parfois solitaires, elles se déclinent dans une palette de blanc à bleu lavande, bleu ciel et rose lilas tendre. Ce genre est composé de vivaces, annuelles et bisannuelles au port varié, allant des espèces étalées ne dépassant pas 5 cm de haut aux grandes rampantes formant des touffes et aux géantes érigées atteignant 1,50 m de hauteur. Les petites espèces sont à leur place dans une rocaille ou un massif surélevé, les plus grandes rythmeront une plate-bande mixte ou seront naturalisées dans un massif de fleurs sauvage.

Rusticité Zones 2 à 9

Culture Pour faciliter leur culture, les campanules sont classées en quatre groupes. **Groupe 1** Sol fertile, bien drainé, légèrement alcalin, en plein soleil ou à mi-ombre. Tuteurage des grandes espèces. Rabattage après la floraison pour stimuler une deuxième vague de fleurs. **Groupe 2** Espèces pour rocaille. Dans un sol bien drainé, au soleil ou à mi-ombre. **Groupes 3 et 4** Plantes gélives ou alpines, rarement cultivées dans les régions tempérées. La **rouille**, maladie fongique se traduisant par des tâches orange ou brunes sur les feuilles ou les tiges peut affecter certaines espèces. Supprimez le feuillage malade et éclaircissez les plantes surchargées. Traitez avec un fongicide approprié si nécessaire.

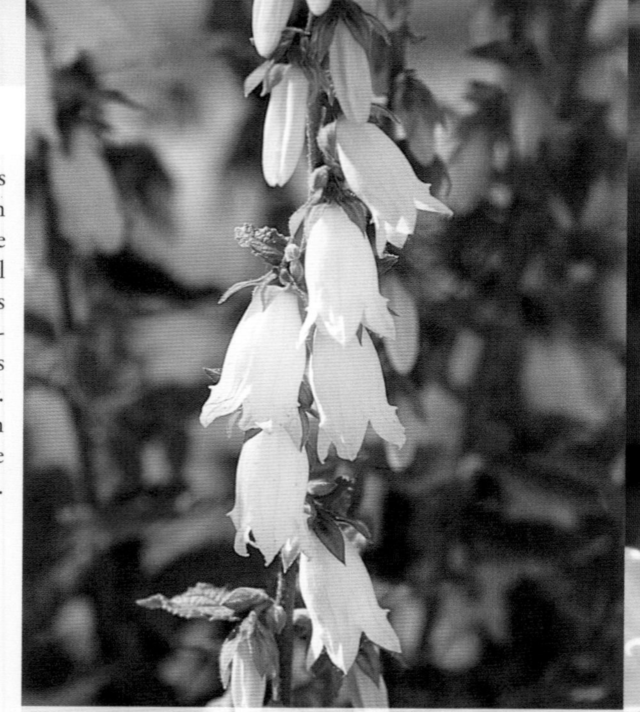

Campanula alliariifolia
↕30-60 cm ↔ 45 cm, vivace en touffes ; floraison du milieu de l'été au début de l'automne, groupe 1

Campanula lactiflora 'Loddon Anna' 🏆
↕1,20-1,50 m ↔ 60 cm, vivace érigée ; floraison du début de l'été au début de l'automne, groupe 1

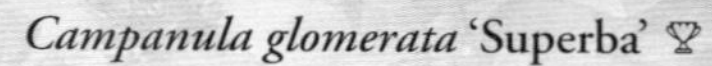

Campanula glomerata 'Superba' 🏆
↕60 cm ↔ non définie, vivace en touffes étalées aux tiges érigées ; floraison tout l'été ; groupe 1

LES SEMIS Pour bien répartir vos semis, mélangez-les avec un sable horticole. Bannissez le sable utilisé en bâtiment qui peut contenir des produits chimiques empêchant la germination.

Campanula persicifolia 'Telham Beauty'
↕↔ 90 cm, vivace en rosette à tiges érigées ; floraison en début et milieu d'été ; groupe 1

ampanula 'G.F. Wilson' ♀
ısqu'à 10 cm ↔ jusqu'à 20 cm, vivace en coussins ; floraison milieu et fin d'été ; groupe 2

CANNA

Balisier

↕ jusqu'à 2,20 m
↔ 50 cm

VOICI D'ÉTONNANTES VIVACES conférant une touche d'exotisme au jardin et de la hauteur dans une plate-bande assez basse. Elles arborent un feuillage spectaculaire brun pourpré à vert moyen, aux grandes feuilles parfois joliment nervurées, mais aussi de fleurs remarquables, rappelant celles des glaïeuls. Celles-ci apparaissent par paires, du milieu de l'été au début de l'automne, dans des tons vifs écarlates à jaune d'or. Les balisiers sont issus de rhizomes sensibles au gel dans les régions froides. Il faudra alors les déterrer et les rentrer pour l'hiver, ou les cultiver en annuelles.

Rusticité Zones 9 à 11

Culture Dans une plate-bande abritée, dans un sol fertile et en plein soleil. Dans les régions tempérées, mettez-les en pleine terre quand tout risque de gel est écarté, au début de l'été. **Arrosez** généreusement en été et faites un apport mensuel d'engrais riche en potassium pour stimuler la floraison et supprimez régulièrement les fleurs fanées pour profiter de fleurs plus longtemps. **Déterrez** les plantes en automne, rabattez-les et conservez les rhizomes hors gel dans un mélange sans tourbe. **Semez** au printemps ou en automne à 21 °C. **Divisez** les rhizomes au début du printemps, assurez-vous que chaque tronçon présente un œil sain avant de le replanter.

Canna 'Durban'
↕ 1,20 m ↔ 50 cm, porte des fleurs orange flammé à la fin de l'été

'ampanula carpatica 'Weisse Clips' (syn. 'White Clips')
20 cm ↔ 30-60 cm, vivace en touffes ; floraison tout l'été ; oupe 2

Canna 'Assaut'
↕ 2 m ↔ 50 cm, feuillage brun pourpré ; floraison du milieu de l'été à l'automne

Canna 'Rosemond Coles'
↕ 1,50 m ↔ 50 cm, floraison du milieu de l'été au début de l'automne

Cardamine

Cardamine, Cresson des prés

Ce genre comprend de nombreuses espèces, parmi lesquelles de délicates plantes de jardin, essentiellement vivaces, mais aussi de mauvaises herbes envahissantes, le plus souvent annuelles. On cultive les espèces ornementales pour leurs fleurs à quatre pétales mauve pâle, lilas ou blanches, parfois roses, qui s'ouvrent à la fin du printemps et au début de l'été. Les feuilles sont variables, quelquefois composées de folioles, lancéolées et dentées pour certaines espèces, arrondies ou réniformes pour d'autres. Les petites variétés compactes sont idéales dans une rocaille ou à l'avant d'une plate-bande avec d'autres partenaires à floraison printanière tardive comme les camashs (*voir p. 205*). D'autres, plus grandes, préféreront un jardin de sous-bois.

Rusticité Zones 5 à 10

Culture Dans un sol fertile généreusement amendé de matière organique bien décomposée, en plein soleil ou à mi-ombre. **Divisez** les touffes au printemps ou après la floraison. **Semez** à l'intérieur en fin d'hiver ou au début du printemps.

Cardamine pratensis 'Flore Pleno'
↕20 cm ↔ 30 cm, floraison en fin de printemps ; feuillage lustré vert foncé ; produit de nombreuses plantules à la base

Cardiocrinum

Lys géant

Sujets imposants et convoités, les lys géants atteignant facilement 4 m cultivés dans des conditions idéales, on choisira soigneusement leur emplacement. Ces vivaces bulbeuses, apparentées aux lys (*voir p. 274-277*), pourront être plantées en petits groupes ou en spécimens dans un sous-bois ou une plate-bande ombragée. Blanches et parfumées, leurs fleurs en trompette parfois mâtinées de brun pourpré ou de vert à la base sont portées en grappes, en été, sur des hampes robustes et érigées. Les feuilles cordiformes sont vert lustré. Les bulbes meurent après la floraison, mais laissent de nombreux caïeux qui fleuriront 4 ou 5 ans plus tard ; la splendeur du spectacle vaut bien cette attente.

Rusticité Zones 7 à 10

Culture Plantez les bulbes juste en dessous de la surface du sol en automne dans un sol profond et fertile, humide et bien drainé, en situation abrité à mi-ombre. *Cardiocrinum* n'apprécie pas une situation chaude et sèche. **Apportez** un engrais équilibré deux à trois fois pendant la croissance pour stimuler la production de caïeux. Surfacez tous les ans de matière organique bien décomposée. **Divisez** et empotez les caïeux ou semez en caissette profonde dans un endroit frais et ombragé dès maturité. Il faut parfois sept ans pour que fleurissent les plantes issues de semis.

Cardiocrinum giganteum
↕1,50-4 m ↔ 45 cm, jusqu'à 20 fleurs très parfumées par grappe sur de hautes hampes vigoureuses (*voir encadré*)

Catananche

Cupidone

Appréciés pour leur vives couleurs estivales, voi[…] un petit genre d'annuelles et de vivaces. Leurs inflore[…]cences mesurant jusqu'à 5 cm de diamètre rappelle[…] celles des bleuets (*Centaurea, ci-contre)*, et donnent [...] jolis bouquets frais ou secs. Bleu lilas, jaunes ou blanche[…] à œil pourpre, elles sont portées du milieu de l'été à l'a[…]tomne. Pubescentes, les feuilles graminiformes se dév[…]loppent à la base de la plante. Cultivez *Catananche ca[…]rulea* en annuelle en compagnie de partenaires à mass[…] d'été, comme les asters (*p. 192-193*), les espèces annuell[…] de *Rudbeckia* (*p. 317*) et les impatiens (*p. 263*). *C. cae[…]tiposa* est une grande plante de prairie qui sera cultivé[…] en pot et protégée en serre de l'humidité hivernale.

Rusticité Zones 8 à 11

Culture Dans tout sol bien drainé. *C. caestiposa* étant parfois éphémère, surtout dans un sol lourd, offrez-lui le plein soleil. **Semez** en pot sous châssis froid au début du printemps ou en sillons en pleine terre au milieu du printemps. **Divisez** les vivaces au printemps. **Prélevez** des boutures de racines sur celles-ci en hiver. Si l'**oïdium** se manifeste, évitez de mouiller les feuilles.

Catananche caerulea 'Bicolor'
↕50-90 cm ↔ 30 cm, vivace traitée en annuelle ou en bisannuelle, la plante fleurissant mieux quand elle est jeune

ꞏELMISIA

ꞏÉAL DANS UNE ROCAILLE, le genre *Celmisia* forme un
and groupe de vivaces prisées pour leur feuillage per-
stant et leurs joyeuses fleurs en marguerite. Fleurissant
profusion au printemps et en été, elles offrent aussi de
ngues feuilles rubanées et coriaces, vert argenté, qui
ur vaut d'être appréciées toute l'année. Les fleurs de
ès de 5 cm de diamètre, sont portées au début de l'été
-dessus de touffes denses de tiges laineuses blanchâtres.
anches, parfois teintées de rose ou de pourpre, au disque
une, elles se marient avec de petits arbrisseaux comme
s lavandes (*Lavandula, p. 80*), et les santolines
antolina, p. 116).

ısticité Zones 7 à 10

ılture Dans un sol bien drainé, légèrement acide (sans calcaire),
soleil ou à mi-ombre. Cultivez les petites espèces en pot dans un
élange sablonneux et protégez-les sous verre en hiver. **Divisez** les
ıffes au printemps ou prélevez au printemps des rosettes de feuilles
veloppant des racines à traiter en boutures. **Semez** en pot sous
âssis froid dès maturité. Si les *Celmisia* s'hybrident facilement
jardin, peu de graines sont viables.

ꞏelmisia spectabilis
↔ jusqu'à 30 cm, floraison en début d'été ; espèce en touffes
ıi fleurit au début de l'été

CENTAUREA

Centaurée

PRINCIPAL ATOUT DE CE GENRE COMPOSÉ D'ANNUELLES, de bisannuelles et de vivaces, ses fleurs étonnantes qui rappellent les chardons, tiennent pendant de nombreuses semaines. Se distinguant par leur rondeur, elles sont pourpres, roses, bleues ou jaunes, aux franges souvent très prononcées, quelquefois sombres et attirent abeilles et papillons. Parfois denté ou gris-vert au revers, le feuillage n'est pas particulièrement séduisant. Essayez les centaurées dans un jardin de fleurs sauvages ou parmi d'autres vivaces herbacées de couleurs vives : achillées (*voir p. 166-167*), lys d'un jour (*Hemerocallis, p. 258*), phlox (*p. 306*) ou salicaires (*Lythrum, p. 283*).

Rusticité Zones 3 à 8

Culture La plupart supportant une certaine sécheresse, elles pourront être cultivées dans un sol bien drainé en plein soleil. Les grandes variétés seront tuteurées dans les plates-bandes. *C. macrocephala* et *C. montana* demandent un sol humide mais bien drainé et tolèrent un peu d'ombre. **Divisez** les vivaces au printemps. **Semez** à l'intérieur en fin d'hiver ou au début du printemps. L'**oïdium** se manifestant en cas d'étés secs, évitez alors de mouiller les feuilles.

LE TUTEURAGE Quand la végétation démarre, enfoncez un tuteur circulaire bas autour de chaque plante et attachez les cannes entre elles. Le feuillage ne tardera pas à les masquer.

Centaurea hypoleuca 'John Coutts'
↕60 cm ↔ 45 cm, vivace en touffes aux fleurs parfumées qui tiennent longtemps, en été

Centaurea dealbata 'Steenbergii'
↕↔ 60 cm, facile à cultiver, vivace en touffes demandant un tuteurage ; floraison en milieu d'été ; excellentes fleurs à couper

Centaurea cyanus (Bleuet, Barbeau)
↕20-80 cm ↔ 15 cm, annuelle érigée ; floraison de la fin du printemps au milieu de l'été ; il existe des formes roses et blanches

Cerastium

Céraiste, Corbeille-d'argent

Voici un grand groupe d'annuelles et de vivaces vigoureuses, le plus souvent tapissantes. Si la plupart sont de mauvaises herbes envahissantes, quelques-unes sont cependant cultivées en jardin. Celles-ci produisent des masses de petites fleurs étoilées, solitaires ou groupées, et des feuilles généralement simples et pubescentes. La plus célèbre au jardin, *Cerastium tomentosum* est une excellente couvre-sol. Elle s'étalera à loisir jusqu'à devenir envahissante, mais on l'arrêtera facilement en la coupant à la bêche et en déracinant les pousses indésirables. On évitera toutefois de la planter parmi de petites espèces qu'elle ne manquerait pas d'étouffer en s'immisçant. Mieux vaut l'utiliser pour habiller un espace comme un talus sec difficile à planter.

Rusticité Zones 2 à 7

Culture Dans tout sol bien drainé, en plein soleil. *C. tomentosum* tolère même des sols pauvres. **Divisez** les plantes établies au début du printemps. **Semez** à l'intérieur en fin d'hiver ou au début du printemps. **Prélevez** des boutures d'extrémité de tiges en début d'été.

Cerastium tomentosum (Céraiste tomenteux)
↕ 5-8 cm ↔ non définie, vivace rampante, généralement couverte de fleurs en fin de printemps et en été

Cerinthe

À la fois exotiques et faciles à cultiver, les *Cerinthe* fleurissent de la fin du printemps à l'été, attirant les abeilles. Les bractées (feuilles modifiées) qu'elles arborent à l'extrémité des tiges, souvent bleu ciel, sont regroupées en petits bouquets de fleurs pendantes et tubulées, bleu pourpré profond, rouge sombre, jaunes ou blanches, souvent bicolores. Les feuilles sont charnues, bleu-vert, et souvent tachetées de blanc comme les tiges. Bien que ce genre soit composé d'annuelles, de bisannuelles et de vivaces éphémères, toutes sont généralement cultivées en annuelles. Affichez-les dans une plate-bande ou parmi d'autres compagnes d'été comme les asters de Chine (*voir p. 192-193*), les bégonias (*p. 196-197*), les impatiens (*p. 263*) et les soucis (*Tagetes, p. 329*).

Rusticité Zones 6 à 10

Culture Dans tout sol bien drainé, en plein soleil. Paillage en hiver ou autre protection hivernale pour les espèces cultivées en vivaces que l'on peut aussi rentrer en pot. **Semez** à l'intérieur en fin d'hiver ou au début du printemps et replantez au début de l'été, quant tout risque de gel est écarté.

Cerinthe 'Golden Bouquet'
↕ 35 cm ↔ 40 cm, feuillage tacheté, persistant dans les jardins protégés du gel ; floraison du milieu de l'été aux premières gelées

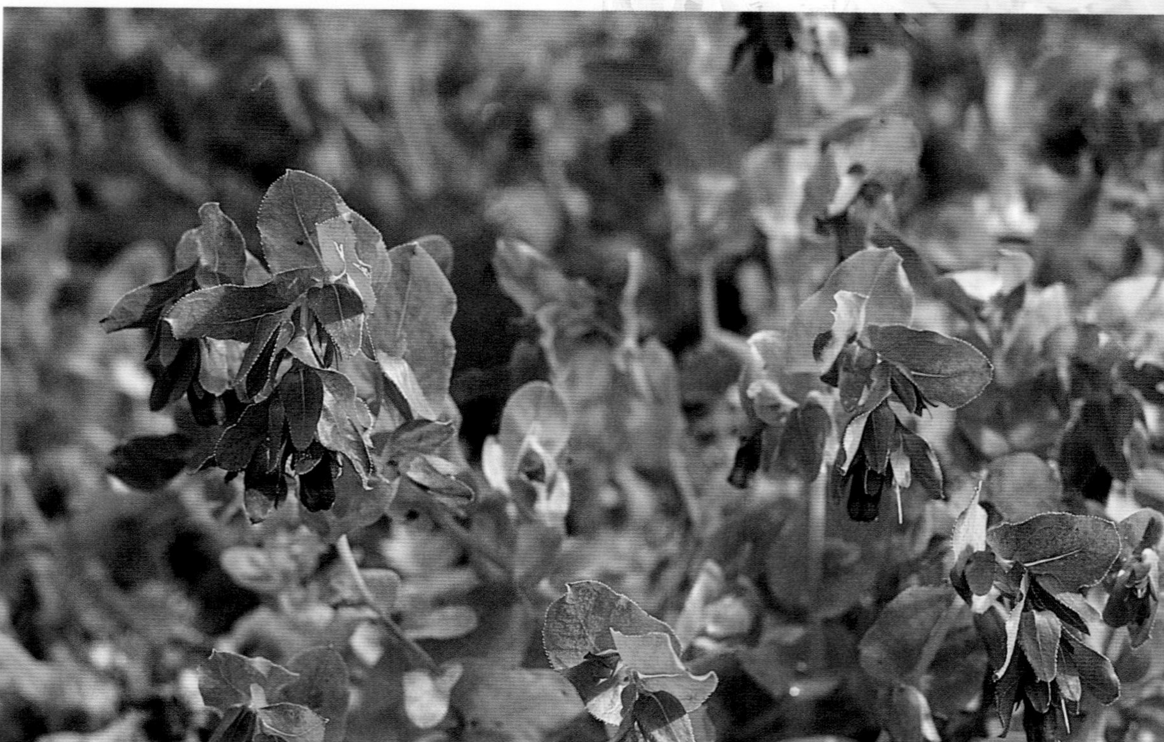

Cerinthe major 'Purpurascens'
↕ jusqu'à 60 cm, les bractées virent du bleu-vert au pourpre, puis au bleu foncé, du printemps au début de l'été. L'espèce *C. major* porte des fleurs jaunes marquées de pourpre

:HAMAEMELUM

amomille romaine

ES VIVACES ET ANNUELLES AROMATIQUES TAPISSANTES fichent un feuillage pubescent plumeux ou filiforme ert frais, et des fleurs en marguerite à disque jaune, en é. L'espèce la plus connue, *Chamaemelum nobile*, ou amomille romaine, forme un jolie bordure dans une ate-bande d'herbes aromatiques. On peut aussi l'utili- r entre les dalles d'un pavage. Son feuillage exhale un arfum rappelant la pomme quand on le froisse. Treneague' est un cultivar qui ne forme pas de fleurs, uquel on a souvent recours pour une pelouse parfumée. ien qu'il n'exige pas de tonte, il n'est pas très résistant ne convient donc pas pour une zone de passage.

usticité Zones 6 à 10

ulture Dans un sol bien drainé en plein soleil, en situation dégagée. **abattez** régulièrement pour maintenir un port compact. **Semez** *in situ* ı divisez au printemps. 'Treneague' est toujours issu de marcottes. **pacez** les sections divisées de 13 à 15 cm pour obtenir un tapis azonnant à désherber et arroser régulièrement une fois établi. Passez rouleau à gazon de temps en temps pour garder un tapis uniforme.

:hamaemelum nobile 'Flore Pleno'
15 cm ↔ 45 cm, fleurs doubles, plus courtes que celles es formes à fleurs simples ; idéale en bordure

CHELONE

Galane

↕ jusqu'à 1,20 m
↔ jusqu'à 60 cm

LES GALANES SONT DES VIVACES se faisant remarquer par la curieuse forme de leurs fleurs, pourpres, blanches ou roses. Portées en petites grappes terminales de la fin de l'été au milieu de l'automne, ce sont des plantes précieuses pour prendre le relais de leurs compagnes sur le déclin. Malgré leur port érigé, elles se propagent par stolons souterrains et ont donc besoin d'espace pour se développer. Une seule touffe suffira en couvre-sol et pour étouffer les mauvaises herbes. Les fleurs supportent bien le mauvais temps en automne et contrastent par leurs couleurs vives sur des vivaces à floraison tardive : *Coreopsis* (*voir p. 217*), montbrétias (*Crocosmia, p. 219*) et *Rudbeckia* (*p. 317*).

Rusticité Zones 3 à 9

Culture Dans un sol humide, fertile et profond en situation dégagée ou à mi-ombre. Elles se plairont dans un jardin de marécage et supporteront un sol lourd et argileux. **Paillez** avec une matière organique bien décomposée en milieu de printemps. **Semez** à l'intérieur en fin d'hiver ou au début du printemps. **Prélevez** des boutures terminales herbacées en fin de printemps ou en début d'été.

Chelone obliqua
↕ 40-60 cm ↔ 30 cm, fleurs en épis rose sombre ou pourpres atteignant 2 cm de long

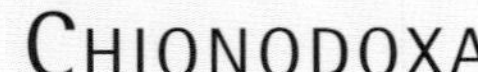

CHIONODOXA

↕ 10-20 cm
↔ 3 cm

AU DÉBUT DU PRINTEMPS, ces vivaces bulbeuses faciles à cultiver portent des fleurs bleu clair ou roses à œil blanc. Le feuillage vert lustré est généralement récurvé, mettant les fleurs en valeur. Ce genre comptant peu d'espèces est apparenté aux scilles à floraison tardive (*voir p. 323*). Cultivez-les dans une rocaille ou un massif surélevé, ou encore naturalisées dans une pelouse où elles se ressèmeront généreusement d'elles-mêmes. À l'image des cyclamens (*p. 221*), elles forment une tache de couleur si elles sont plantées au pied d'arbres caducs, et sont précieuses pour attirer le regard sur une silhouette intéressante en hiver comme celle de *Corylus avellana* 'Contorta' (*p. 44*).

Rusticité Zones 3 à 10

Culture Dans tout sol bien drainé, en plein soleil. Seul *C. nana* devra être protégée de l'humidité hivernale, les autres ayant peu d'exigences. **Plantez** les bulbes à 8 cm de profondeur en automne. **Semez** à l'intérieur en fin d'hiver ou au début du printemps, ou séparez les bulbilles en été. Dans les deux cas, les bulbes demanderont trois ans avant de fleurir.

① ***luciliae*** ♕ confusion possible sur le nom de l'espèce, mieux vaut l'acheter en fleurs ② **'Pink Giant'** doit son nom à la taille de ses fleurs plus qu'à sa hauteur

CHRYSANTHEMUM

Chrysanthème

APPRÉCIÉES POUR LEURS COULEURS VIVES et la forme de leurs fleurs, ces annuelles et vivaces herbacées buissonnantes sont les vedettes du jardin à la fin de l'été et en automne. On les cultive avant tout pour les plates-bandes, les bouquets et les expositions florales (les catalogues spécialisés de vente par correspondance proposent des centaines de cultivars destinés aux expositions). Leurs fleurs se déclinent dans une large palette de teintes chaudes, allant de l'ivoire au rose, au cramoisi et au jaune d'or, et affichent des formes, des tailles et des dispositions variées. Les fleurons par exemple seront incurvés, récurvés ou spatulés. Les fleurs sont classées en dix catégories, selon leur forme. Certains chrysanthèmes sont très exigeants, la pluie pouvant gâcher les fleurs, et beaucoup ne sont pas rustiques. Ceux d'automne vivaces (groupe Rubellum), comme 'Clara Curtis', comptent parmi les plus faciles à cultiver et sont parfaits dans un massif ou une plate-bande, de même que la plupart des pompon et des chrysanthèmes des fleuristes, à fleurs en bouquets, parmi lesquels les cultivars 'Pennine'. Les annuels *segetum* (chrysanthème des moissons) et *C. carinatum* (chrysanthème à carène) offrent leurs couleurs sur une longue période et se marient avec d'autres annuelles.

Rusticité Zones 3 à 9

Culture Vérifiez la rusticité et les exigences de culture sur l'étiquette ou dans le catalogue du fournisseur. **Plantez** dès la fin du printemps en situation abritée, en plein soleil, dans un sol fertile, humide mais bien drainé. **Tuteurez** les grandes variétés avec des bambous et attachez-les régulièrement. **Arrosez** abondamment pendant les grandes chaleurs et apportez un engrais équilibré tous les 7 à 10 jours dès le milieu de l'été jusqu'aux premières couleurs des boutons. **Déterrez** les espèces non rustiques après les premières gelées et hivernez-les hors gel. Les chrysanthèmes rustiques peuvent rester en pleine terre.

Pincez les chrysanthèmes

En pinçant l'extrémité des tiges (suppression de la tige ou de l'extrémité par pincement), vous stimulerez la production de rameaux latéraux florifères partant des boutons à l'aisselle des feuilles (là où le pétiole rejoint la tige) plus bas sur la tige et obtiendrez une plante plus buissonnante et plus séduisante, mais aussi plus fleurie. Cela se vérifie notamment sur les chrysanthèmes et les fuchsias. Plus vous pincerez la plante, plus elle produira de rameaux latéraux et de fleurs. Habituelle chez les exposants, cette technique est aussi très utile au jardin, notamment pour les sujets en contenant, lorsque l'on recherche un port plus compact. Pour de meilleures chances de réussite, une croissance vigoureuse s'impose, on apportera donc un engrais équilibré si nécessaire.

Seule l'extrémité est supprimée

❶ *Quand la plante atteint 15-20 cm de haut, pincez l'extrémité de la tige entre le pouce et l'index, juste au-dessus d'un nœud de feuille. En ne supprimant que le bouton-couronne, vous stimulerez un maximum de rameaux latéraux florifères.*

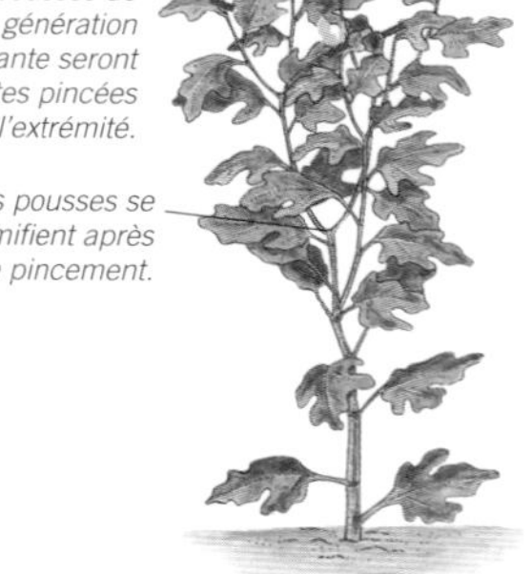
Les pousses de la génération suivante seront toutes pincées à l'extrémité.
Les pousses se ramifient après le pincement.

❷ *Les boutons latéraux se développent et forment des pousses. Quand les nouvelles pousses portent 4 feuilles, renouvelez le pincement. Celui-ci favorisera des pousses à l'extrémité et plus bas sur la tige, donnant une plante plus buissonnante.*

❸ *Pratiquez cette méthode jusqu'à ce que la plante soit chargée de pousses buissonnantes. Cessez le pincement en début d'automne pour laisser les rameaux florifères se développer. Cette photo présente plusieurs plantes pincées, offrant un remarquable tableau multicolore.*

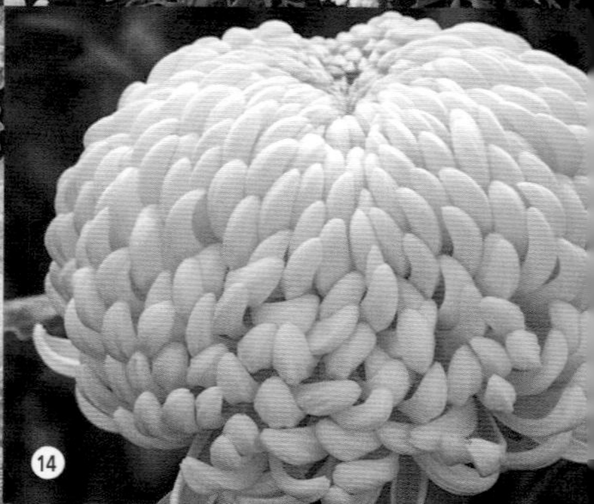

① *Chrysanthemum* 'Alison Kirk' ↕1,20 m ↔ 40 cm ② 'Autumn Days' ↕1,20 m ↔ 75 cm ③ 'Brietner's Supreme' ↕1,20 m ↔ 75 cm ④ 'Bronze Fairie' ↕↔ 60 cm ⑤ 'Bronze Hedgerow' ↕1,50 m ↔ 75-100 cm ⑥ 'Bronze Yvonne Arnaud' ↕1,20 m ↔ 60-75 cm ⑦ 'Buff Margaret' ↕1,20 m ↔ 60-75 cm ⑧ *carinatum* 'Court Jesters' ↕60 cm ↔ 30 cm, annuel ⑨ 'Clara Curtis' ↕75 cm ↔ 60 cm, groupe Rubellum ⑩ 'George Griffiths' 🏆 ↕1,50 m ↔ 1 m,

ɔur exposition florale ⑪ **'Madeleine'** ↕1,20 m ↔ 75 cm ⑫ **'Maria'** ↕45 cm ↔ 30-60 cm
) **'Marion'** ↕1,20 m ↔ 75 cm ⑭ **'Marlene Jones'** ↕1 m ↔ 60 cm ⑮ **'Pavilion'** ↕1,30 m
↔ 60-75 cm, pour exposition florale ⑯ **'Pennine Alfie'** ↕1,20 m ↔ 75 cm
) **'Pennine Flute'** ↕1,20 m ↔ 75 cm ⑱ **'Pennine Oriel'** ↕1,20 m ↔ 60-75 cm
) **'Purple Pennine Wine'** ↕1,20 m ↔ 75 cm ⑳ **'Roy Coopland'** ↕1,40 m ↔ 60 cm

㉑ **'Salmon Fairie'** ↕30-60 cm ↔ 60 cm ㉒ **'Satin Pink Gin'** ↕1,20 m ↔ 75-100 cm, pour exposition florale ㉓ **'Wendy'** ↕1,20 m ↔ 60-75 cm ㉔ **'Yvonne Arnaud'** ↕1,20 m ↔ 60-75 cm

Cirsium

Cirse, Chardon des prés

L'opulence et la préciosité des couleurs arborées par les fleurs des chardons des prés méritent une place dans tous les jardins. Pourpre cramoisi profond à rouge soutenu, jaunes ou blanches, les fleurs atteignent jusqu'à 3 cm de diamètre et sont portées solitaires ou par petits groupes au-dessus d'un feuillage épineux vert foncé. Les chardons des prés constituent un genre de vivaces et de bisannuelles ; certaines forment des touffes, d'autres s'étalent par rhizomes et sont parfois envahissantes. Les cirses sont superbes parmi de longues graminées (*voir p. 340-355*), ou d'autres vivaces à floraison estivale, coréopsis (*p. 217*), phlox (*p. 306*) et géraniums (*p. 250-251*), et se fondent aussi parfaitement dans une plate-bande de style naturel ou un jardin de fleurs sauvages.

Rusticité Zones 5 à 9

Culture Dans un sol humide, bien drainé, en plein soleil. **Supprimez** les fleurs fanées pour juguler la dissémination spontanée dans les jardins classiques. **Semez** à l'intérieur en fin d'hiver ou au début du printemps, ou divisez les touffes au printemps.

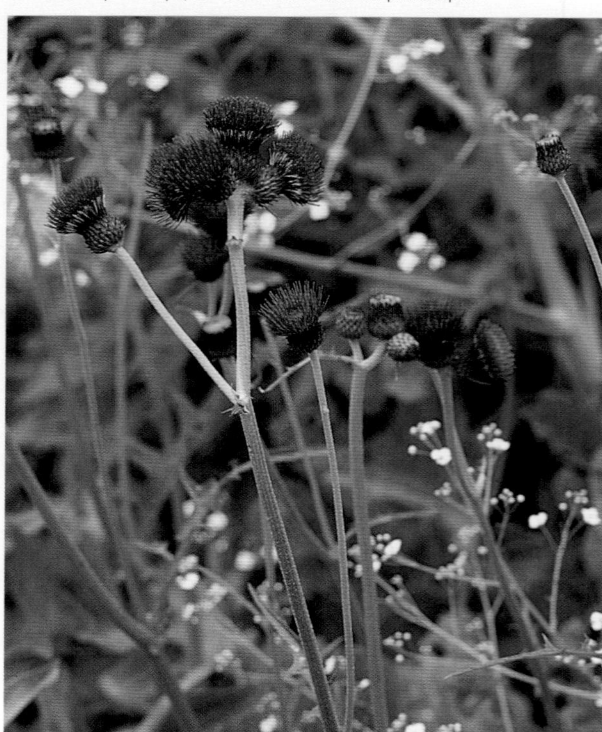

Cirsium rivulare 'Atropurpureum'
↕ 1,20 m ↔ 60 cm, vivace en touffes ; floraison en début mais aussi en milieu d'été

Clarkia

Clarkia, Godetia

Ces annuelles rustiques sont très appréciées pour leurs fleurs de texture satinée et particulièrement fine portées à profusion pendant de longues semaines en été. Le genre compte de nombreuses espèces et de plus en plus de cultivars, aux fleurs simples ou doubles dans les deux cas. Celles-ci se déclinent dans des tons vifs de rouges, pourpres et rose saumon. Faciles à cultiver, ces plantes buissonnantes, dont la hauteur n'excède pas 50 cm et l'étalement 30 cm, affichent des feuilles vertes à gris-vert. Parfaites en fleurs coupées, les clarkias ont aussi belle allure dans une plate-bande d'annuelles aux côtés de nielles (*Agrostemma, voir p. 172*), de pavots de Californie (*Eschscholtzia, p. 241*) et de soucis (*Calendula, p. 204*).

Rusticité Zones 8 à 11 (annuelle au Québec)

Culture Dans un sol bien drainé, légèrement acide et modérément fertile, au soleil ou à mi-ombre. Les clarkias n'apprécient pas les sites chauds et humides. N'amendez que les sols pauvres avant les semis pour que les feuilles ne se développent pas aux dépens des fleurs. **Semez** *in situ* au printemps en sillons peu profonds, les clarkias n'aimant pas être repiqués ou à l'intérieur en fin d'hiver ou au début du printemps. **Éclaircissez** à 15 cm les jeunes plants issus des semis.

Clarkia 'Sundowner'
↕ 75 cm ↔ 45 cm, bonnes fleurs à couper ; à cultiver en plein soleil

Clematis

Clématite

voir au p. 136-1

On compte parmi les clématites quelques vivac herbacées formant des plantes ouvertes, quelquefois base ligneuse, couvertes de délicates fleurs parfumées été et à la fin de l'automne. Toutes les clématites herb cées affichent des feuilles vert foncé, vert moyen ou gri vert, très séduisantes, aux formes variées. Leurs tig molles devront être tuteurées pour ne pas ployer sous poids des fleurs. Plantez les clématites herbacées en grar contenant ou vers le centre d'une plate-bande herbac ou mixte, parmi d'autres vivaces à floraison estiva comme les achillées (*voir p. 167*) et les géraniums ru tiques (*p. 250-251*).

Rusticité Zones 4 à 10

Culture Les herbacées demandent un sol fertile en plein soleil enrichi de matière organique bien décomposée. **Rabattez** les tiges de l'année précédente à deux ou trois yeux, à environ 15 à 20 cm de la base avant la production des nouvelles pousses au début du printemps. **Tuteurez** les tiges avec des rames à pois. **Paillez** d'une couche de compost de jardin ou de fumier bien décomposé à la fin de l'hiver. **Divisez** au printemps ou prélevez des boutures semi-ligneuses en été.

Clematis integrifolia
↕↔ 60 cm, fleurs en été, suivies de fruits plumeux, soyeux, brun argenté

ematis heracleifolia 'Wyevale'
5 cm ↔ 1 m, buisson ouvert ; fleurs parfumées bleu ciel à bleu
yen, atteignant 4 cm de long en été

CLEOME

Cléome

VOICI DE CURIEUSES FLEURS EN BROSSE, aux pétioles très épineux. Parmi les nombreuses espèces du genre, seules les annuelles buissonnantes sont couramment cultivées. Celles-ci produisent des tiges érigées mesurant jusqu'à 1,50 m de haut, aux feuilles couvertes de poils, et affichent des grappes denses de fleurs parfumées blanches, roses, rouges ou pourpre violacé du début de l'été au début de l'automne. Les cléomes sont précieuses pour combler les espaces dans un massif ou une plate-bande, offrant en outre leur couleur jusqu'à la fin de l'été et en automne. On peut aussi les cultiver en grands contenants ou avec des annuelles comme les clarkias (*ci-contre*) et les *Rudbeckia* (*p. 317*). Leurs longues tiges en font aussi de bonnes fleurs à couper.

Rusticité Zones 10 à 12

Culture En plein soleil, dans un sol léger et fertile, de préférence sableux pour un très bon drainage. **Arrosez** abondamment en situation sèche. En contenant, utilisez un mélange à base de terreau, arrosez les plantes régulièrement et faites un apport hebdomadaire d'engrais équilibré. **Supprimez** les fleurs fanées pour prolonger la floraison. **Semez** à l'intérieur en fin d'hiver ou au début du printemps : endurcissez et repiquez les jeunes plants après les dernières gelées.

COLCHICUM

Colchique, Crocus d'automne

LES CROCUS D'AUTOMNE SONT UN TRÉSOR en fin de saison, leurs fleurs semblant surgir de nulle part après l'apparition des feuilles, en automne. Quelques variétés émergent au printemps. Les fleurs, parfois odorantes, se déclinent dans une délicate palette de rose lilas à blanc, les feuilles rubanées de ces vivaces bulbeuses s'affichant quant à elles au printemps. La taille des colchiques varie, allant des grands cultivars comme 'The Giant' avec 20 cm de hauteur et 10 cm d'étalement, au minuscule *Colchicum kesselringii* qu'il sera préférable de cultiver en alpine, sa hauteur et son envergure n'excédant pas 2,5 cm. Les colchiques à grandes feuilles comme 'Autumn Queen' s'affalant sans façon sous l'effet du vent et de la pluie, mieux vaut les abriter sous des arbustes caducs. Naturalisez les autres espèces comme *C. speciosum* et *C. autumnale* dans une pelouse. Tous les colchiques sont très toxiques.

Rusticité Zones 4 à 9

Culture Plantez les cormus à 10 cm de profondeur dans un sol profond, fertile, bien drainé, retenant l'humidité, en été ou en début d'automne, en situation dégagée et ensoleillée. Les petites espèces de rocaille demandent un sol très bien drainé, enrichi de gravillons. **Faites un apport d'engrais** à faible teneur en azote avant le démarrage de la végétation. **Divisez** les grandes touffes en été.

lematis recta
-2 m ↔ 75 cm, en touffes ; fleurs très parfumées du milieu
l'été à l'automne ; fruits décoratifs

Cleome hassleriana 'Colour Fountain'
↕ 1,20 m ↔ 45 cm, annuelle couverte de poils ; fleurs parfumées rose violacé, rose rougeâtre ou blanches jusqu'à 10 cm de diamètre en été

① *autumnale* 'Album' ↕ 10-15 cm ② *byzantinum* ♀ ↕ 13 cm
③ *speciosum* 'Album' ♀ ↕ 18 cm ④ 'Waterlily' ♀ ↕ 13 cm

CONSOLIDA

Pied d'alouette

↕ jusqu'à 1,20 m ↔ jusqu'à 35 cm

CES ANNUELLES AUX TIGES ÉLANCÉES, étroitement apparentées aux *Delphinium*, arborent de grandes grappes florales encore plus délicates pendant de longues semaines en été. Bleues, bleu lilas, roses ou blanches, ce sont de belles fleurs à couper, notamment les espèces et cultivars à longues tiges, mais aussi à sécher. Les feuilles plumeuses sont duveteuses, généralement arrondies, vert moyen à vert foncé. Les pieds d'alouette composent de jolis tableaux avec des annuelles rustiques comme les soucis (*Calendula, voir p. 204*), les clarkias (*p. 214*) et les *Rudbeckia* (*p. 317*). Elles apporteront aussi leur charme à un jardin de campagne ou à une plate-bande d'annuelles.

Rusticité Zones 8 à 12 (annuelle au Québec)

Culture En plein soleil, les racines dans un sol léger, fertile et bien drainé. **Tuteurez** si nécessaire avec des bambous ou des rames à pois. Surveillez l'arrosage par temps sec ; ne laissez pas le sol s'assécher. **Supprimez** les fleurs fanées pour prolonger la floraison. **Semez** en pleine terre *in situ* au printemps ou à l'intérieur en fin d'hiver ou au début du printemps.

Consolida 'Frosted Skies'
↕30-45 cm ↔ 15-23 cm, fleurs semi-doubles en été ; préfère un sol lourd ; doit être tuteurée

CONVALLARIA MAJALIS

Muguet

CÉLÈBRES POUR LEUR PARFUM PUISSANT, les délicates fleurs blanches de cette petite vivace à souche rampante sont portées sur des tiges arquées de la fin du printemps au début de l'été. Avec des feuilles vert moyen à vert foncé, le muguet est un excellent couvre-sol dans un jardin de sous-bois, ou une plate-bande fraîche et ombragée. Se propageant par rhizomes, il forme rapidement de nouvelles colonies dans des conditions favorables. Présentez les *Convallaria* sous leur meilleur jour au pied d'arbustes caducs où leurs fleurs en clochettes ressortiront sur la toile de fond des jeunes feuilles se déployant au printemps. Il existe des formes à fleurs roses ou à feuillage panaché.

Rusticité Zones 2 à 6

Culture À l'ombre dans un sol humide et fertile amendé de matière organique bien décomposé. **Déterrez** quelques rhizomes et rempotez-les en automne pour profiter de leurs fleurs parfumées dans la maison. Repiquez au jardin au printemps, après la floraison. **Semez** à l'intérieur en fin d'hiver ou au début du printemps.

Convallaria majalis 🏆
↕23 cm ↔ 30 cm, fleurs cireuses sur d'élégantes grappes, bonnes à couper pour faire des bouquets

CONVOLVULUS

Liseron

NE CONFONDEZ PAS CES ANNUELLES ET VIVACES avec mauvaises herbes pernicieuses et étouffantes qui partage leur nom commun. Les *Convolvulus* portent des fleurs a tons variés, blanches, bleues ou blanc crème, au cœur d'u couleur souvent contrastée, qui trouvent leur place da une plate-bande mixte, une rocaille ou un talus ensoleil Les formes les plus compactes ne dépasseront pas 30 c de haut. *Convolvulus sabatius* est très joli en contenant compris en panier suspendu. Éphémères, les vivaces so généralement traitées en annuelles. Mariez *Convolvu* avec des annuelles comme les soucis (*Calendula, v p. 204*) et les pieds d'alouette (*Consolida, à gauche*).

Rusticité Zones 5 à 9

Culture Plantes sans problèmes demandant un sol pauvre à modérément fertile, bien drainé en situation abritée et ensoleillée. **Supprimez** les fleurs fanées pour une floraison jusqu'en automne. **Cultivez** les plantes en contenant dans un mélange à base de terreau arrosez-les fréquemment par temps sec et faites un apport hebdomadaire d'engrais équilibré. **Semez** les annuelles en pleine terr *in situ* au milieu du printemps ou à l'intérieur en fin d'hiver ou au dét du printemps. **Divisez** les vivaces au printemps.

Convolvulus tricolor 'Royal Ensign'
↕30 cm ↔ 23-30 cm, annuelle ou vivace éphémère, buissonnante floraison tout l'été

nvolvulus sabatius ♡
5 cm ↔ 50 cm, vivace grimpante aux tiges grêles ; fleurs bleu ir à foncé, de l'été au début de l'automne

COREOPSIS
Coréopsis

VIVACES OU ANNUELLES SONT APPRÉCIÉES pour leurs fleurs en marguerite aux couleurs vives, offertes tout au long de l'été. En bouquets de fleurs simples ou doubles, toutes de teinte dorée, elles sont portées sur des tiges au-dessus de feuilles étroites. Les fleurs sont non seulement mellifères, mais donnent également de beaux bouquets. La plupart des vivaces sont cependant éphémères et traitées en annuelles, fleurissant généralement à profusion la première année à partir de semis de printemps. Cultivez-les dans une plate-bande ensoleillée avec des vivaces, achillées (*voir p. 167*) ou phlox (*p. 307*).

Rusticité Zones 3 à 10

Culture Dans un sol fertile bien drainé, en plein soleil ou à mi-ombre. Supprimez les fleurs fanées pour prolonger la floraison. **Tuteurez** les grands sujets pour soutenir les pétioles. **Semez** en pépinières à l'extérieur au printemps ou à l'intérieur, de 13 à 16 °C en fin d'hiver ou début de printemps. **Étalez** les semis du début du printemps au début de l'été pour profiter de plusieurs vagues de fleurs. **Divisez** les vivaces en début de printemps.

① *auriculata* **'Schnittgold'** ↕80 cm ↔ 60 cm, floraison du début au milieu de l'été ② **'Sunray'** ↕45-90 cm ↔ 45 cm, floraison de la fin du printemps à la fin de l'été

CORYDALIS
Corydale

EN TOUFFES ET À PORT BAS, CES NOMBREUSES VIVACES, annuelles et bisannuelles, sont prisées pour leurs fleurs caractéristiques. Bleues, blanches ou rouges, elles sont portées en bouquets au-dessus du feuillage, au printemps, en été ou en automne. Les feuilles rappelant la fougère sont en général vert clair à vert moyen ; quelques espèces comme *C. lutea* et *C. ochroleuca* sont persistantes. Les vivaces développent des racines tubéreuses ('George Baker') ou rhizomateuses. Certaines espèces se ressèment abondamment. Les corydales préféreront une plate-bande ou une rocaille, mais elles survivront dans les crevasses d'un muret ou d'un pavage. Certaines exigeant une période de dormance au sec en été et une protection contre l'humidité hivernale, elles seront plus à leur place en potée dans une serre non chauffée ou sous châssis froid.

Rusticité Zones 4 à 8

Culture Dans un sol très bien drainé, modérément fertile, enrichi de matière organique bien décomposée. Certaines préfèrent le plein soleil, d'autres la mi-ombre. **Semez** en pot en châssis ouvert dès maturité ou à l'intérieur en fin d'hiver ou au début du printemps. La germination n'est pas toujours fiable. **Divisez** les espèces à floraison printanière en début d'automne et celles à floraison estivale au printemps.

① *flexuosa* ↕30 cm ↔ 20 cm ② *lutea* ↕40 cm ↔ 30 cm ③ *ochroleuca* ↕↔ 30 cm ④ *solida* **'George Baker'** ♡ ↕25 cm ↔ 20 cm – toutes

Cosmos

Faciles à cultiver, ces vivaces et annuelles tubéreuses n'ont pas leur pareil dans un jardin informel. Elles sont prisées pour leurs fleurs en coupe fermée ou aplatie, rouge cramoisi, roses ou blanches, portées sur de longues tiges élégantes en été. Le *Cosmos* chocolat (*Cosmos atrosanguineus*), vivace aux tiges brun rougeâtre et aux feuilles spatulées vert foncé, arbore des fleurs veloutées au parfum de chocolat, du milieu de l'été à l'automne. Légèrement gélif, il faudra le protéger en hiver, une fois les feuilles fanées. Associez-le avec d'autres fidèles de plate-bande comme les phlox (*p. 306*), et des sujets comme les santolines (*p. 116*), dont le feuillage gris contrastera sur les fleurs foncées. Semez l'annuelle *C. bipinnatus* en sillon ou pour combler les espaces vacants dans une plate-bande au milieu et à la fin de l'été.

Rusticité Zones 9 à 11

Culture Dans un sol assez fertile humide mais bien drainé, en plein soleil. Supprimez les fleurs fanées pour prolonger la floraison. **Déterrez** les tubercules en automne et conservez-les à l'abri du gel. **Semez** les annuelles in situ au printemps ou en automne dans les jardins au climat tempéré, ou en pot. **Éclaircissez** à 15 cm.

① *atrosanguineus* ↕75 cm ↔ 45 cm
② *bipinnatus* 'Sea Shells' ↕jusqu'à 90 cm ↔ 45 cm, feuillage rappelant la fougère ; bonnes fleurs à couper

Crambe

Crambé, Chou marin

À la fois imposantes et empreintes de légèreté, ces vivaces ou annuelles à base ligneuse sont prisées pour leur feuillage élégant et ondoyant et leurs grappes de minuscules fleurs blanches, parfois odorantes, qui attirent les abeilles. Les fleurs éclosent de la fin du printemps au milieu de l'été sur des tiges robustes au-dessus d'un feuillage vert foncé à bleu-vert, souvent ondulant. Jeunes, les grandes feuilles sont décoratives, mais ont tendance à flétrir en milieu et en fin d'été. Magnifiques dans une plate-bande mixte, les grandes espèces comme *Crambe cordifolia* exigent cependant beaucoup d'espace. *Crambe* est un choix judicieux dans un jardin côtier où son feuillage coriace résistera aux embruns. Mariez-le avec des rosiers anciens (*voir p. 110-113*) et des seringats (*Philadelphus, p. 93*).

Rusticité Zones 4 à 10

Culture Dans un sol profond, fertile, bien drainé, en plein soleil, éventuellement à mi-ombre dans un sol pauvre, à l'abri des vents violents. **Semez** à l'intérieur en fin d'hiver ou au début du printemps. **Divisez** au début du printemps. La **hernie du chou**, une maladie qui demeure très longtemps dans le sol et qui touche les crambés, les giroflées et d'autres crucifères, provoque une déformation des racines et un rabougrissement de la plante. Détruisez toutes les plantes affectées en les brûlant.

Les pousses tendres des crambés, se développant à partir de couronnes ligneuses au printemps, éclairent une plate-bande.

Crambe cordifolia ♀
↕jusqu'à 2,50 m ↔ 1,50 m, vivace ; feuilles couvertes de soies jusqu'à 35 cm de diamètre ; fleurs de la fin du printemps au milieu de l'été

Crinum

Crinole

↕50 cm - 1,50 m
↔ 15-30 cm

Rappelant les lys, le genre *Crinum* se compose de nombreuses vivaces bulbeuses, à feuillage caduc et persistant. Imposantes, on les cultive pour leurs remarquables fleurs blanches ou roses, souvent parfumées, portées sur de longes tiges nues du printemps à l'automne, selon les espèces. Longues et rubanées, les feuilles sont lustrées, vert moyen à vert clair. Les crinoles se plairont au jardin dans une plate-bande chaude et abritée parmi des vivaces comme *Anemone hupehensis* et les hybrides *A.* × *hybrida* (*voir p. 180-181*), des phlox (*p. 306*) et des lys d'un jour (*Hemerocallis, p. 258*).

Rusticité Zones 7 à 12

Cultivation Plantez les bulbes au printemps, le collet affleurant au ras du sol, dans un sol profond et fertile, humide mais très bien drainé et enrichi de matière organique bien décomposée. **Arrosez** généreusement pendant la croissance et maintenez au frais après la floraison. **Divisez** les touffes surchargées des grands bulbes au printemps pour accroître votre stock.

Divisez les *Crinum* Déterrez les bulbes en touffe au printemps et secouez la terre en excès. Arrachez ou coupez les rejets ; replantez les gros rejets sains.

Crinum × *powellii* 'Album' ♀
↕1,50 m ↔ 30 cm, feuillage caduc, jusqu'à 10 fleurs parfumées par tige, de la fin de l'été à l'automne (limite de rusticité)

ʼROCOSMIA

ontbrétia

ÉALES DANS UNE PLATE-BANDE de couleurs chaudes, s vivaces ne manquent pas d'attirer le regard par leurs is de fleurs aux tons vifs, écarlates, orange et jaunes, ıelquefois bicolores combinant l'orange et le rouge. u milieu à la fin de l'été, leurs longues fleurs portées r des tiges grêles parfois ramifiées composent aussi de aux bouquets. Les montbrétias sont des plantes en uffes vigoureuses aux feuilles plates, lancéolées, sount côtelées, érigées mais légèrement en éventail, qui namiseront un massif ou une plate-bande. Ils trouvent ır place dans une plate-bande de plantes arbustives ou rmi d'autres vivaces à floraison estivales comme les ters (*voir p. 192-193*), les *Rudbeckia* (*p. 317*) et les pins (*Sedum, p. 324*).

ısticité Zones 5 à 10
ılture Plantez les cormus au printemps à 8-10 cm de profondeur ns un sol profond enrichi de matière organique bien décomposée, soleil ou à mi-ombre, et près d'un mur abrité dans les jardins posés au gel. **Divisez** les touffes surchargées au printemps tous les is ou quatre ans pour garder leur vigueur à ces belles plantes.

DIVISEZ UNE TOUFFE
Déterrez des cormus. Divisez-les à la main ou à la bêche. Séparez les caïeux sains, coupez les parties aériennes, et replantez les caïeux.

Crocosmia masoniorum ♡
↕1,20 m, feuilles plissées et fleurs orientées vers le haut sur des épis non ramifiés au milieu de l'été (limite de rusticité)

ʼrocosmia × *crocosmiiflora* **'Star of the East'** ♡
70 cm, fleurs de la fin de l'été au début de l'automne sur des ges ramifiées

Crocosmia **'Lucifer'** ♡
↕1-1,20 m, fleurs de 5 cm de long en milieu d'été sur des épis peu ramifiés (limite de rusticité)

Crocosmia × *crocosmiiflora* **'Gerbe d'Or'**
↕60-75 cm, autre nom 'Golden Fleece', floraison sur des tiges arquées du milieu à la fin de l'été

CROCUS

Crocus

LES CROCUS NE MARQUENT PAS SEULEMENT l'arrivée du printemps, certains fleurissant assez avant dans l'automne. Ils constituent un genre important, composé de vivaces naines, se développant à partir de cormus qui fleurissent en même temps ou juste avant l'émergence de leurs feuilles étroites, graminiformes. Les fleurs aux couleurs vives ou aux tons pastel allant du jaune au lilas, au pourpre et au blanc, sont parfois rayées ou ombrées. Les feuilles vert moyen présentent une bande centrale vert argenté. Faciles à cultiver, les crocus sont plus jolis par vagues au premier plan d'une plate-bande, ou naturalisés dans une pelouse. Offrez-leur la compagnie de bulbes à floraison printanière comme les narcisses nains (*p. 288-289*), ou de cyclamens rustiques à floraison automnale (*p. 221*).

Rusticité Zones 3 à 9

Culture En majorité, dans un sol sablonneux, pas trop riche et bien drainé, en plein soleil ou à mi-ombre. **Plantez** *in situ*; les sujets à floraison printanière à 8-10 cm de profondeur en automne, ceux à floraison automnale en fin d'été. On pourra planter les crocus d'automne en groupes en caissette et les repiquer en pleine terre pour la floraison. **Divisez** les caïeux pendant la dormance et replantez ou laissez les plantes se ressemer d'elles-mêmes. Les **rongeurs** appréciant leurs cormus, couvrez-les de grillage à la plantation.

Crocus chrysanthus 'Snow Bunting'
↕8 cm ↔ 5 cm, fleurs parfumées en début de printemps, jusqu'à 4 fleurs par plante

Crocus speciosus
↕10-15 cm ↔ 5 cm, crocus à floraison automnale qui se développe rapidement ; fleurs produites avant les feuilles

Crocus chrysanthus 'Gipsy Girl'
↕8 cm ↔ 5 cm, floraison en début de printemps

Crocus sieberi 'Hubert Edelsten'
↕5-8 cm ↔ 2,5 cm, floraison au début du printemps

Crocus sieberi 'Albus'
↕5-8 cm ↔ 2,5 cm, fleurs de 3 à 4,5 cm de long à gorge jaune soutenu au début du printemps

·YCLAMEN

ʏclamen

:S CYCLAMENS RUSTIQUES APPORTENT LEUR GAIETÉ au ·rdin et aux jardinières en hiver. Les fleurs élégantes de ·s vivaces tubéreuses se détachent en haut de pédoncules ıs. Selon les espèces et la région, elles éclosent de l'au-·mne à la fin de l'hiver et se déclinent dans une palette ·ant du blanc au rose ou au rouge carmin. Cordiformes ·arrondies, les feuilles tachetées ou marbrées d'argent ·ndront tout l'hiver et au printemps. Cultivez les cycla-·ens rustiques sous un arbre ou à l'avant d'une plate-·ınde arbustive, en compagnie de bulbes précoces comme ·s perce-neige (*Galanthus, p. 247*) et les crocus à florai-·n printanière (*ci-contre*). Ils ont aussi belle allure dans ·ıe rocaille, un parterre surélevé, ou en contenant. Ne ·s confondez pas avec les cyclamens à floraison hivernale ·ndus en plante d'intérieur et qui ne sont pas rustiques.

ısticité Zones 5 à 10

ılture Plantez les tubercules entre 2,5 et 5 cm de profondeur dans · sol bien drainé, fertile et humifère. Conditions plus sèches en été. **illez** d'un terreau de feuilles chaque année une fois les feuilles ·tries. Éloignez les **rongeurs** en couvrant les tubercules de grillage ·a plantation avant de remettre la terre en place.

Cyclamen cilicium ♕
↕5 cm ↔ 8 cm, fleurs roses ou blanches en automne, teintées de rouge carmin à la gorge ; feuilles très marbrées

PLANTEZ LES CYCLAMENS
Pour avoir des fleurs dès la première année, plantez le tubercule avec ses racines, la pointe affleurant juste au-dessus du sol. Tassez doucement.

·yclamen hederifolium ♕ (C. de Naples, Pain de pourceau)
10-13 cm ↔ 15 cm, fleurs parfois parfumées en milieu et fin automne avant des feuilles aux motifs variés

Cyclamen coum ♕ (Cyclamen de l'île de Cos)
↕5-8 cm ↔ 10 cm, compacte ; fleurs blanches, roses ou rouge carmin en hiver ou au début du printemps ; feuilles unies ou marbrées

CYNARA

↕1,50-2 m
↔1,20 m

IMPOSANTES ET ARCHITECTURALES, ces plantes ont beaucoup de présence dans une plate-bande. Vivaces en touffes, elles affichent des fleurs tout en hauteur ressemblant au chardon, bleues ou violettes, de l'été à l'automne. Les inflorescences en bouton de l'artichaut (*Cynara scolymus*) sont comestibles ; ses fleurs séchées donnent de beaux bouquets. Le feuillage très découpé, argenté ou gris-vert, est élégamment arqué, à la manière d'une fontaine, ce qui fait du *Cynara* une majestueuse plante feuillue dans le fond d'une plate-bande mixte ou herbacée parmi d'autres vivaces, véroniques (*p. 337*), sauges (*Salvia, p. 318*) ou lys d'un jour (*Hemerocallis, p. 258*). Les *Cynara* attirent au jardin les abeilles et d'autres insectes pollinisateurs.

Rusticité Zones 7 à 10

Culture Dans un sol assez fertile bien drainé et en plein soleil. En cas d'hiver rigoureux, protégez-les d'un paillis de matière organique. **Semez** en pot sous châssis froid ou divisez au printemps. Les jeunes pousses sont appréciées des **limaces** et des **escargots**.

Cynara cardunculus ♕ (Cardon)
↕1,50 m ↔ 1,20 m, feuilles épineuses, tiges grises laineuses, fleurs du début à la fin de l'été ; blanchies, pétioles et nervures centrales comestibles

Dahlia

Dahlia

Les dahlias sont à juste titre très appréciés au jardin, véritable morceau de bravoure du milieu de l'été aux premières gelées d'automne, dans une palette de blanc, jaune vif, orange, écarlate, rose et pourpre. Apportant de la couleur à l'heure où leurs compagnes d'été palissent, ce sont de bonnes fleurs à couper. Quelques cultivars affichent un feuillage couleur chocolat. Les dahlias qui se développent à partir de tubercules sont pour la plupart des vivaces gélives entre -6 °C et -8 °C. Gardez-leur une place dans vos décors permanents, car vous ne pourrez pas laisser les tubercules en pleine terre avant la fin du printemps ou le début de l'été, sauf dans les régions tempérées, à l'abri du gel. Les petits dahlias, souvent traités en annuels et cultivés chaque année à partir de semis, sont superbes en bordure de plate-bande ou en pot. Les fleurs de dahlia présentent une étonnante diversité de formes et de tailles. Illuminant le jardin et la maison, elles font aussi le bonheur des amateurs d'expositions florales. On les classe en différents groupes: simples et très doubles, à collerette ou à fleurs de nénuphar, entre autres. Les dahlias cactus affichent des fleurs ligulées et pointues, les formes pompon et boule offrent une jolie géométrie, sans parler des fleurs géantes de certains dahlias décoratifs qui atteignent parfois la taille d'une petite assiette. Les dahlias subissent facilement des mutations, ce qui n'est pas sans séduire les sélectionneurs qui ont produit une quantité innombrable de cultivars.

Rusticité Zones 7 à 10

Culture En plein soleil, dans un sol profond, fertile, enrichi d'un fumier bien décomposé ou de terreau de jardin. Les dahlias à massif supportent une terre moins riche. Dans les régions tempérées, on peut laisser les tubercules en pleine terre, couverts d'un paillis sec en hiver. **Repiquez** les jeunes plants en feuilles quand tout risque de gel est écarté, au début de l'été – les tubercules en dormance un peu plus tôt – et déterrez-les au milieu de l'automne (*ci-dessous*). **Tuteurez** les dahlias avec de solides bambous ou un trépied et attachez régulièrement les jeunes pousses. Les dahlias à massifs n'exigent pas de tuteurs. **Arrosez** souvent pendant les périodes sèches et faites un apport régulier d'engrais riche en azote pendant la saison de croissance, suivi d'un engrais à forte teneur en potassium dès le milieu de l'été pour stimuler la floraison. **Coupez** régulièrement les fleurs pour profiter des suivantes. Limitez le nombre de tiges florales à 2 ou 3 pour obtenir de plus grandes inflorescences. **Multipliez** en démarrant la croissance des tubercules au printemps, en serre ou à l'intérieur. Divisez les tubercules en fragments munis d'une pousse à rempoter individuellement. Les feuilles et fleurs des dahlias font le régal des **limaces** et des **perce-oreilles**.

Conserver les dahlias en hiver

❶ *Au milieu de l'automne, de préférence quand les premières gelées ont noirci le feuillage, rabattez les tiges à 15 cm. Dégagez la terre et déterrez délicatement les tubercules. Secouez la terre autour des tubercules et étiquetez chaque tige.*

❷ *Stockez les tubercules trois semaines, à l'envers, hors gel, pour que l'humidité s'écoule des tiges creuses. Une fois les tiges sèches, placez les tubercules au frais, à l'abri du gel, et couvrez-les d'écorce. Conservez-les au sec jusqu'au printemps en les inspectant régulièrement, en cas de maladie.*

❸ *Au printemps, 6 semaines après les dernières gelées, replantez les tubercules en dormance. Pour les grands dahlias, enfoncez un tuteur de 1 m dans le trou de plantation. Ramenez la terre autour du tubercule pour que le collet – jonction des tiges et du tubercule – soit à 2,5 cm sous le sol. Les pousses apparaîtront environ 6 semaines plus tard.*

① *Dahlia* **'Bishop of Llandaff'** 🏆 ↕1,10 m ↔ 45 cm, feuillage chocolat ② **'Candy Cane'** ↕1-1,20 m ↔ 60 cm, à fleurs de nénuphar miniatures ③ **'Clair de Lune'** 🏆 ↕1,10 m ↔ 60 cm, à collerette ④ **'Conway'** ↕1,10 m ↔ 60 cm, semi-cactus à petites fleurs ⑤ **'Corton Olympic'** ↕1,20 m ↔ 60 cm décoratif à fleurs géantes ⑥ **'Davenport Sunlight'** ↕1,20 m ↔ 60 cm, semi-cactus à fleurs moyennes ⑦ **'David Howard'** 🏆 ↕↔ 90 cm, décoratif à fleurs miniatures ⑧ **'Fascination'** 🏆 ↕60 cm ↔ 45 cm,

nuel à massif ⑨ **'Hamari Accord'** 🏆 ↕1,20 m ↔ 60 cm, semi-cactus à grandes fleurs ⑩ **'Hamari
old'** 🏆 ↕1,20 m ↔ 60 cm, décoratif à fleurs géantes ⑪ **'Hillcrest Royal'** 🏆 ↕1,10 m ↔ 60 cm,
ctus à fleurs moyennes ⑫ **'Nina Chester'** ↕1,10 m ↔ 60 cm, décoratif à petites fleurs ⑬ **'Noreen'**
m ↔ 45 cm, pompon ⑭ **'Pontiac'** ↕1,20 m ↔ 60 cm, semi-cactus ⑮ **'Preston Park'** 🏆 ↕↔ 45 cm,
nuel à massif ⑯ **'Rhonda'** ↕1,10 m ↔ 60 cm, pompon ⑰ **'Rokesly Mini'** ↕1 m ↔ 45 cm,

semi-cactus ⑱ **'Small World'** 🏆 ↕1,10 m ↔ 60 cm, pompon ⑲ **'So Dainty'** 🏆 ↕1,10 m ↔ 60 cm, miniature semi-cactus ⑳ **'White Alva's'** 🏆 ↕1,20 m ↔ 60 cm, décoratif à fleurs géantes ㉑ **'Wootton Cupid'** 🏆 ↕1,10 m ↔ 60 cm, boule à fleurs miniatures ㉒ **'Wootton Impact'** 🏆 ↕1,20 m ↔ 60 cm, semi-cactus ㉓ **'Zorro'** 🏆 ↕1,20 m ↔ 60 cm, décoratif à fleurs géantes

Darmera peltata

Élégante et originale, voici une vivace au port étalé appréciant l'humidité. Ses fleurs roses ou blanches sont réunies en cymes à la fin du printemps à l'extrémité de vigoureuses tiges pubescentes atteignant parfois 2 m de haut. Il faut attendre que les fleurs se fanent pour que se déploient ses feuilles arrondies, aux longs pétioles, mesurant jusqu'à 60 cm de diamètre. Ce feuillage impressionnant prend une teinte écarlate en automne avant de flétrir en hiver. *Darmera peltata* est une plante imposante exigeant beaucoup d'espace qui prospérera dans une plate-bande ombragée bien que les *Darmera* préfèrent un jardin de marécage ou le bord de l'eau. Mariez-les à d'autres plantes de berge comme les astilbes (*voir p. 194*) ou les primevères (*Primula, p. 312-313*), ou groupez-les pour mettre en valeur leur silhouette étonnante.

Rusticité Zones 6 à 10

Culture Dans un sol humide ou marécageux, au soleil ou à l'ombre, bien qu'elles tolèrent d'autres sols à l'ombre. **Semez** en pot sous châssis froid à l'automne ou au printemps, ou divisez au printemps.

Darmera peltata ♀

↕2 m ↔ 1 m ou plus

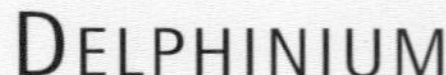

Delphinium

Pied-d'alouette, Dauphinelle

Avec leurs grands épis de fleurs dominant le jardin, les pieds-d'alouette sont parfaits pour conférer hauteur et structure à une plate-bande. Les fleurs sont portées au début et au milieu de l'été, dans une large gamme de coloris allant du blanc crème au rose lilas et au bleu ciel jusqu'aux tons indigo les plus sombres et les plus soutenus. Les feuilles vert moyen forment des touffes entourant les pédoncules. Les *Delphinium* horticoles sont le plus souvent des vivaces herbacées. Leurs épis floraux alourdissant le haut de la tige qui risque de se casser sous le vent, il faudra les tuteurer et les abriter de ce dernier. On résoudra facilement ce problème en les plantant dans le fond d'une plate-bande contre un mur ou une clôture. Les petites espèces et les variétés naines conviendront mieux à des sites plus exposés. Les *Delphinium* du groupe Belladona sont les plus faciles à cultiver.

Rusticité Zones 3 à 11

Culture Dans un sol fertile, humide et bien drainé en plein soleil. Tuteurez-les avec de solides cannes de bambou. **Supprimez** les fleurs fanées pour une deuxième vague de fleurs éventuelle en automne, qui sera toutefois moins spectaculaire que la première. **Semez** à l'intérieur en fin d'hiver ou au début du printemps. Les **limaces**, les **escargots** et l'**oïdium** (feuillage humide et terre sèche) sont un risque à considérer.

Delphinium 'Bruce' ♀

↕2 m ↔ 60-90 cm, vivace en touffes

Delphinium 'Fanfare'

↕2,20 m ↔ 60-90 cm, vivace en touffes

Delphinium 'Sungleam' ♀

↕1,50 m ↔ 60-90 cm, vivace en touffes

elphinium nudicaule
0-90 cm ↔ 20 cm, vivace éphémère cultivée en annuelle ; raison uniquement au milieu de l'été

TUTEUREZ UNE TIGE
Enfoncez un tuteur de la hauteur maximale de la plante et fixez la tige en formant un huit, quand elle atteint environ 30 cm.

elphinium Blue Fountains Group
0-90 cm ↔ 60-90 cm, vivace en touffes ; convient aux petits rdins ou aux jardins exposés au vent

Delphinium 'Blue Nile' 🏆
↕1,70 m ↔ 60-90 cm, vivace en touffes

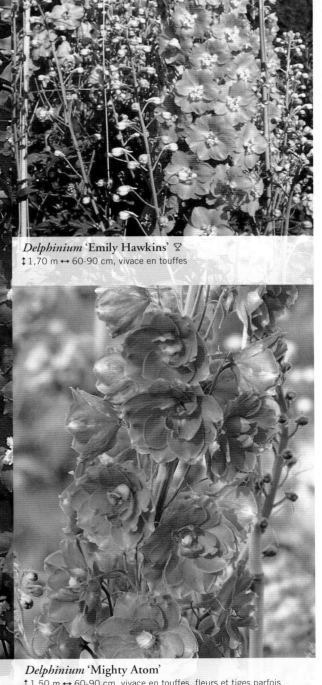

Delphinium 'Emily Hawkins' 🏆
↕1,70 m ↔ 60-90 cm, vivace en touffes

Delphinium 'Mighty Atom'
↕1,50 m ↔ 60-90 cm, vivace en touffes, fleurs et tiges parfois déformées quand trop de fleurs sont pollinisées

DIANTHUS

Œillet

↕8-90 cm
↔20-40 cm

LES PLUS CULTIVÉES DE CE GROUPE D'ANNUELLES et de vivaces persistantes sont les œillets mignardises et les œillets à massif. En été, les *Dianthus* affichent une profusion de fleurs aux couleurs vives, de bonne tenue en vase, au-dessus de feuilles étroites et argentées. Simples ou doubles, elles offrent une palette variée de rose, blanc, carmin, saumon et mauve, et portent souvent des marques plus foncées sur les tépales. Certains *Dianthus* sont odorants, notamment les cultivars à la riche odeur épicée de clou de girofle. Les œillets mignardises, qui sont plus petits et comptent moins de tépales, sont similaires quant au port et aux formes de fleurs. Les petites espèces, y compris les alpines, à l'image de *Dianthus* 'Little Jock', sont parfaits dans une rocaille ou en auge. Les œillets des fleuristes remontants, cultivés en serre pour leurs fleurs à couper, sont de loin les plus grands de ce genre. Vivace éphémère, l'œillet de poète, *D. barbatus* est généralement cultivé en bisannuelle à partir de semis en été ; ces plantes fleurissent l'année suivante.

Rusticité Zones 3 à 9

Culture En plein soleil, tous demandent un sol bien drainé, neutre à alcalin, enrichi de fumier bien décomposé ou de compost de jardin. Les cultivars alpins, notamment, apprécieront un très bon drainage dans une auge d'alpines ou un massif surélevé. **Repiquez** les jeunes plants au printemps et au début de l'été et faites un apport d'engrais équilibré au printemps. **Tuteurez** les grands cultivars au printemps avec des cannes grêles et de la ficelle. **Supprimez** les fleurs fanées pour stimuler la production florale et entretenir un port compact. Jetez les annuelles et bisannuelles après la floraison.

La multiplication des œillets mignardises

Le prélèvement de boutures herbacées *est un moyen facile de multiplier les* Dianthus, *surtout les œillets mignardises. Choisissez une pousse non fleurie. Tenez-la à la base et tirez d'un coup sec sur l'extrémité qui doit se détacher facilement au niveau d'un nœud de feuilles, donnant une bouture de 8 à 10 cm de long, portant 3 ou 4 paires de feuilles. Supprimez la paire la plus basse et plantez les boutures en caissette dans un mélange à parts égales de terreau de rempotage et de sable grossier. Placez-les à l'ombre et arrosez fréquemment. Une fois enracinées, après 3 ou 4 semaines, rempotez en pot individuel.*

Le marcottage des œillets à massif

❶ *Dégagez la terre autour de la plante et incorporez un mélange à parts égales de sable grossier et d'un substrat sans tourbe. Choisissez des pousses non fleuries et gardez l'extrémité de la tige avec 3 ou 4 paires de feuilles. Entaillez la tige en biseau au niveau d'un œil pour former une langue* (encadré). *En blessant la tige, vous stimulerez la formation de racines. Saupoudrez l'entaille de poudre d'hormones de bouturage.*

❷ *Enfoncez la partie incisée de chaque pousse dans le sol et fixez-la par un cavalier. Maintenez dressée la partie en feuilles de la tige à l'aide d'un tuteur de façon que l'entaille reste ouverte. Arrosez légèrement, couvrez de terre et placez une pierre dessus pour maintenir l'humidité. Vérifiez la formation des racines après 5 à 6 semaines. Séparez les marcottes de la plante mère et replantez-les.*

1 2 7 8 13 14 18 19

① ***Dianthus alpinus*** **'Joan's Blood'** ♀ ↕8 cm ↔ 10 cm, mignardise alpin ② **'Becky Robinson'** ♀ ↕45 cm ↔ 40 cm, mignardise parfumé ③ **'Bovey Belle'** ♀ ↕45 cm ↔ 40 cm, mignardise parfumé ④ **'Brympton Red'** ↕45 cm ↔ 30 cm, mignardise ⑤ **'Christine Hough'** ↕1,50 m ↔ 30 cm, à massif ⑥ **'Christopher'** ↕38 cm ↔ 30 cm, mignardise ⑦ **'Dad's Favourite'** ↕45 cm ↔ 30 cm, mignardise ⑧ **'Dainty Dame'** ♀ ↕10 cm ↔ 20 cm, mignardise alpin ⑨ ***deltoides*** **'Leuchtfunk'**

20 cm, ↔ 30 cm, mignardise ⑩ **'Doris'** 🏆 ↕45 cm ↔ 40 cm, mignardise parfumé ⑪ **'Forest Treasure'** ↕60 cm ↔ 40 cm, à massif ⑫ **'Golden Cross'** 🏆 ↕60 cm ↔ 40 cm, à massif ⑬ **'Gran's Favourite'** 🏆 ↕45 cm ↔ 40 cm, mignardise parfumé ⑭ **'Haytor White'** 🏆 ↕45 cm ↔ 40 cm, mignardise parfumé ⑮ **'Houndspool Ruby'** 🏆 ↕45 cm ↔ 40 cm, mignardise ⑯ **'La Bourboule'** ↕20 cm, ↔ 30 cm, mignardise alpin parfumé ⑰ **'Little Jock'** ↕20 cm, ↔ 30 cm, mignardise alpin parfumé

⑱ **'London Brocade'** ↕↔ 45 cm, mignardise parfumé ⑲ **'Mrs Sinkins'** ↕45 cm ↔ 30 cm, mignardise parfumé ⑳ **'Musgrave's Mignardise'** ↕45 cm ↔ 30 cm, mignardise ㉑ **Pierrot syn. 'Kobusa'** 🏆 ↕jusqu'à 1,50 m ↔ 30 cm, remontant ㉒ **'Valda Wyatt'** 🏆 ↕45 cm ↔ 40 cm, mignardise parfumé ㉓ **'Warden Hybrid'** ↕10 cm ↔ 20 cm, mignardise alpin

Diascia

Leur longue période de floraison est une raison suffisante pour choisir ces annuelles et ces vivaces semi-persistantes au jardin. Les fleurs, réunies en grappes lâches, s'épanouissent du début de l'été au milieu de l'automne au-dessus d'un feuillage cordiforme vert moyen. Les *Diascia* offrent une première vague de fleurs au début de l'été et produiront une deuxième vague plus tard dans la saison si vous rabattez les premières. Abricot, rose sombre, rose vrai, rose pourpré ou rose saumon, elles trouvent leur place à l'avant d'une plate-bande herbacée, au pied de rosiers ou dans une rocaille. Si la plupart sont rampantes et tapissantes, le port prostré ou semi-retombant de certaines espèces en fait d'excellentes plantes en pot. La rusticité des *Diascia* étant variable, prélevez-en des boutures pour en profiter l'année suivante.

Rusticité Zones 7 à 11 (annuelle au Québec)

Culture Dans un sol humide et bien drainé, en plein soleil. **Arrosez** en période sèche. **Semez** à 16 °C à maturité, ou au printemps. **Hivernez** les jeunes plantes à l'abri du gel.

① *barberae* 'Blackthorn Apricot' 🏆 ② *barberae* 'Fisher's Flora' 🏆 ③ *fetcaniensis* – tous ↕25 cm ↔ 50 cm ④ *rigescens* 🏆 ↕30 cm ↔ 50 cm

Dicentra

Cœur-de-Marie

voir aussi p. 140

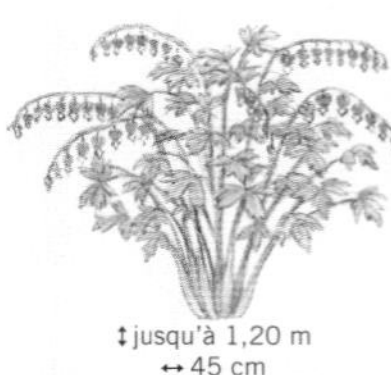

↕jusqu'à 1,20 m ↔45 cm

Voici une fidèle des jardins de campagne, cultivée pour son feuillage finement divisé comme pour ses fleurs en forme de cœur. La plupart sont vivaces et forment des touffes compactes de feuilles grisâtres rappelant la fougère et des tiges arquées où sont suspendues les fleurs. Celles-ci éclosent du printemps au début de l'été dans une palette de rouge, pourpre et rose foncé à blanc et jaune. Les *Dicentra* sont aussi à l'aise dans une plate-bande mixte que dans un jardin de campagne ou un jardin de sous-bois. Ils flétrissent parfois assez tôt si l'été est sec. Leur feuillage et leurs fleurs délicates forment un joli contraste sur les grandes feuilles des jeunes hostas (*voir p. 260-261*).

Rusticité Zones 3 à 9

Culture La plupart prospèrent à mi-ombre dans un sol humide, fertile, légèrement alcalin enrichi de matière organique bien décomposée. *D. chrysanthus* exige un site sec et ensoleillé. *D. spectabilis* tolère le soleil en sol humide. **Semez** *in situ* au printemps ou à l'intérieur en fin d'hiver. **Divisez** soigneusement ces plantes aux racines charnues au printemps ou après le flétrissement des feuilles.

Dicentra formosa
↕45 cm ↔ 60-90 cm, vivace étalée : feuilles glauques au revers ; en fin de printemps et début d'été, les fleurs virent au blanc

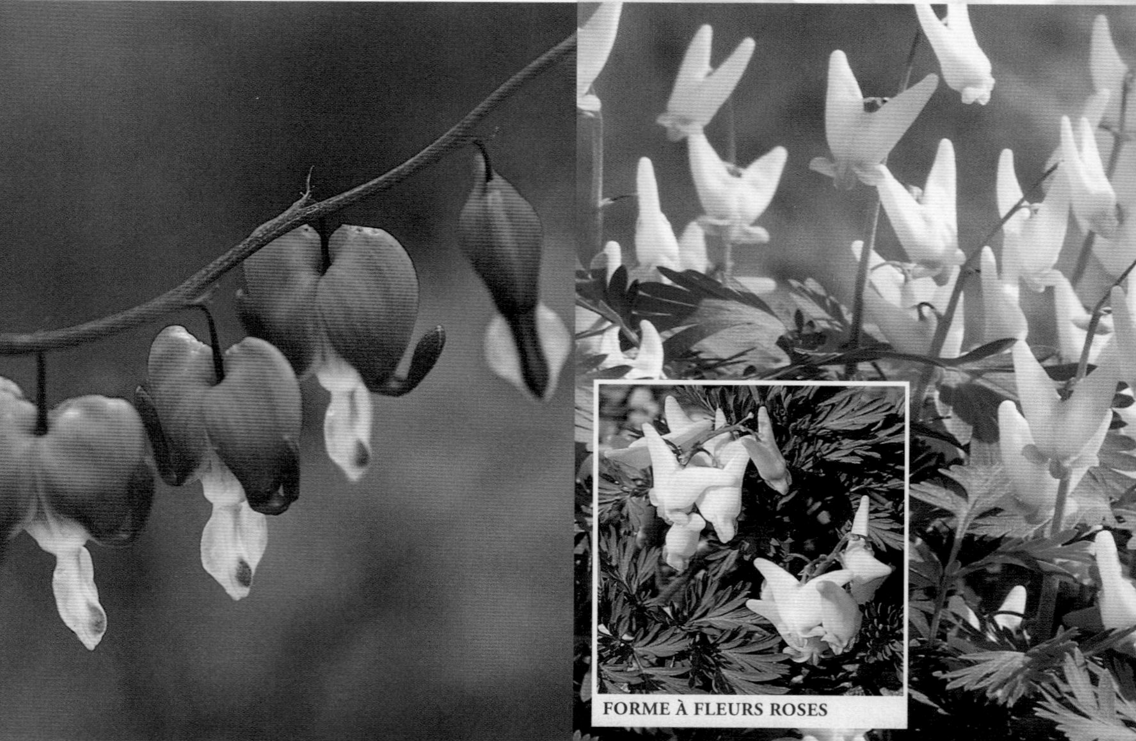

Dicentra spectabilis 🏆
↕jusqu'à 1,20 m ↔ 45 cm, vivace en touffes ; feuillage vert clair : floraison en fin de printemps et début d'été

Dicentra cucullaria
↕jusqu'à 20 cm ↔ 25 cm, vivace tubéreuse, touffes compactes ; fleurs blanches ou roses en début de printemps ; sol sableux

icentra spectabilis 'Alba' 🏆
ısqu'à 1,20 m ↔ 45 cm, vigoureuse vivace formant des touffes ; ılles vert clair ; floraison de fin du printemps au milieu de l'été

DICTAMNUS ALBUS

Fraxinelle

↕40-90 cm
↔60 cm

CETTE GRANDE VIVACE À BASE LIGNEUSE est prisée pour ses grappes denses de fleurs odorantes portées en été au-dessus d'un feuillage au parfum citronné. Les feuilles coriaces sont composées de folioles vert pâle. Les huiles aromatiques volatiles de ses fleurs et les gousses de fruits mûrs s'enflamment facilement par temps sec. Cette plante en touffes se marie bien dans une plate-bande herbacée ou mixte avec d'autres vivaces hautes : achillées (*voir p. 167*), phlox (*p. 306*), lys d'un jour (*Hemerocallis, p. 258*) et salicaires (*Lythrum, p. 283*). Le contact avec le feuillage peut provoquer une irritation cutanée aggravée par la lumière (photodermatite).

Rusticité Zones 3 à 8

Culture Dans tout sol bien drainé, assez fertile, en plein soleil ou à mi-ombre. **Semez** à l'intérieur en fin d'hiver ou au début du printemps. **Divisez** au printemps, sans oublier que ces souches ligneuses ont parfois besoin de temps pour s'établir à nouveau.

① *albus* fleurs blanches ou blanc rosé
② *albus* var. *purpureus* 🏆 fleurs rose violacé

DIERAMA

OFFRANT L'UNE DES SILHOUETTES LES PLUS DÉLICATES et les plus ondoyantes du jardin, les *Dierama* portent leurs fleurs sur de longues tiges légèrement arquées, si fines qu'elles onduleront sous la moindre brise. En clochette ou en entonnoir, les fleurs rose corail à rouge, rose vif ou rose pourpré, éclosent par vagues successives et sont réunies sur les tiges en épis individuels pendants. Les fines feuilles graminiformes vert à gris-vert de ces vivaces persistantes se développent à partir de touffes basales et peuvent atteindre 90 cm de long. Associez-les *Dierama* avec d'autres vivaces à floraison estivale comme les acanthes (*voir p. 166*), les *Penstemon* (*p. 304*), les phlox (*p. 306*) et les sauges (*p. 318*).

Rusticité Zones 9 à 11

Culture Plantez les cormus de 5 à 8 cm de profondeur au printemps, dans un sol bien drainé amendé de matière organique décomposée, en situation abritée en plein soleil. Ne laissez pas les plantes se dessécher en été. Dans les régions exposées au gel, protégez-les d'un paillis sec en hiver. Longs à s'établir, les jeunes plants se développeront ensuite sans difficulté. **Semez** en pépinières ou en pot sous châssis froid à maturité. **Divisez** les touffes au printemps.

Dierama pulcherrimum
↕1-1,50 m ↔ 60 cm, fleurs rose magenta pâle à profond, parfois blanches ou rouge pourpré, en été

DIGITALIS

Digitale

FIDÈLES DES JARDINS DE CAMPAGNE, les digitales constituent un genre important de bisannuelles et de vivaces éphémères. Leurs fleurs, réunies en grappes imposantes, offrent des teintes variées, allant du pourpre classique de *Digitalis purpurea* au rose, blanc ou jaune. Elles s'épanouissent du printemps jusqu'au milieu de l'été la deuxième année. Ce sont des plantes étonnantes présentant une ou plusieurs rosettes de feuilles basales dont les pédoncules atteindront 1,50 m ou plus. Précieuses pour conférer de la hauteur dans une plate-bande mixte ou herbacée, parmi d'autres vivaces à floraison précoce comme les *Dicentra* (*voir p. 229*) et les doronics (*page ci-contre*), ou dans un décor de sous-bois, elles se ressèment d'elles-mêmes très généreusement. Toutes sont toxiques.

Rusticité Zones 4 à 9

Culture Dans presque tous les sols et situations, sauf une humidité ou une sécheresse extrêmes. Dans un sol enrichi de matière organique bien décomposée, à mi-ombre. **Supprimez** les fleurs fanées après la floraison pour prévenir leur dissémination très spontanée. **Recueillez** les graines et semez à l'intérieur en fin d'hiver ou au début du printemps. Les feuilles sont parfois gâchées par les **taches foliaires** ou l'**oïdium**. Évitez d'éclabousser le feuillage à l'arrosage et supprimez les feuilles affectées.

Digitalis grandiflora ♀ (Digitale à grandes fleurs)
↕ jusqu'à 90 cm ↔ 45 cm, vivace ou bisannuelle en touffes ; feuilles nervurées, jusqu'à 25 cm de long ; floraison début et milieu d'été

UNE GÉNÉRATION SPONTANÉE En début d'automne, déterrez les jeunes plants au déplantoir pour garder une motte autour des racines. Repiquez à 30 cm d'intervalle.

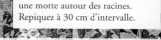

Digitalis davisiana
↕ jusqu'à 70 cm ↔ 45 cm, vivace rhizomateuse ; floraison en début d'été

Digitalis × mertonensis ♀
↕ jusqu'à 90 cm ↔ 30 cm, vivace en touffes, provient de semences ; fleurs à la fin du printemps et au début de l'été

Digitalis purpurea Excelsior Group
↕ 90 cm ↔ jusqu'à 60 cm, bisannuelles ou vivaces, plus belles cultivées en annuelles à partir de semis ; fleurs à couper

ODECATHEON

/roselle

squ'à 40 cm
↔ 25 cm

VOICI DES VIVACES COMPOSANT UN TABLEAU impressionnant au printemps et en été. Elles prospéreront aussi bien au bord d'un étang ou à la lisière d'un jardin de marécage que dans une rocaille, une plate-bande herbacée ou mixte. Rose pourpré, pourpre rougeâtre, se magenta, bleu lavande ou blanches, leurs fleurs oches des cyclamens sont réunies en ombelles sur de ngues tiges arquées. Les gyroselles affichent des rosettes ısales de feuilles lancéolées ou spatulées et entrent en ormance, en été, après la floraison. Mariez-les à d'autres vaces de printemps ou à floraison estivale précoce : oronics (*ci-contre*), lupins (*voir p. 280*) et pavots *Papaver, p. 299*).

ısticité Zones 4 à 10

ılture Dans un sol bien drainé, humide mais non détrempé, richi de matière organique bien décomposée, au soleil ou à -ombre. Maintenez une bonne humidité pendant la saison de oissance. **Semez** en pot à maturité sous châssis ouvert. Les graines ivent cependant être exposées quelque temps au froid pour germer. **visez** au printemps. **Protégez** les jeunes plants des limaces et s escargots.

) *dentatum* ♀ ↕↔ jusqu'à 20 cm, 2 à 5 fleurs blanches par ge, en fin de printemps ② *pulchellum* 'Red Wings' ↕35 cm ↔ 20 cm, 20 fleurs par tige en fin de printemps et début d'été

DORONICUM

Doronic

LES DORONICS SONT APPRÉCIÉS pour leurs charmantes fleurs jaunes, simples ou doubles, portées solitaires ou en petits groupes sur des tiges élancées au-dessus des feuilles. Ces vivaces qui fleurissent pendant de longues semaines tout au long du printemps, sont parfois en fleurs au milieu ou à la fin de l'hiver si le temps est doux. Certaines espèces sont bulbeuses, d'autres tubéreuses ou rhizomateuses. Bonnes fleurs à couper, les doronics sont à leur place dans un jardin de sous-bois, mais apprécieront aussi la compagnie de jonquilles (*Narcissus, p. 288-289*), de pulmonaires (*p. 314*) et de primevères (*Primula, p. 312-313*) dans une plate-bande herbacée.

Rusticité Zones 4 à 9

Culture Dans un sol humide enrichi de matière organique bien décomposée, à mi-ombre ou sous une ombre pommelée. *D. orientale* et ses cultivars sont sensibles à la pourriture des racines, notamment dans un sol lourd et argileux humide. Incorporez une bonne quantité de gravillons pour améliorer le drainage d'un sol lourd. On peut aussi surélever le sol de 5 à 8 cm. **Arrosez** souvent pendant la saison de croissance et supprimez les fleurs fanées pour prolonger la floraison. **Semez** à l'intérieur en fin d'hiver ou au début du printemps. **Divisez** en début d'automne. L'**oïdium** affecte les feuilles si le sol est sec et l'air humide, évitez de les éclabousser en arrosant.

Doronicum 'Miss Mason' ♀
↕13-60 cm ↔ 60 cm, les touffes se propagent par rhizomes ; floraison en milieu et fin de printemps

DRABA

CES DÉLICATES ALPINES PROVIENNENT généralement de régions montagneuses. Les variétés horticoles de ce genre sont des vivaces tapissantes ou formant un dôme offrant une profusion de fleurs jaunes ou blanches au printemps ou au début de l'été. Leurs minuscules feuilles vert à gris-vert forment des rosettes persistantes ou semi-persistantes. Les *Draba* préféreront un massif surélevé ou une rocaille, mais seront protégées de l'humidité hivernale dans les régions tempérées. En automne, couvrez chaque plante d'une vitre ou d'un plastique transparent fixé sur des tuteurs et maintenu par une pierre. On peut aussi les cultiver en potée et les rentrer en hiver dans un châssis froid bien aéré ou une serre non chauffée.

Rusticité Zones 3 à 6

Culture Dans un sol sableux, très bien drainé, en plein soleil, surfacez de gravillons. En pot, utilisez un compost à base de terreau et de sable grossier. Évitez d'éclabousser le feuillage. **Semez** en châssis ouvert en automne. Les graines demandent un hiver froid pour germer. **Prélevez** des rosettes ou des boutures sur les grandes espèces à la fin du printemps.

Draba mollissima
↕8 cm ↔ 20 cm, persistante formant un dôme ; feuillage gris-vert couvert de poils : floraison en fin de printemps

DRACOCEPHALUM
Tête de dragon

ON CULTIVE LES ANNUELLES ET LES VIVACES de ce groupe pour leurs fleurs tubulées blanches ou bleues, rappelant la sauge. Réunies en grappes dépassant parfois plus de 30 cm de long, elles sont portées du début au milieu de l'été, les feuilles étant, quant à elles, souvent aromatiques. Provenant de régions rocailleuses et herbeuses, elles apporteront une note vive dans une plate-bande herbacée ou mixte bien drainées ou dans une rocaille, aux côtés de partenaires comme les pavots (*Papaver, voir p. 299*) ou les géraniums rustiques (*p. 250-251*). Les annuelles se marient bien avec les graminées et combleront utilement les vides dans une plate-bande. Certaines se naturalisent à mi-ombre.

Rusticité Zones 3 à 10

Culture Dans un sol bien drainé, modérément fertile en plein soleil, sous une ombre légère à midi. *D. forrestii* demande un sol très drainant et une protection contre une humidité hivernale excessive. *D. ruyschiana* tolère un sol sec. **Semez** les annuelles *in situ* au milieu du printemps. Éclaircissez à 15 cm. **Divisez** les touffes adultes ou semez les graines des vivaces à l'intérieur en fin d'hiver ou au début du printemps. **Prélevez** de nouvelles pousses à la base et traitez-les en boutures herbacées en milieu et en fin de printemps.

Dracocephalum argunense
↕45 cm ↔ 30 cm, vivace en touffes : feuilles de 5 à 8 cm de long, couvertes de poils ; floraison en milieu d'été

DRYAS
Dryade

VOICI DES VIVACES À BASE LIGNEUSE, PROSTRÉES, à port bas, qui se distinguent par des tapis de feuilles coriaces élégantes persistantes, rappelant celles du chêne, au revers blanc duveteux. On les aime aussi pour leurs grandes fleurs blanches ou jaunâtres du printemps au début de l'été. Érigées ou pendantes, au coussin central d'étamines jaune d'or, elles sont portées solitaires à l'extrémité de tiges élancées, et suivies de fruits plumeux rosés. Faciles à cultiver, ces tapissantes apprécient un site dégagé et ensoleillé à l'avant d'une plate-bande, mais se propagent aussi avec bonheur sur les pierres d'une rocaille, allant jusqu'à coloniser un mur de pierres sèches. Les petites espèces se plairont en auge avec d'autres alpines naines comme les *Draba* (*voir p. 231*).

Rusticité Zones 3 à 10

Culture Dans un sol bien drainé enrichi de matière organique bien décomposée, en plein soleil ou à mi-ombre. **Incorporez** une bonne quantité de sable pour assurer un bon drainage. **Semez** à l'intérieur en fin d'hiver ou au début du printemps, ou prélevez des boutures herbacées en début d'été. **Déterrez**, séparez et repiquez les tiges racinées au printemps.

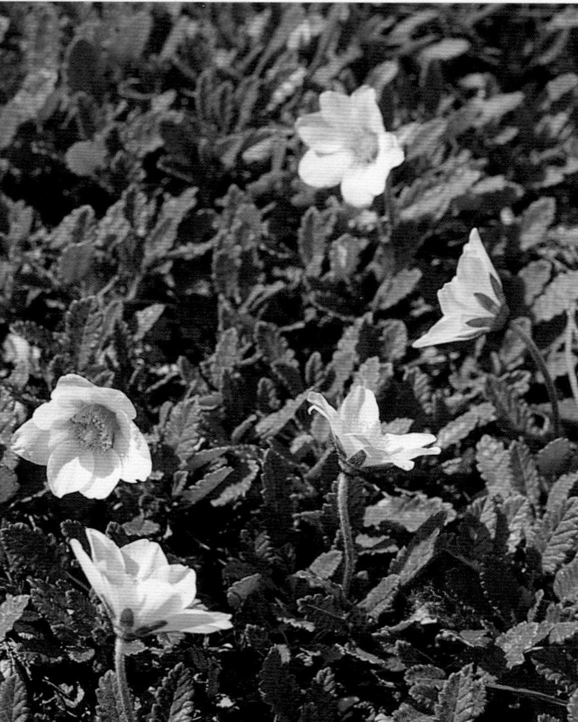

Dryas octopetala ♀
↕10 cm ↔ 1 m, tapissante ; floraison en fin de printemps ou en début d'été ; pour une rocaille

ECHINACEA
Rudbeckia pourpre

LES GRANDES FLEURS EN MARGUERITE, pourpres, ro vrai, ou blanches de ces grandes vivaces originaires d prairies sèches, de bois clairs, et de collines pierreus attirent immanquablement le regard dans les plate bandes à la fin de l'été. *Echinacea* doit son nom au disq central conique saillant au-dessus des pétales, parfo jaune brunâtre. Chaque fleur mesurant jusqu'à 15 c de diamètre est portée sur une tige robuste et érigée. L fleurs durent environ deux mois et tiennent aussi lon temps en vase. Les feuilles atteignent jusqu'à 20 cm d long. Elles sont peu exigeantes, cultivez-les dans u plate-bande parmi d'autres vivaces à floraison tardiv orpins (*Sedum, voir p. 324*) ou *Rudbeckia* (*p. 317*). L fruits prolongent le spectacle en hiver.

Rusticité Zones 3 à 9

Culture Dans un sol fertile, profond, bien drainé, enrichi de matière organique bien décomposée, en plein soleil. Tolèrent la mi-ombre. **Rabattez** les tiges quand les fleurs fanent pour profiter de nouvelles fleurs. **Semez** au printemps. **Divisez** au printemps ou en automne. **Prélevez** des boutures de racines en début de printemps.

Echinacea purpurea 'Green Edge'
↕1,50 m ↔ 45 cm, fleurs de 13 cm de diamètre du milieu de l'été au début de l'automne

FLEURS SOUS LE GIVRE

Echinacea purpurea
↕1,50 m ↔ 45 cm, tiges parfois teintées de rouge ; fleurs de 13 cm de diamètre du milieu de l'été au début de l'automne

Echinacea purpurea 'White Lustre'
↕80 cm ↔ 45 cm ; floraison du milieu de l'été au début de l'automne

Echinacea purpurea 'Magnus'
↕1,50 m ↔ 45 cm, fleurs immenses de 18 cm de diamètre, portées du milieu de l'été au début de l'automne

Echinacea purpurea 'Kim's Knee High'
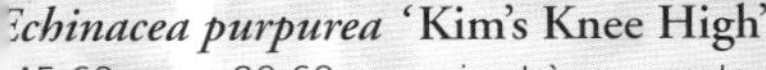
↕45-60 cm ↔ 30-60 cm, naine très compacte ; fleurs du milieu de l'été au début de l'automne ; tolère la sécheresse ; se cultive parfois en pot

Echinacea purpurea 'Robert Bloom'
↕1,20 m ↔ 50 cm, floraison du milieu de l'été au milieu de l'automne

ECHINOPS

Boule azurée, Chardon boule

CULTIVÉS POUR LEURS FLEURS RAPPELANT LES CHARDONS, portées du milieu de l'été à l'automne, ces vivaces, annuelles et bisannuelles sont extrêmement faciles à cultiver. Généralement bleues ou blanches, les fleurs qui atteignent jusqu'à 4 cm de diamètre présentent souvent des bractées (feuilles modifiées) épineuses, et émergent au-dessus de tiges robustes. Les boules azurées, généralement en touffes, affichent des feuilles piquantes blanc grisâtre très découpées. Les fleurs donnent de beaux bouquets frais ou secs. Plantez-les dans un jardin sauvage ou parmi d'autres annuelles comme les *Echinacea* (*voir p. 232*), les monardes (*p. 286*) et les phlox (*p. 306*).

Rusticité Zones 3 à 8

Culture Dans un sol pauvre, bien drainé, en plein soleil, mais elles tolèrent presque toutes les situations. **Supprimez** les fleurs fanées pour prévenir la dissémination spontanée. **Semez** en pépinière en milieu de printemps. **Divisez** les plantes établies au printemps ou prélevez des boutures de racine en début de printemps.

Echinops ritro 'Veitch's Blue'
↕ jusqu'à 90 cm ↔ 45 cm, vivace compacte, feuilles couvertes de duvet blanc au revers ; floraison en fin d'été

ECHIUM

Vipérine

VOICI UN GENRE IMPORTANT D'ANNUELLES, de bisannuelles et de vivaces persistantes, aux fleurs charmantes, bleu foncé, roses, pourpres ou blanches, s'affichant du début à la fin de l'été. Elles sont soit réunies sur de grands épis impressionnants, soit en panicules denses près des tiges. Les feuilles couvertes de poils sont généralement portées en rosettes basales et sur les tiges. Plantez les vipérines dans une plate-bande avec des *Echinacea* (*voir p. 232*), des chrysanthèmes (*p. 212-213*) et des phlox (*p. 306*). Portez des gants quand vous les manipulez, le contact de leur feuillage velu provoque parfois des réactions cutanées.

Rusticité Zones 4 à 12

Culture Dans un sol assez fertile, bien drainé, en plein soleil. **Protégez** les vivaces d'un voile horticole en hiver dans les régions exposées au gel. Par prudence, prélevez des boutures sur les vivaces en été. **Semez** à l'intérieur en fin d'hiver ou au début du printemps ; on peut semer les annuelles *in situ* au printemps.

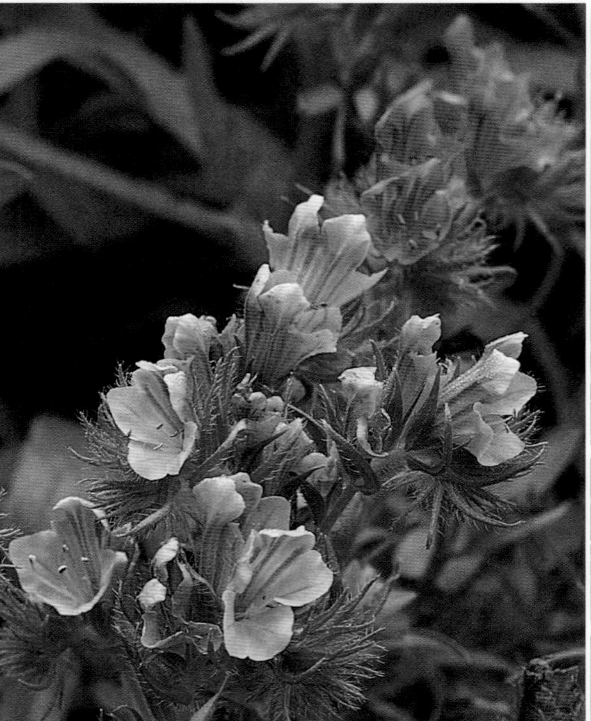

Echium vulgare 'Blue Bedder'
↕ 45 cm ↔ 30 cm, bisannuelle persistante érigée et buissonnante ; fleurs bleu ciel en début d'été, puis rose bleuâtre

EPILOBIUM

Épilobe

HABITUÉS DES JARDINS DE CAMPAGNE, les épilobes const tuent un genre important d'annuelles, de bisannuelles e de vivaces, affichant des grappes de fleurs roses ou blanche portées à l'aisselle des feuilles pendant plusieurs semaine de l'été à l'automne. Envahissantes si on les laisse se re semer, à l'image de leur cousin sauvage, l'épilobe à épi, o maîtrisera cette tendance par une suppression réguliè des fleurs fanées. La hauteur et l'étalement des épilobe varient selon les espèces, certaines atteignent jusqu'à 1,50 n de haut et 90 cm de large, trouvant leur place dans un plate-bande mixte ou herbacée. Avec une hauteur et u étalement de 30 cm, les plus petites conviennent mieu pour une rocaille.

Rusticité Zones 2 à 10

Culture Dans un sol enrichi de matière organique bien décomposée au soleil ou à mi-ombre. Les petites espèces de rocaille apprécieront un peu d'ombre à midi. **Supprimez** les fleurs fanées pour stimuler la floraison et prévenir la dissémination spontanée. **Semez** *in situ* au printemps ou à l'intérieur en fin d'hiver. **Divisez** les plantes établies en automne ou au printemps ou prélevez des boutures de racines au printemps. Les épilobes craignent les **limaces** et les **escargots**. Leur feuillage est sujet à l'**oïdium**.

① *angustifolium* var. *album* ↕ 1,50 m ↔ 90 cm, vivace très étalée ② *glabellum* ↕↔ 20 cm, semi-persistante, tapissante, fleurs roses ou crème, aime l'ombre fraîche et humide

PIMEDIUM

:ur-des-elfes

JLTIVÉS POUR LEUR FEUILLAGE autant que pour leurs urs, ces vivaces affichent des feuilles vert clair à vert oyen qui, selon les espèces, tombent en automne ou rès la formation de nouvelles feuilles. Elles affichent uvent de jolies couleurs automnales, l'extrémité des ines feuilles se teintant quelquefois de bronze au prinmps. Jaune d'or, beige, blanches, roses, cramoisies ou urpres, les fleurs en coupe ronde ou aplatie, parfois eronnées, sont réunies en grappes lâches du printemps début de l'été. Les fleurs des elfes sont d'excellentes uvre-sol, notamment au pied d'arbres où prospérent peu d'autres espèces.

sticité Zones 3 à 8

lture Dans un sol fertile, enrichie de matière organique bien composée, à mi-ombre. À abriter des vents froids et violents. **nez** à l'intérieur en fin d'hiver ou au début du printemps. **Divisez** plantes établies en automne ou juste après la floraison. Une bonne giène au jardin est essentielle, les **otiorynques** dévorant leurs illes et le **virus de la mosaïque**, donnant des plantes malingres aux illes tachetées, étant un risque majeur. Détruisez tous les sujets ectés par ce virus.

LA TAILLE DE PRINTEMPS
Supprimez le vieux feuillage à la cisaille en début de printemps, avant l'apparition des nouveaux épis floraux pour stimuler la nouvelle pousse, sauf sur *E. perralderianum.*

Epimedium × youngianum 'Niveum' ♡
↕20-30 cm ↔ 30 cm, touffes caduques ; pétioles teintés de rouge ; jeune feuillage coloré ; floraison milieu fin du printemps

pimedium acuminatum
0 cm ↔ 45 cm, vivace en touffes, revers des feuilles cireux poudreux : floraison du milieu du printemps au début de l'été

Epimedium pinnatum **ssp.** *colchicum* ♡
↕30-40 cm ↔ 25 cm, persistante en touffes à croissance lente ; jeunes feuilles couvertes de poils blancs ou rouges : floraison au printemps

Epimedium 'Versicolor'
↕↔ 30 cm, persistante en touffes ; jeunes feuilles rouge cuivré et brunes (insert), puis vert moyen ; floraison début et fin de printemps

Epipactis

Ces orchidées rustiques proviennent pour la plupart de régions tempérées de l'hémisphère nord privilégiant les marais, les prairies, les sous-bois et même les dunes, ce qui en fait l'une des rares espèces cultivables dans un jardin tempéré, dans une plate-bande humide et ombragée ou dans un décor de sous-bois. Leurs rhizomes charnus produisent des tiges tordues portant des fleurs réunies en épis denses ou lâches du printemps au début de l'été. Certaines sont blanc verdâtre, d'autres teintées de brun aux rayures violettes, blanches ou roses. Les *Epipactis* présentent généralement des feuilles vert moyen cannelées mesurant jusqu'à 20 cm de long.

Rusticité Zones 7 à 11

Culture Dans un sol enrichi de matière organique bien décomposée, humide mais bien drainé sous une ombre légère ou profonde. En conditions favorables, elles se propageront librement par rhizomes traçants. **Divisez** les touffes au début du printemps, chaque éclat du rhizome à replanter doit présenter un œil sain. **Limaces** et **escargots** apprécient leurs tiges et leurs fleurs charnues.

Epipactis gigantea
↕30-40 cm ↔ jusqu'à 1,50 m, épis terminaux lâches portant jusqu'à 15 fleurs de la fin du printemps au début de l'été

Eranthis hyemalis

Aconit d'hiver

Les aconits d'hiver offrent au jardin une explosion de jaune d'or marquant le début du printemps. Leurs fleurs rappelant les boutons d'or s'épanouissent du début au milieu du printemps, chacune semblant posée sur une collerette de feuilles finement découpées. Plus grandes, les feuilles basales sont profondément lobées. Ces vivaces en touffes se développent à partir de tubercules noueux effleurant sous la surface du sol en situation humide et ombragée. Elles offrent le meilleur d'elles-mêmes au pied d'arbustes ou d'arbres caducs où elles formeront rapidement un vaste tapis de couleur une fois établies, surtout dans les sols alcalins. *Eranthis hyemalis* se naturalise aussi très bien dans une pelouse et apprécie la compagnie de bulbes à floraison hâtive comme les perce-neige (*Galanthus*, *voir p. 247*). Le contact avec la sève provoque des réactions cutanées.

Rusticité Zones 5 à 10

Culture Dans un sol fertile qui ne se dessèche pas en été ; en plein soleil ou à mi-ombre. **Plantez** les tubercules à 5 cm de profondeur en automne. Trop secs, ils ne se développeront pas. *E. pinnatifida* demande un sol acide dans un massif surélevé. **Semez** en pot sous châssis froid à la fin du printemps. **Déterrez** et divisez les tubercules au printemps après la floraison.

Eranthis hyemalis ♀ (Helléborine, Aconit d'hiver)
↕5-8 cm ↔ 5 cm, colonisation rapide surtout dans un sol alcalin : fleurs de 2 à 3 cm de diamètre

Eremurus

Lys des steppes

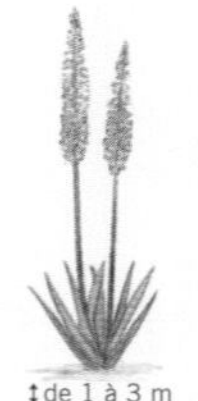

↕de 1 à 3 m
↔jusqu'à 1,20 m

Les grappes majestueuses et compact aux fleurs étoilées roses, blanches ou jau d'or, s'élèveront très haut au printemps et début de l'été. Ces vivaces en touffes n'offre en principe qu'une seule grappe par tige fl rale, partant du collet. Leurs longues feuil rubanées et charnues flétrissant rapidemen mieux vaut les situer vers le centre ou dans le fond d'u plate-bande parmi des arbustes ou des vivaces herbacé qui masqueront le feuillage flétri. Les fleurs tienne longtemps en vase. Le lys des steppes provenant de pr ries ou de régions semi-désertiques, leurs grands rhizom charnus en forme d'étoile de mer sont sujets à la pou riture en conditions humides.

Rusticité Zones 5 à 9

Culture Dans un sol fertile, bien drainé, en plein soleil, abrité du vent. Améliorez le drainage des sols lourds et argileux en incorporant une bonne quantité de sable grossier sur le site de culture et dans le fond du trou de plantation. **Tuteurez** *Erumurus* en site exposé. **Semez** l'intérieur en fin d'hiver ou au début du printemps. **Divisez** après la floraison, manipulez avec soin la motte fragile.

① ***himalaicus*** ↕1-1,20 m ↔ 60 cm, feuilles vertes ; fleurs de la fin du printemps au début de l'été ② ***robustus*** ♀ ↕ 3 m ↔ 1,20 m, feuilles vert-bleu ; fleurs en début et milieu d'été

RIGERON

rgerette

:S CAPITULES SIMPLES OU DOUBLES DES ANNUELLES, bis-nuelles et vivaces de ce genre s'affichent sur de longues maines en été. Rappelant les marguerites, les fleurs se clinent dans une palette variée allant des tons blanc, rose, urpre ou bleu au jaune ou à l'orange. Toutes présentent disque central jaune vif et sont portées solitaires ou en tit groupe. Plutôt regroupées vers la base, les feuilles vert ir à vert moyen sont parfois spatulées. Ce genre présente s espèces différentes qui vont des alpines à port bas aux jets en touffes de taille moyenne que l'on situera à l'avant une plate-bande. *Erigeron* supportant aussi très bien les nts salés, c'est un sujet précieux dans un jardin côtier. Les urs tiennent bien coupées en pleine éclosion.

sticité Zones 2 à 8

lture Dans un sol fertile, bien drainé qui ne se dessèche s en été ; au soleil, sous une ombre légère à midi. Les **espèces ines** exigent un sol très drainant et une protection contre l'humidité ernale. **Tuteurez** les grandes espèces. **Supprimez** les fleurs fanées ur stimuler la floraison, rabattez le vieux bois en automne. **Divisez** s les 2 ou 3 ans en fin de printemps. **Prélevez** des boutures de ine au printemps ou **séparez** les jeunes pousses près de la base raitez-les en boutures herbacées.

rigeron 'Dunkelste Aller' ♀
0 cm ↔ 45 cm, syn. 'Darkest of All', vivace en touffes pour plate-nde ; floraison en début et milieu d'été

Erigeron 'Quakeress'
↕60 cm ↔ 45 cm, vigoureuse vivace en touffes pour plate-bande, corymbes de capitules simples en début et milieu d'été

Erigeron karvinskianus ♀
↕15-30 cm ↔ 1 m ou plus, espèce tapissante vigoureuse adaptée aux crevasses ou au pavage : fleurs blanches puis roses

Erigeron aureus 'Canary Bird' ♀
↕jusqu'à 10 cm ↔ jusqu'à 15 cm, vivace au feuillage velu ; floraison en été ; à protéger de l'humidité hivernale

Erinus

Érine des Alpes

Voici une plante sans problème affichant de délicates fleurs ouvertes, roses, pourpres ou blanches, réunies en grappe. Le genre ne compte que deux espèces vivaces éphémères, aux feuilles semi-persistantes. En rosette, celles-ci sont lancéolées à cunéiformes, d'une texture très fine. Les érines des Alpes sont parfaites dans un jardin d'alpines ou une rocaille, ou encore dans les crevasses d'un vieux mur et les interstices d'un pavage. Si vous laissez les fleurs en place, elles se ressèmeront d'elles-mêmes au jardin.

Rusticité Zones 3 à 7

Culture Dans un sol léger, assez fertile et bien drainé, en plein soleil ou à mi-ombre. **Semez** *in situ* au printemps ou à l'intérieur en fin d'hiver ou au début du printemps. **Prélevez** des rosettes traitées en boutures au printemps.

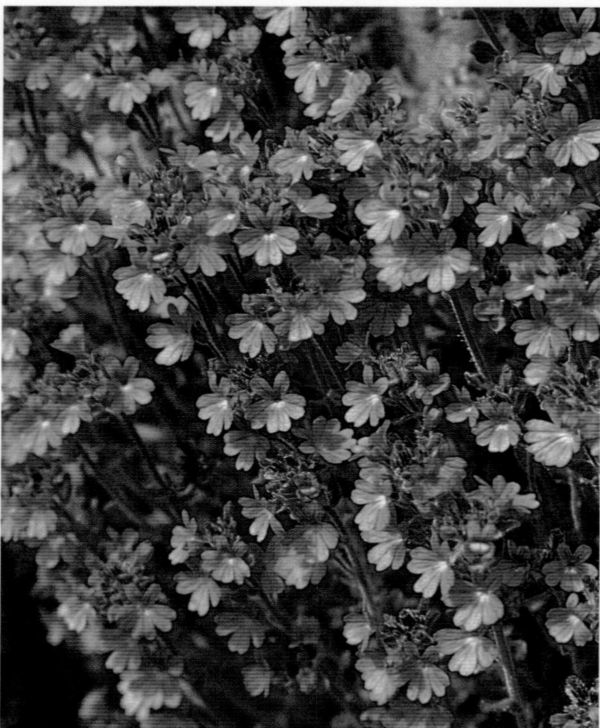

Erinus alpinus ♀
↕8 cm ↔ 10 cm, feuilles poisseuses; fleurs roses, pourpres ou blanches de la fin du printemps à l'été

Erodium

Le feuillage et la longue floraison de ces annuelles et vivaces en font de précieuses candidates au jardin. Leurs fleurs rappellent les géraniums (*voir p. 250-251*) et apparaissent solitaires à l'aisselle des feuilles et des tiges ou en groupes à l'extrémité des tiges. Allant du rose au pourpre, elles sont parfois jaunes ou blanches et suivies de fruits étranges au long bec. Cultivez les petites espèces dans une rocaille et les grandes dans une plate-bande herbacée ou mixte avec des vivaces à floraison estivale comme les achillées (*voir p. 166*), les géraniums et les phlox (*p. 306*), ou parmi des rosiers arbustes (*p. 110-113*).

Rusticité Zones 5 à 8

Culture Dans un sol bien drainé neutre à alcalin. **Protégez** les petites espèces d'une humidité hivernale excessive pour qu'elles ne pourrissent pas, en les couvrant d'une cloche à demi-ouverte. **Semez** à l'intérieur en fin d'hiver ou au début du printemps. **Divisez** au printemps ou prélevez des boutures de tiges en fin de printemps ou début d'été.

① ***glandulosum*** ♀ ↕10-20 cm ↔ 20 cm vivace fleurissant en été
② ***manescaui*** ↕20-45 cm ↔ 20 cm, vivace en touffes, fleurs de l'été à l'automne

Eryngium

Chardon bleu, Panicaut

Les chardons bleus sont de magnifiques plant[es] architecturales qui rehausseront la moindre des plat[es-]bandes, certaines pouvant être naturalisées dans une pr[ai]rie de fleurs sauvages. La plupart forment des rosettes basa[les] de feuilles souvent épineuses, aux nervures blanc argen[té] très décoratives. Du milieu de l'été à l'automne, les fleu[rs] en boule ou en cône proches des chardons, sont portées s[ur] des tiges ramifiées, et entourées d'imposantes collerett[es] également blanc argenté. Les petites ont leur place dans u[ne] rocaille, les grandes dans une plate-bande herbacée où l'[on] appréciera leur silhouette tout l'hiver. Pour un bouquet s[ec,] coupez les fleurs avant qu'elles s'épanouissent pleinemen[t.] Le genre *Eryngium* est composé de nombreuses annuell[es,] bisannuelles et vivaces, caduques et persistantes.

Rusticité Zones 3 à 10

Culture Dans un sol bien drainé en plein soleil, certaines exigeant un sol pauvre à modérément fertile et une protection contre l'humidit[é] hivernale excessive, d'autres préférant un sol riche et humide. **Semez** à l'intérieur en fin d'hiver ou au début du printemps. **Divisez** au printemps, la reprise est parfois lente; prélevez des boutures de racines sur les vivaces tôt au printemps. Malgré leurs épines, les chardons bleus sont victimes des **limaces** et des **escargots**.

Eryngium* × *oliverianum ♀
↕90 cm ↔ 45 cm, vivace en touffes, rosettes de feuilles épineuses vert foncé; tiges bleues; fleurs milieu d'été au début d'automne

yngium alpinum ♀ (Chardon bleu des Alpes)
0 cm ↔ 45 cm, vivace en rosette, feuillage denté épineux vert moyen ; fleurs bleu acier ou blanches milieu de l'été au début de l'automne ; dans un sol toujours humide.

ryngium × tripartitum ♀
0-90 cm ↔ 50 cm, vivace en touffes, feuillage denté vert foncé ; urs du milieu de l'été au début de l'automne

Eryngium variifolium
↕30-40 cm ↔ 25 cm, persistante en touffes ; floraison en milieu et fin d'été, à protéger de l'humidité hivernale

ERYSIMUM

Vélar, Giroflée

LES PLUS APPRÉCIÉES DES GIROFLÉES sont celles qui ornent les massifs de printemps. Elles sont généralement cultivées en bisannuelles à partir de semis d'été, ou de plantes en pot au printemps. Leurs fleurs odorantes affichent des teintes pastel ou des tons vifs, écarlates, orange et jaune d'or, parfois pourpres. Leur étalement n'excédant pas 20 à 60 cm, les giroflées sont parfaites en pot, dans une rocaille ou au premier plan d'une plate-bande mixte. Offrez-leur des partenaires à floraison printanière comme les myosotis (*voir p. 287*), les primevères (*p. 312-313*), et les tulipes (*p. 334-335*).

Rusticité Zones 4 à 11

Culture Dans un sol pauvre à assez fertile, bien drainé, légèrement alcalin, ou un mélange à base de terreau aéré de sable, en plein soleil. **Taillez** les vivaces après la floraison pour entretenir une silhouette compacte. **Semez** les vivaces en pot à l'intérieur au printemps, et les bisannuelles en début d'été. **Prélevez** des boutures herbacées sur les vivaces semi-ligneuses en été. *Erysimum* étant sensible à la **pourriture des racines**, changez les plantes de place chaque année pour un jardin parfaitement sain.

① **'Bowles' Mauve'** ♀ ↕75 cm ② **'Bredon'** ♀ ↕30 cm ③ **'John Codrington'** ↕25 cm ④ ***linifolium* 'Variegatum'** ↕45 cm

Erythronium

Érythrone

Les élégantes fleurs pendantes de ces vivaces s'épanouissent du printemps au début de l'été, solitaires ou groupées, sur des tiges élancées et érigées. Elles se distinguent par leurs pétales récurvés, pourpres, violets, roses, jaunes ou blancs, et de longues étamines voyantes. Leurs larges feuilles basales sont lustrées ou glauques, certaines fortement marbrées de bronze à l'image d'*Erythronium dens-canis*, d'autres nervurées de blanc. Long et pointu, le bulbe de ces vivaces en touffes ressemble à une dent. Provenant de prairies et de sous-bois, les érythrones prospéreront dans une rocaille ou au pied d'arbres caducs, mais aussi naturalisées avec d'autres bulbes : narcisses nains (*p. 288-289*) et crocus (*p. 220-221*).

Rusticité Zones 4 à 10

Culture Dans un sol profond, fertile qui ne se dessèche pas, à mi-ombre ou sous une ombre légère ou pommelée. Plantez les bulbes à 10 cm au moins de profondeur en automne, maintenez les bulbes en stockage légèrement humides jusqu'à la plantation. **Divisez** les touffes établies après la floraison.

Erythronium 'Pagoda' 🏆
↕15-35 cm ↔ 10 cm, très vigoureuse ; feuilles lustrées vertes marbrées de bronze ; jusqu'à 10 fleurs par tige au printemps

DIVISEZ LES TOUFFES
Une fois les feuilles flétries, déterrez soigneusement les bulbes à la fourche, séparez les caïeux et replantez-les.

Erythronium californicum 'White Beauty' 🏆
↕15-35 cm ↔ 10 cm, vigoureuse, forme rapidement une grande touffe ; jusqu'à 3 fleurs par tige au printemps

Erythronium revolutum 🏆
↕20-30 cm ↔ 10 cm, jusqu'à 4 fleurs par tige en milieu de printemps. Parfois lente à s'établir, elle se ressème librement une fois établie. Les feuilles sont fortement marbrées de bronze

Erythronium dens-canis 🏆 (Dent de chien)
↕10–15 cm ↔ 10 cm, fleurs solitaires roses, blanches ou lilas, aux anthères bleues ou bleu pourpré, au printemps ; se naturalise en pelous

ɜSCHSCHOLZIA

ɿvot de Californie

ɿNS UNE PALETTE FLAMBOYANTE D'ORANGE, de jaune d'or l'écarlate, ou encore dans des tons crème, blanc, rose ou ɿrpre, les fleurs satinées à la finesse de papier de soie des ɿots de Californie sont portées solitaires sur des tiges élan-ɿs. Simples en coupe, doubles, parfois froissées, elles ne ɿanouissent qu'au soleil, mais offrent toujours de belles ɿleurs une fois fermées, et sont de bonnes fleurs à cou-. Vert clair à vert bleuté, leur feuillage évoque la fougère. ɜ plus cultivées sont les annuelles rustiques à floraison ɿivale, en général dans une plate-bande avec d'autres ɿnuelles comme les *Clarkia* (*voir p. 214*) et les phlox *306*), ou dans une rocaille. Les cultivars d'*Eschscholzia ifornica* ont aussi belle allure en contenant et en panier pendu. La silhouette délicate de ces pavots contredit leur ɿure vigoureuse. *Eschscholzia* se ressème très librement, ɿque dans les interstices d'un dallage ou dans le béton.

sticité Zones 7 à 11 (annuelle au Québec)

ɿture Dans un sol pauvre, bien drainé, en plein soleil. **Semez** graines des annuelles *in situ* au printemps. Procédez aux semis ou 3 semaines d'intervalle pour profiter de vagues de fleurs cessives. Éclaircissez à 15 cm.

UN TUTEUR GRILLAGÉ
Eschscholzia ayant tendance à s'étaler, un tuteur en grillage au-dessus des jeunes plants limitera leur étalement et sera vite masqué par le feuillage.

chscholzia caespitosa ♀
ɿ jusqu'à 15 cm, petite annuelle en touffes, feuilles filiformes ; ɿurs odorantes en été ; généralement en bordure

Eschscholzia californica ♀ (Pavot de Californie)
↕ jusqu'à 30 cm ↔ 15 cm, port très variable, souvent tapissant ; fleurs orange, rouges, blanches et jaune d'or en été

EUCOMIS

Fleur ananas

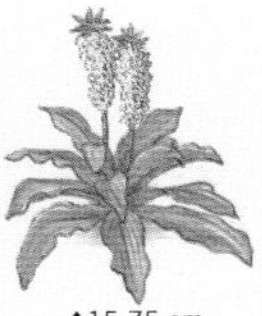

↕ 15-75 cm
↔ 15-20 cm

CES PLANTES ÉTONNANTES SONT APPRÉCIÉES pour leurs grappes florales originales à la fin de l'été et au début de l'automne. Avec des fleurs étoilées le plus souvent blanc verdâtre clair ou blanches, *Eucomis* se distingue surtout par sa touffe de bractées vertes rappelant celle de l'ananas surmontant une grappe compacte. Les fleurs sont suivies de fruits portés sur une longue période. Dans les régions tempérées ou en situation abritée, cultivez ces vivaces bulbeuses au pied d'un mur chaud ou dans une plate-bande ensoleillée où leur feuillage rubané contrastera sur les feuilles galbées de plantes comme les hostas (*voir p. 260-261*). Ailleurs, plantez-les en pot pour pouvoir les rentrer en hiver.

Rusticité Zones 7 à 10

Culture Plantez les bulbes à 15 cm dans un sol profond, fertile et bien drainé, en plein soleil. **Paillez** en hiver d'une couche de matière organique. **En pot**, utilisez un compost à base de terreau, additionné de sable grossier pour améliorer le drainage, et arrosez abondamment en été et avec parcimonie en hiver. **Semez** au printemps ou séparez les rejets au printemps.

Eucomis bicolor ♀
↕ 30-60 cm ↔ 20 cm, feuilles et tiges vert pâle, mouchetées de brun (limite de rusticité)

EUPATORIUM

Eupatoire

UN VRAI RÉGAL POUR LES ABEILLES ET LES PAPILLONS, leurs grappes de petites fleurs, portées sur des tiges érigées et très feuillues, sont le principal intérêt des eupatoires rustiques. Blanches, roses, violettes ou pourpres, les fleurs s'épanouissent pour la plupart de l'été au début de l'automne. De nombreuses eupatoires annuelles et vivaces méritent leur place au jardin, différant par leur forme ou leur coloris. Les grandes vivaces herbacées rustiques comme *Eupatorium cannabinum* offriront leur luxuriance dans une grande plate-bande parmi des graminées (*voir p. 340-355*), dans un jardin sauvage ou un jardin de sous-bois. Encore plus grande, *E. purpureum* produit des tiges robustes qu'il faudra tuteurer.

Rusticité Zones 3 à 9

Culture Dans tous les sols, pourvu qu'ils soient humides, en plein soleil ou à mi-ombre. Supprimez les fleurs fanées. **Divisez** les espèces rustiques et prélevez des boutures herbacées sur les espèces gélives au printemps. **Semez** au printemps.

Eupatorium purpureum
↕2-2,20 m ↔ 1 m, vivace en touffes ; floraison du milieu d'été au début d'automne ; préfère un sol alcalin

EUPHORBIA

Euphorbe

voir aussi p. 57

LES BRACTÉES FLAMBOYANTES JAUNE SOUFRE qui caractérisent nombre d'euphorbes horticoles contrastent superbement sur les autres plantes, attirant immanquablement le regard. Ce sont de vraies feuilles modifiées entourant de minuscules fleurs réunies en inflorescences terminales. Les formes présentant des bractées jaune soufre se déclinent aussi dans des couleurs chaudes : rouge, orange, pourpre et brun, les feuilles étant généralement vert à vert bleuté. Ce genre comptant un grand nombre d'espèces d'une très grande diversité, annuelles, bisannuelles, vivaces persistantes et semi-persistantes ainsi que succulentes, vous trouverez sans mal une euphorbe adaptée à votre jardin. Et si elles sont parfois éphémères, notamment en sol humide, par chance, beaucoup d'entre elles comme *Euphorbia polychroma* se ressèment spontanément.

Rusticité Zones 3 à 9

Culture La plupart des euphorbes herbacées préfèrent soit un sol léger, bien drainé en plein soleil, soit un sol humifère sous une ombre légère ou pommelée. **Semez** à l'intérieur en fin d'hiver ou au début du printemps. **Divisez** en début de printemps. Hivernez les espèces gélives et succulentes dans une serre fraîche.

Euphorbia schillingii ♡
↕1 m ↔ 30 cm, vivace en touffes pour un site humide et une omb légère ; floraison du milieu de l'été au milieu de l'automne

Euphorbia polychroma ♡
↕40 cm ↔ 60 cm, vivace aimant le soleil ; fleurs du milieu du printemps au début d'été ; bonne couvre-sol, parfois envahissante

UNE SÈVE TOXIQUE
Toutes les euphorbes exsudent une sève laiteuse qui irrite la peau. Prenez-les avec des gants.

***Euphorbia griffithii* 'Fireglow'**
↕75 cm ↔ 1 m, vivace pour un site humide et une ombre légère ; feuilles rouges et dorées ; fleurs en début d'été ; parfois envahissan

Euphorbia dulcis 'Chameleon'
‡↔ 30 cm, vivace étalée, tolère une ombre sèche ; feuillage vert foncé ou bronze aux jolies teintes d'automne ; fleurs en été

'*uphorbia palustris* ♀
↔ 90 cm, vivace vigoureuse, préfère les sites humides ; feuilles unes et orange en automne ; fleurs en fin de printemps

Euphorbia myrsinites ♀
‡ 10 cm ↔ 30 cm, succulente persistante, tiges semi-prostrées : fleurs au printemps, demande un bon drainage et du soleil

EXACUM AFFINE

Violette de Perse

LES FLEURS ESTIVALES PARFUMÉES de cette annuelle ou vivace éphémère sont bleu lavande, parfois rose vrai ou blanches. Celles-ci se détachent sur le feuillage lustré d'une petite plante persistante et buissonnante qui ne dépassera pas 30 cm de large. Souvent cultivées dans la maison ou en jardin d'hiver, les violettes de Perse se plairont mieux plantées en pot à l'extérieur dans un décor d'été. On les hivernera alors en serre ou en jardin d'hiver. Dans les régions tempérées, elles pourront aussi orner un massif d'été ou combler les espaces d'une platebande mixte. Mariez-les à des asters (*voir p. 192-193*), des bégonias (*p. 196-197*) ou des pétunias (*p. 306*).

Rusticité Zones 10 à 12

Culture En plein soleil dans un sol assez fertile, bien drainé. En pot, utilisez un mélange de compost à base de terreau et de sable grossier pour améliorer le drainage. **Arrosez** généreusement et faites un apport hebdomadaire d'engrais équilibré en été. **Semez** à l'intérieur en fin d'hiver ou au début du printemps.

Exacum affine (Violette de Perse)
‡↔ 23-30 cm, fleurs de 2 cm de diamètre

FELICIA

LITTÉRALEMENT COUVERTES TOUT L'ÉTÉ DE FLEURS en capitules d'un bleu pur, parfois mauves ou lilas, les *Felicia* sont très prisées pour les massifs saisonniers et les contenants, y compris les paniers suspendus. Comme elles ne sont pas rustiques, on les traite généralement en annuelles ou en vivaces gélives. Elles survivront par un hiver sec et doux, donnant une plante assez buissonnante dont la shauteur et l'étalement n'excéderont pas 30 à 50 cm. *Felicia* affiche une profusion de feuilles minuscules vert moyen à gris-vert, celles de *F. amoena* 'Variegata' étant bordées d'un lumineux blanc crème.

Rusticité Zones 10 à 12

Culture Dans un sol pauvre à modérément fertile, bien drainé, en plein soleil. *Felicia* ne prospère pas en conditions humides. En pot, utilisez un compost à base de terreau, arrosez généreusement en été et faites un apport hebdomadaire d'engrais équilibré. **Pincez** régulièrement les jeunes pousses pour stimuler un port buissonnant. **Semez** à l'intérieur en fin d'hiver ou au début du printemps. **Prélevez** des boutures herbacées en fin d'été et hivernez les jeunes plants sous verre à l'abri du gel.

***Felicia amelloides* 'Santa Anita'** ♡
↕↔ 30-60 cm, sous-arbrisseau, souvent cultivé en annuel ; feuilles vert foncé ; fleurs de 5 cm de diamètre de l'été à l'automne

FILIPENDULA

Filipendule

VUES DE LOIN, LES FLEURS DES FILIPENDULES ressemblent à un nuage de mousse flottant au-dessus d'un océan de feuilles vert vif. En s'approchant, on percevra leur parfum musqué inhabituel. Ces vivaces portent de grandes inflorescences plumeuses de petites fleurs, blanches, crème, roses ou rouges sur des tiges ramifiées à la fin du printemps et en été. Prospérant dans un sol humide, elles sont chez elles dans un décor de sous-bois que l'on maintiendra humide tout l'été. Offrez-leur la compagnie d'autres vivaces appréciant l'humidité comme les eupatoires (*voir p. 242*) et les hostas (*p. 250-251*). *Filipendula vulgaris* supporte des conditions plus sèches, et préférera un sol alcalin en plein soleil. Ses feuilles vert foncé évoquant la fougère ont belle allure avec des lupins (*p. 280*) et des pavots (*Papaver, p. 299*).

Rusticité Zones 3 à 9

Culture Dans un sol modérément fertile, humide mais bien drainé, au soleil ou à mi-ombre. Plantez les cultivars à feuillage doré à l'ombre pour des couleurs plus marquées. **Semez** à l'intérieur en fin d'hiver ou au début du printemps. **Divisez** au printemps. **Prélevez** des boutures de racines au début du printemps.

***Filipendula rubra* 'Venusta'** ♡
↕2-2,50 m ↔ 1,20 m, s'étendant en larges touffes, fleurs du début au milieu de l'été, pâlissant avec le temps

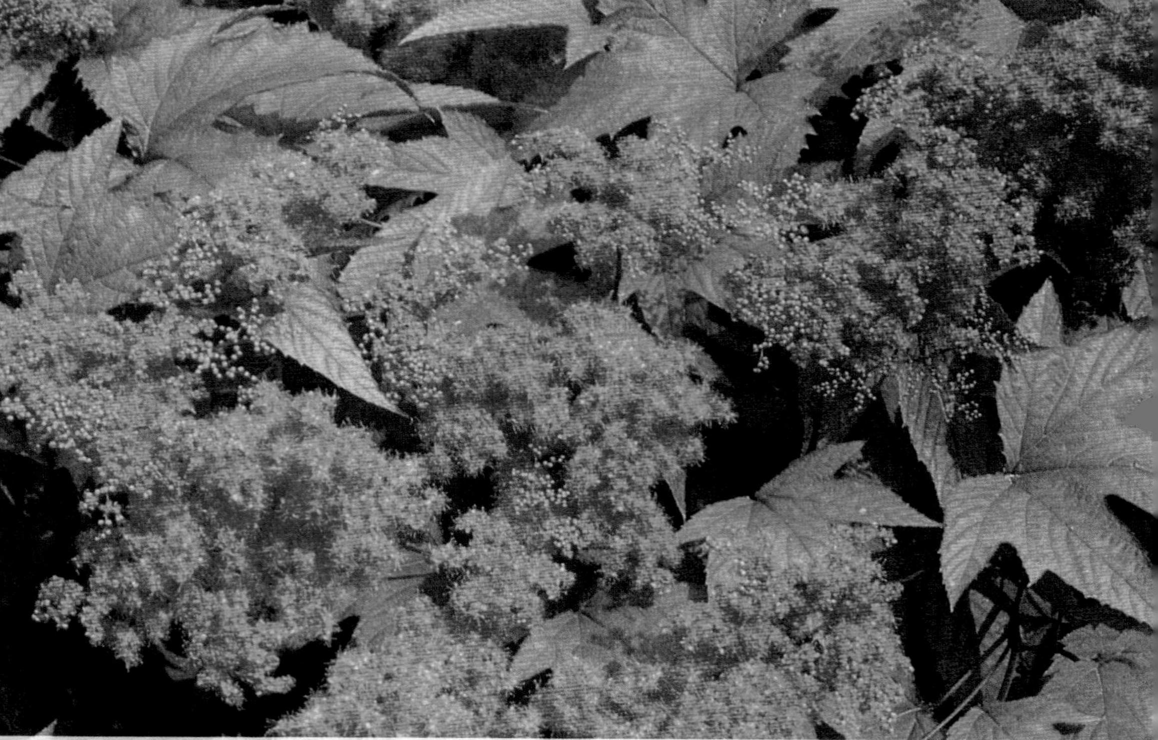

Filipendula palmata
↕ 1,20 m ↔ 60 cm, en touffes, feuilles variables jusqu'à 30 cm de long au revers blanc très laineux ; fleurs rose pâle à rose sombre, de 20 cm de diamètre, portées en été.

OENICULUM VULGARE

nouil

GÈRES ET GRACIEUSES, LES GRANDES TOUFFES ondoyantes rtes ou pourpres du fenouil en font une vedette des massifs des plates-bandes, où ses feuilles finement découpées contrasont sur des feuillages aux contours plus marqués ou des urs à la silhouette décontractée. Associez par exemple le nouil pourpre avec les grandes fleurs rose sombre du pavot Drient, *Papaver* 'Patty Plum'. Le fenouil est certainement is connu pour ses frondes aromatiques à la forte saveur ani-, utilisées à des fins culinaires, bien que toutes les parties la plante soient aussi fortement anisées. Cette vivace, qui eint 2 m de hauteur et 45 cm d'envergure, se développe à rtir de profondes racines renflées. Du milieu à la fin de l'été, e affiche de minuscules fleurs jaunes réunies en ombelles, ivies de grandes graines aromatiques. Qu'il s'agisse du fenouil omatique ou du fenouil d'ornement, tous deux auront belle ure dans une plate-bande ou un jardin d'herbes aromatiques.

sticité Zones 6 à 10

lture Dans un sol fertile, humide mais bien drainé, en plein soleil. **pprimez** les fleurs fanées avant la production de graines pour prévenir e dissémination très spontanée. **Semez** à l'intérieur en fin d'hiver ou début du printemps ou *in situ*.

LES GRAINES DU FENOUIL On pourra récolter les graines du fenouil, mais il s'hybride facilement avec toute espèce étroitement apparentée cultivée à proximité, comme l'aneth. Les jeunes plants risquent de produire une herbe à la saveur indéterminée.

oeniculum vulgare 'Purpureum'

2 m ↔ 45 cm, feuillage bronze pourpré puis glauque avec l'âge

FRAGARIA

Fraisier

L'IMPATIENCE DE RÉCOLTER DE DÉLICIEUX FRUITS au début de l'été fait souvent oublier les cultivars ornementaux des fraisiers vivaces. Ces derniers offrent des cymes portant jusqu'à dix fleurs blanches ou roses, de la fin du printemps au milieu de l'automne. *Fragaria vesca* 'Variegata' arbore de jolies feuilles panachées crème et gris-vert. Les fraisiers se multiplient au moyen de tiges qui rampent sur le sol, produisant de jeunes plantules à leur extrémité. Se propageant rapidement sans devenir envahissants, ce sont des couvre-sol très précieux pour étouffer les mauvaises herbes. Les *Fragaria* sont des plantes vigoureuses et persistantes, sauf quand l'hiver est rigoureux. Utilisez-les en bordure de massifs ou de plates-bandes, dans les crevasses et les interstices d'un dallage, en pot ou en panier suspendu.

Rusticité Zones 3 à 9

Culture Dans un sol fertile, humide mais bien drainé, en plein soleil ou à mi-ombre. *Fragaria* préfère un sol neutre à alcalin, mais tolère un sol acide. **Semez** à l'intérieur en fin d'hiver ou au début du printemps. **Séparez** et repiquez les stolons en fin d'été.

Fragaria 'Pink Panda'

↕10-15 cm ↔ non définie, fleurs jusqu'à 2,5 cm de diamètre de fin du printemps au milieu de l'automne, rarement suivies de fruits

FRANCOA

CULTIVÉES POUR LEURS FLEURS À COUPER, les *Francoa* affichent de délicates fleurs roses ou blanches réunies en épis, conférant grâce et légèreté à une plate-bande. Les quelques vivaces persistantes qui composent ce genre fleurissent en été, et produisent souvent une deuxième vague de fleurs en automne. De 60 à 90 cm de hauteur, elles arborent de jolies rosettes de feuilles duveteuses aux bords ondulés d'environ 45 cm d'envergure. Les *Francoa* se ressèment assez librement sans devenir envahissantes. Mariez-les dans une plate-bande mixte avec des persicaires (*voir p. 305*), des phlox (*p. 306*) et des lys d'un jour (*Hemerocallis, p. 258*), ou profitez-en en pot ou en plantes de bordure.

Rusticité Zones 8 à 11

Culture Peu exigeantes, dans un sol humide et bien drainé, enrichi de matière organique bien décomposée, en plein soleil ou à mi-ombre. **Arrosez** généreusement en été et faites un apport mensuel d'engrais équilibré. **Divisez** au printemps. **Semez** entre 15 et 24 °C au printemps.

Francoa sonchifolia

↕60–90 cm ↔ 45 cm

Fritillaria

Fritillaire

Leurs élégantes clochettes pendantes sont le point commun des espèces vivaces bulbeuses de ce genre. Les fleurs aux couleurs sourdes vert pâle, fauve ou pourpre, dont les pétales présentent souvent des motifs originaux, sont portées solitaires ou groupées au printemps et au début de l'été. La taille des fritillaires est très variable, allant des petites formes délicates ne dépassant pas 8 cm aux espèces plus vigoureuses dont les tiges robustes atteignent parfois 1,50 m. Les couronnes impériales se plairont dans une plate-bande mixte. Plus discrète, la méléagre (*Fritillaria meleagris*) peut être naturalisée dans une prairie humide ou sous l'ombre partielle d'arbres et d'arbustes. Les espèces de rocaille qui ne sont pas toujours faciles à cultiver demandent un très bon drainage et le plus souvent une serre alpine.

Rusticité Zones 3 à 8

Culture Plantez les bulbes à quatre fois leur hauteur. Les besoins diffèrent selon les espèces, mais la plupart des fritillaires horticoles demandent un sol fertile, bien drainé, retenant l'eau, en plein soleil, ou un sol humide et humifère, sous une ombre légère. **Divisez** les touffes en fin d'été. Les petites espèces comme *Fritillaria acmopetala* produisent de nombreuses bulbilles minuscules, sorte de grosses semences plates ressemblant à du riz que l'on traitera comme des graines à semer en caissette.

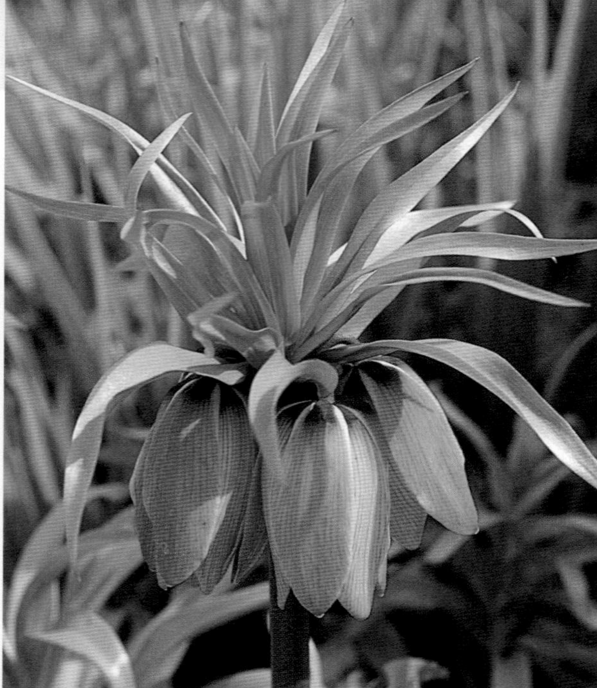

Fritillaria imperialis (Couronne impériale)
↕1,50 m ↔ 25-30 cm, fleurs orange, rouges ou jaunes en début d'été, dans un sol fertile, bien drainé, en plein soleil

Gaillardia

Gaillarde

Voici des plantes aux joyeuses fleurs en capitule offrant une longue période de floraison en été et une pa tie de l'automne. Jaunes, cramoisies ou orange, mesura jusqu'à 14 cm de diamètre, elles possèdent un coussin coloris contrasté pourpre, brun, rouge ou jaune et so portées sur des tiges mesurant jusqu'à 90 cm de haut, a dessus de longues feuilles souples et velues formant u buisson. Les cultivars de la vivace éphémère *Gaillardia grandiflora* sont les plus cultivés de ce genre constitué ég lement d'annuelles et de bisannuelles. Ils illumineront u contenant ou une plate-bande mixte. Mariez-les avec d œillets mignardises (*Dianthus, voir p. 226-227*), des so cis (*Calendula, p. 204*) et des *Rudbeckia* (*p. 317*). L gaillardes sont aussi de belles fleurs à couper.

Rusticité Zones 3 à 9

Culture Dans un sol fertile, bien drainé, en plein soleil. Tolèrent des sols pauvres. **Supprimez** les fleurs fanées régulièrement pour stimuler la floraison. **Rabattez** les vivaces à environ 15 cm en fin d'été pour stimule la production de nouvelles pousses à la base. **Semez** à l'intérieur en fin d'hiver ou au début du printemps. On peut aussi semer les annuelles *in situ* en fin de printemps ou début d'été. **Divisez** les vivaces au printemp ou prélevez des boutures de racines en début de printemps.

Fritillaria meleagris (Méléagre, Œuf de pintade)
↕30 cm ↔ 5-8 cm, fleurs blanches ou pourpres au printemps ; dans un sol amendé humide, au soleil ou sous une ombre légère

Fritillaria acmopetala ♡
↕40 cm ↔ 5-8 cm, vigoureuse, fleurs en fin de printemps ; dans un sol fertile, bien drainé, en plein soleil

***Gaillardia* 'Dazzler'** ♡
↕60-85 cm ↔ 45 cm, vivace éphémère, feuilles vert moyen à gris-vert ; floraison du début de l'été au début de l'automne

ɜALANTHUS

ɜrce-neige, Nivéole

ɪUTILE OU PRESQUE DE PRÉSENTER LES PERCE-NEIGE. Cette ɜur offre un spectacle bienvenu à la fin de l'hiver et au ébut du printemps, au moment où peu d'autres fleurisnt. On compte des centaines d'espèces et de cultivars aux étales différant par leur forme et leurs marques vertes. Les nateurs de perce-neige, ou galantophiles, parcourront des ilomètres pour admirer de nouvelles formes. Chaque bulbe roduit généralement une fleur pendante et solitaire sur un édoncule arqué, certaines étant parfumées. Les perce-neige ınt pour la plupart vigoureux et faciles à cultiver, formant grandes touffes, et se disséminent spontanément. Ils sont articulièrement beaux naturalisés dans une pelouse. *alanthus reginae-olgae* fleurit en automne. Le contact avec s bulbes provoque parfois des éruptions cutanées.

usticité Zones 3 à 9

ulture Dans un sol enrichi de matière organique bien décomposée ui ne se dessèche pas en été ; au soleil ou à mi-ombre. **Divisez** les uffes de bulbes tous les 3 ou 4 ans pour décongestionner les touffes garder sa vigueur à la plante. Divisez les bulbes en vert au printemps rès la floraison. Les perce-neige s'hybrident spontanément, s'ils sont ɪus de semis, ils ne sont pas toujours conformes au type.

Galanthus 'Atkinsii' ♀

↕20 cm ↔ 8 cm, fleurs de 3 cm de long en fin d'hiver

DIVISER LES PERCE-NEIGE

Les perce-neige doivent être divisés lorsqu'ils ont encore leurs feuilles et peu après que les fleurs ont fané. Déracinez soigneusement les touffes avec une petite fourche, mettez les bulbes à part, et replantez-les individuellement ou en petits groupes à l'endroit souhaité.

alanthus 'S. Arnott' ♀

20 cm ↔ 8 cm, fleurs à la forte odeur de miel, de 2,5 à 3,5 cm e long, en fin d'hiver et début de printemps

Galanthus nivalis 'Flore Pleno' ♀

↕↔ 10 cm, vigoureuse, fleurs doubles ; se propage rapidement à partir de rejets ; fleurs irrégulières à l'odeur de miel en hiver

GALAX URCEOLATA

CETTE VIVACE PERSISTANTE EST CULTIVÉE pour ses élégants épis de petites fleurs blanches. Celles-ci s'épanouissent à la fin du printemps et en été et sont suivies d'un feuillage d'une riche teinte rouge bronze. Les épis mesurent jusqu'à 25 cm de haut et les feuilles 8 cm de diamètre. *Galax* se propageant par rhizomes traçants, c'est une couvre-sol utile sous des arbustes dans un massif ombragé, une plate-bande ou un jardin de sous-bois. Offrez-lui la compagnie de vivaces à floraison estivale appréciant l'eau comme les géraniums (*voir p. 250-251*), les lupins (*p. 280*) et les pavots (*Papaver, p. 299*).

Rusticité Zones 6 à 10

Culture Dans un sol humide, acide, à mi-ombre. Les racines ne doivent pas se dessécher. **Paillez** chaque printemps d'une couche de terreau ou d'aiguilles de pin. **Semez** en pot dans un mélange à base de terre de bruyère sous châssis ouvert à l'extérieur en automne. **Séparez** les rejets enracinés en début de printemps : déterrez-les soigneusement, coupez-en l'extrémité et repiquez les sections choisies *in situ*.

Galax urceolata

↕30 cm ↔ 1 m

Galega

Galéga, Rue-de-chèvre

↕30-150 cm
↔60-90 cm

Les grandes tiges molles de ces vivaces étalées et buissonnantes sont extrêmement gracieuses, mais ont tendance à retomber sur les autres plantes quand elles ne sont pas tuteurées. Les fleurs papilionacées sont réunies sur une multitude de grappes unies ou bicolores, blanches, bleues ou mauves. Vus de loin, ces bouquets de petites fleurs créent une tache de couleur vive émergeant d'un feuillage vert vif. Fleurissant généralement en été, parfois aussi au printemps ou en automne, les galégas offriront le meilleur d'elles-mêmes dans une plate-bande avec des voisines à floraison estivale: coqueloudes (*Lychnis, voir p. 282*), salicaires (*Lythrum, p. 283*), monardes (*p. 287*) et tournesols (*p. 256*). Elles se naturalisent bien en pelouse et sont de bonnes fleurs à couper. De toutes, *Galega officinalis* est la préférée au jardin.

Rusticité Zones 6 à 11

Culture Dans tout sol humide, en plein soleil ou à mi-ombre. **Supprimez** les fleurs fanées pour prévenir la dissémination spontanée, rabattez au sol après la floraison. **Semez** les espèces en pot après avoir fait tremper les graines sous châssis froid au printemps. **Divisez** les cultivars au printemps.

Galega 'His Majesty'
↕ jusqu'à 1,50 m ↔ 90 cm, fleurs début été à début automne. 'Lady Wilson' ♀ a des fleurs similaires, 'Alba' ♀ des fleurs blanches

Galtonia

Jacinthe du Cap

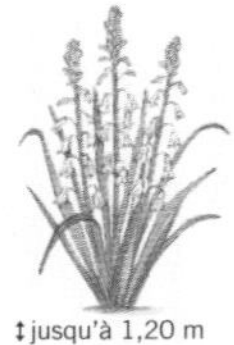

↕ jusqu'à 1,20 m
↔ 10 cm

À l'image des jacinthes d'été à floraison estivale tardive, *Galtonia candicans* arbore de hautes grappes de fleurs légèrement odorantes d'un blanc immaculé. La seule qui soit souvent cultivée des quelques espèces de ce genre, c'est une plante précieuse au jardin car elle est en fleurs à la fin de l'été, et qui mériterait une plus grande reconnaissance, peu de bulbes égalant sa beauté. Affichant des feuilles rubanées gris-vert assez charnues, cette vivace bulbeuse se marie bien avec des graminées et d'autres vivaces comme les cœurs-de-Marie (*Dicentra, p. 229*), les salicaires (*Lythrum, p. 283*), les monardes (*p. 287*), les pavots (*Papaver, p. 299*), les *Rudbeckia* (*p. 317*) et les orpins (*Sedum, p. 324*). Moins rustique, *G. viridiflora*, aux fleurs pendantes vert pâle, résiste mal aux gelées.

Rusticité Zones 7 à 11

Culture Dans un sol fertile bien drainé mais relativement humide en été, en plein soleil. **Déterrez** les bulbes en fin d'automne dans les régions aux hivers rigoureux et hivernez-les en pot dans un endroit hors gel. Si vous les laissez en pleine terre, épandez un épais paillis pour les protéger de l'hiver. **Semez** à l'intérieur en fin d'hiver ou au début du printemps. **Divisez** les touffes et repiquez en début de printemps.

Galtonia candicans ♀
↕ 1-1,20 m ↔ 10 cm, fleurs tubulées s'épanouissant de la base de la grappe vers la fin du milieu de l'été

Gaura lindheimeri

Les fleurs d'été et d'automne de cette gracieuse vivace adouciront la moindre bordure de leurs tiges légères et lumineuses. Éphémère, chaque fleur niche au cœur des feuilles mais sera vite remplacée, prolongeant le tableau pendant plusieurs semaines. Cette plante sans problème forme une touffe buissonnante. *Gaura lindheimeri* compte plusieurs cultivars élégants: 'Corrie Gold' affiche des feuilles marginées de jaune d'or et 'Siskiyou Pink' des fleurs roses. 'Whirling Butterflies' doit son nom de papillon à la forme de ses fleurs rougeâtres; formant une petite touffe, elle fleurit en abondance. Les *Gaura* forment de jolis contrastes sur des vivaces à floraison tardive aux grandes fleurs charnues comme les chrysanthèmes (*p. 212-213*), les *Rudbeckia* (*p. 317*) et les orpins (*Sedum, p. 324*).

Rusticité zones 6 à 10 (annuelle au Québec)

Culture Dans tout sol fertile, humide et bien drainé, en plein soleil. Tolère la mi-ombre ou la sécheresse. **Semez** à l'intérieur en fin d'hiver ou au début du printemps. **Divisez** les touffes au printemps pour augmenter votre stock. **Prélevez** des boutures herbacées au printemps ou des boutures au talon en été.

Gaura lindheimeri ♀
↕ jusqu'à 1,50 m ↔ 90 cm, boutons roses s'épanouissant le soir, puis fleurs blanches qui virent au rose, de la fin du printemps au début de l'automne

;AZANIA

azanie

·AIES ET LUMINEUSES, LES FLEURS évoquant les tourne-
ɔls de ces petites annuelles et vivaces persistantes gar-
issent le plus souvent les massifs saisonniers d'été, les
rdinières, ou les pots d'un patio dans les régions expo-
:es aux gelées en hiver. Ces hybrides sont généralement
aités en annuelles avec d'autres plantes à massif d'été
ɔmme les soucis (*voir p. 204 et 329*), et les pélargo-
iums (*p. 300-303*). Les fleurs affichent toute une
ımme de couleurs vives, abritant souvent un disque
:ntral foncé, et des marques sur les pétales. *Gazania* sera
ıstallée au soleil pour ne pas se refermer par temps gris.
ɔn feuillage velu vert foncé offre un bel écrin aux fleurs.
es gazanies se plaisent bien dans les régions côtières.

usticité Zones 10 à 12

ulture Dans un sol léger, sableux, bien drainé, en plein soleil.
emez à l'intérieur en fin d'hiver ou au début du printemps. **Prélevez**
: nouvelles pousses à la base, à traiter en boutures herbacées en fin
été ou début d'automne. Hivernez les jeunes plants hors gel. Ils sont
:nsibles à la **moisissure grise** (botrytis) si la ventilation est mauvaise,
 parfois aux **pucerons**. Détruisez les plantes sérieusement infestées.

Gazania 'Talent Yellow'
↕↔ jusqu'à 25 cm, vivace persistante vigoureuse ; feuillage gris feutré ; fleurs en été

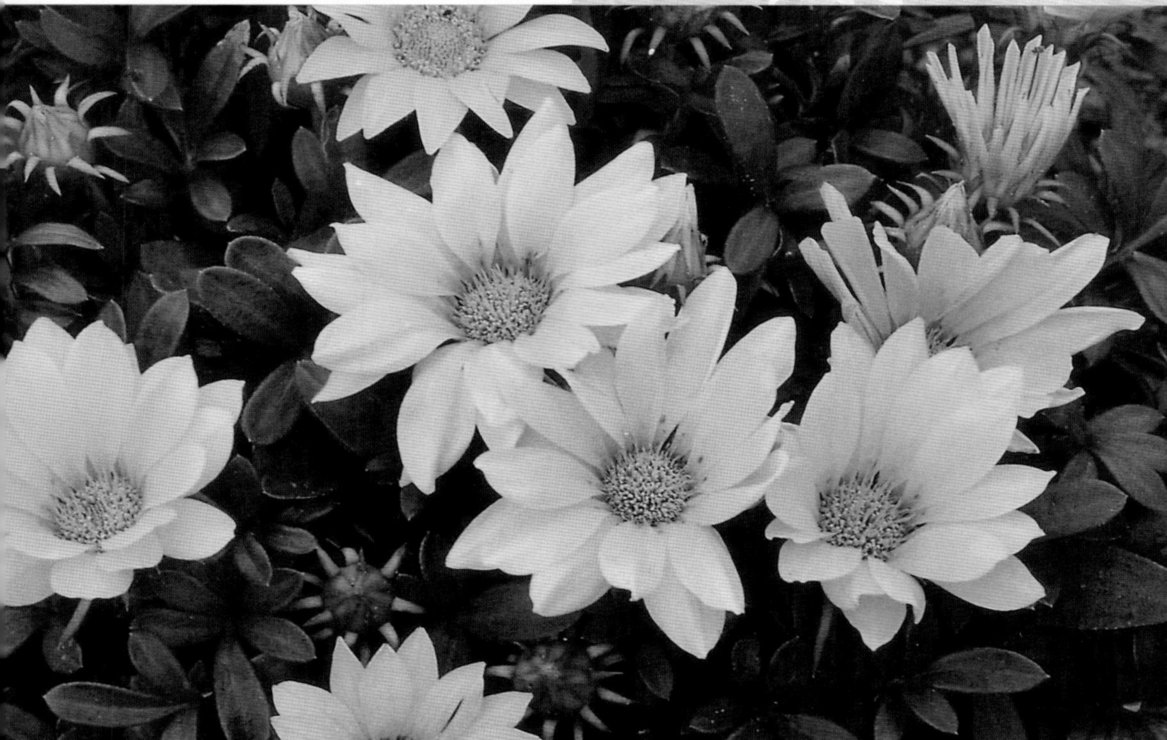

;azania **Mini Star Series** ♈
jusqu'à 20 cm ↔ jusqu'à 25 cm, vivace persistante, compacte, en touffes, aux poils soyeux blancs
ı revers des feuilles ; fleurs en été, jaune vif, orange, cuivre, bronze, blanches, roses et beiges

GENTIANA

Gentiane

SI C'EST AVANT TOUT LE BLEU INTENSE de leurs fleurs en trompette ou en clochette qui attire les jardiniers, il existe aussi des formes blanches et jaunes de gentianes, et de rares formes rouges. La période de floraison varie de la fin du printemps (*Gentiana acaulis*), à l'été (*G. saxosa*) et à l'automne (*G. sino-ornata*). Ce genre comprend de nombreuses espèces très diverses, les vivaces étant les plus cultivées. Celles-ci sont caduques, persistantes ou semi-persistantes, au port rampant ou tapissant ou bien érigées et en touffes. Si nombres d'entre elles sont des alpines exigeant les conditions d'une rocaille, quelques-unes se plairont dans une plate-bande herbacée à l'image de *G. asclepiadea*, à floraison estivale tardive. Certaines gentianes ayant des besoins spécifiques en termes de sol, il faudra parfois les cultiver en pot. Les gentianes à floraison automnale affichent une rosette de feuilles.

Rusticité Zones 3 à 9

Culture Dans un sol léger mais riche, humide mais bien drainé, en plein soleil uniquement quand l'été est frais. Sous une ombre légère dans les régions plus chaudes. Sol neutre à alcalin pour les espèces à floraison automnale. **Semez** les graines des espèces à maturité sous châssis froid. **Divisez** soigneusement les rejets enracinés au printemps.

① ***acaulis*** ♈ ↕8 cm ↔ 30 cm ② ***saxosa*** ↕8 cm ↔ 10 cm
③ ***septemfida*** ♈ ↕15-20 cm ↔ 30 cm ④ ***sino-ornata*** ♈
↕jusqu'à 8 cm ↔ 15-30 cm

GERANIUM

Géranium vivace, Bec-de-grue

FACILES À CULTIVER, ADAPTÉS À BIEN DES SITUATIONS, offrant une longue période de floraison, peu de plantes sont aussi utiles au jardin que les géraniums rustiques. Ce genre comprend environ 300 espèces d'annuelles, de bisannuelles et de vivaces herbacées, dont certaines sont persistantes ou semi-persistantes. Leurs fleurs délicates, portées à profusion, se déclinent dans une palette de blanc, de rose, de pourpre et de bleu, et sont souvent veinées d'un ton contrasté. En général arrondies ou palmatilobées (à l'image du palmier), les feuilles sont fréquemment aromatiques et, selon les espèces, prennent de jolies colorations d'automne. On confond souvent les géraniums avec les plantes à massif non rustiques cultivées en pot que sont les *Pelargonium* (*voir p. 300-301*), improprement appelés géraniums. Les *Geranium*, poussant naturellement dans des régions aux climats très variés à l'exception des régions très humides, ont leur place presque partout au jardin et en pot. Les variétés compactes de 15 cm de haut sont à l'aise dans une rocaille, les grands sujets, mesurant 1,40 m ou plus, seront plus chez eux dans une plate-bande mixte ou herbacée. Les espèces tapissantes comme *G. macrorrizhum* sont précieuses en couvre-sol, y compris sur des talus où la densité de leurs racines préviendra l'érosion.

Rusticité Zones 3 à 9

Culture Dans un sol fertile en plein soleil ou à mi-ombre pour les hybrides et espèces de grande taille. Les petites espèces demandent un site bien drainé en plein soleil. Évitez les sols acides, trop humides en hiver. **Arrosez** fréquemment pendant les périodes de sécheresse et faites un apport mensuel d'engrais équilibré. **Supprimez** les fleurs et les feuilles fanées après la première floraison au début ou au milieu de l'été pour profiter de nouvelles feuilles et d'une seconde vague de fleurs. **Semez** les graines des espèces rustiques à l'extérieur, en pot, à maturité ou au printemps et celles des semi-rustiques à l'intérieur en fin d'hiver ou au début du printemps. **Divisez** les touffes surchargées au printemps. **Prélevez** des boutures basales au printemps, à traiter en boutures herbacées.

Les géraniums au jardin

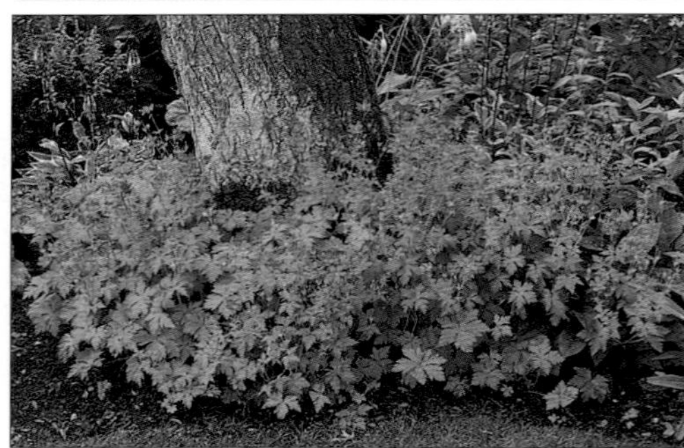

◁ ***Un décor de sous-bois*** *Leur légèreté et leur port étalé associés à une profusion de fleurs, même sous une ombre partielle, font des géraniums un bon choix dans un jardin de sous-bois. Le feuillage pubescent et les petites fleurs roses de* G. endressii *contrastent ici sur les troncs massifs. Avec* G. himalayense, G. macrorrhizum *et leurs cultivars et* G. nodosum, *ce sont toutes de bonnes plantes tapissantes pour un site ombragé.*

▷ ***Des géraniums en couvre-sol*** Geranium × magnificum *est utilisé ici en couvre-sol au pied de rosiers. Roses et géraniums forment un mariage classique. Le port vigoureux et étalé de ces derniers cachant le sol nu et les tiges ternes des rosiers, leurs petites fleurs en coupe offrent un cadre de choix aux fleurs moins discrètes des rosiers. Leurs teintes caractéristiques bleu, mauve ou rose s'harmonisent avec nombre de couleurs de rosiers. Le riche violet des bouquets des géraniums contraste ici sur l'éclat écarlate des roses, attirant le regard.*

1 2 7 8 13 14 18 19

① *Geranium* 'Ann Folkard' 🏆 ↕60 cm ↔ 1 m ② *asphodeloides* ↕30-45 cm ↔ 30 cm, persistant ③ × *cantabrigiense* ↕30 cm ↔ 60 cm, persistant, aromatique ④ × *cantabrigiense* 'Biokovo' ↕30 cm ↔ 75-90 cm, persistant ⑤ *cinereum* 'Ballerina' 🏆 ↕15 cm ↔ 30 cm, persistant, bon drainage ⑥ *cinereum* var. *subcaulescens* 🏆 ↕15 cm ↔ 30 cm, persistant, bon drainage ⑦ *clarkei* 'Kashmir White' 🏆 ↕45 cm ↔ non définie ⑧ *dalmaticum* 🏆 ↕15 cm ↔ 50 cm, persistant

endressii ♀ ↕45 cm ↔ 60 cm, persistant ⑩ *erianthum* ↕45-60 cm ↔ 30 cm, jolie coloration
1 feuillage d'automne ⑪ *himalayense* ↕30-45 cm ↔ 60 cm ⑫ *himalayense* 'Gravetye' ♀
30 cm ↔ 60 cm ⑬ *ibericum* ↕50 cm ↔ 60 cm ⑭ *macrorrhizum* ↕50 cm ↔ 60 cm, aromatique
macrorrhizum 'Ingwersen's Variety' ♀ ↕50 cm ↔ 60 cm, semi-persistant ⑯ *maculatum*
50-75 cm ↔ 45 cm ⑰ *maderense* ♀ ↕1,20 m ↔ 1,50 m, persistant ⑱ × *magnificum* ♀ ↕↔ 60 cm

⑲ *nodosum* ↕30-50 cm ↔ 50 cm ⑳ *orientalitibeticum* ↕30 cm ↔ 1 m
㉑ × *oxonianum* ↕80 cm ↔ 60 cm, persistant ㉒ × *oxonianum* 'Southcombe Star' ↕80 cm ↔ 60 cm, persistant ㉓ × *oxonianum* 'Winscombe' ↕↔ 45 cm, persistant

GEUM

Benoîte

RESSEMBLANT PLUTÔT À DES BOUTONS D'OR ou à de petites roses, les grandes fleurs des benoîtes se déclinent dans une palette de rouges, d'orange et de jaunes. Elles sont portées de la fin du printemps à l'été au-dessus d'une touffe de feuilles divisées et gaufrées vert foncé. Les plus petites se plairont dans une rocaille, les plus grandes semblant, quant à elles, taillées sur mesure pour le premier plan d'une plate-bande ensoleillée. Mariez-les à d'autres vivaces herbacées comme leurs proches parentes les potentilles (*voir p. 311*), aux fleurs de même style, et les géraniums rustiques (*p. 250-251*).

Rusticité Zones 3 à 10

Culture Dans un sol fertile, bien drainé, en plein soleil. *G. rivale* et ses cultivars exigent beaucoup d'humidité et de matière organique, sans que le sol soit détrempé en hiver. **Semez** à l'intérieur en fin d'hiver ou au début du printemps. Les variétés 'Lady Stradtheden' et 'Mrs J. Bradshaw' sont généralement conformes au type par semis, mais la plupart des grandes benoîtes s'hybrident librement, donnant des rejetons imprévisibles. **Divisez** les autres variétés pour obtenir de nouvelles plantes conformes au type.

Geum montanum ♀

↕15 cm ↔ jusqu'à 30 cm, l'une des plus petites benoîtes, idéale dans une rocaille ; floraison au printemps et en début d'été

GLADIOLUS

Glaïeul

AVEC LEURS GRANDS ÉPIS TRÈS ÉRIGÉS de fleurs estivale les glaïeuls sont tout aussi remarquables en vase qu'au ja din. Les fleurs en entonnoir s'épanouissent du bas vers haut de l'épi dans une palette de blanc, rouge, rose, jaur et orange, certains étant bicolores, parfois délicatemer marqués sur les tépales inférieurs. Les glaïeuls qui se dév loppent à partir de cormus arborent de longues feuill en forme de glaive, disposées en éventail. Nombre d'ent eux n'étant pas rustiques, on les plantera dans une plat bande chaude et abritée. Offrez-leur la compagnie d'autr vivaces herbacées comme les hémérocalles (*Hemerocall voir p. 258*) et de graminées. On cultive parfois *Gladiol* en rangs au potager, en prévision des bouquets.

Rusticité Zones 7 à 10

Culture Dans un sol fertile, bien drainé, en plein soleil. **Plantez** les cormus entre 10 et 15 cm de profondeur au printemps. Incorporez du sab grossier dans les sols lourds. Tuteurez les grandes espèces. **Déterrez** les cormus dans les régions exposées au gel quand les feuilles commencent à jaunir et faites-les sécher une quinzaine de jours avant de supprimer les parties feuillues. **Séparez** les caïeux, jetez les vieux cormus desséchés et marron foncé, et hivernez les autres dans un endroit frais à l'abri du gel. Surveillez-les et jetez tous ceux montrant des signes de moisissure.

Geum 'Lady Stratheden' ♀

↕40-60 cm ↔ 60 cm, benoîte appréciée dans une plate-bande ensoleillée où elle arborera ses grandes fleurs tout l'été

Geum 'Red Wings'

↕jusqu'à 60 cm ↔ jusqu'à 40 cm, fleurs semi-doubles écarlates ou rouge vif portées à profusion tout l'été

Gladiolus 'Elvira'

↕80 cm ↔ 8-10 cm, chaque cormus produit deux ou trois épis floraux élancés en début de l'été, idéal en fleurs à couper

ladiolus tristis 🏆
45-150 cm ↔ 5 cm, fleurs blanc crème à jaune pâle au printemps, ès parfumé le soir

ladiolus communis ssp. *byzantinus* 🏆
jusqu'à 1 m ↔ 8 cm, vigoureux et étalé ; fleurs début d'été ; paillis vernal dans les régions froides (limite de rusticité)

LE TUTEURAGE DES GLAÏEULS Tuteurez les grandes variétés au milieu de l'été. Espacez les liens tous les 20 cm sans abîmer les fleurs ou entraver leur éclosion.

Gladiolus 'Anna Leorah'
↕ 1,60 m ↔ 15 cm, chaque épi floral est chargé de fleurs marginées de rose du début à la fin de l'été

GLECHOMA

Lierre terrestre

LA NATURE RAMPANTE DE CES VIVACES en fait de précieuses couvre-sol, notamment dans les coins en partie ombragés du jardin. Les petites feuilles dentées se développent sur de longues tiges grêles qui s'empressent de s'enraciner dans le sol. Certaines formes étant assez envahissantes, on limitera régulièrement leur étalement. Les *Glechoma* affichent de petites fleurs violettes du printemps à l'été. Parmi ses partenaires, citons les bugles (*Aruga, voir p. 217*), les corydales (*Corydalis, p. 217*), les lamiers (*Lamium, p. 269*), les violettes (*p. 338*), et les perce-neige (*Galanthus, p. 247*). Le feuillage marbré de blanc de *Glechoma hederacea* 'Variegata', le plus cultivé, offre une jolie toile de fond aux plantes de massifs d'été comme les pélargoniums (*p. 300-303*) et les *Fuchsias* (*p. 60-63*) en contenant, et se marie bien aux *Helichrysum* à feuillage argenté.

Rusticité Zones 3 à 10

Culture Dans un sol assez fertile, bien drainé, en plein soleil ou à mi-ombre. **Divisez** les touffes au printemps ou prélevez des boutures herbacées en fin de printemps.

Glechoma hederacea 'Variegata'
↕ jusqu'à 15 cm ↔ jusqu'à 2 m ou plus, son feuillage rampant ornera toute l'année paniers suspendus et jardinières

GUNNERA
Gunnéra

LE FEUILLAGE DES GUNNÉRAS fait résolument sensation au jardin. S'il existe de petites formes tapissantes comme *Gunnera magellanica* ne dépassant pas 15 cm de haut, ce genre doit sa réputation à *G. manicata*, géante majestueuse qui croît de 2,50 m ou plus en une saison. Le revers de ses feuilles, rappelant la rhubarbe, et leurs pétioles épais sont très épineux. Les épis floraux de ertaines espèces sont eux aussi décoratifs. Les sujets à grandes feuilles donnent de superbes plantes architecturales à situer au bord d'un cours d'eau ou d'un étang, dans les grands jardins. Ils se plairont en compagnie de plantes appréciant l'humidité comme les astilbes (*voir p. 194*). Les petits gunnéras sont mieux adaptés aux rocailles.

Rusticité Zones 8 à 10

Culture Dans un sol fertile, humide en permanence, au soleil ou à mi-ombre. Dans les régions exposées au gel, protégez les souches en les couvrant de leurs propres feuilles. **Multipliez** les grandes espèces au printemps par bouturage de bourgeons feuillus et dotés de racines, prélevés à la base. **Semez** à l'intérieur en fin d'hiver ou au début du printemps.

Gunnera tinctoria
↕1,50 m ↔ 2 m, ses feuilles immenses et ses fleurs rouille sont un peu plus petites que celles de *G. manicata*, plus rustique

GYPSOPHILA
Gypsophile

QUICONQUE ACHÈTE DES FLEURS EN BOUQUETS connaît les gerbes légères de petites fleurs d'été étoilées, blanches ou roses, des gypsophiles, et si elles étoffent avec grâce et légèreté les compositions florales pour la maison, le même principe s'applique au jardin. Les plus petites sont parfaites dans une rocaille ou retombant sur un muret, les annuelles et les vivaces plus grandes comme *Gypsophila paniculata* étant à leur place dans une plate-bande. Leurs nuages de fleurs composent de jolis tableaux avec nombre de vivaces herbacées : coréopsis (*voir p. 217*), géraniums rustiques (*p. 250*) et benoîtes (*Geum, p. 252*). Parmi les cultivars populaires, citons 'Bristol Fairy' et 'Perfecta' à fleurs blanches et doubles, et 'Flamingo' à fleurs doubles rose lilas. Tous donnent de belles fleurs à couper.

Rusticité Zones 3 à 9

Culture Dans un sol profond, léger, de préférence alcalin, très drainant et en plein soleil. **Semez** les annuelles *in situ* au printemps et éclaircissez à 15 cm. Semez les vivaces à l'intérieur en fin d'hiver ou au début du printemps. **Prélevez** des boutures de racines sur les vivaces au début du printemps : une autre façon de renouveler vos stocks.

Gypsophila 'Rosenschleier' 🏆
↕40-50 cm ↔ 1 m, syn. 'Rosy Veil', nuées ondoyantes de fleurs semi-doubles rose pâle

HABERLEA

À LEUR AISE DANS UNE ROCAILLE OMBRAGÉE, ces vivac persistantes acaules (sans tige apparente) coloniseror petit à petit toute une partie du jardin de leurs rosett de feuilles vert foncé, rehaussées au printemps et au déb de l'été d'ombelles épanouies de fleurs pendantes, e trompette, bleu lavande ou bleu violet pâle. Les *Haberle* ne dépassant pas une quinzaine de centimètres, sont pa faites dans les fissures d'un mur de pierre sèche, les cr vasses d'une rocaille ou en serre alpine (serre fraîche bie ventilée). Elles se marient avec de nombreuses plant de rocaille.

Rusticité Zones 7 à 10

Culture Dans un sol humide mais bien drainé, de préférence alcalin, en plein soleil ou à mi-ombre. En serre alpine, cultivez-les dans un compost à base de terreau très bien drainé. Une fois plantées les racines n'aiment pas être dérangées. **Protégez** d'une humidité hivernale excessive. *Haberlea* préfère être plantée de biais pour que l'eau ne s'accumule pas au niveau du collet. **Semez** à l'intérieur en fin d'hiver ou au début du printemps. **Divisez** les touffes de rosettes en début d'été. Les **limaces** et les **escargots** sont un risque pour le feuillage à l'extérieur.

Haberlea rhodopensis 'Virginalis'
↕15 cm ↔ jusqu'à 15 cm, feuilles finement pubescentes

ᛁACQUETIA EPIPACTIS

ES INFLORESCENCES PRÉCOCES de cette espèce aux ouleurs vives sont composées d'une touffe centrale de ninuscules fleurs jaunes, entourées de bractées (feuilles nodifiées) vert vif, et sont portées de la fin de l'hiver au ailieu du printemps. Le feuillage vert lustré d'*Hacquetia pipactis* ne se développera pleinement qu'après la oraison. Petite vivace en touffe, elle apprécie les sites umides et ombragés. Elle sera parfaitement à sa place à ombre, dans une rocaille humide ou dans un jardin de ous-bois parmi des plantes comme les perce-neige *Galanthus, voir p. 247*), les jonquilles naines (*Narcissus, . 288-289*), les anémones (*p. 181*), les soucis des marais *Caltha, p. 295*) et les corydales (*p. 217*). Les hellébores *p. 257*) et les fleurs-des-elfes (*Epimedium, p. 235*) sont ussi de bons compagnons.

usticité Zones 7 à 10

ulture Dans un sol maintenu humide mais pas détrempé, neutre acide, enrichi de matière organique bien décomposée. **Semez** en ot sous châssis froid à maturité. **Divisez** au printemps pour accroître os stocks et maintenir sa vigueur à la plante ou prélevez des boutures e racine en hiver.

HELENIUM

Hélénie

PREMIER CHOIX POUR UNE PLATE-BANDE D'AUTOMNE, les hélénies contribuent avec superbe au jardin de fin de saison. Leurs fleurs en capitules, aux tons merveilleusement chauds, s'épanouissent sur une longue période de l'été à l'automne. Les hélénies sont des vivaces en touffes relativement grandes qui s'étaleront lentement au fil des ans, créant d'audacieuses taches de couleurs, jaunes, bronze, orange et rouges. Les fleurs sont bonnes à couper et attirent les abeilles et d'autres insectes bienfaiteurs au jardin. Cultivez-les dans une plate-bande herbacée avec des vivaces à floraison tardive : orpins (*Sedum, p. 324*), *Rudbeckia* (*p. 317*) et asters (*p. 192-193*). Le contact avec le feuillage provoque parfois des réactions cutanées.

Rusticité Zones 3 à 10

Culture Dans un sol fertile, humide, mais bien drainé, en plein soleil. **Tuteurez** les grandes variétés. Divisez les touffes tous les deux ou trois ans en automne ou au printemps, pour accroître vos stocks et garder leur vigueur aux plantes. **Semez** à l'intérieur en fin d'hiver ou au début du printemps. **Multipliez** les cultivars par boutures basales au printemps, à traiter en boutures herbacées.

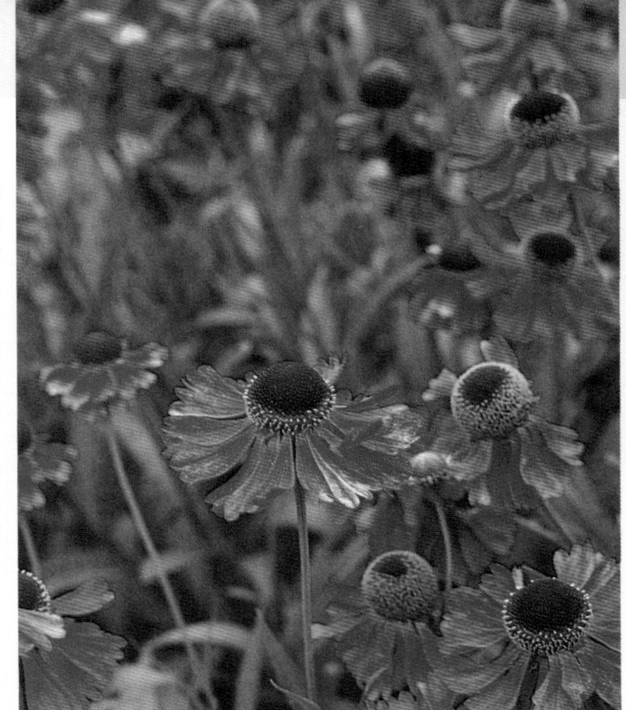

Helenium 'Moerheim Beauty' ♀

↕90 cm ↔ 60 cm, fleurs du début à la fin de l'été

Hacquetia epipactis ♀

5 cm ↔ jusqu'à 15 cm, un fascinant mariage de couleurs ui illuminera une partie humide et ombragée du jardin

Helenium 'Crimson Beauty'

↕90 cm ↔ 60 cm, ses capitules rouges à fleurons réfléchis se teintent de marron avec l'âge

Helenium autumnale

↕jusqu'à 1,50 m ↔ 45 cm, fleurs de la fin de l'été au milieu de l'automne : tuteurez les tiges

Helianthus

Soleil, Tournesol

↕ jusqu'à 5 m ↔ jusqu'à 1,20 m

Très appréciées dans les jardins pour enfants, ces annuelles et vivaces sont cultivées pour leur hauteur spectaculaire et leurs capitules aux couleurs vives, souvent de grande taille. Jaunes, rouges, bronze et acajou, elles sont portées simples ou en corymbes lâches, en été et en automne. Les capitules peuvent atteindre 30 cm de diamètre sur certaines annuelles. Si leur feuillage manque de finesse, ce sont cependant de remarquables fleurs dans une plate-bande, certaines annuelles naines donnant aussi de bons résultats en contenant. Les soleils sont de bonnes fleurs à couper qui attirent les insectes pollinisateurs, leurs graines fournissant parfois leur pitance aux oiseaux. Les plus grands formeront rapidement un bel écran d'été.

Rusticité Zones 4 à 9

Culture Dans un sol assez fertile et bien drainé, neutre à alcalin, en plein soleil. Les grandes espèces, dont celles aux grandes inflorescences lourdes, seront tuteurées. **Semez** les vivaces et les annuelles à l'intérieur en fin d'hiver ou au début du printemps. **Divisez** et repiquez les vivaces tous les deux à quatre ans pour maintenir une bonne vigueur.

① 'Lemon Queen' ↕ 1,70 m ② 'Monarch' ♀ ↕ jusqu'à 2 m ③ 'Soleil d'or' ↕ jusqu'à 2 m ④ 'Velvet Queen' ↕ 1,50 m

Heliopsis

Héliopside

Vivant dans les prairies sèches d'Amérique du Nord, ces vivaces en touffes sont précieuses pour leur longue floraison et leur relative facilité de culture. Simples ou doubles, leurs joyeuses fleurs jaune d'or en capitules, mesurant jusqu'à 8 cm de diamètre, s'affichent du milieu de l'été au début de l'automne. Les héliopsides développent des tiges raides et ramifiées atteignant 1 m de haut, couvertes de feuilles vert moyen à vert foncé. Ce sont de précieuses candidates dans une plate-bande herbacée ou mixte. Mariez-les avec d'autres vivaces colorées : achillées (*voir p. 167*), *Rudbeckia* (*p. 317*), géraniums rustiques (*p. 250-251*) et campanules (*p. 206*).

Rusticité Zones 3 à 9

Culture Dans un sol assez fertile, bien drainé, enrichi de matière organique bien décomposée, en plein soleil. Prévoyez un tuteur pour les sujets de grande taille. **Divisez** tous les deux ou trois ans pour maintenir leur vigueur aux plantes. **Semez** à l'intérieur en fin d'hiver ou au début du printemps. **Prélevez** des boutures basales au printemps à traiter en boutures herbacées. Les jeunes pousses font le régal des **limaces**.

Heliopsis helianthoides 'Sommersonne'
↕ 90 cm ↔ 60 cm, fleurs jaune d'or soutenu, parfois mâtinées de jaune orangé ; bonnes fleurs à couper

Helleborus

Hellébore

Les hellébores sont les vedettes du jardin en hiver. La grande majorité des espèces de ce genre sont des vivaces persistantes, appréciées pour leur élégant feuillage lustré sur lequel ressortent de délicieuses fleurs aux tons subtils de pourpre, rose, vert, blanc et crème, souvent mouchetées d'une couleur contrastée. Les fleurs des hellébores tiennent longtemps ; certaines sont tournées vers l'extérieur, d'autres s'inclinent gracieusement vers le sol, quelques unes sont parfumées. Elles seront du plus bel effet réunies en groupe dans une plate-bande mixte ou arbustive ou un décor naturel de sous-bois. Accompagnez-les d'arbustes à floraison hivernale comme les hamamélis (*voir p. 68*), les *Sarcococca* (*p. 116*) et les viornes (*Viburnum, p. 126-127*).

Rusticité Zones 5 à 9

Culture Sur des sites aux sols et conditions assez variés. De préférence, dans un sol neutre à alcalin, au soleil ou à l'ombre. Évitez les sols desséchés ou détrempés. **Incorporez** une bonne quantité de matière organique bien décomposée avant la plantation et épandez un paillis de matière organique en automne. **Semez** en pot sous châssis froid à maturité ; les cultivars ne seront pas conformes au type. Les hellébores se disséminent très spontanément. **Divisez** au début du printemps ou à la fin de l'été.

DE NOUVELLES VENUES
Déterrez et repiquez les plantules reparties au pied de la plante au printemps, lorsqu'elles ont au moins une vraie feuille.

Helleborus foetidus ♀ (Hellébore fétide)
↕ jusqu'à 80 cm ↔ 45 cm, feuillage très découpé odorant quand on le froisse ; floraison milieu d'hiver à milieu de printemps

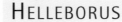

Helleborus × hybridus
↔ 45 cm, fleurs blanches, pourpres, jaunes, vertes ou roses au début du printemps ; supprimez les euilles abîmées et flétries avant l'éclosion des boutons

Helleborus argutifolius ♀ (Hellébore de Corse)
↕ jusqu'à 1,20 m ↔ 90 cm, en feuilles tout l'hiver ; fleurs vert pâle en coupe peu profonde en fin d'hiver et début de printemps

***Helleborus × hybridus* Slaty blue**
↔ 45 cm, généralement issue de semis ; floraison du début u milieu du printemps

***Helleborus niger* 'Potter's Wheel'** (Rose de Noël)
↕ jusqu'à 30 cm ↔ 45 cm, en feuilles tout l'hiver ; fleurs particulièrement grandes en début de printemps

***Helleborus × hybridus* Ashwood Garden hybrids**
↕↔ 45 cm, tachetés ou mouchetés, certains à fleurs doubles, du début au milieu du printemps

HEMEROCALLIS

Hémérocalle, Lys d'un jour

↕25 cm-1,20 m
↔30 cm-1,20 m

LES LYS D'UN JOUR DOIVENT leur nom à leurs fleurs exotiques qui ne durent qu'une journée. De nouveaux boutons ne tarderont cependant pas à prendre leur place. Il existe des milliers de cultivars aux teintes éblouissantes, allant du blanc cassé, du jaune d'or et de l'abricot à l'orange, au rouge et au bleu. Certains portent des fleurs arachniformes, d'autres plates ou très doubles. Caduques, persistantes ou semi-persistantes, ces vivaces en touffes fleurissent du printemps à la fin de l'été. Beaucoup d'espèces sont remontantes. Les lys d'un jour sont très beaux groupés par vagues dans un jardin sauvage. Les espèces naines se plaisent en contenant.

Rusticité Zones 3 à 10

Culture Dans un sol fertile, humide mais bien drainé. La plupart demandent le plein soleil pour bien afficher leurs couleurs, mais tolèrent aussi la mi-ombre. **Divisez** les plantes tous les deux ou trois ans pour maintenir leur vigueur. Ne divisez ou plantez les persistantes qu'au printemps. Les larves des **cécidomyies** infestent parfois les jeunes boutons jusqu'à leur destruction ; jetez sur-le-champ tous les boutons anormalement gonflés.

① 'Gentle Shepherd' ↕65 cm ② 'Golden Chimes' ♈ ↕90 cm ③ 'Lemon Bells' ♈ ↕1,20 m ④ 'Marion Vaughn' ♈ ↕85 cm

HEPATICA

Hépatique

VOICI UN GENRE COMPOSÉ DE QUELQUES VIVACES à floraison précoce, apparentées aux anémones (*voir p. 180*). En coupe ou en étoile, leurs fleurs solitaires ont la particularité de s'ouvrir de la fin de l'hiver au début du printemps, avant la formation complète des feuilles. Blanches, rose pâle à cramoisies, bleu pâle à mauve, les fleurs sont fréquemment tachetées ou marbrées. Les feuilles sont souvent pourpres au revers, parfois marbrées de blanc ou d'argenté. Ces dernières forment des rosettes basales de 13 cm de diamètre, qui durent tout l'été, après que les fleurs ont fané. Les hépatiques se plaisent dans un sol humide, à mi-ombre comme dans un décor de sous-bois, ou le coin ombragé d'une rocaille. Elles se marient bien avec de petits bulbes de printemps.

Rusticité Zones 4 à 8

Culture De préférence dans un sol lourd, neutre à alcalin, à mi-ombre, mais aussi dans un sol bien drainé enrichi de matière organique bien décomposée. **Surfacez** d'un paillis de terreau de feuilles ou de compost de jardin au printemps ou en automne. Leurs racines n'aimant pas être dérangées, les hépatiques n'apprécient pas la transplantation. **Semez** à l'intérieur en fin d'hiver ou au début du printemps. **Divisez** au printemps ; la reprise est lente.

Hepatica nobilis ♈
↕10 cm ↔ 15 cm, semi-persistante en dôme à croissance lente ; fleurs blanches, roses, bleues ou pourpres au début du printemps

Hepatica nobilis var. *japonica*
↕jusqu'à 8 cm ↔ 15 cm, semi-persistante en dôme à croissance lente ; fleurs blanches, roses ou bleues début printemps, pour une auge d'alpines

ESPERIS MATRONALIS

rarde, Julienne horticole, Julienne des dames

↕ jusqu'à 90 cm ↔ 45 cm

LES FLEURS, AU PARFUM SUBTIL, des juliennes sont portées sur de hautes tiges ondoyantes au-dessus de rosettes de feuilles pubescentes vert foncé. Bisannuelle ou vivace éphémère, l'espèce du genre généralement cultivée est *Hesperis matronalis* ainsi que ses cultirs. Lilas ou pourpres, ses fleurs portées de la fin du intemps au début de l'été exhalent une forte odeur icée le soir. Certains cultivars arborent des fleurs ubles. Tous donnent de belles fleurs à couper. *Hesperis* le plus souvent cultivée en annuelle et se ressème très ontanément. Elle trouve sa place dans un jardin de ontanément. Elle trouve sa place dans un jardin de mpagne, une plate-bande herbacée, ou un jardin sauge avec d'autres fleurs précoces comme les pavots *apaver, voir p. 299*).

sticité Zones 3 à 8

lture Dans un sol fertile, humide, mais bien drainé, neutre à alin, au soleil ou à mi-ombre. **Semez** au printemps ou en début té, *in situ* dans un coin du jardin, et repiquez en automne.

HEUCHERA

Heuchère

LEUR FEUILLAGE AUX RICHES COULEURS est le principal atout des heuchères. Persistantes ou semi-persistantes, les feuilles lobées, arrondies ou crénelées, teintées de bronze ou de pourpre, sont tachetées ou marbrées, avec des nervures marquées. Elles forment des dômes réguliers au-dessus desquels émergent de légères grappes de minuscules fleurs roses à blanc presque pur du début au milieu de l'été. Bonnes en bouquets secs ou frais, les fleurs attirent les abeilles. Si on utilise les heuchères en couvre-sol dans une plate-bande ou en bordure d'allée, elles ont aussi belle allure dans un jardin de sous-bois ou une rocaille. Offrez-leur le feuillage contrasté de plantes comme *Stachys byzantina* (*voir p. 328*) ou *Choisya ternata* 'Sundance' (*p. 40*).

Rusticité Zones 3 à 11

Culture Dans un sol neutre, fertile, humide mais bien drainé, au soleil ou à mi-ombre. Sous une ombre profonde si le sol est humide. **Semez** à l'intérieur en fin d'hiver ou au début du printemps. **Divisez** tous les cultivars chaque automne pour que les souches ligneuses ne soulèvent pas le sol. Les larves d'**otiorhynques** présentent un risque pour les racines, provoquant le flétrissement de la plante. Détruisez sans attendre les plantes malades.

***Heuchera cylindrica* 'Greenfinch'**
↕ jusqu'à 90 cm ↔ 60 cm, en dôme ; feuilles souvent velues ; floraison du milieu du printemps au milieu de l'été

DIVISEZ LES TOUFFES des heuchères chaque année pour qu'elles ne soient pas trop ligneuses et dégarnies au centre.

esperis matronalis* var. *albiflora
ɪurs de 3 à 4 cm de diamètre, mellifères ; les plantules sont ınches si aucune autre *Hesperis* n'est cultivée dans le voisinage

***Heuchera micrantha* 'Palace Purple'**
↕↔ 45-60 cm, en touffe ou en dôme, feuilles de 15 cm de long, floraison abondante en début d'été ; fruits rosés

***Heuchera* 'Red Spangles'**
↕ 50 cm ↔ 25 cm, en touffes, feuilles arrondies à réniformes, vert foncé marbré de vert pâle ; fleurs tout l'été

Hosta

Funkia, Hosta

Les hostas comptent parmi les plus spectaculaires des plantes feuillues. Leurs feuilles nervurées, immenses chez certains, sont vertes, jaunes, bleu-vert ou gris bleu, dentées ou marginées de blanc ou de crème selon les cultivars. Les fleurs en trompette, réunies en grappes en été, sont portées bien au-dessus du feuillage. Les hostas sont des vivaces herbacées qui poussent naturellement le long de rives rocailleuses, dans les sous-bois et les prairies alpines. Ce sont d'excellentes couvre-sol car leurs feuilles, qui se chevauchent, forment une couverture dense qui ne laisse pas passer la lumière, empêchant ainsi la germination des mauvaises herbes. Ils sont également à leur place sur un site ombragé, mais on enrichira le sol d'une bonne quantité de matière organique bien décomposée, qui maintiendra l'humidité pour les hostas cultivés au pied des arbres. Les hostas donnent de bons résultats en pots, où ils seront plus faciles à protéger des limaces. Leur feuillage arrondi et luxuriant aura particulièrement belle allure près des cours d'eau et des étangs, ou en contraste sur de grandes plantes épineuses comme les graminées. Les cultivars à petites feuilles aux contours bien nets se plairont dans une rocaille.

Rusticité Zones 3 à 9

Culture Dans un sol fertile, humide mais bien drainé, à l'abri du froid et des vents desséchants. Ne laissez jamais le sol se dessécher et arrosez soigneusement les plantes pendant les pics de sécheresse. La plupart des hostas préfèrent le plein soleil ou une ombre partielle, bien que les couleurs des cultivars à feuilles jaunes et les panachés soient plus jolies au soleil, mais attention, le feuillage brûlerait sous des rayons trop forts. **Paillez** le sol entre les plantes au printemps pour maintenir son humidité. **Multipliez** par division au printemps. Les hostas faisant le régal des **limaces** et des **escargots**, il faudra prendre des mesures de protection. Les racines des plantes cultivées en pot risquent, quant à elles, d'être dévorées par les larves d'**otiorhinques**.

Protéger les hostas des limaces et des escargots

Si les hostas affichent un feuillage étonnant, celui-ci n'en est pas moins irrésistible pour les limaces et les escargots, qui y laissent des trous de-ci de-là et des traînées de bave argentée. Il n'est pas rare de trouver des feuilles complètement déchiquetées après le festin des limaces. Il existe plusieurs façons de les contrer sans recourir aux granulés anti-limaces qui pourraient être néfastes aux animaux utiles du jardin. On trouve dans le commerce des pièges à limaces, mais vous pouvez aussi fabriquer un piège à bière : un contenant enterré dans la terre, rempli de bière, dont l'odeur attire limaces et escargots. Gravillons, graviers, coquilles d'œuf ou coques de cacao éloigneront aussi ces intrus car ils n'aiment pas les surfaces rugueuses. Posez vos pièges avant l'émergence des feuilles au printemps et pensez à les renouveler.

Enfin, on peut ramasser les limaces et les escargots à la main, la nuit, à la lueur d'une lampe torche, notamment par temps humide.

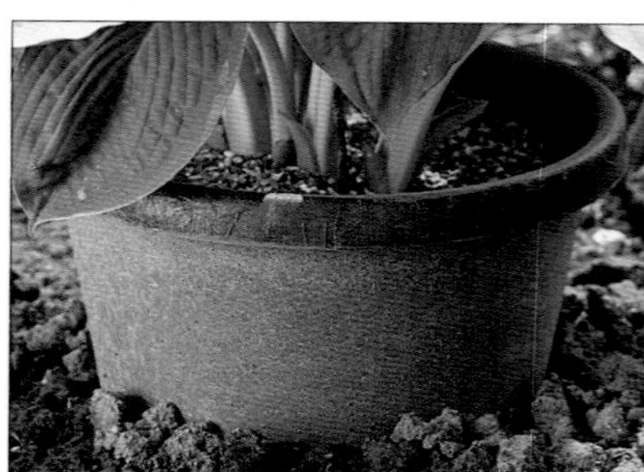

Du cuivre en protection *La culture en pot est une première étape pour protéger les hostas. On renforcera cette protection par des bandes de cuivre adhésives en vente en jardinerie, que l'on colle autour du pot. Le cuivre produit une décharge électrique à laquelle sont sensibles les mollusques qui rebrousseront chemin.*

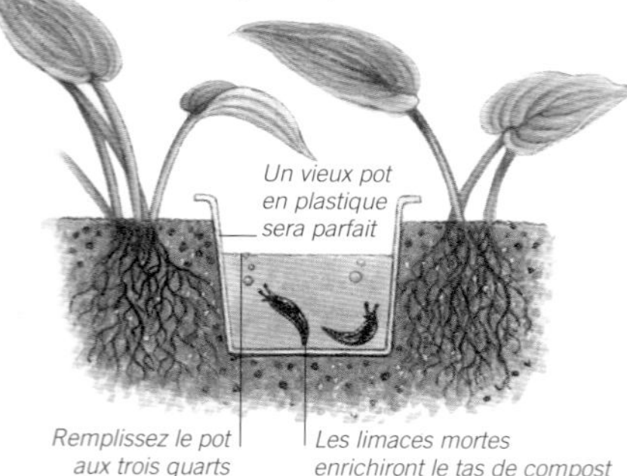
Un vieux pot en plastique sera parfait
Remplissez le pot aux trois quarts
Les limaces mortes enrichiront le tas de compost

Un piège à bière *Le piège à bière est une méthode naturelle pour attraper les limaces et les escargots. Attirés par l'odeur de la bière, ils se noient dans le pot. Enfoncez-le dans le sol, laissez un rebord de 2,5 cm pour empêcher les insectes utiles comme les carabes (coléoptères) de tomber dans le piège.*

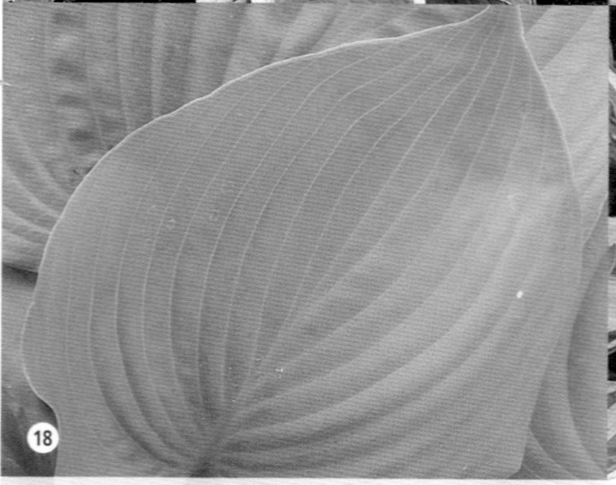

① *Hosta* 'Aureomarginata' ↕50 cm ↔ 1 m, tolère le soleil ou la mi-ombre ② 'Blue Blush' ↕20 cm ↔ 35-40 cm, fleurs bleu lavande ③ 'Emerald Tiara' ↕35 cm ↔ 65 cm, fleurs violettes ④ *fortunei* var. *albopicta* 🏆 ↕55 cm ↔ 1 m ⑤ *fortunei* var. *aureomarginata* 🏆 ↕55 cm ↔ 1 m, tolère le sol ou la mi-ombre ⑥ 'Frances' 🏆 ↕55 cm ↔ 1 m ⑦ 'Frances Williams' ↕60 cm ↔ 1 m, fleurs blanc grisâtre ⑧ 'Golden Prayers' ↕35 cm ↔ 60 cm ⑨ 'Halcyon' 🏆 ↕35-40 cm ↔ 70 cm, fleurs gris lavan

'Honeybells' 🏆 ↕75 cm ↔ 1,20 m, odorante, fleurs blanches ou rayées de bleu lavande *lancifolia* 🏆 ↕45 cm ↔ 75 cm, fleurs pourpres, tiges ponctuées de rouge ⑫ **'Love Pat'** 🏆 ↕45 cm 1 m, fleurs blanc crème ⑬ **'Regal Splendor'** ↕75 cm ↔ 1 m ⑭ **'Royal Standard'** 🏆 ↕60 cm 1,20 m, odorante ⑮ **'September Sun'** ↕65 cm ↔ 1 m ⑯ **'Shade Fanfare'** 🏆 ↕45 cm ↔ 60 cm *sieboldiana* **var.** *elegans* 🏆 ↕1 m ↔ 1,20 m ⑱ **'Sum and Substance'** 🏆 ↕75 cm ↔ 1,20 m, fleurs lilas pâle ⑲ ***undulata*** ↕1 m ↔ 45 cm, fleurs mauves ⑳ ***undulata*** **var.** ***univittata*** 🏆 ↕45 cm ↔ 70 cm ㉑ ***ventricosa*** 🏆 ↕50 cm ↔ 1 m ㉒ ***venusta*** 🏆 ↕5 cm ↔ 25 cm ㉓ **'Wide Brim'** 🏆 ↕45 cm ↔ 1 m

HYACINTHOIDES

Jacinthe des bois

LES JACINTHES DES BOIS NOUS SONT FAMILIÈRES pour leur tapis de fleurs bleues illuminant les sous-bois à la fin du printemps. On limitera facilement leur invasion éventuelle en déterrant les bulbes indésirables. Leurs petites fleurs, le plus souvent bleu violacé, parfois blanches ou roses, sont portées sur des tiges robustes au-dessus d'un feuillage rubané vert moyen. Plantez la jacinthe des bois *Hyacinthoides non-scripta*, à mi-ombre, en groupes, au pied d'arbres caducs, la couleur de ses fleurs n'en sera que plus intense. À l'achat, assurez-vous que les bulbes n'ont pas été récoltés dans la nature, ce qui constitue une pratique illégale. *H. hispanica*, la plus grande et la plus robuste, tolère des conditions plus sèches et plus ensoleillées. On peut naturaliser *Hyacinthoides* dans une pelouse ou un jardin sauvage, *H. hispanica* risque cependant de poser des problèmes dans une plate-bande.

Rusticité Zones 5 à 10

Culture Plantez les bulbes à 8 cm de profondeur en automne, dans un sol assez fertile, bien drainé, à mi-ombre. **Supprimez** les fleurs fanées pour prévenir la dissémination spontanée, sauf sur les plantes en sous-bois. **Semez** en pot sous châssis froid à maturité ou divisez les touffes en été.

① *hispanica* ↕40 cm ② *hispanica* 'Excelsior' ↕50-55 cm

HYACINTHUS

Jacinthe

PEUT-ÊTRE LES PLUS DÉLICATEMENT PARFUMÉES de tous les bulbeuses à floraison printanière, les jacinthes sont cultivées pour leurs grappes de fleurs serrées, blanches, roses, rouges, jaunes et pourpres. Chaque tige florale vigoureuse émerge d'un feuillage rubané vert foncé. Tous les cultivars sont issus de *H. orientalis*, atteignant 20 à 30 cm de haut. Exploitez leur silhouette légèrement affectée dans un massif de printemps avec des primevères (*Primula*, *voir p. 312-313*), des pensées à floraison hivernale (*Viola*, *p. 338*) et des tulipes (*p. 334-335*). On pourra forcer les jacinthes pour une floraison plus précoce en pot qu'à l'extérieur.

Rusticité Zones 3 à 8

Culture Plantez les bulbes à 10 cm de profondeur espacés de 8 cm en automne. Culture dans un sol bien drainé, assez fertile au soleil ou à mi-ombre. Protégez les bulbes des plantes en pot d'une humidité hivernale excessive. **Pour le forçage**, plantez les bulbes préparés à cet effet en pot en automne dans une fibre pour bulbes et un pot sans trous de drainage. Conservez dans un lieu frais et sombre pendant 6 semaines et ramenez à la lumière et à la chaleur quand les pousses atteignent 2,5 cm de haut. Après la floraison, plantez les bulbes forcés à l'extérieur dans un endroit retiré. Ils continueront à produire de petites touffes de fleurs moins voyantes.

① *orientalis* 'Blue Jacket' 🏆 floraison en début de printemps
② *orientalis* 'City of Haarlem' 🏆 floraison en fin de printemps

IBERIS

Thlaspi

LES GRAPPES DE PETITES FLEURS, SOUVENT PARFUMÉ[ES] des thlaspis finiraient presque par cacher leurs dômes [de] feuilles spatulées vert foncé, à port bas. Ce genre [est] constitué de vivaces étalées et d'annuelles buissonnan[tes] qui fleurissent dans une palette de blanc, pourpre, rou[ge] ou rose, de la fin du printemps au début de l'é[té]. Persistante, *Iberis sempervirens* de 30 cm de haut, pr[o]duit des inflorescences arrondies de fleurs blanches t[rès] serrées. *I. umbellata*, compacte, porte des fleurs roses [et] pourpres. Les *Iberis* vivaces trouvent leur place dans u[ne] rocaille ou un muret, où elles pourront s'étaler et retom[ber], adoucissant les angles. Cultivez les annuelles [en] plantes à massif à l'avant d'une plate-bande ou en p[ot]. Les thlaspis apprécient la compagnie d'autres annuel[les] rustiques : clarkias (*voir p. 214*) et nigelles (*p. 291*).

Rusticité Zones 3 à 9

Culture Dans un sol assez fertile, humide et bien drainé, au soleil. Après la floraison, procédez à une taille d'entretien des vivaces. **Sem[ez]** les annuelles *in situ* au printemps et les vivaces, à l'intérieur en fin d'hiver ou au début du printemps. **Prélevez** des boutures herbacées en fin de printemps ou des boutures semi-ligneuses en été.

Iberis umbellata Série Fairy
↕15-30 cm ↔ jusqu'à 23 cm, annuelle, fleurs parfumées roses, lil[as], pourpré et blanches

ɅPATIENS

patience, Patience, Balsamine

ÈS FLORIFÈRES, MÊME À L'OMBRE, les impatiences compt parmi les plus précieuses au jardin pour leurs cours tenaces en été. Elles offrent une profusion de fleurs x tons rouges, pourpres, roses et blancs, parfois bicoes. La plupart des espèces horticoles sont soit des nuelles, soit des vivaces gélives cultivées en annuelles; ntez-les en massif et jetez-les à la fin de la saison. Toutes t des tiges cassantes, presque succulentes et des feuilles arnues. Les hybrides de Nouvelle-Guinée et les variéd'*Impatiens walleriana* seront précieux dans une platende ou en pot dans un coin ombragé. Essayez les formes plus originales dans une jardinière ou en pot dans un tio pour profiter de leurs fleurs à portée du regard.

sticité Zones 4 à 10

lture Dans un sol enrichi de matière organique bien décomposée, i-ombre, à l'abri des vents violents. En pot, utilisez un compost ase de terreau, maintenez un bon arrosage et faites un apport domadaire d'engrais équilibré. **Semez** à l'intérieur en fin d'hiver ou début du printemps. **Prélevez** des boutures herbacées au printemps n été à hiverner. La **moisissure grise** risque d'affecter les boutons aux dans des conditions humides. Supprimez-les immédiatement, seront suivis de bourgeons sains.

balsamina Série Thom Thumb ↕ jusqu'à 30 cm, annuelle eurs doubles ② *niamniamensis* 'Congo Cockatoo' 0 cm, vivace éphémère érigée

INULA

Aunée

VOICI DE VIGOUREUSES VIVACES HERBACÉES qui affichent une masse de fleurs en capitules jaunes, dotées d'un disque central jaune et de délicates ligules étroites. Elles sont portées solitaires ou en corymbes plats tout au long de l'été. Les feuilles plus larges à la base se rétrécissent vers la tige. La hauteur des aunées est très variable, allant d'*Inula ensifolia* 'Compacta', à l'aise dans une rocaille avec seulement 15 cm de haut, aux espèces imposantes comme *I. magnifica*, atteignant 2 m, dont le feuillage assez coriace habillera le fond d'une plate-bande ou un jardin sauvage. Plantez les sujets de taille moyenne dans une plate-bande informelle avec d'autres vivaces à floraison estivale aux couleurs gaies. On contrôlera les espèces parfois envahissantes en déterrant les touffes qui peuvent être indésirables.

Rusticité Zones 3 à 8

Culture À l'exception des espèces de rocaille, culture dans un sol profond, fertile et bien drainé, en plein soleil ou à mi-ombre. **Divisez** les vivaces au printemps. **Semez** à l'intérieur en fin d'hiver ou au début du printemps. Tuteurez les grandes espèces. L'**oïdium** est un risque en conditions sèches.

Inula hookeri
↕ 60-75 cm ↔ 60 cm, tiges et feuilles couvertes de poils tendres; floraison de la fin de l'été au milieu de l'automne

IPHEION

LES FLEURS ÉTOILÉES des *Ipheion* brillent comme des joyaux dans un écrin de feuilles graminiformes au printemps. Ce genre est composé de seulement quelques espèces de vivaces bulbeuses aux fleurs bleues, violettes ou blanches, exhalant souvent une forte odeur de miel. Presque toutes les autres parties de la plante, notamment les feuilles, sentent l'oignon quand on les écrase. *Ipheion uniflorum* est la plus cultivée. Petite, c'est cependant une plante vigoureuse formant rapidement une touffe. Splendides dans une rocaille, les *Ipheion* trouvent aussi leur place dans une plate-bande au pied de vivaces herbacées comme les hostas (*voir p. 260-261*) et les pivoines (*p. 298*). On les protégera de l'hiver dans les régions froides. En pot ou en potée, il sera plus facile de les rentrer.

Rusticité Zones 7 à 11

Culture Dans un sol assez fertile, bien drainé, enrichi de matière organique bien décomposée ou dans un mélange à base de terreau, en plein soleil. Plantez les bulbes à 8 cm de profondeur, espacés de 5 cm, en automne. **Protégez** d'un paillis (une couche épaisse de matière organique) quand les températures descendent sous -10 °C. **Divisez** en été pendant la dormance. **Semez** en pot sous châssis froid, à maturité, ou au printemps.

***Ipheion uniflorum* 'Wisley Blue'** ♀
↕ 15-20 cm, feuilles en fin d'automne; fleurs solitaires odorantes au printemps

Iris

Iris, Orchidée du pauvre

Les iris se distinguent par des fleurs élégantes, portées, pour la plupart, du printemps au milieu de l'été, sur des plantes offrant une grande diversité de tailles. Les petites espèces comme *Iris danfordiae* et *I. histrioides* déploient parfois leurs pétales alors que la neige recouvre encore le sol. Ce genre comprend de nombreuses espèces classées par groupes, parmi lesquelles les iris bulbeux. Certains se développent à partir de rhizomes, des racines charnues qui rampent en surface ou juste au-dessous de la surface du sol. Parmi les iris rhizomateux, on distingue les iris barbus, très cultivés, aux feuilles rigides, en forme d'épée, émergeant de rhizomes superficiels, à leur apogée au début de l'été. Les iris non barbus n'offrent pas les barbes décoratives formées sur les pétales inférieurs des barbus, mais arborent souvent des fleurs aux sépales somptueux. Ce groupe comprend les iris de Sibérie à floraison estivale précoce (rhizomes sous la surface du sol), et les iris appréciant l'eau ou iris des marais. Les iris à crêtes qui s'étalent eux aussi par rhizomes affichent des fleurs remarquables, mais plus aplaties. Beaucoup d'autres espèces méritent elles aussi leur place au jardin. Tous les iris sont vivaces, quelques-uns portant un feuillage rubané persistant. Les grands iris sont un classique des jardins de campagne, imposant leur présence dans une plate-bande mixte ou herbacée. Les petites variétés sont plus à l'aise dans une rocaille, un massif surélevé ou en contenant.

Rusticité Zones 3 à 9

Culture Les conditions de culture diffèrent selon les groupes, il faut donc lire soigneusement les étiquettes. **Plantez** les iris barbus dans un sol bien drainé en plein soleil. Les espèces appréciant les lieux humides exigent un sol humide en permanence, et se plairont dans un jardin de marécage ou au bord d'un étang. Si la plupart des iris prospèrent dans un sol neutre à légèrement acide, certains ont des exigences spécifiques : un sol acide pour *I. laevigata* et les iris Pacific Coast ; un sol alcalin et un site abrité pour *I. unguicularis* par exemple. **Supprimez** les fleurs fanées et les tiges flétries inesthétiques, notamment sur les iris barbus, mais ne touchez pas aux fleurs si vous voulez jouir de fruits décoratifs comme ceux de l'*I. foetidissima*. **Divisez** les rhizomes du milieu de l'été au début de l'automne. **Semez** en pot au printemps ou en automne. Les iris barbus risquent une **pourriture** dans un sol mal drainé.

Diviser les rhizomes

❶ *Déterrez l'iris (ici,* I. pseudoacorus*) et lavez les racines. Divisez la touffe à la main ou avec un vieux couteau. Chaque nouvelle touffe doit présenter des racines et des feuilles.*

❷ *Avec un couteau bien aiguisé, préparez soigneusement le rhizome. Supprimez les parties sans nouvelles pousses. Coupez un tiers des racines et rabattez les feuilles à 15 cm, sinon elles déséquilibreraient l'iris sous le vent.*

Planter les iris

Les iris des marais*, destinés à un étang ou un sol détrempé, seront plantés dans un panier de plantation aquatique dans une mare ou un terreau humide surfacé de gravillons qui retiendront le terreau contre le courant.*

Les iris barbus *seront plantés en pleine terre avec les racines, et les rhizomes en surface, espacés à 13 cm. Tassez et arrosez le sol autour des racines et arrosez régulièrement une fois les plantes établies.*

1 2 7 12 13 18 19

① *Iris* **'Alcazar'** ↕ 60-90 cm, barbu ② **'Annabel Jane'** ↕ 1,20 m, barbu, fin de printemps ③ *aucheri* **'Austrian Sky'** ↕ 40-45 cm, bulbeux, au printemps ④ **'Blue Denim'** ↕ 40-45 cm, bulbeux, au printemps ⑤ **'Braithwaite'** ↕ 60-90 cm, barbu, début d'été ⑥ ***bulleyana*** ↕ 35-45 cm, d[e] Sibérie, début d'été ⑦ **'Cantab'** ↕ 10-15 cm, nain bulbeux, début de printemps ⑧ ***chrysographes*** ♀ ↕ 40-50 cm, de Sibérie, début d'été ⑨ ***confusa*** ♀ ↕ 1 m, à crêtes, milieu de printemps

danfordiae ↕ 8-15 cm, nain bulbeux, fin d'hiver ⑪ *decora* ↕ 30 cm, non barbu, plus beau issu de
mis, début d'été ⑫ ***delavayi*** 🏆 ↕ 1,50 m, de Sibérie, été ⑬ ***douglasiana*** 🏆 ↕ 15-70 cm, non barbu,
n de printemps ⑭ **'Early Light'** 🏆 ↕ 1 m, barbu, milieu de printemps ⑮ *ensata* 🏆 ↕ 90 cm, iris
ponais bulbeux, milieu d'été ⑯ **'Eyebright'** 🏆 ↕ 30 cm, barbu, début de printemps ⑰ *foetidissima* 🏆
30-90 cm, non barbu, fruits en capsules en automne, fleurs pourpres teintées de jaune en début d'été

⑱ *forrestii* 🏆 ↕ 30-40 cm, de Sibérie, début d'été ⑲ **'George'** 🏆 ↕ 13 cm, bulbeux, début de printemps ⑳ *graminea* 🏆 ↕ 20-40 cm, non barbu, parfumé, fin de printemps ㉑ **'Harmony'** ↕ 10-15 cm, bulbeux, début de printemps ㉒ *histrioides* **'Major'** ↕ 10-15 cm, nain bulbeux, début de printemps ㉓ *innominata* ↕ 15-25 cm, non barbu, début d'été

㉔ **'Jane Phillips'** 🏆 ↕60-90 cm, barbu, début d'été ㉕ **'Joyce'** ↕13 cm, nain bulbeux, début de printemps ㉖ **'Katherine Hodgkin'** 🏆 ↕13 cm, nain bulbeux, début de printemps ㉗ ***kerneriana*** 🏆 ↕30-50 cm, non barbu, début d'été ㉘ ***lacustris*** 🏆 ↕5 cm, à crêtes, fin de printemps ㉙ ***laevigata*** 🏆 ↕80 cm, iris de marais non barbu, début d'été ㉚ ***laevigata* 'Variegata'** 🏆 ↕80 cm, iris de marais non barbu, début d'été

㉛ **'Langport Flame'** ↕30-45 cm, barbu, milieu de printemps ㉜ ***magnifica*** 🏆 ↕30-60 cm, bulbeux milieu de printemps ㉝ ***missouriensis*** 🏆 ↕20-50 cm, non barbu, début d'été ㉞ **'Natascha'** ↕13 cm, bulbeux, début de printemps ㉟ ***orientalis*** ↕90 cm, non barbu, fin de printemps ㊱ ***pallida* 'Variegata'** 🏆 ↕1,20 m, barbu, fin de printemps ㊲ **'Red Revival'** ↕60-90 cm, barbu, odorant, fin de printemps, remontant ㊳ ***prismatica*** ↕40-80 cm, non barbu, début d'été ㊴ ***pseudacorus*** 🏆

90-150 cm, iris de marais non barbu, milieu d'été ㊵ **'Queechee'** ↕60-90 cm, barbu, début d'été ㊶ ***ruthenica*** ↕20 cm, non barbu, odorant, fin de printemps ㊷ **'Sable'** ↕60-90 cm, barbu, début d'été ㊸ ***setosa*** 🏆 ↕15-90 cm, non barbu, fin de printemps ㊹ ***sibirica*** **'Anniversary'** ↕75 cm, de Sibérie, milieu de printemps ㊺ ***sibirica*** **'Butter and Sugar'** 🏆 ↕70 cm, de Sibérie, milieu de printemps ㊻ ***sibirica*** **'Ruffled Velvet'** 🏆 ↕55 cm, de Sibérie, début d'été ㊼ ***sibirica*** **'Shirley Pope'** 🏆 ↕85 cm, de Sibérie, début d'été ㊽ ***sibirica*** **'Wisley White'** ↕1 m, de Sibérie, début d'été ㊾ ***tectorum*** ↕25-40 cm, à crêtes, début d'été ㊿ ***tenax*** ↕20-35 cm, non barbu, milieu de printemps ⑤① ***unguicularis*** 🏆 ↕30 cm, non barbu, odorant, fin d'hiver ⑤② ***unguicularis*** **'Mary Barnard'** 🏆 ↕30 cm, non barbu, milieu d'hiver ⑤③ ***variegata*** 🏆 ↕20-45 cm, barbu, milieu d'été

Knautia

↕1,50 m
↔45 cm

Voici de charmantes candidates pour un jardin de campagne, ou un décor de fleurs sauvages où leur port exubérant apportera une certaine décontraction. Les *Knautia* horticoles sont généralement des vivaces, mais elles comptent quelques espèces d'annuelles. Elles affichent des rosettes de feuilles simples et larges qui tiendront tout l'hiver et de grandes tiges élancées. De l'été à l'automne, celles-ci portent de nombreuses fleurs lilas bleuté à pourpres, de bonne tenue, similaires à celles des scabieuses (*voir p. 322*), qui ondulent avec grâce sous la brise et attirent les abeilles. Si les *Knautia* fleurissent à profusion pendant deux ou trois ans, elles finissent par s'épuiser et doivent être remplacées.

Rusticité Zones 5 à 10

Culture Dans un sol modérément fertile, bien drainé, de préférence alcalin, en plein soleil. Les *Knautia* risquent de pourrir dans un sol humide en hiver. **Incorporez** une bonne quantité de sable grossier pour améliorer le drainage des sols lourds et argileux. On peut aussi surélever le sol de 5 à 8 cm à cet effet. **Semez** en pot ou prélevez des boutures basales au printemps.

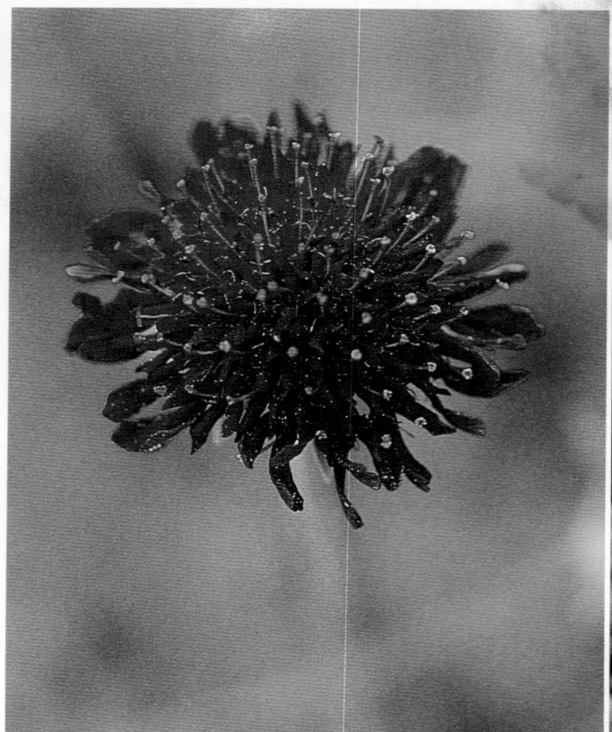

Knautia macedonica
↕60-80 cm ↔45 cm, fleurs de 1,5 à 3 cm de diamètre du milieu à la fin de l'été

Kniphofia

Tritoma

Ce sont leurs inflorescences en brosse couleur de feu et leur port érigé qui font la grande originalité de ces vivaces. La plupart forment de grandes touffes aux feuilles arquées rubanées, vert clair à vert bleuté. En été, leurs tiges vigoureuses qui se dressent à 2 m de haut portent des cymes composées de nombreuses petites fleurs tubulaires. Écarlates, orange, jaune d'or, blanches ou blanc verdâtre, certaines sont bicolores. Il existe aussi des tritomas nains ne dépassant pas 50 cm. Exploitez la verticalité des *Kniphofia* en contraste sur des plantes à grandes feuilles comme les hostas (*p. 260-261*).

Rusticité Zones 5 à 9

Culture Dans un sol fertile, bien drainé, sableux de préférence, additionné d'une bonne quantité de matière organique bien décomposée avant la plantation, au soleil ou à mi-ombre. **Protégez** les plantes caduques des gelées sévères le premier hiver d'une couche de paille ou de feuilles, ou en liant les tiges des persistantes. **Semez** à l'intérieur en fin d'hiver ou au début du printemps. **Divisez** les touffes établies en fin de printemps.

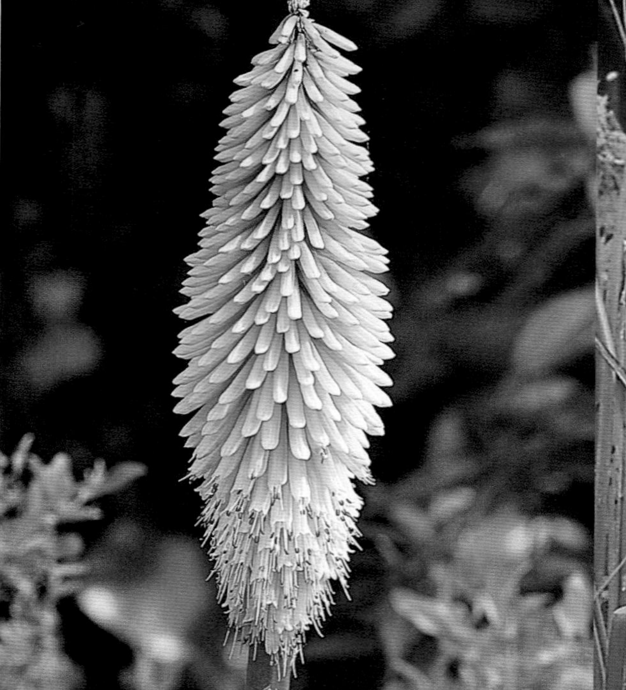

***Kniphofia* 'Green Jade'**
↕jusqu'à 1,50 m ↔60-75 cm, persistante, fleurs virant au crème puis au blanc, en fin d'été et en début d'automne

***Kniphofia* 'Bees' Sunset'** 🏆
↕90 cm ↔60 cm, caduque, floraison du début à la fin de l'été

Kniphofia 'Ice Queen'
jusqu'à 1,50 m ↔ 75 cm, caduque, boutons verts, jaune
à l'éclosion, puis ivoire, en fin d'été et début d'automne

Kniphofia 'Royal Standard' ♡
↕ 90-100 cm ↔ 60 cm, caduque, boutons écarlates ; fleurs en milieu
et fin d'été

LAMIUM

Lamier, Ortie blanche

LES ANNUELLES ET LES VIVACES DE CE GENRE sont essentiellement appréciées pour leur feuillage très décoratif, et sont de bonnes couvre-sol au pied d'arbustes et de hautes vivaces vigoureuses. Les feuilles, coriaces, présentent parfois des marques colorées. Si les lamiers portent les tiges à section carrée caractéristiques de la famille des orties, en revanche, ils ne piquent pas. De la fin du printemps à l'été, leurs fleurs bilabiées s'épanouissent simples ou dégradées en grappes ou verticilles denses. Faciles à cultiver, les grandes espèces sont parfois envahissantes dans un sol riche, moins dans un sol plus pauvre. Les *Lamium* ont particulièrement belle allure au premier plan d'une plate-bande, ou dans un décor de sous-bois, sous une ombre légère et pommelée.

Rusticité Zones 3 à 8

Culture Dans un sol humide mais bien drainé, à l'ombre, pour les espèces vigoureuses. Éloignez-les des plantes moins vigoureuses et déterrez les rhizomes envahissants. Les plus fragiles préfèrent un sol très drainant au soleil ou à mi-ombre. **Taillez** les plantes désordonnées à la cisaille en début de printemps ou en été après la floraison. **Semez** à l'intérieur en fin d'hiver ou au début du printemps. **Prélevez** des boutures d'extrémité de tiges en début d'été.

① *galeobdolon* 'Hermann's Pride' ↕ 60 cm ↔ non définie
② *maculatum* ↕ 20 cm ↔ 1 m ③ *maculatum* 'Album'
④ *maculatum* 'Beacon Silver' toutes deux ↕ 15 cm ↔ 60 cm

LATHYRUS VERNUS

voir aussi
p. 145

SI CETTE VIVACE HERBACÉE en touffes denses appartient au genre *Lathyrus odorata*, le pois de senteur grimpant, malgré sa ressemblance avec celui-ci, ce n'est pas une grimpante. Au printemps, il affiche des grappes asymétriques de 3 à 6 fleurs au-dessus d'un feuillage aux folioles pointues vert moyen à vert foncé. *L. vernus* flétrira après la floraison. N'excédant pas 20 à 45 cm de haut et 45 cm d'envergure, il a sa place dans une rocaille et un décor de sous-bois. Il convient aussi dans une plate-bande herbacée ou mixte, mais il faudra alors le placer dans le fond pour que son feuillage, une fois flétri, soit masqué. Il existe aussi une jolie forme à fleurs roses et blanches, *Lathyrus vernus* 'Alboroseus'.

Rusticité Zones 5 à 10

Culture Dans un sol bien drainé en plein soleil ou à mi-ombre. Ils tolèrent un sol pauvre, mais les racines supportent mal d'être perturbées. **Semez** en pot au printemps ou *in situ*.

Lathyrus vernus ♡
Fleurs de 2 cm de diamètre

LAVATERA

Lavatère, Mauve en arbre

voir aussi p. 81

↕la plupart jusqu'à 1,20 m ↔60 cm

LES LAVATÈRES ANNUELLES arborent des fleurs très proches des lavatères arbustives. Comme elles, ce sont des plantes très vigoureuses qui fleurissent à profusion sur une seule saison et meurent après la montée en graines. Elles affichent des masses de fleurs remarquables, en entonnoir épanoui, dans une palette de blanc à rose pâle, en passant par le rose pourpré ou le rose rougeâtre. Les feuilles vert moyen à vert foncé sont cordiformes à la base. Les fleurs sont aussi bonnes à couper. Les lavatères poussant naturellement dans les endroits secs et rocailleux, elles prospéreront dans une plate-bande herbacée ensoleillée ou un massif d'été. Si vous préférez le style jardin de campagne, mariez-les à des annuelles comme les soucis (*Calendula, voir p. 294*), les clarkias (*p. 214*) et les capucines (*Tropaelum, p. 333*).

Rusticité Zones 4 à 9

Culture Dans un sol léger à modérément fertile, en plein soleil. Prenant facilement de la hauteur, il faudra tuteurer les plantes en situations exposées. **Semez** à l'intérieur en fin d'hiver ou au début du printemps ou un peu plus tard *in situ*.

***Lavatera trimestris* 'Silver Cup'**
↕75 cm ↔45 cm, parmi les mauves les plus colorées ; grandes fleurs en été

***Lavatera trimestris* 'Mont Blanc'**
↕50 cm ↔45 cm, plante compacte qui n'exige pas de tuteurs ; feuillage d'un vert très foncé ; fleurs en été

Lavatera cachemiriana
↕2,50 m ↔1,20 m, vivace ligneuse éphémère cultivée en annuelle ; floraison en été ; bonne haie temporaire

***Lavatera trimestris* 'Pink Beauty'**
↕jusqu'à 60 cm ↔jusqu'à 45 cm, feuilles couvertes d'un fin duvet ; les fleurs qui mesurent jusqu'à 8-10 cm de diamètre composent de beaux bouquets en vase ; se cultive facilement à partir de semis pour une floraison du début de l'été au début de l'automne

EUCANTHEMUM

GOUREUSES PLANTES EN TOUFFES, ces vivaces et nuelles fleurissent sur une longue période de l'été au but de l'automne. Leurs inflorescences denses sont rtées solitaires à l'extrémité de longues tiges, bien au-ssus du feuillage, ce qui en fait d'excellentes fleurs à uper. Les feuilles vert foncé sont longues et dentées. *ucanthemum vulgare*, plus connu sous le nom de mar-erite, est un classique des jardins de style prairie ou de urs sauvages. Les cultivars de *L.* × *superbum*, la mar-erite d'été, autrefois appelée *Chrysanthemum maxi-um*, affichent aussi des fleurs blanches aux ligules sou-nt originales. Cultivez *Leucanthemum* dans un coin contracté ou sauvage du jardin, ou encore dans une ate-bande mixte ou herbacée où il apportera sa lumi-sité dans un thème aux couleurs plus riches.

sticité Zones 4 à 10

lture Dans un sol assez fertile, bien drainé, en plein soleil ou ni-ombre. Tuteurez les grands sujets. **Divisez** les vivaces en but de printemps ou en fin d'été. Semez les annuelles *in situ*, au ntemps. **Semez** les vivaces à l'intérieur en fin d'hiver ou au début printemps.

***Leucanthemum* × *superbum* 'Phyllis Smith'**
↕90 cm ↔ 60 cm, vivace robuste à fleurs simples de 10 à 13 cm de diamètre, excellentes à couper

***eucanthemum* × *superbum* 'Wirral Supreme'** 🏆
)0 cm ↔ 75 cm, vivace aux tiges robustes, au feuillage lustré aux inflorescences doubles et denses

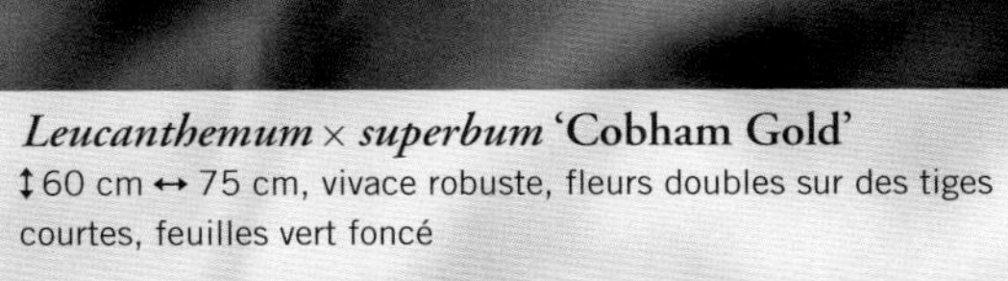

***Leucanthemum* × *superbum* 'Cobham Gold'**
↕60 cm ↔ 75 cm, vivace robuste, fleurs doubles sur des tiges courtes, feuilles vert foncé

LEUCOJUM

Nivéole

PROCHES DES PERCE-NEIGE, quoique plus grandes, voici des vivaces bulbeuses fleurissant à différentes périodes de l'année, ce qui élargit le choix de leurs partenaires. Les fleurs arborent de jolies marques vertes à l'extrémité des pétales. Le feuillage élancé et rubané se développe directement à partir du bulbe. Si les grandes espèces sont à leur aise dans une bordure ou au bord de l'eau, les plus petites sont idéales dans une rocaille ou une auge d'alpines. *Leucojum vernum* et *L. aestivum*, tous deux à floraison printanière, se marient bien avec des bulbes comme les crocus (*voir p. 220*) et les narcisses (*p. 288-289*). *L. autumnale* et *L. roseum*, deux petites espèces à floraison automnale auront belle allure parmi de délicats *Schizostylis* (*p. 323*).

Rusticité Zones 4 à 9

Culture Plantez les bulbes à 8-10 cm de profondeur en automne, dans un sol humide, bien drainé, en plein soleil. Ajoutez une bonne quantité de matière organique pour *L. aestivum* et *L. vernum* qui demandent une bonne rétention d'eau. **Semez** en pot sous châssis froid en automne ou séparez les bulbilles dotées de racines bien formées après le flétrissement des feuilles.

***Leucojum aestivum* 'Gravetye Giant'** 🏆
↕90 cm ↔ 8 cm, la plus grande des nivéoles ; fleurs printanières au léger parfum de chocolat ; apprécie les sites humides

LEWISIA

CES ALPINES RUSTIQUES SONT CULTIVÉES pour les jolies couleurs de leurs fleurs, souvent vives. Ce genre comprend des espèces caduques et persistantes, formant des rosettes ou des touffes de feuilles charnues. Les espèces caduques qui proviennent généralement des hauts plateaux et de prairies, meurent après la floraison, les persistantes poussant, quant à elles, dans les crevasses ombragées d'une rocaille. Les *Lewisia* portent des fleurs aux nombreux pétales roses, pêche, magenta, pourpres, jaunes ou blancs, souvent rayés. Ils fleurissent pendant de longues semaines au printemps ou en été. Cultivez-les dans une rocaille ou dans les crevasses d'un mur de pierres sèches, avec d'autres plantes de rocaille et, pourquoi pas, des aubriètes (*voir p. 195*).

Rusticité Zones 5 à 9

Culture Dans un sol assez fertile, très bien drainé, neutre à acide, en plein soleil ou à mi-ombre. Protégez tous les *Lewisia* de l'humidité hivernale. En pot, utilisez un mélange à parts égales de terre, de terreau de feuilles et de sable grossier. **Semez** à l'intérieur en fin d'hiver ou au début du printemps. Les graines des hybrides de *L. cotyledon* donnent des plantes différentes de leurs parents. Les persistantes produisent parfois des plantules autour de la rosette principale de feuilles que l'on pourra détacher et rempoter en début d'été. Attention aux **limaces** et aux **escargots**.

Lewisia brachycalyx ♀

↕↔ jusqu'à 8 cm, vivace caduque, fleurs souvent teintées de rose pâle sur de courts pédoncules nus en fin de printemps et début d'été

***Lewisia cotyledon* hybrids**

↕15-30 cm ↔ 20-40 cm, vivace persistante, fleurs jaunes, orange, magentas ou roses, en fin de printemps et en été

***Lewisia* 'George Henley'**

↕10 cm ↔ 10 cm, vivace persistante ; petites rosettes mais grands pédoncules aux nombreuses fleurs de la fin du printemps à l'été

LIATRIS

Plume-du-Kansas

LES GRANDS ÉPIS FLORAUX des *Liatris* se distinguent e ce qu'ils s'ouvrent du haut vers le bas, ce qui leur don cette forme caractéristique de goupillon rehaussée p l'aspect filiforme de leurs fleurs réunies en bouquets se rés. Pourpres, rouge pourpré, bleu pourpré ou blanche elles sont portées sur des tiges rigides et attirent l papillons. Les plumes-du-Kansas poussent naturelleme dans les prairies et les bois clairs. Au jardin, elles appo teront leur couleur de fin d'été dans une plate-band Elles donnent aussi de bonnes fleurs à couper. Associe les à des vivaces aux fleurs aplaties comme les vergerett (*Erigeron, voir p. 237*), les coréopsis (*p. 217*) et les benoît (*Geum, p. 252*) pour faire ressortir leur forme étonnant

Rusticité Zones 3 à 10

Culture Dans un sol léger, assez fertile, humide mais bien drainé, en plein soleil. *L. spicata* demande un sol humide en permanence. Épandez une couche de gravillons pour améliorer le drainage des sols lourds et protéger les plantes de la pourriture si l'hiver est humid **Divisez** au printemps. **Semez** à l'intérieur en fin d'hiver ou au début d printemps. Attention aux **limaces**, aux **escargots** et aux **souris**.

***Liatris spicata* 'Kobold'**

↕jusqu'à 1,50 m ↔ 45 cm, larges épis floraux qui tiennent longtemps de la fin de l'été au début de l'automne

IBERTIA

RISÉES POUR LEURS FORMES ÉTONNANTES, les *Libertia* ortent des feuilles persistantes étroites et rigides qui neront le jardin toute l'année. Les feuilles basales sont néaires et coriaces. Celles des tiges sont plus petites et us éparses. À la fin du printemps et en été, les *Libertia* roduisent de longs épis de fleurs en coupe plate, anches, blanc jaunâtre ou bleues, suivies de fruits luints marron clair, précieux en bouquet. Les feuilles et s graines de *Libertia ixioides* sont teintées d'orange à la 1 de l'automne et en hiver. Ces vivaces en touffes seront leur avantage à l'avant d'une plate-bande herbacée ou ixte. Partenaires idéales des misères (*Tradescantia, voir 331*), elles apprécient aussi les graminées teintées bronze.

usticité Zones 9 à 11
ılture Dans un sol assez fertile enrichi de matière organique en décomposée, en plein soleil. Dans les régions exposées au gel, otégez d'un paillis épais de matière organique en hiver. **Divisez** printemps. **Semez** en pot à l'extérieur à maturité des graines.

ibertia grandiflora ♡
ısqu'à 90 cm ↔ 60 cm, en touffes denses ; floraison du début printemps au début de l'été

LIGULARIA

Ligulaire

CES PLANTES ARCHITECTURALES sont de grandes et vigoureuses vivaces en touffes, cultivées pour leurs épis en pyramide de fleurs jaunes ou orange, du milieu de l'été au début de l'automne. Chaque fleur en capitule présente un disque central contrasté. Leurs grandes feuilles vert moyen, généralement arrondies ou réniformes, sont tout aussi impressionnantes. Les ligulaires sont imposantes dans une plate-bande mixte, parmi d'autres vivaces appréciant l'eau comme les astilbes (*voir p. 194*), les lys d'un jour (*Hemerocallis, p. 258*) et les phlox de plate-bande (*p. 306*). Les grandes espèces comme *Ligularia przewalskii* seront plus à l'aise dans le fond d'une composition. Les ligulaires offrent aussi un superbe tableau près d'un étang ou d'un cours d'eau dont elles apprécieront l'humidité.

Rusticité Zones 4 à 9
Culture Dans un sol fertile, profond, humide en permanence, en plein soleil ou à mi-ombre. Protégez les plantes des vents violents ou tuteurez les grands sujets. **Divisez** au printemps ou après la floraison. **Semez** à l'intérieur en fin d'hiver ou au début du printemps.

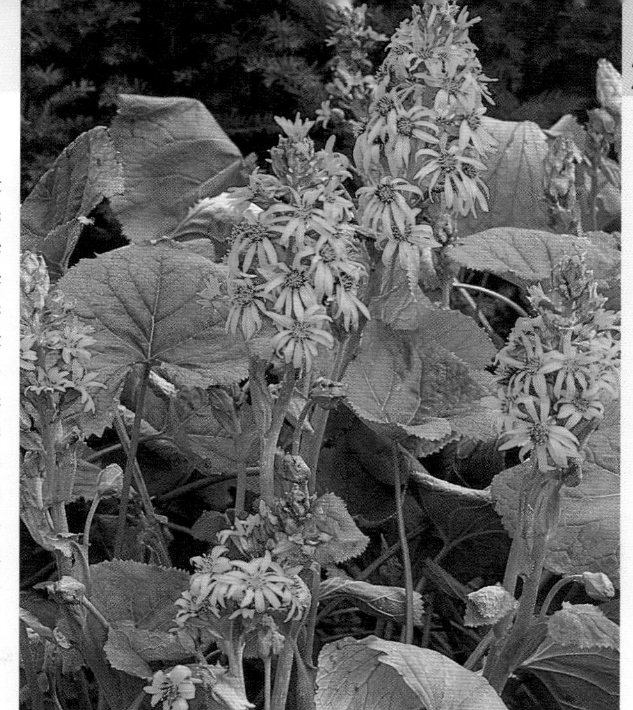

Ligularia 'Gregynog Gold' ♡
↕ jusqu'à 2 m ↔ 1 m, feuilles arrondies à cordiformes ; fleurs au centre marron en fin d'été et début d'automne

Ligularia 'The Rocket' ♡
↕ 2 m ↔ 1 m, robustes tiges noires ; grandes feuilles très dentées aux nervures pourpres ; grands épis de fleurs au centre jaune orangé ; floraison au début et à la fin de l'été

Lilium

Lys, Lis

Les lys font la grâce de nombreux jardins, en Occident comme en Orient d'où ils proviennent. Leur charme réside dans leurs fleurs extravagantes, souvent parfumées. Estivales, elles mesurent jusqu'à 8 cm de diamètre et plus de 10 cm de long. Le genre *Lilium* compte une centaine d'espèces qui sont toutes des vivaces bulbeuses. Les lys les plus précoces en termes de culture comptent parmi les moins exigeants, à l'image du Lys de la Madone, *Lilium candidum*, mais sont en revanche plus réceptifs aux maladies. D'autres préféreront sans conteste un sol acide ou alcalin. En général plus vigoureux, les hybrides modernes sont résistants aux maladies et moins exigeants quant au sol. Dans presque toutes les couleurs, à l'exception du bleu, on distingue quatre formes de fleurs : en trompette, en coupe, en entonnoir et en turban (aux tépales réfléchis). Le plus simple est de cultiver les lys en pot dans un patio où l'on appréciera leur parfum à loisir. La plupart se plairont dans une plate-bande ensoleillée et si certains comme *L. martagon* préfèrent l'ombre pommelée d'un jardin de sous-bois, quelques espèces naines ont leur place dans une rocaille.

Rusticité Zones 3 à 10

Culture Dans tout sol bien drainé, enrichi de matière organique bien décomposées, ou en pot dans un bon terreau de rempotage. Améliorez le drainage d'un sol lourd et argileux en incorporant une bonne quantité de sable grossier dans la zone du trou de plantation. La plupart des lys préfèrent le plein soleil, certains tolèrent une ombre partielle. **Plantez** les bulbes en automne ou au printemps à une profondeur de 2 ou 3 fois leur hauteur en les espaçant à une distance équivalant au diamètre du bulbe multiplié par 3. **Arrosez** fréquemment pendant les pics de sécheresse et faites un apport d'engrais riche en potasse en période de croissance. **Tuteurez** les variétés en situation exposée. **Supprimez** les fleurs fanées avant la montée en graine pour maintenir une bonne vigueur. **Semez** à l'intérieur en fin d'hiver ou au début du printemps. Séparez les bulbilles aériennes et souterraines sur les cultivars concernés. Les lys font le régal des **limaces**, des **escargots** et des **criocères du lys**. Prélevez et détruisez ces petits coléoptères orange vif ou pulvérisez un insecticide.

Multiplication

À partir de bulbilles aériennes Les espèces comme L. auratum, L. longiflorum *et* L. speciosum *produisent naturellement des bulbilles dans le sol, à la base de la tige principale (petits bulbes dotés de racines qui fleuriront au bout de 3 ou 4 ans). Déterrez la plante mère en automne, détachez les bulbilles et replantez le bulbe adulte. Enfoncez les bulbes à deux ou trois fois leur hauteur dans un pot rempli de terreau humide et couvrez d'une couche de sable. Étiquetez et conservez à l'abri du gel. Repiquez les jeunes lys à l'automne suivant.*

Autre multiplication

À partir de bulbilles souterraines *Les bulbilles souterraines sont de petits bulbes se formant à l'aisselle des feuilles d'espèces comme* L. bulbiferum, L. chalcedonicum, L. lancifolium, L. × testaceum *et leurs hybrides. Ils mûrissent en été et ne fleurissent qu'au bout de trois ou quatre ans. Ils sont vecteurs de maladie, ne les prélevez donc que sur des plantes saines. Enfoncez légèrement les bulbilles dans un pot rempli de terreau humide. Couvrez d'une couche de sable de 1 cm. Étiquetez et conservez à l'abri du gel jusqu'au repiquage à l'automne suivant.*

① *Lilium* 'African Queen' ♀ ↕ 1,50-2 m, parfumé ② 'Angela North' ↕ 70-120 cm ③ 'Ariadne' ↕ 80-140 cm, parfumé ④ ***auratum* var. *platyphyllum*** ↕ 1,50 m, parfumé ⑤ **Bellingham Group** ↕ 2-2,20 m, croissance rapide, sol acide, mi-ombre ⑥ **'Black Beauty'** ↕ 1,40-2 m, parfumé ⑦ **'Bright Star'** ↕ 1-1,50 m, parfumé, tolère le calcaire ⑧ ***bulbiferum* var. *croceum*** ↕ 40-150 cm ⑨ ***canadense*** ↕ 1-1,60 m ⑩ ***candidum*** ♀ ↕ 1-2 m, parfumé,

l neutre à alcalin ⑪ **'Casa Blanca'** 🏆 ↕1-1,20 m, parfumé ⑫ ***chalcedonicum*** ↕60-150 cm, rfum désagréable mais accepte tous les sols, au soleil ou à l'ombre ⑬ **Citronella Group** -1,50 m ⑭ **'Connecticut King'** ↕1 m ⑮ × **dalhansonii** ↕1-1,50 m, parfum désagréable ***davidii* var. *willmottiae*** ↕2 m ⑰ ***duchartrei*** ↕60-100 cm, parfumé ⑱ **'Enchantment'** 60-100 cm, facile à cultiver, bon à couper ⑲ **'Fire King'** ↕1-1,20 m, bon en contenant

⑳ ***formosanum* var. *pricei*** ↕10-30 cm, parfumé ㉑ **Golden Splendor Group** 🏆 ↕1-1,20 m, parfumé ㉒ **'Grand Paradiso'** ↕90 cm ㉓ ***grayi*** ↕1-1,70 m, parfumé, sol humide et acide

㉔ ***hansonii*** ↕ 1-1,50 m, parfumé, à mi-ombre, début d'été ㉕ ***henryi*** 🏆 ↕ 1-3 m, sol neutre à alcalin, à mi-ombre, fin d'été ㉖ **'Journey's End'** ↕ 1-2 m, fin d'été ㉗ **'Lady Bowes Lyon'** ↕ 1-1,20 m ㉘ ***lancifolium*** ↕ 60-150 cm, sol acide, mais accepte un peu de calcaire, fin d'été et début d'automne ㉙ ***longiflorum*** 🏆 ↕ 40-100 cm, tolère le calcaire, à mi-ombre ㉚ ***mackliniae*** ↕ 30-60 cm ㉛ **'Magic Pink'** ↕ 1,20 m

㉜ ***martagon*** 🏆 ↕ 90-200 cm, odeur fétide, sol bien drainé, soleil ou mi-ombre ㉝ ***martagon* var. *album*** 🏆 ↕ 90-200 cm, odeur fétide, sol bien drainé, soleil ou mi-ombre ㉞ ***medeoloides*** ↕ 45-75 cm, sol acide, à mi-ombre ㉟ ***monadelphum*** ↕ 1-1,50 m, parfumé, début d'été ㊱ **'Mont Blanc'** ↕ 60-70 cm ㊲ ***nanum*** ↕ 6-30 cm, parfumé, sol acide, à mi-ombre ㊳ ***nepalense*** ↕ 60-100 cm, sol acide, à mi-ombre, du début au milieu de l'été

pardalinum 🏆 ↕1,50-2,50 m (40) **'Peggy North'** ↕1,20-1,50 m (41) **Pink Perfection Group** 🏆 ↕1,50-2 m, parfumé (42) ***pomponium*** ↕1 m, odeur fétide, sol alcalin (43) ***pyrenaicum*** ↕30-100 cm, odeur fétide, sol neutre à alcalin (44) **'Red Night'** ↕70-100 cm (45) ***regale*** 🏆 ↕60-200 cm, parfumé, plein soleil, milieu d'été (46) **'Rosemary North'** ↕90-100 cm (47) ***rubellum*** ↕90-80 cm, sol acide, mi-ombre, début d'été (48) ***speciosum* var. *rubrum*** ↕1-1,70 m, parfumé, sol acide, à mi-ombre, fin d'été et début d'automne (49) **'Star Gazer'** ↕1-1,50 m (50) **'Sterling Star'** ↕1-1,20 m (51) **'Sun Ray'** ↕1 m (52) ***superbum*** ↕1,50-3 m, sol acide, fin d'été et début d'automne (53) ***tsingtauense*** ↕70-100 cm, sol acide

LIMNANTHES DOUGLASII

CETTE ANNUELLE À CROISSANCE RAPIDE porte, de l'été à l'automne, des fleurs délicatement parfumées rappelant les boutons d'or. Jaunes et luisantes, elles sont blanches à la pointe des pétales. Bien qu'annuelles, elles se ressèment très spontanément, vous serez donc certains de ne jamais en manquer une fois les premières placées en terre. Riches en nectar, les fleurs attirent les papillons tout autant que les syrphes, ces derniers étant précieux au jardin car ils se régalent des pucerons tout l'été. *Limnanthes douglasii* apportera ses couleurs vives et franches à l'avant d'une plate-bande, pourquoi pas aux côtés d'autres annuelles aux couleurs vives comme les soucis (*Calendula, p. 204*) et les capucines (*Tropaeolum, p. 333*), mais aussi au bord d'une allée ou parsemée dans un pavage. Charmante dans une rocaille, elle vous imposera un arrachage régulier de ses rejetons.

Rusticité Zones 9 à 11

Culture Dans un sol fertile, humide mais bien drainé, en plein soleil. **Semez** *in situ* au printemps ou en automne. **Protégez** les semis d'automne sous cloche dans les régions exposées au gel.

Limnanthes douglasii ♡

↕ ↔ 1,50 m ou plus, port étalé, feuilles vert-jaune rappelant la fougère

LINARIA

Linaire

VOICI UN GENRE COMPOSÉ DE NOMBREUSES ANNUELLES, bisannuelles et vivaces herbacées. Leurs tiges érigées, rampantes ou ramifiées, sont couvertes de fleurs semblables à celles des mufliers. Les linaires fleurissent en abondance de l'automne au printemps, dans une palette de blanc, rose, rouge, pourpre, orange et jaune. Les petites espèces sont à leur place dans une rocaille, un jardin d'éboulis (zone très drainée couverte d'une épaisse couche de gravillons et d'une fine couche de terreau), ou dans les fissures d'un mur. Les grandes annuelles et vivaces comme *Linaria vulgaris* sont souvent choisies pour le premier plan d'une plate-bande, offrant une toile de fond colorée à des fleurs aux contours plus marqués. Elles ont aussi belle allure dans un jardin de gravier.

Rusticité Zones 5 à 10

Culture Dans un sol assez fertile, bien drainé, en plein soleil. Divisez les vivaces au début du printemps. **Semez** les graines des annuelles *in situ* au début du printemps. Éclaircissez à 15 cm. Semez les graines des vivaces à l'intérieur en fin d'hiver ou au début du printemps. **Prélevez** des boutures herbacées sur les vivaces au printemps.

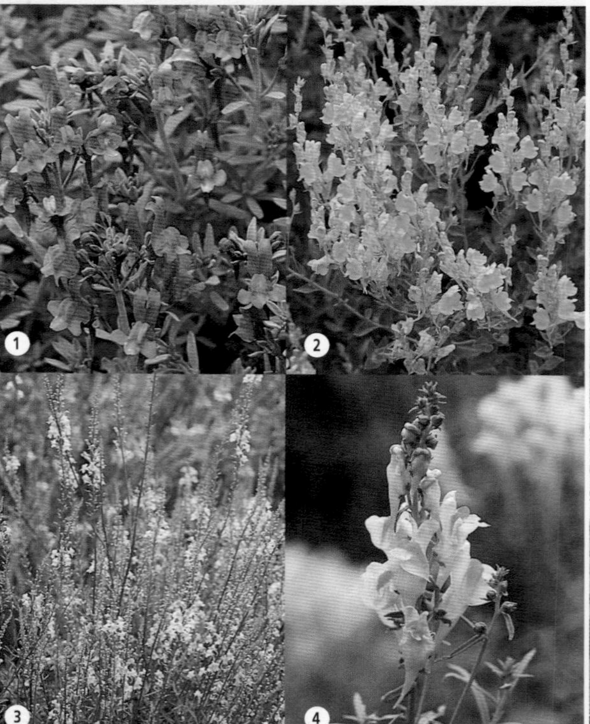

① ***alpina*** ↕ ↔ 15 cm ② ***dalmatica*** ↕ 1 m ↔ 20 cm
③ ***purpurea* 'Canon Went'** ↕ jusqu'à 90 cm ↔ 30 cm
④ ***vulgaris*** ↕ jusqu'à 90 cm ↔ 30 cm

LINUM

Lin

voir au
p.

CES ANNUELLES, BISANNUELLES ET VIVACES arborent d nuages de fleurs en coupe aux couleurs lumineuses, s d'élégantes tiges grêles. Portées pendant de longu semaines du début à la fin de l'été, elles se déclinent pri cipalement dans des tons primaires : jaune, bleu ou roug ou blanc. Les fleurs de *Linum perenne* ne tiennent qu'u journée et sont remplacées dès le jour suivant. Les vivac ont tendance à être éphémères, mais se multiplient fac lement par semis. Les petits lins sont chez eux dans u rocaille ; les plus grands composent un tableau som tueux groupés dans une plate-bande. Cultivez-les p vagues parmi d'autres herbacées à la silhouette dou comme les géraniums rustiques (*voir p. 250-251*) et l monardes (*p. 287*).

Rusticité Zones 4 à 10

Culture Dans un sol léger, assez fertile enrichi de matière organique bien décomposée, en plein soleil. Les petites espèces alpines demandent un sol très bien drainé et une protection contre l'humidité hivernale. **Semez** au printemps : les annuelles *in situ*, les vivaces à l'intérieur en fin d'hiver ou au début du printemps. **Prélevez** des boutures d'extrémité de tiges sur les vivaces au début de l'été.

Linum perenne (Lin vivace)

↕ 10-60 cm ↔ 30 cm, parent des lins utilisés pour l'huile de lin et le lin ; vivace éphémère mais dissémination très spontanée

inum flavum 'Compactum'
↔ 15 cm, vivace érigée, feuilles vert foncé, cymes compactes
e fleurs qui s'épanouissent au soleil d'été

Lobelia

Lobélie

Les lobélies à massif sont très cultivées, offrant des masses de fleurs bleues pour les plus connues, mais aussi roses, pourpres et blanches. Utilisez-les en bordure d'un massif d'été, ou retombant dans un panier suspendu ou une jardinière. Habillant les bords d'un contenant, ce sont les compagnes idéales des *Fuchsia* (*voir p. 60-63*) et d'autres annuelles d'été. Il existe aussi des formes vivaces plus rustiques, provenant d'habitats variés : prairies, berges et sous-bois. Les lobélies portent généralement des fleurs en panicules dressées, aux couleurs de joyaux : bleu azur, violet, rouge carmin et écarlate. On peut cultiver les vivaces en plate-bande ou, à l'image de *Lobelia cardinalis*, dans un jardin de marécage ou une eau peu profonde.

Rusticité Zones 3 à 10

Culture Dans un sol profond, fertile, toujours humide, au soleil ou à mi-ombre. On peut cultiver *L. cardinalis* en panier de plantation aquatique de 8 à 10 cm de profondeur. Les *Lobelia* à massif fleurissent longtemps à l'ombre. En pot, faites un apport hebdomadaire d'engrais équilibré. **Protégez** les vivaces d'un paillis épais en hiver dans les régions exposées au gel. **Divisez** les vivaces au printemps, les espèces aquatiques en été. **Semez** les graines des vivaces et d'annuelles à l'intérieur en fin d'hiver ou au début du printemps. Attention aux **limaces**.

Lobelia 'Bees' Flame'
↕ 75 cm ↔ 30 cm, vivace en touffes ; feuillage vert foncé ; hautes panicules florales du milieu à la fin de l'été

Lobularia

Alysse odorante

De l'été au début de l'automne, les alysses odorantes forment des coussins très compacts de fleurs à quatre pétales, blanches, roses, rose vrai, mauve et pourpre violacé, à l'odeur de miel pour certains cultivars. Ce genre compte des annuelles et des bisannuelles, dont la longue période de floraison et la couleur des fleurs en font une plante appréciée au jardin. Provenant de régions côtières, elles prospéreront dans des conditions similaires, sol léger et plein soleil. Les alysses odorantes sont précieuses en bordure dans une plate-bande ou un massif surélevé. Les formes à fleurs blanches sont souvent associées aux lobélies bleues à port retombant, offrant un joyeux spectacle. Elles se plairont aussi dans un jardin de gravier ou dans les fissures et les interstices d'un pavage, et se ressèmeront souvent spontanément sur des sites ensoleillés de ce genre.

Rusticité Zones 8 à 11

Culture Dans un sol léger, assez fertile, bien drainé, en plein soleil. **Supprimez** les fleurs fanées après la première floraison pour une deuxième vague de fleurs. **Semez** *in situ* à la fin du printemps.

Lobularia 'Royal Carpet'
↕ 10 cm ↔ 30 cm, en pot ou en massif surélevé pour mieux apprécier la douce odeur de ses fleurs

LUNARIA

Monnaie-du-pape, Lunaire

FLEURS, FRUITS ET FEUILLES sont tous très décoratifs sur les plantes de ce genre qui ne compte que quelques espèces. Portées de la fin du printemps au début de l'été, les fleurs sont suivies de fruits plats argentés ou beige, dont les deux faces, en tombant, dévoilent une membrane intérieure satinée. Si les fruits tiennent une bonne partie de l'automne, on coupera néanmoins les lunaires destinées aux bouquets secs à la fin de l'été, pour les faire sécher avant que le mauvais temps ne les gâche. Les feuilles dentées sont de formes diverses. Annuelles, bisannuelles ou vivaces, les monnaies-du-pape se ressèment spontanément et se naturalisent bien dans un jardin sauvage. On peut aussi les cultiver dans une plate-bande arbustive ou avec des vivaces herbacées comme les ancolies (*Aquilegia, voir p. 185*), les lupins (*ci-contre*) et les pavots (*Papaver, p. 299*).

Rusticité Zones 4 à 8

Culture Dans un sol fertile, humide mais bien drainé, en plein soleil ou à mi-ombre. **Divisez** *L. rediviva* au printemps. **Semez** en pépinières, *L. rediviva* au printemps et *L. annua* en début d'été. Si les plantes sont rabougries, arrachez-en une pour voir si les racines sont noueuses et déformées. Auquel cas, brûlez toutes les plantes affectées, il peut s'agir de la **hernie du chou**, une affection qui persiste dans le sol.

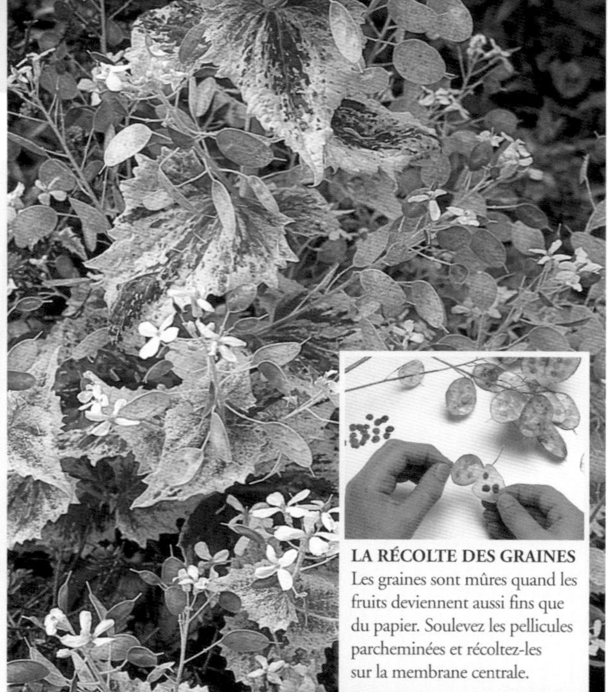

LA RÉCOLTE DES GRAINES
Les graines sont mûres quand les fruits deviennent aussi fins que du papier. Soulevez les pellicules parcheminées et récoltez-les sur la membrane centrale.

Lunaria annua 'Alba Variegata'
↕ jusqu'à 90 cm ↔ jusqu'à 30 cm, les fleurs blanches sont suivies de fruits argentés à l'extérieur et à l'intérieur

Lunaria rediviva
↕ 60-90 cm ↔ 30 cm, fleurs odorantes ; les fruits de cette espèce sont plus beige foncé qu'argentés

Lunaria annua 'Variegata'
↕ jusqu'à 90 cm ↔ jusqu'à 30 cm, feuilles marginées de blanc, couleurs plus soutenues que chez *L. annua*

LUPINUS

Lupin

APPRÉCIÉS DEPUIS DES GÉNÉRATIONS, les épis floraux de lupins offrent des couleurs parmi les plus vives du jardi d'été. Il en existe une multitude, dans tous les tons, ce tains étant même bicolores, et tous tiennent longtemp en vase. Les lupins affichent un joli feuillage vert moye aux folioles lancéolées qu'une averse ponctuera de petit gouttelettes argentées. La plupart sont des vivaces impo santes que l'on mariera avec d'autres classiques des plant herbacées comme les dauphinelles (*Delphinium, voi p. 224-225*), et les pavots d'Orient (*Papaver, p. 299*). C genre compte cependant quelques annuelles à croissanc lente, moins formelles, aux fleurs plus petites.

Rusticité Zones 4 à 7

Culture Dans un sol assez fertile, bien drainé, en plein soleil ou à mi-ombre. **Supprimez** les fleurs fanées pour une deuxième vague de fleurs. **Semez** après avoir fait tremper les graines 24 heures, *in situ* au printemps ou à l'intérieur en fin d'hiver ou au début du printemps. **Prélevez** des boutures basales sur les cultivars en milieu de printemps. Les lupins sont appréciés des **limaces** et des **escargots**. Mieux vaut prendre ses précautions.

Lupinus 'La Châtelaine'
↕ 90 cm ↔ 75 cm, cette forme bicolore, au contraste marqué, compte parmi les plus lumineuses

upinus 'Beryl, Viscountess Cowdray'
90 cm ↔ 75 cm, d'une grande rareté, mais qui mérite sa quête
ur ses riches fleurs rouges

Lupinus 'Noble Maiden'
↕90 cm ↔ 75 cm, les épis floraux d'une telle densité ont beaucoup d'impact dans une plate-bande

upinus 'Chandelier'
90 cm ↔ 75 cm, des épis moins fournis de fleurs jaune crème,
ppelant les cierges des églises, illuminent sa forme et son feuillage

Lupinus Hybrides Russell
↕90 cm ↔ 75 cm, parmi les plus précoces et les plus fiables des hybrides, dans une vaste palette de couleurs

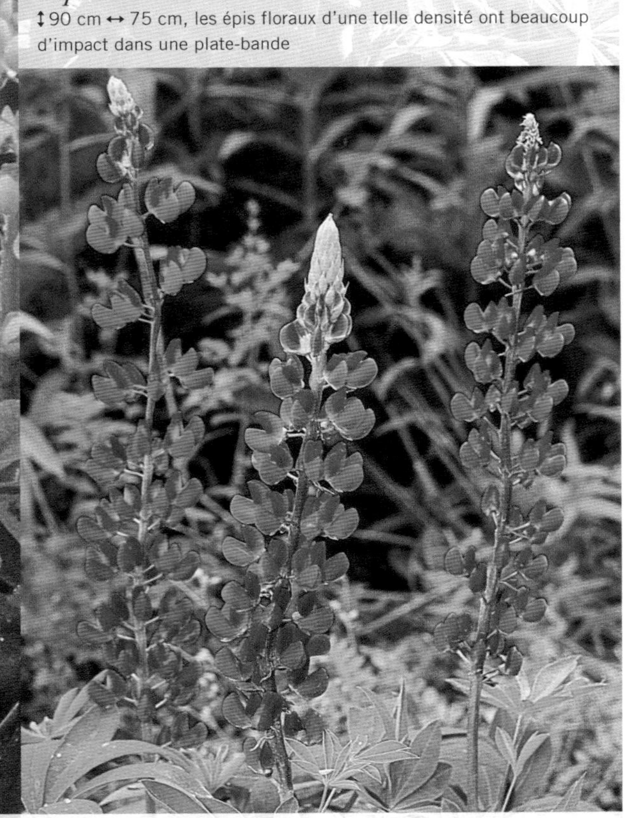

Lupinus 'The Page'
↕90 cm ↔ 75 cm, avec des épis plus ouverts comme ceux-ci, ces lupins seront à l'aise dans un décor naturel

LYCHNIS

Coquelourde

LES COQUELOURDES ARBORENT DE LUMINEUSES couleurs d'été aux tons vifs d'écarlate, de pourpre, de rose, mais aussi de blanc. Tubulaires ou étoilées, les fleurs sont portées solitaires ou réunies en petites panicules sur des tiges érigées, ce qui les rend bonnes à couper. Appréciées des papillons, elles sont aussi un bon choix dans un jardin sauvage. Les feuilles sont parfois velues. Si les petites espèces de ces bisannuelles ou vivaces sont charmantes dans une rocaille, les plus grandes seront plus à leur aise dans une plate-bande informelle avec d'autres vivaces, dont les ancolies (*Aquilegia, voir p. 185*), les lupins (*p. 280-281*) et les pavots d'Orient (*Papaver orientale, p. 299*). Certaines comme *Lychnis chalcedonica* ont des tiges cassantes qu'il faudra tuteurer.

Rusticité Zones 3 à 10

Culture Dans un sol assez fertile, bien drainé, en plein soleil ou à mi-ombre. Les espèces à feuillage gris prennent de belles couleurs d'automne dans un sol bien drainé en plein soleil. **Supprimez** les fleurs fanées régulièrement. **Semez** à l'intérieur en fin d'hiver ou au début du printemps. **Divisez** ou prélevez des boutures basales au printemps.

Lychnis chalcedonica ♀

↕90-120 cm ↔ 30 cm, vivace, floraison en début et milieu d'été ; dissémination très spontanée

Lychnis coronaria ♀

↕80 cm ↔ 45 cm, bisannuelle ou vivace éphémère : floraison en fin d'été ; dissémination très spontanée

LYSICHITON

Arum bananier

VOICI DES VIVACES COLORÉES à la forme étonnante qu fleurissent au début du printemps. Leurs spadices com pacts de minuscules fleurs verdâtres sont entourés d'élé gantes bractées pétaloïdes ou spathes (feuilles modifiées Les fleurs sont suivies de touffes basales de grandes feuill vert moyen à vert foncé. *Lysichiton americanus*, l'arur bananier blanc, est plus grand que la forme blanch *L. camtschatcensis*, dont les spathes atteignent 40 cm les feuilles jusqu'à 1 m de long, avec 75 cm de hauteu et d'étalement. Tous deux exhalent un parfum musqu qui n'est pas du goût de tous. Ils poussent naturellemen au bord de l'eau, on les cultivera près d'un étang ou d'u cours d'eau en compagnie de *Caltha palustris* (*voir p. 20* et d'autres plantes de berge.

Rusticité Zones 6 à 10

Culture Dans un sol fertile enrichi d'une bonne quantité de matière organique bien décomposée, au bord d'un cours d'eau ou d'un étang, en plein soleil ou à mi-ombre. Laissez assez d'espace au feuillage pou qu'il se développe sans empiéter sur ses voisines. **Supprimez** les rejets à la base des tiges principales au printemps ou en été.

Lysichiton americanus ♀

↕1 m ↔ 1,20 m, spathes et spadices atteignent 40 cm de long et les feuilles 1,20 m

LYSIMACHIA

Lysimaque

CE GENRE COMPREND UNE GRANDE DIVERSITÉ d'espèces parmi lesquelles de nombreuses vivaces herbacées, et quelques persistantes. Étoilées, en coupe arrondie ou aplatie, les fleurs s'épanouissent du milieu à la fin de l'été, en général dans une palette de blanc ou de jaune, parfois de rose et de pourpre. Les grandes lysimaques trouvent leur place dans une plate-bande herbacée ou mixte humides avec d'autres plantes appréciant l'humidité comme les astilbes (*voir p. 194*), les lys d'un jour (*Hemerocallis, p. 258*) et les phlox de plate-bande (*p. 306-307*). Elles prospéreront dans un jardin de marécage ou au bord d'un étang, mais sont aussi chez elles naturalisées dans un jardin de sous-bois. *Lysimachia nummularia* est utile en couvre-sol, quant à *L. punctata*, à fleurs jaunes, elle est parfois envahissante, moins toutefois dans un sol sec.

Rusticité Zones 3 à 9

Culture Dans un sol bien drainé, enrichi de matière organique bien décomposée, en plein soleil ou à mi-ombre, sur un site qui ne se desséchera pas en été. **Tuteurez** les grandes espèces avec des rames à pois. **Semez** à l'intérieur en fin d'hiver ou au début du printemps ou divisez les touffes au printemps.

Lysimachia nummularia (Herbe-aux-écus)
↕ jusqu'à 5 cm ↔ non définie, persistante en touffes ; se propage rapidement par ses racines aériennes ; fleurs en coupe jaune vif tout l'été

Lysimachia clethroides ♀
↕ 90 cm ↔ 60 cm, port étalé, feuilles velues, fleurs du milieu à la fin de l'été, érigées à maturité

Lysimachia ciliata 'Firecracker' ♀
↕ 1,20 m ↔ 60 cm, floraison en milieu d'été

LYTHRUM

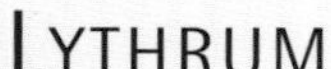

Salicaire

AVEC UNE PÉRIODE DE FLORAISON encore plus longue que les lysimaques, ces vivaces et annuelles érigées sont cultivées pour leurs épis élancés aux délicieuses fleurs rose pourpré, parfois blanches. Les fleurs, qui mesurent jusqu'à 2 cm et comptent de 4 à 8 pétales, sont portées le long de tiges quadrangulaires qui rétrécissent en pointe, de l'été à l'automne. Les feuilles, qui mesurent jusqu'à 10 cm de long, enrichissent parfois les tableaux d'automne en se teintant de jaune. Certaines salicaires prospèrent en bord d'étang et de cours d'eau. Pour une composition naturelle et colorée, mariez-les à d'autres plantes fleuries comme les astilbes (*voir p. 194*), les monardes (*p. 286*), les montbrétias (*Crocosmia, p. 219*) et les phlox (*p. 306*).

Rusticité Zones 3 à 9

Culture Dans tout sol fertile, humide, en plein soleil. **Supprimez** les fleurs fanées pour prévenir la dissémination spontanée. **Semez** à l'intérieur en fin d'hiver ou au début du printemps. **Prélevez** des boutures basales au printemps ou au début de l'été.

Lythrum virgatum 'The Rocket'
↕ 80 cm ↔ 45 cm, vivace en touffes, feuilles de 10 cm de long, fleurs du début à la fin de l'été

MACLEAYA

VOICI DE MAJESTUEUSES VIVACES HERBACÉES, prisées pour leur feuillage élégant et leurs gracieuses panicules plumeuses de minuscules fleurs apétales. Blanc chamoisé, crème, ou dans des tons abricot pâle à rose corail, elles sont portées sur des tiges érigées bleu-vert à gris-vert du début au milieu de l'été, semblant flotter au-dessus du feuillage. Gris-vert à vert olive, elles sont composées de jolies feuilles profondément lobées, atteignant jusqu'à 25 cm de large. Les *Macleaya* prenant facilement de la hauteur, mesurant jusqu'à 2,50 m, elles s'imposeront par leur présence dans le fond d'une plate-bande, bien qu'elles risquent de devenir envahissantes. Cultivez-les dans une plate-bande spacieuse avec d'autres vivaces à floraison estivale. Elles composeront aussi de superbes tableaux aux subtiles nuances à côté de hautes graminées.

Rusticité Zones 3 à 10

Culture Dans tout sol humide mais bien drainé, en plein soleil ou à mi-ombre. Abritez les plantes du froid et des vents desséchants. **Divisez** au printemps. **Semez** à l'intérieur en fin d'hiver ou au début du printemps. **Prélevez** des boutures de racines en hiver ou séparez les rhizomes.

Macleaya microcarpa 'Kelway's Coral Plume' ♡
↕2,50 m ↔ 1 m, feuilles gris-vert lobées de 5-7 cm, fleurs chamois à rose corail en début et milieu de printemps

MALVA

Mauve

↕20 cm-1,20 m
↔23-60 cm

LES MAUVES SONT DES PLANTES faciles, prospérant dans les sols les plus pauvres, qui vous donneront toute satisfaction. Ce genre très coloré est composé d'annuelles, de bisannuelles et de vivaces à base ligneuse produisant tout l'été des grappes feuillées de fleurs roses, pourpres, bleues ou blanches, sur des plantes érigées. En coupe arrondie ou aplatie, les fleurs tiennent de longues semaines, faisant de la mauve une candidate précieuse dans une plate-bande herbacée, mixte ou d'annuelles. Utilisez-les pour garnir les vides parmi d'autres partenaires à floraison estivale – campanules (*voir p. 206*), phlox (*p. 306*), et lys (*p. 274-277*) – ou dans un décor naturel, avec des graminées à fleurs comme *Lagarus ovatus* (*p. 349*).

Rusticité Zones 3 à 9

Culture Dans tout sol humide mais bien drainé, en plein soleil. Tuteurez les plantes, surtout celles cultivées dans un sol très riche. Les espèces et les cultivars vivaces sont éphémères, mais se ressèment très spontanément. **Semez** les annuelles *in situ*, ou en pot, au printemps ou au début de l'été. **Prélevez** des boutures de jeunes pousses sur les vivaces au printemps.

① *moschata* ↕90 cm ↔ 60 cm, vivace érigée ② *sylvestris* 'Primley Blue' ↕jusqu'à 20 cm ↔ 30-60 cm, vivace prostrée

MATTHIOLA

Matthiole, Giroflée des jardins, Giroflée d'été

PEU DE PLANTES PEUVENT RIVALISER AVEC LES GIROFLÉES pour la douceur de leur parfum. Parmi les espèces odorantes on note la délicate annuelle, *Matthiola longipetala* ssp. *bicornis*, qui exhale son parfum le soir et *M. incana*, plus grosse largement vendue en fleurs coupées. Les giroflées, dont celle du célèbre groupe Brompton, sont des vivaces cultivées en annuelles et bisannuelles. Il existe de grandes formes et de formes naines à fleurs simples ou doubles, dans des tons vif ou pastel de pourpre, violet, rose et blanc. Les variétés naine ont belle allure en contenant. Les giroflées au parfum nocturne se déclinent dans les mêmes tons et se plaisent en pot mais on plantera leur semis en pleine terre. Cultivez-les sur un site ensoleillé, près d'une porte, d'un banc ou d'une fenêtre pour profiter de leur fragrance le soir.

Rusticité Zones 7 à 11 (annuelle au Québec)

Culture Dans tout sol humide bien drainé en plein soleil ; les cultivars d'*incana* tolèrent la mi-ombre. **Tuteurez** les grands sujets. **Semez** les cultivars d'*incana* au début du printemps entre 10 et 18 °C, pour une floraison estivale en début de printemps et, en été, à l'extérieur pour une floraison printanière. Hivernez sous châssis froid pour repiquer au printemps suivant. Semez les *Matthiola* au parfum nocturne *in situ* et éclaircissez de 10 à 15 cm.

Matthiola incana Cinderella Series
↕20-25 cm ↔ jusqu'à 25 cm, fleurs doubles réunies en grappes compactes de 15 cm de haut de la fin du printemps à l'été

Meconopsis

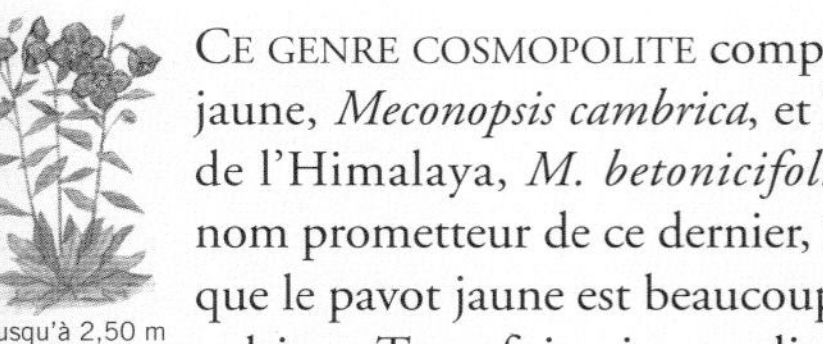

jusqu'à 2,50 m
↔ jusqu'à 1 m

Ce genre cosmopolite comprend le pavot jaune, *Meconopsis cambrica*, et le pavot bleu de l'Himalaya, *M. betonicifolia*. Malgré le nom prometteur de ce dernier, il faut avouer que le pavot jaune est beaucoup plus facile à cultiver. Toutefois, si vous disposez du site léal, un jardin de sous-bois frais et humide ou une plate-ande abritée aux conditions semblables, vous pourrez ıltiver n'importe quel *Meconopsis*, aux tons accrocheurs ırquoise et bleu jean délavé, rose grenade ou jaune pâle. es fleurs soyeuses, aux étamines jaunes ou crème, s'épa-ouissent du début au milieu de l'été. Bien qu'éphémères, :s *Meconopsis* méritent leur place au jardin, et se ressè-ıent en outre spontanément.

usticité Zones 4 à 10

ulture Dans un sol humide, bien drainé, légèrement acide, mi-ombre, à l'abri des vents froids. **Divisez** les plantes établies après floraison. **Semez** en pot sous châssis froid à maturité en hivernant s jeunes plantules sous le châssis, ou au printemps. Semis clairs la surface du compost.

) *betonicifolia* ♀ ↕1,20 m ② *cambrica* ↕45 cm, tous :s sols sauf très sec ③ *napaulensis* ↕2,50 m, persistante) × *sheldonii* ↕1,20-1,40 m

Melissa officinalis

Mélisse

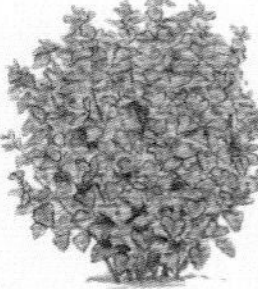

↕jusqu'à 1,20 m
↔ jusqu'à 45 cm

Les feuilles de cette herbe aromatique dégagent une fraîche odeur de citron quand on les écrase ou qu'on les effleure au passage. Outre leur parfum, ces vivaces buissonnantes érigées sont surtout appréciées pour leur joli feuillage rappelant l'ortie, velu, vert clair à vert vif, éclaboussé de jaune d'or pour les formes panachées. Les jeunes pousses sont souvent utilisées en pot-pourri et en infusion. En été, les mélisses affichent des épis de petites fleurs blanchâtres, tubulaires et bilabiées, qui attirent les abeilles. Cultivez-les dans une plate-bande mixte ou herbacée, ou parmi d'autres aromatiques dans un jardin d'herbes. Si elles prospèrent en plein soleil, elles sont aussi précieuses sous une ombre sèche.

Rusticité Zones 4 à 11

Culture Dans tout sol pauvre en plein soleil, protégées des fortes pluies d'hiver. **Rabattez** sévèrement après la floraison pour stimuler une nouvelle vague de feuilles et prévenir la dissémination spontanée. On rabattra de préférence les formes panachées avant la floraison pour un feuillage plus lumineux. **Divisez** les plantes au démarrage de la végétation au printemps. **Semez** à l'intérieur en fin d'hiver ou au début du printemps ou repiquez les plantules issues de semis spontanées.

TAILLEZ UNE MÉLISSE
En récoltant l'extrémité des tiges pour un pot-pourri, vous stimulerez une nouvelle vague de feuilles et empêcherez la dissémination spontanée.

Melissa officinalis 'Aurea'
Tiges velues, fleurs blanc cassé en été

Melittis melissophyllum

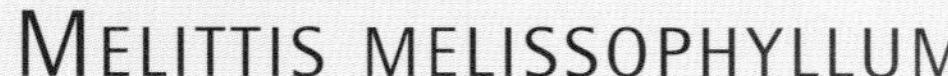

Mélitte, Mélisse des bois

↕20-70 cm
↔ 50 cm

Voici une vivace herbacée cultivée pour ses fleurs tubulaires, portées à la fin du printemps et au début de l'été. Dans des tons roses, pourpres ou blanc pur à blanc crème mâtiné de rose ou de pourpre, elles constellent les tiges, apparaissant à l'aisselle des feuilles. Les feuilles aromatiques, ovales, velues et ridées, exhalent une odeur de miel. Les mélittes ont leur place dans une plate-bande fraîche en compagnie d'autres plantes prospérant sous une ombre légère comme les *Bergenia* (*voir p. 198*) et les ancolies (*Aquilegia, p. 185*), ou dans un jardin de sous-bois. Ses fleurs attireront au jardin les abeilles et d'autres insectes pollinisateurs.

Rusticité Zones 7 à 10

Culture Dans un sol assez fertile, humide mais bien drainé, à mi-ombre. **Divisez** les plantes au printemps au démarrage de la croissance. **Semez** en pot sous châssis froid à maturité ou au printemps.

Melittis melissophylum
Plante de sous-bois naturellement très répandue en Europe

Mimulus

Les nombreux hybrides de *Mimulus* sont cultivés en annuelles pour leurs fleurs aux couleurs vives qui égaient les pots et les plates-bandes du début de l'été jusqu'à l'automne. Rappelant celles des mufliers, en trompette ou tubulaires, elles affichent une grande diversité de teintes et sont souvent mouchetées d'un ton contrasté. Vert pâle à vert foncé, les feuilles sont fréquemment couvertes de poils argentés. Généralement de port rampant, les *Mimulus* sont parfois érigés et buissonnants, certains étant vivaces. La plupart préfèrent un sol humide, voire marécageux. *Mimulus luteus* et *M. ringens* prospéreront dans une eau peu profonde au bord d'un étang.

Rusticité Zones 6 à 11

Culture Dans un sol très humide, au soleil ou à mi-ombre, bien que *M. cardinalis* tolère des sols plus secs. Les hybrides à massif et *M. aurianticus* exigent un bon drainage et le plein soleil. Comme il est éphémère, mieux vaut multiplier *Mimulus* régulièrement. **Semez** à l'intérieur en fin d'hiver ou au début du printemps. **Prélevez** les boutures herbacées au début de l'été. **Divisez** les vivaces au printemps. Attention aux **limaces**.

① *aurantiacus* ♀ ↕↔ 1 m ② *cardinalis* ♀ ↕ 1 m ↔ 60 cm
③ *lewisii* ♀ ↕ 60 cm ↔ 45 cm ④ *luteus* ↕ 30 cm ↔ 60 cm

Moluccella laevis

Clochette d'Irlande

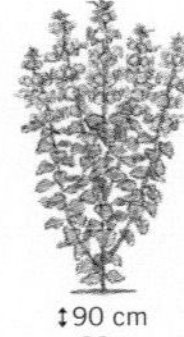

↕ 90 cm
↔ 23 cm

D'extraordinaires fleurs entourées d'un calice et un feuillage vert pâle, tels sont les atouts de cette annuelle très répandue, fidèle des compositions en bouquets. À la fin de l'été, *Moluccella* arbore des épis de 30 cm de haut qui portent de petites fleurs parfumées blanches ou roses, groupées en verticilles terminaux et entourées de grandes collerettes vertes en coupe appelées calices, qui deviennent papyracées et veinées de blanc quand les fruits se développent. Les *Moluccella* attireront l'œil dans une plate-bande parmi des plantes à massif plus classiques comme les œillets d'Inde (*Tagetes*, *voir p. 329*) ou les héliotropes (*p. 70*).

Rusticité Zones 8 à 11

Culture Dans tout sol humide mais bien drainé, en plein soleil. **Semez** entre 13 et 18 °C au début ou au milieu du printemps, ou *in situ* en fin de printemps.

Moluccella laevis

Monarda

Monarde

↕ 90 cm
↔ 45 cm

Les monardes contribuent à la beaut du jardin grâce à leurs fleurs arachniforme et à leur feuillage luxuriant. Les plus culti vées sont les vivaces herbacées en touffe mais le genre compte aussi quelque annuelles. Du milieu de l'été au début d l'automne, *Monarda* affiche des grappes de fleurs tubu laires cramoisies, roses, blanches ou violettes réunies e verticilles terminaux. Vert moyen à vert foncé, les feuill aux nervures saillantes sont souvent teintées de pourpr Très aromatiques, les monardes sont exploitées dan l'industrie du parfum pour leurs feuilles et leurs fleur Utilisez ces splendides sujets dans une plate-bande o elles attireront les abeilles et autres insectes pollinisateur

Rusticité Zones 4 à 9

Culture Dans tout sol humide mais bien drainé, qui ne se dessèche pas en été, en plein soleil ou à mi-ombre. **Semez** à l'intérieur en fin d'hiver ou au début du printemps. **Divisez** au printemps avant le démarrage de la végétation. Les **limaces** sont un risque au printemps. L'**oïdium** est aussi un risque par temps sec. Certains cultivars y sont résistants.

① 'Cambridge Scarlet' ♀ ↕ 90 cm ↔ 45 cm, vivace en touffes
② 'Croftway Pink' ♀ ↕ 90 cm ↔ 45 cm, vivace en touffes

MUSCARI

OICI DES PLANTES BULBEUSES ATTEIGNANT rarement lus de 20 cm de haut qui, malgré leur petite taille, sont laptées à bien des situations. Au printemps, et parfois 1 automne, elles arborent des grappes compactes de eurs minuscules, souvent bleues, parfois jaunes, blanches, ourpres, voire noires. Certaines espèces sont très odontes. Les fleurs sont portées au-dessus de feuilles charues, vert moyen, bleu-vert ou gris-vert, en touffes. lantez les *Muscari* en groupes dans une plate-bande ou 1 tapis au pied d'arbres et d'arbustes caducs. On les aturalise aussi souvent dans une pelouse avec d'autres ulbes colorés à floraison printanière, jonquilles (*Narcissus, . 288-289*) et tulipes (*p. 334-335*). Certaines espèces eviennent envahissantes dans des conditions favorables.

usticité Zones 3 à 8

ulture **Plantez** les bulbes à 10 cm de profondeur en automne, ıns tout sol bien drainé, au soleil ou à mi-ombre. **Divisez** les touffes us les 5 ou 6 ans, en été, pour maintenir la vigueur et stimuler la raison. **Semez** en pot sous châssis froid en automne. Les **viroses** nt un problème, détruisez toutes les plantes rabougries, déformées ı présentant des marbrures jaunes.

Iuscari macrocarpum
10-15 cm ↔ 8 cm, les touffes s'étalent encore plus ; fleurs ı printemps, très parfumées ; préfère un été chaud et sec

***Muscari armenicanum* 'Blue Spike'**
↕20 cm ↔ 5 cm, forme parfois de larges touffes et devient envahissant ; feuilles vert moyen en automne ; fleurs au printemps

MYOSOTIS

Myosotis

ON CULTIVE LES NOMBREUSES ESPÈCES D'ANNUELLES, bisannuelles et vivaces éphémères de ce genre, pour leurs fleurs délicieuses et leur feuillage velu. Chez la plupart des myosotis, les fleurs se déclinent dans une palette de bleus, avec un œil blanc ou doré, mais il existe aussi des variétés roses, jaunes ou blanches. La bisannuelle *M. sylvatica* et ses cultivars, très répandus en massif saisonnier et en contenant, sont aussi faciles à cultiver dans une plate-bande. Le myosotis des marais, *M. scorpioides*, sera plus heureux dans un marécage ou une eau peu profonde, certaines petites vivaces tapissantes à l'image de l'alpine *M. alpestris* préféreront un sol très bien drainé. Presque toutes se ressèmant spontanément, on pourra les laisser créer de grandes nappes de couleur dans un jardin sauvage.

Rusticité Zones 3 à 8

Culture Dans tout sol humide mais bien drainé, pas trop fertile, au soleil ou à mi-ombre. **Semez** tous les myosotis *in situ* au printemps. Semis possibles des annuelles et des bisannuelles à l'intérieur en fin d'hiver ou au début du printemps. On peut semer *M. scorpioides* dans un terreau aquatique. **Divisez** pendant la dormance. Le **mildiou** risque de tacher le feuillage en conditions humides.

***Myosotis* 'Indigo'**
↕↔ 30 cm ↔ 15 cm, bisannuelle, l'un des cultivars bleus les plus foncés : floraison du milieu du printemps au milieu de l'été

NARCISSUS

Narcisse

ANNONÇANT LE PRINTEMPS, LES FLEURS DES NARCISSES aux joyeux tons jaunes, crème et blancs, parfois teintées de rose ou d'une pointe de vert, offrent un spectacle bienvenu après un long hiver. Ce genre compte des milliers d'espèces et de cultivars variant considérablement quant à la hauteur et la forme de leurs fleurs portées, solitaires ou groupées sur les tiges. Tous sont des vivaces bulbeuses. Les grandes variétés sont splendides parmi d'autres bulbes dans une plate-bande ou un massif de printemps à côté de bouquets de primevères des jardins (*Primula* groupe Polyanthus). Plus à leur place dans un cadre naturel, les petits narcisses donneront le meilleur d'eux-mêmes par vagues dans une pelouse ou dans un décor de sous-bois, où ils s'étaleront petit à petit, pourvu qu'on ne les dérange pas, les espèces naines agrémentant une rocaille. Certains narcisses, dont nombre de ceux des groupes Jonquilla, Tazetta et Poeticus, sont parfumés. Situez-les dans un endroit où vous pourrez apprécier leur délicieuse fragrance, dans une jardinière près d'une porte ou sur le rebord d'une fenêtre. Certains peuvent aussi être forcés (*voir ci-dessous*) et cultivés à l'intérieur, où ils fleuriront, en général, à Noël. La plupart des narcisses donnent d'excellentes fleurs à couper.

Rusticité Zones 3 à 10

Culture Les narcisses acceptent une grande diversité de sol, mais la plupart préfèrent un sol fertile, bien drainé, frais pendant la saison de croissance, en plein soleil ou à mi-ombre. **Plantez** les bulbes à deux ou trois fois leur hauteur en automne, un peu plus profondément dans un sol léger et sableux ou naturalisés dans une pelouse. **Arrosez** les narcisses à floraison tardive si le printemps est sec pour avoir de belles fleurs. **Supprimez** les fleurs fanées avant la montée en graines, mais laissez le feuillage flétrir naturellement. Vous aiderez les bulbes à reconstituer les réserves pour l'année suivante, réserves nécessaires à la formation des boutons floraux. **Apportez** au feuillage un engrais riche en potasse avant son flétrissement pour stimuler la floraison à venir. **Attendez** que celui des narcisses naturalisés dans la pelouse flétrisse avant de tondre. **Déterrez et divisez** les bulbes si les fleurs dégénèrent, ce qui arrive quand ils sont surchargés, après 4 ou 5 ans. Vous pourrez replanter les bulbilles, mais il faudra attendre 3 ou 4 ans avant la floraison. Une floraison pauvre ou « avortement des fleurs » survient parfois quand les bulbes n'ont pas été assez enterrés, il faudra alors les replanter. Un feuillage rabougri, tacheté ou marbré est un signe de **virose**. Détruisez les plantes affectées.

Le forçage des bulbes

❶ *Mélangez du gravier avec un peu de charbon de bois. Emplissez aux trois quarts un pot de ce mélange. Creusez légèrement la surface du doigt et déposez les bulbes (ici,* Grand Soleil d'or*), la pointe vers le haut, en veillant à ce qu'ils ne se touchent pas.*

❷ *Après la plantation, arrosez jusqu'à ce que l'eau arrive juste en dessous de la base du bulbe. À moins d'avoir préparé les bulbes pour les laisser à la lumière, couvrez le pot d'un sac en plastique noir, ficelez-le à la base et laissez-le dans un endroit sombre et frais.*

❸ *Vérifiez les bulbes au bout de 4 semaines et ajoutez de l'eau si nécessaire ; 8 à 10 semaines plus tard, les pousses doivent atteindre 1 à 2 cm et peuvent être déplacées à la lumière. Tuteurez les feuilles et les tiges frêles au fil de la croissance.*

① *Narcissus* 'Actaea' 🏆 ↕45 cm, fin de printemps, parfumé ② **'Baby Moon'** ↕25-30 cm, fin de printemps ③ ***bulbocodium*** 🏆 ↕10-15 cm, milieu de printemps, se naturalise en pelouse, convient dans une rocaille ④ **'Cassata'** ↕40 cm, milieu de printemps ⑤ **'Cheerfulness'** 🏆 ↕40 cm, milieu de printemps, parfumé ⑥ **'Dove Wings'** 🏆 ↕30 cm, début de printemps ⑦ **'February Gold'** 🏆 ↕30 cm, début de printemps, se naturalise en pelouse, forçage possible ⑧ **'Fortune'** ↕45 cm, milieu

e printemps ⑨ **'Golden Ducat'** ↕35 cm, milieu de printemps ⑩ **'Grand Soleil d'or'** ↕45 cm, ilieu de printemps, parfumé, forçage possible ⑪ **'Hawera'** 🏆 ↕18 cm, fin de printemps) **'Ice Follies'** 🏆 ↕40 cm, milieu de printemps, prolifique ⑬ **'Jack Snipe'** 🏆 ↕20 cm, début et milieu e printemps, pousse rapidement ⑭ **'Jenny'** 🏆 ↕30 cm, début et milieu de printemps, se naturalise en elouse, forçage possible ⑮ **'Liberty Bells'** ↕30 cm, milieu de printemps ⑯ **'Little Beauty'** 🏆 ↕15 cm,

naine, début de printemps ⑰ **'Mount Hood'** 🏆 ↕45 cm, début de printemps ⑱ **'Pencrebar'** ↕18 cm, milieu de printemps, parfumé ⑲ ***romieuxii*** 🏆 ↕8-10 cm, début de printemps ⑳ **'Salome'** 🏆 ↕45 cm, milieu de printemps, qualité des fleurs très fiable ㉑ **'Sweetness'** 🏆 ↕40 cm, milieu de printemps, vigoureux, parfumé, fleurs à couper de longue tenue ㉒ **'Thalia'** ↕35 cm, milieu de printemps, parfumé ㉓ ***triandrus*** 🏆 ↕10-25 cm, milieu de printemps

Nemesia

Miroir-des-elfes, Némésie

Cultivées pour leur exubérance, les némésies annuelles sont couramment utilisées en plantes à massif d'été ou en contenant. Faciles à cultiver, elles offrent une profusion de fleurs de couleurs vives, bleues, rouges, roses, jaunes, orange et blanches, et beaucoup de formes bicolores. Les vivaces sont plus grandes et moins tape-à-l'œil, avec des fleurs souvent mauves ou blanches et risquent de ne pas résister à un hiver rigoureux, à moins d'être cultivées en pot et rentrées sous abri. Parmi les nouvelles vivaces, certaines ont une rusticité plus fiable et supporteront d'être laissées à l'extérieur à l'abri, pendant l'hiver, notamment protégées par un paillis.

Rusticité Zones 9 à 12

Culture Dans tout sol humide mais bien drainé, en plein soleil. Risque de pourriture dans un sol trop humide. **Pincez** les annuelles pour encourager un port buissonnant et une profusion de fleurs. **Arrosez** régulièrement les plantes en pot. **Semez** à 15 °C du début à la fin du printemps, ou en automne. **Prélevez** des boutures herbacées sur les vivaces en fin d'été et hivernez les jeunes plants à l'abri du gel.

① ***denticulata*** ♡ ↕25 cm, vivace, à protéger parfois en hiver ② ***strumosa*** **Carnival Series** ↕17-23 cm annuelle naine à grandes fleurs

Nemophila

Némophile

Les tiges charnues et élancées des némophiles portent de grandes fleurs épanouies se distinguant par les marques de leurs pétales. En coupe, elles sont généralement bleues ou blanches, veinées, ponctuées ou tachetées, avec un centre au ton contrasté bleu, pourpre, blanc ou jaune et ressortent sur un feuillage duveteux vert moyen ou gris-vert. Les némophiles sont des annuelles à port bas qui fleurissent sur de longues semaines, du début au milieu de l'été, et sont encore plus florifères dans des conditions fraîches et humides. Elles sont précieuses pour border une allée ou garnir les vides à l'avant d'une plate-bande. Au port franc et compact, elles ont aussi belle allure en pot ou dans une rocaille avec une bonne rétention d'eau.

Rusticité Zones 8 à 12

Culture Dans tout sol humide mais bien drainé, ou dans un compost à base de terreau, en plein soleil ou à mi-ombre. **Arrosez** soigneusement pendant la sécheresse pour ne pas interrompre la floraison. **Semez** *in situ* au printemps ou en automne, en sillons peu profonds, à 15 cm d'intervalle. Éclaircissez à la même distance. Dissémination très spontanée.

Nemophila maculata
↕↔ 15-30 cm, doit son nom aux marques qu'elle présente à l'extrémité de ses 5 pétales parfois veinés de mauve

Nepeta

Chataire

Les chataires sont surtout connues pour le feuillage très aromatique de *Nepeta cataria* qui endort les chats mais beaucoup d'autres variétés moins attirantes pour ces félins sont très appréciées au jardin. Vivaces herbacées au feuillage pubescent gris argenté, elles arborent des épis érigés de fleurs blanches, bleues ou pourpres, parfois jaunes. La plupart ont un port lâche et étalé qui en fait de bonnes couvre-sol, la densité des touffes étouffant les mauvaises herbes. Elles trouvent leur place le long d'une grande allée ensoleillée, un emplacement qui permettra d'apprécier leur parfum au fil de la promenade. Et si certaines petites espèces sont aussi chez elles dans une rocaille, les grandes chataires seront plus à l'aise dans une plate-bande mixte ou herbacée.

Rusticité Zones 3 à 11

Culture Dans tout sol bien drainé, en plein soleil ou à mi-ombre. Les grandes *Nepeta* au port plus lâche seront tuteurées. **Taillez** les plantes après la floraison pour entretenir un port compact et stimuler la floraison. **Divisez** au printemps. **Semez** à l'intérieur en fin d'hiver ou au début du printemps.

① ***govaniana*** ↕90 cm ↔ 60 cm ② ***sibirica*** ↕90 cm ↔ 45 cm ③ **'Six Hills Giant'** ↕90 cm ↔ 60 cm ④ ***subsessilis*** ↕jusqu'à 90 cm ↔ 30 cm

NERINE

Nérine

CES VIVACES BULBEUSES ONT LES FLEURS D'AUTOMNE les plus inattendues. En trompette, elles sont réunies en ombelles délicates aux tons rose vif, parfois cramoisis, ou rouge orangé, et confèrent un air de légèreté et de jeunesse au jardin quand beaucoup d'autres plantes commencent à faner. Les nérines se plaisant dans un sol sec et bien drainé, elles prospèrent généralement au pied d'un mur orienté au sud ou à l'ouest, ou dans une rocaille abritée. Dans la plupart des cas, leur feuillage rubané vert foncé n'apparaîtra qu'une fois les fleurs écloses, voire fanées, faisant ressortir avec superbe les fleurs aux pédoncules nus. Les nérines sont spectaculaires en groupes isolés avec, pour toile de fond un sol nu, une pierre claire ou une maçonnerie peinte. On peut aussi les cultiver avec d'autres bulbes à floraison tardive comme les *Schizostylis* et *Scilla scilloides* (*voir p. 323*).

Rusticité Zones 8 à 10

Culture Dans un sol bien drainé, en plein soleil au début du printemps. **Choisissez** le site avec soin : mieux vaut ne pas la perturber pour qu'elle forme une grosse touffe. Dans les régions froides, **protégez** les plantes d'un épais paillis sec (une couche de paille ou de matière organique sur la zone de culture). Attention aux **limaces**.

Nerine bowdenii ♀

↕ 45 cm ↔ 8 cm, vigoureuse, feuilles larges, jusqu'à 30 cm de long ; fleurs délicatement parfumées

NICOTIANA

Tabac

LEURS FLEURS PARFUMÉES, EN TROMPETTE, sont le principal atout des annuelles, bisannuelles et vivaces de ce genre. Citron vert, rouges, roses, vert pomme et blanches, elles tiennent de longues semaines en été et en automne. Si elles s'épanouissent en général pleinement le soir, exhalant alors leur parfum entêtant, certains cultivars récents éclosent la journée, quand on les plante à mi-ombre. La plupart des tabacs portent des feuilles poisseuses, vert moyen. Bien qu'il s'agisse de vivaces herbacées, la plupart sont cultivées en annuelles issues de semis chaque année. Elles seront du plus bel effet groupées dans un patio ou près de la maison où flottera leur riche parfum du soir. Le contact avec le feuillage provoque parfois des éruptions cutanées.

Rusticité Zones 7 à 12 (annuelle au Québec)

Culture Dans tout sol humide mais bien drainé, en plein soleil ou à mi-ombre. **Tuteurez** les grands sujets en situation exposée. **Semez** à l'intérieur en fin d'hiver ou au début du printemps. Il leur faut de la lumière pour germer.

① **'Lime Green'** ♀ ↕ 60 cm ↔ 25 cm, annuelle érigée, fleurs de 13 cm de long ② ***sylvestris*** ♀ ↕ jusqu'à 1,50 m ↔ jusqu'à 60 cm, vivace dans les régions tempérées, très parfumée

NIGELLA

Nigelle

FIDÈLES DU JARDIN DEPUIS DES SIÈCLES, les nigelles affichent désormais une multitude de couleurs : blanc, mauve, rose vrai, rose profond, jaune, aux côtés de leur bleu traditionnel. Certains mélanges de graines donnent des fleurs aux tons en harmonie. Ces annuelles buissonnantes fleurissant naturellement sur les pentes rocailleuses et les terres incultes, elles pousseront pratiquement n'importe où. Leurs délicates fleurs estivales se nichent au cœur d'une collerette brumeuse de feuilles filiformes et sont suivies de capsules renflées également très jolies en bouquets. Bleu ciel, 'Miss Jekyll' formera rapidement un contraste estival de charme avec des *Eschscholzia* (*voir p. 241*) jaunes et orange. Ces deux plantes faciles à cultiver se ressemant spontanément, elles animeront à peu de frais le jardin de leurs couleurs.

Rusticité Zones 7 à 11 (annuelle au Québec)

Culture Dans tout sol bien drainé, en plein soleil. **Semez** *in situ* en sillons peu profonds à environ 15 cm d'intervalle, et éclaircissez à la même distance. On peut semer à l'intérieur en fin d'hiver ou au début du printemps.

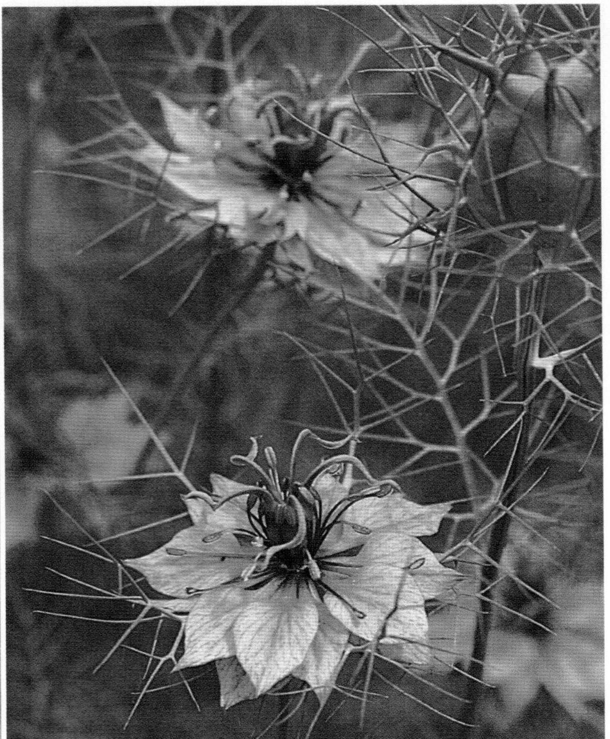

Nigella damascena **'Miss Jekyll'**

↕ jusqu'à 50 cm ↔ jusqu'à 23 cm, les rejets issus de semis spontanés donnent des couleurs différentes ; bonne à couper

NYMPHAEA

Nénuphar, Nymphéa

AVEC DES FLEURS SOUVENT PARFUMÉES qui sont de véritables joyaux, les nénuphars apportent une touche d'exotisme aux bassins et aux étangs. Ces plantes herbacées aquatiques submergées se développent à partir de tubercules ou de rhizomes qui courent à la surface du sol, ou juste en dessous. Qu'ils soient rustiques ou non, tous les nénuphars fleurissent en été. Les variétés rustiques portent pour la plupart des fleurs blanches, jaunes ou cramoisies flottant sur l'eau, qui ne fleurissent que la journée (sauf par temps couvert). Les nénuphars tropicaux non rustiques fleurissent le jour ou la nuit, affichant également des tons de bleu, et sont portés au-dessus de la surface de l'eau. Les nénuphars offrent un spectacle somptueux dans les grands étangs, les variétés naines étant plus jolies dans un petit bassin ou dans une pièce d'eau miniature comme un demi-tonneau. Leurs feuilles qui couvrent l'eau fournissent un abri aux poissons et contribuent à limiter la croissance des algues en arrêtant la lumière. Les nénuphars rustiques survivront même dans une eau gelée en surface; l'ancien feuillage flétrira et de nouvelles feuilles apparaîtront au printemps. Les nénuphars tropicaux se comportent en vivaces dans les régions à l'abri du gel, mais sont souvent traités en annuelles sous des climats plus froids. Des soins réguliers sont indispensables à une floraison optimale.

Rusticité Zones 4 à 12

Culture Les nénuphars n'appréciant pas les turbulences, placez-les dans une eau calme, en plein soleil, en respectant la profondeur d'eau pour chaque variété. **Plantez** les espèces rustiques au début de l'été dans un terreau aquatique – une terre de jardin peut faire l'affaire – dans un panier de plantation tapissé de toile de jute. Enfoncez les rhizomes juste en dessous du niveau du sol et surfacez de gravillons qui retiendront la terre. Immergez le panier de sorte qu'il y ait 15 à 25 cm d'eau au-dessus de lui. Posez-le sur des briques si le bassin est trop profond. Une fois la plante établie, abaissez régulièrement le panier, laissant les feuilles croître en surface entre chaque déplacement, jusqu'à ce qu'il soit à la bonne hauteur. La plupart des nénuphars poussent à une profondeur de 30 à 45 cm, un peu moins pour certains, un peu plus pour d'autres (*voir ci-dessous*). Dans un étang naturel au fond vaseux, vous pourrez les planter directement dans la vase. **Supprimez** les fleurs fanées si possible pour stimuler la floraison. Rabattez le feuillage flétri pour éviter qu'il ne pourrisse, libérant alors des gaz toxiques pour les poissons. **Divisez** les plantes établies après 3 ou 4 ans (*ci-dessous*).

Divisez et replantez les nénuphars

Les nénuphars ayant une croissance vigoureuse, ils finissent par être surchargés et par s'étioler. Leurs feuilles commencent à se dresser hors de l'eau au lieu de s'étaler en surface et les fleurs sont moins nombreuses. Il est alors temps de les diviser, le meilleur moment étant la fin du printemps, car l'eau plus chaude et les jours qui rallongent garantissent une reprise plus rapide.

❶ *Déterrez la touffe mature au printemps, à l'apparition des jeunes pousses. Plongez la plante dans l'eau douce pour enlever la terre et les algues sur les racines.*

❷ *Avec un couteau pointu, sectionnez le rhizome en fragments présentant chacun 2 ou 3 bourgeons. Supprimez les racines endommagées et rempotez individuellement.*

❸ *Plantez chaque fragment de sorte que le collet affleure sous la surface du sol. Couvrez de gravier et immergez le panier dans une eau peu profonde jusqu'à établissement.*

① *Nymphaea alba* ↔ 1,70 m, profondeur d'eau 30-90 cm ② **'American Star'** ↔ 1,20-1,50 m, profondeur d'eau 45 cm-1,20 m ③ **'Attraction'** ↔ 1,20-1,50 m, profondeur d'eau 45 cm-1,20 m ④ **'Aurora'** ↔ 90-150 cm ⑤ **'Escarboucle'** ♕ ↔ 1,20-1,50 m, fleurs de 15-18 cm de diamètre, profondeur d'eau 30-60 cm ⑥ **'Fabiola'** ↔ 1,50 m, profondeur d'eau 15-30 cm ⑦ **'Fire Crest'** ↔ 1,20 m ⑧ **'Froebelii'** ↔ 90 cm,

profondeur d'eau 15-30 cm ⑨ **'Gonnère'** 🏆 ↔ 90 cm-1,20 m, profondeur d'eau 20-45 cm ⑩ **'James Brydon'** 🏆 ↔ 90 cm-1,20 m ⑪ **'Laydekeri Fulgens'** ↔ 1,20-1,50 m ⑫ **'Marliacea Albida'** ↔ 90 cm-1,20 m ⑬ **'Marliacea Carnea'** ↔ 1,20-1,50 m ⑭ **'Marliacea Chromatella'** 🏆 ↔ 1,20-1,50 m ⑮ **'Norma Gedye'** ↔ 1,20-1,50 m, profondeur d'eau 30-90 cm ⑯ **'Odorata Sulphurea Grandiflora'** ↔ 90 cm-1,20 m

⑰ **'Pink Sensation'** ↔ 1,20 m ⑱ **'Pygmaea Helvola'** 🏆 ↔ 25-40 cm, fleurs 5-8 cm de diamètre, profondeur d'eau 8-15 cm ⑲ **'René Gérard'** ↔ 1,50 m ⑳ **'Rose Arey'** ↔ 1,20-1,50 m ㉑ ***tetragona*** ↔ 25-40 cm, profondeur d'eau 8-15 cm ㉒ **'Vésuve'** ↔ 1,20 m, fleurs 18 cm de diamètre ㉓ **'Virginalis'** ↔ 90 cm-1,20 m

OENOTHERA

Œnothère, Onagre

LES DÉLICATES FLEURS PARCHEMINÉES de l'œnothère habillent avec grâce le jardin de la fin du printemps à la fin de l'été. Bien qu'éphémères, leur abondance est telle que de nouvelles venues ne cessent de se déployer pour remplacer les précédentes. Ce genre comprend une grande diversité d'annuelles, de bisannuelles et de vivaces à fleurs jaunes, blanches ou roses. Certaines affichent en outre des boutons rouges ou corail très décoratifs contrastant avec subtilité sur les fleurs déjà écloses. La hauteur des onagres varie, allant des espèces à port bas à l'aise dans une rocaille ou un massif surélevé, telle *Oenothera macrocarpa*, aux grandes plantes de bordures, à l'image de l'élégante *O. biennis*, aux longues tiges, qui atteint 1 m à 1,50 m de haut et 60 cm d'envergure et que l'on cultivera dans une plate-bande mixte, une plate-bande herbacée ou en pot.

Rusticité Zones 4 à 10

Culture Dans un sol bien drainé, en plein soleil. Sur un site sans risque d'humidité hivernale excessive pour les plantes de rocaille. **Divisez** les vivaces au début de printemps ou prélevez des boutures herbacées de la fin du printemps au milieu de l'été. **Semez** les vivaces et les bisannuelles à l'intérieur en fin d'hiver ou au début du printemps.

Oenothera macrocarpa ♀

↕15 cm ↔ 50 cm, vivace vigoureuse aux tiges velues et ramifiées, teintées de rouge, fleurs en fin de printemps

OMPHALODES

DU PRINTEMPS À L'ÉTÉ, les *Omphalodes* arborent des grappes de fleurs blanches ou bleues semblables à celles des myosotis. Celles-ci sont portées sur des pédicelles grêles et érigées qui leur donnent l'allure de guirlandes électriques, surtout quand elles brillent de leurs couleurs vives. Ce genre comprend quelques espèces d'annuelles, de bisannuelles et de vivaces, certaines persistantes et semi-persistantes, au port étalé, ce qui en fait de bonnes couvre-sol. Quelques-unes se plaisent dans une plate-bande ombragée où le choix est limité. Parmi leurs partenaires, citons les hostas (*voir p. 260-261*), les laîches (*Carex, p. 345*) ou encore *Arum italicum* 'Pictum' (*p. 190*). *Omphalodes linifolia* et *O. luciliae* préfèrent le soleil : cultivez-les dans un jardin de gravier en massif surélevé, ou dans une rocaille pour jouir de leurs fleurs délicates à portée du regard.

Rusticité Zones 7 à 10

Culture *O. cappodocica* et *O. verna* dans un sol humide et fertile, à mi-ombre. *C. linifolia* et *O. luciliae* exigent du soleil, un sol bien drainé ou un compost sableux, alcalin pour *O. luciliae*. **Semez** au printemps : les annuelles *in situ*, les vivaces en pot sous châssis froid. **Divisez** les vivaces au début du printemps. Attention aux **limaces** et aux **escargots**.

Oenothera fruticosa 'Fyrverkeri' ♀

↕30-90 cm ↔ 30 cm, vivace, feuilles mâtinées de brun pourpré ; fleurs de la fin du printemps à la fin de l'été

Oenothera speciosa 'Rosea'

↕↔ 30 cm, vivace étalée, longue période de floraison du début de l'été à l'automne, parfois envahissante, n'aime pas les hivers humides

Omphalodes cappadocica 'Cherry Ingram' ♀

↕25 cm ↔ 40 cm, vivace persistante, fleurs plus grandes que celles de l'espèce, en début de printemps

Ophiopogon

Herbe-aux-turquoises

Les feuilles gramniniformes des *Ophiopogon* se déclinent dans une palette allant d'un ton presque noir très inhabituel au vert clair, certaines étant marginées de crème, de jaune ou de blanc. Leurs petites grappes de fleurs en clochette, lilas, roses ou blanches, qui s'épanouissent en été sont suivies de fruits sphériques vernissés bleus ou noirs. Leur teinte originale se marie avec bien d'autres plantes y compris de petites graminées (*voir p. 340-355*) comme *Lagarus ovatus*, des brizes et des laîches, la fétuque bleue (*Festuca*) offrant, quant à elle, un contraste étonnant sur la sombre 'Nigrescens'. On peut aussi utiliser les *Ophiopogon* en couvre-sol. Bien qu'il s'agisse de vivaces persistantes, on pourra les traiter en annuelles estivales, renouvelées chaque année à partir de semis. En groupe, les formes à feuillage foncé trancheront sur des annuelles de couleurs vives comme des bégonias rouge feu (*p. 196*).

Rusticité Zones 7 à 10

Culture Dans un sol humide mais bien drainé, légèrement acide, au plein soleil ou à mi-ombre. **Divisez** au printemps au démarrage de la végétation. **Semez** en pot sous châssis froid à maturité. Les **limaces** sont un risque pour les jeunes feuilles.

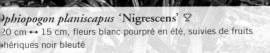

Ophiopogon planiscapus 'Nigrescens' ♀
↕20 cm ↔ 15 cm, fleurs blanc pourpré en été, suivies de fruits sphériques noir bleuté

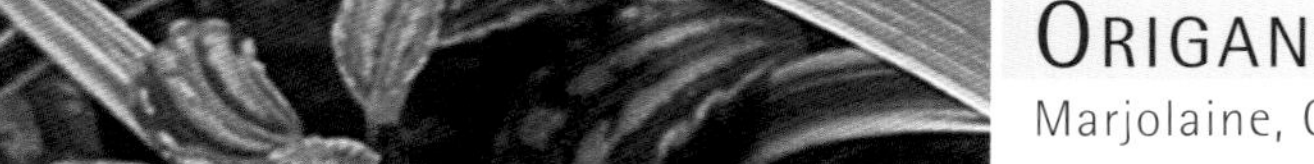

Ophiopogon jaburan 'Vittatus'
↕60 cm ↔ 30 cm, fleurs blanches, parfois teintées de lilas en fin d'été et fruits oblongs bleu violacé

Origanum

Marjolaine, Origan

voir aussi p. 91

Plus connues comme herbes aromatiques utilisées en cuisine, les marjolaines n'en ont pas moins des fleurs séduisantes, un feuillage aromatique, et une diversité de ports qui en font des candidates précieuses dans un jardin d'agrément. Vivaces, elles portent des fleurs minuscules le plus souvent roses, entourées de bractées (feuilles modifiées) qui déterminent leur couleur dominante, pourpre, rose ou verte. Apprécié à juste titre, *Origanum laevigatum* 'Herrenhausen' présente des tiges ramifiées de 45 cm de haut, couvertes de jeunes feuilles mâtinées de pourpre et de verticilles denses de fleurs aux bractées rouge pourpré. *O. marjorana*, *O. onites* et *O. vulgare*, qui compte une forme au feuillage panaché doré, sont connues pour leur usage culinaire. Cultivez les marjolaines dans une plate-bande mixte, une plate-bande herbacée ou un jardin d'herbes aromatiques, et les petites espèces dans une rocaille, en bordure ou dans les interstices d'un pavage.

Rusticité Zones 4 à 10

Culture En plein soleil dans un sol bien drainé, de préférence alcalin. **Rabattez** les tiges florales au printemps. **Divisez** ou bouturez au printemps. **Semez** en pot à l'intérieur en fin d'hiver ou au début du printemps.

① *laevigatum* ♀ ↕50-60 cm ↔ 45 cm, vivace à base ligneuse
② *vulgare* ↕↔ 30-90 cm, vivace à base ligneuse

Ornithogalum

Ornithogale, Étoile-de-Bethléem

De petites fleurs blanc argenté luisantes qui brillent à la nuit tombante, tel est l'atout de charme de ces vivaces bulbeuses. Les fleurs étoilées, en coupe ou en entonnoir, parfois parfumées, sont portées sur des tiges robustes au printemps et en été. Chaque feuille linéaire à la texture épaisse se déploie élégamment et présente parfois une rayure argentée au centre. La hauteur de ces vivaces varie, allant d'*Ornithogalum lanceolatum* ne dépassant pas 5 à 10 cm de haut à *O. pyramidale* qui atteint jusqu'à 1,20 m. Les petites espèces trouvent leur place dans une rocaille. *O. nutans* et *O. umbellatum* risquant d'être envahissants, mieux vaut les naturaliser dans un gazon ou au pied d'arbustes. Cultivez les espèces gélives en pot pour les rentrer en hiver.

Rusticité Zones 6 à 10

Culture Plantez les bulbes des rustiques et semi-rustiques en automne, à 10 cm de profondeur, dans un sol bien drainé, en plein soleil. Certaines tolèrent la mi-ombre. Dans les régions froides, plantez les bulbes des gélives au printemps pour une floraison estivale. Dans les sols lourds et argileux, plantez les bulbes sur une couche de sable grossier pour améliorer le drainage. **Séparez** les rejets pendant la dormance, en été.

① ***narbonense*** ↕ 30-90 cm, longues feuilles gris-vert, fleurs en fin de printemps et début d'été ② ***nutans*** ♈ ↕ 20-60 cm, fleurs au printemps

Osteospermum

Dimorphotéca

Avec de séduisantes fleurs en capitules au lustre satiné, et un feuillage tendre persistant, les dimorphotécas méritent sans conteste leur place dans une plate-bande. De nouveaux cultivars sont créés chaque année dans une gamme toujours plus large de coloris. Parfois spatulés, les fleurons sont blancs, nuancés d'un délicat glacis violet, rose, lilas ou bleu, ou saturés d'une seule couleur, allant du crème au magenta en passant par le pourpre, chaque fleur affichant des fleurons centraux dans un ton contrasté. Les *Osteospermum* fleurissent de la fin du printemps à l'automne. Ce genre est composé d'annuelles et de sous-arbrisseaux, mais on cultive couramment les vivaces dans les plates-bandes, les vivaces semi-rustiques étant traitées en annuelles à massif dans les régions froides. Volontiers broussailleuses au bout de quelques années, elles seront remplacées facilement en les multipliant par bouturage.

Rusticité Zones 8 à 11 (annuelle au Québec)

Culture Dans un sol léger, modérément fertile, bien drainé, en situation chaude et abritée, en plein soleil. **Supprimez** régulièrement les fleurs fanées. **Prélevez** des boutures herbacées en fin de printemps ou des boutures semi-ligneuses en fin d'été. **Semez** à l'intérieur au printemps.

Osteospermum 'Nairobi Purple'
↕ 15 cm ↔ 90 cm, sous-arbrisseau étalé, fleurs teintées de blanc au revers

Osteospermum 'Buttermilk' ♈
↕↔ 60 cm, sous-arbrisseau érigé, feuilles dentées vert moyen marginées de jaune pâle

Osteospermum jucundum ♈
↕ 10-50 cm ↔ 40-50 cm, vivace en touffes, fleurs bronze au revers

OXALIS

LES PETITES TOUFFES DE DÉLICIEUSES FEUILLES qui ressemblent au trèfle offrent une charmante toile de fond aux petites fleurs des *Oxalis*. En entonnoir, en coupe plus ou moins profonde, dans des tons de rose, jaune ou rose pourpré, celles-ci s'épanouissent au printemps et en été et se referment par temps gris. Quelques *Oxalis* comptent des mauvaises herbes et se propagent facilement, et certaines espèces ornementales sont aussi parfois envahissantes et seront plantées seules. Vivaces bulbeuses, elles se développent à partir de tubercules, de rhizomes ou de vrais bulbes. La plupart prospèrent dans le sol bien drainé d'une rocaille ou en pot. D'autres telles *Oxalis acetosella* et *O. oregana* se plaisent dans un décor de sous-bois ou sur un site ombragé où elles auront tout loisir de s'étaler.

Rusticité Zones 5 à 11

Culture Dans un sol humide, humifère et fertile, au soleil ou à mi-ombre pour les espèces de sous-bois. Dans un sol modérément fertile, humifère et très bien drainé, en plein soleil, pour les espèces rustiques. En pot, utilisez un compost à base de terreau additionné de gravillons pour un bon drainage. **Semez** à l'intérieur en fin d'hiver ou au début du printemps. **Divisez** au printemps.

PACHYSANDRA

BONNES COUVRE-SOL, VOICI DES VIVACES buissonnantes à port bas, qui auront tôt fait de s'étaler pour créer un tapis persistant ou semi-persistant de feuillage gris-vert ou vert foncé. Parfois dentées, les feuilles sont groupées à l'extrémité de tiges érigées charnues. *Pachysandra terminalis* 'Variegata' présente de jolies feuilles marginées de blanc. Au printemps et au début de l'été, les *Pachysandra* affichent de petits épis blanc verdâtre pour les fleurs femelles et blanc pur pour les fleurs mâles. Faciles à cultiver, ils sont parfaitement à l'aise dans un coin ombragé ou au pied d'arbustes à fleurs, à l'image des rhododendrons (*voir p. 104-107*) et des camélias (*p. 32-33*), et s'étaleront avec bonheur dans un sol frais en conditions humides.

Rusticité Zones 4 à 9

Culture Tout type de sol sauf un sol très sec, en plein soleil ou à mi-ombre, de préférence enrichi d'une bonne quantité de matière organique. **Divisez** les plantes établies au printemps ou prélevez des boutures herbacées en début d'été.

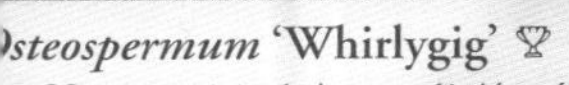

Osteospermum 'Whirlygig' ♀
↔ 60 cm, sous-arbrisseau étalé, pétales bleu ardoise ou bleu poudré au revers, fleurs au disque central bleu ardoise

Oxalis adenophylla ♀
↕ 10 cm ↔ jusqu'à 15 cm, vrai bulbe, préfère le soleil et un site bien drainé comme un massif surélevé ou une rocaille

Pachysandra terminalis
↕ 20 cm ↔ non définie, persistante, feuilles jusqu'à 10 cm de long, fleurs mâles au printemps

PAEONIA

Pivoine

voir aussi p. 92

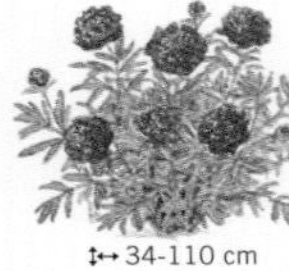

↕↔ 34-110 cm

LEURS FLEURS SOMPTUEUSES et leur feuillage luxuriant font des nombreuses vivaces herbacées que compte ce genre un choix classique dans une plate-bande. Leurs grands boutons s'ouvrent au début de l'été, révélant des fleurs allant des formes simples en coupe, aux étamines dorées, aux formes doubles ébouriffées, de 5 cm de diamètre, jusqu'aux impressionnantes inflorescences de 20 cm ou plus. Les grandes feuilles de ces plantes en touffes sont en général vert bleuté, gris-vert ou vert foncé, et profondément divisées. Choisissez soigneusement leur emplacement, car elles sont d'une grande longévité et n'aiment pas être déplacées.

Rusticité Zones 4 à 8

Culture Dans un sol fertile, humide mais bien drainé, en plein soleil ou à mi-ombre. Incorporez une matière organique bien décomposée avant la plantation. **Tuteurez** les tiges des pivoines à grandes fleurs. **Prélevez** des boutures de racines en fin d'automne ou divisez les racines tubéreuses au début du printemps. La **moisissure grise** de la pivoine peut provoquer le flétrissement et le brunissement des tiges. En cas de taches brunes ou de feutrage gris duveteux dus aux champignons, **rabattez** les tiges affectées jusqu'à une pousse saine, sous le sol si nécessaire.

UN TUTEUR CIRCULAIRE maintiendra les grandes fleurs. Il suffit de laisser les tiges pousser dans les vides.

Paeonia lactiflora 'Sarah Bernhardt' ♕
↕↔ 90-100 cm, vigoureuse, aux feuilles vert moyen et aux tiges érigées, fleurs odorantes de plus de 20 cm de diamètre

Paeonia cambessedesii ♕
↕↔ 45-55 cm, feuilles rouge pourpré au revers, nervurées de pourpre. Fleurs jusqu'à 10 cm de diamètre en fin de printemps

Paeonia lactiflora 'Festiva Maxima' ♕
↕↔ 90-100 cm, feuillage abondant vert moyen, fleurs odorantes de plus de 20 cm de diamètre sur des tiges robustes et érigées

Paeonia mlokosewitschii ♕
↕↔ 65-90 cm, tiges érigées, feuilles velues au revers, fleurs de plus de 13 cm de diamètre en début d'été

APAVER

ivot

ES FIDÈLES DU JARDIN sont très appréciés pour leurs fleurs ırcheminées, brillamment colorées en été. Outre le classique rouge sang, les pavots affichent aussi d'éclatants tons angés, et des teintes plus subtiles, roses, jaunes et blanches, aucoup présentant des taches foncées à la base de leurs étales. Éphémère, chaque fleur sera suivie d'une multide de ses semblables, puis d'étonnantes capsules en forme poivrier. Vert clair à vert moyen, souvent pubescentes ı velues, leurs feuilles rappelant la fougère sont parfois ıssi décoratives que les fruits. Si les fleurs des annuelles et sannuelles sont généralement plus délicates que celles, pe-à-l'œil, des pavots d'Orient vivaces, toutes ont leur ace : les grands pavots dans une plate-bande, les annuelles ıns une rocaille. Celles-ci se ressèmeront spontanément.

usticité Zones 2 à 10

ılture Dans un sol fertile, bien drainé, en plein soleil. **Semez** printemps ; les annuelles et bisannuelles *in situ*, les vivaces sous âssis froid. **Évitez** les engrais trop riches en azote qui entraîneraient e chute des fleurs. **Rabattez** les pavots d'Orient après la floraison ur une remontée en été. **Divisez** les vivaces au printemps ou élevez des boutures de racines tôt au printemps. L'**oïdium** est un que si l'été est humide.

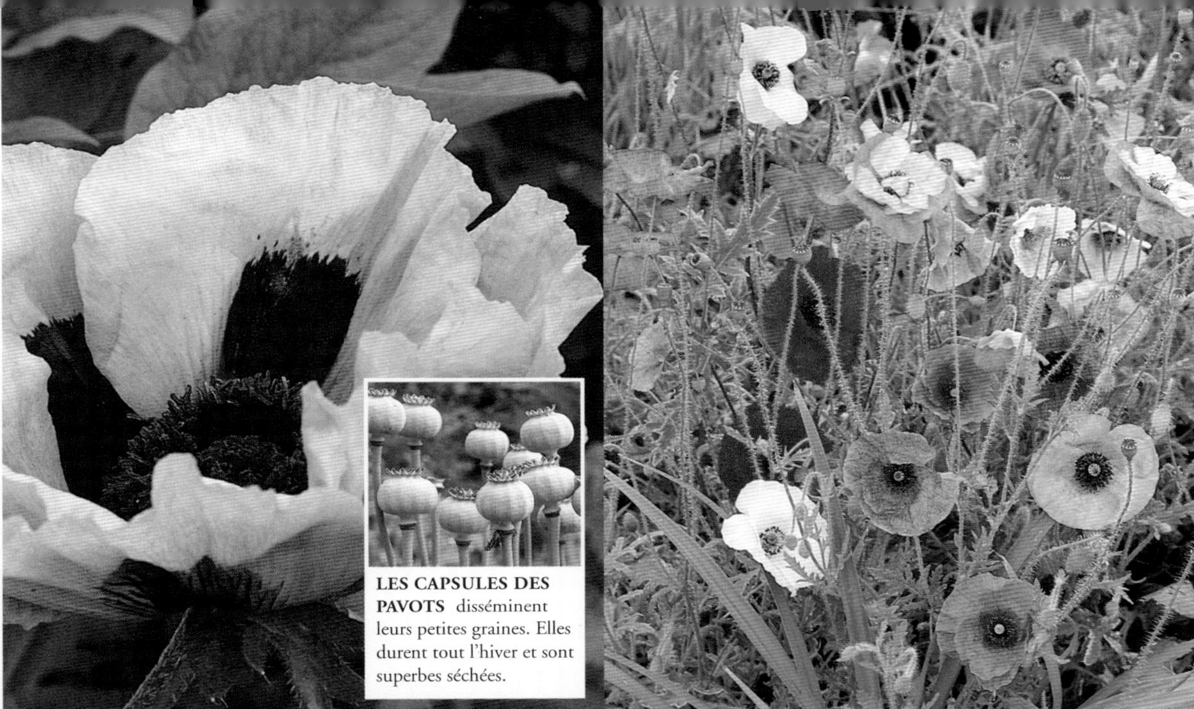

LES CAPSULES DES PAVOTS disséminent leurs petites graines. Elles durent tout l'hiver et sont superbes séchées.

***Papaver orientale* 'Cedric Morris'** ♕
↕45-90 cm ↔ 60-90 cm, vivace en touffes, feuilles velues grises, fleurs de la fin du printemps au début de l'été

***Papaver rhoeas* 'Mother of Pearl'**
↕90 cm ↔ 30 cm, annuelle, feuilles duveteuses, fleurs en été aux tons doux, gris colombe, rose et bleu lilas

***apaver orientale* 'Black and White'** ♕
45-90 cm ↔ 60-90 cm, vivace en touffes, grandes feuilles velues, eurs de la fin du printemps au milieu de l'été

***Papaver orientale* 'Beauty of Livermere'**
↕45-90 cm ↔ 60-90 cm, vivace en touffes, fleurs jusqu'à 20 cm de diamètre de la fin du printemps au milieu de l'été

***Papaver rhoeas* Shirley Series**
↕90 cm ↔ 30 cm, annuelle, feuilles pubescentes, fleurs simples ou doubles, jaunes, roses, orange et rouges en été

PELARGONIUM

Pélargonium

VOICI DES PLANTES BIEN CONNUES, très souvent confondues avec les géraniums. Apparentés aux géraniums rustiques (*p. 250-251*), ils s'en distinguent cependant sur bien des points, notamment – et ce n'est pas le moindre –, en étant gélifs presque partout dans le monde. Les pélargoniums sont à juste titre des fidèles au jardin depuis des générations. Ils offrent une grande diversité de choix, non seulement pour leurs superbes fleurs, mais aussi pour leur séduisant feuillage multicolore souvent parfumé. Cultivés en plantes à massif, en suspension ou autres contenants, ils affichent des bouquets denses de fleurs aux couleurs vives, de l'été à l'automne. Allant des fleurs doubles très froncées d''Apple Blossom Rosebud' à celles du délicat 'Bird Dancer', celles-ci se déclinent dans une palette de couleurs pastel, profondes ou vives, allant de l'orange au rose, au rouge et au pourpre. Si la plupart ont un port buissonnant et érigé et des feuilles arrondies à divisées, présentant parfois des taches plus foncées, on recense aussi quelques formes rampantes. (Les quatre principaux groupes sont introduits ci-dessous.)

Rusticité Zones 9 à 12 (annuelle au Québec)

Culture Dans un sol fertile, bien drainé, dans un mélange à base de terreau ou de terre franche, la plupart en plein soleil. Les Zonal tolèrent une ombre légère. **Supprimez** régulièrement les fleurs fanées. Faites un apport d'engrais riche en potasse tout l'été pour stimuler la floraison. **Déterrez** les plantes en automne et conservez-les au sec à l'abri du gel en hiver. **Rabattez** la plante d'environ un tiers et rempotez à la fin de l'hiver au démarrage de la végétation. **Bouturez** au printemps, en été, ou en automne, mais conservez les boutures d'automne hors gel en hiver. Vous pouvez aussi acheter des plants en godet ou en motte dans les jardineries au début de l'été. **Semez** avec une chaleur de fond au printemps. Les pélargoniums ne posent en général pas de problème. Les othiorinques présentent cependant un risque pour les plantes en pot. Dans le cas de la **moisissure grise** (botrytis), coupez toutes les parties affectées et vaporisez un fongicide.

Les pélargoniums lierres

Vivaces rampantes, *ils sont spectaculaires dans une jardinière comme en panier suspendu, ou encore cultivés en petites grimpantes si on leur procure un support approprié. Simples ou doubles, les fleurs réunies en bouquets sont rouges, roses, mauves, pourpres et blanches. Comme leur nom l'indique, ils ressemblent au lierre par leur port et la forme de leurs feuilles persistantes charnues et rigides, de 2,5 à 13 cm de long, lobées et parfois pointues.*

Les pélargoniums Régal

Buissonnants, persistants, *souvent cultivés en serre, les Régal portent des bouquets de fleurs simples ou doubles atteignant 4 cm de diamètre, aux tons unis ou composés, rouges, roses, pourpres, orange, blancs ou noir rougeâtre. Les feuilles arrondies mesurent jusqu'à 9 cm de long. Les plantes prenant de l'ampleur seront rabattues au printemps. Les pélargoniums dits « uniques » affichent des feuilles plus grandes, parfois divisées, souvent parfumées. Fleurs et feuilles sont plus petites sur ceux du groupe Angel.*

Les pélargoniums à feuillage odorant

Plantez ces pélargoniums *dans un contenant où vous pourrez les toucher facilement pour que leurs feuilles libèrent leur parfum ou le long d'une allée où vous les effleurerez au passage. Chaque cultivar exhale un délicieux parfum qui lui est propre, sucré, épicé ou hespéridé. On les cultive essentiellement pour leurs feuilles, le plus souvent vert moyen, parfois panachées, de 1,5 à 13 cm de long, aux formes variées. Mauves, roses, pourpres et blanches, les fleurs sont en général assez petites.*

Les pélargoniums Zonal

De loin les plus courants de tous, *les Zonal sont depuis longtemps des fidèles en contenant dans un patio et dans les massifs d'étés. Buissonnants, persistants, à entre-nœuds courts, leurs feuilles arrondies sont marquées de zones vert bronze ou marron. Celles des cultivars du groupe Fantaisies sont parfois tricolores, bronze, argentées ou dorées avec du blanc ou du vert. Simples ou doubles, les fleurs sont blanches ou se déclinent dans une palette variée d'orange, de pourpre, de rose et d'écarlate.*

① *Pelargonium* 'Alberta' ↕50 cm ↔ 25 cm, Zonal ② 'Amethyst' ↕30 cm ↔ 25 cm, Lierre ③ 'Ann Hoystead' 🏆 ↕45 cm ↔ 25 cm, Régal ④ 'Apple Blossom Rosebud' 🏆 ↕40 cm ↔ 25 cm, Zonal ⑤ 'Bird Dancer' 🏆 ↕20 cm ↔ 15 cm, Zonal ⑥ 'Caligula' ↕13 cm ↔ 10 cm, Zonal ⑦ 'Clorinda' ↕50 cm ↔ 25 cm, feuilles à l'odeur de cèdre ⑧ 'Coddenham' ↕13 cm ↔ 10 cm, Zonal ⑨ *crispum* 'Variegatum' 🏆 ↕35 cm ↔ 15 cm, feuilles à l'odeur citronnée ⑩ 'Crystal Palace Gem'

45 cm ↔ 30 cm, Zonal ⑪ **'Dale Queen'** ↕40 cm ↔ 20 cm, Zonal ⑫ **'Dolly Varden'** 🏆 ↕30 cm ↔ 15 cm, Zonal ⑬ **'Fair Ellen'** ↕40 cm ↔ 20 cm, feuilles à l'odeur épicée ⑭ **'Flower of Spring'** 🏆 60 cm ↔ 25 cm, Zonal ⑮ **Fragrans Group** ↕25 cm ↔ 20 cm, feuilles à l'odeur de pin ⑯ **'Francis Parrett'** 🏆 ↕13 cm ↔ 10 cm, Zonal ⑰ **'Freckles'** ↕↔ 30 cm, Zonal ⑱ **'Friesdorf'** ↕20 cm ↔ 13 cm, Zonal ⑲ **'Golden Wedding'** ↕↔ 60 cm, Zonal ⑳ **'Graveolens'** ↕60 cm ↔ 40 cm, feuilles à l'odeur de rose citronnée ㉑ **'Happy Thought'** 🏆 ↕45 cm ↔ 25 cm, Zonal ㉒ **'Irene'** ↕45 cm ↔ 30 cm, Zonal ㉓ **'Ivalo'** 🏆 ↕30 cm ↔ 25 cm, Zonal ㉔ **'Lachskönigin'** ↕30 cm ↔ 20 cm, Lierre

㉕ *Pelargonium* **'Lady Plymouth'** 🏆 ↕40 cm ↔ 20 cm, feuilles à l'odeur d'eucalyptus ㉖ **'Lavender Grand Slam'** 🏆 ↕40 cm ↔ 20 cm, Régal ㉗ **'L'Élégante'** 🏆 ↕25 cm ↔ 20 cm, Lierre ㉘ **'Lemon Fancy'** 🏆 ↕40 cm ↔ 20 cm, feuilles à l'odeur hespéridée ㉙ **'Leslie Judd'** ↕40 cm ↔ 20 cm, Régal ㉚ **'Mabel Grey'** 🏆 ↕35 cm ↔ 15 cm, feuilles à l'odeur hespéridée ㉛ **'Madame Fournier'** ↕13 cm ↔ 10 cm, Zonal ㉜ **'Mr Everaarts'** ↕20 cm ↔ 13 cm, Zonal

㉝ **'Mr Henry Cox'** 🏆 ↕30 cm ↔ 13 cm, Zonal ㉞ **'Mrs Pollock'** ↕ 30 cm ↔ 15 cm, Zonal ㉟ **'Mrs Quilter'** 🏆 ↕40 cm ↔ 15 cm, Zonal ㊱ **Multibloom Series** 🏆 ↕↔ 30 cm, Zonal ㊲ **'Old Spice'** ↕30 cm ↔ 15 cm, feuilles à l'odeur épicée ㊳ **'Orsett'** 🏆 ↕70 cm ↔ 50 cm, feuilles à l'odeur de menthe épicée ㊴ **'Paton's Unique'** 🏆 ↕45 cm ↔ 20 cm, unique ㊵ **'Paul Humphries'** ↕30 cm ↔ 20 cm, Zonal ㊶ **'Pixie Rose'** ↕30 cm ↔ 20 cm, Zonal ㊷ **'Polka'** ↕50 cm ↔ 25 cm, unique

) **'Purple Emperor'** ↕40 cm ↔ 20 cm, Régal (44) **'Robe'** ↕45 cm ↔ 20 cm, Zonal (45) **'Rollisson's Jnique'** ↕45 cm ↔ 20 cm, unique (46) **'Rouletta'** ↕60 cm ↔ 20 cm, Lierre (47) **'Royal Oak'** 🏆 40 cm ↔ 30 cm, feuilles à l'odeur épicée (48) **'Schöne Helena'** ↕40 cm ↔ 25 cm, Zonal) **'Sefton'** 🏆 ↕40 cm ↔ 20 cm, Régal (50) **'Strawberry Sundae'** ↕60 cm ↔ 30 cm, Régal) **'The Boar'** 🏆 ↕60 cm ↔ 25 cm, rampant (52) **'Timothy Clifford'** ↕13 cm ↔ 10 cm, Zonal

(53) **'Tip Top Duet'** 🏆 ↕40 cm ↔ 20 cm, Angel (54) ***tomentosum*** 🏆 ↕90 cm ↔ 75 cm, feuilles à l'odeur de menthol (55) **Tornado Series** ↕25 cm ↔ 20 cm, Lierre

PENSTEMON

DÈS LE MILIEU DE L'ÉTÉ, souvent jusqu'aux premières gelées, les flamboyants *Penstemon* apportent leur couleur au jardin. Leurs grappes érigées produisent une succession de fleurs tubulaires, semblables aux digitales, dans de riches teintes pourpres, écarlates, roses, jaunes et blanches, beaucoup étant bicolores. Ce genre comprend de nombreuses espèces, la plupart étant des vivaces persistantes buissonnantes à la silhouette soignée, qui vont des espèces naines de 15 cm de haut, à leur place dans une rocaille, aux grandes plantes à massif de 60 cm ou plus qui ont parfois besoin d'un tuteur. Les feuilles sont étroites, mesurant jusqu'à 8 cm de long, ou ovales, de 13 cm ou plus.

Rusticité Zones 3 à 11

Culture Dans un sol fertile, bien drainé, en plein soleil ou à mi-ombre pour les *Penstemon* à massif; dans un sol pauvre à modérément fertile, caillouteux et très bien drainé pour les espèces naines et arbustives. **Protégez** les plantes d'un paillis épais en hiver dans les régions exposées au gel. **Supprimez** les fleurs fanées à moins de récolter les graines. **Semez** à l'intérieur en fin d'hiver ou au début du printemps. **Prélevez** des boutures herbacées au début de l'été ou semi-ligneuses au milieu de l'été. Divisez au printemps.

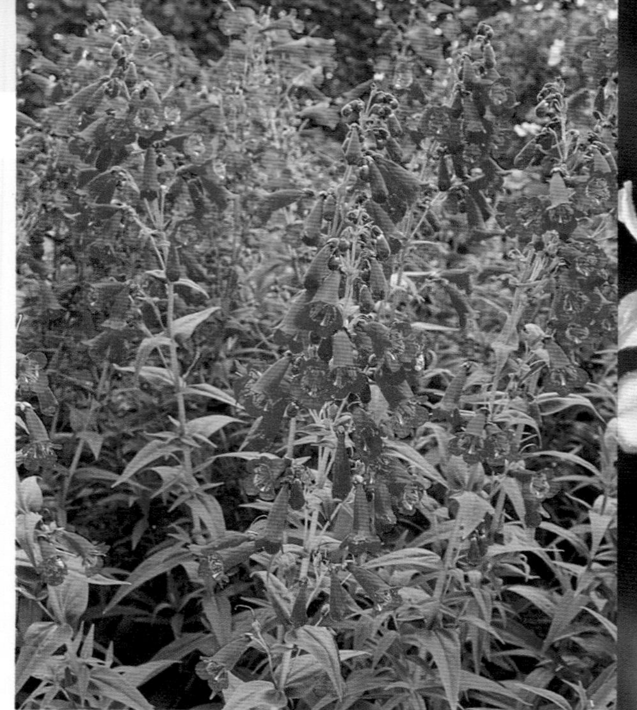

Penstemon 'Chester Scarlet' ♀
↕60 cm ↔ 45 cm, grandes feuilles et fleurs de 5 à 8 cm de long du milieu de l'été au milieu de l'automne

TUTEURER LES TOUFFES
Installez des bambous reliés par de la ficelle ou des supports métalliques avant que les *Penstemon* ne deviennent trop hauts.

Penstemon 'Apple Blossom' ♀
↕↔ 45-60 cm, feuilles étroites, fleurs à gorge blanche milieu d'été à début d'automne

Penstemon 'Evelyn' ♀
↕45–60 cm ↔ 30 cm, buissonnant, feuilles étroites, fleurs de 2,5 à 3 cm, plus pâles à l'intérieur, milieu été à milieu automne

Penstemon 'Stapleford Gem' ♀
↕jusqu'à 60 cm ↔ 45 cm, grandes feuilles, fleurs de 5 à 8 cm de long du milieu de l'été au début de l'automne

Penstemon 'Pennington Gem' ♀
jusqu'à 75 cm ↔ 45 cm, feuilles étroites, fleurs de 5 à 8 cm
de long du milieu de l'été au début ou milieu de l'automne

Penstemon 'White Bedder' ♀
60 cm ↔ 45 cm, grandes feuilles, fleurs se teintant de rose avec
l'âge, du milieu de l'été au milieu de l'automne

PERSICARIA

Polygonum couvre-sol

DE L'ÉTÉ À L'AUTOMNE, les *Persicaria* affichent de courtes panicules en forme de goupillons, composées de minuscules fleurs en clochette ou en entonnoir, roses, blanches ou rouges, en formation serrée sur des tiges grêles. Son joli feuillage est constitué de larges feuilles basales aux longs pétioles, puis de feuilles plus petites habillant des tiges charnues. Nombre de ces vivaces et annuelles en touffes se propagent par rhizomes ou stolons, mais sont faciles à juguler quand elles deviennent envahissantes. Si leur hauteur varie de 5 cm à 1,20 m, la plupart sont de taille moyenne et sont des couvre-sol peu exigeantes et bienvenues pour étouffer les mauvaises herbes. Mariez-les à des *Phygelius* (*voir p. 95*), et des vivaces comme les géraniums rustiques (*p. 250-251*) et les monardes.

Rusticité Zones 4 à 10

Culture Dans tout sol humide, en plein soleil (leurs couleurs n'en seront que plus belles) ou à mi-ombre. *Persicaria bistorta* tolère un sol sec. **Semez** à l'intérieur en fin d'hiver ou au début du printemps. **Divisez** les vivaces au printemps ou en automne.

Persicaria bistorta 'Superba' ♀
↕ jusqu'à 90 cm ↔ 45 cm, vivace tapissante semi-persistante, feuilles brunes en automne, longue période de floraison

PETRORHAGIA

CES VIVACES ET ANNUELLES APPARENTÉES aux *Gypsophila* (*voir p. 254*) et aux *Dianthus* (*p. 226-227*), sont appréciées pour leurs inflorescences en panicules blanches, parfois roses ou jaunes, tout au long de l'été. Ces fleurs délicates sont portées à l'extrémité de tiges grêles au-dessus d'un feuillage graminiforme. Les *Petrorhagia* préféreront un site ensoleillé à l'avant d'une plate-bande mixte ou d'une plate-bande herbacée, un talus ensoleillé ou l'appui d'un mur. On peut aussi les associer dans une rocaille à d'autres alpines à port bas, *Dianthus* ou saxifrages (*p. 320-321*). Dans une auge d'alpines, tiges et fleurs retomberont en cascade, adoucissant les bords anguleux.

Rusticité Zones 5 à 9

Culture Dans tout sol pauvre à assez fertile, bien drainé, en plein soleil. **Semez** à l'intérieur en fin d'hiver ou au début du printemps. **Prélevez** des boutures d'extrémité de tiges en été. Attention aux **limaces** et aux **escargots**.

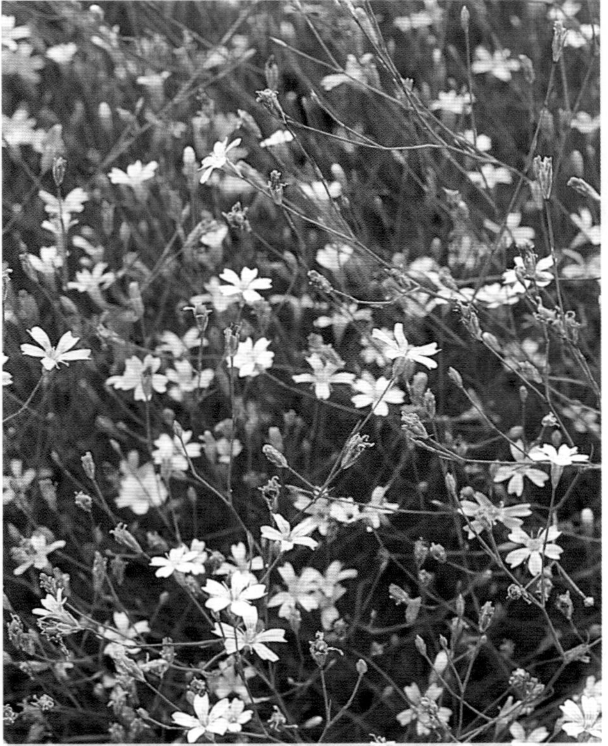

Petrorhagia saxifraga ♀
↕ 10 cm ↔ 20 cm, vivace tapissante, fleurs roses ou blanches de 1 cm de diamètre sur une longue période, en été

Petunia

Pétunia

Incontournables plantes à massif ou en pot, les pétunias sont prisés pour leurs grandes fleurs veloutées, de la fin du printemps à la fin de l'automne. Simples ou doubles, elles sont souvent veinées ou rayées de couleurs vives et contrastées, et le choix des formes s'élargit chaque année. Les pétunias sont classés en plusieurs groupes : les Grandiflora, à grandes fleurs dépassant parfois 10 cm de diamètre, parmi lesquels les Surfinia et d'autres espèces résistant moins au mauvais temps ; les Retombants, parfaits en suspension ; les Multiflora, pour tapisser de grands massifs ou plates-bandes. Les feuilles et les tiges des pétunias sont poisseuses et velues. Beaucoup sont vivaces, mais la plupart sont cultivés en annuelles.

Rusticité Zones 10 à 12

Culture Dans un sol léger, bien drainé, ou un mélange humifère en plein soleil. Faites un apport d'engrais pour tomates tous les 10-14 jours pour les plantes en pot. **Supprimez** régulièrement les fleurs fanées pour prolonger la floraison. **Semez** à l'intérieur en fin d'hiver ou au début du printemps, ou prélevez des boutures herbacées en été.

① **Surfinia Purple** ↕23-40 cm ↔ 30-90 cm ② **Surfinia White** ↕23-40 cm ↔ 30-90 cm, toutes deux Grandiflora, tolèrent les temps humides sans dommage

Phlomis

voir aussi p. 94

Les vivaces herbacées de ce genre offriront leurs services toute l'année. Si leur feuillage gris-vert ou argenté, rappelant la sauge, flétrit en automne, leur intérêt se prolonge pendant les mois désolés grâce à de jolis fruits. Au printemps, de jeunes pousses au duvet blanc émergent pour former une touffe de feuilles étalée ou érigée. En général blanches, rose grisâtre, ou jaune pâle, les fleurs en capuchon ressemblant à celles des lamiers (*Lamium, p. 269*) sont réunies en verticilles sur de hautes tiges en été. Les *Phlomis* sont un bon choix pour les sites chauds et secs, près d'un patio ou dans un jardin de gravier, par exemple, leurs feuilles velues les aidant à conserver l'humidité. Ils sont aussi charmants en groupes formant un dôme de couleur douce dans une plate-bande chaude et ensoleillée. Ce genre compte également quelques arbustes et sous-arbrisseaux.

Rusticité Zones 3 à 9

Culture Dans tout sol fertile, bien drainé, en plein soleil. *P. russeliana* et *P. samia* tolèrent une ombre légère. **Semez** à l'intérieur en fin d'hiver ou au début du printemps. **Divisez** les grandes touffes de préférence au printemps, mais aussi en automne.

Phlomis russeliana 🏆
↕90 cm ↔ 75 cm, érigée, feuilles velues jusqu'à 20 cm de long, fleurs de la fin du printemps au début de l'automne

Phlox

Phlox

Les phlox sont cultivés pour leurs fleurs plates bleues, rose pastel à rose vif, ou rouges, groupées en bouquets fournis à l'extrémité de grandes tiges. Ce genre comprend plusieurs groupes parmi lesquels des vivaces herbacées étalées à érigées, persistantes, et quelques annuelles. Les variétés naines à floraison printanière telles *Phlox subulata* sont idéale dans une rocaille. Les espèces à floraison estivale comme 'Chattahoochee' préfèrent un sous-bois où leurs fleurs pâles semblent briller dans l'ombre. Les grands phlox fleurissant au milieu de l'été, telles les vivaces *P. maculata* et *P. paniculata*, seront bienvenus pour leur couleur dans une plate-bande ensoleillée. Les annuels à massif (cultivars de *P. drummondii*) fleuriront, quant à eux, de la fin du printemps à l'automne.

Rusticité Zones 3 à 9

Culture Dans un sol bien drainé, au soleil ou à mi-ombre pour les vivaces à massif ; dans un sol très bien drainé en plein soleil pour les annuelles et les plantes de rocaille. Les *Phlox* de sous-bois comme *P. divaricata* exigent un sol humide et l'ombre. **Supprimez** régulièrement les fleurs fanées de *P. maculata* et de *P. paniculata*. **Semez** à l'intérieur en fin d'hiver ou au début du printemps. **Divisez** les grandes plantes au printemps, ou prélevez des boutures de racines en fin d'automne.

Phlox divaricata 'Chattahoochee' 🏆
↕15 cm ↔ 30 cm, vivace éphémère semi-persistante et prostrée, feuilles pourpres, fleurs en début d'été

Phlox 'Kelly's Eye' ♀
↕10 cm ↔ 30 cm, vivace en dôme, persistante, feuillage étroit et linéaire, fleurs de la fin du printemps au début de l'été

Phlox maculata 'Omega' ♀
↕90 cm ↔ 45 cm, vivace herbacée, fleurs odorantes en début et en milieu d'été

Phlox paniculata 'Graf Zeppelin'
↕1,20 m ↔ 60-100 cm, vivace herbacée, idéale dans une plate-bande, fleurs odorantes de l'été au début de l'automne

ÉCLAIRCIR LES JEUNES TOUFFES Pincez les pousses à un tiers de la base pour décongestionner les touffes, écarter les risques d'oïdium, et profiter d'une plante saine.

Phlox paniculata 'Harlequin'
↕1,20 m ↔ 60-100 cm, vivace herbacée, idéale dans une plate-bande, fleurs odorantes de l'été au début de l'automne

Phlox paniculata 'Windsor' ♀
↕1,20 m ↔ 60-100 cm, vivace herbacée, idéale dans une plate-bande, fleurs de l'été au début de l'automne

Phlox subulata 'Liliacina'
↕5-15 cm ↔ 50 cm, vivace persistante en tapis denses, fleurs en fin de printemps et début d'été

Phuopsis stylosa

VOICI UNE VIVACE TAPISSANTE, aux tiges ramifiées et élancées portant des verticilles comptant jusqu'à huit feuilles étroites et en pointe, à l'odeur musquée. Pendant de longues semaines, en été, elle affiche une profusion de minuscules fleurs roses délicatement parfumées réunies en bouquets sphériques à l'extrémité des tiges. Les *Phuopsis* s'enracinant naturellement, ce sont de bonnes couvre-sol au premier plan d'une plate-bande ou sur un talus ensoleillé. On peut aussi les marier dans une rocaille à d'autres alpines comme les phlox (*voir p. 306*) et les saponaires (*p. 319*).

Rusticité Zones 8 à 10

Culture Dans un sol assez fertile, humide mais bien drainé, en plein soleil ou à mi-ombre. **Rabattez** les tiges au ras du sol après la floraison pour entretenir un port compact. **Semez** en pot sous châssis en automne. **Divisez** les plantes établies ou prélevez des boutures d'extrémités de tiges du printemps au début de l'été.

Phuopsis stylosa
↕15 cm ↔ 50 cm ou plus, fleurs de 1,5 à 2 cm de long

Physalis

Coqueret, Amour-en-cage

↕60-75 cm
↔90 cm

ARBORANT DES FRUITS ÉTONNANTS, les vivaces et annuelles buissonnantes érigées de ce genre sont les bienvenues pour leur couleur en automne. Réunies en bouquets, leurs petites fleurs blanches ou crème s'épanouissent en été, mais c'est à ses fruits que la plante doit un tel impact. Ces lanternes parcheminées ou calices membraneux, écarlate ou orange vif, renferment des baies rouge vif, jaune d'or ou pourpres, gardant leur couleur, une fois séchées. On peut alors les utiliser en bouquets ou les laisser sur la plante tout l'hiver jusqu'à ce que la membrane tombe et révèle les baies. Les feuilles sont souvent couvertes de poils argentés. Les *Physalis* sont parfois envahissants dans un sol riche.

Rusticité Zones 3 à 11

Culture Dans tout sol bien drainé en plein soleil ou à mi-ombre. **Coupez** les tiges à sécher lorsque les calices commencent à se colorer. **Semez** les graines des vivaces à l'intérieur en fin d'hiver ou au début du printemps, celles des annuelles *in situ* au milieu du printemps.

Physalis alkekengi ♀ (Amour-en-cage, Lanterne japonaise)
↕60-75 cm ↔ 90 cm ou plus, vivace vigoureuse se propageant par rhizomes ; lanternes de 5 cm de diamètre

Physostegia

Cataleptique, Fleur charnière

PRÉCIEUSES DANS UNE PLATE-BANDE à la fin de l'été, le vivaces herbacées érigées de ce genre se développent e touffes denses. Les grappes qui émergent au milieu d l'été sont couvertes de fleurs presque sessiles, déclinée dans une palette de rose, rose lilas, rose magenta ou blanc généralement orientées dans une seule direction. Déplacé sur son pédoncule, la fleur gardera sa nouvelle position Comme celles des lamiers (*Lamium, voir p. 269*), aux quels les cataleptiques sont apparentées, les tiges son quadrangulaires. Les feuilles de formes variables son dentées. Se propageant par rhizomes, elles sont parfoi envahissantes dans un sol riche, mais se comportent bie dans un sol pauvre. Mariez-les à des vivaces, *Phlomi* (*p. 306*) et *Persicaria* (*p. 305*). Ce sont aussi de bonne fleurs à couper.

Rusticité Zones 2 à 9

Culture Dans un sol modérément fertile, humide en permanence, en plein soleil ou à mi-ombre. **Semez** à l'intérieur en fin d'hiver ou au début du printemps. **Divisez** au début du printemps après le démarrage de la végétation.

Physostegia virginiana 'Vivid' ♀
↕30-60 cm ↔ 30 cm, feuilles dentées de 13 cm de long, fleurs du milieu de l'été au début de l'automne

ᴾLATYCODON GRANDIFLORUS

ˌES CULTIVARS DE CETTE VIVACE sont appréciés pour :urs jolies fleurs bleues, lilas pourpré, rose pâle, et lanches qui s'ouvrent à la fin de l'été sur de gros bouɔns ressemblant à de petites balles. Si le port des fleurs arie, la plupart forment des touffes régulières et comactes de feuilles dentées vert bleuté. Charmantes dans ne grande rocaille ou une plate-bande, ce sont aussi de onnes fleurs à couper. Mariez-les à d'autres vivaces heracées : achillées (*voir p. 167*), *Physostegia* (*à gauche*), et alicaires (*Lythrum, p. 283*). Une fois établies, ne les éplacez plus, elles ne reprennent pas quand leurs racines ɔnt perturbées.

:usticité Zones 3 à 9

ulture Dans un sol profond, fertile, bien drainé mais toujours ɹmide, en plein soleil ou à mi-ombre. **Tuteurez** les tiges en situation xposée. **Semez** à l'intérieur en fin d'hiver ou au début du printemps. **ivisez** en été ou prélevez des pousses basales au début de l'été à aiter en boutures.

POLEMONIUM

Échelle-de-Jacob, Valériane grecque

SURNOMMÉES « ÉCHELLES-DE-JACOB » pour leur feuillage caractéristique, les espèces de ce genre sont pour la plupart des annuelles et des vivaces en touffes, très appréciées. Les feuilles sont composées de nombreuses paires de folioles ressemblant aux barreaux d'une échelle et produisent des rosettes d'où émergent les tiges érigées au printemps. En clochette ou en coupe plus ou moins profonde, les fleurs sont solitaires ou réunies en cymes terminales en fin de printemps et en été. Le plus souvent bleues ou blanches, elles sont parfois pourpres, roses ou jaunes. Si les grandes espèces ont belle allure, aux côtés d'autres vivaces à floraison printanière ou estivale comme les ancolies (*Aquilegia, voir p. 185*) et les misères (*Tradescantia, p. 331*), les plus petites sont à leur aise dans une rocaille. *Polemonium caeruleum* peut être naturalisé dans l'herbe d'un jardin de fleurs sauvages.

Rusticité Zones 2 à 8

Culture Dans tout sol humide bien drainé, mais humide, en plein soleil ou à mi-ombre pour les grandes espèces ; dans un sol très sablonneux et très bien drainé, en plein soleil, pour les petites espèces. **Supprimez** régulièrement les fleurs fanées pour prolonger la floraison. **Semez** à l'intérieur en fin d'hiver ou au début du printemps. **Divisez** au printemps.

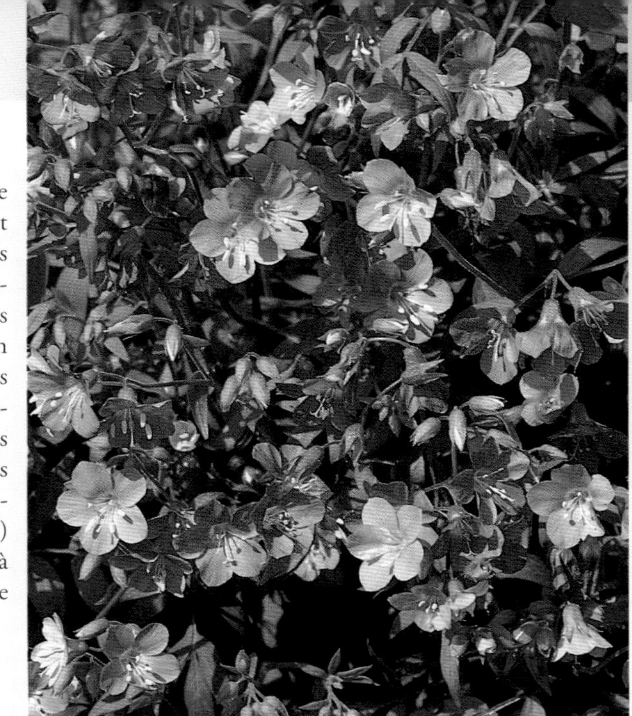

***Polemonium* 'Lambrook Mauve'** ♀
↕↔ 45 cm, syn. 'Lambrook Manor', le feuillage forme un dôme sphérique régulier ; fleurs à profusion en fin de printemps et début d'été

ᴾlatycodon grandiflorus ♀
jusqu'à 60 cm ↔ 30 cm, en touffes compactes, fleurs de 5 cm e diamètre

Polemonium caeruleum
↕30-90 cm ↔ 30 cm, feuilles de 40 cm de long, rarement blanches, à l'extrémité de tiges ramifiées, au début de l'été

Polemonium pauciflorum
↕↔ 50 cm, éphémère, feuilles de 15 cm de long, fleurs teintées de rouge solitaires ou en cymes légères du début à la fin de l'été

Polygala

De toutes les espèces de ce genre, les minuscules *Polygala* de rocaille aux riches couleurs florales sont de loin les plus cultivées au jardin. *Polygala calcarea* et ses cultivars se distinguent par les tons bleu marine de leurs fleurs permettant de créer une nappe de couleur sur un gravier clair, ou un effet encore plus inhabituel sur des ardoises foncées ou des galets de verre de couleur. *P. calcarea* était autrefois utilisée en tonique par les jeunes mamans en période d'allaitement. Si *P. chamaebuxus* fleurit dans une palette de jaunes, il existe aussi quelques formes blanches et bicolores. Toutes deux persistantes, ces espèces affichent de petites feuilles coriaces et fleurissent de la fin du printemps au début de l'été. Cultivez-les dans une rocaille, un évier ou une auge d'alpines.

Rusticité Zones 7 à 12

Culture Dans un sol humide mais bien drainé, en plein soleil ou à mi-ombre. En pot, utilisez un terreau de rempotage léger à base de tourbe et surfacez d'une couche de sable. **Semez** en pot sous châssis froid en automne. **Prélevez** des boutures herbacées en début d'été ou semi-ligneuses du milieu à la fin de l'été.

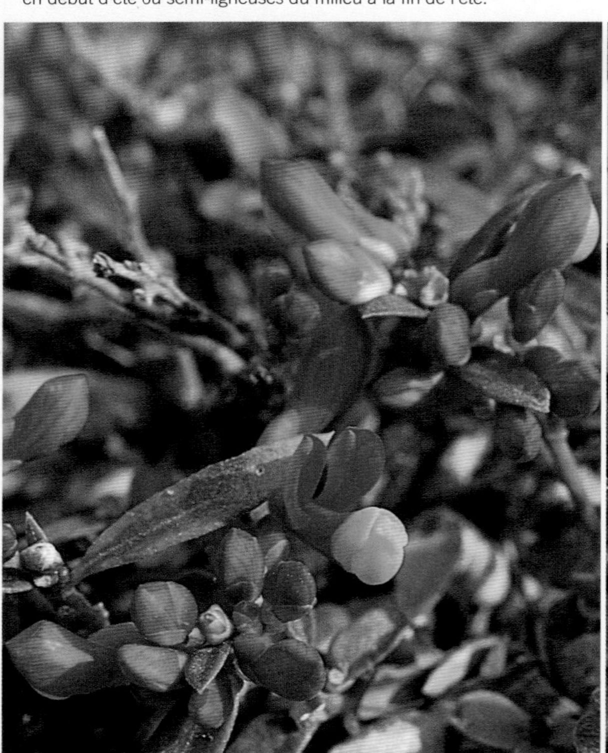

Polygala chamaebuxus var. *grandiflora* ♡
↕5-15 cm ↔ 30 cm, vivace étalée, fleurs à ailes jaune pourpré pour cette espèce

Polygonatum

Sceau-de-Salomon

La plupart des sceaux-de-salomon se distinguent par des tiges feuillées et arquées aux fleurs pendantes. Ce sont de vigoureuses vivaces en touffes à rhizomes traçants qui prospèrent à l'ombre. Avec leur port retombant, même les plus grandes prennent un air timide qui convient parfaitement à un décor de sous-bois. Pendantes, les fleurs en clochette au parfum subtil s'épanouissent au printemps et au début de l'été. Blanc crème, parfois roses, marquées de vert, elles sont suivies de baies rouges ou noires. Cultivez les *Polygonatum* parmi des arbustes, au pied d'un arbre, ou bien en pot dans un patio ombragé en jouant sur la texture de plantes comme les hostas (*voir p. 260-261*) et les fougères (*p. 356-365*), créant ainsi un tableau luxuriant.

Rusticité Zones 3 à 9

Culture Dans un sol humide ou un mélange à base de terre franche enrichi de matière organique bien décomposée, à mi-ombre ou sous une ombre profonde. **Divisez** les grandes espèces au démarrage de la végétation au printemps en veillant à ne pas abîmer les jeunes pousses cassantes. **Semez** en pot sous châssis froid en automne.

Polygonatum hirtum
↕1,20 m ↔ 60 cm, tiges érigées aux feuilles alternes, fleurs de la fin du printemps au milieu de l'été, baies noir bleuté

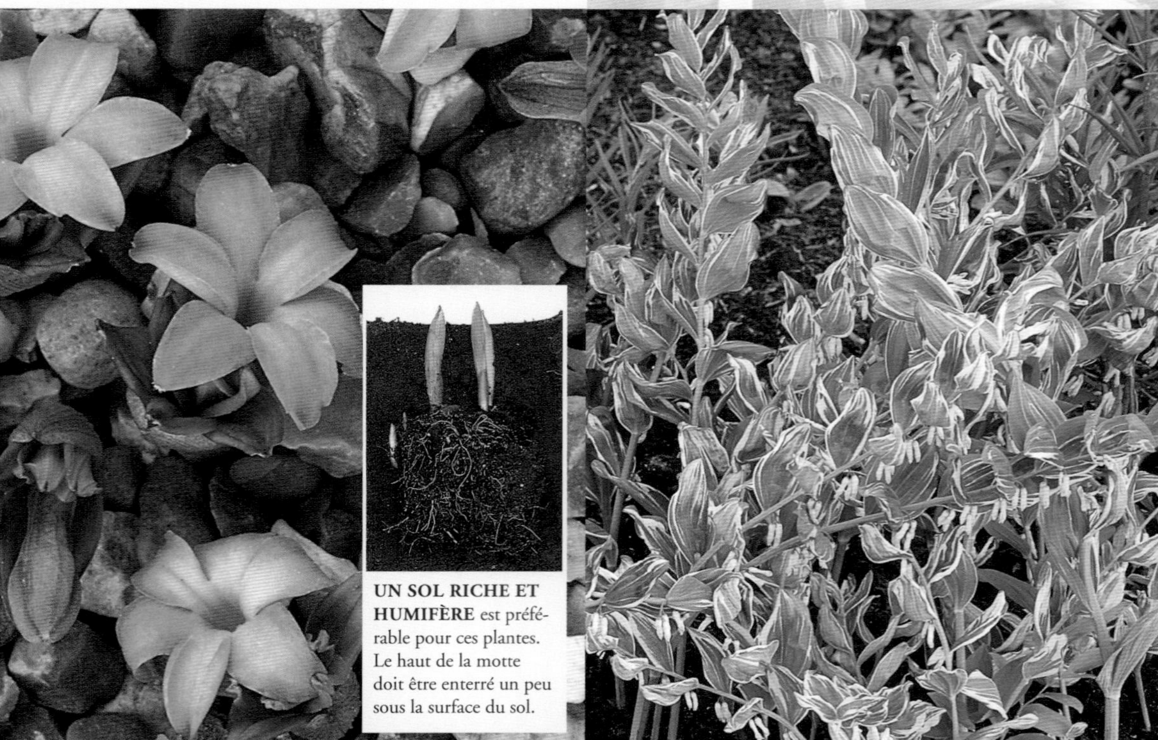

UN SOL RICHE ET HUMIFÈRE est préférable pour ces plantes. Le haut de la motte doit être enterré un peu sous la surface du sol.

Polygonatum hookeri
↕10 cm ↔ 30 cm, petite vivace rampante, fleurs en fin de printemps et début d'été, dans un sol riche

Polygonatum × *hybridum* 'Striatum'
↕90 cm ↔ 25 cm, illumine les coins sombres, fleurs en fin de printemps suivies de baies noires

POTENTILLA

Potentille

voir aussi p. 99

VOICI DES VIVACES HERBACÉES aux fleurs à cinq pétales, dont le feuillage fortement veiné rappelle celui des fraisiers. On les cultive pour leurs fleurs aux couleurs vives et leurs feuilles vert moyen à vert foncé. En coupe, simples ou doubles, les fleurs sont portées de l'été au début de l'automne. Les petites espèces trouvent leur place dans une rocaille. Choix prisé dans les massifs, les plates-bandes et les jardins de campagne aux côtés d'autres classiques à floraison tardive comme les asters (*voir p. 292-293*) et les chrysanthèmes (*p. 212-213*), les grandes potentilles en touffes réchaufferont le jardin en automne de leurs tons flamboyants rouge sang, orange foncé et jaune d'or.

Rusticité Zones 4 à 9

Culture En plein soleil, dans un sol bien drainé ; plus florifère dans un sol pauvre. **Divisez** en automne ou au printemps. **Semez** à l'intérieur en fin d'hiver ou au début du printemps.

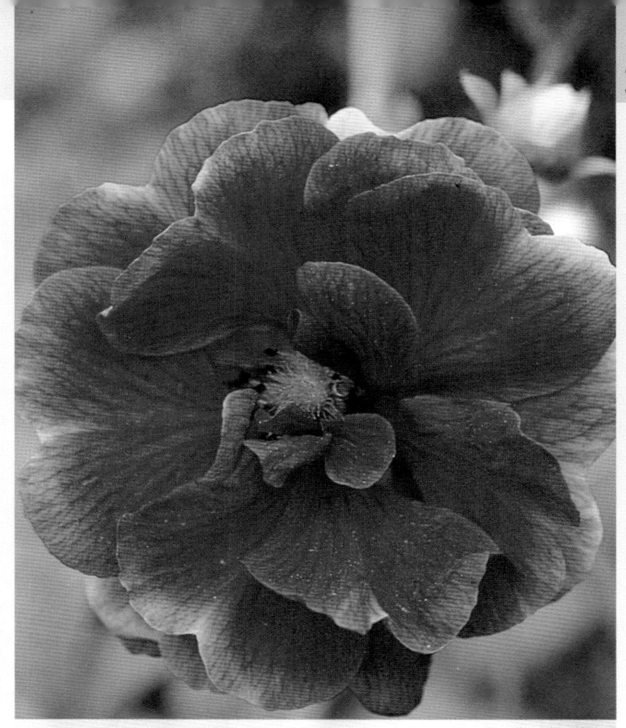

***Potentilla* 'Monsieur Rouillard'**
↕45 cm ↔ 60 cm, fleurs semi-doubles aux pétales satinés du début à la fin de l'été

olygonatum stewartianum
20-90 cm ↔ 25 cm, fleurs de la fin de printemps au milieu
l'été, suivies de baies rouges tachetées de blanc

***Potentilla* 'Gibson's Scarlet'** ♀
↕45 cm ↔ 60 cm, très appréciée ; fleurs de 3 cm de diamètre du début à la fin de l'été

Potentilla megalantha ♀
↕15-30 cm ↔ 15 cm, feuilles velues, fleurs du milieu à la fin de l'été

Primula

Primevère

À CHAQUE COIN DU JARDIN SA PRIMEVÈRE, car la majorité d'entre elles offrent une longue période de floraison et sont faciles à cultiver. Les vivaces herbacées de ce genre composite proviennent d'habitats très divers, allant des marais et marécages aux sous-bois et aux régions alpines. Si la plupart fleurissent du printemps au début de l'été, quelques-unes s'épanouissent dès la fonte des neiges. Leurs charmantes grappes de fleurs composent une palette attrayante, allant du pourpre foncé et du bordeaux au rose et à l'écarlate, en passant par différentes nuances de jaune, de crème et de blanc. Fleurs, tiges et feuilles sont parfois couvertes d'une « farine » blanche ou jaune. Les espèces cultivées au jardin sont divisées en trois sections : Candelabra, Auricula et Polyanthus (*voir ci-dessous*), celles-ci ne recensant pas toutes les espèces. Celles de la section Polyanthus sont faciles à cultiver. Les variétés compactes illumineront un contenant, les plus robustes étant plus à leur place dans une plate-bande herbacée ou un jardin de campagne. On peut aussi les naturaliser dans une pelouse. Nombre de primevères apprécient l'ombre légère à la lisière d'un sous-bois, et se marient bien avec d'autres fidèles de sous-bois comme les lys (*voir p. 274-275*) et les *Trillium* (*p. 332*). Les primevères Candelabra aimant l'eau, elles prospéreront dans un jardin marécageux ou sur la berge d'un étang ou d'un cours d'eau. Cultivez les espèces gélives dans une serre fraîche.

Rusticité Zones 4 à 9

Culture En plein soleil ou à mi-ombre, dans un sol retenant l'eau pour la plupart. **Incorporez** une bonne quantité de matière organique bien décomposée (terreau de feuille, fumier ou compost) avant la plantation. Faites un apport de sable grossier ou de compost dans la terre avant de planter les alpines qui exigent un excellent drainage. **Arrosez** régulièrement les plantes en période de sécheresse. **Supprimez** les fleurs fanées pour prévenir la dissémination spontanée ou laissez les plantes montées en graine pour récolter ces dernières. **Semez** à maturité. Semis superficiel en pot ou en caissette sous châssis froid pour les espèces rustiques. **Divisez** les hybrides et les cultivars, qui ne seront pas conformes au type par semis, au printemps. Les larves d'**otiorhinques** risquent de grignoter les racines, notamment en pot.

Les Candelabra

Ces primevères préfèrent *un sol humide dans une clairière ombragée ou sur la rive d'un étang. Vivaces robustes, elles forment des verticilles de fleurs aux différentes couleurs le long de tiges robustes. Les Candelabra sont des primevères caduques qui flétrissent à l'automne. Une fois établies, elles se disséminent spontanément et germent facilement, finissant par former de vastes colonies colorées. On arrachera sans difficulté les plantules indésirables que l'on pourra transplanter au printemps dans une autre partie du jardin.*

Les Auricula

Les somptueux motifs *et couleurs des fleurs des Auricula sont le résultat de centaines d'années d'hybridation par les sélectionneurs. D'abord créées pour les expositions florales, ces primevères persistantes aux feuilles assez coriaces sont très cultivées. Les Auricula d'exposition seront protégées en serre alpine, comme beaucoup d'alpines de la section, mais ces dernières prospéreront aussi dans une rocaille. Les Auricula à massif sont particulièrement belles dans un jardin de style champêtre et ont belle allure en bacs.*

La section Polyanthus

Cette section comprend *la plupart de nos habituées, y compris les primevères des jardins et les coucous (groupe Acaulis) et les Polyanthus à grandes fleurs aux couleurs vives, cultivées en bisannuelles dans les massifs de printemps. Les fleurs sont portées différemment selon le groupe. Les Acaulis produisent de nombreuses tiges florales portant des fleurs solitaires. Les Polyanthus (à gauche) présentent une tige centrale robuste surmontée d'une ombelle de fleurs. Cultivées ensemble au jardin, les deux s'hybrident facilement, donnant des résultats uniques.*

① ***Primula*** **'Adrian Jones'** ↕30 cm ↔ 25 cm, Auricula alpine ② ***allionii*** 🏆 ↕10 cm ↔ 20 cm, persistante, floraison en fin d'hiver ③ ***auricula* var. *albocincta*** ↕20 cm ↔ 25 cm, persistante ④ ***auricula*** **'Blairside Yellow'** ↕50 cm ↔ 30 cm, Auricula à massif ⑤ ***auricula*** **'Orb'** ↕15 cm ↔ 25 cm, Auricula d'exposition ⑥ ***beesiana*** ↕↔ 60 cm, Candelabra ⑦ **'Buckland Wine'** ↕10 cm ↔ 25 cm, Polyanthus ⑧ ***bulleyana*** 🏆 ↕↔ 60 cm, Candelabra ⑨ **Crescendo Series** ↕↔ 15 cm,

olyanthus ⑩ *denticulata* **var.** *alba* ↕↔ 45 cm, à rosette ⑪ *elatior* 🏆 ↕ 30 cm ↔ 25 cm, persistante, n sous-bois ⑫ *flaccida* ↕ 50 cm ↔ 30 cm ⑬ *florindae* 🏆 ↕ 1,20 m ↔ 90 cm, coucou odorant, pour narécages et cours d'eau ⑭ *frondosa* ↕ 15 cm ↔ 25 cm ⑮ **Gold-laced Group** ↕ 25 cm ↔ 30 cm, olyanthus ⑯ **'Guinevere'** 🏆 ↕ 13 cm ↔ 25 cm, Polyanthus ⑰ **'Inverewe'** 🏆 ↕↔ 60 cm, semi-ersistante, Candelabra ⑱ *marginata* **'Linda Pope'** 🏆 ↕ 15 cm ↔ 30 cm, persistante

⑲ ***prolifera*** 🏆 ↕↔ 60 cm, Candelabra, ombre fraîche ⑳ ***rosea*** 🏆 ↕↔ 20 cm ㉑ ***veris*** 🏆 ↕↔ 25 cm, persistante, coucou odorant ㉒ ***vialii*** 🏆 ↕ 60 cm ↔ 30 cm, ombre fraîche ㉓ ***vulgaris* subsp. *sibthorpii*** 🏆 ↕ 20 cm ↔ 35 cm, en sous-bois ㉔ **'Wanda'** 🏆 ↕ 15 cm ↔ 40 cm, persistante, longue durée de floraison au soleil ou à l'ombre

Pulmonaria
Pulmonaire

↕15-45 cm
↔45-90 cm

Souvent ponctuées de blanc ou d'argenté, les feuilles caduques ou persistantes des pulmonaires ressemblent, disait-on au Moyen Âge, au tissu des poumons et étaient alors utilisées en composition de remèdes contre les maladies de poitrine. Aujourd'hui, ce même feuillage fait de *Pulmonaria* une plante précieuse en couvre-sol s'étalant par rhizomes. Annonçant la fin de l'hiver, le spectacle de ses inflorescences se prolongera jusqu'au printemps, voire au début de l'été. Bleues, roses, rouges, ou blanches, ces fleurs délicates réunies en cymes au-dessus du feuillage attirent les abeilles au jardin. Exhibez ces joyaux au pied d'arbres et d'arbustes caducs ou offrez-leur un écrin de bulbes en tapis printanier.

Rusticité Zones 2 à 10

Culture Dans un sol frais mais non détrempé, humifère, en plein soleil ou à mi-ombre. *Pulmonaria officinalis* supporte le soleil. **Rabattez** après la floraison pour stimuler le nouveau feuillage. **Divisez** tous les 3 à 5 ans pour garder des plantes saines. **Semez** à l'intérieur en fin d'hiver ou au début du printemps. L'**oïdium** risque de gâcher les feuilles par temps sec.

① 'Lewis Palmer' ♀ ↕↔40 cm ② *rubra* 'Redstart' ↕40 cm ↔90 cm ③ *saccharata* ↕30 cm ↔60 cm ④ 'Sissinghurst White' ♀ ↕↔40 cm

Pulsatilla
Pulsatille

Parmi les plus jolies des alpines vivaces, les pulsatilles affichent un feuillage plumeux évoquant la fougère, de grandes fleurs soyeuses et des fruits sphériques plumeux. Feuilles, boutons et pétales sont couverts de soies argentées. Blanches, jaunes, roses et pourpres, les fleurs s'épanouissent au printemps et au début de l'été, abritant généralement un coussin central d'étamines jaune d'or, et quand les fruits se développent, leurs pédoncules s'allongent. Les pulsatilles formeront des touffes dans une rocaille ou à l'avant d'une plate-bande dans un sol bien drainé, parmi des partenaires à floraison printanière comme les aubriètes (*voir p. 195*) ou les scilles (*p. 323*). Dans les régions au sol lourd, mieux vaut les cultiver en pot où elles profiteront d'un meilleur drainage et pourront être déplacées à l'abri des fortes pluies en hiver.

Rusticité Zones 3 à 10

Culture Dans un sol fertile, très bien drainé, sableux, en plein soleil. Les pulsatilles n'aiment pas être dérangées. Plantez-les *in situ* en choisissant soigneusement leur emplacement. **Semez** à l'intérieur en fin d'hiver ou au début du printemps. **Prélevez** des boutures de racines en début de printemps.

Pulsatilla halleri ♀
↕20 cm ↔15 cm, fleurs bleu lavande à pourpre violacé de 9 cm de diamètre en fin de printemps

Pulsatilla vernalis ♀ (Pulsatille de printemps)
↕↔10 cm, semi-persistante, fleurs de 6 cm de diamètre au printemps, dans un sol très drainant, à protéger de l'humidité hivernale

Pulsatilla vulgaris ♀
↕10-20 cm ↔20 cm, jeunes feuilles très velues, fleurs pourpre clair à foncé de 4 à 9 cm de diamètre, rarement blanches, au printemps

PUSCHKINIA SCILLOIDES

CETTE PETITE BULBEUSE AFFICHE DES FLEURS semblables au perce-neige, chaque pétale délicat, blanc ou bleu très pâle, portant une fine rayure bleu foncé. Elles sont réunies en grappes très compactes sur des tiges arquées au printemps. Chaque bulbe forme deux feuilles. *Puschkinia* var. *libanotica* arbore des fleurs blanc pur, plus petites. Les *Puschkinia* s'étaleront généreusement dans une rocaille et composeront un joli tableau au pied d'arbres et d'arbustes caducs avant que la couronne de ces derniers devienne trop dense. Elles se naturalisent facilement dans un gazon avec d'autres bulbes, offrant un tapis coloré au printemps. À l'image de toutes les alpines et espèces de rocaille, les *Puschkinia* donnent de bons résultats en pot et apprécient un sol très bien drainé, surtout pendant la dormance.

Rusticité Zones 3 à 9

Culture Dans tout sol bien drainé en plein soleil ou à mi-ombre. **Semez** en pot sous châssis froid au printemps ou en automne, il faut attendre 2 à 3 ans avant la floraison. **Séparez** les bulbilles dès que les feuilles flétrissent en été.

RANUNCULUS

Renoncule, Grenouillette

DES CENTAINES D'ESPÈCES APPARTIENNENT au genre *Ranunculus*, parmi lesquelles des annuelles et des bisannuelles, mais les plus cultivées sont de loin les vivaces herbacées, dont certaines sont persistantes. Leur port variant considérablement, tout comme leurs exigences de culture, il y en aura toujours une pour votre jardin. Toutes les renoncules portent des fleurs en coupe abritant un coussin proéminent d'étamines au printemps, en été et parfois en automne. La plupart sont jaune d'or, mais on recense aussi des variétés blanches, roses, orange ou écarlates.

Rusticité Zones 3 à 11

Culture Exigences de culture variables selon les espèces. Dans un sol fertile, humide et bien drainé, en plein soleil ou à mi-ombre pour la plupart. Pour les **espèces de sous-bois** au feuillage souvent teinté de bronze, un sol riche et humide, à l'ombre. Pour les **alpines**, petites, aux fleurs relativement plus grandes, un sol sableux très bien drainé, en plein soleil, de même que pour beaucoup de tubéreuses. Pour les **espèces aquatiques et de marais**, souvent grandes au feuillage luxuriant vert lustré, un sol humide au bord d'un cours d'eau ou d'un étang. **Semez** la plupart en pot sous châssis froid à maturité. De préférence avant la maturité pour les alpines, la germination est irrégulière et peut prendre plusieurs années. **Divisez** toutes les plantes sauf les alpines au printemps ou en automne.

Ranunculus ficaria **var. *albus***
↕ 5 cm ↔ 20 cm, espèce de sous-bois ; fleurs en début de printemps qui virent du jaune pâle au blanc ; s'étale parfois rapidement

Puschkinia scilloides
↕ 20 cm ↔ 5 cm, formera vite de larges touffes

Ranunculus aconitifolius **'Flore Pleno'** ♀
↕ 60 cm ↔ 45 cm, floraison en fin de printemps et début d'été

Ranunculus ficaria **'Brazen Hussy'**
↕ 5 cm ↔ 30 cm, espèce de sous-bois ; fleurs bronze au début du printemps ; s'étale parfois rapidement

Rheum

Rhubarbe

↕1,20-2,50 m
↔60 cm-2 m

VOICI D'IMPRESSIONNANTES VIVACES en touffes, au feuillage élégant et aux panicules plumeuses. Rouge vif, leurs bourgeons s'ouvrent sur d'imposantes feuilles arrondies mesurant jusqu'à 90 cm de diamètre, cramoisi pourpré puis vert foncé lustré à maturité, mais qui restent souvent mâtinées d'écarlate, notamment au revers. Leurs grandes panicules de fleurs roses, vert pâle ou crème s'épanouissent en été au-dessus du feuillage sur des tiges creuses et épaisses. Les *Rheum* adorant un environnement humide, utilisez-les pour créer un tableau luxuriant près d'un cours d'eau ou d'un étang, dans une plate-bande marécageuse ou un jardin de sous-bois. Attention, si ce genre comprend la rhubarbe comestible, les variétés ornementales sont toxiques à l'ingestion.

Rusticité Zones 3 à 10

Culture Dans un sol profond, marécageux, enrichi de matière organique, au soleil ou à l'ombre. **Paillez** au printemps pour retenir l'eau. **Semez** à l'intérieur en fin d'hiver ou au début du printemps. **Divisez** les rhizomes ligneux en début de printemps.

Rheum palmatum 'Atrosanguineum' 🏆
↕2 m ↔ 2 m, panicules de fleurs atteignant 2 m de haut au début de l'été

Rhodiola

TANT QU'ELLES SERONT CULTIVÉES EN PLEIN SOLEIL, ces vivaces prospéreront et apporteront leur texture et leur couleur subtile dans une rocaille, un jardin de gravier, à l'avant d'un massif ou d'une plate-bande. Les *Rhodiola* forment des touffes de tiges érigées, couvertes de feuilles charnues gris-vert mettant en valeur des plantes à fleurs blanches ou à feuillage argenté comme les armoises (*Artemisia, voir p. 25 et 189*). Chaque tige est surmontée d'une inflorescence plumeuse composée d'une multitude de minuscules fleurs étoilées jaunes, vertes, orange ou cramoisies. Les fleurs comme les fruits agrémenteront le jardin à la fin du printemps ou en été.

Rusticité Zones 2 à 11

Culture Dans un sol assez fertile en plein soleil. **Semez** en pot sous châssis froid au printemps. **Divisez** les rhizomes au printemps ou au début de l'été.

Rhodiola rosea
↕5-30 cm ↔ 20 cm, port variable, feuilles de 4 cm de long aux pointes vert rougeâtre, fleurs en été

Rodgersia

↕90 cm-2 m
↔75 cm

SUPERBE CHOIX POUR UN SOL HUMIDE, ces vigoureuses vivaces en touffes sont prisées pour leur fabuleux feuillage et leurs grandes panicules. Vert foncé et lustrées, leurs feuilles sont immenses, mesurant jusqu'à 90 cm de diamètre. Souvent fortement veinées ou ridées, notamment quand elles sont jeunes, elles sont parfois teintées de pourpre ou de bronze. Certaines variétés affichent aussi une riche tonalité brun rougeâtre en automne. Souvent pourpre foncé, les hampes portent en été des panicules plumeuses de fleurs minuscules, roses ou blanches, quelquefois parfumées. Cultivez les *Rodgersia* près d'un cours d'eau ou d'un étang, ou dans une plate-bande marécageuse.

Rusticité Zones 4 à 10

Culture Dans un sol toujours humide, enrichi de matière organique bien décomposée, en plein soleil ou à mi-ombre, à l'abri du froid et des vents desséchants. Éventuellement dans un sol plus sec à l'ombre. **Paillez** d'une couche épaisse de matière organique au printemps pour retenir l'eau. **Semez** à l'intérieur en fin d'hiver ou au début du printemps. **Divisez** en début de printemps.

Rodgersia pinnata 'Superba' 🏆
↕1,20 m ↔ 75 cm, jeune feuillage pourpre (*voir encadré*), puis vert foncé, tiges vert rougeâtre, fleurs en milieu et fin d'automne

Roscoea

Bien qu'elles affichent des fleurs exotiques ressemblant aux orchidées, ces vivaces tubéreuses prospèrent dans des régions froides. Elles n'ont pas leur pareil dans une plate-bande ombragée et marécageuse, où elles offriront leurs couleurs vives sur une longue période dans les endroits qui sont généralement la chasse gardée de plantes feuillues aimant l'ombre: fougères (*voir p. 356-365*), hostas (*p. 260-261*) et sceaux-de-Salomon (*Polygonatum, p. 310*). La plupart des *Roscoea* portent des fleurs tout l'été et en automne. Blanches, jaune d'or ou pourpre, aux pétales parfois marqués d'un ton contrasté, celles-ci commencent souvent à s'épanouir avant que les feuilles arquées, qui peuvent atteindre jusqu'à 40 cm de long, prennent leur taille adulte.

Rusticité Zones 7 à 11

Culture Dans un sol frais, à l'abri sur un site ombragé, humide et bien drainé et modérément fertile. **Incorporez** une bonne quantité de matière organique bien décomposée. **Plantez** les tubercules à 15 cm de profondeur en hiver ou en début de printemps. Dans les régions très froides, une isolation supplémentaire du sol leur permettra de survivre jusqu'à -20 °C. **Paillez** d'une épaisse couche de matière organique en hiver dans les régions exposées au gel. **Semez** en pot à maturité. **Divisez** au printemps.

Roscoea cautleyoides ♀

↕ 55 cm ↔ 15 cm, feuilles de 15 cm de haut à la floraison, fleurs en milieu d'été, jaunes, blanches ou pourpres

Rudbeckia

Les nombreuses annuelles, bisannuelles et vivaces de ce genre sont appréciées pour leurs grandes fleurs en capitules aux couleurs vives, à la fin de l'été et en automne. Dans une palette variée allant de l'orange foncé au jaune vif, elles fleurissent pendant de longues semaines, semblant briller dans la lumière jaune de l'automne et abritent un cœur conique noir, brun, ou vert. Les *Rudbeckia* forment des touffes feuillues, les fleurs étant portées à l'extrémité de tiges robustes et érigées. Vivaces, *Rudbeckia hirta* et ses cultivars sont souvent utilisés en annuelles à massif. Très faciles à cultiver, les *Rudbeckia* offrent une merveilleuse explosion de couleur tardive. Mariez-les à des orpins (*Sedum, voir p. 324*) et des asters (*p. 192-193*). Ce sont aussi de bonnes fleurs à couper.

Rusticité Zones 3 à 10

Culture Dans un sol humide en permanence, lourd mais bien drainé, modérément fertile, en plein soleil ou à mi-ombre. **Semez** à l'intérieur en fin d'hiver ou au début du printemps et repiquez les annuelles quand tout risque de gel est écarté. **Divisez** au printemps ou en automne.

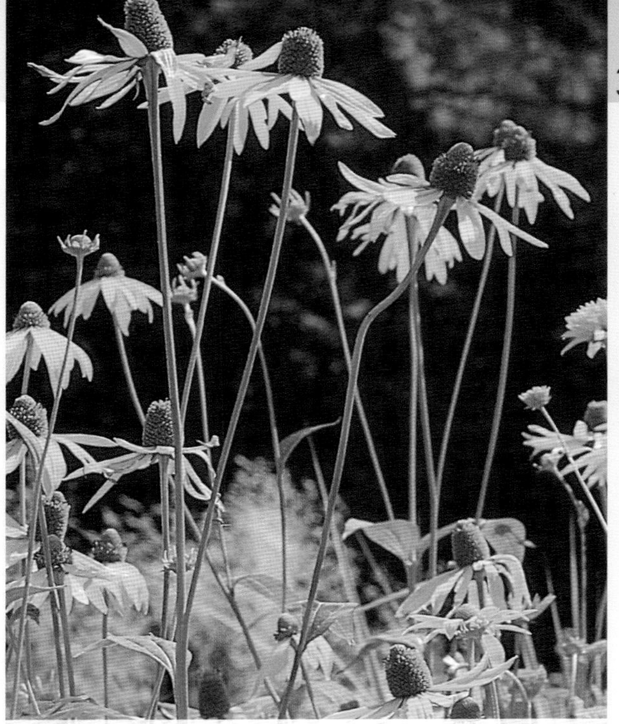

Rudbeckia laciniata

↕ 1,50-3 m ↔ 1 m, vivace en touffes lâches, fleurs de 8 à 15 cm de diamètre du milieu de l'été au milieu de l'automne

Rudbeckia 'Herbstsonne'

↕ 2 m ↔ 90 cm, vivace rhizomateuse, fleurs de 10 à 13 cm de diamètre du milieu de l'été au début de l'automne

Rudbeckia maxima

↕ 1,50 m ↔ 45-60 cm, vivace, grandes feuilles cireuses gris-vert, fleurs du milieu de l'été à l'automne

SALPIGLOSSIS

↕ jusqu'à 60 cm
↔ jusqu'à 30 cm

PRISÉES POUR LA GAIETÉ DE LEURS FLEURS en entonnoir, les annuelles de ce petit genre affirment leurs couleurs dans les massifs d'été et en contenant. Arborant des pétales fortement veinés aux marques étonnantes, les fleurs se déclinent dans une palette de tons vifs allant du rouge vif au jaune, bronze, bleu violacé et pourpre. Elles sont portées à l'aisselle des feuilles sur des tiges élancées et ramifiées de l'été à l'automne. Offrez-leur la compagnie d'autres estivales à massif comme les pélargoniums (*p. 300-301*) et les sauges (*Salvia, ci-contre*), ou utilisez-les pour combler les vides dans une plate-bande herbacée ou mixte. Les *Salpiglossis* sont parfaites en contenant.

Rusticité Zones 9 à 12 (annuelle au Québec)

Culture Dans un sol assez fertile, humide mais bien drainé, en plein soleil. En pot, utilisez un mélange à base de terreau, arrosez fréquemment en été et faites un apport bi-mensuel d'engrais équilibré. **Supprimez** les fleurs fanées pour prévenir la montée en graines et prolonger la période de floraison. **Tuteurez** les plantes sur les sites dégagés. **Semez** à l'intérieur en fin d'hiver ou au début du printemps ou *in situ* dans les régions très tempérées.

Salpiglossis Série Casino
↕ jusqu'à 60 cm ↔ jusqu'à 30 cm, compacte et ramifiée, aux fleurs de 5 cm de diamètre

SALVIA

Sauge

LA SAUGE RUSTIQUE (*Salvia officinalis*), utilisée en cuisine pour ses feuilles à la saveur piquante, est assez séduisante pour s'afficher dans une plate-bande. Si seules quelques vivaces herbacées de ce genre sont rustiques, elles orneront avec grâce un coin ombragé ou un pot de leurs élégantes panicules bleu ciel ou rouges. Les sauges cultivées en annuelles et bisannuelles se classent en deux groupes : les semi-rustiques – plantes à massif brillamment colorées, à l'image des sauges écarlates – et les rustiques – plus buissonnantes, aux tons plus subtils telles les sauges sclarées (*Salvia sclarea*) qui trouvent leur place dans un décor sans façon ou un jardin d'herbes aromatiques. Plus exigeantes, les sauges à feuilles velues, laineuses, ou encore couvertes d'une farine blanche, seront plus à l'aise dans une rocaille ou un massif surélevé.

Rusticité Zones 3 à 11

Culture Dans un sol assez fertile, bien drainé, au soleil ou à mi-ombre. Dans un sol très drainant, en plein soleil pour les petites espèces aux feuilles velues, à protéger de l'humidité hivernale. **Divisez** les vivaces au printemps. **Prélevez** des boutures herbacées au printemps ou en été. **Semez** les graines des annuelles à l'intérieur en fin d'hiver ou au début du printemps.

Salvia argentea 🏆
↕ 90 cm ↔ 60 cm, bisannuelle en rosette ou vivace aux feuilles à duvet blanc, à protéger de l'humidité hivernale

Salvia coccinea 'Lady in Red'
↕ 40 cm ↔ jusqu'à 30 cm, annuelle érigée buissonnante, aux fleurs de 2 cm de long de l'été à l'automne

Salvia patens 'Cambridge Blue' 🏆
↕ 45-60 cm ↔ 45 cm, vivace érigée aux fleurs bleu foncé du milieu de l'été au milieu de l'automne

alvia discolor ♀
45 cm ↔ 30 cm, vivace érigée aux grappes de fleurs indigo très ncé en fin d'été et début d'automne

alvia fulgens ♀
50-100 cm ↔ 40-90 cm, vivace à base ligneuse à feuilles uveteuses, fleurs en été

SANGUISORBA

Sanguisorbe, Pimprenelle

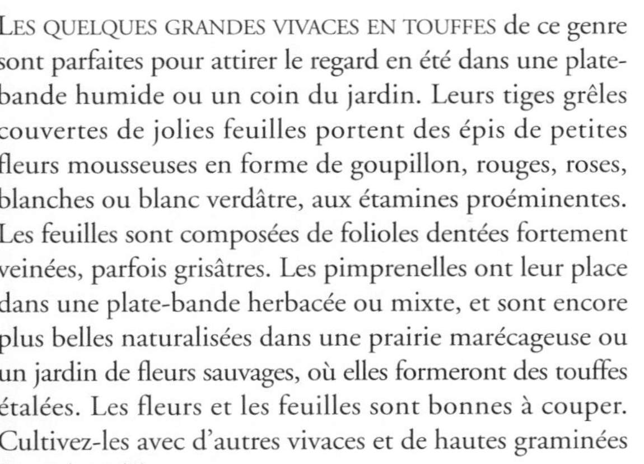

LES QUELQUES GRANDES VIVACES EN TOUFFES de ce genre sont parfaites pour attirer le regard en été dans une plate-bande humide ou un coin du jardin. Leurs tiges grêles couvertes de jolies feuilles portent des épis de petites fleurs mousseuses en forme de goupillon, rouges, roses, blanches ou blanc verdâtre, aux étamines proéminentes. Les feuilles sont composées de folioles dentées fortement veinées, parfois grisâtres. Les pimprenelles ont leur place dans une plate-bande herbacée ou mixte, et sont encore plus belles naturalisées dans une prairie marécageuse ou un jardin de fleurs sauvages, où elles formeront des touffes étalées. Les fleurs et les feuilles sont bonnes à couper. Cultivez-les avec d'autres vivaces et de hautes graminées (*p. 340-345*).

Rusticité Zones 3 à 10

Culture Dans tout sol assez fertile, humide mais bien drainé, au soleil ou à mi-ombre. **Tuteurez** les grandes espèces. Parfois envahissantes dans les conditions idéales, vous pourrez restreindre leur étalement par une division régulière au printemps ou en automne. **Semez** à l'intérieur en fin d'hiver ou au début du printemps.

Sanguisorba canadensis
↕ jusqu'à 2 m ↔ 1 m, feuilles velues, fleurs en épis atteignant 20 cm de long, du milieu de l'été au milieu de l'automne

SAPONARIA

Saponaire, Plante à savon

ON UTILISAIT AUTREFOIS LA SÈVE DES SAPONAIRES pour laver le linge et dans les formules de certains remèdes pour les maladies de peau. Prospérant sur un site sec et ensoleillé, les vivaces étalées et érigées de ce genre sont désormais appréciées pour leur profusion de fleurs minuscules, roses à rose foncé, en été et en automne, et pour les services qu'elles rendent en couvre-sol étouffant les mauvaises herbes. Les espèces tapissantes à port bas sont parfaites au premier plan d'une plate-bande, en cascade sur un pavage ou dans une rocaille. Cultivez les grands sujets avec des vivaces d'antan aux tons pastel comme les œillets mignardises (*Dianthus, p. 226-227*).

Rusticité Zones 3 à 10

Culture Dans un sol assez fertile, bien drainé, neutre à alcalin, en plein soleil, pour les vivaces de plate-bande. Dans le sol très drainant d'une rocaille ou entre les dalles d'un pavage pour les espèces compactes, telle *S. caespitosa*. **Rabattez** *S. ocymoides* au raz du sol après la floraison pour entretenir un port compact. **Divisez** les vivaces de plate-bande en automne ou au printemps. **Semez** à l'intérieur en fin d'hiver ou au début du printemps. **Prélevez** des boutures herbacées en début d'été. Attention aux **limaces** et aux **escargots**, posez des pièges ou ramassez-les à la main.

Saponaria ocymoides ♀
↕ 8 cm ↔ 45 cm, vivace en touffes, fleurs en été, peut envahir ses petites voisines

Saxifraga

Saxifrage

Ornements fondamentaux d'un jardin de rocaille, les saxifrages sont en majeure partie des plantes à port bas, formant des coussins ou des tapis compacts, courant sur le sol ou cascadant le long des murs. Il en existe plus de 400 espèces, comptant quelques annuelles, des bisannuelles et des vivaces persistantes, semi-persistantes ou caduques, la plupart d'entre elles étant originaires de régions montagneuses fraîches. Une profusion de fleurs délicates émerge du feuillage. Elles sont étoilées ou en coupe étalée et déclinent une palette de teintes, blanc, jaune citron, jaune vif, rose ou indigo. Chez certaines espèces, les petites rosettes de feuilles sont un attrait en elles-mêmes. En dehors des jardins de rocaille, les saxifrages sont cultivées dans des massifs surélevés ou dans des auges ou des serres alpines (serres non chauffées et bien aérées). Elles contribuent souvent aussi à égayer les murs et les dallages (*voir ci-dessous*). Quelques espèces plus grandes et plus vigoureuses comme *Saxifraga* × *urbium* et *S. fortunei* sont idéales en bordure d'allée ou en couvre-sol dans une plate-bande ou un jardin boisé. Le classement botanique des *Saxifraga* est complexe, mais les plantes peuvent être réparties en quatre groupes (*voir ci-dessous*).

Rusticité Zones 2 à 10

Culture Les exigences de culture des saxifrages sont classées en quatre grands groupes. **Groupe 1**, dans un sol frais, bien drainé, à mi-ombre ou ombre dense. En plate-bande ou jardin de rocaille. **Groupe 2**, dans un sol humifère (fortement enrichi en matière organique), très bien drainé, de préférence neutre à alcalin, dans une ombre légère. En jardin de rocaille, fissures de roche, éboulis (pente légère où un mélange de terre est généralement recouvert d'une épaisse couche de gravillons ou de pierres concassées) ou serre alpine. **Groupe 3**, dans un sol fertile, bien drainé, neutre à alcalin, les racines au frais. Supportent le plein soleil dans les régions froides. En jardin de rocaille ou en auge. **Groupe 4**, dans un sol fertile, très bien drainé, alcalin, en plein soleil. En jardin de rocaille, en auge ou en serre alpine. Certaines espèces de ce groupe ne supportent pas l'humidité hivernale. **Semez** en pot sous châssis froid au printemps. **Divisez** les variétés herbacées au printemps. Les rosettes peuvent être séparées en fin de printemps et début d'été et cultivées en pot comme des boutures.

Les saxifrages dans un dallage

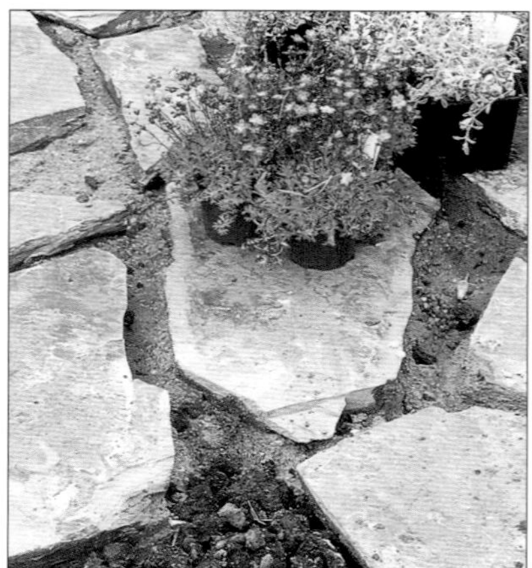

Lors de l'installation d'un dallage, *laissez quelques espaces destinés à des saxifrages robustes. Elles déborderont sur les dalles avec douceur et naturel. Avant de les planter, incorporez un mélange graveleux dans les espaces. Les racines s'enfonceront ainsi plus facilement et le drainage sera meilleur. Arrosez régulièrement jusqu'à ce que les plantes soient établies.*

Dans une crevasse de mur

❶ *Préparez un mélange de terre franche, de gravillons et de terreau de feuilles. Videz la crevasse à la spatule, glissez une pierre à la base et une couche de 2,5 cm du mélange. Insérez la plante, installez ses racines et recouvrez-les de 2,5 cm de mélange.*

❷ *Pour maintenir la plante en place, posez une petite pierre sur le mélange. Insérez d'autres plantes une à une, espacées de 10 cm. Couvrez les racines de la dernière de mélange et arrosez délicatement pour tasser la terre autour des racines.*

① *Saxifraga* **'Apple Blossom'** ↕15 cm ↔ illimité, en crevasses et plates-bandes, groupe 4 ② **'Aureopunctata'** ↕30 cm ↔ illimité, en suspension, groupe 3 ou 4 ③ ***burseriana*** ↕5 cm ↔ 15 cm, groupe 3 ou 4 ④ **'Cloth of Gold'** ↕10 cm ↔ 30 cm, groupe 2, de préférence à l'ombre ⑤ ***fortunei*** 🏆 ↕↔ 30 cm, groupe 1 ⑥ × ***geum*** ↕↔ 20 cm, groupe 1 ⑦ ***granulata*** ↕20-35 cm ↔ 15 cm, groupe 1, supporte le plein soleil en sol frais ⑧ **'Gregor Mendel'** 🏆 ↕10 cm ↔ 30 cm, groupe 3, peut être

lantée en crevasse ⑨ **'Hindhead Seedling'** ↕5 cm ↔ 15 cm, groupe 3 ou 4 ⑩ **'Jenkinsiae'** ♕ 5 cm ↔ 20 cm, groupe 3 ⑪ **'Kathleen Pinsent'** ♕ ↕↔ 20 cm, groupe 1 ⑫ **'Mount Nachi'** ↕15 cm ↔ illimité, groupe 3 ou 4 ⑬ ***oppositifolia*** ↕2,5 cm ↔ 20 cm, groupe 3 ⑭ ***paniculata*** ↕15 cm ↔ 25 cm, roupe 4 ⑮ ***sancta*** ↕5 cm ↔ 20 cm, groupe 3 ⑯ ***sempervivum*** ↕10 cm ↔ 20 cm, forme un coussin, roupe 4 ⑰ **'Southside Seedling'** ♕ ↕30 cm ↔ 20 cm, groupe 3 ou 4 ⑱ ***spathularis*** ↕50 cm ↔ illimité, groupe 3 ou 4 ⑲ **'Stansfieldii'** ↕10 cm ↔ 20-23 cm, groupe 3 ou 4 ⑳ **'Tricolor'** ♕ ↕↔ 30 cm, groupe 1, en suspension ㉑ **'Tumbling Waters'** ♕ ↕10 cm ↔ 30 cm, groupe 3 ㉒ **'Variegata'** ↕30 cm ↔ illimité, groupe 3 ou 4 ㉓ **'Wisley'** ♕ ↕10 cm ↔ 15 cm, groupe 4

SCABIOSA

Scabieuse

LES FLEURONS CENTRAUX DE CES FLEURS sont réunis en dômes serrés. Que vous optiez pour des annuelles, des bisannuelles ou des vivaces, toutes affichent en été et en automne des masses de délicates fleurs solitaires, parfois parfumées. Elles déclinent des coloris allant du blanc au cramoisi profond, en passant par le lilas et le pourpre. En général, les feuilles sont basales. Toutes les scabieuses attirent les abeilles et d'autres insectes utiles. Les espèces à tiges hautes comme *Scabiosa caucasica*, qui atteignent une hauteur et un étalement de 60 cm, offrent de très belles fleurs à bouquets. Ces plantes s'intègrent harmonieusement à des plantations libres ou en jardin de campagne, en plate-bande mixte ou en contenant.

Rusticité Zones 3 à 10

Culture Dans un sol moyennement fertile, bien drainé, neutre à légèrement alcalin (calcaire), en plein soleil, protégée de pluies hivernales trop fortes. **Semez** les annuelles entre 6 et 12 °C en début de printemps ou en place, en milieu de printemps. Semez les vivaces à l'intérieur en fin d'hiver ou au début du printemps. **Supprimez** régulièrement les fleurs fanées pour encourager les remontées. **Divisez** les plantes établies ou prélevez des boutures d'extrémité de tige sur les vivaces au printemps.

Scabiosa caucasica 'Miss Willmott' ♀

↕ 90 cm, vivace formant des touffes, floraison du milieu à la fin de l'été

Scabiosa 'Butterfly Blue'

↕↔ 40 cm, vivace herbacée, ramifiée, velue, fleurs atteignant 4 cm de diamètre en milieu et fin d'été

SCAEVOLA

ENTRE LE PRINTEMPS ET L'AUTOMNE, les *Scaevola* arboren une profusion de fleurs à la forme originale d'éventail bleu pourpré, lilas ou bleues. Ces fleurs sont solitaires ou groupées en cymes ou en grappes sur des tiges mince s'élevant au-dessus de feuilles spatulées vert foncé. L plupart sont éphémères, et principalement vivaces et per sistantes. *Scaevola aemula* et ses cultivars, persistants, son les hôtes les plus courants des jardins. C'est la seule espèc qui peut être cultivée à l'extérieur en été sous climat tempérés et elle est généralement traitée comme un annuelle. Plantez-les dans une plate-bande mixte, en sus pension ou en solitaire, dans de grands bacs que vou pourrez rentrer sous abri en hiver.

Rusticité Zones 10 à 12

Culture Dans un sol assez fertile, bien drainé, en plein soleil ou à mi-ombre. En pot, dans un mélange à base de terreau ; **arrosez** copieusement en été et apportez un engrais équilibré tous les mois. **Semez** à l'intérieur en fin d'hiver ou au début du printemps ou **prélevez** des boutures herbacées en fin de printemps ou en été.

Scaevola aemula

↕↔ 50 cm, érigée ou prostrée, tiges couvertes de soies, fleurs bleu pourpré ou bleues, jusqu'à 2,5 cm de diamètre

›CHIZANTHUS

)ES FLEURS À L'ALLURE EXOTIQUE, évoquant des orchidées, :ouffent quasiment ces plantes pendant de longues semaines n été et en font de superbes sujets de massif estival. Elles ffrent un large choix de coloris, dans les jaunes, les pourpres, :s roses, les rouges et le blanc. Elles composent également des ouquets de longue tenue. Le feuillage étalé et buissonnant a : charme de celui des fougères, à folioles profondément lobées. Ce groupe est composé principalement d'annuelles et de uelques bisannuelles qui s'harmonisent avec d'autres plantes e massif d'été comme les soucis (*Calendula, voir p. 204*), les uges (*Salvia, p. 318-319*) ou les *Fuchsia* (*p. 60-63*), en plate-ande mixte ou en contenant. Les *Schizanthus* en pot sont de elles plantes de jardin d'hiver, à floraison durable.

:usticité Zones 8 à 12 (annuelle au Québec)

ulture Dans un sol assez fertile, frais mais bien drainé, en 'ein soleil. En pot, dans un mélange à base de terreau ; arrosez opieusement en été et apportez chaque semaine un engrais équilibré. **ıteurez** les tiges florifères avec des rames à pois, au besoin. **Pincez** s jeunes pousses pour favoriser un port buissonnant. **Semez** à 16 °C ı printemps pour une floraison estivale ; semez en fin d'été pour ne floraison printanière en contenant à l'intérieur et faites hiverner :s plantules en conditions hors gel.

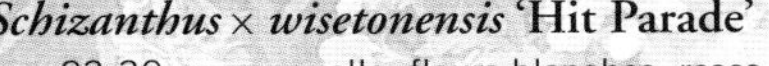

Schizanthus × *wisetonensis* **'Hit Parade'**
↔ 23-30 cm, annuelle, fleurs blanches, roses, or, pourpres ›u écarlates, jusqu'à 8 cm de diamètre, du printemps à l'automne

SCHIZOSTYLIS COCCINEA

CES GRANDS ÉPIS DE FLEURS DÉLICATES et chatoyantes dans des tons chauds de rouge, de rose ou d'écarlate sont toujours les bienvenus dans un jardin. Ils ressemblent aux glaïeuls et s'épanouissent sur des tiges atteignant 60 cm de hauteur en fin d'été, en automne ou en début d'hiver, périodes où les fleurs sont rares. Originaires d'Afrique du Sud, cette vivace vigoureuse et ses cultivars forment des touffes et s'étalent grâce à leurs rhizomes (tiges souterraines). Vous avez le choix des emplacements, en plate-bande mixte aux côtés d'autres plantes à floraison tardive, par exemple des asters (*voir p. 192-193*) ou des *Rudbeckia* (*p. 317*), ou en pot, au bord de l'eau ou près d'un mur ensoleillé. Les fleurs sont très belles en bouquet.

Rusticité Zones 7 à 11

Culture Dans un sol fertile, frais mais bien drainé, en plein soleil. **Tuteurez** les fleurs avec des brindilles dans un jardin exposé, si nécessaire. **Protégez** les plantes d'un paillis de matière organique en hiver, quand les fleurs sont fanées. **Divisez** les touffes au printemps pour qu'elles conservent leur vigueur. **Semez** entre 13 et 16 °C au printemps.

Schizostylis coccinea **'Major'** ♡
↕60 cm ↔ 30 cm, fleurs de 5 à 6 cm de diamètre portées sur des tiges raides en fin d'été

SCILLA

Scille

↕8-12 cm
↔5-10 cm

LES FLEURS MINUSCULES ET DÉLICATES des scilles, souvent de teintes contrastées, attirent immanquablement le regard. Étoilées ou en cloche, généralement dans des tons bleus, parfois pourpres ou blancs, elles s'épanouissent en bouquets plus ou moins compacts parmi des feuilles rubanées au printemps, en été et en automne. Les scilles sont des plantes bulbeuses qui se développent dans toutes sortes de conditions et qui se ressèment spontanément si on leur en laisse le loisir. Elles se prêtent merveilleusement à la naturalisation dans une pelouse, sous des arbres et des arbustes caducs où elles bénéficieront de toute la lumière avant le déploiement des feuilles. Les scilles sont aussi parfaites dans un jardin côtier.

Rusticité Zones 2 à 10

Culture Dans un sol fertile, bien drainé, humifère, en plein soleil ou à mi-ombre. **Plantez** les bulbes entre 8 et 10 cm de profondeur en fin d'été ou début d'automne. **Semez** en pot sous châssis froid dès la maturité des graines. **Divisez** les bulbes et rempotez-les pendant la dormance, en été.

① ***bifolia*** ♡ ↕8-15 cm ② ***peruviana* 'Alba'** ↕15-30 cm
③ ***scilloides*** ↕15-20 cm ④ ***siberica* 'Spring Beauty'** ↕20 cm

SEDUM

Orpin

LES ORPINS INTRODUISENT UNE INFINIE VARIÉTÉ de textures et de formes dans un jardin. Il existe des centaines d'annuelles et de vivaces, dont beaucoup sont succulentes. Ce sont des plantes à port bas, souvent rampantes, à petites fleurs rasant le sol, à l'instar du poivre de muraille (*Sedum acre*). Celui-ci prospère en jardin de rocaille, dans les murs de pierre ou dans les interstices des dallages. Les grandes vivaces herbacées forment des touffes architecturales dotées de grands bouquets aplatis de fleurs roses ou blanches. Ces fleurs apportent une touche de couleur en fin de saison et attirent les papillons; elles virent au fauve lorsqu'elles montent en graine et persistent tout l'hiver. Les *Sedum* sont souvent vigoureux et faciles à cultiver.

Rusticité Zones 3 à 10

Culture Dans un sol fertile, bien drainé, neutre à alcalin (calcaire), en plein soleil, mais les plantes vigoureuses supportent une ombre légère. **Taillez** les espèces étalées après la floraison pour garder une silhouette compacte. **Tuteurez** rapidement les *Sedum* à inflorescences lourdes pour éviter un effondrement des tiges. **Divisez** les grandes plantes herbacées tous les trois ou quatre ans au printemps pour favoriser la floraison. **Semez** à l'intérieur en fin d'hiver ou au début du printemps. **Prélevez** des boutures herbacées sur les vivaces en début d'été. Des **pourritures** se développent parfois en conditions humides ou dans un sol lourd.

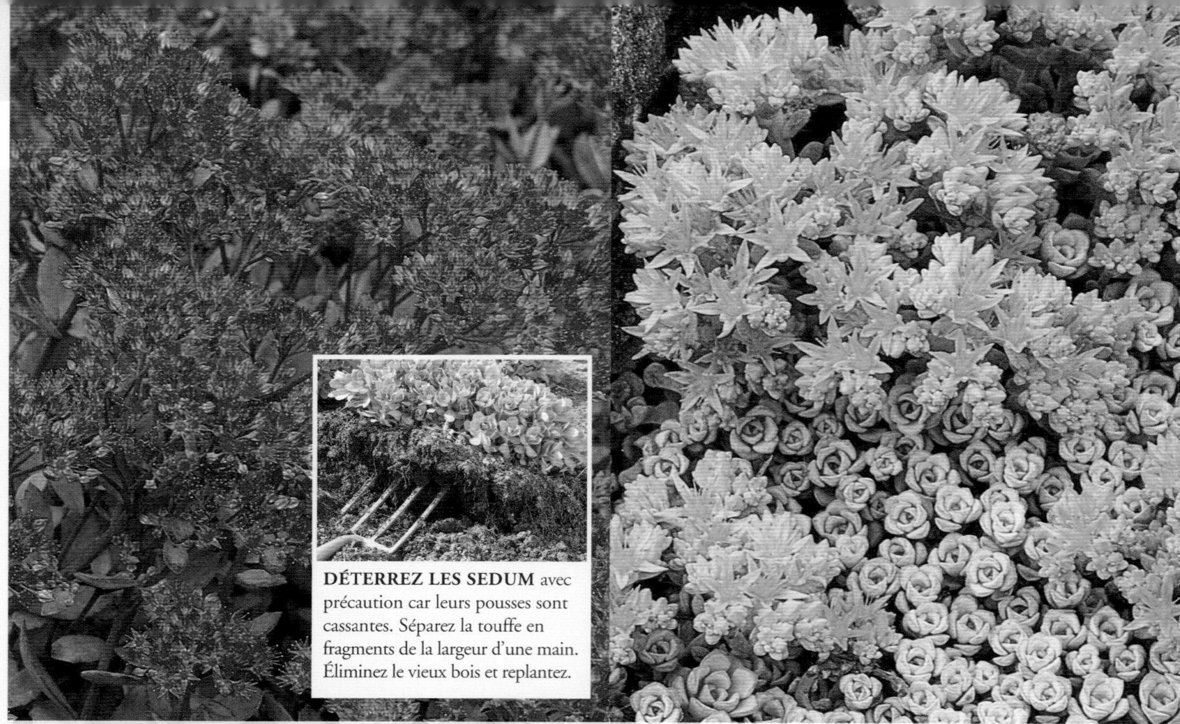

DÉTERREZ LES SEDUM avec précaution car leurs pousses sont cassantes. Séparez la touffe en fragments de la largeur d'une main. Éliminez le vieux bois et replantez.

Sedum 'Ruby Glow' ♡
↕25 cm ↔ 45 cm, vivace caduque, basse, étalée, floraison du milieu de l'été au début de l'automne

Sedum spathulifolium 'Cape Blanco' ♡
↕10 cm ↔ 60 cm, vivace persistante, tapissante, feuilles poudrées de blanc, floraison d'été, supporte une ombre légère

Sedum populifolium
↕20 cm ↔ 45 cm, vivace caduque à tiges souples, fleurs parfumées en fin d'été et début d'automne

Sedum spathulifolium 'Purpureum' ♡
↕10 cm ↔ 60 cm, vivace persistante, vigoureuse, tapissante, fleurs jaune d'or en été, supporte une ombre légère

Sedum spectabile 'Brilliant' ♡
↕↔ 45 cm, vivace caduque, formant des touffes, inflorescences de 15 cm de diamètre en fin d'été, persistantes, à tuteurer

SEMPERVIVUM

oubarbe

CES SUCCULENTES PERSISTANTES SONT PRISÉES pour leurs osettes de feuilles charnues, souvent ombrées de rouge ou de ourpre et parfois recouvertes d'un réseau de soies. Les variéés sont nombreuses et leurs feuilles varient en couleurs, en ailles et en formes. Même si, individuellement, les plantes sont etites, elles s'étalent en émettant des rejets sur des stolons latéaux et forment ainsi de grands tapis de rosettes serrées les unes ontre les autres. En été, des bouquets de fleurs étoilées blanches, unes, rouges ou pourpres s'épanouissent sur des tiges robustes t charnues. Après la floraison, les rosettes meurent, mais elles ont remplacées par des rejets. Les joubarbes ne demandent u'un sol peu profond et prospèrent dans un jardin de rocaille, u en contenant, avec d'autres alpines, par exemple des saxirages (*voir p. 320-321*) ou des œillets (*Dianthus, p. 226-227*). Elles décorent souvent les hauts de murs ou les toits.

Rusticité Zones 3 à 8

Culture Dans un sol pauvre, très bien drainé, bien aéré par du gravier u du terreau graveleux. **Protégez** les joubarbes soyeuses des pluies 'hiver pour éviter la pourriture. **Semez** en pot sous châssis froid au rintemps. Les **rejets enracinés** peuvent être séparés au printemps ou en ébut d'été ; ils reprendront plus vite s'ils sont protégés du soleil direct.

① *arachnoideum* ♀ (Joubarbe toile d'araignée) ↕8 cm ↔30 cm, fleurs roses ② *tectorum* ♀ (Joubarbe des toits) 15 cm ↔ 50 cm, fleurs rouge pourpré

SENECIO

Séneçon, Cinéraire, Lierre du Cap

voir aussi p. 116

IL EXISTE DES CENTAINES de *Senecio*, dont des annuelles et des bisannuelles, des arbustes, des arbres et des grimpantes. Alors que les arbustes sont souvent plantés pour leur feuillage, les annuelles et les vivaces sont appréciées pour leurs touffes de fleurs capitulées. Souvent dotées de fleurons centraux jaunes, les fleurs s'épanouissent du début de l'été à la fin de l'automne, dans des coloris variés : blanc, jaune, cramoisi et pourpre. Les *Senecio* étant si divers, vérifiez l'étiquetage ou renseignez-vous auprès du pépiniériste sur les exigences particulières de la plante que vous achetez. En général, les annuelles trouvent leur place dans les massifs d'été ou en pots, les petites vivaces dans un jardin de rocaille ou de gravier, et les grandes variétés dans les plates-bandes ou surfaces consacrées aux fleurs sauvages. Certaines espèces sont gélives à 7 °C, mais peuvent être cultivées en pot et rentrées sous abri en hiver.

Rusticité Zones 9 à 12

Culture Dans un sol pauvre à moyennement fertile, graveleux ou frais et bien drainé, en plein soleil ou à mi-ombre. **Semez** entre 19 et 24 °C au printemps ; les plantes de marécage et les alpines peuvent être semées sous châssis froid. **Prélevez** des boutures herbacées sur les vivaces en début d'été.

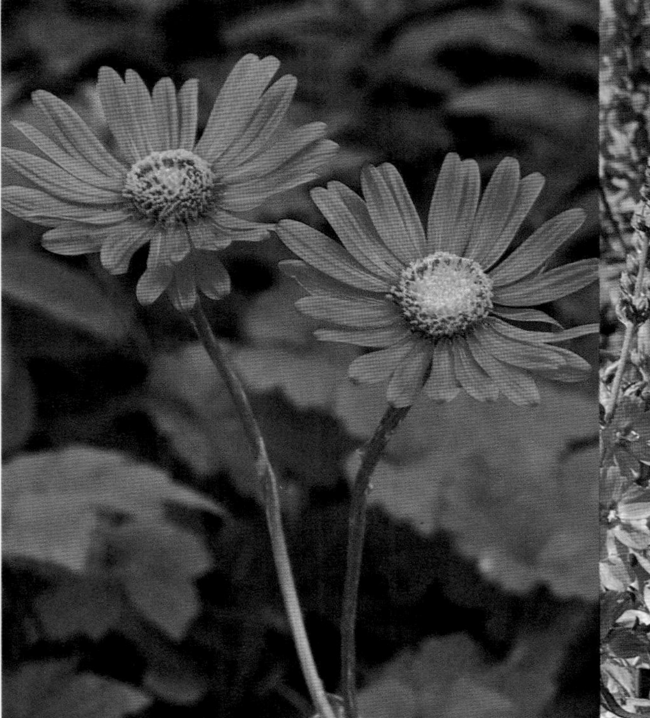

Senecio pulcher (Séneçon de la Plata)
↕45-60 cm ↔ 50 cm, vivace, floraison du milieu à la fin de l'automne, peut hiverner au jardin sous climat doux

SIDALCEA

Sidalcée

DU DÉBUT AU MILIEU DE L'ÉTÉ, ces annuelles et vivaces affichent de longues grappes de fleurs de longue durée, rappelant les roses trémières. Leurs pétales sont minces et soyeux, parfois effrangés, blancs ou dans des nuances claires de rose ou de rose pourpré. Les sidalcées ont l'avantage précieux d'offrir une seconde vague de fleurs en automne si l'on a pris le soin de couper les fleurs fanées avant la montée en graines. Leurs touffes compactes de séduisantes feuilles arrondies, lobées ou dentées, ont par ailleurs le mérite de couvrir le sol et d'étouffer les mauvaises herbes. Les sidalcées introduisent une dimension verticale dans un massif ou une platebande. Elles font aussi de jolies fleurs coupées.

Rusticité Zones 3 à 11

Culture Dans un sol moyennement fertile, frais mais bien drainé, enrichi de matière organique bien décomposée, neutre à acide, en plein soleil. Les sidalcées s'accommodent de sols très divers, hormis les sols détrempés, surtout en hiver. **Protégez** d'une couche de fougères sèches ou de paille par hiver froid. **Rabattez** sévèrement après la première floraison. **Semez** à l'intérieur en fin d'hiver ou au début du printemps. **Divisez** au printemps. **Éliminez** les feuilles atteintes par la rouille (pustules brun orangé) ; éclaircir le feuillage améliore la circulation de l'air et prévient les rechutes.

Sidalcea **'Oberon'**
↕1,20 m ↔ 45 cm, feuilles arrondies ou réniformes, floraison en début et milieu d'été

SILENE

Silène

CE GENRE COMPTE DES CENTAINES D'ANNUELLES, de bisannuelles et de vivaces caduques ou persistantes. Elles sont prisées pour leurs fleurs ravissantes aux pétales délicatement échancrés ou fendus. Ces fleurs, solitaires ou en bouquets, portées par des tiges dressées, s'épanouissent en été dans des tons variant du rose foncé au blanc pur. La plupart des silènes sont de culture facile et se ressèment souvent avec entrain. Les petites vivaces ont toute leur place dans un jardin de rocaille ou de gravier, à condition de supprimer régulièrement les fleurs fanées, les grandes variétés dans les massifs et les plates-bandes. Les annuelles sont souvent regroupées en massif estival. Les feuilles de certaines espèces sont couvertes de poils poisseux qui piègent les insectes.

Rusticité Zones 4 à 9

Culture Dans un sol moyennement fertile, bien drainé, neutre à acide, en plein soleil ou lumière tamisée. **Plantez** les espèces alpines naines dans un sol graveleux très drainé. *Silene hookeri* demande un sol acide. **Semez** à l'intérieur en fin d'hiver ou au début du printemps. Endurcissez les plantules et plantez-les en pleine terre quand les gelées ne sont plus à craindre. **Prélevez** des pousses basales au printemps et traitez-les comme des boutures herbacées.

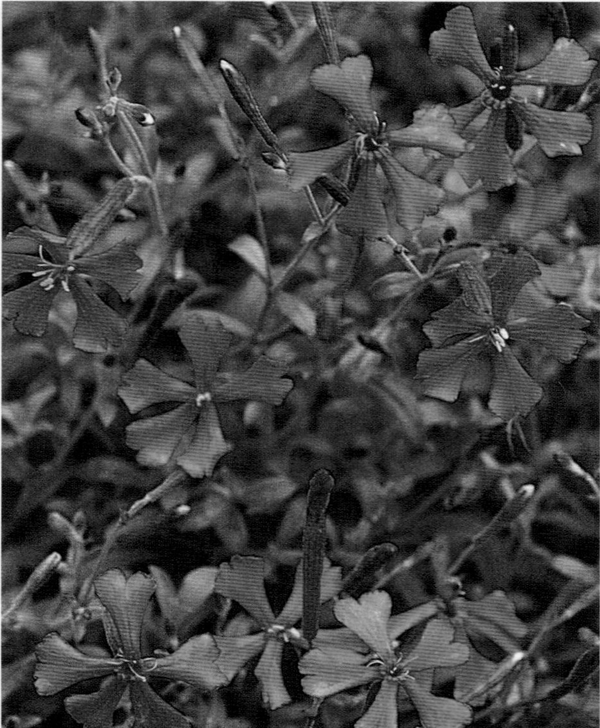

Silene schafta ♀

↕25 cm ↔ 30 cm, vivace semi-persistante formant des touffes, floraison en milieu d'été et en automne, idéale en rocaille

SILYBUM MARIANUM

Chardon bénit

↕1,50 m
↔60-90 cm

CETTE GRANDE BISANNUELLE ÉPINEUSE forme une rosette impressionnante de feuilles lustrées, vert foncé, épineuses, atteignant 50 cm de long dans leur première année. Leurs veinures et leurs marbrures blanches sont tout à fait spectaculaires. De grandes inflorescences légèrement parfumées s'épanouissent la deuxième année, tout au long de l'été et de l'automne. Si vous souhaitez conserver un feuillage panaché et prolonger la vie de la plante, pincez les fleurs dès leur formation. Une plantation groupée sera d'un bel effet dans une plate-bande où le feuillage architectural des *Silybum* contrastera avec des feuilles plus douces et arrondies. Plantez-le en solitaire dans un jardin de gravier et vous aurez tout loisir d'apprécier son élégance.

Rusticité Zones 8 à 12 (annuelle au Québec)

Culture Dans un sol bien drainé, neutre ou légèrement alcalin (calcaire) en plein soleil. **Protégez** de l'humidité hivernale pour éviter la pourriture. **Semez** en place, au printemps ou en début d'été, puis éclaircissez les plantules à 60 cm en tous sens. Si vous cultivez ces plantes pour leur feuillage, semez sous abri en fin d'hiver ou début de printemps ; repiquez dans des pots de 9 cm, endurcissez et plantez en pleine terre au printemps.

Silybum marianum

SISYRINCHIUM

CES ANNUELLES ET VIVACES ARBORENT UNE PROFUSION d charmantes fleurs étoilées ou en coupe pendant de nombreuse semaines, au printemps ou en été. Elles s'épanouissent dan des bleus et des mauves soutenus, des jaunes subtils ou du blanc, solitaires à l'extrémité des tiges ou réunies en grande ombelles. Les longues feuilles, parfois panachées de bande blanc crème, forment des touffes ou de grands éventails rap pelant les iris. Le feuillage linéaire est un beau complémen de celui des graminées (*voir p. 340-355*) ou oppose un élé gant contraste de texture à des feuilles plumeuses ou larges Les petites variétés seront parfaitement à leur place dans u jardin de rocaille ou de gravier où elles se ressèmeront à lois et créeront un charmant effet naturel sans être dérangées pa de grandes plantes vigoureuses. Les grands *Sisyrinchium* n craignent pas d'être isolés dans une plate-bande.

Rusticité Zones 3 à 11

Culture Dans un sol pauvre à moyennement fertile, bien drainé, neutre à alcalin, en plein soleil. **Protégez** de l'humidité hivernale qui provoque des pourritures. Mieux vaut cultiver en pot les petites plantes et les semi-rustiques et les rentrer sous abri en hiver. **Semez** à l'intérieur en fin d'hive ou au début du printemps. **Divisez** les touffes au printemps.

PLANTEZ LES SISYRINCHIUM le collet légèrement au-dessus du sol. L'eau s'écoule mieux ainsi par temps humide ce qui réduit le risque de pourriture du collet.

Sisyrinchium striatum 'Aunt May'

↕50 cm ↔ 25 cm, vivace formant des touffes, fleurs de 2,5 cm de diamètre épanouies en début et milieu d'été

SMILACINA

Faux sceau-de-Salomon

LE FEUILLAGE LUXURIANT DE CES VIVACES VIGOUREUSES ressemble énormément à celui du sceau-de-salomon (*Polygonatum, voir p. 310*), d'où leur nom commun. La différence s'arrête à la floraison, lorsque s'épanouissent d'abondantes petites fleurs étoilées réunies en panicules terminales denses. D'un blanc crème, ces fleurs exhalent un parfum délicat qui flotte dans l'air calme et frais d'un jardin boisé. Elles sont suivies de baies vertes virant au rouge à maturité, en automne, quand les feuilles de nombreuses *Smilacina* prennent une riche teinte jaune. Dans des conditions favorables, ces plantes sans problème deviennent parfois envahissantes, mais il est facile de les déterrer si elles s'étalent trop. Accompagnez-les d'autres plantes appréciant l'ombre, par exemple des fougères (*voir p. 356-365*).

Rusticité Zones 3 à 9

Culture Dans un sol moyennement fertile, de préférence légèrement acide (sans calcaire), enrichi de matière organique. Choisissez un site à l'ombre ou à mi-ombre, à l'abri des vents froids. **Semez** à l'intérieur en fin d'hiver ou au début du printemps. **Divisez** les rhizomes des plantes établies au printemps.

FEUILLAGE D'AUTOMNE

Smilacina racemosa ♀

↕90 cm ↔ 60 cm, formant des touffes, feuilles à revers duveteux, fleurs milieu et fin de printemps, parfois teintées de vert

SOLIDAGO

Verge d'or

LES FLEURS D'UN JAUNE CHALEUREUX de ces vivaces vigoureuses à souche ligneuse resplendissent dans la lumière dorée de la fin de l'été et de l'automne. Les petites têtes florales sont rassemblées en panicules ou en grappes portées par des tiges raides et dressées. Les feuilles sont généralement vert moyen. Les espèces sont parfois envahissantes et mieux vaut les réserver à un jardin sauvage. Heureusement, il existe de nombreux hybrides beaucoup plus disciplinés, aux inflorescences plus grandes. Les verges d'or apportent une note colorée dans le jardin en fin de saison, ainsi que dans la maison car elles composent de beaux bouquets. Mariez-les à d'autres plantes à floraison automnale comme les *Rudbeckia* (*voir p. 317*) et, pour prolonger le spectacle, choisissez des asters (*p. 192-193*) parmi les plantes à floraison précoce.

Rusticité Zones 2 à 10

Culture Dans un sol pauvre à moyennement fertile, frais mais bien drainé, de préférence sableux, en plein soleil. **Supprimez** régulièrement les fleurs fanées pour éviter la dissémination spontanée. **Divisez** les plantes tous les trois ou quatre ans, en automne ou au printemps pour les garder saines ; jetez les vieilles tiges ligneuses centrales. L'**oïdium** peut défigurer les plantes par été chaud.

Solidago 'Goldenmosa' ♀

↕75 cm ↔ 45 cm, buisson compact, feuilles frisées, panicules de 30 cm de long en fin d'été et début d'automne

X SOLIDASTER LUTEUS

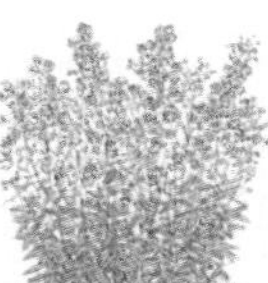

↕90 cm
↔80 cm

CET HYBRIDE EST LE FRUIT d'un croisement entre un *Solidago* et un aster et réunit donc les caractères de ses deux parents. À l'instar de la verge d'or, il affiche une profusion de petites fleurs réunies en bouquets compacts du milieu de l'été à l'automne. Les fleurs ressemblant à des pâquerettes sont similaires à celles de l'aster. Jaune crème pâle à l'éclosion, à disque plus foncé, elles pâlissent au fil du temps. Cette plante forme une touffe de tiges dressées. Tout comme ses deux parents, cette vivace illumine splendidement une plate-bande en fin d'été et fournit de beaux bouquets de longue tenue.

Rusticité Zones 7 à 11

Culture Dans un sol fertile, bien drainé, en plein soleil ou lumière tamisée. Veillez à ne pas abuser des engrais qui favorisent la croissance foliaire au détriment des fleurs. **Divisez** les touffes en automne ou au printemps, tous les trois ou quatre ans, pour maintenir la vigueur de la plante ; jetez les tiges centrales ligneuses en surnombre. **Prélevez** des rejets à la base au printemps et traitez-les comme des boutures herbacées. L'**oïdium** peut défigurer les plantes par été chaud.

× *Solidaster luteus* 'Lemore' ♀

↕↔ 80 cm, port plus étalé et fleurs d'un jaune plus pâle que l'espèce

STACHYS

Bétoine, Épiaire

LES TAPIS DE GRANDES FEUILLES FEUTRÉES ou veloutées sont le principal attrait de ces plantes. Les tiges carrées portent des feuilles généralement couvertes de poils fins ; chez certaines espèces, elles sont aromatiques. Ce genre comprend de nombreuses vivaces étalées qui font d'excellents couvre-sol, à l'image de *Stachys byzantina* dont le cultivar 'Silver Carpet', qui ne fleurit pas, est idéal en bordure de plate-bande. Leur feuillage argenté s'harmonise avec bon nombre de plantes de plate-bande, ainsi les montbrétias (*Crocosmia, voir p. 219*), les *Penstemon* (*p. 304*) et les rosiers arbustes (*p. 110-113*). Les grappes ou les épis de fleurs, blancs ou dans des tons de rose, de pourpre ou d'or, s'épanouissent en été et attirent les abeilles, les papillons et d'autres insectes utiles. Les espèces à port bas, comme *Stachys candida*, ont toute leur place sur des talus secs, dans une rocaille ou un jardin de gravier.

Rusticité Zones 3 à 11

Culture Dans un sol peu fertile, bien drainé, en plein soleil. Les petites espèces de rocaille demandent un sol très drainé. **Semez** à l'intérieur en fin d'hiver ou au début du printemps. **Déterrez** et **divisez** les plantes au printemps, au départ de la croissance, ou prélevez des éclats enracinés à l'extérieur des grandes touffes et replantez-les.

Stachys byzantina (Oreille-d'ours, Épiaire laineuse)
↕45 cm ↔ 60 cm, vivace tapissante, fleurs laineuses pourpre rosé du début de l'été au début de l'automne

SYMPHYTUM

Consoude

↕↔ 30 cm-2m ou plus

LEUR CAPACITÉ À SUPPORTER L'OMBRE fait des consoudes des plantes précieuses. Dans un jardin boisé ou une plate-bande ombragée, ces vivaces formant des touffes sont des couvre-sol idéals. Bien que robustes, ce sont des plantes décoratives, au feuillage gaufré et aux jolies fleurs de longue durée. Celles-ci sont tubulaires ou en cloche, bleu vif, bleu pâle, crème, jaune pâle, pourpre bleuté ou blanches et sont réunies en cymes terminales s'épanouissant de la fin du printemps à la fin de l'été. Les feuilles sont vert uni ou panachées de crème ou d'or. Choisissez soigneusement leur emplacement car toutes les espèces panachées sont envahissantes. Elles prospèrent sous les arbres où peu d'autres plantes se plairaient.

Rusticité Zones 5 à 11

Culture Dans un sol frais, au soleil ou à l'ombre. **Supprimez** les tiges florales chez les variétés panachées pour une belle coloration du feuillage. **Divisez** les plantes au printemps. Les consoudes s'étalent grâce à leurs rhizomes (tiges souterraines). Leurs feuilles fournissent un excellent engrais liquide, mais malodorant : remplissez un seau de feuilles au tiers de sa hauteur et recouvrez d'eau. Couvrez et laissez tremper deux à trois semaines, puis utilisez cet engrais dilué à une part pour deux parts d'eau.

Stachys candida
↕15 cm ↔ 30 cm, étalée, floraison en été, demande un excellent drainage et une protection contre les pluies hivernales

***Stachys macrantha* 'Superba'**
↕60 cm ↔ 30 cm, vivace dressée, duveteuse, rosettes de feuilles vert foncé, floraison du début de l'été au début de l'automne

***Symphytum* 'Hidcote Blue'**
↕↔ 45 cm, dressée puis retombante, duveteuse, boutons rouges, fleurs de 1,5 cm de long milieu et fin de printemps, pâlissant avec l'âge

Symphytum caucasicum ♡
↕↔ 60 cm, vivace formant des touffes, puis étalée, duveteuse, tiges dressées puis retombantes, rosettes de feuilles, floraison tout l'été

Tagetes

Œillet d'Inde, Rose d'Inde, Tagète

Sans rivales en durée de floraison ou en vivacité des coloris, les *Tagetes* sont d'excellents sujets de massif classique. Les nombreuses annuelles et vivaces sont généralement traitées en annuelles semi-rustiques et semées au printemps. La germination est rapide et la floraison commence au bout de quelques semaines seulement. Les fleurs déclinant des tons entre l'orange profond et le jaune vif s'épanouissent du début de l'été jusqu'aux premières gelées d'automne. Chez certaines espèces, elles sont simples, souvent ponctuées de tons plus foncés, chez d'autres elles ressemblent aux œillets. Le feuillage, rappelant celui des fougères, est généralement très aromatique. Les roses d'Inde, plus grandes, déploient au mieux leur charme dans une plate-bande, mais les autres, dont les œillets d'Inde, sont également à l'aise en pot ou en plate-bande.

Rusticité Zones 10 à 12

Culture Dans tout sol assez fertile, bien drainé, en plein soleil. **Supprimez** régulièrement les fleurs fanées pour prolonger la floraison et arrosez copieusement par temps sec. En pot, arrosez régulièrement et apportez chaque semaine un engrais équilibré. **Semez** à 21 °C au printemps ou à l'intérieur en fin d'hiver ou au début du printemps.

Tagetes 'Lemon Gem'
↕23 cm ↔ jusqu'à 40 cm, tagète, fleurs atteignant 2,5 cm de diamètre, de la fin du printemps au début de l'été

Tanacetum

Tanaisie, Pirèthre, Camomille

La plupart des espèces composant ce grand groupe d'annuelles et de vivaces offrent des feuilles finement découpées, fortement aromatiques. Certaines inflorescences présentent un disque central proéminent, et d'autres des petits pompons doubles. Les feuilles très décoratives rappellent souvent les fougères. La menthe-coq (*Tanacetum balsamita*) doit son nom commun à sa fragrance et entre dans la composition des pots-pourris. Certaines espèces, comme *Tanacetum haradjanii*, sont idéales en jardin de rocaille, alors que d'autres, comme les cultivars de *T. parthenium*, la camomille, ont toute leur place dans un jardin d'herbes aromatiques ou en bordure d'une plate-bande herbacée ou mixte. Ces plantes sont également intéressantes en massif surélevé ou en pot.

Rusticité Zones 3 à 11

Culture Dans tout sol bien drainé, en plein soleil. Les espèces naines et à feuillage argenté demandent un sol très drainé. **Rabattez** *T. coccineum* et ses cultivars après la floraison pour encourager une remontée de fleurs. *T. parthenium* se ressème volontiers. **Semez** à l'intérieur en fin d'hiver ou au début du printemps. **Divisez** les vivaces ou prélevez des rejets à la base et traitez-les comme des boutures, au printemps. Les **anguillules** des chrysanthèmes, présentes dans les racines, provoquent le brunissement des feuilles et le dépérissement à partir de la base ; détruisez les plantes atteintes.

① ***haradjanii*** ↕jusqu'à 15 cm, persistante tapissante, petites fleurs en capitules en fin d'été ② ***parthenium*** (Camomille) ↕45-60 cm, vivace buissonnante, floraison en été

THALICTRUM

Pigamon

↕2,50 m
↔60 cm

IL S'AGIT D'UN GRAND GROUPE DE VIVACES appréciant l'ombre, affichant un délicat feuillage vert grisé et des nuages vaporeux de minuscules fleurs épanouies du début à la fin de l'été. Ces fleurs offrent une multitude de coloris, blanc, rose, pourpre et jaune et sont souvent dotées d'étamines voyantes qui créent un effet léger et mousseux à distance. Les feuilles sont composées de nombreuses folioles fines et parfois dentées. Ce sont pour la plupart des plantes dressées, même s'il existe des espèces tapissantes comme *Thalictrum kiusianum*. Les grandes espèces sont parfaites en plate-bande herbacée ou mixte, en compagnie de vivaces telles que les achillées (*Achillea, voir p. 166*), les sidalcées (*Sidalcea, p. 325*) et les verges d'or (*Solidago, p. 327*), ou en plantation de sous-bois. Les petits pigamons apportent toute leur grâce à un jardin de rocaille ombragé.

Rusticité Zones 3 à 10

Culture Dans un sol frais, enrichi de matière organique, à mi-ombre. Les petites espèces apprécient un sol bien drainé, à mi-ombre et au frais. **Tuteurez** les grandes plantes. **Semez** à l'intérieur en fin d'hiver ou au début du printemps. **Divisez** les plantes au printemps, quand la croissance reprend.

Thalictrum delavayi 'Album'
↕1,20 m ou plus ↔ 60 cm, touffes dressées, feuilles atteignant 35 cm de long, floraison du milieu d'été au début d'automne

Thalictrum aquilegiifolium
↕jusqu'à 1 m ↔ 45 cm, touffes dressées, feuilles atteignant 30 cm de long, floraison en début d'été

Thalictrum delavayi 'Hewitt's Double' ♡
↕1,20 m ou plus ↔ 60 cm, feuilles atteignant 35 cm de long, fleurs durables du milieu d'été au début d'automne

TIARELLA

LES PANICULES VAPOREUSES DE PETITES FLEURS ÉTOILÉES semblent flotter au-dessus de ces vivaces herbacées. Les fleurs blanches ou blanc rosé s'épanouissent sur une longue période, de la fin du printemps au milieu de l'été. Les feuilles soyeuses, ovales à cordiformes, vert pâle à moyen, sont aussi un attrait précieux de ces plantes. En automne, elles virent à un beau rouge cuivré. Le feuillage étant très dense et certaines espèces offrant un port étalé, les *Tiarella* sont des couvre-sol du plus bel effet, notamment dans une plate-bande ombragée ou un jardin boisé. Elles se marient avec bonheur avec d'autres vivaces appréciant l'ombre, comme les heuchères (*Heuchera, voir p. 259*), les hostas (*p. 260-261*) et les véroniques (*Veronica, p. 337*).

Rusticité Zones 3 à 10

Culture Dans tout sol fertile, enrichi de matière organique, à l'ombre ou à mi-ombre. **Protégez** le collet de l'humidité hivernale si nécessaire. **Semez** à l'intérieur en fin d'hiver ou au début du printemps. **Divisez** les plantes au printemps.

Tiarella cordifolia ♡
↕10-30 cm ↔ jusqu'à 30 cm, feuilles pubescentes, rouge cuivré en automne, grappes de fleurs en épi de 10 à 30 cm de long en été

[T]OLMIEA MENZIESII

[L]a-poule-et-les-poussins

LE CHARME DE CETTE VIVACE de croissance rapide formant des touffes, réside dans son feuillage. Ses jolies feuilles soyeuses, généralement vert clair, forment des plantules à la jonction du pétiole et du limbe, d'où son nom commun. De la [fi]n du printemps au début de l'été s'épanouissent de [lo]ngues grappes réunissant jusqu'à cinquante fleurs légè[re]ment parfumées, à pétales brun pourpré. *Tolmiea men[z]iesii* et ses cultivars s'étalent au gré de leurs stolons. Ils [fe]ront de beaux couvre-sol dans un décor boisé, aux côtés [d]e vivaces comme les heuchères (*Heuchera, voir p. 259*) [e]t les *Tiarella* (*voir page ci-contre*).

[R]usticité Zones 8 à 11 (annuelle au Québec)

[C]ulture Dans un sol frais, à l'ombre ou à mi-ombre ; le plein soleil [b]rûle les feuilles. En pot, dans un mélange de terreau et de terre [fr]anche ; **arrosez** régulièrement pendant la croissance et apportez [u]n engrais liquide équilibré chaque semaine. **Semez** à l'intérieur en [fi]n d'hiver ou au début du printemps ou divisez les plantes au [pr]intemps. Vous pouvez aussi séparer les plantules et les traiter [c]omme des boutures.

ENTRE LE MILIEU ET LA FIN DE L'ÉTÉ, prélevez une plantule avec la feuille. Repliez la feuille et empotez dans du terreau de rempotage, la feuille à peine recouverte.

[T]olmiea menziesii 'Taff's Gold' ♀
[F]euilles jusqu'à 13 cm de long, particulièrement sensibles [a]ux brûlures du soleil

TRADESCANTIA

Misère, Éphémère de Virginie

LES MISÈRES SONT DES VIVACES EN TOUFFES précieuses dans un jardin, offrant en été et pendant une grande partie de l'automne une profusion de fleurs, éphémères à titre individuel. Les inflorescences bleues, pourpres, rose magenta, rouge rose ou blanches parsèment les feuilles légèrement charnues, vert mat, parfois teintées de pourpre. Ces plantes accommodantes s'harmonisent bien en plate-bande mixte avec des herbes ornementales, des *Hakonechloa* (*voir p. 348*) par exemple, ou d'autres vivaces herbacées. Les *Tradescantia* gélives, persistantes et rampantes, aux feuilles souvent rayées ou pourprées, sont les misères que nous connaissons bien en tant que plantes d'intérieur. Elles trouvent aussi leur place à l'extérieur l'été, aux côtés de *Fuchsia* ou d'*Impatiens*, ou retombant en cascade d'une suspension, d'une jardinière ou d'un pot.

Rusticité Zones 4 à 12

Culture Les espèces rustiques apprécient un sol fertile, frais, en plein soleil ou à mi-ombre. **Rabattez** sévèrement après la floraison pour éviter la montée en graines et encourager une seconde floraison. **Divisez** les *Tradescantia* rustiques au printemps ou en automne.

① **'J.C. Weguelin'** ♀ ↕40-60 cm ↔ 45-60 cm
② **'Purewell Giant'** ↕↔ 45 cm – toutes deux fleurissent du début de l'été au début de l'automne

TRICYRTIS

LES FLEURS SPECTACULAIRES des *Tricyrtis* offrent un large éventail de coloris, du blanc et de diverses nuances de blanc rosé au vert tacheté de blanc, et sont souvent marquées dans des tons contrastants. Elles sont étoilées ou en entonnoir, solitaires ou réunies en petits bouquets et s'épanouissent en été et en automne. Les feuilles sont souvent luisantes, vert pâle à foncé, et engainent généralement des tiges dressées ou arquées. Chez certaines espèces, le feuillage est tacheté ou affiche des nervures proéminentes. Les *Tricyrtis* sont des vivaces herbacées et colorent agréablement un jardin boisé ou une plate-bande ombragée. Vous les associerez à d'autres vivaces appréciant les situations fraîches et ombragées comme le sceau-de-Salomon (*Polygonatum, voir p. 310*).

Rusticité Zones 4 à 10

Culture Dans un sol frais mais bien drainé, humifère, à mi-ombre. Dans les régions froides, cultivez les espèces à floraison tardive en plate-bande arbustive chaude et abritée du vent et du gel, néfastes aux fleurs tardives. **Appliquez** un épais paillis hivernal de matière organique autour de la plante en hiver pour la protéger du gel. **Semez** à l'intérieur en fin d'hiver ou au début du printemps. **Divisez** les plantes en début de printemps, avant la fin de la dormance.

① ***formosana*** ♀ ↕jusqu'à 80 cm ② ***hirta*** 'Alba' ↕jusqu'à 80 cm ③ ***macrantha*** **ssp.** ***macranthopsis*** ↕40-80 cm ④ ***ohsumiensis*** ↕jusqu'à 50 cm

Trillium

Trille

Ces plantes de sous-bois à floraison printanière sont remarquables pour leurs curieuses fleurs à trois pétales, dressées au-dessus du feuillage, parfois groupées par trois. Ce petit groupe est composé de vivaces caduques formant des touffes, et vigoureuses une fois établies. Les fleurs blanches ou dans des nuances de rose, de rouge fonc é et de jaune, s'épanouissent à l'extrémité de pédoncules minces au printemps et en été. Les feuilles, vert soutenu ou foncé, sont souvent tachées ou marbrées d'argent ou de pourpre. Les *Trillium* sont parfois lents à s'établir, mais ne supportent plus alors la transplantation, choisissez donc soigneusement leur emplacement. Ils se plairont dans une platebande fraîche et ombragée ou dans un jardin boisé, en compagnie de plantes du style des hostas (*voir p. 260-261*).

Rusticité Zones 3 à 8

Culture Dans un sol frais, de préférence légèrement acide (sans calcaire), en plein soleil ou à mi-ombre. **Divisez** les plantes au printemps après la floraison : essayez de déterrer des petits tronçons enracinés sans déranger le centre de la touffe. **Semez** en pot sous châssis froid dès la maturité des graines. Les plantes issues de semis demandent de cinq à sept ans pour fleurir. Les jeunes feuilles sont parfois dévorées par les **limaces** et les **escargots** ; installez des pièges ou retirez-les à la main.

Trillium cernuum (Trille penché)
↕ jusqu'à 60 cm ↔ jusqu'à 25 cm, fleurs pendantes à étamines proéminentes, floraison au printemps

Trillium chloropetalum ♡
↕ jusqu'à 40 cm ↔ jusqu'à 20 cm, tiges épaisses vert rougeâtre et fleurs parfumées au printemps

Trillium luteum ♡
↕ jusqu'à 40 cm ↔ jusqu'à 30 cm, feuilles marquées de vert clair, fleurs sessiles parfumées au printemps

Trillium grandiflorum ♡ (Trille grandiflore)
↕ jusqu'à 40 cm ↔ jusqu'à 30 cm, vigoureux, les fleurs les plus grandes, jusqu'à 8 cm de long, au printemps et en été

Trillium rivale ♡
↕ jusqu'à 13 cm ↔ jusqu'à 15 cm, espèce naine à petites feuilles de 3 cm de long, floraison au printemps

Trillium sessile
↕ jusqu'à 30 cm ↔ jusqu'à 20 cm, feuilles marbrées et fleurs sessiles sombres en fin de printemps

TROLLIUS

Trolle

↕ jusqu'à 90 cm
↔ 60 cm

PARENTES DES RENONCULES, ces vivaces d'ombre sont parfois appelées « boules d'or » (*Trollius europaeus*) pour leurs fleurs souvent globuleuses, déclinant toutes les nuances du crème pâle à l'orange profond. Les fleurs sont simples, semi-doubles ou doubles et s'épanouissent de la fin du printemps au début de l'été sur de hautes tiges ; les fleurs simples affichent souvent des étamines proéminentes. Les feuilles vert moyen et parfois luisantes, disposées en rosette, sont palmatilobées, les lobes eux-mêmes étant subdivisés ou dentés. Les trolles sont du plus bel effet dans une plate-bande fraîche, un jardin de marécage, au bord d'un bassin ou d'un cours d'eau, aux côtés de plantes appréciant les mêmes conditions de culture, comme les soucis des marais (*Caltha palustris, voir p. 205*) ou les arums bananiers (*Lysichiton, p. 282*).

Rusticité Zones 3 à 10

Culture Dans un sol très frais, en plein soleil ou à mi-ombre. **Rabattez** les tiges après la première floraison pour encourager une remontée. **Divisez** les plantes au début de la croissance ou après la floraison. **Semez** à l'intérieur en fin d'hiver ou au début du printemps. La germination demande parfois deux ans.

Trollius × *cultorum* 'Orange Princess' ♕
↕ jusqu'à 90 cm ↔ 45 cm, grandes feuilles basales luisantes, floraison en fin de printemps et début d'été

TROPAEOLUM

Capucine

voir aussi p. 154

LES CAPUCINES SONT LES PLUS COURANTES parmi les vivaces rampantes et vigoureuses, semi-rustiques et annuelles. Elles sont appréciées pour leurs fleurs à éperon composant un tableau plein de gaieté, de l'été jusqu'aux premières gelées d'automne. Les fleurs en trompette déclinent toutes les nuances chaleureuses de rouge, d'orange et de jaune, beaucoup sont bicolores ou dotées de pétales marqués de teintes contrastantes. Les feuilles arrondies ou lobées, vert clair à moyen, sont portées sur de longs pétioles. Ces plantes buissonnantes sont idéales en association avec d'autres annuelles ou en bouche-trou dans une plate-bande. Les espèces rampantes se répandent sur le sol ou grimpent ; elles habilleront en un seul été une structure disgracieuse fraîchement installée. Les formes semi-rampantes sont idéales en panier suspendu. Les vivaces gélives cultivées en pot hiverneront sous abri hors gel.

Rusticité Zones 8 à 11 (annuelle au Québec)

Culture Dans un sol frais mais bien drainé, en plein soleil ou à mi-ombre. **Arrosez** régulièrement les plantes en pot et apportez un engrais équilibré une fois par semaine. **Semez** les annuelles en place en milieu de printemps. Semez les vivaces à l'intérieur en fin d'hiver ou au début du printemps. Surveillez les **pucerons noirs**, très virulents.

① ***majus* race Alaska** ♕ ↕ jusqu'à 30 cm, annuelle, feuillage panaché ② ***polyphyllum*** ↕ 5-8 cm, vivace rampante, feuilles vert bleuté, floraison tout l'été

Tulipa

Tulipe

Les tulipes doivent leur succès séculaire à leurs fleurs printanières vivement colorées. Provenant du Moyen-Orient, elles furent parmi les premières vivaces bulbeuses introduites dans les jardins occidentaux. Dans leur terre d'origine desséchée par la chaleur estivale, le soleil « mûrit » les bulbes, provoquant ainsi la formation du bouton embryonnaire qui produira les fleurs de l'année suivante. Celles-ci, simples ou doubles, offrent une palette éblouissante de teintes, souvent merveilleusement flammées ou striées de coloris différents. Les pétales sont vrillés, frangés, effilés, récurvés ou flammés de vert, à l'instar de 'Spring Queen' du groupe Viridiflora. Les espèces, par exemple *Tulipa sprengeri*, *T. tarda* et le groupe Greigii, sont souvent les plus petites et parmi les plus faciles à cultiver. Ces tulipes sont parfaites en plate-bande, jardin de rocaille ou naturalisées. Les hybrides, plus grands et plus couramment cultivés, composent des tableaux admirables, mais les fleurs se raréfient au fil des années et il est préférable de les déterrer et de les traiter comme des annuelles. Toutes les tulipes sont merveilleuses en potée.

Rusticité Zones 3 à 8

Culture Dans un sol fertile, bien drainé, en plein soleil. Toutes les tulipes craignent l'humidité stagnante. Plantez les bulbes à une profondeur double de leur hauteur. **Supprimez** les fleurs fanées pour empêcher la montée en graines et, par conséquent, pour concentrer la sève sur le développement du bulbe et l'embryon de bouton. **Apportez** un engrais liquide équilibré tous les quinze jours, après la floraison, jusqu'à ce que les feuilles soient fanées, pour constituer les réserves du bulbe. **Déterrez** les bulbes (hormis ceux des petites espèces) lorsque les feuilles sont sèches (*voir ci-dessous*) et éliminez ou séparez les caïeux. **Plantez** les grands bulbes en fin d'automne. Vous pouvez aussi cultiver des caïeux dans un recoin libre ; la floraison demande jusqu'à sept ans. Les **pucerons** véhiculent parfois des viroses incurables provoquant une panachure qui, même si elle est parfois esthétique, aboutit généralement à la mort de la plante.

Planter en vue d'un arrachage facile

Chez la plupart des grandes tulipes hybrides, il est préférable de déterrer les bulbes quand le feuillage est sec, puis de les laisser mûrir à l'abri (sous serre) jusqu'à l'automne. Ce processus reproduit plus ou moins la maturation naturelle et garantit la vigueur du bulbe pour quelques années, notamment si le sol est lourd. Les espèces, dont les Greigii et les Kaufmanniana peuvent rester en terre.

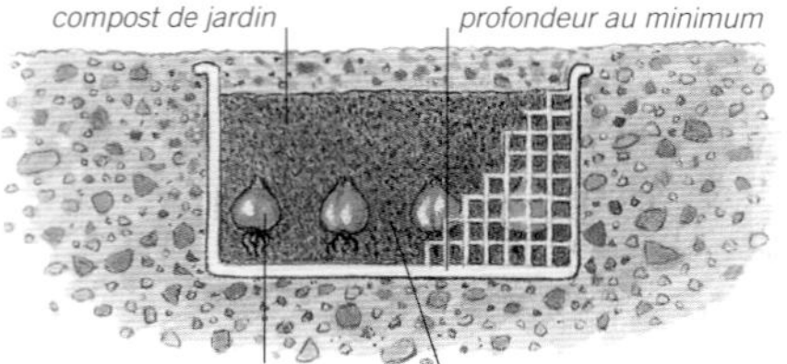

Plantation dans du compost de jardin

Panier de 15 cm de profondeur au minimum

Bulbes plantés à une profondeur double de leur hauteur

Bulbes espacés de l'équivalent de leur largeur

◁ ❶ *La plantation des tulipes dans un panier facilite le déterrement après la floraison et le stockage pendant la dormance. Choisissez un contenant à fond perforé de nombreux trous de drainage – un panier ajouré pour plantes aquatiques est idéal. Déterrez le panier avec précaution pour ne pas abîmer les racines insinuées dans les trous. Enfouissez-le dans un coin tranquille du jardin, le haut juste sous la surface du sol. N'oubliez pas d'étiqueter le panier et de bien arroser.*

▷ ❷ *Déterrez les bulbes des tulipes plantées en pleine terre. Débarrassez-les de la terre qui les entoure et laissez-les sécher dans un endroit sec. Lorsqu'ils sont secs, éliminez la terre restante, les feuilles flétries et les morceaux de tunique qui se détachent. Jetez tout bulbe présentant des signes de maladie ou des zones ramollies. Conservez les bulbes dans un lieu frais, sec et obscur. Vérifiez régulièrement qu'aucune maladie ne se propage. Replantez-les en automne pour une floraison au printemps suivant.*

① ***Tulipa acuminata*** ↕50 cm, début et milieu de printemps ② **'Ancilla'** ♕ ↕15 cm, milieu de printemps, jardin de rocaille ③ **'Angélique'** ♕ ↕30 cm, milieu de printemps, massifs ou plates-bandes ④ **'Apeldoorn'** ↕60 cm, milieu de printemps ⑤ ***biflora*** ↕10 cm, fin d'hiver au printemps, parfumée ⑥ **'Carnaval de Nice'** ♕ ↕40 cm, fin de printemps ⑦ **'China Pink'** ♕ ↕50 cm, fin de printemps ⑧ ***clusiana* var. *chrysantha*** ♕ ↕30 cm, début et milieu de printemps ⑨ **'Douglas Bader'** ↕45 cm,

fin de printemps ⑩ ***linifolia*** ♀ ↕20 cm, début et milieu de printemps ⑪ ***linifolia* Batalinii Group** ♀ ↕35 cm, début à fin de printemps ⑫ **'Madame Lefeber'** ↕35 cm, début de printemps, grandes fleurs, à tuteurer ⑬ **'Mount Tacoma'** ↕40 cm, fin de printemps ⑭ **'Oriental Splendour'** ♀ ↕30 cm, début de printemps, feuilles marquées de pourpre bleuté ⑮ ***praestans* 'Van Tubergen's Variety'** ↕50 cm, début et milieu de printemps, culture facile ⑯ **'Prinses Irene'** ♀ ↕35 cm, milieu de printemps, bonnes fleurs à couper ⑰ **'Purissima'** ♀ ↕35 cm, milieu de printemps ⑱ **'Queen of Night'** ↕60 cm, fin de printemps ⑲ ***sprengeri*** ♀ ↕50 cm, début d'été, se ressème au soleil ou à mi-ombre ⑳ **'Spring Green'** ♀ ↕40 cm, fin de printemps ㉑ ***tarda*** ♀ ↕15 cm, début et milieu de printemps ㉒ ***turkestanica*** ♀ ↕30 cm, début et milieu de printemps, odeur déplaisante ㉓ **'West Point'** ♀ ↕50 cm, fin de printemps ㉔ **'White Parrot'** ↕55 cm, fin de printemps

VERBASCUM

Molène

LES GRANDS ÉPIS DE CES PLANTES IMPOSANTES rassemblent une masse dense de fleurs en coupe à pédoncule court, s'épanouissant de l'été à l'automne. En général, elles déclinent des nuances de jaune, mais sont parfois pourpres, écarlates, rouge cuivré ou blanches. Si chaque fleur est éphémère, leur renouvellement permanent prolonge le spectacle. La plupart des molènes horticoles sont des plantes vigoureuses qui ont leur place dans toutes les plates-bandes, notamment dans les jardins de campagne ou de gravier. Leurs rosettes de feuilles argentées, souvent laineuses, gardent leur attrait en hiver. Les molènes ont une courte durée de vie car ce sont des bisannuelles, des vivaces éphémères et des annuelles pour quelques-unes. Elles se ressèment abondamment, mais les nouvelles plantes ne sont pas toujours conformes à l'espèce.

Rusticité Zones 4 à 11

Culture Dans un sol bien drainé, alcalin (sans calcaire), en plein soleil. **Tuteurez** les grandes plantes, surtout dans un sol riche. **Semez** les vivaces à l'intérieur en fin d'hiver ou au début du printemps. Semez les bisannuelles en début d'été pour une floraison l'année suivante. **Divisez** les vivaces au printemps. **Prélevez** des boutures de racines en début de printemps.

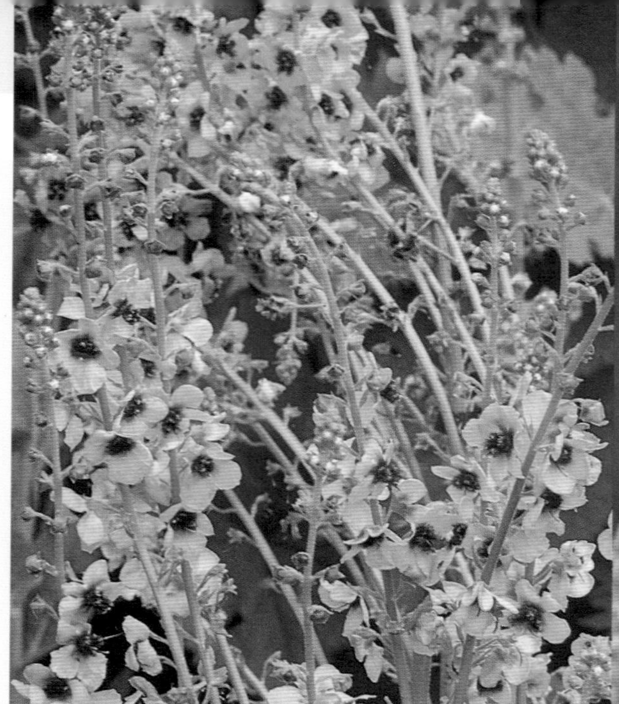

Verbascum 'Cotswold Queen'
↕ 1,20 m ↔ 30 cm, vivace dressée, semi-persistante, feuilles vert-gris, floraison du début à la fin de l'été

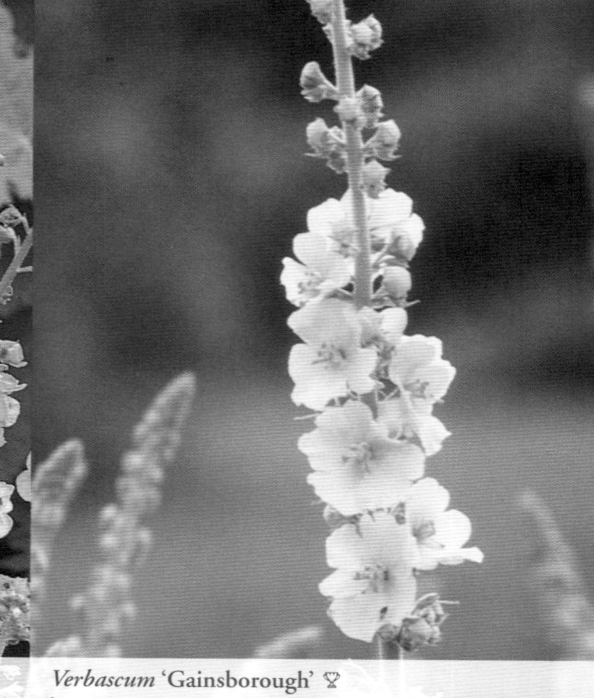

Verbascum 'Gainsborough' 🏆
↕ jusqu'à 1,20 m ↔ jusqu'à 30 cm, vivace semi-persistante, rosettes vert-gris, grandes panicules du début à la fin de l'été

Verbascum chaixii 'Album' 🏆
↕ 90 cm ↔ 45 cm, vivace semi-persistante formant une rosette, panicules atteignant 40 cm de long du milieu à la fin de l'été

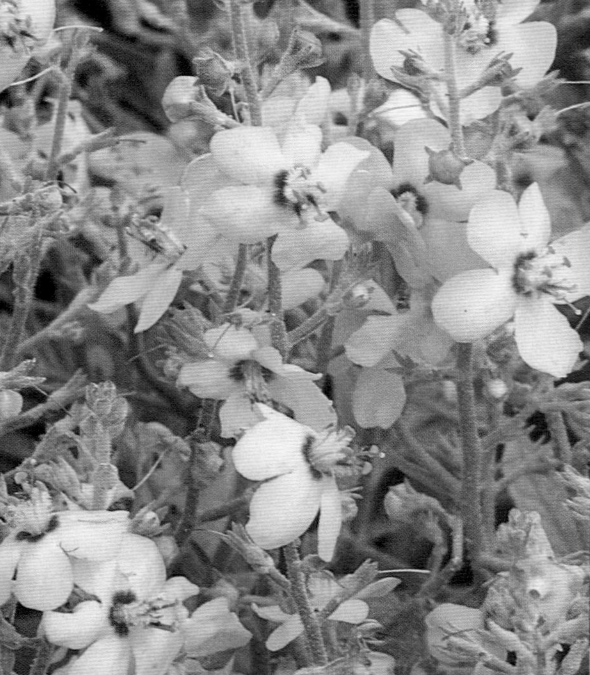

Verbascum 'Letitia' 🏆
↕ jusqu'à 25 cm ↔ jusqu'à 30 cm, persistante, compacte et buissonnante, panicules atteignant 10 cm de long tout l'été, sol très drainé

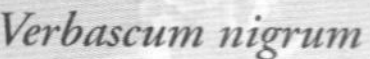

Verbascum nigrum
↕ 90 cm ↔ 60 cm, vivace semi-persistante ou persistante formant une rosette, floraison du milieu de l'été au milieu de l'automne

Verbena
Verveine

Les annuelles et les vivaces composant ce grand groupe sont précieuses dans un jardin d'été qu'elles égaient de leurs bouquets de petites fleurs rouges, bleues, roses, lilas ou violettes, portées sur des tiges carrées raides. Toutes offrent une longue floraison, mais seules quelques-unes sont d'une rusticité fiable. Les verveines sont classées en deux groupes principaux : les grandes vivaces rustiques comme *Verbena bonariensis*, qui apportent une impression de hauteur et de légèreté dans une plate-bande, et les nombreuses vivaces semi-rustiques, plus basses, qui sont enclines à ramper. Cultivées en annuelles à massif, elles ornent de leurs vives couleurs les bordures de plates-bandes, les bacs et les suspensions. Accompagnez les vivaces de plantes hautes du style de *Cynara cardunculus* (*voir p. 221*) et les annuelles de plantes à massif comme les *Pelargonium* (*p. 300-303*).

Rusticité Zones 3 à 12

Culture Dans un sol frais mais bien drainé, en plein soleil. En pot, dans un mélange à base de terreau ou dans un mélange sans terre ; arrosez régulièrement en été et apportez un engrais équilibré une fois par semaine. **Semez** à l'intérieur en fin d'hiver ou au début du printemps. **Divisez** les vivaces au printemps et prélevez des boutures basales de tiges en fin d'été. L'**oïdium** pose parfois problème.

① *bonariensis* ♀ ↕ jusqu'à 2 m, vivace, floraison de la fin de l'été à l'automne, paillez en hiver ② **'Peaches and Cream'** ♀ ↕ jusqu'à 45 cm, vivace étalée, cultivée en annuelle

Veronica
Véronique

Les petites fleurs des véroniques, orientées vers l'extérieur, composent des épis minces et gracieux et s'épanouissent dans des coloris intenses ou pastel de bleu, pourpre, rose ou blanc. Les nombreuses annuelles et vivaces composant ce groupe sont pour la plupart tapissantes ou forment des coussins compacts, mais sont parfois dressées et ramifiées. Les feuilles linéaires ou arrondies, à bord denté, parfois feutrées, sont vert moyen à foncé. Les véroniques offrent une longue floraison, du printemps à l'automne, et sont d'excellents éléments décoratifs, notamment au premier plan d'une plate-bande. Elles sont de belles compagnes de plantes vivaces ou arbustives comme les lavandes (*Lavandula, voir p. 80*) et les *Geranium* (*p. 250-251*). Les espèces tapissantes prennent toute leur valeur dans un jardin de rocaille.

Rusticité Zones 3 à 10

Culture Dans un sol pauvre à moyennement fertile, très drainé, en plein soleil pour les alpines ; protégez de l'humidité hivernale les espèces à feuillage feutré. Dans un sol fertile, frais, en plein soleil ou à mi-ombre pour les autres espèces. **Semez** à l'intérieur en fin d'hiver ou au début du printemps. **Divisez** les vivaces au printemps. Les véroniques sont sujettes à l'**oïdium** par temps sec ; éliminez les parties atteintes.

***Veronica austriaca* 'Kapitän'**
↕ jusqu'à 30 cm ↔ jusqu'à 40 cm, vivace tapissante, grappes de fleurs de 10 à 15 cm tout l'été

Veronica gentianoides ♀
↕↔ jusqu'à 45 cm, vivace tapissante, feuilles vert foncé, fleurs bleu pâle (*voir encadré*) ou, plus rarement, blanches, en début d'été

***Veronica spicata* 'Rotfuchs'** (syn. 'Red Fox')
↕↔ jusqu'à 30 cm, vivace tapissante à racines traçantes, floraison du début à la fin de l'été

VIOLA

Pensée, Violette

LES PÉTALES DE CES FLEURS TRÈS PRISÉES, richement colorés et ornés de dessins faciaux, apportent une note de gaieté tout au long de l'année. Il en existe des centaines de variétés, dans tous les tons imaginables d'or, orange, cramoisi, pourpre, noir, bleu, lilas et blanc ; beaucoup sont bicolores et même tricolores. Les violettes véritables sont des vivaces compactes, formant une touffe, aux fleurs délicates, souvent parfumées à l'instar de la classique violette à parfum, *Viola odorata*. Celle-ci est une vivace persistante très parfumée, parfaite en couvre-sol dans une zone ombragée. Les pensées regroupent des hybrides à grandes fleurs plus voyantes, généralement inodores ; elles sont cultivées en massif et comprennent des formes à floraison hâtive. Il existe aussi des *Viola* annuelles. Les *Viola* déploient tout leur charme en bordure de plate-bande ou en suspension et dans d'autres contenants.

Rusticité Zones 4 à 11

Culture Dans un sol fertile, frais mais bien drainé, humifère, en plein soleil ou à mi-ombre. Les *Viola* sont parfois éphémères, **multipliez** régulièrement les plantes. **Semez** en fin d'hiver pour une floraison estivale, en été pour une floraison printanière. **Prélevez** des boutures herbacées de vivaces au printemps ou en fin d'été.

Viola 'Nellie Britton' 🏆
↕15 cm ↔ 30 cm, vivace, persistante, formant des touffes, profusion de fleurs de 2,5 cm de diamètre, tout l'été

Viola 'Jeannie Bellew'
↕20-23 cm ↔ 25-30 cm, vivace, buissonnante, étalée, floraison du milieu du printemps au milieu de l'automne

Viola 'Jackanapes' 🏆
↕13 cm ↔ 30 cm, vivace éphémère à feuillage persistant, formant des touffes, floraison en fin de printemps et en été

COUPEZ régulièrement les fleurs fanées à la base du pédoncule pour encourager la repousse d'une tige florifère.

Viola 'Rebecca'
↕10 cm ↔ 25 cm, vivace étalée, fleurs estivales très parfumées, teintées de bleu sous climat froid

Viola tricolor
↕8-13 cm ↔ 10-15 cm, annuelle, bisannuelle ou vivace éphémère persistante, floraison du printemps à l'automne

WALDSTEINIA

EXCELLENTS COUVRE-SOL DANS UN ENDROIT OMBRAGÉ, les *Waldsteinia* s'étalent rapidement en petites touffes de luxuriantes feuilles vertes ressemblant à celles du fraisier (*Fragaria, voir p. 245*). De la fin du printemps au début de l'été, le feuillage est à son tour noyé sous des fleurs jaune vif, soit solitaires, soit réunies en cymes légères. Ces vivaces herbacées ou semi-persistantes, faciles à cultiver, se propagent grâce à leurs rhizomes (tiges souterraines) et forment un tapis qui étouffe les mauvaises herbes. Elles sont parfois envahissantes si les conditions de culture sont favorables, choisissez donc soigneusement leur emplacement. Les *Waldsteinia* prennent leurs aises dans un jardin boisé, à l'ombre, au premier plan d'un talus ou d'une plate-bande mixte, ou dans une plate-bande herbacée.

Rusticité Zones 4 à 9

Culture Tout sol assez fertile convient à ces plantes peu exigeantes, en plein soleil ou à mi-ombre. **Divisez** les plantes adultes en début de printemps. **Semez** à l'intérieur en fin d'hiver ou au début du printemps.

Waldsteinia ternata
↕10 cm ↔ 60 cm, semi-persistante, vigoureuse, feuilles jusqu'à 6 cm de long, fleurs jusqu'à 1,5 cm de diamètre

ZANTEDESCHIA

Calla

CES IMPOSANTES VIVACES SCULPTURALES arborent un feuillage luxuriant et d'élégantes fleurs en cornet. Ces spathes s'épanouissent au printemps et en été sur des tiges atteignant 90 cm de haut, généralement jaune clair, mais il existe aussi des variétés blanches, roses, lilas ou pourpre foncé. Les grandes feuilles, vert moyen à foncé, sont sagittées et parfois marquées de taches blanches translucides. *Zantedeschia aethiopica* se plaira dans une plate-bande humide où elle formera de grandes touffes, mais plus encore comme plante de berge, installée dans un panier ajouré de 25 à 30 cm de diamètre, rempli de terre humifère et immergé à 30 cm de profondeur au maximum.

Rusticité Zones 9 à 12

Culture *Z. aethiopica* demande un sol frais, enrichi en matière organique, en plein soleil. Sous climat froid, protégez le collet d'un paillis épais en hiver. Mieux vaut cultiver *Z. elliottiana* en pot sous serre, sorti dans le jardin pour un spectacle estival. Utilisez un mélange terreux et apportez un engrais équilibré une fois par semaine pendant la floraison. **Divisez** au printemps. **Semez** entre 21 et 27 °C.

Zantedeschia aethiopica 'Green Goddess' 🏆
↕90 cm ↔ 60 cm, persistante sous climat doux, formant des touffes, spathes de 15 à 20 cm de long, fin du printemps à milieu de l'été

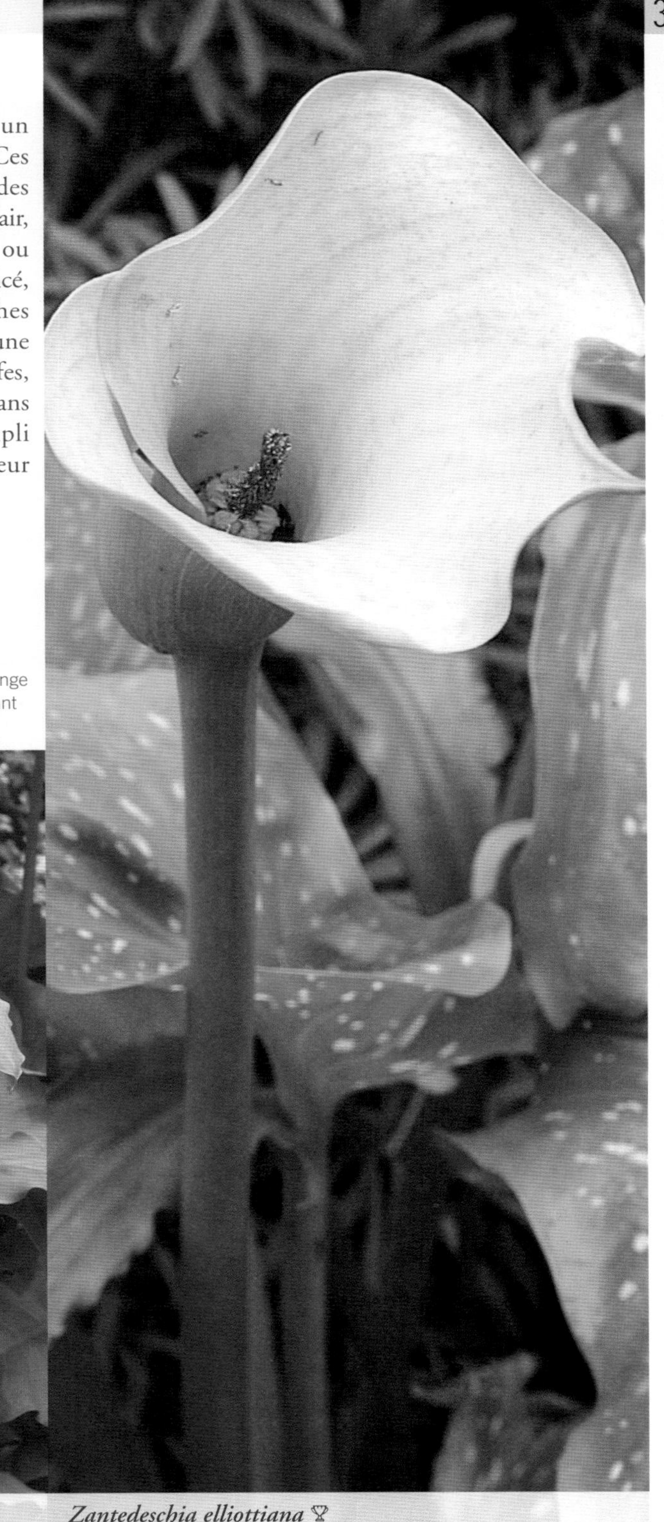

Zantedeschia elliottiana 🏆
↕60-90 cm ↔ 20 cm, port érigé, feuilles atteignant 45 cm de long, spathes de 15 cm de long en été

Bambous et graminées

Les graminées dans le jardin

La plupart des jardiniers utilisent les herbes dans leur décor : qui n'a pas planté une belle pelouse ? Il existe aussi une merveilleuse gamme d'herbes ornementales qui ajoutent du relief aux plates-bandes. Ce sont des plantes très architecturales, à tiges arquées ou dressées, à inflorescences plumeuses ou en touffes, prenant des tons subtils avec l'âge. Elles sont faciles à cultiver et introduisent un mouvement et une grâce constants, sans oublier leur bruissement au moindre souffle de vent. Bon nombre d'entre elles gardent leur attrait en automne et en hiver.

Qu'est-ce qu'une graminée ?

Les herbes ornementales comprennent plusieurs groupes de plantes herbacées. Parmi les vraies graminées, on trouve les herbes à gazon ; elles sont annuelles ou vivaces, et la plupart affichent des bouquets ou des épillets de fleurs minuscules. Les bambous aux grandes et belles cannes ligneuses sont persistants. Beaucoup sont vigoureux et peuvent coloniser une grande surface. Les laîches et les joncs, d'aspect semblable à celui des graminées, sont plus petits et dotés d'un feuillage coloré ou panaché.

Les graminées prospèrent dans quasiment toutes les situations. Les graminées classiques supportent souvent des conditions très sèches, alors que les joncs et les laîches préfèrent les sols humides. Il est bon, dans un sol sec, d'incorporer avant la plantation une importante quantité de matière organique bien décomposée pour assurer une bonne rétention d'eau. Un apport de sable grossier dans les sols argileux plus lourds améliorera le drainage. Les graminées demandent peu de soins, hormis parfois la suppression des feuilles fanées en début de printemps.

Les vraies graminées, comme cette houlque laineuse, varient en port et en couleur ; elles sont cultivées pour leurs épis et leurs inflorescences en graines, et parfois pour leurs tiges colorées.

Les bambous, comme ce *Bambusa multiplex*, sont des graminées, mais ils arborent de belles cannes ligneuses segmentées et jusqu'à vingt paires de feuilles longues, fines et délicates.

Les joncs émettent leurs feuilles du niveau du sol, en touffes denses. Ils apprécient un sol frais ou humide comme ce jonc fleuri, *Butomus umbellatus*, qui prospère au bord des bassins.

Les laîches sont des vivaces et des persistantes à port bas, et sont précieuses pour leur feuillage, comme ce 'Silver Sceptre'. Les tiges sont dotées d'une base engainante triangulaire caractéristique.

Quelques idées de plantation

Les herbes ornementales, les bambous et les laîches se prêtent à de nombreux emplois. Les grandes graminées, comme les herbes de la Pampa (*Cortaderia, voir p. 346*) et *Stipa gigantea* (*p. 355*), sont de beaux sujets à isoler dans une pelouse ou un jardin de gravier chaud. Si vous disposez d'assez d'espace, pourquoi ne pas consacrer une plate-bande entière aux graminées ? Vous créerez de merveilleux contrastes de couleurs, de formes et de hauteurs en bordant une plate-bande d'herbes ondoyant et chatoyant dans la brise. Variez le rythme en faisant voisiner de hautes herbes voyantes avec des variétés à feuillage délicat.

Les herbes et les laîches ont aussi belle allure dans une plate-bande herbacée ou mixte. Elles mettent remarquablement en valeur les larges feuilles des hostas ou les coloris vifs des annuelles et des vivaces à fleurs comme les chardons des prés (*Cirsium, p. 214*). Les tiges minces des graminées n'arrêtent pas le regard et permettent d'entrevoir les plantes fleuries, donnant ainsi une impression de légèreté et d'espace. Les hautes herbes peuvent être plantées en touffes à intervalles plus ou moins réguliers pour créer un point de mire dans un massif, ou en sujet isolé ou en écran ; les tiges colorées des bambous joueront ce rôle avec élégance.

En contenant De nombreuses herbes prospèrent en contenant. Choisissez un ton complémentaire ou en harmonie avec celui du feuillage ; ici, le cuivre d'un vieux seau à charbon rehausse la teinte similaire de la laîche.

En massif surélevé Les petites herbes prennent toute leur valeur dans un massif surélevé. Ici, les houlques, *Holcus mollis*, et les acores, répondent au coloris des rondins, aux côtés des astilbes et des épiaires.

En plate-bande mixte Les graminées sont particulièrement bienvenues parmi des vivaces herbacées, en massif ou en plate-bande. Le feuillage fin des herbes contraste joliment avec les formes plus statiques et les tons plus vifs des vivaces et arbustes à fleurs. Les espèces naines, comme les fétuques, bordent aussi une plate-bande avec élégance.

Prolonger le spectacle

L'un des avantages des graminées est que nombre d'entre elles ont une floraison tardive et prolongent la saison d'intérêt jusqu'au cœur de l'automne, leurs inflorescences ébouriffées ou plumeuses se découpant sur le ciel clair. Certaines offrent aussi de belles teintes automnales ; leur feuillage architectural vire alors au brun et au bronze cuivré et conserve ces tons roux en hiver, offrant au jardin une structure colorée pendant les mois les plus maussades.

Les inflorescences sont aussi de longue durée et conservent toute leur grâce lorsqu'elles montent en graines. Habillées de givre, elles deviennent féeriques. La plupart des graminées devant être rabattues au printemps, des bulbes à floraison printanière combleront le vide en attendant la repousse.

Les inflorescences laissées intactes en hiver fournissent aux oiseaux une nourriture précieuse, leurs graines. Des insectes utiles comme les coccinelles trouvent aussi à la base des plantes un abri jusqu'au printemps.

Charme hivernal *Miscanthus sinensis* 'Zebrinus', grand sujet à isoler, est aussi beau en hiver qu'en été. Ses feuilles vert foncé striées de jaune virent à un subtil bronze cuivré, ses épillets brun-pourpre se nuancent d'argent et ses tiges souples ploient sous le vent sans se briser.

Limiter l'expansion des bambous

À moins de disposer d'un grand espace, soyez prudent dans le choix des bambous. Certaines espèces sont dotées de racines fibreuses qui forment des touffes compactes. D'autres colonisent le terrain grâce à des tiges souterraines, les rhizomes. Tout en s'étalant sous terre, ils émettent de jeunes cannes qui produisent de nouvelles touffes et prennent le dessus sur les autres plantes d'une plate-bande. Il est préférable d'isoler les bambous envahissants dans un massif en îlot, de façon à éliminer leurs rhizomes en tondant la pelouse alentour. Vous pouvez aussi les contenir en les encerclant d'une barrière souterraine, en béton ou en plastique épais, mais il est parfois plus simple de couper les racines (*voir ci-contre*).

Couper les rhizomes à la bêche Creusez une tranchée de 30 cm de profondeur autour de la base de la plante pour mettre les racines au jour. À l'aide d'une bêche affûtée, coupez les racines à l'intérieur de la tranchée et retirez-les. Comblez la tranchée de sable pour vous faciliter la tâche l'année suivante. Sinon, tranchez les racines des rejets indésirables et déterrez ceux-ci.

ALOPECURUS

Vulpin

LES VULPINS FORMENT DES TOUFFES ÉTALÉES et lâches de feuilles plates et arborent au printemps et en été des panicules denses d'épillets étroits et poilus. Malgré un port étalé, ils ne sont pas envahissants et conviennent parfaitement à une plate-bande ou à un jardin de rocaille. Les grandes hampes se dressant au-dessus des touffes basales de feuilles font un bel effet en pot dans un patio. *Alopecurus lanatus*, aux feuilles bleu-vert couvertes d'un duvet laineux, ne supporte pas l'humidité hivernale et a toute sa place dans un jardin de rocaille, parmi les plantes alpines. Les feuilles linéaires rayées d'*A. pratensis* 'Aureovariegatus' créent un contraste parfait avec des plantes à grandes feuilles plates comme les hostas (*voir p. 260-261*). Il existe aussi des vulpins annuels.

Rusticité Zones 4 à 10

Culture Dans un sol sablonneux, bien drainé, au soleil ou à mi-ombre. Dans un sol plus lourd, incorporez du sable grossier dans la zone de plantation pour améliorer le drainage. **Semez** à l'intérieur en fin d'hiver ou au début du printemps. **Déterrez** et divisez les plantes avec délicatesse, au printemps ou en début d'été.

Alopecurus pratensis 'Aureovariegatus'

↕ jusqu'à 1,20 m ↔ 40 cm, panicules de fleurs vert pâle à pourpres du milieu du printemps au milieu de l'été

BRIZA

Brize

↕ jusqu'à 90 cm ↔ 30 cm

LA VIBRATION CHATOYANTE créée par les inflorescences pendantes, ondulant à la moindre brise estivale, introduit une note animée dans une plate-bande ou un jardin de rocaille. Les fleurs, ressemblant à celles du houblon, sont teintées de brun-rouge ou de pourpre à l'éclosion, puis prennent une couleur paille en automne. Elles entrent souvent dans les compositions de fleurs séchées, elles-mêmes séchées ou fraîches. Les touffes lâches de feuilles étroites sont de couleurs variées, du vert clair au bleu-vert. Il existe trois brizes couramment cultivées : la plus grande, *Briza media*, de 60 à 90 cm de haut, est une vivace, alors que *B. maxima* (*voir ci-dessous*) et *B. minor* – celle-ci se cantonnant à 45 cm – sont des annuelles.

Rusticité Zones 4 à 9

Culture Dans un sol bien drainé pour toutes les espèces. **Plantez** les annuelles dans tout sol, en plein soleil ; les vivaces supportent presque tous les sols, au soleil ou à mi-ombre. **Semez** les annuelles en place au printemps. **Divisez** les vivaces du milieu du printemps au milieu d'été.

Briza maxima (Grande brize)

↕ 45-60 cm ↔ 25 cm, inflorescences de la fin du printemps à la fin de l'été

CALAMAGROSTIS

Calamagrostide

LES GRAMINÉES LES PLUS FRÉQUEMMENT CULTIVÉES sont les cultivars de *Calamagrostis* × *acutiflora*. Ce sont des herbes vivaces, formant une touffe qui s'étale lentement et affichant des plumets de fleurs souples et élégants dans des tons subtils. Leur silhouette dressée introduit une note verticale dans une plate-bande herbacée ou mixte, tandis que leur port ouvert permet à d'autres plantes de se développer derrière elles. Elles sont une valeur sûre tout au long de l'année, car elles entrent en croissance précocement, puis leurs fleurs s'épanouissent en panicules qui se resserrent progressivement et se transforment en fines inflorescences en graines, persistant jusqu'à l'automne. 'Karl Foerster' affiche des fleurs bronze rosé pâlissant au brun chamoisé clair, 'Stricta' des fleurs brun-rouge et 'Overdam' des inflorescences pourprées virant au rose grisâtre.

Rusticité Zones 4 à 10

Culture Dans un sol frais, enrichi en humus, au soleil ou à mi-ombre. Cette plante s'accommode de tous les sols, hormis les plus pauvres. **Conservez** les pousses de l'année pour une décoration hivernale, puis rabattez-les en début de printemps, avant l'entrée en croissance. **Divisez** les touffes surchargées au printemps.

Calamagrostis × *acutiflora* 'Overdam'

↕ jusqu'à 1,20 m ↔ 60 cm, feuilles marginées et rayées de jaune, virant au blanc rosé avec l'âge

Carex

Laîche

Ces vivaces rhizomateuses formant des touffes sont cultivées pour leur forme et leurs longues feuilles étroites colorées ou panachées. Bon nombre de laîches offrent des tons cuivrés ou brun roux, d'autres sont striées d'or ou de blanc argenté. Des plantations mélangées composent des contrastes de couleurs originaux, par exemple le jaune soutenu de *Carex elata* 'Aurea', côtoyant le brun rougeâtre de *C. flagellifera*. Certaines affichent de séduisants épis pendants comme *C. pendula*, ou dressés comme *C. grayi*. La plupart sont persistantes, quelques-unes caduques ; certaines apprécient l'humidité, d'autres s'accommodent quasiment de tout.

Rusticité Zones 3 à 9 (pour les laîches mentionnées ici)

Culture Les *Carex* ayant des exigences variables, elles sont classées en plusieurs groupes. **Groupe 1**, dans tout type de sol, au soleil ou à mi-ombre. **Groupe 2**, dans un sol fertile, frais mais bien drainé, alcalin, au soleil ou à mi-ombre. **Groupe 3**, dans un sol fertile, frais à détrempé, au soleil ou à mi-ombre ; inclut *C. flagellifera* et *C. siderosticha* 'Variegata'. **Rabattez** les espèces caduques au printemps. **Supprimez** les feuilles fanées des espèces persistantes en été. **Divisez** les plantes entre le milieu du printemps et le début de l'été. Les **pucerons** attaquent parfois la base des tiges.

Carex oshimensis 'Evergold' ♡
↕30 cm ↔ 35 cm, groupe 2, persistant

UN PAILLIS DE GRAVIER ou de copeaux d'écorce apporte une finition décorative et protège les variétés rustiques en hiver. Étalez le paillis au-dessus des racines par temps doux et humide en automne.

Carex elata **'Aurea'** ♡ (Laîche dorée)
↕jusqu'à 70 cm ↔ 45 cm, groupe 3, caduc

Carex testacea
↕jusqu'à 1,50 m ↔ 60 cm, groupe 1, persistant

Carex pendula (Laîche pendante)
↕jusqu'à 1,40 m ↔ jusqu'à 1,50 m, groupe 3, persistant, se ressème spontanément

Chusquea

Les bambous composant ce grand groupe forment des touffes compactes de robustes cannes brillantes. Ils font de remarquables sujets isolés dans une pelouse ou un jardin boisé, ou créent de superbes contrastes de feuillage avec des grandes fougères comme *Woodwardia radicans* (*voir p. 365*). Ils sont idéals dans un jardin maritime. Les espèces rustiques atteignent d'ordinaire 6 m de haut, la plus appréciée étant *Chusquea culeou.* Ses chaumes jaunâtres portent de longues gaines foliacées effilées, blanches, à texture parcheminée. Celles-ci persistent la première année et donnent une séduisante apparence rayée aux jeunes cannes. Les branches encerclant les nœuds portent une multitude de minces feuilles vert moyen. Quand les feuilles inférieures des cannes âgées tombent, les branches et les pétioles demeurent et confèrent à la plante un aspect ébouriffé.

Rusticité Zones 8 à 10

Culture Dans un sol bien drainé, enrichi en humus, au soleil ou à mi-ombre, à l'abri des vents froids et desséchants. **Divisez** les touffes au printemps.

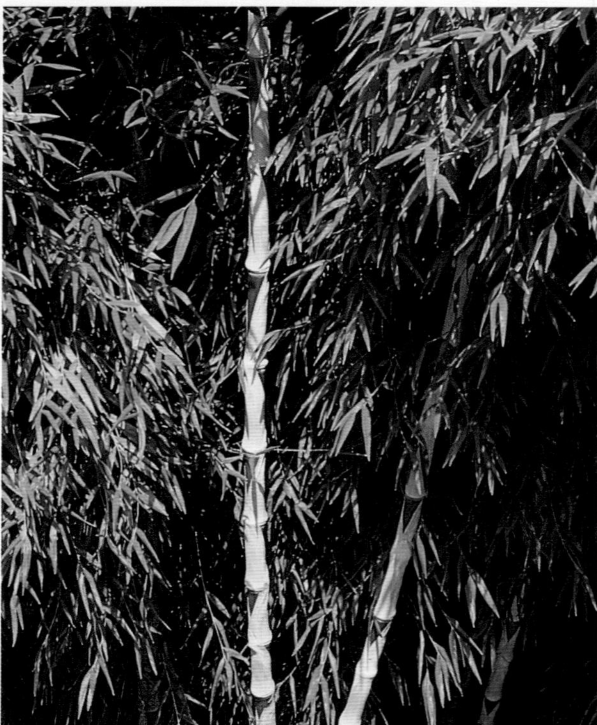

Chusquea culeou ♀
↕jusqu'à 6 m ↔ 2,50 m, les cannes deviennent très épaisses, jusqu'à 3 cm de diamètre

Cortaderia

Herbe de la Pampa

Ces grandes graminées, à la stature imposante, sont cultivées pour leur feuillage ornemental arqué et leurs grands plumets, blancs et argentés. Elles forment des touffes compactes de feuilles étroites, raides, à bord acéré (attention à leur emplacement dans le jardin) et de fleurs portées sur des hampes dressées, au-dessus du feuillage. Les plumets agrémenteront des compositions florales, frais ou séchés. L'herbe de la Pampa offre une image rétro et garde un côté un peu kitsch dans une pelouse ou un jardin de façade, mais elle met un beau point final à une plate-bande. Elle fera aussi bel effet sur un fond de haie vert foncé rehaussant ses panaches argentés, ou elle introduira une touche verticale et théâtrale dans un thème moderne de vivaces et de graminées.

Rusticité Zones 6 à 10

Culture Dans un sol fertile, bien drainé, en plein soleil ; prévoyez beaucoup d'espace pour la croissance. **Protégez** les souches des jeunes sujets d'un paillis pendant le premier hiver et de toutes les plantes sous climat froid. **Supprimez** les tiges âgées et mortes en fin d'hiver ou début de printemps ; méfiez-vous des feuilles dont le bord est coupant. **Semez** au printemps, avec chaleur de fond. **Divisez** au printemps.

RABATTRE L'HERBE DE LA PAMPA Portez des gants pour rabattre les vieilles tiges à la cisaille. Veillez à ne pas endommager les nouvelles pousses.

Cortaderia selloana 'Sunningdale Silver' ♀
↕3 m ou plus ↔ jusqu'à 2,50 m, plumets ne craignant pas la pluie, à partir de la fin de l'été

Cortaderia selloana 'Pumila' ♀
↕jusqu'à 1,50 m ↔ jusqu'à 1,20 m, floraison en fin d'été

Cortaderia selloana
↕2,50-3 m ↔ 1,50 m, épillets souvent teintés de rose ou de pourpre, à partir de la fin de l'été

DESCHAMPSIA

Canche cespiteuse

LES INFLORESCENCES LÉGÈRES ET VAPOREUSES et le port gracieux de ces graminées vivaces méritent d'être à l'honneur dans tous les jardins. Leurs touffes de feuilles filiformes sont persistantes ou caduques. De nombreuses graminées cultivées dans les jardins sont des cultivars de *Deschampsia cespitosa*; leurs fleurs brun rougeâtre argenté à jaune d'or changent de couleur à la maturité, en automne. Cette espèce atteint 2 m de haut, mais il existe des variétés plus compactes comme *D. flexuosa*, 60 cm, convenant aux petits jardins. Toutes sont d'un bel effet aux côtés de plantes à bouquets de fleurs épanouis comme *Campanula lactiflora* (*voir p. 206*) ; les fleurs rose-mauve doux de *C.* 'Loddon Anna', par exemple, offrent un contraste parfait aux épillets dorés de *D. cespitosa* 'Goldtau'.

Rusticité Zones 4 à 9

Culture Dans un sol neutre à acide de préférence, au soleil ou à mi-ombre. Incorporez une bonne quantité de matière organique bien décomposée si le sol est léger et sableux, pour améliorer la rétention d'eau. **Supprimez** les vieilles inflorescences au printemps, avant l'entrée en croissance. **Semez** en place au printemps. **Divisez** au printemps ou en début d'été.

Deschampsia cespitosa 'Goldtau'
↕↔ jusqu'à 75 cm, jeunes épillets brun rougeâtre argenté, virant au jaune à maturité, du début à la fin de l'été

FARGESIA

CES BAMBOUS FORMANT UNE TOUFFE affichent de minces tiges arquées et des feuilles lancéolées émergeant de gaines foliacées pourpre verdâtre. Le grand et superbe *Fargesia murielae* fait un beau point de mire ou une belle plante de haie ou d'écran rustique. Les tiges blanches et duveteuses au stade juvénile virent ensuite au vert-jaune, puis au jaune. Elles finissent par ployer sous le poids des feuilles, atteignant 15 cm de long, effilées à l'extrémité. La gaine foliaire vire au brun pâle avec l'âge. Pour créer un merveilleux contraste foliaire, associez le *Fargesia* à une gunnéra imposante (*voir p. 254*), mais il vous faudra un vaste espace pour loger les deux. *F. nitida*, tout aussi grand, offre de minces cannes vert-pourpre foncé et de longues feuilles étroites qui lui confèrent une allure plus légère et délicate malgré sa rusticité.

Rusticité Zones 6 à 11

Culture Dans un sol fertile, retenant bien l'eau. Plantez *F. nitida* en situation légèrement ombragée et abritée. *F. murielae* supporte le plein soleil et le vent. **Divisez** les touffes établies au printemps. Bouturez des sections de jeunes rhizomes au printemps.

Fargesia murielae ♀
↕ jusqu'à 4 m ↔ jusqu'à 1,50 m

FESTUCA

Fétuque

LES FÉTUQUES COMPOSENT UN GRAND GROUPE de graminées caduques ou persistantes, appréciant pour la plupart une situation ensoleillée. Elles sont essentiellement cultivées pour leurs feuilles étroites, arquées et lisses, mais elles offrent aussi des inflorescences virant à des tons dorés. Vivaces persistantes formant des touffes compactes, *Festuca glauca* et ses nombreux cultivars sont très appréciés. *F. amethystina*, qui vire au violacé après la floraison, est aussi très séduisante. Plantez les fétuques en bordure de plate-bande ou en association avec des petites plantes à feuillage voyant pour créer un contraste. La plupart des fétuques sont trop petites pour faire de beaux sujets isolés. Des fleurs bleues, comme celles des *Felicia* (*voir p. 244*), sont le complément harmonieux des nuances acier de *F. glauca*, alors que les feuillages argentés, tel celui de *Stachys byzantina* (*p. 328*), créent un merveilleux contraste.

Rusticité Zones 4 à 9

Culture Dans un sol pauvre à assez fertile, bien drainé, en plein soleil. **Semez** à l'intérieur en fin d'hiver ou au début du printemps. **Divisez** et replantez au printemps, tous les deux ou trois ans, pour la beauté du feuillage et la vigueur de la plante.

Festuca glauca
↕ jusqu'à 35 cm ↔ 25 cm, persistante, épillets bleu-vert à violets en début et milieu d'été

GLYCERIA MAXIMA

Glycérie

CETTE VIVACE VIGOUREUSE ET COMPACTE s'étale rapidement. Fait exceptionnel pour une graminée, elle pousse naturellement au bord des bassins ou des cours d'eau, mais aussi en eau peu profonde, 75 cm environ. Il existe de nombreuses variétés, mais *Glyceria maxima* var. *variegata* est la seule forme couramment cultivée. Ses feuilles étroites et rubanées sont teintées de rose au débourrement, au printemps, puis virent au vert profond rayé de blanc. Les plumets d'épillets verts à vert pourpré s'épanouissent en milieu et fin d'été sur des tiges ressemblant à des roseaux. La glycérie est utile pour ombrager et adoucir les berges d'un grand bassin ou dans les sols très humides. Il est néanmoins préférable de la cultiver en pot ou dans un panier de plantation ajouré si les conditions de votre jardin lui conviennent trop bien.

Rusticité Zones 4 à 10

Culture Plantez *Glyceria maxima* var. *variegata* dans tout sol retenant l'eau ou dans 15 cm d'eau en panier ajouré pour limiter le développement des racines. Demande le plein soleil. **Divisez** les touffes au printemps.

Glyceria maxima var. *variegata*

↕80 cm ↔ illimité, peut devenir envahissante en bassin comme en sol humide

HAKONECHLOA MACRA

CETTE GRAMINÉE VIVACE CADUQUE, vivement colorée, apporte une note chaleureuse et légère parmi des plantes à port bas, au premier plan d'une plate-bande. Elle se développe en touffe compacte et arrondie de feuilles étroites et arquées, vert pâle, et affiche en été des panicules légères d'épillets brun rougeâtre. Elle s'étale lentement en un tapis teinté d'orange et de rouille en automne. Les feuilles persistent sur la plante bien avant dans l'hiver et conservent leur coloration qui égaie l'atmosphère. C'est l'une des herbes ornementales les plus séduisantes en pot dans un patio, car son feuillage buissonnant, net et délicatement arqué, masquera quasiment le pot. Il existe plusieurs cultivars aux panachages variés.

Rusticité Zones 5 à 11

Culture Dans un sol fertile, enrichi en humus, ou dans un mélange à base de terreau de feuilles, au soleil ou à mi-ombre. **Rabattez** les feuilles sèches en automne si vous ne souhaitez pas les conserver dans un tableau d'hiver. **Divisez** les plantes au printemps.

Hakonechloa macra 'Aureola' ♡

↕35 cm ↔ 40 cm, feuilles teintées de rouge en automne, à cultiver à mi-ombre pour une belle coloration

HELICTOTRICHON

CES GRAMINÉES, ORIGINAIRES DE FRICHES ou de champs au sol souvent pauvre, forment des touffes compactes de feuilles dans des tons gris-bleu à vert moyen ou clair. Elles conviennent particulièrement aux conditions d'un jardin de rocaille ou de gravier, mais s'accommodent d'un sol bien drainé dans une plate-bande classique. Il existe de nombreuses espèces, caduques et persistantes, toutes vivaces. En été, des bouquets d'épillets, dressés ou retombants, scintillent dans la lumière ; à maturité, ils virent à une couleur paille. *Helictotrichon sempervirens*, le plus répandu, forme une touffe dense mais élégante de feuilles enroulées. Ses panicules aplaties de fleurs teintées de pourpre retombent gracieusement. Ces graminées font de beaux sujets isolés et se marient bien avec les feuillages pourpres ou argentés.

Rusticité Zones 4 à 8

Culture Dans un sol pauvre à peu fertile, bien drainé, de préférence alcalin (calcaire), en plein soleil. **Supprimez** les feuilles sèches et les vieilles hampes florales au printemps. **Semez** à l'intérieur en fin d'hiver ou au début du printemps. **Divisez** au printemps. La **rouille** peut poser problème, surtout par étés humides ; traitez avec un insecticide approprié.

Helictotrichon sempervirens ♡ (Avoine vivace)

↕jusqu'à 1 m ↔ 60 cm, persistant, feuilles bleu-vert pâlissant en automne *(voir ci-dessus)*, épillets en début et milieu d'été

HORDEUM

)rge

CE GROUPE D'HERBES ORNEMENTALES comprend environ ingt espèces d'annuelles et de vivaces, dont l'orge cultivée omme céréale. Les feuilles étroites, plates ou enroulées, décliient des tons du vert clair ou moyen au vert bleuté. Les épilets sont regroupés en panicules étroites, cylindriques, parfois platies, ornées de longues barbes caractéristiques. L'espèce a plus présente dans les jardins est *Hordeum jubatum*, dont es panicules d'épillets soyeux bordés de fines barbes atteignent 13 cm de long. L'orge à crinière est souvent cultivée omme une annuelle en compagnie d'annuelles rustiques « sauvages » comme les centaurées (*Centaurea, voir p. 209*), ıne composition charmante dans un jardin jouxtant la camagne. Les inflorescences de nombreuses espèces se prêtent gracieusement aux bouquets de fleurs séchées. Elles ont également belle allure dans un jardin sauvage ou une prairie, ou parmi des campanules bleues (*p. 206-207*).

Rusticité Zones 5 à 11

Culture Dans un sol assez fertile, bien drainé, en plein soleil. **Semez** en place au printemps. **Cueillez** les inflorescences avant leur pleine naturité si vous souhaitez les faire sécher.

Hordeum jubatum (Orge à crinière, Orge barbue)

↕ 50 cm ↔ 30 cm, annuelle ou vivace, fleurs teintées de rouge ou de pourpre, puis virant au beige, du début au milieu de l'été

LAGURUS OVATUS

Queue-de-lièvre, Gros-minet

↕ jusqu'à 50 cm
↔ 30 cm

CETTE GRAMINÉE ANNUELLE est originaire des zones sableuses de la côte méditerranéenne. Elle est cultivée pour les charmantes inflorescences duveteuses auxquelles elle doit ses noms communs. Les épillets sont vert pâle, teintés de violet et virent au crème chamoisé pâle à maturité, en fin d'été et en automne. Les feuilles plates et étroites sont vert pâle. Petite plante sans prétention, la queue-de-lièvre exprime tout son charme en plantation groupée. Elle donne le meilleur d'elle-même en longues traînées ou parmi d'autres annuelles comme les soucis (*Calendula, voir p. 204*), les *Cosmos* (*p. 218*) et les chrysanthèmes annuels (*p. 212-213*). Elle comble aussi avec grâce les vides dans les plates-bandes herbacées. Ses inflorescences sont quasiment indispensables dans un bouquet de fleurs séchées ou fraîches.

Rusticité Zones 10 et 11

Culture Dans un sol léger, de préférence sableux, moyennement fertile et bien drainé, en plein soleil. **Semez** en place au printemps, ou à l'intérieur en fin d'hiver ou au début du printemps. **Cueillez** les inflorescences avant leur pleine maturité si vous souhaitez les faire sécher.

Lagurus ovatus ♡

LUZULA

Luzule

CES JONCS, QUI ONT LA QUALITÉ PRÉCIEUSE de supporter l'ombre, font d'excellents couvre-sol dans un jardin boisé ou une plate-bande mixte. Les luzules sont principalement des vivaces persistantes et se rencontrent dans les landes, les hautes terres, les broussailles, formant des touffes de feuilles herbacées couvertes de poils blancs, notamment sur le bord. Des bouquets de fleurs minuscules éclosent au printemps ou en été. La plus grande espèce, *Luzula sylvatica*, prospère dans une ombre sèche et fait un excellent couvre-sol, très efficace pour lutter contre les mauvaises herbes. Ses feuilles sont lustrées, vert foncé et, en milieu de printemps et début d'été, elle porte des fleurs marron réunies en panicules légères. *L. nivea* affiche des fleurs d'un blanc pur, en début et milieu d'été.

Rusticité Zones 2 à 10

Culture Dans un sol pauvre à assez fertile, bien drainé, à mi-ombre ou ombre dense ; supporte le plein soleil si le sol est humide en permanence. **Semez** en pot au printemps. **Divisez** les plantes entre le printemps et le début de l'été.

***Luzula sylvatica* 'Aurea'**

↕ jusqu'à 70-80 cm ↔ 45 cm, feuilles vert-jaune virant au jaune vif brillant en hiver, demande une ombre légère, tamisée

MILIUM

Millet

CE PETIT GROUPE DE GRAMINÉES est composé d'annuelles et de vivaces originaires des forêts de régions tempérées. Les feuilles sont parfois assez larges, vert-jaune à vert clair. De délicates panicules étalées composées de minuscules épillets apparaissent du printemps au milieu de l'été. Le millet introduit une tache de couleur vive dans les plates-bandes herbacées ou dans l'ombre tamisée d'une lisière de bois. Les plantes à feuillage vert foncé, comme les astilbes (*voir p. 194*) et certains hostas (*p. 260-261*), rehaussent sa teinte foliaire. *Milium effusum* 'Aureum' affiche des feuilles lisses, aplaties, arquées et dorées qui sont à l'apogée de leur beauté en début de printemps et passent légèrement au fil de l'été. Les millets se marient avec bonheur avec d'autres graminées comme les herbes-aux-écouvillons (*Pennisetum, p. 351*) et les luzules (*Luzula, p. 349*).

Rusticité Zones 7 à 11

Culture Dans un sol fertile, frais mais bien drainé, enrichi d'humus, à mi-ombre ; au soleil si le sol reste humide en permanence. **Semez** en place au printemps. **Divisez** les touffes au début du printemps et au début de l'été.

Milium effusum 'Aureum' ♡
↕ jusqu'à 60 cm ↔ 30 cm, vivace, minces panicules pendantes d'épillets dorés, de la fin du printemps au milieu de l'été

MISCANTHUS

Eulalie

GRACIEUX SUJETS ISOLÉS DANS UNE PELOUSE ou une plate-bande, ces herbes créent une impression de hauteur sans écraser les plantes avoisinantes. Elles introduisent un mouvement ondulatoire et charment par leur bruissement sous la brise, et malgré leur apparence délicate, leurs hampes résistent parfaitement au vent. Cette dernière qualité et leurs teintes d'automne, souvent décoratives, en font des plantes précieuses en fin de saison. Les eulalies forment de grandes touffes de feuilles étroites, arquées, vert clair. *Miscanthus sinensis* a donné naissance à de nombreux cultivars, largement répandus. En fin d'été et en automne, ils affichent des panicules pyramidales d'épillets soyeux, certains teintés de rouge, d'autres argentés. Ces graminées sont caduques, mais leur feuillage prend souvent une teinte rousse ou dorée en automne, avant de se faner.

Rusticité Zones 4 à 9

Culture De préférence dans un sol fertile, frais mais bien drainé, en plein soleil, mais supporte la plupart des conditions. Parfois lent à s'établir. **Protégez** des pluies hivernales excessives. **Rabattez** le feuillage au niveau du sol en début de printemps, avant la reprise de la croissance. **Semez** à l'intérieur en fin d'hiver ou au début du printemps. **Divisez** les plantes au printemps, quand la végétation démarre.

Miscanthus sinensis 'Zebrinus'
↕ jusqu'à 1,20 m ↔ 1,20 m, le plus étalé parmi les cultivars rayés, bandes claires sur les feuilles en été

DIVISER UNE TOUFFE Couper la touffe et ses racines et replanter les éclats permet de rénover le centre de la touffe et de contrôler son étalement. Une scie est parfois indispensable sur les grosses racines.

Miscanthus sinensis 'Gracillimus'
↕ 1,30 m ↔ 1,20 m, feuilles fines et denses, belle teinte bronze en automne, risque de ne pas fleurir par étés frais

Miscanthus sinensis 'Silberfeder'
↕ jusqu'à 2,50 m ↔ 1,20 m, abondantes panicules devenant argentées à la maturité et persistant en hiver, déteste les sols humides

Molinia caerulea

Seule espèce du genre à être cultivée, *Molinia caerulea* a donné naissance à différentes variétés. Ces herbes hautes et minces sont un bel élément structurant dans une plate-bande herbacée ou mixte. Elles sont appréciées pour l'élégance de port de leurs touffes de feuilles étroites, vert foncé, et pour leurs panicules compactes d'épillets pourpres portées sur de longues hampes arquées dorées. Les inflorescences s'épanouissent sur une longue période, du printemps à l'automne. Une fois montées en graines, elles virent en même temps que les feuilles à des tons somptueux de jaune d'or, mais ne persistent généralement pas en hiver. De grands *Delphinium* (*voir p. 238-239*) bleu pâle sont une toile de fond idéale pour mettre en valeur les nuances pourpres et or des *Molinia.*

Rusticité Zones 5 à 10

Culture Dans tout sol frais mais bien drainé, de préférence acide à neutre (sans calcaire), en plein soleil ou à mi-ombre. **Semez** à l'intérieur en fin d'hiver ou au début du printemps. **Divisez** les plantes au printemps, empotez-les jusqu'à ce qu'elles aient repris, puis plantez-les dans le jardin.

Molinia caerulea* ssp. *arundinacea
↕ jusqu'à 1,50 m ↔ 40 cm, cette sous-espèce et ses cultivars sont particulièrement réputés pour leurs teintes d'automne

Pennisetum

Herbe-aux-écouvillons

Ces herbes ornementales sont cultivées pour leurs panicules plumeuses portées sur des tiges très arquées, s'épanouissant en été et en automne. Elles sont très gracieuses en bouquets de fleurs fraîches ou séchées. Plusieurs espèces de ces vivaces et annuelles qui forment une touffe décorent les jardins. *Pennisetum alopecuroides,* qui atteint 1,50 m de haut, affiche des feuilles plates vert foncé et des inflorescences en forme de goupillon, jaune verdâtre à pourpre foncé. *P. orientale,* plus petit et caduc, offre des inflorescences roses et se marie harmonieusement avec des plantes méditerranéennes comme les lavandes (*Lavandula, voir p. 80*). *P. villosum* est souvent cultivé comme une annuelle sous climats froids, même s'il s'agit d'une vivace caduque.

Rusticité Zones 4 à 10

Culture Dans un sol léger, assez fertile, en plein soleil. **Coupez** les chaumes desséchés au printemps. **Semez** à l'intérieur en fin d'hiver ou au début du printemps. **Divisez** les plantes en fin de printemps ou début d'été.

***Pennisetum alopecuroides* 'Hameln'**
↕↔ 50 cm, compact, floraison précoce, feuilles vert foncé, jaune d'or en automne, ne survit pas toujours aux hivers froids et humides

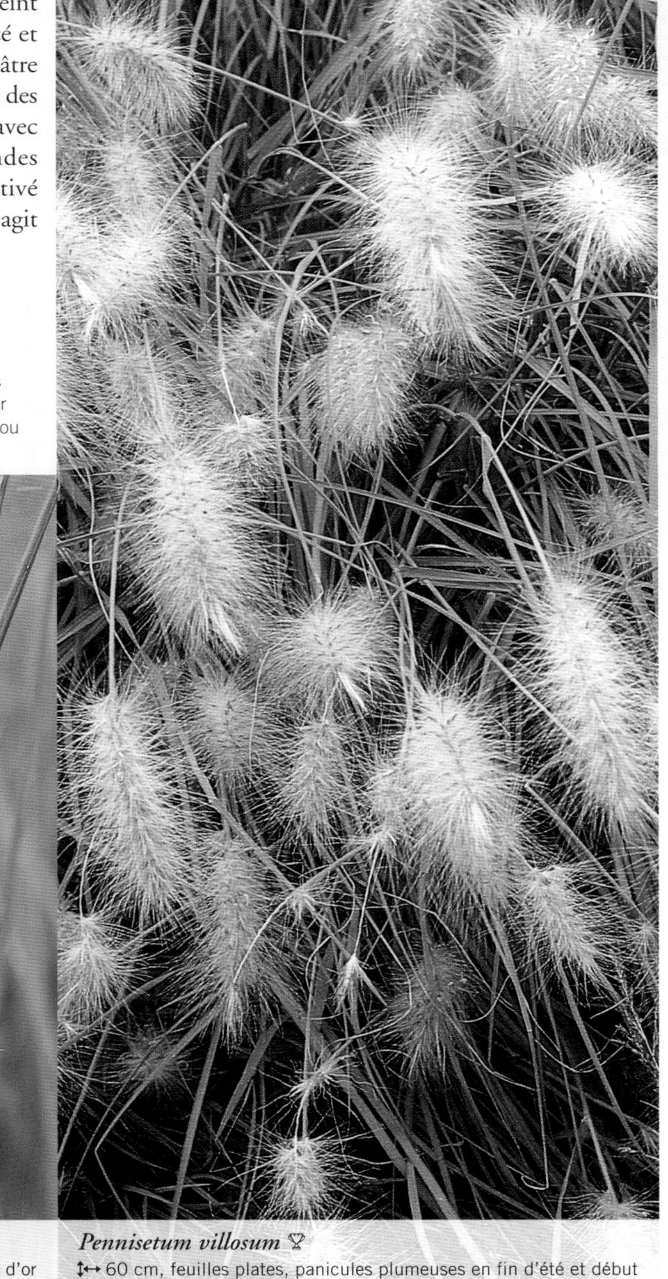

Pennisetum villosum ♀
↕↔ 60 cm, feuilles plates, panicules plumeuses en fin d'été et début d'automne, pourpres à maturité

Phalaris arundinacea

Ruban de bergère

Cette vivace étalée et ses cultivars sont très courants. Les feuilles plates de cette herbe dressée sont persistantes. Du début au milieu de l'été, elle arbore des panicules étroites d'épillets soyeux vert pâle, virant au chamois avec le temps. Elle est du plus bel effet en couvre-sol, étouffant les mauvaises herbes, et décore avec grâce le bord d'un bassin ou d'un cours d'eau. Cette plante est assez envahissante et demande beaucoup d'espace ou un contrôle strict ; dans un petit jardin ou une plate-bande mixte, il est bon de la déterrer et de la diviser régulièrement. Il existe plusieurs cultivars panachés. *Platycodon grandiflorus* (*voir p. 309*) est un compagnon remarquable pour le ruban de bergère dont le feuillage à vives rayures blanches rehausse ses fleurs bleues.

Rusticité Zones 3 à 9

Culture Dans tout sol, en plein soleil ou à mi-ombre. Limitez l'extension de la plante, au besoin, en la plantant dans un demi-tonneau sans fond, immergé. **Rabattez** le feuillage mort au printemps. Les variétés panachées reviennent parfois au vert uni : rabattez la plante en milieu d'été, en ne gardant que les jeunes pousses pour obtenir un nouveau feuillage panaché. **Divisez** les plantes entre le milieu du printemps et le début de l'été.

Phalaris arundinacea* var. *picta
↕ jusqu'à 1 m ↔ illimité, feuilles variables, rayées de blanc, plante de bassin et de bord de cours d'eau classique, envahissante

Phyllostachys

Prisés pour leur port gracieux, leurs cannes fines et leur feuillage bruissant, ces bambous, grands ou de taille moyenne, conviennent à presque tous les jardins. Ils s'étalent grâce à leurs rhizomes (tiges souterraines) et forment progressivement de nouvelles touffes, mais ils sont parfois envahissants dans un petit jardin. Les *Phyllostachys* peuvent être plantés dans une plate-bande arbustive ou en bac à l'extérieur. Ils prospèrent également dans les jardins boisés et sont une élégante alternative aux plantes de haie classiques. Ils doivent notamment leur célébrité à leurs cannes vivement colorées et cannelées, jaune vif chez *Phyllostachys* 'Aureocaulis', pourpres chez *P. violascens.* Les cannes sont souvent disposées en zigzag entre les nœuds, le port est ramifié et les feuilles sont assez petites.

Rusticité Zones 6 à 12

Culture Dans un sol bien drainé, enrichi en humus, en plein soleil ou lumière tamisée. En pot, dans un terreau de type John Innes 3 (mélange de terreau et de terre franche), avec un apport mensuel d'engrais liquide. **Abritez** des vents froids et desséchants qui risquent de brûler le bord des feuilles. **Rabattez** une partie des vieilles cannes chaque année. **Divisez** les touffes au printemps.

Phyllostachys aurea 🏆
↕ 2-10 m ↔ illimité, jeunes cannes raides dressées, vert vif à moyen, jaune-brun à maturité

Phyllostachys nigra 🏆
↕ 3-5 m ↔ 2-3 m, jeunes cannes minces et arquées, vertes, virant au noir lustré la deuxième ou la troisième année

PLEIOBLASTUS

LA PLUPART DE CES BAMBOUS ne sont nains que par comparaison avec les autres bambous puisqu'ils atteignent 1,50 m de hauteur, même si le « bambou pygmée », *Pleioblastus pygmaeus*, se cantonne à 40 cm. Cette taille limitée en fait les bambous idéals pour une culture en bac car ils ne paraîtront pas déséquilibrés. Ce type de plantation a l'avantage de réfréner leur extension vigoureuse, *P. pygmaeus* étant particulièrement dynamique. *P. auricomis* et *P. variegatus* sont moins expansifs, notamment sous climats tempérés. Ils forment des fourrés compacts de cannes érigées, feuillues, et, s'ils prospèrent dans les clairières dont ils apprécient la protection, leur implantation dans une plate-bande exige de la prudence.

Rusticité Zones 7 à 11

Culture Dans un sol frais, bien drainé, enrichi en humus, en plein soleil ou à mi-ombre, à l'abri des vents froids et desséchants qui risquent de brûler le bord des feuilles. **Limitez** l'extension en encerclant les racines au besoin (*voir p. 343*). **Prélevez** des boutures de racines au printemps, replantez-les en terre, bien espacées, et maintenez le sol humide jusqu'à l'établissement des plantes.

① ***auricomus*** ♀ ↕ jusqu'à 1,50 m ↔ 1,50 m, feuilles bordées de soies fines ② ***variegatus*** ♀ ↕ 75 cm ↔ 1,20 m, feuilles couvertes de fins poils blancs, cannes vert pâle

PSEUDOSASA

LES BAMBOUS ROBUSTES ET FORMANT UN FOURRÉ dense qui composent ce petit groupe sont cultivés pour leurs cannes ligneuses érigées. Ils demandent beaucoup d'espace et sont à l'aise dans un jardin boisé ou sauvage. Ils ont par ailleurs des arguments en leur faveur et sont parfaits pour créer un écran et cacher des structures inesthétiques, appentis ou silo à compost. Ils sont plutôt moins envahissants sous climats tempérés, mais *Pseudosasa amabilis* risque de prendre une allure dépenaillée s'il n'est pas abrité. Les gaines foliacées persistent un certain temps sur les tiges et leur confèrent un aspect strié. Les feuilles sont généralement longues, lancéolées, vert moyen à foncé. La floraison est rare. Les panicules épanouies regroupent des épillets verts. À la différence de bon nombre de bambous, ils survivent à la floraison, mais elle les affaiblit.

Rusticité Zones 7 à 11

Culture Dans un sol frais bien drainé, au soleil ou à mi-ombre ; *P. japonica* supporte un sol pauvre, sec ou humide. **Divisez** les touffes au printemps et arrosez régulièrement les éclats jusqu'à ce qu'ils reprennent. **Rabattez** la plante si elle fleurit et apportez un engrais et un paillis organique épais.

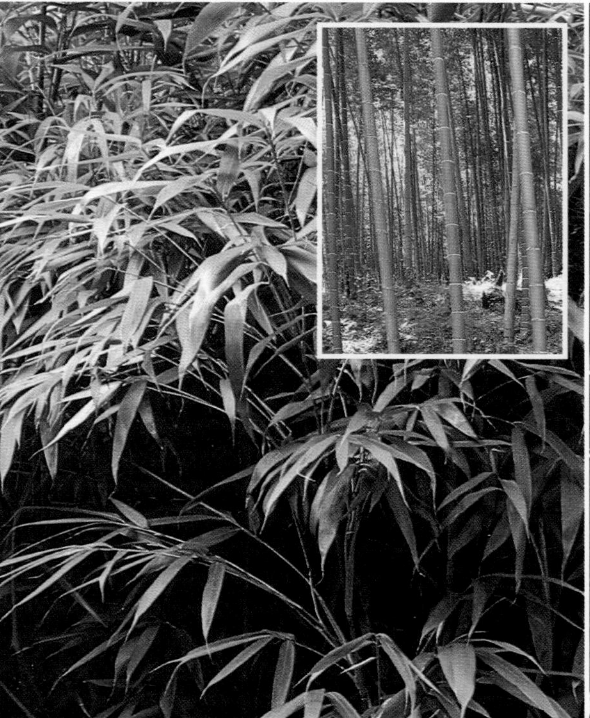

Pseudosasa japonica ♀
↕ 6 m ↔ illimité, jeunes cannes vert olive, beige pâle à maturité, résiste bien au vent

SASA

Bambou nain

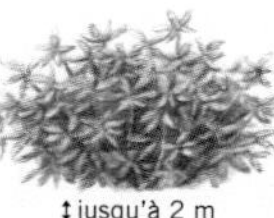

↕ jusqu'à 2 m
↔ illimité

CES BAMBOUS FORMANT DES FOURRÉS, hauts ou de taille moyenne, sont autant prisés pour la beauté de leur feuillage que pour leurs cannes. Les feuilles sont grandes et leur bord se dessèche en hiver, donnant l'illusion d'une panachure blanche. Les *Sasa* sont de parfaites plantes de couvre-sol ou de haie, si vous disposez d'assez d'espace. Originaire des forêts humides du Japon, *Sasa veitchii*, peu traçant, est un hôte précieux au pied des arbres, car il supporte une ombre dense. *S. palmata*, plus envahissant, offre des feuilles larges. Les cannes striées de pourpre de *S. palmata* var. *nebulosa* sont attrayantes, mais ce bambou demande un vaste espace.

Rusticité Zones 7 à 12

Culture Supporte la plupart des situations et des sols, hormis les sols secs en plein soleil. Incorporez une bonne quantité de matière organique bien décomposée avant la plantation. Limitez l'extension en cultivant la plante dans un grand bac enfoui dans le sol. **Divisez** les touffes au printemps ou séparez les jeunes rhizomes (tiges souterraines).

Sasa veitchii
↕ 1,20-2 m ↔ illimité, cannes minces, lisses et arrondies, pourpres, satinées, une gaine foliacée poilue protège la nouvelle feuille

Schoenoplectus

Ce groupe de laîches comprend des vivaces annuelles et persistantes, idéales en jardin de marécage ou comme plantes aquatiques en eau calme ou à peine mouvante. Elles sont cultivées essentiellement pour leurs tiges et leurs feuilles graminiformes. Plantez-les dans des paniers ajourés autour d'un bassin où leur feuillage étroit apportera un contraste de texture intéressant aux feuilles plus larges des iris d'eau (*voir p. 264-267*). Leurs fleurs brunes, qui s'épanouissent du début à la fin de l'été en bouquets branchus, sont d'une grande discrétion. *Schoenoplectus lacustris* 'Zebrinus' est la variété panachée la plus couramment cultivée. Ses tiges étonnantes, émergeant de l'eau, rappellent les poteaux indiquant les hauteurs de marée.

Rusticité Zones 5 à 11

Culture Dans un sol fertile, détrempé, ou immergé dans 30 cm d'eau, en plein soleil. **Limitez** l'extension dans un petit bassin en rabattant les rhizomes chaque année. **Rabattez** au ras du sol les tiges revenant au vert uni sur les variétés panachées. **Prélevez** des éclats de rhizomes entre le milieu du printemps et le milieu de l'été.

Schoenoplectus lacustris 'Zebrinus'
↕1 m ↔ 60 cm, vivace, tiges quasiment aphylles, naissant le long du rhizome

Semiarundinaria

Ces grands bambous érigés forment des fourrés sous climats chauds, mais des touffes sous climats tempérés. Ils sont parfaitement à leur place dans un jardin boisé et sont les élégants complices d'arbres élancés à petites feuilles comme les bouleaux (*Betula, voir p. 28*). Leur port fortement vertical en fait de beaux sujets de haies libres, si vous disposez d'un espace suffisant. Les gaines foliacées pendent quelque temps le long des cannes avant de tomber. *Semiarundinaria fastuosa* est couramment cultivé. La partie inférieure de ses cannes étant dénuée de feuilles, il est parfait dans une plate-bande arbustive parmi des plantes plus basses. Les cannes luisantes, vert moyen, striées de brun pourpré, sont à l'apogée de leur beauté quand les feuilles sont jeunes.

Rusticité Zones 8 à 12

Culture Dans un sol assez fertile, enrichi en humus, bien drainé, au soleil ou dans une ombre légère. **Divisez** les touffes ou séparez des jeunes rhizomes au printemps. Les **limaces** se régalent parfois des jeunes pousses.

Semiarundinaria fastuosa 🏆
↕jusqu'à 7 m ↔ 2 m ou plus, feuilles lustrées, vert moyen, les gaines dévoilent un épiderme poli pourpre foncé quand elles s'ouvrent

Spartina

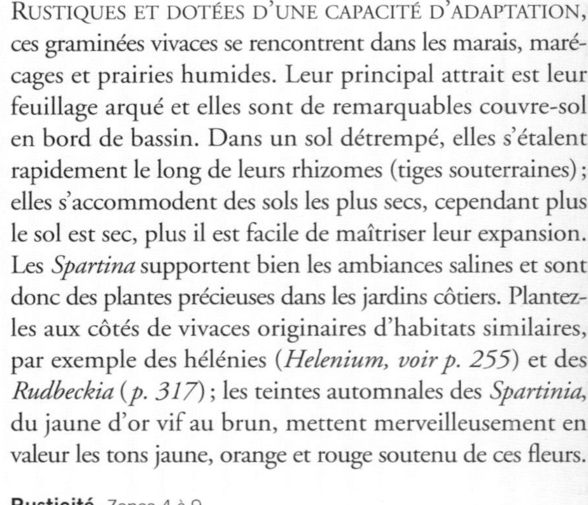

Rustiques et dotées d'une capacité d'adaptation, ces graminées vivaces se rencontrent dans les marais, marécages et prairies humides. Leur principal attrait est leur feuillage arqué et elles sont de remarquables couvre-sol en bord de bassin. Dans un sol détrempé, elles s'étalent rapidement le long de leurs rhizomes (tiges souterraines) ; elles s'accommodent des sols les plus secs, cependant plus le sol est sec, plus il est facile de maîtriser leur expansion. Les *Spartina* supportent bien les ambiances salines et sont donc des plantes précieuses dans les jardins côtiers. Plantez-les aux côtés de vivaces originaires d'habitats similaires, par exemple des hélénies (*Helenium, voir p. 255*) et des *Rudbeckia* (*p. 317*) ; les teintes automnales des *Spartinia*, du jaune d'or vif au brun, mettent merveilleusement en valeur les tons jaune, orange et rouge soutenu de ces fleurs.

Rusticité Zones 4 à 9

Culture Dans un sol assez fertile, détrempé à bien drainé, enrichi en humus ; de préférence en plein soleil, mais supporte une ombre légère, éparse. **Rabattez** le feuillage mort en début de printemps. **Divisez** les touffes au printemps. Les **limaces** risquent de s'attaquer aux jeunes pousses.

Spartina pectinata 'Aureomarginata'
↕jusqu'à 2 m ↔ illimité, conserve ses feuilles d'automne jaunes et sa silhouette élégante tout au long de l'hiver

Stipa

Ce grand groupe de graminées vivaces comprend des persistantes et des caduques. Ces plantes forment des touffes souples de feuilles étroites d'où émergent de longues hampes bruissantes et ondoyantes. Si leur port est un attrait par lui-même, le décor floral d'été et de début d'automne est remarquable, des inflorescences retombantes d'une infinie légèreté de *Stipa arundinacea* aux panicules plumeuses de *S. tenuissima* et aux tiges imposantes de *S. gigantea*. Toujours élégantes dans les bouquets de fleurs séchées, les inflorescences des *Stipa* virent aux tons jaune d'or et brun-roux avec l'âge et conservent leur coloration en hiver. Ces herbes offrent une grande diversité de formes et de tailles. Dans une plate-bande, l'association de *S. gigantea* et de *Verbena bonariensis* (*voir p. 337*), à la silhouette dressée et épanouie, crée une impression d'espace et de légèreté, car l'une et l'autre introduisent une dimension verticale sans masquer les autres plantes.

Rusticité Zones 6 à 11

Culture Dans un sol assez fertile, bien drainé, en plein soleil. Dans un sol lourd, incorporez du sable grossier pour améliorer le drainage. **Rabattez** les espèces caduques en début d'hiver ou au printemps. **Semez** en pot au printemps. **Divisez** les touffes du milieu du printemps au début de l'été.

Stipa gigantea ♀ (Avoine géante)
↕ jusqu'à 2,50 m ↔ 1,20 m, persistante ou semi-persistante, inflorescences vert pourpré, or à maturité en été

Stipa calamagrostis
↕ 1 m ↔ 1,20 m, caduque, feuilles vert bleuté, inflorescences d'été argentées, teintées de pourpre ou chamoisées

Uncinia

Ces petites vivaces persistantes sont généralement cultivées pour leurs feuilles graminiformes luisantes, richement colorées. Elles forment des touffes retombantes et se plaisent dans les sites humides. Des tiges dressées, triangulaires ou cylindriques, portent des fleurs mâles à leur sommet et femelles dessous, celles-ci donnant naissance à des sortes de noix crochues. Les espèces les plus répandues sont *Uncinia rubra*, aux feuilles brun-roux, et *U. unciniata*, plus petite, les deux ressemblant à bien des égards aux espèces de *Carex* originaires de Nouvelle-Zélande. Les *Uncinia* sont mises en valeur par un paillis de gravier, mais le sol doit, dans ce cas, avoir une bonne capacité de rétention d'eau.

Rusticité Zones 9 à 11

Culture Dans un sol assez fertile, humifère, frais mais bien drainé, en plein soleil ou lumière tamisée. **Semez** à 13 °C au printemps. **Divisez** les touffes adultes entre le printemps et le début de l'été.

Uncinia rubra
↕ 30 cm ↔ 35 cm, feuillage rouge verdâtre ou brun rougeâtre, fleurs brun-roux, puis brun foncé à noires du milieu à la fin de l'été

Les fougères

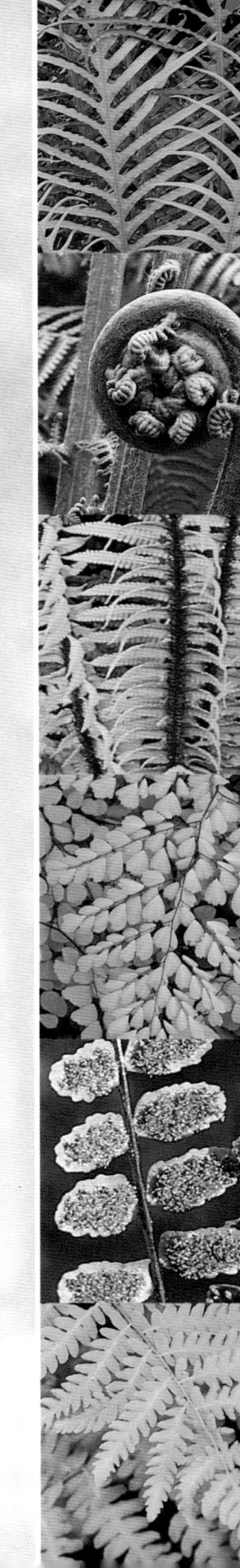

Les fougères dans le jardin

Les fougères sont souvent sous-estimées en tant que plantes de jardin. Elles ont pourtant un fort impact visuel à petite comme à grande échelle, leurs silhouettes sculpturales étant tout aussi remarquables en plantation isolée que groupée. Leurs feuilles, appelées « frondes », sont plissées, enroulées ou pennées, et opposent un beau contraste aux plantes qui les entourent. Dans un coin d'ombre ou de lumière tamisée, au bord d'un bassin ou d'un cours d'eau, les fougères créent une ambiance et, pour certaines, offrent une couleur attrayante toute l'année.

Le bon emploi des fougères

L'ambiance que vous voulez créer dans votre jardin déterminera votre choix de fougères et des plantes avec lesquelles vous les marierez. Vous obtiendrez des effets intéressants en alternant leurs feuillages fins et d'autres plantes à feuillage voyant comme les iris d'eau (*voir p. 264-267*) ou les hostas (*p. 260-261*).

Dans un décor classique, plantez des fougères d'Allemagne (*Matteucia, p. 363*) derrière une haie basse de buis taillés géométriquement (*Buxus, p. 30*). Les lignes horizontales de la haie apporteront un contraste élégant aux épées tournées vers le ciel des grandes frondes des fougères.

Dans un style plus naturel, groupez-les près d'un bassin, où leurs frondes délicates trancheront de façon saisissante avec le feuillage plus massif d'autres plantes appréciant l'humidité comme les *Rodgersia* (*p. 316*) et les *Gunnera* (*p. 254*).

Les fougères composeront un couvre-sol luxuriant dans un site ombragé ou semi-ombragé, au pied d'arbres et d'arbustes. Choisissez de grandes fougères arquées, par exemple une fougère mâle (*Dryopteris filix-mas*) ou une aspidie à cils raides (*Polystichum setiferum*) pour masquer les tiges nues ou dégarnies des arbustes. Quand les frondes se seront déroulées au printemps, elles apporteront une ombre dense très efficace contre les mauvaises herbes.

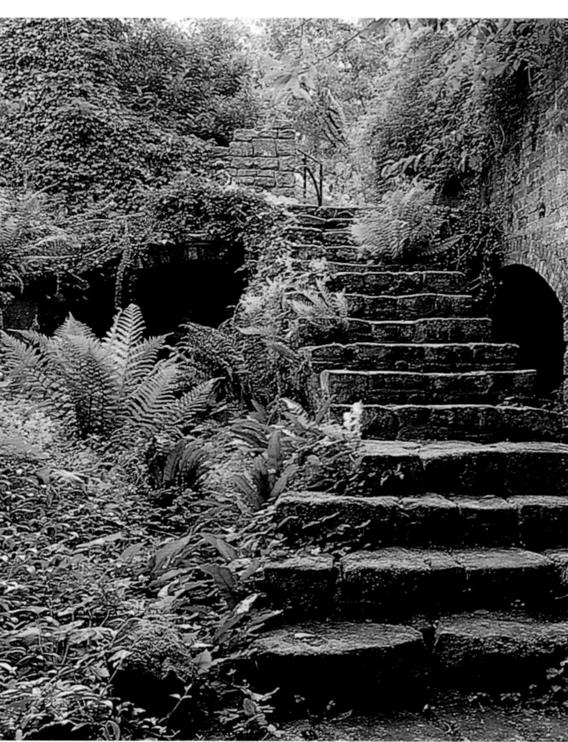

Une touche de mystère
Plantées le long de marches et dans les interstices, les fougères adoucissent les lignes dures de la pierre et s'harmonisent avec les surfaces moussues. Elles prospèrent dans l'ombre et la fraîcheur au pied du mur et créent une atmosphère calme et bucolique dans ce coin obscur. Nombre de fougères se développent sans difficulté dans les murs et les ouvrages en pierre, et ce type de plantation exploite leur tendance naturelle.

Une autre possibilité est de consacrer un espace à des fougères de types différents. L'endroit idéal est un recoin ombragé limité par un mur ou un talus mousseux où peu d'autres plantes prospéreront ; vous y planterez massivement des fougères, en terre et dans tous les interstices de mur.

Les fougères mettent en valeur les plantes à fleurs, comme celles de sous-bois qui apprécient les mêmes conditions d'ombre et d'humidité. Associez-les à des pulmonaires (*Pulmonaria, p. 314*), en ombre partielle.

Un feuillage fascinant

Les frondes offrent une surprenante diversité de ports et de formes, de raide et dressé à délicatement arqué. Certaines sont coriaces et lustrées, d'autres plus délicates, par exemple les capillaires (*Adiantum, voir p. 360*).

Le feuillage des fougères décline également une palette de tons de vert et des nuances subtiles d'argent et de bronze. Quelques-unes arborent un beau coloris de printemps, ainsi *Onoclea sensibilis* (*p. 363*) et *Dryopteris wallichiana* (*p. 363*). L'association de touffes de différents types de fougères crée des oppositions extraordinaires de formes et de textures.

Bon nombre de fougères sont extrêmement séduisantes au printemps quand les jeunes frondes commencent à se déployer. Elles se parent souvent d'un duvet brun, luisant dans le soleil bas du printemps et sont d'excellentes compagnes des plantes bulbeuses.

Fronde découpée Cette *Woodwardia radicans* est un exemple parfait de fronde classique, très divisée.

Fronde entière Des feuilles rubanées caractérisent certaines fougères, comme cette *Asplenium scolopendrium*.

Fronde foliacée Cette aspidie (*Cyrtomium falcatum*) porte des frondes dont la forme est proche des feuilles classiques.

Fronde colorée Les teintes des fougères sont parfois subtiles, à l'image du revers argenté des frondes de *Cheilanthes argentea*.

Qu'est-ce qu'une fougère ?

Les fougères sont des plantes vivaces à feuillage persistant ou caduc. À la différence de la plupart des autres plantes qui font des graines, les fougères se reproduisent par spores. Les sporanges se forment au revers des frondes et, lorsqu'ils sont mûrs, libèrent les spores qui tombent sur le sol et germent si celui-ci est humide.

La multiplication des fougères par spores n'est pas aisée. Une méthode plus simple consiste à déterrer et à diviser les touffes. Certaines fougères, à l'instar d'*Asplenium bulbiferum* et de quelques *Polystichum*, forment des bulbilles sur les frondes. Coupez une fronde bien pourvue en bulbilles, plaquez-la sur du terreau pour semis dans une terrine et maintenez-la par des crochets. Arrosez et gardez la culture dans un endroit chaud et lumineux jusqu'à l'enracinement des bulbilles, puis détachez les plantules quand elles sont de taille à être manipulées et empotez-les en godets individuels.

Les spores Les sporanges qui apparaissent au revers des frondes varient en couleur et en disposition. Les spores en cours de maturation, que l'on voit sur la photo ci-contre, sont celles de *Polypodium vulgare*. Arrivées à maturité, les spores prennent une teinte plus foncée. Quand elles sont tombées, le revers de la fronde reste rugueux au toucher.

Le bon emplacement

Les fougères rustiques sont faciles à cultiver dans un endroit humide et ombragé. Étant assez résistantes, elles ont des exigences minimales en matière d'entretien une fois qu'elles sont établies. La plupart des fougères demandent une situation à l'ombre dense, à mi-ombre ou dans une lumière tamisée ; un soleil ardent direct brûle les frondes minces. Les vents froids qui balaient les sites exposés causent aussi des brûlures. Choisissez un site abrité. Les quelques exceptions à la règle sont les *Cheilanthes* et certains *Polypodium* (*voir p. 364*) qui supportent plus de sécheresse et le soleil. Certaines espèces poussent dans les fissures de roche ou les interstices de murs ensoleillés.

En majorité, les fougères se développent dans une terre de jardin riche en humus. Avant de planter, incorporez une bonne quantité d'humus pour améliorer la capacité de rétention d'eau du sol. Dans l'ensemble, les fougères demandent un sol neutre à alcalin, mais certaines préfèrent un sol acide, ainsi les fougères rustiques (*Blechnum, p. 361*) et les *Cryptogramma* (*p. 362*).

L'humidité est aussi un facteur important dans la croissance des fougères, c'est pourquoi les coins humides, les jardins de marécage et les bords de bassins constituent un environnement calme et abrité propice au développement d'un feuillage luxuriant.

Nées dans les bois, de nombreuses fougères, comme cette fougère rustique (*Blechnum spicant*), poussent dans des bois où l'ombre conserve l'humidité du sol. Vous pouvez reconstituer ces conditions dans votre jardin. Choisissez un endroit ombragé par des arbustes et, pour obtenir un effet naturel, disposez des branches et des souches issues de coupes d'entretien dans une forêt. Plantez les fougères au pied des souches. Une fois les fougères établies, vous aurez créé l'illusion romantique d'une forêt d'antan.

Adiantum

Capillaire

UN FEUILLAGE GRACIEUX, SOUVENT FINEMENT DIVISÉ, est la caractéristique la plus séduisante des fougères persistantes, semi-persistantes et caduques qui composent ce groupe et qui sont souvent cultivées en plantes d'intérieur. Les frondes sont généralement vert moyen, mais sont parfois vert plus pâle ou même rose pourpré au stade juvénile. Elles sont dotées de pétioles noirs ou brun foncé qui se détachent joliment sur le feuillage. Ces fougères s'étalent largement grâce à leurs rhizomes traçants. Elles demandent une situation ombragée, sous des arbres ou de grands arbustes par exemple, et prospèrent aussi au bord de l'eau. Vous mettrez en valeur leurs frondes délicates en les accompagnant de plantes à grandes feuilles entières comme les hostas (*voir p. 260-261*).

Rusticité Zones 2 à 12

Culture Dans un sol frais mais bien drainé, assez fertile, pour les fougères rustiques ; à mi-ombre ou ombre dense. *A. capillus-veneris* apprécie un sol frais et alcalin. **Rabattez** les frondes fanées en début de printemps. **Divisez** les rhizomes en début de printemps tous les trois ou quatre ans. Séparez-les de façon à obtenir environ trois nouvelles plantes et replantez-les, ou empotez-les dans un mélange de terre et de terreau de feuilles.

Adiantum venustum ♀
↕15 cm ↔ illimité, frondes persistantes de 15 à 30 cm de long, bronze rosé vif, en fin de printemps et début d'été

Asplenium

CE GROUPE IMPORTANT ET TRÈS VARIÉ comprend des fougères persistantes et semi-persistantes. Les frondes vertes varient en formes et en textures, de fines et plumeuses à longues, effilées et lustrées. *Asplenium bulbiferum* est l'une des nombreuses fougères aux frondes composées de petites folioles. Les *Asplenium* naissent sur les rhizomes dressés, parfois traçants. Plantez les petites espèces dans les interstices d'un mur ou dans une auge d'alpines. Cultivez les espèces plus grandes en sous-bois ou parmi des arbustes dans une plate-bande ombragée.

Rusticité Zones 5 à 12

Culture Dans un sol frais mais bien drainé, enrichi en humus, à mi-ombre. La plupart des *Asplenium* demandent un sol acide (sans calcaire), mais *A. ceterach*, *A. scolopendrium* et *A. trichomanes* apprécient un sol alcalin (calcaire). **Divisez** les espèces rustiques au printemps, tous les trois ou quatre ans, pour obtenir des plantes portant au moins deux feuilles. Replantez-les en pleine terre ou empotez-les dans un mélange à base de terreau de feuilles. Par hiver humide, *A. scolopendrium* est sujet à la **rouille** ; si vous remarquez des pustules orange ou brunes, éliminez les frondes atteintes.

Asplenium ceterach
↕15 cm ↔ 20 cm, frondes persistantes, jusqu'à 20 cm de long, écailles brun rouille au revers

Asplenium scolopendrium ♀ (Scolopendre langue-de-bœuf)
↕45-70 cm ↔ 60 cm, frondes persistantes, 40 cm de long ou plus, préfère un sol alcalin (calcaire)

Asplenium trichomanes ♀ (Fausse capillaire)
↕15 cm ↔ 20 cm, frondes de 10 à 20 cm de long, spores brun rouille au revers

Athyrium

Fougère

Les frondes pennées d'*Athyrium filix-femina* et de ses cultivars et les frondes gris argenté profondément divisées d'*A. niponicum* font de ces fougères de beaux sujets ornementaux dans un site ombragé. Les nervures médianes rougeâtres tranchent nettement sur le feuillage. Ces fougères vivent dans les forêts et les bois frais et auront belle allure dans un cadre boisé. Vous pouvez créer un décor d'aspect naturel en disposant des rondins dans une plate-bande ombragée et en y plantant les fougères, comme si elles poussaient entre des arbres tombés.

Rusticité Zones 4 à 9

Culture Dans un sol fertile, frais, neutre à acide, enrichi en humus. Choisissez un site abrité et ensoleillé. Ces fougères supportent tous les sols, hormis les sols très secs. **Divisez** les espèces rustiques au printemps, tous les quatre ou cinq ans. Coupez les grosses touffes à la bêche de façon à obtenir plusieurs plantes portant deux ou trois feuilles chacune. Replantez-les dans un sol préparé.

Athyrium filix-femina 'Frizelliae' ♈ (Fougère femelle 'Frizelliae') ↕20 cm ↔ 30 cm, frondes de 10 à 20 cm de long

Blechnum

Certaines espèces rustiques de ces fougères offrent un feuillage spectaculaire qui se dresse vers le ciel et s'arque vers l'extérieur, parfois issu d'un petit « tronc ». Ce tronc est en fait un rhizome érigé, pouvant atteindre 90 cm de haut, et recouvert d'écailles noires; les frondes émergent à son sommet. Les autres espèces, comme *Blechnum penna-marina*, sont dotées de rhizomes traçants et conviennent mieux à un emploi de couvre-sol. Les espèces rustiques sont généralement persistantes et leurs frondes survivent à l'hiver. Elles prospèrent dans un sol humide, au pied d'arbres ou dans une plate-bande ombragée. Les petites espèces trouveront leur place dans un coin ombragé de jardin de rocaille.

Rusticité Zones 4 à 9

Culture Dans un sol frais, acide de préférence, enrichi en matière organique pour une meilleure rétention d'eau. **Cultivez** les fougères rustiques en pot dans un mélange à base de copeaux d'écorce ou dans un mélange pour éricacées (sans calcaire), additionné de sable grossier ou de gravier. Mi-ombre ou ombre dense. Cultivez les espèces gélives dans de grands pots et gardez-les tout l'hiver à l'abri, hors gel. Sous climats doux, elles peuvent survivre à l'hiver si elles sont protégées d'un paillis maintenu en place par un filet. **Divisez** *B. penna-marina* et *B. spicant* au printemps; les autres espèces peuvent être divisées, mais elles sont plus lentes à reprendre.

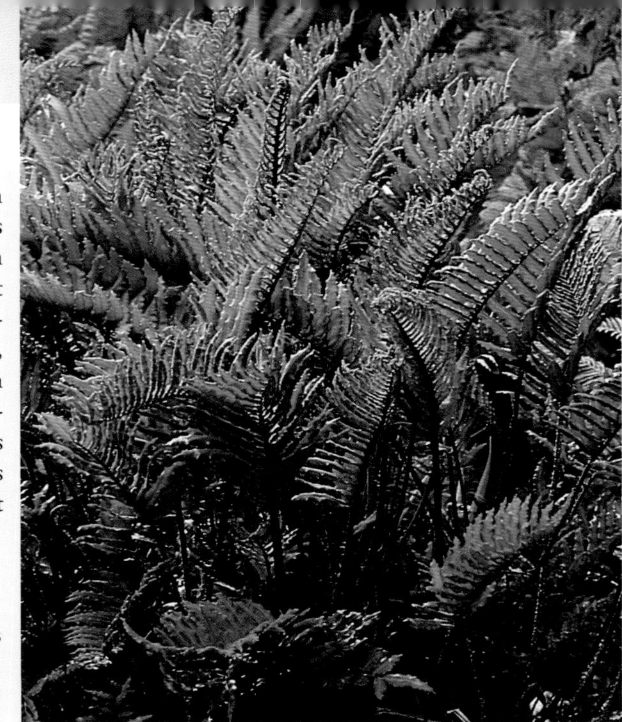

Blechnum chilense ♈
↕0,90-2 m ↔ illimité, rhizomes en « tronc », frondes jusqu'à 1 m de long à pétioles écailleux

Blechnum penna-marina ♈
↕10-20 cm ↔ 30 cm, rhizomes traçants, frondes de 10 à 20 cm de long, lustrées ou mates selon les variétés

Blechnum gibbum
↕↔ jusqu'à 90 cm, rhizomes en « tronc », frondes de 90 cm de long ou plus, spectaculaires en jardin d'hiver (minimum 18 °C)

Cryptogramma crispa

↕15-23 cm
↔15-30 cm

Cette délicieuse petite fougère est appréciée pour son feuillage délicat. Seule espèce couramment cultivée au jardin, ses frondes caduques virent à un beau brun rouille vif à l'automne. Les frondes fanées persistent généralement tout l'hiver. En raison de son port assez bas, elle décorera joliment un recoin ombragé dans un jardin de rocaille ou le premier plan d'une plate-bande également ombragée. Ses frondes pennées vert pâle opposent un beau contraste au feuillage plus sombre et plus voyant de plantes comme les astilbes (*voir p. 194*) et les *Rodgersia* (*p. 316*).

Rusticité Zones 5 à 9

Culture Dans un sol fertile, enrichi en matière organique pour une meilleure rétention d'eau, acide ou neutre (sans calcaire). Si le sol est alcalin (calcaire), cultivez la fougère en pot ou dans un massif surélevé de mélange pour éricacées (sans calcaire), additionné de sable grossier ou de gravier, ou de copeaux d'écorce. **Rabattez** les frondes âgées au printemps avant l'apparition des nouvelles. Cette fougère étant dotée de racines s'enfonçant profondément, elle est difficile à multiplier par division.

Cryptogramma crispa
Frondes jusqu'à 23 cm de long

Cystopteris

Les frondes finement divisées sont un atout précieux de ces fougères. Elles sont caduques et émergent en touffe ou en rosette des rhizomes (tiges charnues), traçants ou érigés. Le feuillage est généralement vert pâle ou gris-vert. Ces fougères se plairont à l'ombre, dans un jardin de rocaille ou dans une plate-bande au pied d'arbres ou d'arbustes. Elles se marient également bien avec leurs congénères dans une plate-bande ou un sous-bois qui leur est consacré. Ce type de plantation met en valeur les textures, formes et tons de vert différents et compose un cadre apaisant.

Rusticité Zones 5 à 9

Culture Dans un sol fertile, frais, enrichi en matière organique pour une meilleure rétention d'eau, à mi-ombre ou ombre dense, à l'abri des vents froids et desséchants. **Divisez** les rhizomes au printemps et replantez-les en pleine terre. Sinon, **multipliez** la fougère à partir des bulbilles qui mûrissent au revers des frondes, en fin d'été ou début d'automne ; une seule fronde doit produire de nombreuses plantes. Une fois les bulbilles enracinées, transférez les plantules dans des pots de 8 cm remplis de mélange sans terre. Gardez-les tout l'hiver à l'abri, hors gel, et replantez-les en pleine terre au printemps.

Cystopteris fragilis (Feugerolle, Fougère fragile)
↕↔ 20 cm, formant des touffes sur des rhizomes dressés, frondes entre 15 et 45 cm de long

Dicksonia

Fougère arborescente

Un port spectaculaire et un feuillage théâtral caractérisent ces très grandes fougères, semi-persistantes ou persistantes. Elles forment des faux troncs épais, recouverts de la base des vieilles feuilles et tiges. Chaque tronc peut atteindre 60 cm de diamètre et n'est doté que de quelques racines ; dans la nature, la plupart des éléments nutritifs sont issus de matières en décomposition recueillies dans les frondes. Les grandes frondes coriaces atteignent 3 m de long et émergent au sommet des troncs. Les jeunes frondes sont couvertes de poils protecteurs lorsqu'elles se déroulent au printemps (*voir encadré*). Les *Dicksonia* n'atteignent leur taille maximale que dans des conditions favorables. Elles ont une croissance très lente, et sont donc assez onéreuses. Vous la présenterez sous son jour le plus avantageux en sujet isolé ou en compagnie d'autres fougères dans une plate-bande ombragée.

Rusticité Zones 9 à 11

Culture Dans un sol fertile, à mi-ombre ou à l'ombre. Par temps chaud et sec, arrosez le tronc au tuyau tous les jours. **Protégez** le tronc et les feuilles en hiver : entourez le tronc et recouvrez la frondaison d'un filet, sans serrer, et comblez l'espace avec de la paille. **Rabattez** les frondes âgées en début de printemps. Il est difficile de multiplier ces fougères.

Dicksonia antarctica ♡
↕ jusqu'à 6 m, généralement beaucoup moins ↔ 4 m, prospère sous climats doux et humides, à l'abri du vent et du soleil

Dryopteris

Ce grand groupe de fougères bien connues se distingue par de longues frondes élégantes souvent volantées. Bon nombre d'entre elles conservent leur feuillage tout l'hiver en conditions douces et abritées, mais elles trépassent parfois sous des climats moins propices. Au stade juvénile, les pennes des frondes persistantes de *Dryopteris affinis* sont d'un vert pâle contrastant avec le brun doré des nervures médianes. *D. erythrosora* affiche au printemps un feuillage cuivré, virant ensuite au vert foncé à nervure médiane verte. Les nervures médianes de *D. wallichiana* sont couvertes d'écailles brun foncé ou noires et opposent un contraste marqué aux jeunes frondes vert-jaune qui virent ensuite au vert foncé. Les belles touffes régulières des *Dryopteris* introduisent une dimension verticale dans une plate-bande de fougères mélangées ou une belle présence dans une plate-bande herbacée ombragée.

Rusticité Zones 2 à 8

Culture Dans un sol enrichi en matière organique pour une meilleure rétention d'eau, à mi-ombre. **Abritez** des vents froids et desséchants. **Divisez** les plantes adultes au printemps, tous les cinq ou six ans ; utilisez une bêche pour les touffes âgées.

Dryopteris wallichiana ♀
↕ 90 cm, parfois 2 m ↔ 75 cm, rhizomes dressés, frondes caduques de 90 cm de long ou plus

Matteuccia

Fougère d'Allemagne

Les rosettes en couronne de frondes dressées légèrement arquées, caractérisent trois ou quatre espèces de ce groupe de fougères caduques. Entre le milieu et la fin de l'été, de petites frondes plus sombres apparaissent au centre de chaque rosette ; ce sont des frondes fertiles, alors que les frondes extérieures sont stériles. Ces fougères s'étalent le long de leurs rhizomes traçants, d'où émergent les jeunes pousses. Le feuillage de ces plantes fait sensation dans une plate-bande de sous-bois humide et ombragée et s'allie harmonieusement à d'autres plantes d'ombre comme les rhododendrons (*voir p. 104-107*).

Rusticité Zones 2 à 7

Culture Dans un sol frais mais bien drainé, enrichi en matière organique pour une meilleure rétention d'eau, à mi-ombre. Les *Matteucia* apprécient un sol neutre à acide. Si le sol est alcalin (calcaire), cultivez la fougère en pot ou dans un massif surélevé de mélange pour éricacées (sans calcaire), additionné de sable grossier ou de gravier ou de copeaux d'écorce. **Divisez** les plantes établies en début de printemps de façon à obtenir quatre ou cinq nouvelles plantes, chacune portant au moins deux ou trois frondes vigoureuses.

Matteuccia struthiopteris ♀ (Fougère plume d'autruche)
↕ 1,70 m ↔ jusqu'à 1 m, frondes vertes, stériles, 1,20 m de long

Onoclea sensibilis

↕ jusqu'à 1 m
↔ illimité

Cette espèce de fougère caduque, unique en son genre, affiche des frondes dressées puis arquées, atteignant 1 m de haut. Le qualificatif botanique « sensible » est lié au fait que ses parties aériennes meurent dès la première gelée. Au printemps, les nouvelles frondes stériles sont parfois bronze rosé, virant ensuite au vert pâle. Profondément divisées, elles offrent un élégant aspect plumeux. En fin d'été apparaissent de nombreuses frondes fertiles raides, au port érigé, contrastant avec celui des frondes stériles, et atteignant 60 cm de haut. Ces fougères prospèrent au bord de l'eau ou dans des plates-bandes au sol détrempé. Accompagnez-les d'autres plantes aimant l'ombre et l'humidité comme les *Primula* Candelabra (*voir p. 312-313*).

Rusticité Zones 3 à 7

Culture Dans un sol frais, fertile, acide (sans calcaire), à l'abri des vents froids et desséchants, dans une ombre légère ou une lumière tamisée ; les frondes brûleront si elles sont exposées au soleil direct. **Divisez** les plantes établies en début de printemps en veillant à ce que chaque nouvelle plante porte au moins deux ou trois frondes.

Onoclea sensibilis
Frondes stériles

Osmunda

Osmonde

Les osmondes sont d'imposantes fougères caduques, aux frondes dressées bleu-vert ou vert vif, pâlissant au jaune ou au brun à l'automne. Au centre de ces frondes stériles émergent des frondes fertiles érigées offrant un contraste plaisant au feuillage vert environnant. Chez l'osmonde royale (*Osmonda regalis*), elles sont brunes ou rouille. *O. cinnamomea* doit son nom botanique à la riche teinte cannelle de ses frondes fertiles. Ces plantes feront de superbes sujets isolés dans une plate-bande mixte ou au bord d'un bassin ou d'un cours d'eau. L'osmonde royale est aussi une excellente plante en pot, à condition d'être arrosée régulièrement, surtout par temps chaud. Ses racines fibreuses ont une forte capacité d'absorption de l'eau et entraient dans la composition des terreaux de rempotage pour orchidées, ce qui est interdit à l'heure actuelle.

Rusticité Zones 3 à 9

Culture Dans un sol fertile, frais, de préférence acide (sans calcaire), à l'abri des vents froids et desséchants, dans une ombre légère ou une lumière tamisée. L'osmonde royale demande un sol humide, mais supporte bien le soleil à condition que le sol reste frais. **Divisez** les plantes établies en début de printemps, à la bêche.

Osmunda regalis ♀ (Osmonde royale)
↕2 m ↔ 4 m, frondes stériles de 1 m ou plus

Polypodium

Ces fougères se prêtent à de nombreux emplois, mais leur port étalé et leurs belles frondes sculpturales en font d'excellents couvre-sol. Nombre d'entre elles produisent des frondes arquées relativement longues sur leurs rhizomes traçants. Ces frondes atteignent 60 cm de long chez *Polypodium cambricum*. Certaines espèces émettent des spores de couleur contrastante au revers des frondes. À la différence de la plupart des fougères, les *Polypodium* supportent la sécheresse et se plaisent en plein soleil. Ces plantes généralement persistantes ont particulièrement belle allure dans une plate-bande mixte ou sur un talus, en couvre-sol qui restera vert toute l'année.

Rusticité Zones 2 à 11

Culture Dans un sol assez fertile, bien drainé, enrichi en matière organique. Dans un sol lourd et argileux, incorporez du gravier pour améliorer le drainage. *P. cambricum* préfère un sol neutre à alcalin. **Plantez** en plein soleil ou à mi-ombre et abritez des vents froids et desséchants. **Divisez** au printemps ou en début d'été quand la plante a quatre ou cinq ans.

Polypodium vulgare (Polypode commun)
↕30 cm ↔ illimité, frondes fines à coriaces de 40 cm de long

Polypodium glycyrrhiza
↕30 cm ↔ illimité, frondes vert moyen à foncé, jusqu'à 35 cm de long, rhizomes au goût de réglisse

Polystichum
Aspidie

Le feuillage gracieux de ces fougères est généralement disposé en couronnes régulières qui forment des touffes exubérantes de frondes souvent vert foncé. Ces frondes sont souvent complexes, notamment chez *Polystichum setiferum* et ses cultivars, et les lobes se terminent parfois par une pointe fine ou une soie. Ce grand groupe est essentiellement composé de fougères persistantes de 40 cm à 1,20 m de haut. Toutes s'allient harmonieusement aux autres fougères ou à des plantes de sous-bois comme les hortensias (*voir p. 72-73*), dans un site boisé bien drainé. L'emplacement idéal pour les petites aspidies est un jardin de rocaille ombragé.

Rusticité Zones 3 à 9

Culture Dans un sol fertile, enrichi en matière organique, à mi-ombre ou ombre dense. **Protégez** le collet des pluies hivernales avec un paillis de matière organique. Rabattez les frondes âgées en début de printemps. **Divisez** les rhizomes au printemps. En fin d'été ou début d'automne, coupez des frondes portant des bulbilles pour la multiplication. Une fois les bulbilles enracinées, transférez-les dans des pots de 8 cm remplis de mélange sans terre, additionné de gravier, et gardez ceux-ci tout l'hiver à l'abri, hors gel. Replantez en pleine terre au printemps.

Polystichum setiferum 'Pulcherrimum Bevis' ♡
↕↔ 60 cm, très rarement fertile

Thelypteris palustris

↕60 cm
↔jusqu'à 1 m

Cette fougère caduque est originaire des marais et des marécages. Si la luminosité est suffisante, elle produit en été des frondes fertiles, plus longues que les frondes stériles. Les spores sont abondantes au revers des pennes et forment un nuage brun au-dessus des frondes en fin d'été. Plantez cette fougère au bord d'un bassin, en compagnie d'autres plantes appréciant l'humidité comme les hostas (*voir p. 260-261*), les primevères (*voir p. 312-313*) et les soucis des marais (*Caltha, voir p. 205*). *Thelypteris palustris* peut être envahissante, s'étalant au gré de ses longs rhizomes traçants, offrez-lui donc beaucoup d'espace. Il est également facile de la contrôler en déterrant les touffes indésirables.

Rusticité Zones 5 à 8

Culture Dans un sol moyennement fertile, frais en permanence, au soleil ou à mi-ombre. **Incorporez** de la matière organique pour une meilleure rétention d'eau. **Divisez** au printemps ou en été, replantez et arrosez régulièrement, surtout en été.

Thelypteris palustris
Frondes jusqu'à 90 cm de long

Woodwardia

Ces grandes fougères, aux frondes étalées et arquées, portent leurs spores au revers des pennes selon une disposition insolite, en chaîne. Ce petit groupe comprend des espèces persistantes et caduques. Leurs frondes complexes sont particulièrement séduisantes lorsqu'elles se déroulent au printemps. Il arrive qu'en été des bulbilles se forment sur la face supérieure des pennes, près de l'extrémité des frondes. Les *Woodwardia* sont des plantes idéales pour habiller un talus ombragé au sol frais. Elle crée un effet particulièrement naturel au bord de l'eau et se marie bien avec des grandes feuilles ornementales comme celles des gunnéras (*voir p. 254*) qui apprécient également un sol frais.

Rusticité Zones 8 à 11

Culture Dans un sol assez fertile, neutre, humide, à mi-ombre. Sous climats froids, abritez des vents froids et desséchants. Dans les régions soumises au gel, **protégez** en hiver d'un paillis sec (paille) maintenu en place par un filet. **Divisez** les plantes au printemps, à la bêche ou avec un couteau bien aiguisé et replantez les fragments dans un site similaire. Sinon, **multipliez** à partir de bulbilles en fin d'été ou début d'automne. Une fois les bulbilles enracinées, transférez-les dans des pots de 8 cm remplis de mélange sans terre et gardez-les tout l'hiver à l'abri, hors gel. Replantez-les en pleine terre au printemps.

Woodwardia radicans ♡
↕2 m ↔ 3 m, persistante, pinnules jusqu'à 30 cm de long

Les plantes en situation

Chaque jardin lance un défi différent. L'un offre un sol lourd et difficile à travailler, l'autre présente de nombreuses zones d'ombre. Ce classement vous aidera à identifier les emplois spéciaux des plantes, par exemple en jardin de marécage ou d'herbacées ou, dans un contexte plus courant, en situation ombragée ou sèche.

Sites exposés

Les jardins situés à flanc de colline ou en terrain plat et dégagé sont régulièrement balayés par des vents forts. Des haies ou des arbres créeront un écran protecteur qui filtrera l'air et réduira les turbulences. Choisissez des plantes capables de supporter une tempête.

Acer pseudoplatanus et ses cultivars
Achillea
Ajuga reptans et ses cultivars
Alnus glutinosa 'Imperialis' 🏆
Anaphalis triplinervis 🏆
Anchusa azurea 'Loddon Royalist' 🏆
Anemone × *hybrida* et ses cultivars
Antirrhinum majus et ses cultivars
Arbutus unedo 🏆
Arctostaphylos
Artemisia abrotanum 🏆
Artemisia 'Powis Castle' 🏆
Berberis
Bergenia
Bupleurum fruticosum
Calendula officinalis et ses cultivars
Calluna vulgaris et ses cultivars
Caragana arborescens
Carpinus betulus 'Fastigiata' 🏆
Chaenomeles
Chamaecyparis obtusa 'Nana Aurea' 🏆
Chamaecyparis pisifera 'Filifera Aurea' 🏆
Clethra arborea
Colutea arborescens
Coreopsis auriculata 'Schnittgold'
Coreopsis 'Sunray'
Cornus
Corylus avellana 'Contorta'
Cotoneaster horizontalis 🏆
Crataegus laevigata 'Paul's Scarlet' 🏆
Cryptomeria japonica 'Elegans Compacta' 🏆
× *Cupressocyparis leylandii* 🏆
Cupressus macrocarpa 'Goldcrest' 🏆
Deutzia
Dryas octopetala 🏆
Echinacea purpurea 'Kim's Knee High'
Echinops ritro 'Veitch's Blue'
Elaeagnus
Erica carnea et ses cultivars
Erigeron aureus 'Canary Bird' 🏆
Erigeron 'Dunkelste Aller' 🏆
Erigeron karvinskianus 🏆
Eryngium alpinum 🏆
Eryngium × *oliverianum* 🏆
Eryngium × *tripartitum* 🏆
Escallonia 'Apple Blossom' 🏆
Eschscholzia caespitosa 🏆
Eschscholzia californica 🏆
Eucalyptus
Euonymus alatus 🏆
Euonymus fortunei et ses cultivars
Euphorbia characias 'John Tomlinson' 🏆
Fagus sylvatica 'Dawyck Purple' 🏆
Felicia amelloides 'Santa Anita' 🏆
Ficus carica
Forsythia × *intermedia* et ses cultivars
Fraxinus excelsior
Fuchsia magellanica
Gaultheria
Genista aetnensis 🏆
Ginkgo biloba 🏆
Gleditsia triacanthos 'Sunburst' 🏆
Griselinia littoralis 🏆
Hamamelis
Helleborus niger 🏆 et ses cultivars
Hippophae rhamnoides 🏆
Hydrangea paniculata 'Grandiflora' 🏆
Hypericum calycinum
Ilex aquifolium 🏆
Iris sibirica 🏆 et ses cultivars
Jasminum nudiflorum 🏆
Juniperus
Kalmia angustifolia 🏆
Kerria japonica et ses cultivars
Kerria japonica 'Picta'
Laburnum
Laurus nobilis 🏆
Lavatera
Leucothoe fontanesiana 'Rainbow'
Limnanthes douglasii 🏆
Miscanthus
Nepeta sintenisii
Nepeta 'Six Hills Giant'
Osmunda regalis 🏆
Phalaris arundinacea var. *picta*
Phlox subulata 'Lilacina'
Picea abies
Pieris
Pinus nigra 🏆
Populus × *canadensis* et ses cultivars
Potentilla
Primula
Prunus spinosa
Pulmonaria saccharata
Pyracantha
Quercus
Rubus cockburnianus
Salix alba
Sempervivum arachnoideum 🏆
Sempervivum tectorum 🏆
Senecio cineraria 'Silver Dust' 🏆
Senecio cineraria 'White Diamond'
Sorbus aria
Sorbus aucuparia et ses cultivars
Spiraea
Symphoricarpos × *doorenbosii* 'White Hedge'
Tamarix
Tanacetum parthenium et ses cultivars
Taxus
Thuja plicata
Tiarella cordifolia 🏆
Tilia
Tsuga canadensis et ses cultivars
Ulex
Viburnum × *bodnantense* 'Dawn' 🏆
Viburnum × *burkwoodii*
Viburnum opulus 'Compactum' 🏆
Viburnum rhytidophyllum
Viburnum tinus 'Eve Price' 🏆

Jardins maritimes

Les jardins côtiers souffrent des tempêtes hivernales et des embruns salés qui brûlent les plantes. Plantez des arbres tout autour du périmètre pour créer un écran protecteur et optez pour des plantes qui conservent l'humidité.

Achillea
Allium
Alstroemeria
Anaphalis triplinervis 🏆
Anchusa azurea 'Loddon Royalist' 🏆
Anthemis
Anthericum liliago

Antirrhinum majus et ses cultivars
Arbutus unedo 🏆
Armeria
Artemisia abrotanum 🏆
Artemisia 'Powis Castle' 🏆
Aster
Aucuba
Bergenia
Buddleja davidii et ses cultivars
Bupleurum fruticosum
Campanula
Centaurea hypoleuca 'John Coutts'
Choisya ternata Sundance 🏆 ('Lich')
Cistus
Cordyline australis 'Torbay Red' 🏆
Cotoneaster
Crataegus
Crocosmia
Cupressus macrocarpa
Cytisus
Dahlia
Dianthus
Dierama pulcherrimum
Echinacea purpurea 'White Lustre'
Echinops ritro 'Veitch's Blue'
Elaeagnus × *ebbingei* 'Gilt Edge' 🏆
Erica arborea var. *alpina* 🏆
Erica carnea et ses cultivars
Erigeron karvinskianus 🏆
Erigeron 'Quakeress'
Erodium glandulosum 🏆
Erodium manescaui
Eryngium alpinum 🏆
Escallonia 'Apple Blossom' 🏆
Eschscholzia caespitosa 🏆
Eucalyptus
Euonymous fortunei et ses cultivars
Euphorbia
Felicia amelloides 'Santa Anita' 🏆
Ficus carica
Filipendula rubra 'Venusta' 🏆
Forsythia × *intermedia* et ses cultivars
Fuchsia magellanica
Garrya elliptica
Gaultheria
Genista aetnensis 🏆
Geranium
Gleditsia triacanthos 'Sunburst' 🏆
Griselinia littoralis 🏆
Gypsophila 'Rosenschleier' 🏆
Halimium 'Susan' 🏆
Hebe
Hemerocallis
Heuchera
Hibiscus syriacus 'Oiseau Bleu' 🏆
Hippophae rhamnoides 🏆
Hydrangea macrophylla et ses cultivars
Ilex × *altaclerensis* et ses cultivars
Impatiens
Iris
Juniperus
Laburnum
Laurus nobilis 🏆
Lavandula
Lavatera
Leycesteria formosa 🏆
Lonicera nitida
Lonicera × *purpusii* 'Winter Beauty' 🏆
Lychnis coronaria 🏆
Melissa officinalis 'Aurea'
Monarda
Oenothera
Olearia
Origanum
Osmanthus delavayi 🏆
Pachysandra terminalis
Penstemon
Phormium tenax 🏆
Phygelius
Pinus nigra 🏆
Pittosporum
Populus tremula 🏆
Potentilla
Prunus spinosa
Pulsatilla
Pyracantha
Quercus ilex 🏆
Rosa (quelques rosiers seulement)
Rosmarinus officinalis
Rubus cockburnianus
Salvia
Sambucus racemosa 'Plumosa Aurea'
Santolina
Sisyrinchium
Spartium junceum 🏆
Stachys
Tamarix
Ulex
Viburnum
Yucca gloriosa 🏆

Sites secs et ensoleillés

Les talus escarpés et ensoleillés à drainage rapide, le pied d'un mur orienté au sud ou à l'ouest, un sol sableux peu profond ou rocailleux en plein soleil, tous ces sites sont sujets à la sécheresse.

Abelia
Acacia baileyana 🏆
Acaena saccaticupula 'Blue Haze'
Achillea
Agapanthus
Allium
Alstroemeria
Anaphalis triplinervis 🏆
Anchusa azurea 'Loddon Royalist' 🏆
Anthemis
Arabis
Arctotis
Armeria pseudarmeria
Artemisia
Asphodeline lutea
Betula
Brachyglottis 'Sunshine' 🏆
Brachyscome iberidifolia
Buddleja
Bupleurum fruticosum
Buxus
Caryopteris × *clandonensis* 'Kew Blue'
Catananche caerulea 'Bicolor'
Ceanothus 'Blue Mound' 🏆
Centaurea
Cerastium tomentosum
Ceratostigma willmottianum 🏆
Chamaemelum nobile 'Flore Pleno'
Chrysanthemum segetum
Cirsium rivulare 'Atropurpureum'
Cistus
Cleome hassleriana
Clerodendrum trichotomum var. *fargesii* 🏆
Cotoneaster
Crambe cordifolia 🏆
Crocosmia
× *Cupressocyparis leylandii* 🏆
Cynara cardunculus 🏆
Cytisus
Dianthus
Diascia
Dictamnus albus
Draba mollissima
Echinops ritro 'Veitch's Blue'
Epilobium
Erica arborea var. *alpina* 🏆
Erica cinerea et ses cultivars
Erodium glandulosum 🏆
Erodium manescaui
Eryngium alpinum 🏆
Erysimum
Escallonia
Eucalyptus
Euonymus
Euphorbia
Foeniculum vulgare 'Purpureum'
Fuchsia magellanica
Gaillardia 'Dazzler' 🏆
Gaultheria mucronata 'Mulberry Wine' 🏆
Gaura lindheimeri 🏆
Gazania Mini Star Series
Genista aetnensis 🏆
Genista lydia 🏆
Geranium
Gleditisia triacanthos
Gypsophila 'Rosenschleier' 🏆
Hebe
Helianthemum
Hippophae rhamnoides 🏆
Hypericum
Impatiens
Ipheion uniflorum 'Wisley Blue' 🏆
Iris foetidissima 🏆
Iris pallida 'Variegata' 🏆
Juniperus
Kniphofia
Kolkwitzia amabilis 'Pink Cloud' 🏆
Lavandula
Liatris spicata 'Kobold'
Limnanthes douglasii 🏆
Linaria alpina
Linum flavum 'Compactum'

Linum perenne
Lobularia 'Royal Carpet'
Lychnis coronaria 🏆
Melissa officinalis 'Aurea'
Nepeta
Nerine bowdenii 🏆
Oenothera
Olearia
Origanum laevigatum 🏆
Osteospermum
Papaver orientale et ses cultivars
Pelargonium
Penstemon
Perovskia 'Bue Spire' 🏆
Phlomis fruticosa 🏆
Phlox subulata 'Lilacina'
Phormium
Phygelius aequalis 'Yellow Trumpet' 🏆
Pinus mugo 'Mops' 🏆
Potentilla
Pulsatilla vulgaris 🏆
Quercus ilex 🏆
Ribes
Rosmarinus officinalis et ses cultivars
Salvia patens 'Cambridge Blue' 🏆
Sambucus racemosa 'Plumosa Aurea'
Santolina
Saponaria ocymoides 🏆
Schizanthus × *wisetonensis* 'Hit Parade'
Sedum
Sempervivum arachnoideum 🏆
Sempervivum tectorum 🏆
Solanum crispum 'Glasnevin' 🏆
Spartium junceum 🏆
Spiraea
Stachys byzantina
Stachys candida
Stachys macrantha 'Superba'
Stipa
Symphoricarpos × *doorenbosii* 'White Hedge'
Tagetes
Tamarix
Teucrium polium
Thymus
Tulipa
Ulex europaeus 'Flore Pleno' 🏆
Verbascum
Verbena bonariensis 🏆
Yucca gloriosa 🏆

Ombre humide

Dans un environnement boisé et humide, le sol reste frais tout au long de l'année.

Acer cappadocicum
Acer griseum 🏆
Acer negundo 'Variegatum'
Acer palmatum f. *atropurpureum*
Acer saccharinum
Alchemilla mollis 🏆
Alnus
Aruncus dioicus 🏆
Asplenium scolopendrium 🏆
Astilbe
Athyrium filix-femina 'Frizelliae' 🏆
Aucuba japonica
Betula pendula 'Youngii'
Buxus sempervirens 🏆
Caltha palustris 🏆
Caltha palustris 'Flore Pleno' 🏆
Camellia japonica et ses cultivars
Cercidiphyllum japonicum 🏆
Clethra arborea
Convallaria majalis 🏆
Cornus canadensis 🏆
Crataegus
Daphne
Darmera peltata 🏆
Dicentra
Dryopteris wallichiana 🏆
Elaeagnus
Erythronium
Euonymus fortunei
Fatsia japonica 🏆
Fothergilla major 🏆
Gaultheria
Haberlea rhodopensis 'Virginalis'
Hamamelis
Helleborus
Hosta
Hydrangea
Hypericum calycinum
Ilex aquifolium 🏆
Iris sibirica 🏆 et ses cultivars
Ligularia 'The Rocket' 🏆
Lilium martagon 🏆
Lythrum virgatum 'The Rocket'
Mahonia aquifolium
Matteuccia struthiopteris 🏆
Metasequoia glyptostroboides 🏆
Monarda
Osmanthus × *burkwoodii* 🏆
Osmanthus delavayi 🏆
Pachysandra terminalis
Picea
Pieris
Polystichum setiferum 🏆
Populus
Primula (Candelabra)
Prunus laurocerasus 🏆
Prunus padus 'Watereri' 🏆
Quercus
Rhododendron
Rodgersia pinnata 'Superba' 🏆
Rubus
Salix
Sambucus racemosa 'Plumosa Aurea'
Sarcococca
Sasa veitchii
Saxifraga fortunei 🏆
Skimmia
Smilacina racemosa 🏆
Sorbus
Spiraea
Stachyurus praecox 🏆
Symphoricarpos
Symphytum
Taxus baccata 🏆 et ses cultivars
Viburnum davidii 🏆
Viburnum opulus
Viburnum rhytidophyllum

Ombre sèche

On retrouve généralement l'association problématique de l'ombre et de la sécheresse auprès des murs et au pied des arbres assoiffés à racines superficielles.

Acanthus spinosus 🏆
Ajuga reptans et ses cultivars
Alchemilla mollis 🏆
Amelanchier lamarckii 🏆
Aquilegia
Arum italicum 'Marmoratum' 🏆
Astrantia
Aucuba
Berberis
Bergenia
Betula
Buxus sempervirens 🏆
Cornus canadensis 🏆
Cortaderia
Cotoneaster
Daphne
Dicentra formosa
Digitalis
Epimedium
Euonymus fortunei
Fatsia japonica 🏆
Garrya elliptica
Geranium himalayense
Geranium macrorrhizum
Geranium nodosum
Hedera
Heuchera
Hippophae rhamnoides 🏆
Ilex aquifolium 🏆
Iris foetidissima 🏆
Juniperus × *pfitzeriana*
Lamium
Lunaria annua et ses cultivars
Mahonia
Meconopsis cambrica
Melissa officinalis 'Aurea'
Milium effusum 'Aureum' 🏆
Pachysandra terminalis
Pittosporum tenuifolium 🏆
Polygonatum
Polypodium vulgare
Prunus laurocerasus 🏆
Pulmonaria
Santolina
Skimmia
Symphoricarpos
Taxus baccata 🏆 et ses cultivars
Teucrium polium
Thalictrum
Tiarella
Tolmiea menziesii 'Taff's Gold' 🏆
Waldsteinia ternata

Ombre profonde

Certains emplacements baignent dans une ombre permanente, au pied d'arbres à feuillage persistant, de murs élevés ou entre des grands bâtiments. Choisissez des plantes et des structures de couleur claire qui éclaireront ces zones.

Acer cappadocicum
Acer griseum ♕
Adiantum venustum ♕
Ajuga reptans et ses cultivars
Alchemilla mollis ♕
Aruncus dioicus ♕
Asplenium scolopendrium ♕
Astilbe
Athyrium filix-femina 'Frizelliae' ♕
Aucuba japonica
Betula nigra
Blechnum
Camellia
Cercidiphyllum japonicum ♕
Cotoneaster
Cryptogramma crispa
Daphne
Dicentra
Dicksonia antarctica ♕
Digitalis
Dryopteris wallichiana ♕
Epimedium
Erythronium
Fatsia japonica ♕
Fothergilla major ♕
Gaultheria
Helleborus
Hosta
Hydrangea
Ilex
Iris foetidissima ♕
Iris sibirica ♕
Mahonia
Matteuccia struthiopteris ♕
Osmanthus × *burkwoodii* ♕
Pachysandra terminalis
Pieris
Polypodium vulgare
Polystichum setiferum ♕
Primula (Candelabra)
Prunus laurocerasus ♕
Prunus lusitanica subsp. *azorica*
Pulmonaria
Rhododendron
Rodgersia pinnata 'Superba' ♕
Rubus cockburnianus
Salix
Skimmia
Symphoricarpos
Symphytum
Taxus baccata ♕ et ses cultivars
Viburnum davidii ♕
Viburnum rhytidophyllum
Woodwardia radicans ♕

Sols lourds

Les sols lourds et argileux sont difficiles à travailler mais souvent riches en éléments nutritifs. Optez pour des plantes rustiques, évitez les alpines, et continuez à incorporer de la matière organique et du gravier ou du sable pour maintenir la fertilité et la capacité de drainage.

Abelia
Acer
Aconitum
Aesculus
Ajuga reptans et ses cultivars
Alnus
Anemone × *hybrida* et ses cultivars
Aster
Aucuba japonica
Berberis
Betula
Campanula
Carpinus betulus 'Fastigiata' ♕
Chaenomeles
Choisya ternata Sundance ♕ ('Lich')
Colutea arborescens
Cornus
Corylus avellana 'Contorta'
Cotinus 'Grace'
Cotoneaster
Crataegus
Crocosmia
Cytisus
Darmera peltata ♕
Digitalis
Echinops
Eranthis hyemalis ♕
Erigeron
Escallonia
Eucalyptus
Forsythia × *intermedia* et ses cultivars
Fraxinus excelsior 'Jaspidea' ♕
Geranium
Hamamelis
Hedera helix et ses cultivars
Helenium
Helleborus
Hemerocallis
Hibiscus syriacus
Hosta
Hypericum
Ilex
Kerria japonica et ses cultivars
Laburnum × *watereri* 'Vossii' ♕
Lysimachia clethroides ♕
Magnolia
Mahonia
Malus
Monarda
Osmanthus × *burkwoodii* ♕
Persicaria bistorta 'Superba' ♕
Physalis alkekengi ♕
Philadelphus
Pieris japonica 'Flamingo'
Populus
Potentilla
Prunus
Pyracantha
Pyrus salicifolia 'Pendula' ♕
Quercus
Ranunculus
Rheum palmatum 'Atrosanguineum' ♕
Rhododendron
Rodgersia
Rosa
Rudbeckia
Salix
Sasa veitchii
Sidalcea 'Oberon'
Solidago 'Goldenmosa' ♕
Sorbus
Symphytum caucasicum ♕
Symphoricarpos × *doorenbosii* 'White Hedge'
Syringa
Tilia
Tradescantia
Waldsteinia ternata
Weigela florida

Sols acides (sans calcaire)

Les sols acides sont naturellement très fertiles, riches en éléments nutritifs, frais et bien drainés. Vous pouvez recréer en contenant ces conditions requises par les plantes acidophiles en utilisant un terreau à base de terre de bruyère.

Acer rubrum 'October Glory' ♕
Betula
Calluna vulgaris
Camellia
Cassiope 'Edinburgh' ♕
Cercidiphyllum japonicum ♕
Corylopsis glabrescens
Cryptomeria japonica 'Elegans Compacta' ♕
Daboecia cantabrica et ses cultivars
Erica
Gaultheria
Ilex aquifolium ♕
Kalmia angustifolia ♕
Leucothoe fontanesiana 'Rainbow'
Liquidambar styraciflua 'Golden Treasure'
Meconopsis betonicifolia ♕
Osmunda regalis ♕
Pinus nigra ♕
Populus tremula ♕
Rhododendron
Skimmia
Trillium grandiflorum ♕

Sols crayeux, alcalins

Sur un sous-sol de craie et de calcaire, la terre arable est presque toujours alcaline. Elle est assez fertile, mais souvent peu profonde, et donc se dessèche rapidement. Choisissez alors des plantes supportant la sécheresse.

Acanthus spinosus ♕
Acer cappadocicum
Acer griseum ♕
Amelanchier lamarckii ♕

Anthemis
Arbutus unedo 🏆
Berberis
Buddleja davidii
Carpinus betulus 🏆
Catalpa bignonioides 🏆
Ceanothus 'Blue Mound' 🏆
Clematis
Corylus avellana 'Contorta'
Daphne mezereum
Dianthus
Eremurus robustus 🏆
Fagus sylvatica 'Dawyck Purple' 🏆
Fraxinus excelsior 'Jaspidea' 🏆
Gleditsia triacanthos 'Sunburst' 🏆
Hebe
Kolkwitzia amabilis
Laburnum × *watereri* 'Vossii' 🏆
Laurus nobilis 🏆
Liriodendron tulipifera 🏆
Malus
Paeonia
Papaver orientale et ses cultivars
Prunus (tous les cerisiers japonais)
Pulsatilla vulgaris 🏆
Pyrus salicifolia 'Pendula' 🏆
Robinia pseudoacacia 'Frisia' 🏆
Saponaria ocymoides 🏆
Sedum spectabile 🏆 et ses cultivars
Spartium junceum 🏆
Syringa
Tradescantia
Verbascum

Herbes ornementales

De belles herbes aromatiques trouvent autant leur place dans un jardin d'herbes que dans une plate-bande arbustive.

Anethum graveolens
Angelica archangelica
Artemisia abrotanum 🏆
Borago officinalis
Calendula officinalis
Chamaemelum nobile 'Flore Pleno'
Foeniculum vulgare 'Purpureum'
Hesperis matronalis var. *albiflora*
Laurus nobilis 🏆
Lavandula angustifolia 'Hidcote' 🏆
Melissa officinalis et ses cultivars
Rosmarinus officinalis
Salvia officinalis
Thymus

Plantes de rocaille

Les jardins de rocaille et les massifs surélevés offrent un bon drainage et sont un écrin parfait pour les petites plantes et les alpines.

Ajuga reptans et ses cultivars
Anchusa cespitosa
Arenaria balearica
Arenaria montana 🏆
Armeria pseudarmeria
Aubrieta
Calluna
Campanula carpatica 'Weisse Clips'
Cassiope 'Edinburgh' 🏆
Daboecia cantabrica et ses cultivars
Daphne cneorum
Dianthus
Erica
Erigeron karvinskianus 🏆
Erinus alpinus 🏆
Eryngium alpinum 🏆
Euphorbia myrsinites 🏆
Hebe pinguifolia 'Pagei' 🏆
Helianthemum
Juniperus communis 'Compressa' 🏆
Lamium maculatum
Linaria alpina
Lithodora diffusa 'Heavenly Blue' 🏆
Phlox subulata 'Lilacina'
Saponaria ocymoides 🏆
Saxifraga
Sedum spathulifolium 'Cape Blanco' 🏆
Sempervivum tectorum 🏆
Thymus
Veronica spicata 'Rotfuchs'
Waldsteinia ternata

Plantes parfumées

Pour jouir pleinement des merveilleuses fragrances des plantes parfumées, plantez-les à proximité de la maison ou le long des allées.

Akebia quinata
Asphodeline lutea
Azara microphylla 'Variegata'
Buddleja
Chimonanthus praecox 'Grandiflorus' 🏆
Choisya ternata Sundance 🏆 ('Lich')
Clematis armandii
Clematis flammula
Clematis rehderiana 🏆
Convallaria majalis 🏆
Corylopsis glabrescens
Cosmos atrosanguineus
Cytisus battandieri 🏆
Daphne
Dianthus
Genista aetnensis 🏆
Hamamelis
Iris unguicularis 🏆
Laburnum × *watereri* 'Vossii' 🏆
Lavandula
Lonicera fragrantissima
Lunaria rediviva
Mahonia
Malus floribunda 🏆
Malus hupehensis 🏆
Monarda
Osmanthus × *burkwoodii* 🏆
Phlox paniculata et ses cultivars
Rosa
Sarcococca
Syringa
Tilia platyphyllos
Wisteria floribunda

Plantes de marécage

Ces plantes exigent un sol frais en permanence. Certaines prospèrent même dans une eau peu profonde en bordure de bassin.

Alnus incana
Aruncus dioicus 🏆
Astilbe
Caltha palustris 🏆
Cardamine pratensis 'Flore Pleno'
Cornus alba et ses cultivars
Darmera peltata 🏆
Eupatorium purpureum
Euphorbia palustris 🏆
Filipendula rubra 'Venusta' 🏆
Gunnera tinctoria
Hemerocallis
Iris ensata 🏆
Iris sibirica 🏆 et ses cultivars
Ligularia
Lobelia 'Bees' Flame'
Osmunda regalis 🏆
Primula bulleyana 🏆
Primula denticulata 🏆 et ses cultivars
Primula florindae 🏆
Primula rosea 🏆
Rheum palmatum 'Atrosanguineum' 🏆
Rodgersia pinnata 'Superba' 🏆
Salix alba et ses cultivars
Trollius × *cultorum* 'Orange Princess' 🏆

Pentes

Les plantes couvre-sol sont idéales sur les pentes où elles retiennent la terre et évitent l'érosion.

Ajuga reptans et ses cultivars
Bergenia
Cistus
Calluna
Clematis heracleifolia 'Wyevale'
Cotoneaster horizontalis 🏆
Epimedium
Erica carnea et ses cultivars
Euonymus fortunei 'Emerald 'n' Gold' 🏆
Gaultheria
Hedera
Hosta
Hypericum calycinum
Juniperus × *pfitzeriana* et ses cultivars
Juniperus squamata 'Blue Star' 🏆
Lamium
Lavandula
Lysimachia nummularia
Potentilla
Prunus laurocerasus 'Otto Luyken' 🏆
Rosmarinus officinalis et ses cultivars
Santolina pinnata 'Sulphurea'
Symphytum caucasicum 🏆
Tiarella
Thymus

Index

Les chiffres en *italique* correspondent à des plantes qui ne sont *pas illustrées*.

a

b

c

i

j

k

q

r

S

Crédits photographiques

L'éditeur remercie toutes les personnes et sociétés qui ont aimablement autorisé la reproduction des photographies. (Référencement : h = haut, b = bas, d = droite, g = gauche, c = centre, e = extérieur, a = au-dessus)

1 : Roger Smith/DK ; **2 :** Photographe ; Steven Wooster ; Garden pour le Chelsea Flower Show 2002 par Tamsin Partridge ; **3 :** Roger Smith/DK ; **4 :** Roger Smith/DK ; **6 :** Photographe ; Steven Wooster ; The Stonemarket Patio Garden par Geoffrey Whiten pour le Chelsea Flower Show 2002 (bg) ; **8-9 :** Photographe ; Steven Wooster ; "The West Midlands-Shizoka Goodwill" garden pour le Chelsea Flower Show 2002 par Julian Dowle Partnership ; **10-11 :** Roger Smith/DK ; **11 :** Roger Smith/DK (hd, cda, bd, ceda) ; **12 :** Eric Crichton Photos (bd) ; **13 :** Peter Anderson (tr, cr) ; Roger Smith/DK (bc, br) ; **14 :** Garden Picture Library/Jerry Pavia (bc) ; **16 :** Bob Rundle (bc) ; **17 :** Roger Smith/DK (hg) ; **18 :** Roger Smith/DK (hg, bcg) ; **19 :** Andrew Butler (hd), Roger Smith/DK (bcd, cbd) ; **20 :** Roger Smith/DK (cda) ; **21 :** Andrew Butler (bd), **21 :** Roger Smith/DK (bg) ; **23 :** Roger Smith/DK (bcd) ; **24 :** Bob Rundle (bc), Dave Watts (bg) ; **25 :** Roger Smith/DK (cdb) ; **26 :** Garden Picture Library/Neil Holmes (bg), Roger Smith/DK (bc, bcg) ; **27 :** Andrew Butler (bd), Juliette Wade (bc), Roger Smith/DK (hd) ; **28 :** Roger Smith/DK (clb, bc) ; **29 :** C. Andrew Henley (cbd), Roger Smith/DK (bcg) ; **30 :** Roger Smith/DK (bc) ; **32 :** Roger Smith/DK (bd) ; **33 :** Roger Smith/DK (cga, cdb, bd, cad, cbg) ; **35 :** Roger Smith/DK (cda, bc) ; **37 :** Roger Smith/DK (cdb, bc) ; **38 :** Juliette Wade (bd, cda), Roger Smith/DK (hd, cb, bg) ; **39 :** Juliette Wade (cbg), Roger Smith/DK (cgb) ; **40 :** Juliette Wade (bg), Andrew Lawson (bcd), Jo Whitworth (bd) ; **41 :** Dave Watts (bg), Roger Smith/DK (bd) ; **42 :** Andrew Butler (cdb), Bob Rundle (cad), Roger Smith/DK (cbd) ; **43 :** Andrew Butler (cgb, cag), Harry Smith Collection (bd), Roger Smith/DK (hcg) ; **44 :** Roger Smith/DK (cdb) ; **45 :** Roger Smith/DK (cda, bcd) ; **47 :** Roger Smith/DK (bg) ; **48 :** Juliette Wade (bcd), Roger Smith/DK (bc) ; **49 :** Juliette Wade (hg, bcd) ; **50 :** Andrew Butler (bc), Juliette Wade (bd), Sunniva Harte (bg) ; **51 :** Roger Smith/DK (hg) ; **52 :** Garden Picture Library/Neil Holmes (ceg) ; **53 :** Dave Watts (bcg) ; **54 :** Garden Picture Library/Brian Carter (bg), Harry Smith Collection (cgb) ; **55 :** Roger Smith/DK (bcg, cad) ; **56 :** Jo Whitworth (bc) ; **57 :** Andrew Butler (bd, bcd), Roger Smith/DK (bg) ; **59 :** Roger Smith/DK (bc) ; **60 :** Sunniva Harte (hd, cda, bg), Harry Smith Collection (bcd) ; **61 :** Juliette Wade (cda); Sunniva Harte (cga, bcg, cag), Photos Horticultural (cdb, cbd), Roger Smith/DK (cbg) ; **62 :** Sunniva Harte (cga, cgb, cbd), Garden and Wildlife Matters (cad), Roger Smith/DK (cda) ; **63 :** Sunniva Harte (hg, cag, cad), Garden Picture Library/Brian Carter (cda), Photos Horticultural (cbd), Roger Smith/DK (cga, cgb) ; **64 :** Roger Smith/DK (bg) ; **65 :** Andrew Butler (bg), Roger Smith/DK (bd) ; **66 :** Harry Smith Collection (bc), Roger Smith/DK (bd) ; **68 :** Roger Smith/DK (bc, bd) ; **69 :** Roger Smith/DK (hg) ; **70 :** Roger Smith/DK (hc) ; **71 :** Roger Smith/DK (hc) ; **74 :** Harry Smith Collection (bc), Roger Smith/DK (hc) ; **75 :** Andrew Lawson (bd), Roger Smith/DK (hg, hc) ; **76 :** Christine M. Douglas (bcg) ; **79 :** Holt Studios International/Rosemary Mayer (bcd) ; 80 : Roger Smith/DK (hc, cd, bd) ; **81 :** C. Andrew Henley (bd), John Fielding (bcd), John Glover (bcg) ; **82 :** Roger Smith/DK (bc) ; **83 :** Andrew Butler (cb) ; **84 :** Roger Smith/DK (bg) ; **85 :** Roger Smith/DK (bg) ; **86 :** Garden Picture Library/Howard Rice (bg), Photos Horticultural (cgb) ; **87 :** Andrew Butler (hg), Roger Smith/DK (hd, bg, bd, bcg), Jo Whitworth (bc) ; **88 :** Roger Smith/DK (hc, bd, bcd) ; **89 :** Roger Smith/DK (bg) ; **90 :** Andrew Butler (bd), Roger Smith/DK (bg) ; **91 :** John Fielding (bcg), Roger Smith/DK (cdb, bc) ; **92 :** Juliette Wade (hd), Roger Smith/DK (bc, bcd) ; **93 :** Annelise Evans (bg), Andrew Butler (bcd), Roger Smith/DK (cbd) ; **95 :** Roger Smith/DK (cbd) ; **96 :** Roger Smith/DK (bcd, cbg) ; **97 :** Roger Smith/DK (bc) ; **98 :** John Fielding (bcg), Juliette Wade (bd), Harry Smith Collection (cbd), Roger Smith/DK (cbg) ; **99 :** Andrew Butler (bg, bd, bcd), Hopley's Plants, Much Hadham (bc) ; **100 :** Andrew Butler (cbg), Andrew Lawson/Bosvigo House, Cornwall (cbg), Harry Smith Collection (cgb) ; **101 :** Andrew Butler (bg), Andrew Lawson (cgb), Photos Horticultural (bcd) ; **103 :** Andrew Butler (hd, hcd), Roger Smith/DK (bc) ; **105 :** Roger Smith/DK (cda, cgb, cag) ; **106 :** Roger Smith/DK (cda) ; **107 :** John Fielding (cbd), Roger Smith/DK (cbg) ; **108 :** Harry Smith Collection (bc), Roger Smith/DK (bd) ; **109 :** Roger Smith/DK (cbd) ; **111 :** Roger Smith/DK (bcd) ; **112 :** R.N.R.S. St Albans (bd) ; **113 :** C. Andrew Henley (cgb) ; **114 :** Harry Smith Collection (bcg), Roger Smith/DK (bc, cbg) ; **115 :** Juliette Wade (hc), Roger Smith/DK (ced) ; **116 :** Roger Smith/DK (bd) ; **117 :** Roger Smith/DK (bg) ; **118 :** Andrew Butler (bcg), Roger Smith/DK (bg, cbg) ; **119 :** Harry Smith Collection (cdb, bd) ; **120 :** Andrew Butler (bc), Roger Smith/DK (bg) ; **121 :** Harry Smith Collection (bg), Roger Smith/DK (hc, hd) ; **122 :** Juliette Wade (cda), Roger Smith/DK (hd, bc) ; **123 :** Juliette Wade (bcg, bcd) ; **124 :** Andrew Butler (hc) ; **125 :** Juliette Wade (bg), Harry Smith Collection (bc) ; **126 :** Roger Smith/DK (hd, cad); **127 :** Andrew Butler (bcg), Dave Watts (cbg), Photos Horticultural (bg), Roger Smith/DK (hcg) ; **128 :** Andrew Butler (bc) ; **129 :** Eric Crichton Photos (bc), Cambridge Botanic Gardens (bd) ; **130-131 :** Roger Smith/DK ; **131 :** Bob Rundle (ceda), Roger Smith/DK (cedb) ; **132 :** Trish Gant (c) ; **134 :** Roger Smith/DK (bcg) ; **136 :** Raymond Evison (cbd) ; **137 :** Roger Smith/DK (hg, cda) ; **138 :** Raymond Evison (hd, bg), Roseland House Garden & Nursery, Truro, Cornouaille (cga, cad), Roger Smith/DK (cbg) ; **139 :** Jill Cowley (cad) ; **140 :** Roger Smith/DK (bd), Suttons Seeds (bc) ; **142 :** National Trust (d), Roger Smith/DK (bc) ; **143 :** Roger Smith/DK (hg, bc) ; **144 :** Mr Fothergill's Seeds (bcg) ; **147 :** Roger Smith/DK (bc) ; **148 :** Roger Smith/DK (cda, cgb, cbg), John Vanderplank/National Collection of Passiflora (bc) ; **149 :** John Vanderplank/National Collection of Passiflora (hg) ; **151 :** Roger Smith/DK (bcd) ; **155 :** Roger Smith/DK (bg) ; **157 :** Roger Smith/DK (hd, cda, bd) ; **159 :** Roger Smith/DK (hd), Photographe ; Steve Wooster ; The Inside-out Garden', Chelsea Flower Show 2002 ; Garden Design ; Marshall-Lacrox Partnership (cg) ; **161 :** Roger Smith/DK (cga, ca, cda, cg, bd), Steve Wooster; Chelsea Flower Show 2002, The West Midlands Shizhoka Goodwill Garden (bg) ; **163 :** Steve Wooster (bc), Chelsea Flower Show 2002, Careless Rapture par RHS Diploma Class, Otley College (cg) ; **164 :** Lee Griffiths/DK (bd) ; **166 :** Photos Horticultural (bg), Roger Smith/DK (bd, cbg) ; **168 :** Photos Horticultural (c), Roger Smith/DK (bg, bd) ; **169 :** Photos Horticultural (bc), Harry Smith Collection (bg), Roger Smith/DK (hc) ; **170 :** Roger Smith/DK (cb, bg) ; **171 :** Photos Horticultural (hc, bc) ; **172 :** Roger Smith/DK (bd) ; **174 :** Harry Smith Collection (bc), Roger Smith/DK (hc, bg) ; **175 :** Roger Smith/DK (hg, bd) ; **177 :** Harry Smith Collection (g), Roger Smith/DK (bd) ; **178 :** Thompson & Morgan (hd) ; **179 :** Roger Smith/DK (bg, bc), Suttons Seeds (hd) ; **180 :** Roger Smith/DK (bc, bd) ; **182 :** Photos Horticultural (bc), Roger Smith/DK (bg, bd) ; **183 :** Andrew Lawson (g) ; **184 :** Roger Smith/DK (bg), Thompson & Morgan (c, bd) ; **185 :** Eric Crichton Photos (bd) ; **186 :** Roger Smith/DK (bc, cag) ; **188 :** Photos Horticultural (bc), Harry Smith Collection (bg), Roger Smith/DK (cgb) ; **189 :** Photos Horticultural (bc), Harry Smith Collection (bd), Roger Smith/DK (hc) ; **190 :** Roger Smith/DK (bg, bc, bd, bcg) ; **191 :** Roger Smith/DK (bc) ; **192 :** Roger Smith/DK (cdb, bcd, cbd) ; **193 :** Beth Chatto (bcd), Roger Smith/DK (hd, cdb, bg, cbd) ; **194 :** Juliette Wade (c) ; **195 :** Roger Smith/DK (hc, bc) ; **197 :** Roger Smith/DK (bg, bc) ; **198 :** Roger Smith/DK (bg, bd) ; **199 :** John Fielding (bd), Roger Smith/DK (bg, bc) ; **200 :** Harry Smith Collection (bc), Roger Smith/DK (bg) ; **201 :** Roger Smith/DK (hc, bg) ; **202 :** C. Andrew Henley (bd) ; **203 :** Harry Smith Collection (bg) ; **204 :** Mr Fothergill's Seeds (hc, hc), Harry Smith Collection (bg) ; **205 :** Roger Smith/DK (cgb, cb, bg) ; **207 :** Bob Rundle (bd), Andrew Lawson (hd), Roger Smith/DK (bg) ; **208 :** Roger Smith/DK (bcd) ; **209 :** Harry Smith Collection (bg) ; **210 :** Roger Smith/DK (bd), Thompson & Morgan (hd) ; **211 :** Andrew Lawson (bg), Roger Smith/DK (bc) ; **214 :** Marshalls Seeds (bc) ; **215 :** Roger Smith/DK (cdb, bd, cbd) ; **216 :** Marshalls Seeds (bg), Roger Smith/DK (bd, cbg) ; **217 :** Roger Smith/DK (cdb, bcd) ; **218 :** Roger Smith/DK (cgb, cbg) ; **219 :** Roger Smith/DK (hd, bg, bc) ; **220 :** Photos Horticultural (bd), Roger Smith/DK (hd, bg) ; **221 :** Roger Smith/DK (bg, bc) ; **222 :** Roger Smith/DK (cad) ; **224 :** Harry Smith Collection (bd), Roger Smith/DK (bcg) ; **225 :** Photos Horticultural (bd), Harry Smith Collection (c), Roger Smith/DK (bg) ; **226 :** Roger Smith/DK (cda) ; **227 :** Roger Smith/DK (cga, bd, hcg) ; **228 :** Roger Smith/DK (bg, bcg, bcd) ; **230 :** Eric Crichton Photos (bd), Roger Smith/DK (c) ; **231 :** Eric Crichton Photos (bc), Roger Smith/DK (cgb) ; **232 :** Harry Smith Collection (bg), Roger Smith/DK (bc, bd) ; **233 :** Roger Smith/DK (hg, hc, hd, cga, bg, bd) ; **234 :** Roger Smith/DK (bcd) ; **236 :** Photos Horticultural (bg), Roger Smith/DK (bc) ; **237 :** Roger Smith/DK (hd) ; **238 :** Roger Smith/DK (bc) ; **239 :** Roger Smith/DK (hg, cdb, bg, bc, bd, bcd) ; **240 :** Roger Smith/DK (bd) ; **241 :** Roger Smith/DK (bd) ; **242 :** Roger Smith/DK (bg) ; **243 :** Roger Smith/DK (g) ; **244 :** Harry Smith Collection (bd) ; **245 :** Garden and Wildlife Matters (bg), Roger Smith/DK (bcg) ; **246 :** Roger Smith/DK (hc, bg) ; **247 :** Roger Smith/DK (bc) ; **250 :** Eric Crichton Photos (cgb), Andrew Lawson (bcg), Harry Smith Collection (cgb), Roger Smith/DK (hd, cga, bcd) ; **251 :** Hidcote Manor (cad), Juliette Wade (cag), Andrew Lawson (cdb), Photos Horticultural (hcg), Roger Smith/DK (cda) ; **252 :** John Fielding (bc), Roger Smith/DK (bd) ; **253 :** Roger Smith/DK (bg) ; **254 :** Roger Smith/DK (c, bg) ; **255 :** Roger Smith/DK (c, bd) ; **256 :** Roger Smith/DK (cgb), Thompson & Morgan (bcg) ; **257 :** Roger Smith/DK (cg, bg, bd) ; **258 :** Roger Smith/DK (cgb, bg, bcg) ; **259 :** Roger Smith/DK (bg) ; **260 :** Andrew Lawson (bd) ; **262 :** Roger Smith/DK (bg) ; 263 : Roger Smith/DK (bc) ; **264 :** Eric Crichton (hd, cdb), Garden Picture Library/Howard Rice (bcd), Roger Smith/DK (hcd); **265 :** Eric Crichton (bg, bd, bcg, cad, cbg), Garden and Wildlife Matters (cdb), Andrew Lawson (bcd), Roger Smith/DK (hg, hcd, hcd) ; **266 :** Eric Crichton (cag, hcd) ; RHS Garden Wisley (hcg), Garden Picture Library/Densey Clyne (cgb), John Glover (cda), Roger Smith/DK (hg, bcg, cbg, ced) ; **267 :** Andrew Butler (bcd), Eric Crichton (bg, cbg), John Fielding (hg), Garden Picture Library/JS Sira (cag), John Glover (hcg), Roger Smith/DK (hd, bcg, ceg) ; **270 :** Roger Smith/DK (hd, bg) ; **271 :** Roger Smith/DK (hc, bd) ; **272 :** Roger Smith/DK (bc, bd) ; **273 :** Peter Anderson (bd) ; **274 :** John Glover (bd), Clive Nichols (cdb), Roger Smith/DK (hcd) ; **275 :** Garden and Wildlife Matters (cbg), Roger Smith/DK (cda, bcd) ; **276 :** Andrew Lawson (cbd), Harry Smith Collection (bd), Roger Smith/DK (cga, bcd) ; **277 :** Andrew Lawson (cgb), Photos Horticultural (cad), Harry Smith Collection (cda, cbd), Roger Smith/DK (cag) ; **278 :** Roger Smith/DK (bg, bd) ; **279 :** Mr Fothergill's Seeds (bd) ; 280 : Roger Smith/DK (hc) ; **281 :** Roger Smith/DK (hd, c, bd) ; **282 :** Beth Chatto (bd), Roger Smith/DK (c, bg) ; **283 :** Roger Smith/DK (bc) ; **284 :** Roger Smith/DK (cb) ; **285 :** Roger Smith/DK (c, bg, bcg, cbg) ; **286 :** Roger Smith/DK (bcg, bcd, cbg) ; 287 : Mr Fothergill's Seeds (bd) ; **289 :** Roger Smith/DK (cg) ; 290 : Roger Smith/DK (bd, bcg, bcd) ; **291 :** Roger Smith/DK (bg) ; **292 :** Merebrook Online (www.pondplants.co.uk)/Roger Kings (cdb) ; **293 :** C. Andrew Henley (bcd, cag, hcg), Merebrook Online (www.pondplants.co.uk)/Roger Kings (hg, hd, cgb) ; **294 :** C. Andrew Henley (bc), Juliette Wade (bd), Roger Smith/DK (hc, bg) ; **295 :** Dave Watts (bd) ; **296 :** Andrew Lawson (bcg) ; **297 :** Roger Smith/DK (bc) ; **298 :** Roger Smith/DK (hd, c, bg) ; **299 :** Roger Smith/DK (hc, cad) ; **300 :** Roger Smith/DK (bg) ; **301 :** Harry Smith Collection (bd), Roger Smith/DK (cdb, cag) ; **302 :** Garden and Wildlife Matters (hg), Roger Smith/DK (hd, bcd) ; **303 :** Roger Smith/DK (cdb, cag) ; **304 :** Roger Smith/DK (bg) ; **305 :** Harry Smith Collection (hg), Roger Smith/DK (bg, bd) ; 306 : Roger Smith/DK (bg, bcg) ; **307 :** Roger Smith/DK (bg) ; **309 :** C. Andrew Henley (bd), Roger Smith/DK (bc) ; **310 :** John Fielding (hd), Roger Smith/DK (bg) ; **311 :** Roger Smith/DK (hd) ; **312 :** Country Park Nurseries, Hornchurch (cdb) ; Eric Crichton (cbd), Juliette Wade (bcd), Roger Smith/DK (hcd) ; **313 :** Barnsley House, Nr Cirencester (cgb), Juliette Wade (bcg), Roger Smith/DK (cag, hcd) ; **314 :** Roger Smith/DK (cda, bd) ; **315 :** Roger Smith/DK (bc, bd) ; **316 :** Roger Smith/DK (bg, bd) ; **317 :** Roger Smith/DK (hd, bg, bc, bd) ; **318 :** Roger Smith/DK (hd) ; **319 :** Roger Smith/DK (hg, bg) ; **320 :** Roger Smith/DK (hd, bd, cbd, hcd) ; **321 :** John Fielding (hcd), Roger Smith/DK (cgb, bcd, cbd) ; **322 :** C. Andrew Henley (bg), Harry Smith Collection (bd) ; **323 :** Harry Smith Collection (bcd), Roger Smith/DK (bc) ; **324 :** Roger Smith/DK (hd, bd) ; **325 :** Roger Smith/DK (bg) ; **327 :** Roger Smith/DK (bd, bcg) ; **328 :** Photos Horticultural (bd), Roger Smith/DK (hc) ; 329 : Mr Fothergill's Seeds (bc), Roger Smith/DK (cdb, bd) ; **330 :** John Fielding (hc), Roger Smith/DK (bc) ; **331 :** Photos Horticultural (bcd), Roger Smith/DK (bg) ; **332 :** Juliette Wade (hc), Roger Smith/DK (hd, bc) ; **333 :** Roger Smith/DK (bd, g) ; **334 :** Roger Smith/DK (cad, cbd) ; **335 :** Photos Horticultural (cad), Roger Smith/DK (hg, hd, cga, cag, hcg) ; **336 :** Roger Smith/DK (bd) ; **337 :** Juliette Wade (bd), Roger Smith/DK (bcd) ; **338 :** Roger Smith/DK (hd, bc) ; **339 :** Roger Smith/DK (d) ; **341 :** Roger Smith/DK (hd, bd) ; **343 :** Roger Smith/DK (cd) ; **344 :** John Fielding (c), Roger Smith/DK (bg) ; **345 :** Roger Smith/DK (bc) ; **346 :** Roger Smith/DK (hd, bg, bc, bd) ; **347 :** Roger Smith/DK (bc) ; **349 :** Roger Smith/DK (c) ; **350 :** Roger Smith/DK (hd, bg, bc, bd) ; **351 :** Roger Smith/DK (c) ; **352 :** Roger Smith/DK (bg, bc, bcd, d) ; **353 :** Roger Smith/DK (d) ; **354 :** Roger Smith/DK (bc, bd) ; **356-357 :** Roger Smith/DK ; **358 :** Clive Nichols/Preen Manor, Shropshire (c) ; **359 :** Christine M. Douglas (cg, c), Roger Smith/DK (cd, b) ; **360 :** Roger Smith/DK (hd) ; **361 :** Peter Anderson (hd); John Fielding (bd) ; **363 :** Roger Smith/DK (bg, bc, bd) ; **364 :** Christine M. Douglas (d), Roger Smith/DK (c, bg) ; **365 :** Christine M. Douglas (bd), Roger Smith/DK (bg) ; Pages de garde : Roger Smith/DK.

Toutes les autres images © Dorling Kindersley.
Pour des informations supplémentaires, voir : www.dkimages.com

Photos de la couverture
Dos : « Jardin ouvert », jardin de Roger Platts (hg) ;
exposition du magasin More Garden Buildings (hcg)
Photographe : Steven Wooster
Exposition florale de Chelsea 2002

Remerciements

Remerciements de l'auteur
Bien que ce soit mon nom qui figure sur la couverture de cet ouvrage, l'écriture d'un livre est un travail d'équipe et je tiens à exprimer du fond du cœur ma reconnaissance à toutes les personnes y ayant participé. Tout d'abord, je remercie David Lamb, Annelise Evans, Anna Kruger, Lee Griffiths, Alison Donovan, Letitia Luff, Louise Abbott et Pamela Brown pour leur professionnalisme et leur patience et pour avoir su me garder sur la bonne voie.

Je souhaite aussi remercier les éditeurs, et en particulier Joanna Chisholm, Helen Fewster, Candida Frith-Macdonald, Diana Galligan, Gail Griffiths, Jonathan Hilton, Andrea Loom, Carole McGlynn, Simon Maughan, Christine Morley, Jane Simmonds et Victoria Willan. Merci également à toute l'équipe de la Royal Horticultural Society.

J'aimerais également remercier les botanistes du RHS Garden, Wisley, pour les précieuses informations qu'ils m'ont fournies sur certaines plantes. Mes innombrables coups de téléphone ont dû mettre leur patience à rude épreuve. Un grand merci encore à toutes les pépinières auxquelles j'ai demandé des renseignements.

Enfin, toutes mes excuses et mes sincères remerciements à tous ceux que j'aurais oubliés.

Remerciements de l'éditeur
Dorling Kindersley souhaite remercier Susanne Mitchell, Barbara Haynes et Simon Maughan de la Royal Horticultural Society, et Vincent Square, pour leur assistance et le temps accordé.

Editeur pour la RHS
Barbara Haynes

Illustrations
Karin Gavin et Gill Tomblin

Recherches iconographiques additionnelles
Neale Chamberlain, Archie Clapton, Romaine Werblow